青海省
社会经济统计年鉴

SOCIAL & ECONOMICS STATISTICAL YEARBOOK OF QINGHAI

1992

青海省统计局编

中国统计出版社

青海省社会经济统计年鉴

1992

编辑委员会名单

青海省社会经济统计年鉴

QINGHAISHENG SHEHUI JINGJI TONGJI NIANJIAN

1992

青海省统计局　编

中国统计出版社出版

青海省统计局印刷厂印刷

787×1092毫米　16开本　37印张　16插图　105万字

1992年7月第1版　1992年7月西宁第1次印刷

印数:1-1600

ISBN 7-5037-0841-7/C.539

定价：38.00

编 辑 说 明

《青海社会经济统计年鉴》是我省统计改革的产物。自1985年创刊内部发行，至今已发行八册。1988年开始，经省人民政府批准，由中国统计出版社出版。本年鉴以翔实的资料记录了我省社会经济发展的进程，力求全面客观地反映全省各族人民共同努力所取得的成就，是一本研究青海社会经济发展状况的知识密集和信息密集的资料性工具书。她得到了省党政领导和社会各界的热情支持和鼓励，受到了广大经济工作者和各界人士的欢迎。我们期望：《青海社会经济统计年鉴》(1992)，对研究青海，深化对省情的认识，激励全省各族人民开拓进取，加快青海改革开放步伐，胜利实现第二步战略目标，发挥有益的作用。

《青海社会经济统计年鉴》(1992)的内容和框架结构在基本保持上年刊的基础上，适当作了以下调整。增加了新国民经济核算体系、工业评价考核指标体系的介绍；增加了1990年全省投入产出资料；充实了全省和州、地、市、县的经济效益指标；选登了1991年进度统计分析资料和主要指标月度统计资料。力求比较全面、系统地反映1991年青海省经济发展运行轨迹，探讨其内在的规律性，为读者深入研究1991年度青海经济状况服务；充实横向对比资料和反映本省各部门经济效益的指标，增加了省人代会，政协会议及统战、省体育运动会等资料，进一步完善了统计指标体系，丰富了年鉴内容；1992年刊中的主要指标都系统整理了1988—1991年各年数据，为读者研究三年治理整顿时期国民经济和社会发展状况提供了方便。

全书内容分为：统计公报、1991经济形势进度分析、省级统计资料，具体包括：综合、人口、劳动力和工资、投资建设、财政金融保险、物价、人民生活、农业、工业、交通邮电、能源物资、商业、外贸旅游、城建环保、科学技术、教育文化、卫生体育、民政司法及其他、地区(厂矿)统计资料、横向对比资料、附列资料。

本年鉴中文字资料所引用的统计数字与统计资料中的相关数字，年鉴内各专业统计资料之间相关指标的统计数字，年鉴和部门统计资料本之间相关数字，我们在编纂中力求正确一致，进行了认真的审核，对以往年鉴中个别失误数据或计算口径有变化的指标，在相关表下都加注说明，请读者注意，各专业资料本和年鉴不一致的数字，请以本年鉴为准。

统计表中使用符号："…"表示数据不足本表最小计量单位；"空格"表示无该项指标数据或该项指标数据不详；"#"表示其中数据。

《年鉴》，是全省各条战线上广大统计干部辛勤劳动的结果，是集体智慧的结晶。在编辑、出版、印刷、发行过程中得到了许多单位的大力支持，在此一并表示衷心感谢！

由于我们水平所限，时间仓促，本《年鉴》中疏误之处，希望各界人士批评指正，以便来年修正提高。

1992年5月

国民经济主要指标及指数

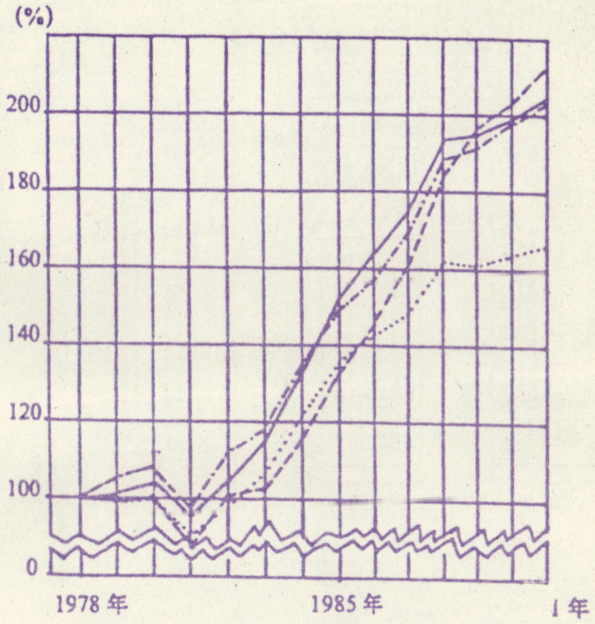

国民生产总值

(当年价、亿元)

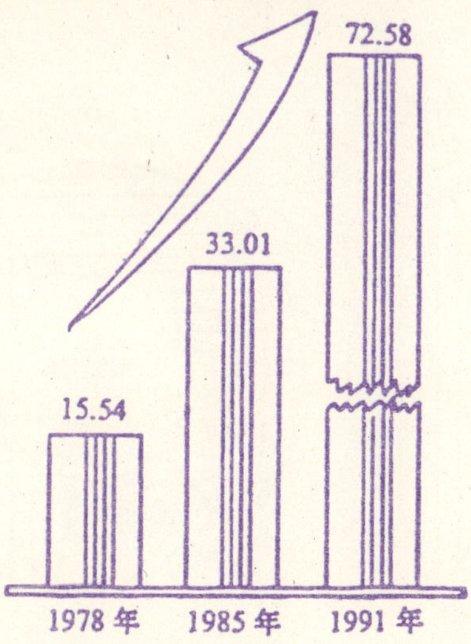

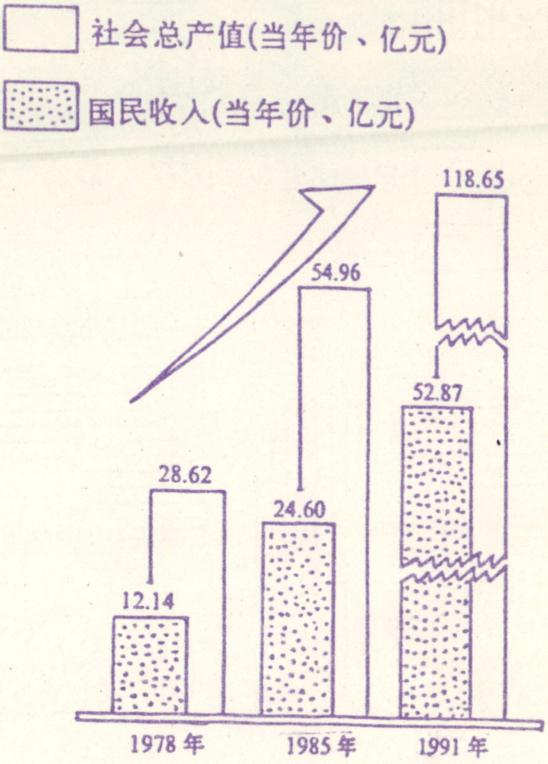

国民经济主要指标构成(%)

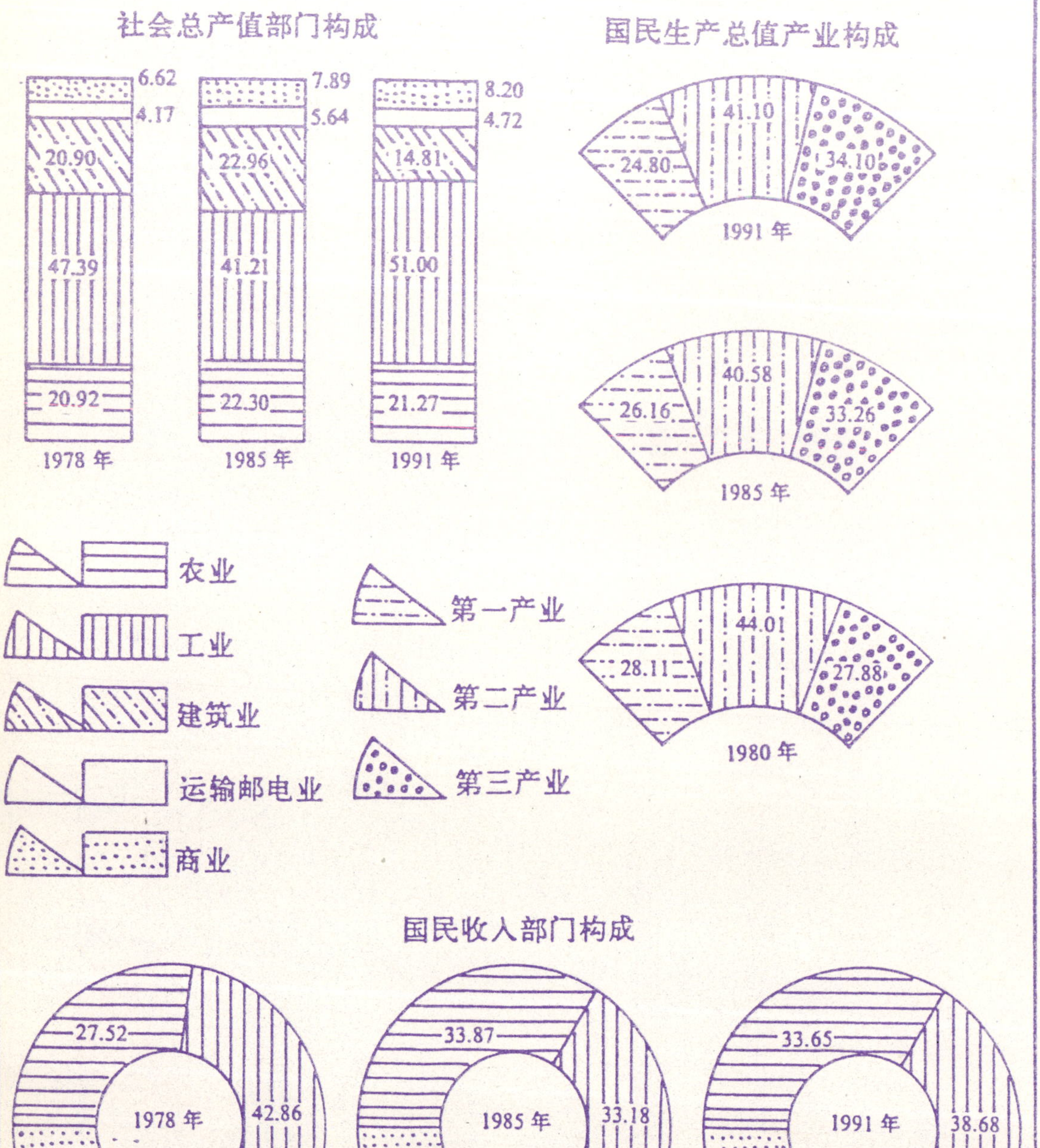
社会总产值部门构成
6.62
4.17
20.90
47.39
20.92
1978 年
7.89
5.64
22.96
41.21
22.30
1985 年
8.20
4.72
14.81
51.00
21.27
1991 年
国民生产总值产业构成
24.80
41.10
34.10
1991 年
26.16
40.58
33.26
1985 年
28.11
44.01
27.88
1980 年
农业
工业
建筑业
运输邮电业
商业
第一产业
第二产业
第三产业
国民收入部门构成
27.52
42.86
10.43
3.03
16.16
1978 年
33.87
33.18
12.49
3.99
16.47
1985 年
33.65
38.68
12.99
3.65
11.03
1991 年

全省人口及自然增长情况

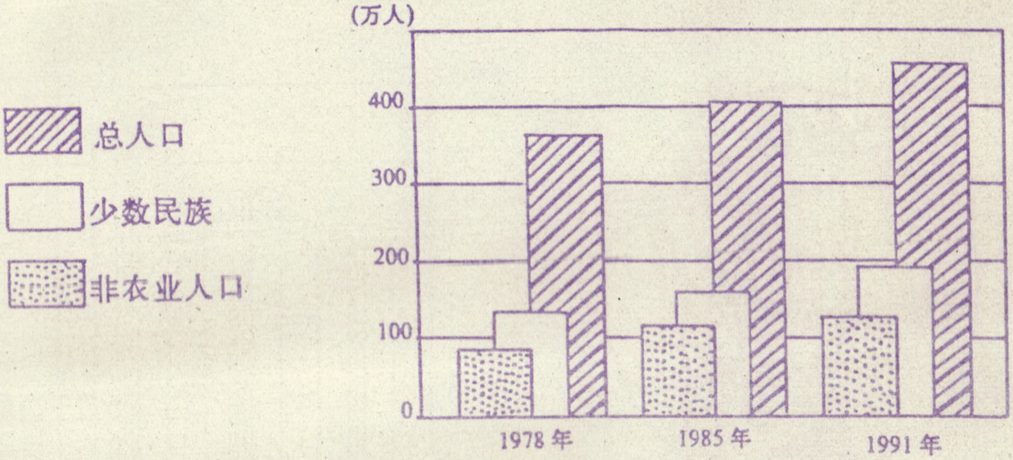

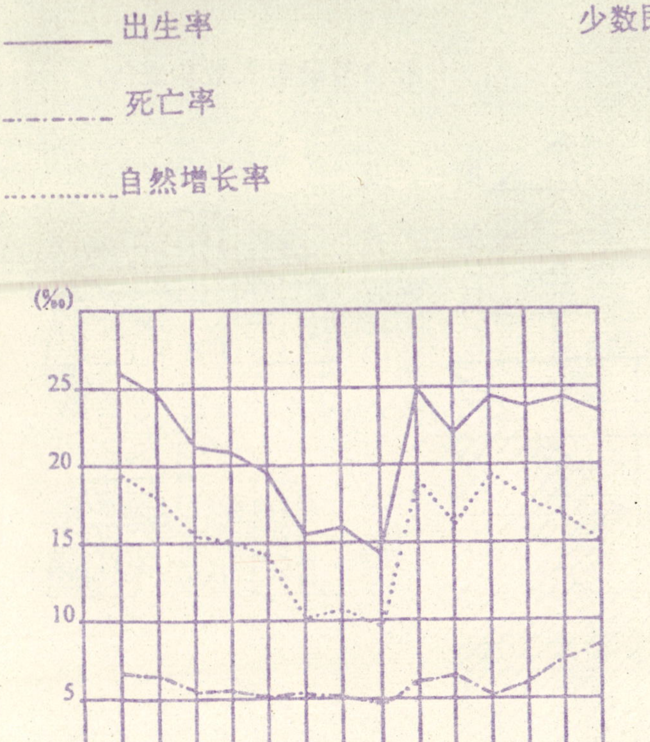

少数民族人口占总人口的比重

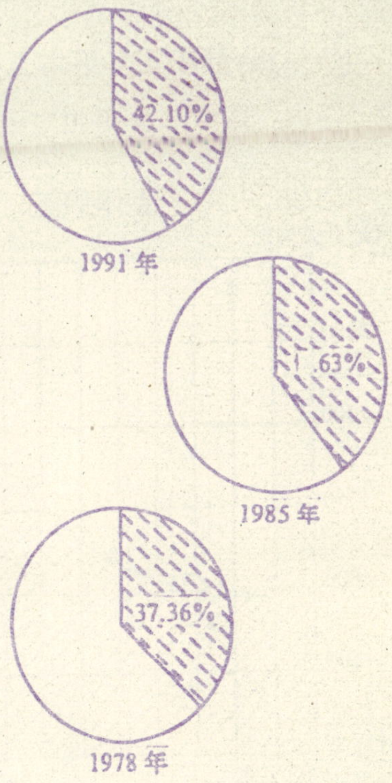

劳动力和工资情况

社会劳动者年末人数

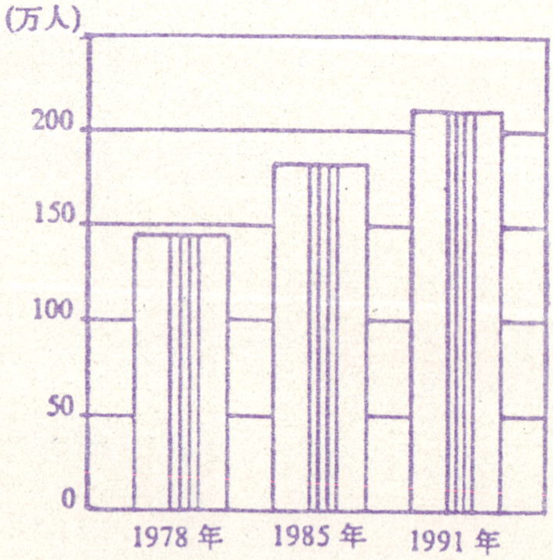

社会劳动者人数构成(%)

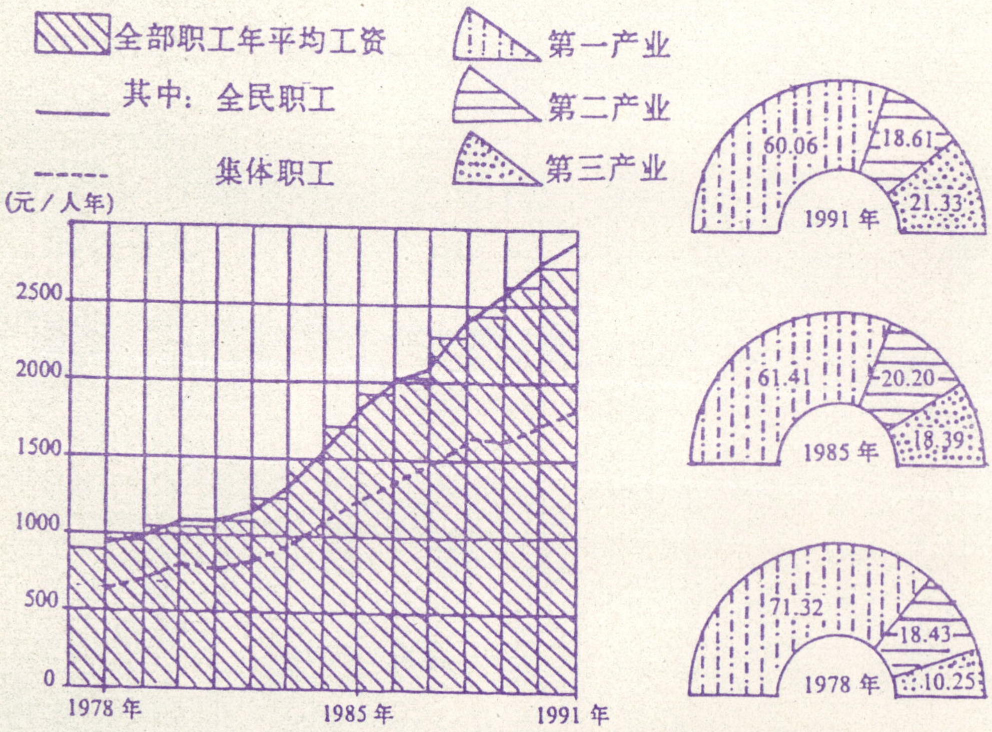

农业总产值

农业总产值指数

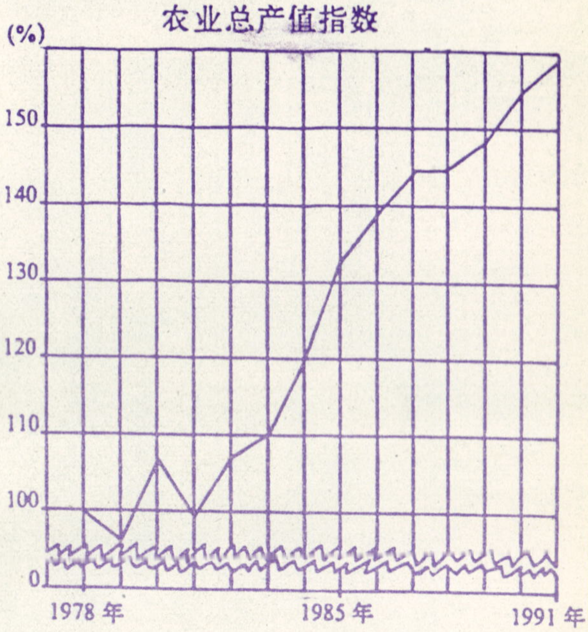

农业总产值(当年价)

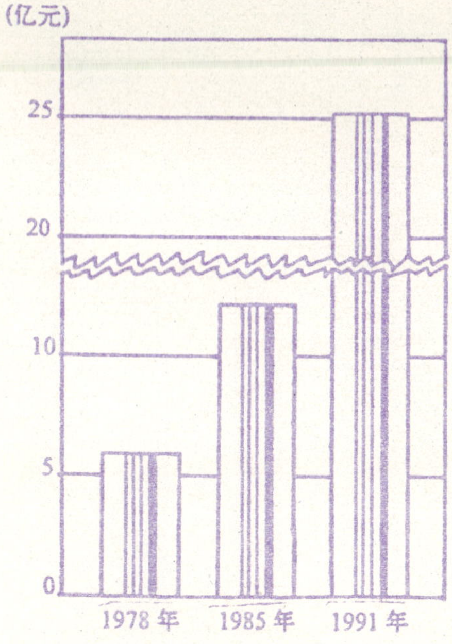

农业净产值占农业总产值的比重

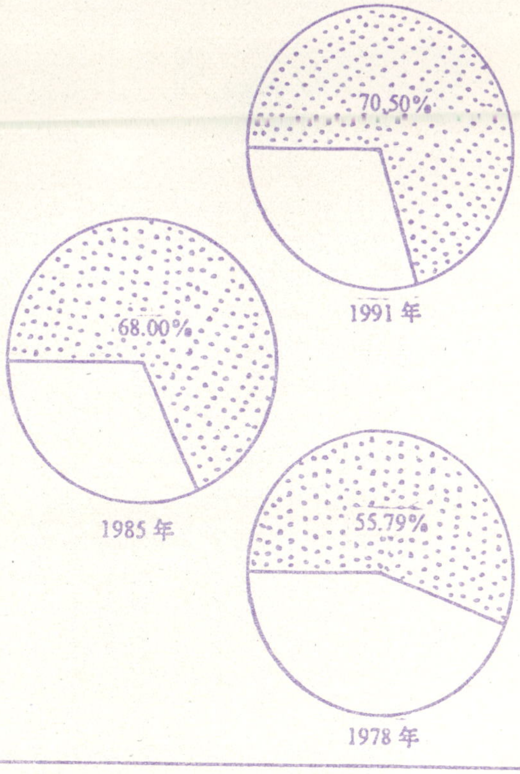

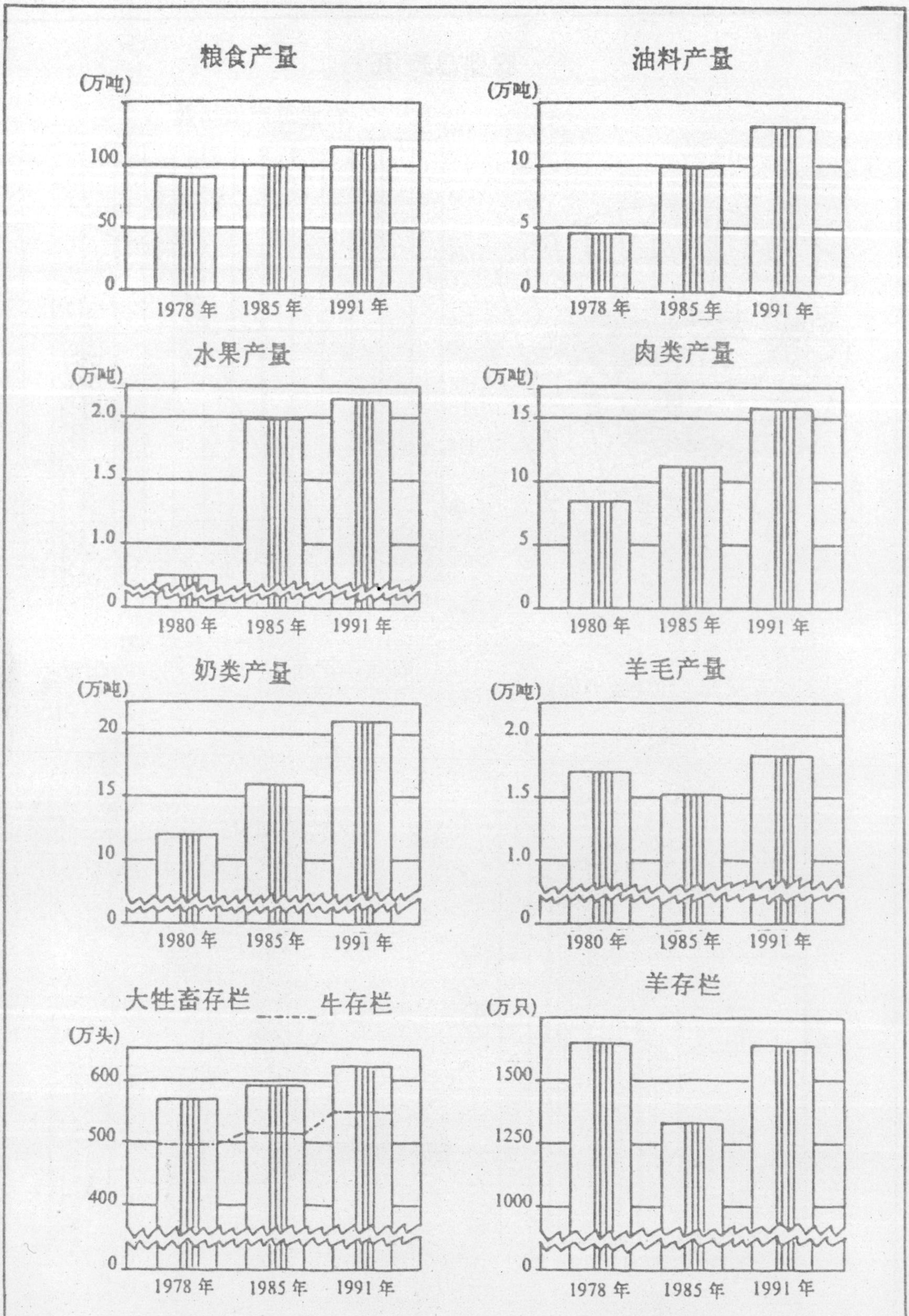
粮食产量
(万吨)
100
50
0
1978 年
1985 年
1991 年
油料产量
(万吨)
10
5
0
1978 年
1985 年
1991 年
水果产量
(万吨)
2.0
1.5
1.0
0
1980 年
1985 年
1991 年
肉类产量
(万吨)
15
10
5
0
1980 年
1985 年
1991 年
奶类产量
(万吨)
20
15
10
0
1980 年
1985 年
1991 年
羊毛产量
(万吨)
2.0
1.5
1.0
0
1980 年
1985 年
1991 年
大牲畜存栏
牛存栏
(万头)
600
500
400
0
1978 年
1985 年
1991 年
羊存栏
(万只)
1500
1250
1000
0
1978 年
1985 年
1991 年

工业总产值

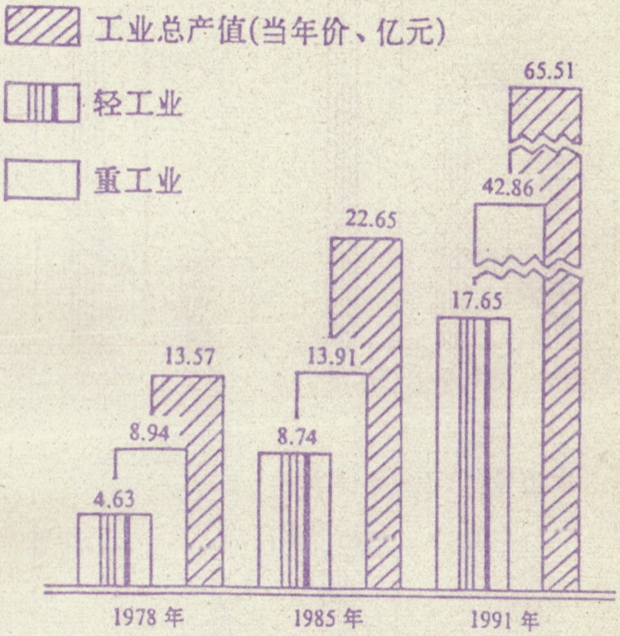

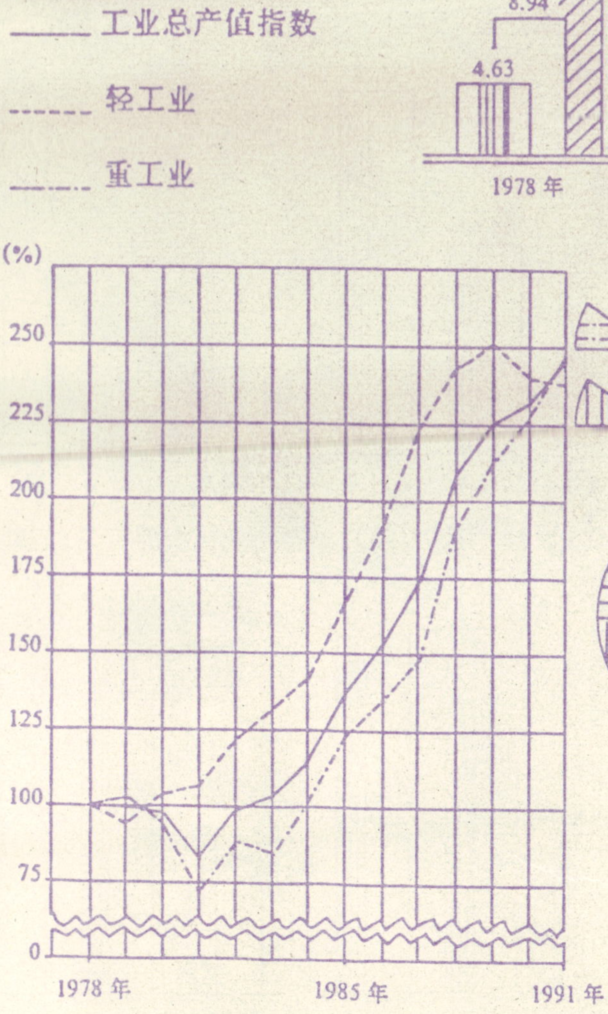

工业总产值构成(%)

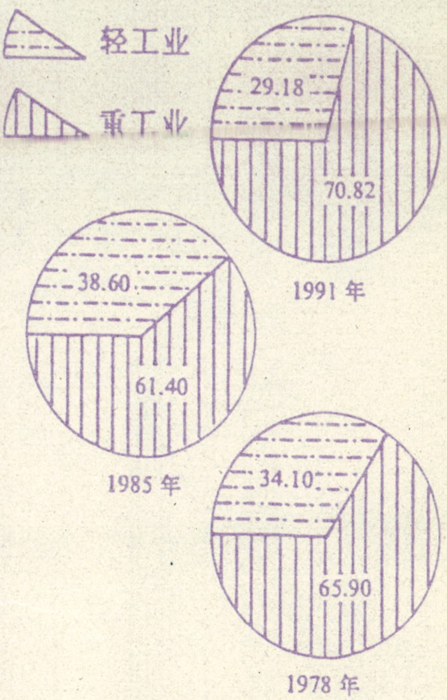

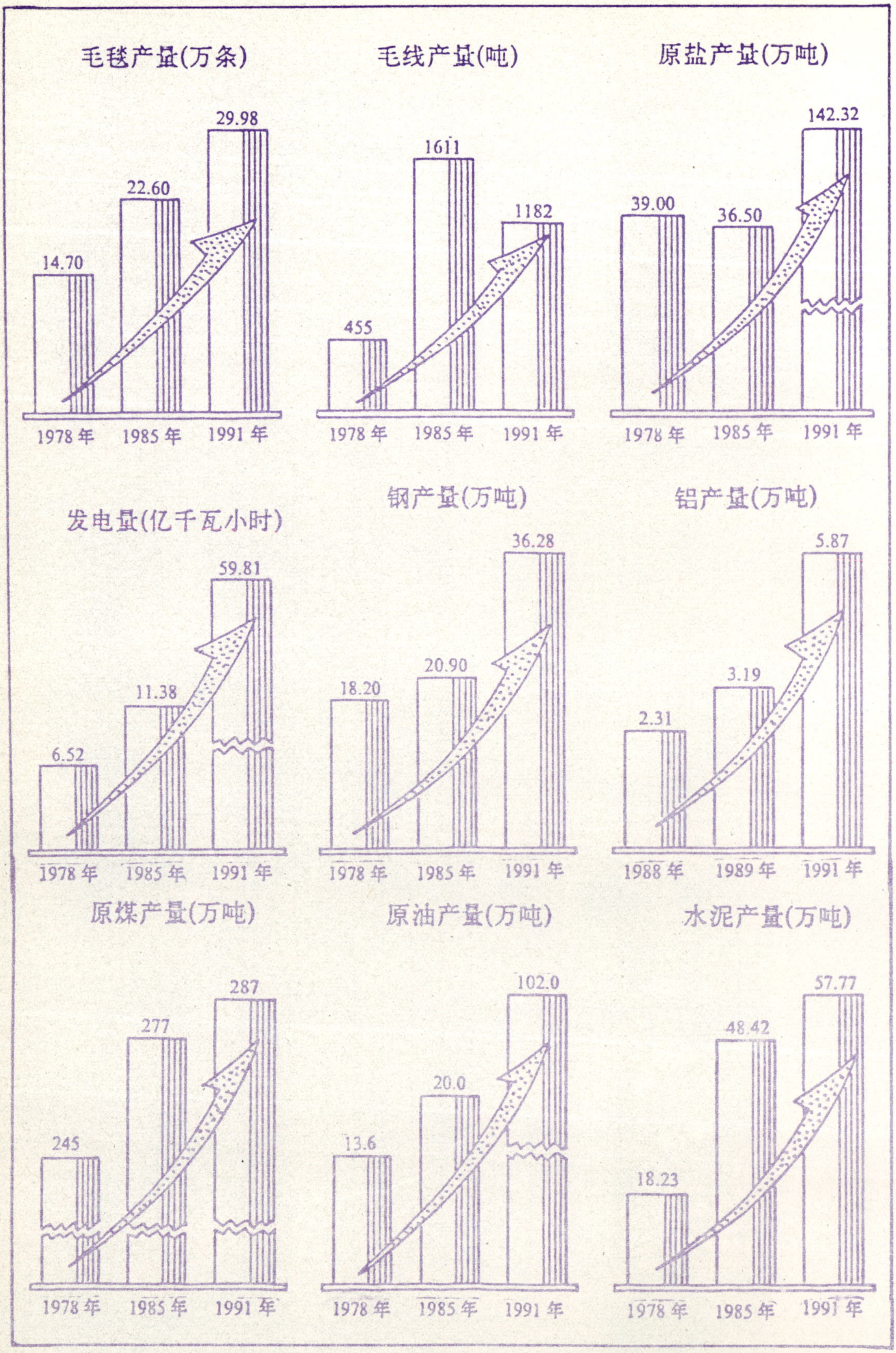
毛毯产量(万条)
14.70
22.60
29.98
1978 年
1985 年
1991 年
毛线产量(吨)
455
1611
1182
1978 年
1985 年
1991 年
原盐产量(万吨)
39.00
36.50
142.32
1978 年
1985 年
1991 年
发电量(亿千瓦小时)
6.52
11.38
59.81
1978 年
1985 年
1991 年
钢产量(万吨)
18.20
20.90
36.28
1978 年
1985 年
1991 年
铝产量(万吨)
2.31
3.19
5.87
1988 年
1989 年
1991 年
原煤产量(万吨)
245
277
287
1978 年
1985 年
1991 年
原油产量(万吨)
13.6
20.0
102.0
1978 年
1985 年
1991 年
水泥产量(万吨)
18.23
48.42
57.77
1978 年
1985 年
1991 年

固定资产投资情况

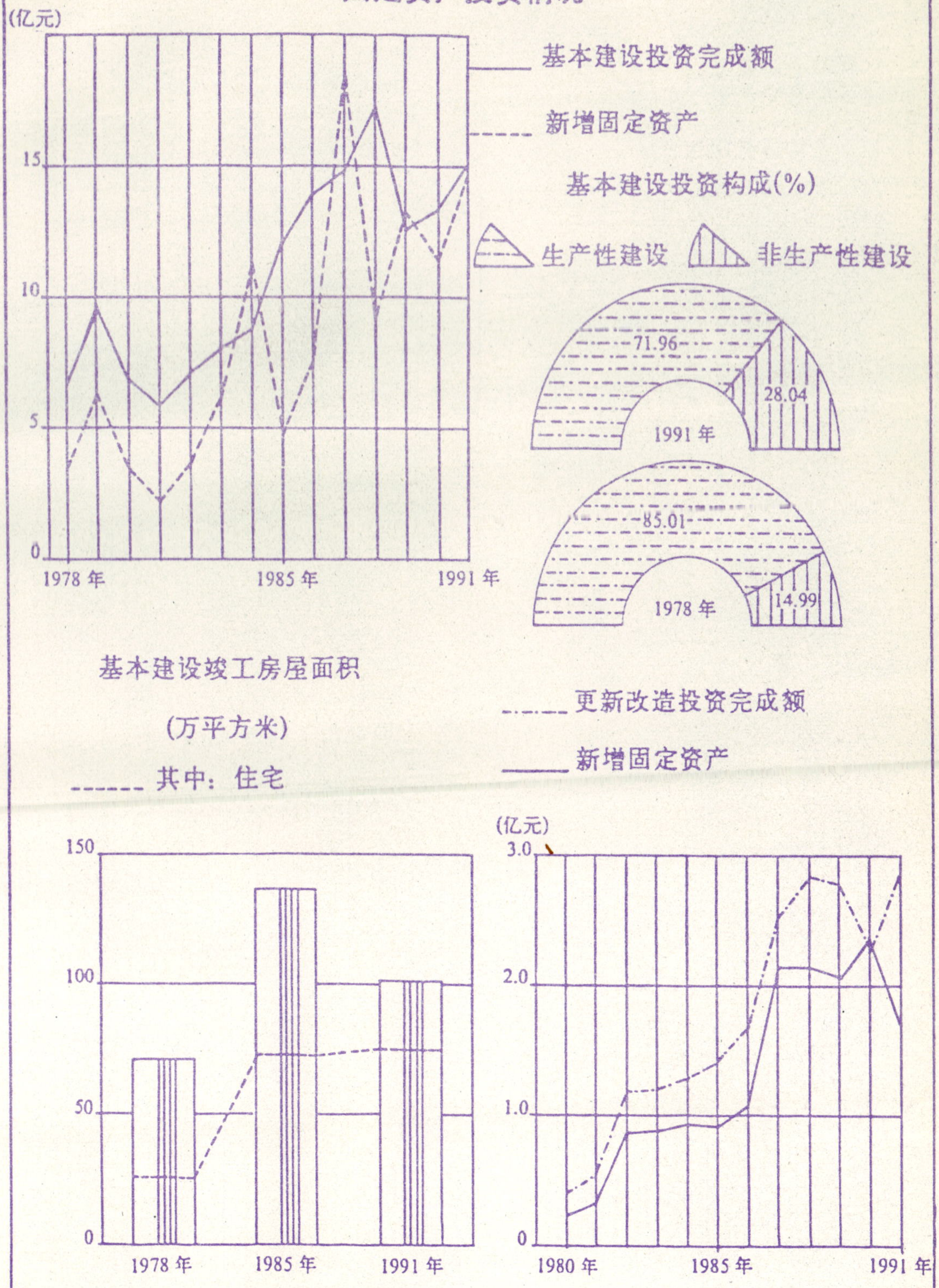

(亿元)
基本建设投资完成额
新增固定资产
15
10
5
0
1978 年
1985 年
1991 年
基本建设投资构成(%)
生产性建设
非生产性建设
71.96
28.04
1991 年
85.01
14.99
1978 年
基本建设竣工房屋面积
(万平方米)
其中：住宅
150
100
50
0
1978 年
1985 年
1991 年
更新改造投资完成额
新增固定资产
(亿元)
3.0
2.0
1.0
0
1980 年
1985 年
1991 年

运输邮电事业情况

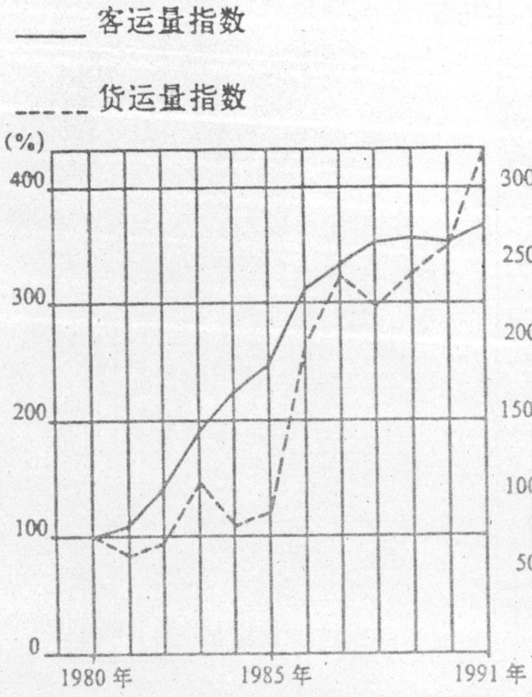

客运量指数
货运量指数
(%)
400
300
200
100
0
1980 年
1985 年
1991 年

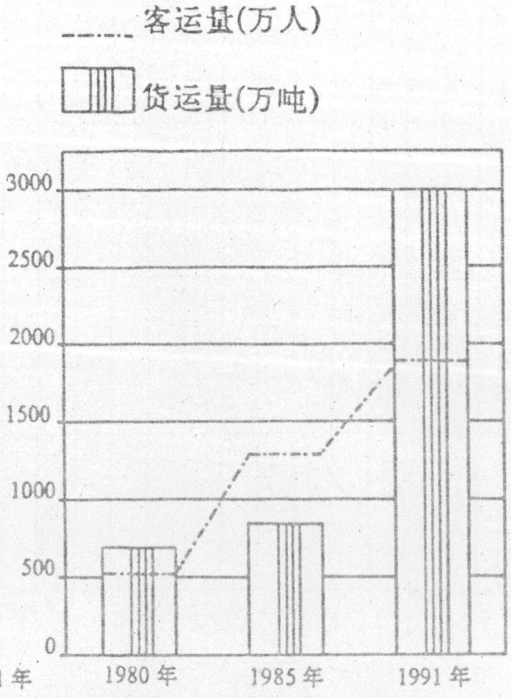

客运量(万人)
货运量(万吨)
3000
2500
2000
1500
1000
500
0
1980 年
1985 年
1991 年

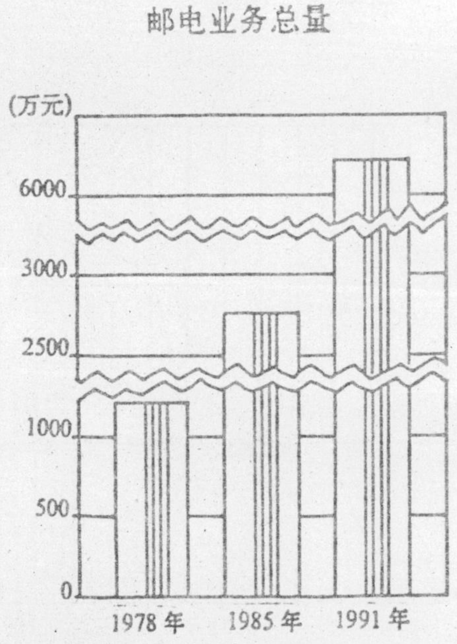

邮电业务总量
(万元)
6000
3000
2500
1000
500
0
1978 年
1985 年
1991 年

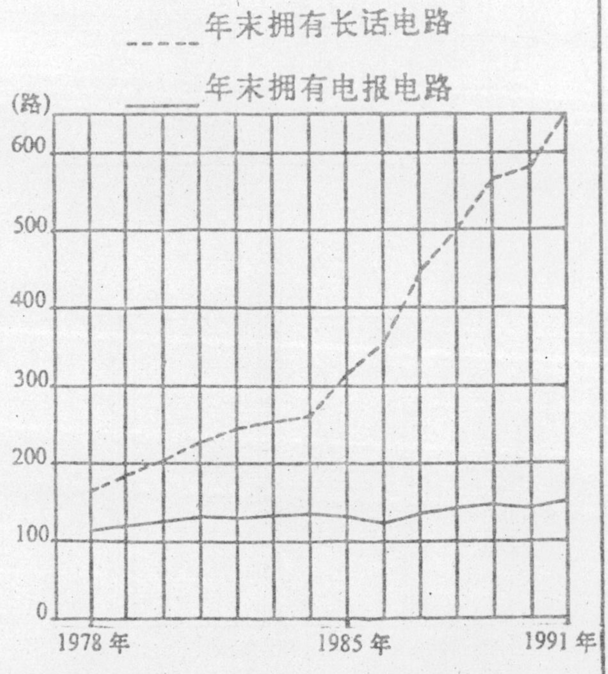

年末拥有长话电路
年末拥有电报电路
(路)
600
500
400
300
200
100
0
1978 年
1985 年
1991 年

能源、物资生产和消费情况

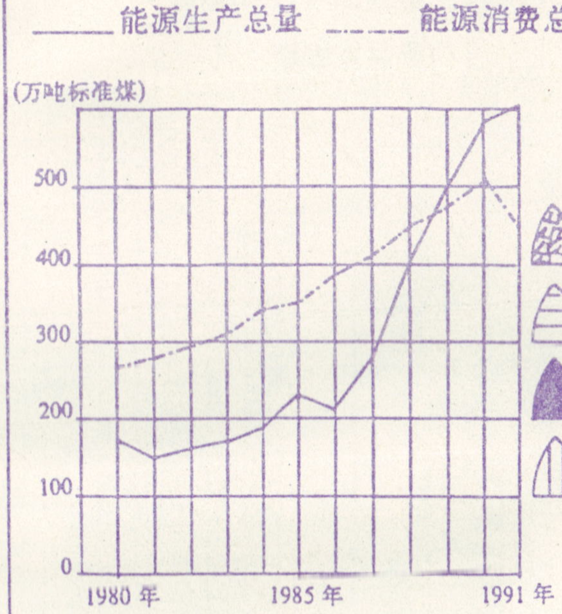

能源生产总量构成(%)

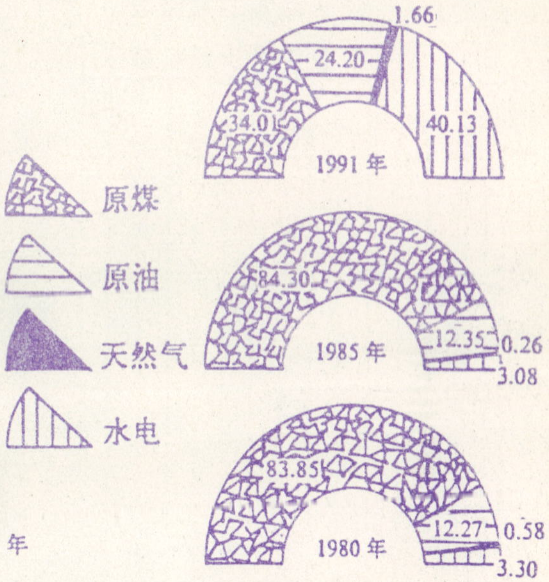

煤炭消费量(万吨)

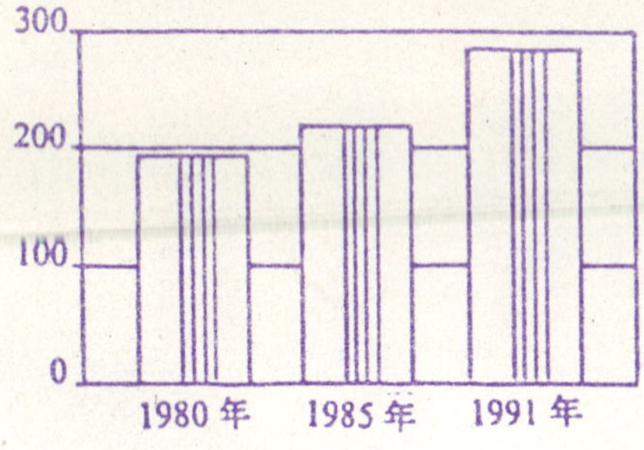

钢材消费量(万吨)

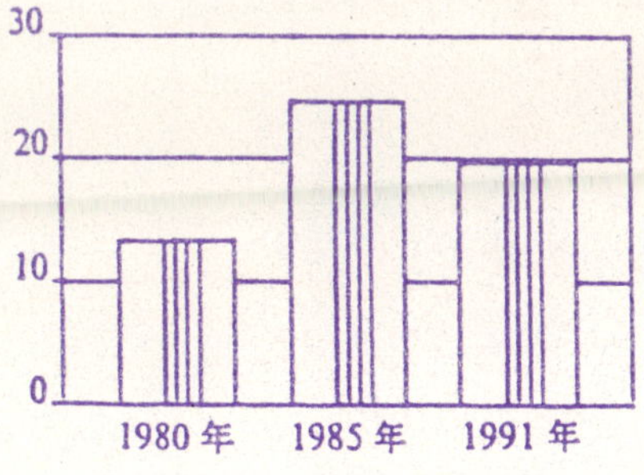

水泥消费量(万吨)

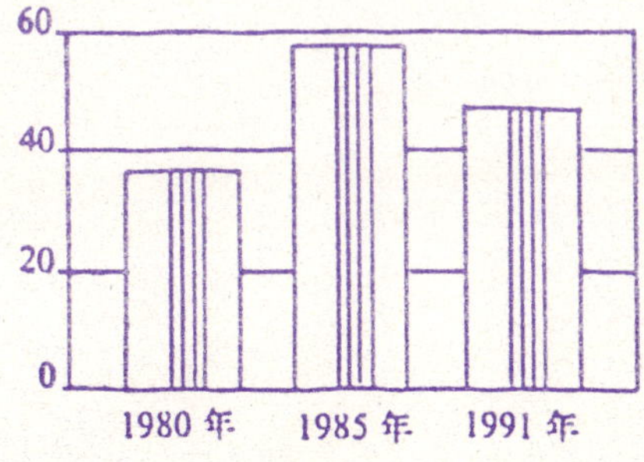

木材消费量(万立方米)

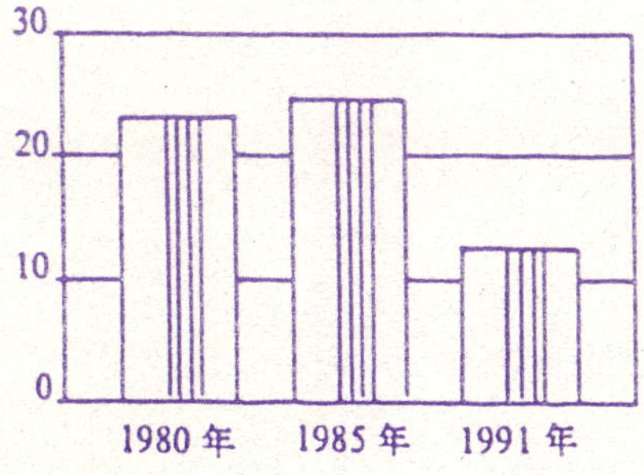

商 业

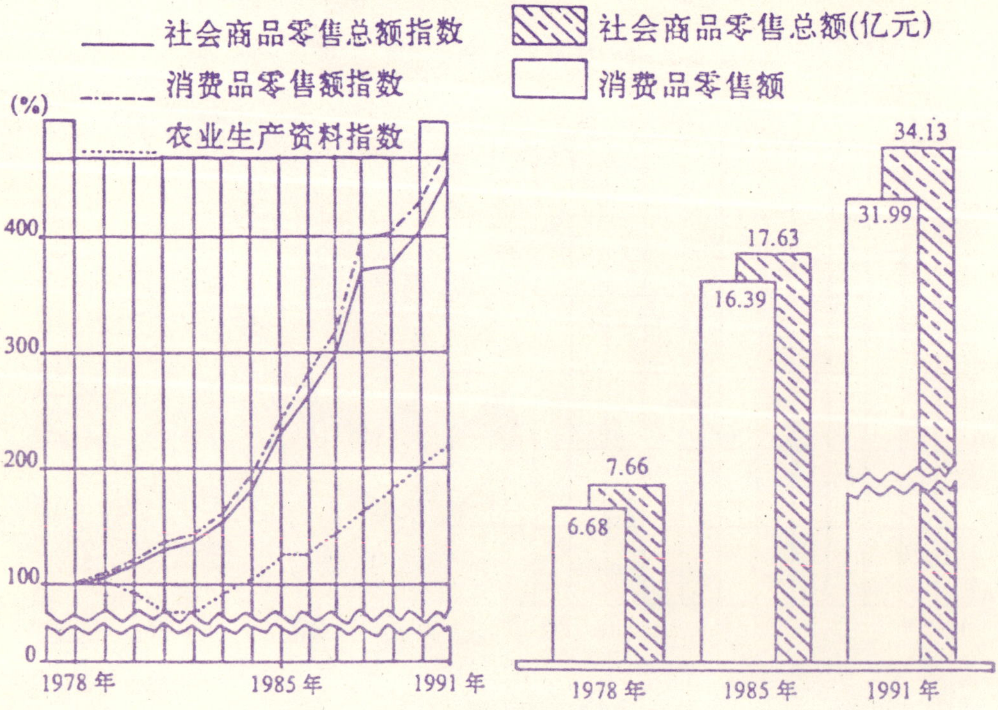

社会商品零售总额的构成(%)

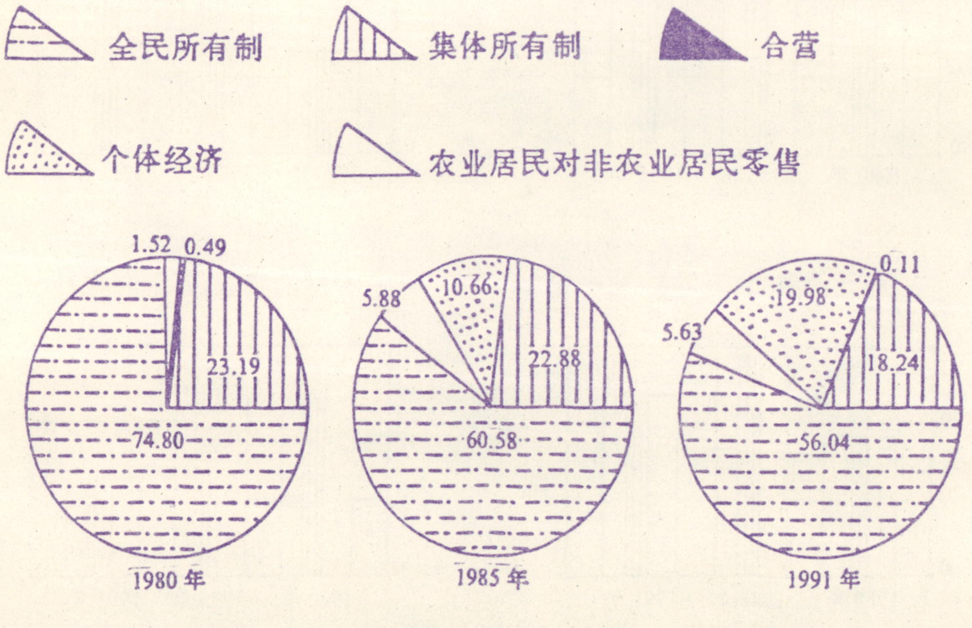

主要消费品零售量

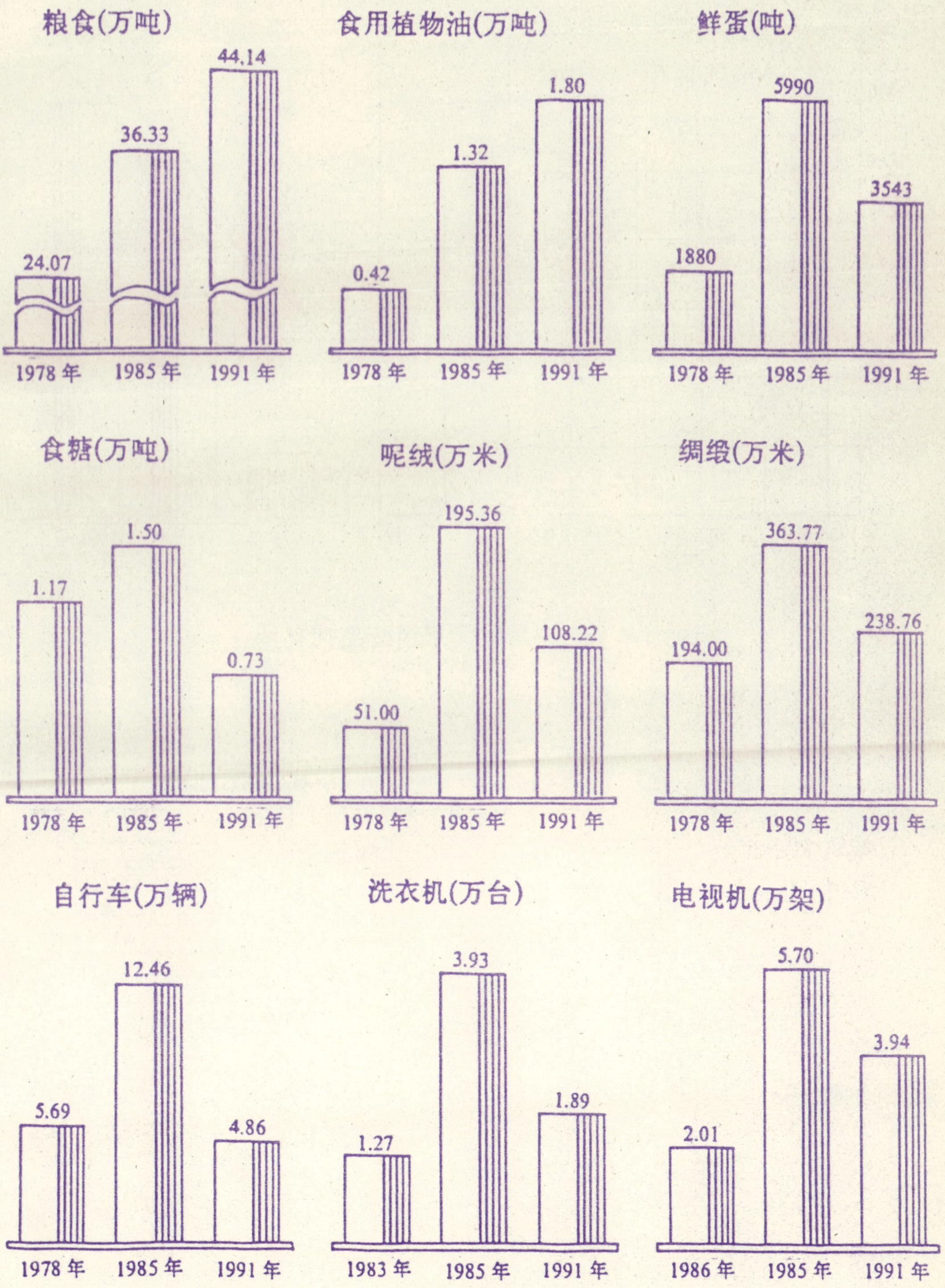
粮食(万吨)
24.07
36.33
44.14
1978年
1985年
1991年
食用植物油(万吨)
0.42
1.32
1.80
1978年
1985年
1991年
鲜蛋(吨)
1880
5990
3543
1978年
1985年
1991年
食糖(万吨)
1.17
1.50
0.73
1978年
1985年
1991年
呢绒(万米)
51.00
195.36
108.22
1978年
1985年
1991年
绸缎(万米)
194.00
363.77
238.76
1978年
1985年
1991年
自行车(万辆)
5.69
12.46
4.86
1978年
1985年
1991年
洗衣机(万台)
1.27
3.93
1.89
1983年
1985年
1991年
电视机(万架)
2.01
5.70
3.94
1986年
1985年
1991年

人民生活

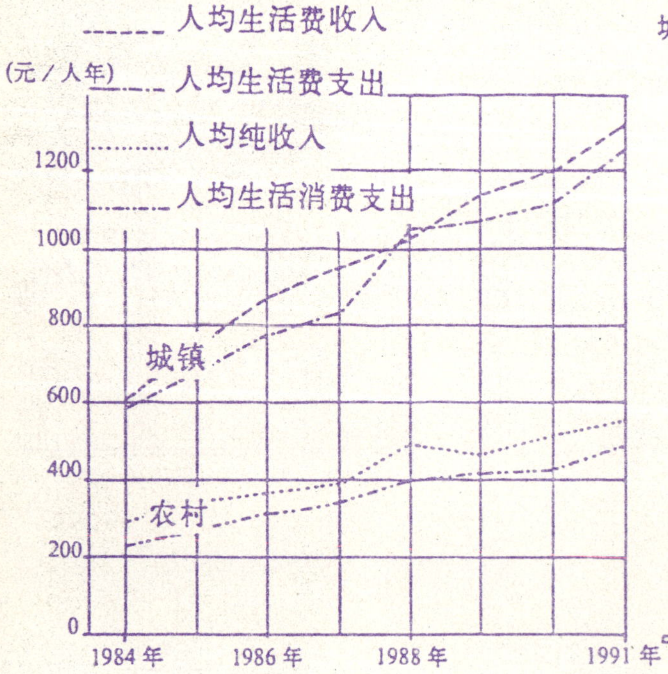

城乡居民年末人均储蓄存款
(元/人)

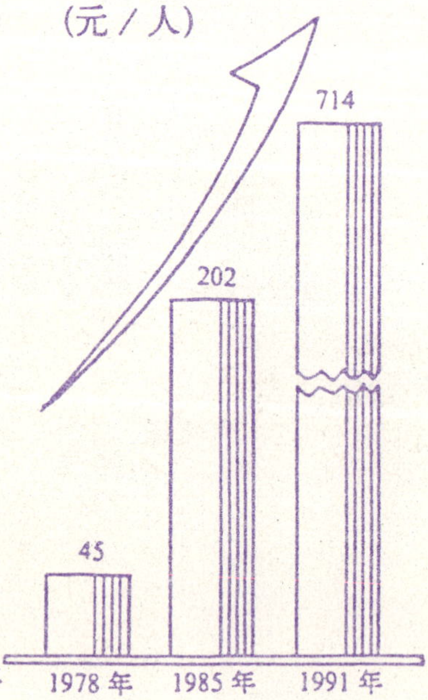

1991年末百户居民耐用消费品拥有量

电视机(台)

城镇 104
农村 34

收录机(台)

城镇 75
农村 28

自行车(辆)

城镇 152
农村 73

洗衣机(台)

城镇 89
农村 8

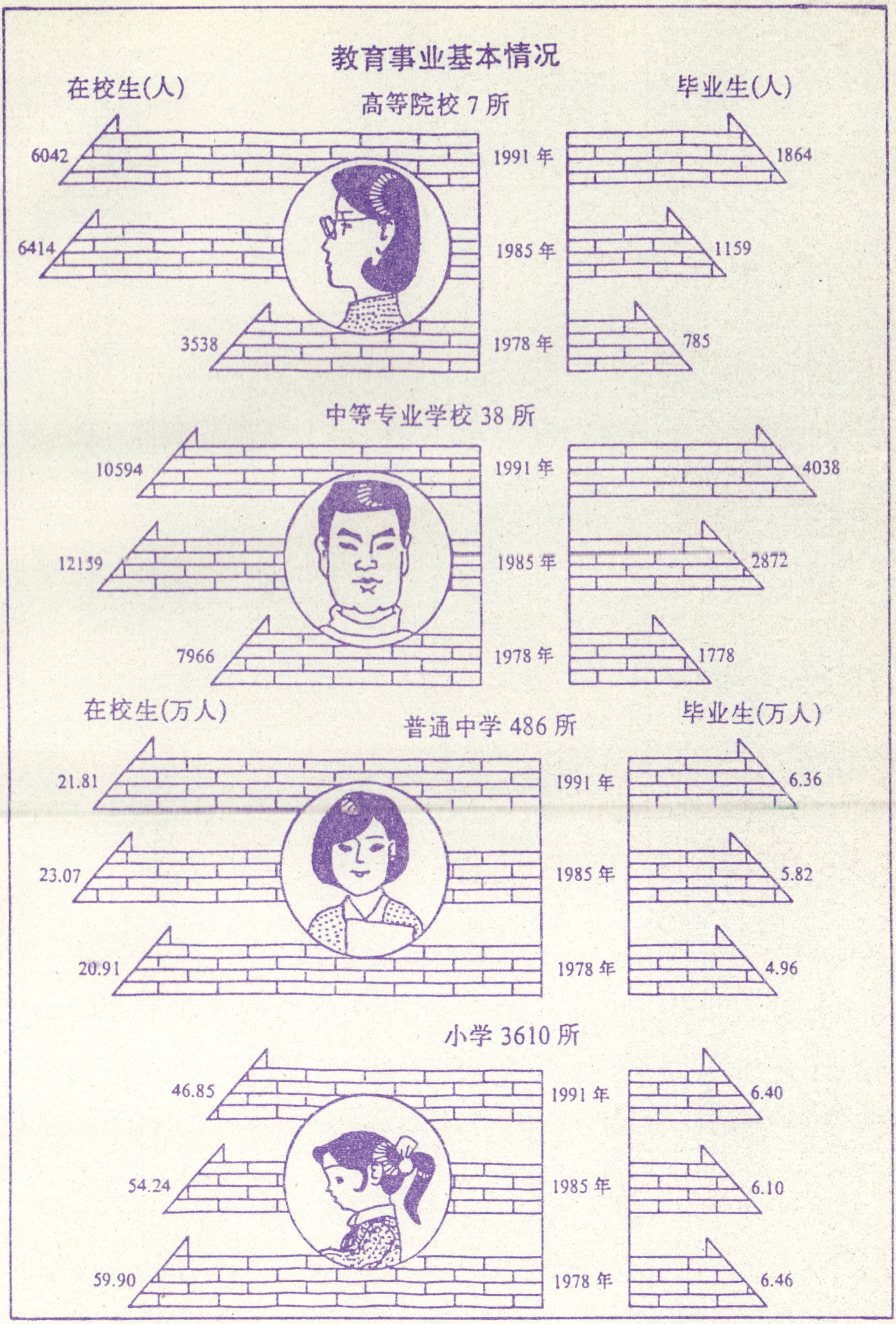
教育事业基本情况
在校生(人)
毕业生(人)
高等院校7所
6042
1991年
1864
6414
1985年
1159
3538
1978年
785
中等专业学校38所
10594
1991年
4038
12159
1985年
2872
7966
1978年
1778
在校生(万人)
毕业生(万人)
普通中学486所
21.81
1991年
6.36
23.07
1985年
5.82
20.91
1978年
4.96
小学3610所
46.85
1991年
6.40
54.24
1985年
6.10
59.90
1978年
6.46

卫生体育基本情况

一九九一年末

全省拥有医院 472 所

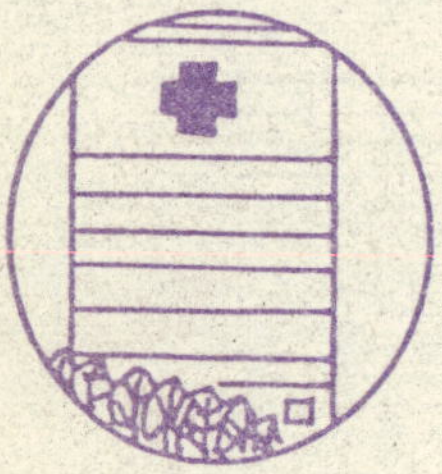

病床(百张)

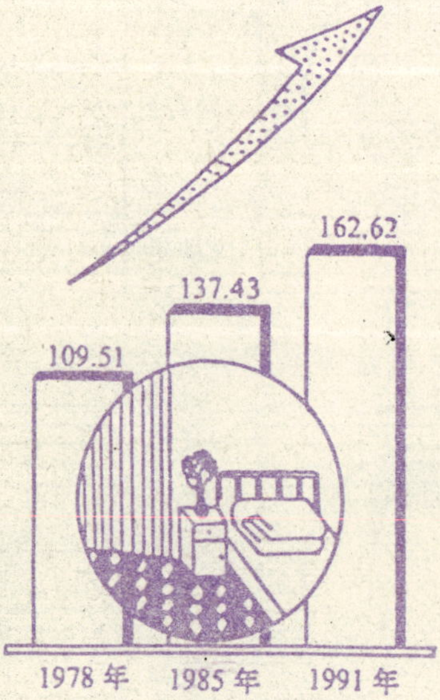

卫生技术人员(万人)

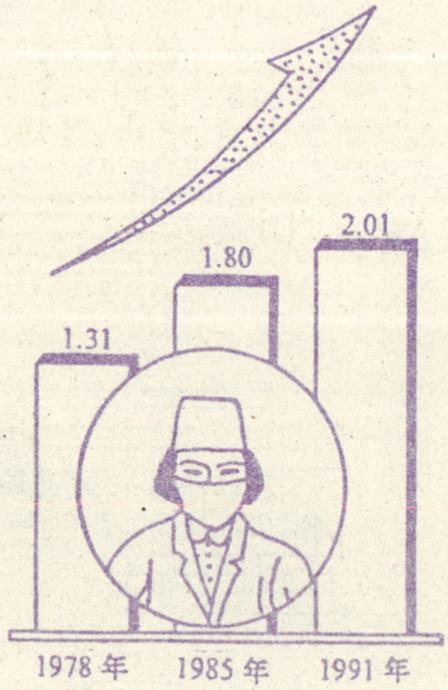

业余体校情况

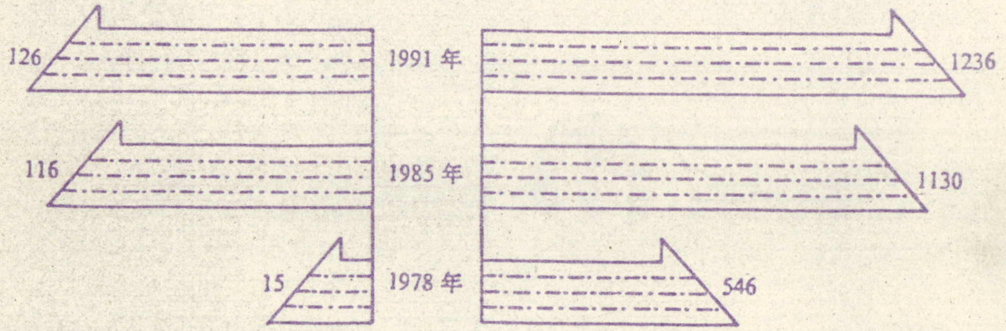

县级以上运动会情况

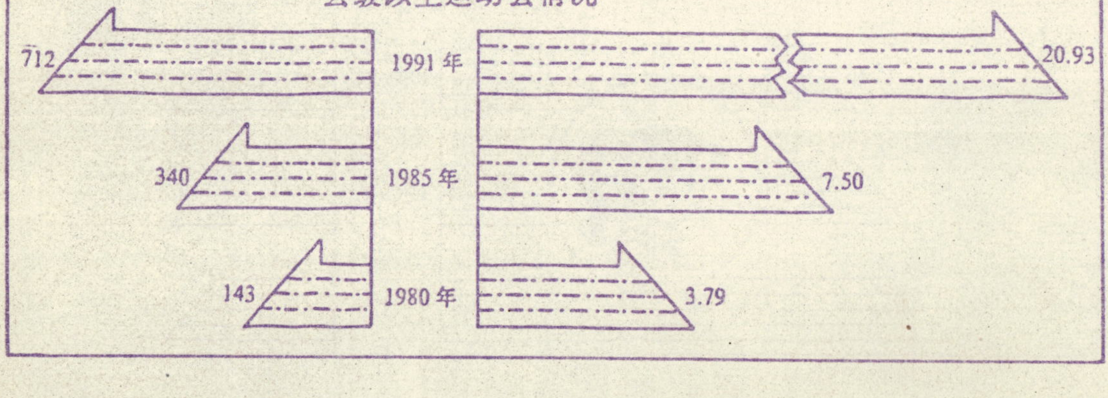

目　　录

二、人口

三、劳动力和工资

四、投资建设

九、工业

十、交通邮电

十一、能源物资

十二、商业

十三、外贸旅游

十四、城市建设和环保事业

十五、科学技术

十六、教育、文化

十七、卫生、体育

十八、民政、司法及其他

地区(厂矿)统计资料

横向对比资料

附列资料

青海省1991年国民经济和社会发展情况的统计公报

青海省统计局

（1992年3月6日）

在省委、省政府的领导下，1991年青海各族人民认真贯彻党中央提出的“八五”计划和十年规划建议的精神，开展“质量、品种、效益年”活动，使全省国民经济步入了良性运行的轨道，治理整顿的预期目标已基本达到，农业的基础地位继续得到加强，农牧业生产夺得了好收成；工业生产保持稳定增长局面，产品结构调整取得了初步成效；固定资产投资增长，投资结构有所改善；流通领域经过治理整顿，市场秩序趋向正常，对外贸易也取得了好的成绩；地方财政收入增长，支出结构趋向合理；金融形势平稳，信贷资金运行良好；居民收入增加，生活有所改善；科技、教育、文化、卫生、体育、新闻、出版等各项社会事业都取得了好的成绩。初步统计，1991年全省国民生产总值72.58亿元，比上年增长4.7%；工农业总产值88.29亿元，增长3.76%。经济运行中的主要问题是：企业经营机制不适应有计划商品经济形势，产品缺乏竞争力，经济效益还比较低，财政比较困难。

一、农　　业

1991年，各地普遍重视农业，大力开展农田草原基本建设，落实“科技兴农”措施，在战胜了少有的夏秋干旱等自然灾害以后，夺得了农牧业的好收成。本年全省农业总产值26.19亿元，比上年增长2.34%，其中种植业产值11.50亿元，增长0.94%，畜牧业产值12.70亿元，增长4.72%。主要农作物的产量都比上年增产。其中，粮食总产量114.63万吨，比上年增长0.06%；油料作物总产量13.21万吨，增长9.7%。

畜牧业又获丰收。1991年末大牲畜和羊存栏数2 263.69万头（只），比上年增长1.94%。其中大牲畜622.21万头，增长1.63%；羊1 641.48万只；增长2.06%。肉用牲畜出栏数和主要畜产品产量都比上年增长。

	1991年产量	比上年增长%
菜牛出栏	62.44万头	1.89
菜羊出栏	349.93万头只	7.23
肉类总产量	15.73万头只	2.48
其中：猪肉	4.58万吨	4.09
羊肉	5.61万吨	1.08
牛肉	5.26万吨	0.96
羊　毛	1.82万吨	3.41
其中：绵羊毛	1.77万吨	3.39
禽　蛋	1.11万吨	3.74

农牧民商品经济观念进一步增强，主要农牧业的商品量增加。按日历年度计算，1991年全省粮食收购量23 534.5万公斤、油料7 829.4万公斤，商品率分别达20.53%和59.27%；猪牛羊肉、羊毛等畜产品都超额完成了调省任务。

1991年全省造林作业面积2.52万公顷（52.82万亩），由于夏秋干旱影响，成活率达到85%以上的面积2.77万公顷（41.55万亩），比上年下降23.5%；林业总产值0.75亿元，下降11.8%。渔业生产有较大发展，全年水产品产量3 943吨，比上年增产17.5%，渔业产值0.07亿元，增长13.3%。

在各级领导的重视下，农牧业生产条件又有了新的改善。年底全省农业机械总动力达137万千瓦，比上年底增长7.99%；大中型拖拉机4140台，减少92台；小型及手扶拖拉机7.06万台，增长11.86%；农用载重汽车3 972万辆；增加236辆；农用排灌动力机械7.75万千瓦，增长10.56%；农田有效灌溉面积17.536万公顷（263.04万亩），增长2.21%；全年化肥（折100%）施用量5.77万吨，比上年增长7.85%；当年机耕地面积21.73万公顷（325.88万亩），增长3.13%；农村用电量14 856万千瓦小时，增长0.66%。到年底，全省农村自办水电站达到52座，总装机容量0.59万千瓦。

草原建设也取得了新的成绩。到年底，牧区围栏草场达到84.07万公顷（1 261.05万亩）；改良草原3.07万公顷（46.05万亩）；草原水渠达到216条、总长1 630公里；草原地下管道393

条、总长 2 517 公里；草原灌溉面积达到 5.79 万公顷（86.89 万亩）。年内草籽种植面积 0.37 公顷（5.25 万亩），收获草籽 29.15 万公斤，采集天然草籽 4.15 万公斤；到本年底累计草原灭鼠面积 287.54 万公顷（4 313.1 万亩），其中当年灭鼠面积 67.61 万公顷（1014.15 万亩）。

农村经济持续发展，产业结构有了新的变化。1991 年全省农村社会总产值达 32.13 亿元，比上年增加 1.55 亿元。其中:农村工业总产值 3.58 亿元，增加 0.58 亿元，农村建筑业、运输业、商业总产值 3.31 亿元，增加 0.26 亿元。

二、工　业

1991 年，全省工业战线广大职工认真开展“质量、品种、效益年”活动，取得了较明显的成效。初步统计，全年工业总产值为 62.1 亿元，比上年增长 4.36%，其中乡及乡以上工业企业的总产值 59.5 亿元，增长 4.44%。

在全省乡及乡以上工业企业总产值中，全民所有制企业的总产值 51.69 亿元，比上年增长 3.63%。其中大中型企业的总产值 32.95 亿元，增长 6.9%；集体所有制企业的总产值 7.72 亿元，增长 10.29%。轻工业总产值 17.86 亿元，增长 2.7%；重工业总产值 41.64 亿元，增长 5.2%。主要工业产品中，大部分支农产品和原材料工业产品都比上年增产；通过限产压库，一些积压滞销产品产量明显减少。

主要工业产品产量如下：

	1991 年产量	比上年增长%
原　煤	270.86 万吨	−15.31
原　油	102.00 万吨	25.96
发电量	58.97 亿千瓦小时	−16.90
其中：水电	43.89 亿千瓦小时	−23.40
钢	35.69 万吨	12.50
钢　材	29.48 万吨	3.57
铜精矿含铜	1 330.00 吨	−0.5
铅精矿含铅	1.56 万吨	−8.20
锌精矿含锌	2.02 万吨	−14.80
金属铝锭	5.84 万吨	27.80
电解镁	2 501.50 吨	148.90
铁合金	8.78 万吨	12.70
纯　硅	0.88 万吨	−13.70
石　棉	4.46 万吨	3.24
水　泥	56.67 万吨	11.76
木　材	2.88 万立方米	−57.14
硫　酸	2.70 万吨	43.60
烧　碱	0.93 万吨	32.80
化　肥(100%)	9.88 万吨	50.60
其中：钾肥	8.82 万吨	50.00
汽　车	566 辆	3.10
机　床	1 062 台	−18.10
原　盐	141.15 万吨	35.60
乳制品	858.29 吨	−21.30
卷　烟	2.69 万箱	16.00
呢　绒	239.60 万米	40.90
毛　线	1 180.59 吨	−17.90
毛　毯	29.20 万条	−11.10
布	2 114.67 万米	−3.10
地　毯	10.02 万平方米	13.30
日用精铝制品	1 659.27 吨	2.40
机制纸用纸板	5 453.96 吨	−23.20
混(配)合饲料	4.85 万吨	−20.40

用于受市场变化、产品质量和价格因素等影响，某些产品出现积压滞销，影响了经济效益的提高。1991 年，全民所有制独立核算工业企业全员劳动生产率 27 703 元，只比上年提高 2.13%。全省 261 户地方预算内国营企业在上缴税金，支付利息后仍有 120 户发生亏损，亏损面达 46%，亏损额上升了 24.2%，而盈利企业的利润额则下降了 12.3%，盈亏相抵后为净亏损；可比产品成本上升了 3.7%。年末企业定额流动资金以及产成品占用额都比上年底增加。

三、交通邮电

交通运输稳步发展，运输秩序有所好转。年内铁路货物运输量（省境内）502.1 万吨，比上年增长 10.6%，货物周转量 32.97 亿吨公里，增长 10.3%；完成客运量 196 万人（次），下降 6.1%，旅客周转量 5.53 亿人公里，下降 9.6%。初步统计，公路运输部门货运量 136 万吨，下降 11.7%，货物周转量 2.80 亿吨公里，下降 25.6%；公路客运量 1 703 万人（次），增长 4.2%，其中公路运输部门客运量 1 192 万人（次），增长 3.7%。公路旅客周转量 9.88 亿人公里，增长 6.9%，其中公路运输部门的旅客周转量 7.22 亿人公里，增长 5.8%。本年曹家堡机场竣工交付使用，使我省民航客货运输状况有显著改善。

邮电通信事业也取得了显著成绩。1991 年全省共完成邮电业务总量 6 223.4 万元，比上年增长 11.9%。在主要邮电业务中，发送函件 2 066.9 万件，比上年下降 25.5%；汇票 155.8 万张，下降5.2%；电报175.2万份，下降2.4%；长途电话377.8万张，增长20.1%；报刊杂志期发数68.8万份，增长15.2%。邮政电信设施有所增加，年末邮电局（所）发展240个，比上年底增加3个；邮路及农村投递线路总长25 978公里，增加1 411公里；城市市内电话用户达到2.5万户，增长2%；农村电话机2 970部，增长4%。

四、固定资产投资和建筑业

固定资产投资有所增长，投资结构有所改善。1991年全省全社会固定资产投资额为23.96亿元，比上年增加1.08亿元，增长7.65%。其中，全民所有制单位投资21.49亿元，增长9.59%；集体所有制单位投资0.58亿元，增长3.7%；城乡私人及个体投资1.89亿元，增长5.9%。

在全民所有制单位投资中，基本建设投资15.07亿元，比上年增长6.35%，其中地方项目投资6.22亿元，下降1.9%；更新改造措施投资2.90亿元，增长28.9%，其中地方项目投资2.34亿元，增长29.3%；商品房建设投资0.36亿元，增长12.5%；其他固定资产投资3.15亿元，增长0.94%。

在基本建设投资中，生产性建设投资10.85亿元，比上年增长17.3%，投资比重由上年的68.87%上升到72%；非生产性投资4.22亿元，增长1.2%，投资比重相应由上年的31.13%下降到28%。投资结构有明显改善，基本建设投资明显向重点行业倾斜。1991年基本建设用于农林牧渔水利业的投资1.06亿元，比上年增长47.22%；用于能源工业的投资7.11亿元，增长31.18%；用于科教文卫事业的投资0.85亿元，增长13.33%。

在更新改造措施投资中，生产性建设投资2.35亿元，比上年增长39.05%，投资比重由上年的75.16%上升到81.03%；非生产性建设投资0.55亿元，投资比重相应由上年的24.84%下降到18.97%。在生产性建设投资中，用于增加产品产量的投资1.17亿元，增长51.95%；用于增加产品品种的投资0.35亿元，增长59.09%；用于提高产品质量的投资0.16亿元，增长33.33%；用于节约能源的投资0.08亿元，增长60%。投资额按建设性质分，新建工程投资0.09亿元，下降33.33%；改建工程投资1.89亿元，增长50%；扩建工程投资0.66亿元，增长23.19%。这一结构的变化，体现了重视“内涵”扩大再生产的方针。

去年全省固定资产投资效益有所改善。年内基本建设新增固定资产14.56亿元，比上年增加3.04亿元，增长26.38%，固定资产交付使用率为96.6%，比上年提高10.9个百分点；更新改造措施新增固定资产1.66亿元，比上年减少0.61亿元，下降26.87%，固定资产交付使用率为57.24%。去年基本建设全部建成投产（或交付使用）的项目604个，比上年增加43个，项目投产率为67.9%，比上年提高2.2个百分点；基本建设房屋竣工面积100.12万平方米，房屋竣工率为51.2%。本年基本建设新增生产能力（或效益）主要有：石油开采10万吨／年，发电机组容量1.66万千瓦、新建公路里程22公里，建成中型飞机场1座，增辟航线1条，建成大、中、小学校舍面积5.57万平方米、新增学生席位1.84万人，医疗卫生机构新增病床716张。

1991年全省全民所有制建筑施工企业完成总产值8.14亿元，比上年增长6.7%；企业全员劳动生产率12 757元／人年，提高了3.8%。

五、国内商业与物资供应

1991年，全省流通领域继续向好的方向发展，市场购销情况稳定正常。去年全省社会商品零售总额34.13亿元，比上年增长11.2%，扣除价格因素后增长4.6%。其中，消费品零售额31.99亿元，增长11.4%；农业生产资料零售额2.14亿元，增长8.5%。在消费品零售额中，售给城乡居民的为28.69亿元，增长11.5%；售给社会集团的为3.29亿元，增长10.5%。

从各种经济类型的商品零售额看，1991年全省全民所有制单位零售额19.13亿元，比上年增长8.3%；集体所有制单位零售额6.23亿元，增长6.3%，其中供销合作社零售额2.79亿元，增长4.1%，个体有证商业（饮食业）零售额6.82亿元，增长28.9%；农民对非农业居民的零售额1.92亿元，增长4.2%。城乡集贸市场十分活跃，全省集市贸易成交额5.84亿元，比上年增长34.6%。

从城乡市场商品零售情况看，1991年市的零售额17.28亿元，比上年增长14.7%；县的零售额10.25亿元，增长11.4%；县以下零售额4.45亿元，增长0.1%。

从各类商品的零售情况看，1991年吃的商品零售额16.79亿元，比上年增长11.9%；用的商品零售额5.34亿元，增长18.6%；烧的商品零售额0.99亿元，保持上年水平。从统计的33种主要商品社会销售量看，有18种商品比上年增长，其中食用植物油增长11.4%，卷烟增长4.5%，禽蛋增长20.3%，呢绒增长34.1%，各种服装增长13.8%，冰箱增长28.5%，彩色电视机增长10.0%。

1991年，全省生产资料购进总额10.56亿元，比上年下降1.59%，销售总额11.19亿元，增长8.13%。全省生产建设主要物资消费情况是：煤炭283.5万吨，比上年增长8.16%；钢材19.48万吨，下降3.38%；木材12.76万立方米，增长5.98%；水泥46.38万吨，增长19.35%；汽、煤、柴油15.6万吨，增长1.43%。

六、外贸旅游

1991年，国家对外贸体制实行了重大改革，全省在克服了资金等困难条件下，对外贸易仍取得了好的成绩。全年商品进出口总值达7 792万美元，比上年增长10.89%。其中出口总值7 552万美元，增长10.89%；进口总值240万美元，增长8.1%。在出口总值中畜产品类690万美元，比上年下降10%；粮油食品类826万美元，下降2%；土产类201万美元，增长13.6%；矿产类2 628万美元，增长30%；有色金属及化工类564万美元，下降47%；医药保健品类906万美元，增长47.8%，地毯634万美元，增长26.0%。去年全省外贸出口商品收购总额为3.47亿元（人民币），比上年下降11.6%。

1991年，全省旅游业有所发展。全年共接待来青海旅游、观光、访问的入境人数7 965人（次），比上年增加2 514人（次）；旅游外汇收入483万元（外汇券），比上年增长45%。

七、财政金融

1991年，全省大力发展增收节支，财政金融工作取得了显著成绩。初步统计，全省地方财政收入为8.47亿元，比上年增长17.0%，按同口径可比因素计算实际增长8.1%；财政支出18.19亿元，比上年增长6.1%。在支出中，用于基本建设、企业挖潜改造、支援农业生产等方面的支出都比上年有较大的增长，支出结构明显向生产性投入倾斜。

信贷资金有所松动。1991年底，全省银行存款余额达64.72亿元，比上年底增加8.61亿元。其中，企业存款余额20.33亿元，增加1.63亿元；城镇储蓄存款余额30.15亿元，增加5.53亿元，年底银行贷款余额87.54亿元，比上年底增加15.17亿元，其中，流动资金贷款余额51.12亿元，增加6.92亿元；固定资产投资贷款余额30.78亿元，增加7.90亿元。存贷相抵后，贷大于存净差22.82亿元，比上年末扩大6.6亿元。

1991年全省银行现金收入70.25亿元，比上年增加8.68亿元，增长14.1%；现金支出75.17亿元，增加9.46亿元，增长14.4%。收支相抵后净投放货币4.92亿元，比上年多投放0.78亿元。

1991年全省保险机构国内保险费总收入为5 592.4万元，比上年增长10.87%；支出赔偿费1 901.1万元，综合赔付率36.14%。国外保险业务总收入折35.0万美元，比上年增长11.82%；支付赔偿费5.8万美元，综合赔付率16.57%。

八、物　价

去年全省在保持流通领域秩序正常平稳的同时，物价涨势也得到了较好的控制。5月份国家对城镇居民定量粮食调价措施出台前后，市场没有发生大的波动。虽然有几个月的物价上涨幅度在8%左右的较高水平上，但由于居民消费心理稳定，加之控制物价的措施得力，抑制了“搭车”涨价现象。1991年，全省零售物价总指数为106.3，基本符合政府预定的控制目标，其中城镇为107.1，农村为104.4。在全省零售物价总指数中，消费品价格指数为106.4，农业生产资料价格指数为104.1。在消费品价格指数中，食品类指数为107.7，衣着类指数为103.8，日用品类指数为102.5，文化娱乐用品类指数为97.5，书报杂志类指数为101.0，药及医疗用品类指数为101.3，建筑及装璜材料类指数103.5，燃料类指数为137.8。在食品类价格指数中，粮食价格指数为114.9；副食品价格指数为105.8，其中鲜菜价格指数为112.4，肉禽蛋价格指数为99.4，水产品价格指数为103.3。

去年全省城乡居民生活费用价格指数为107.6，比上年的指数高2.5个百分点。其中城镇职工生活费价格指数为108.7，农牧民生活费价格指数为105.2。本年生活费用价格指数偏高的原因主要是服务项目收费涨价幅度较高，全年服务项目价格指数高达117.5。

1991年，全省集贸市场价格比较稳定，全年集市贸易价格指数为100.6，消费品牌市差价率为 19.8%。

九、科技教育与文化事业

1991 年，全省科技工作进一步得到加强。年末全省共有各类专业科技人员 10.5 万人，比上年末减少 1.87%。其中自然科学技术人员 4.9 万人，增长 2.08%；社会科学技术人员 5.6 万人，减少 5.08%。全省县以上所属各级科研机构 53 个，拥有职工 4 430 人；其中专业科研人员 2 005 人。1991 年全省共登记的科技成果 144 项，其中基础研究成果 21 项、软科学成果 24 项，已推广应用的成果 74 项，应用后已产生经济效益的成果 33 项。同 1990 年相比，成果水平有明显提高。在本年登记的全部科技成果中，达到国际领先水平的 2 项达到国际先进水平的 15 项、达到国内领先水平的 21 项、达到国内先进水平的 53 项。

企业科技开发工作健康发展。到年底全省大中型企业设有专门的技术开发机构 29 个，比上年增加 3 个；年内企业自行投入的科技开发资金 1037.65 万元，比上年增长 16.5%；组织技术开发项目 216 项，比上年增加 68 项。

专利事业受到重视，本年受理专利申请共 96 件，已批准专利 45 件。

教育事业稳定发展，教学质量逐步提高。1991 年全省 7 所高等院校招收新生 1 743 人比上年增长 1.04%；毕业学生 1864 人，减少 66 人；年底在校学生 6 042 人。去年省外大中专学校在我省共招收新生 2 332 人，其中招收研究生 16 人；省内 39 所中等专业学校招收新生 3 523 人，比上年增加 145 人，毕业学生 4 038 人，减少 178 人，年底在校学生 10 594 人。

去年全省 486 所普通中学招生数达 7.37 万人（初中 5.61 万人，高中 1.76 万人），毕业学生 6.36 万人（初中 4.59 万人，高中 1.77 万人），年底在校学生 21.81 万人；29 所农、职业中学共招收新生 5 258 人，年底在校学生 7 458 人；全省 3 610 所小学校招生 7.15 万人，毕业学生 6.40 万人，年底在校学生 46.85 万人；本年学龄儿童入学率为 84.03%，比上年提高了 2.53 个百分点。

去年年底全省各级各类学校有少数民族在校学生 23.56 万人，占在校学生总数的 30.98%；全省有专设的各级普通民族学校 1 541 所，年内招生 3.42 万人，年底在校学生 15.69 万人。

成人教育事业已趋稳定。1991 年底，全省有成人高校 3 所，年内招生 741 人，毕业 1 073 人，年底在校学生 1 580 人；有成人中专 18 所，年内招生 1 408 人，毕业 1 094 人，年底在校学生 2 986 人；有技工学校 25 所，年内招生 3 740 人，毕业 3-240 人，年底在校学生 9 254 人。去年全省共有 9 866 人参加了成人大专学历自学考试，其中 2 842 人取得了合格证书；有 1 740 参加了成人中专自学考试，其中 1 318 人取得了合格证书。

文化艺术事业在前进中繁荣发展。1991 年底，全省文化事业机构达到 1 149 个，人员达 5 212 人。其中，电影事业机构 756 个，人员 2 137 人；图书馆 41 个，人员 411 人；群众文化事业机构 303 个，人员 877 人；专业艺术表演团体 14 个，演职人员 877 人。文学艺术创作也十分活跃。

新闻出版事业取得了较好的成绩。年底全省共有报社 10 家，全年印发报纸 13 种、4 438.8 万份；有杂志 18 种、共发行 53.4 万册（份）。出版单位年内出版汉文租型图书 271 种，总印数达 876.85 万册（份）；出版少数民族文字本版图书 71 种，租型图书 74 种，总印数 144.14 万册（份）。

广播电视事业有新的发展。1991 年底，全省有无线电广播电台 4 座，发射台、转播台 8 座，总发射功率 459 千瓦；有自办节目的电视台 4 家，转播台、差转台 226 座，总发射功率 69.07 千瓦，电视人口覆盖率 73%；农村有线广播站共 244 个，入户广播喇叭 15.22 万只，入户率 29%。

1991 年，全省环保工作积极贯彻国家《环境保护法》取得了较好的社会效益。到本年底全省环境观测站发展到 11 个，环保系统工作人员达到 398 人，比上年底增长 6%。累计建成烟尘控制区 7 个，覆盖面积 19.35 平方公里，其中 1991 年新建控制区 2 个，覆盖面积 5 平方公里。省会西宁市建立了环境噪声达标区 6 个，面积达 13.41 平方公里。1991 年全省完成治理环境污染项目 17 个，总投资达 1 413.4 万元。

十、卫生体育事业

卫生事业在党的关怀下稳步发展。1991 年底，全省卫生机构共 1 184 个，其中医院 472 所；医疗卫生单位拥有病床 1.63 万张，比上年增加 0.06 万张；卫生技术人员达到 2.01 万人，增加 0.02 万人。年内全省各级卫生部门共组织 8 个医疗队、80 名医务工作者深入农村牧区和基层单位，为各族人民防病治病，开展计划生育技术咨询和指导工作，深受群众欢迎。各种传染病、慢性病、流行病、地方病防治工作深入开展，取得了一定的成绩；群众性的爱国卫生运动进一步普及，成效显著。

体育事业得到发展，群众体育活动十分活跃。1991 年，全省乡以上举办的各种体育运动会 1 931 次，参加人数 45.03 万人（次）；全省专业运动代表队（团）在参加国际和国内全国性的体育竞赛中，共获冠军（或第一名）9 个（项）、第二名 12 个（项）、第三名 11 个（项）。其中在第四届全国少数民族运动会上获金牌 1 枚、银牌 2 枚、铜牌 1 枚。1991 年底，我省有等级运动员 353 人，其中一级运动员 5 人、二级运动员 52 人、三级运动员 182 人。

十一、人民生活

1991 年，全省居民消费需求明显回升，城乡各族人民在收入增加的同时，生活水平有所提高。根据抽样调查，1991 年全省城镇居民人均生活费收入 1 325.14 元，比上年增长 10.51%，扣除价格上涨因素后，实际增长 1.67%；人均生活费支出 1 260.58 元，比上年增长 12.77%。收支相抵后，尚有结余。去年全省农牧民人均纯收入 556 元，同上年基本持平。人民群众消费水平有所提高，消费结构趋于稳定正常，年底耐用消费品拥有量也有所增加。根据抽样调查，1991 年底全省每百户农牧民家庭拥有自行车 73 辆、缝纫机 48 架、钟表 161 只、洗衣机 8 台、收录机 28 台、电视机 33 台，平均每百户城镇居民家庭拥有自行车 152 辆、组合家具 18 套、洗衣机 89 台、电冰箱 20 台、收录机 75 台、电视机 103 台（共中彩电 83 台）。

城乡居民居住条件继续改善。年内国家投资建成城镇住宅 64.03 万平方米；农牧民自建住宅 20.44 万间、181.94 万平方米。

城镇就业安置工作取得了较好的成绩。去年全省共安置 4.39 万人就业，其中待业人员 3.53 万人，国家统一分配的大中专毕业生及复员转业军人 0.86 万人，使年末全省职工人数达到 67.40 万人，比上年底增加 0.97 万人。年底城镇个体劳动者人数已达到 4.05 万人，比上年增长加 0.05 万人。1991 年，全省职工工资总额达 18.46 亿元，比上年增长 6.71%；职工年平均货币工资 2 750 元，增长 4.48%。居民储蓄存款继续增加，到年底城乡储蓄存款余额达 32.15 亿元，比上年底净增 5.92 亿元。

社会福利事业受到各方面的重视。1991 年全省城乡 5 个社会福利机构共收养各类无生活依靠的人员 129 人，集中供养 129 人；因一般自然灾害灾民得到国家救济款 502 万元。

十二、人　　口

根据抽样调查，1991 年全省人口出生率为 23.37‰，死亡率为 8.35‰，自然增长率为 15.02‰。年末总人口达 454.4 万人，比上年末增加 6.74 万人，增长 1.5%。

注:本公报所列国民生产总值及农村社会总产值均按当年价格计算，增长速度按可比价格计算，工农业总产值按 1990 年不变价格计算。

特　　载

中共青海省委七届六、七、八次全委会综述

中共青海省委七届六次全委会于2月4日至9日在西宁召开。出席会议的有省委委员、候补委员38人；列席会议的有省顾委委员、纪委委员、省人大党员副主任、省政府副省长、省政协党员副主席、州、地、市、县委书记、州长、专员、市、县、省直各部门各单位党组党委书记180多人。

会议由省委领导尹克升、田成平、金基鹏、桑结加等主持。

省委书记尹克升作了《认真贯彻党的十三届七中全会精神夺取建设和改革的新胜利》的报告。省委副书记省长金基鹏就如何集中精力抓好我省今年的经济工作为确保"八五"建设起好步的问题作了重要讲话。省委副书记田成平在会议结束时作了总结讲话。

会议的主要任务是贯彻落实党的十三届七中全会精神，研究我省"八五"计划和十年规划的基本思路、安排布置1991年的工作。

※　※　※

中共青海省委七届七次全委会于7月17日在西宁举行。省委书记尹克升、副书记田成平主持了会议。出席这次会议的有省委委员25人、候补委员8人。列席会议的有省顾委委员、纪委委员、省人大党员副主任、省政府副省长、省政协党员副主席、各州、地、市、县委书记、省直各部门各单位党组党委书记192人。

会议主要议题是讨论审议《中共青海省委关于制定全省国民经济和社会十年规划和"八五"计划的建议》。省委副书记省长金基鹏在会上作了《关于制定十年规划和"八五"计划建议的说明》的报告。经过与会人员的认真讨论并做了一些修改后，全会一致通过了这个《建议》。

这个《建议》确定了九十年代全省经济社会发展的基本思路、指导方针和奋斗目标。《建议》由六部份组成（55条）：一、奋斗目标和指导方针。二、主要产业部门的发展和地区布局。三、加快科技教育和文化事业的发展。四、改善人民生活和健全社会保障。五、继续深化经济体制改革。六、加强社会主义精神文明建设。

会议结束前，省委书记尹克升就如何贯彻落实这个《建议》以及下半年的工作做了重要讲话。会议完成了预定任务，于7月17日闭幕。

※　※　※

中共青海省委七届八次全委会于12月18日在西宁召开。省委领导尹克升、金基鹏、桑结加等主持了会议。出席这次会议的有省委委员、候补委员；列席会议的有省顾委委员、纪委委员、省人大党员副主任、副省长、省政协党员副主席、各州、地、市、县委书记、州长、专员、市长及省直各部门各单位党组党委书记236人。

全会以党的十三届八中全会精神为指导，认真学习了《中共中央关于进一步加强农业和农村工作的决定》，围绕如何加强我省农村牧区工作进行了热烈的讨论。

全会审议并通过了中共青海省委关于贯彻中央《决定》，进一步加强农牧业和农村牧区工作的意见。主要内容有十条：一、认真学习《决定》精神，提高对农业基础地位和农村工作重要性的认识。二、明确奋斗目标，争取九十年代农村牧区经济再上新台阶。三、保持政策长期稳定，继续深化农村牧区改革。四、继续调整产业结构，促进农村牧区经济全面发展。五、立足增强发展后劲坚持不懈地开展农田草原水利基本建设。六、实施科技兴农兴牧战略，提高农牧业科学技术水平。七、广开渠道增加农牧业投入。八、继续抓好扶贫工作，帮助贫困地区发展生产脱贫致富。九、深入开展社会主义思想教育，加强基层组织建设和精神文明建设。十、加强党对农村牧区工作的领导，努力开创新局面。

省委书记尹克升就今年的工作和明年的任务作了重要讲话。全会于12月21日结束。

尹克升同志在省委七届八次全委会议上的讲话

（1991年12月21日）

同志们：

省委七届八次全委会今天就要结束了。几天来，大家以党的十三届八中全会精神为指导，围绕进一步加强我省农牧业和农村牧区工作，进行了热烈的讨论，审议、通过了省委贯彻中央《决定》的意见。上午，基鹏同志和桑结加同志分别就计划、财政和社会主义思想教育问题讲了重要的意见。我们相信，只要认真学习贯彻党的十三届八中全会精神，我省的农牧业和农村牧区工作一定会出现一个新的局面，明年的各项工作一定会有新进展。

下面，我受省委常委的委托，就今年的工作和明年的任务讲几点意见。

一、统一认识，坚定信心 以新的精神风貌迎接新的任务

1991年是治理整顿，深化改革，各项工作取得新进步的一年。全省各级党委和政府团结带领广大干部和各族群众，坚持党的基本路线，紧紧围绕我们年初提出的经济工作、党的建设和稳定局势三件大事开展工作，各条战线都取得了明显成效。全省政治稳定，民族团结，经济发展，形势越来越好。

农牧业生产稳定发展。用于农牧业的投入明显增加，科技兴农进一步加强，各项生产措施扎实细致。尽管遭受了历史上罕见的干旱等自然灾害，仍然取得了较好收成。预计粮食总产可达114.63万吨，比历史最好水平的去年略有增长。畜牧业连续获得第四个丰收年，到年底，预计牲畜存栏2255万头（只），比去年增长1.57%。

工业生产逐步回升。通过开展“质量、品种、效益年”活动，深化企业内部改革，改善外部环境，扭转了生产连续下降的局面，开始向好的方向发展。1-11月份，累计完成工业产值54.45亿元，比去年同期增长4.3%。预计全年实现产值58亿元，基本可以实现增长5%的目标。

商业外贸形势继续好转。1-11月，全省社会商品零售总额29.87亿元，比去年同期增长9.7%。外贸出口进一步增加，全年预计出口总额7324万美元，比去年增长6.3%。

财政收入持续增长。1-11月份，全省完成财政收入6.37亿元，比去年同期增长11%，财政支出14.37亿元，比去年同期增长3.5%，预计全年财政收入7.4亿元，基本实现收支平衡。

社会政治基本稳定。各级党委和政府深入贯彻六中、七中全会精神，进一步密切了党群、干群关系，巩固和发展了各族干部群众的大团结，农村牧区社会主义思想教育深入开展，各级党组织抓党的建设的自觉性进一步提高，社会主义精神文明建设进一步加强。

这些成绩，是在比较困难的经济条件下和国际国内不断变化的新形势下取得的，是我们正确贯彻执行党的路线、方针和政策的结果。通过一年来的实践，使我们对如何立足青海实际，把握工作规律，实施正确指导的认识前进了一步。这些认识和体会主要是：

1、必须坚持党的基本路线，坚决贯彻一要稳定、二要发展的方针。青海多民族聚居、经济文化比较落后。保持民族地区的长期稳定，加快民族经济的发展，是摆在全省各级党委和政府面前的一项十分重要的任务，也是我们这几年来实践中得出的一条重要经验。今年，在错综复杂的国际国内形势下，全省各级党委和政府，始终保

持清醒的头脑，坚持党的基本路线不动摇，贯彻党的方针政策不动摇，走共同富裕的道路不动摇，政策稳，人心定，推动了经济建设和各项事业的发展。实践证明，一要稳定、二要发展的指导方针是完全正确的。在今后的工作中，我们仍然要继续坚持这一指导方针，牢固树立以经济建设为中心的思想，千方百计加快经济建设的步伐；同时进一步加强各族干部群众的团结，维护社会的稳定，努力为经济和社会发展创造良好的环境，争取更大发展。

2、必须坚持实事求是的思想路线，不断增强青海意识。我们提出要增强青海意识，其实质一是要解决好立足点问题，即把中央的方针政策同青海的实际更好地结合起来，办事情想问题，都要从青海的实际出发，立足青海，面向全国；二是要解决好立志的问题，即树立改变落后面貌的雄心壮志，提倡脚踏实地、改革进取、无私奉献的精神。根据这个思想，我们始终把做好民族工作，巩固和发展各族干部群众的大团结作为全省工作的大局；根据这个思想，我们把加快资源开发作为振兴青海经济的基本途径；根据这个思想，我们把发扬艰苦奋斗的精神作为全省人民开拓进取的强大动力。这个思想，体现了中央大政方针同青海具体实践相结合的特色。实践证明，青海的事业要发展，经济要振兴，只能用这种意识、这种精神把干部群众动员起来、凝聚起来，形成克服困难的强大合力，创造性地进行工作，说青海的话，办青海的事，走自已的路，满怀信心，把青海的事情办好。

3、必须坚持科学的思想方法，全面准确地认识、分析和处理各种实际问题。全面贯彻党的路线、方针和政策，必须讲究思想方法，端正思想路线，注意克服形而上学，防止一种倾向掩盖另一种倾向。今年以来，省委特别强调对省情、州（地、市）情、县情的辩证分析，强调马列主义、毛泽东思想的指导。在思想方法上，坚持实事求是、辩证统一，办事情，想问题，尽量避免主观臆断，不搞照搬照抄，防止“一刀切”。在工作布局上，既注意了全局，又突出了重点，坚持物质文明和精神文明一起抓；在经济工作中，既看到差距、承认落后，更看到优势、增强信心，既注意量力而行，更强调尽力而为，以创造性的工作和改革精神寻求解决问题、摆脱困境的出路，力求速度与效益统一，经济增长与发展后劲并重。实践证明，用科学的思想方法指导工作，就能避免或减少失误，就能把各方面的积极性都调动起来，使我们的各项事业沿着正确的轨道健康发展。

4、必须坚持不断改进领导作风，认认真真抓落实，扎扎实实干事业。今年，各级领导把改进作风作为班子建设的一项重要任务，作为提高机关整体素质的一件大事来抓。很多领导干部深入基层，深入群众，调查研究，现场办公，了解情况，解决问题。机关作风有很大转变，党群关系、干群关系不断改善，党在人民群众中的威信进一步提高。只要我们长期坚持这样做，工作就会不断前进，领导水平也会不断提高。

在肯定工作成绩的同时，必须清醒地看到面临的困难和存在的问题。从工业生产讲，经济效益仍不理想，结构调整缓慢，产品积压严重，资金周转不畅，经济难关还没有完全渡过；从农牧业生产讲，当前的旱象日趋严重，据气象预报，今冬明春，持续干旱，不仅严重影响明年的农牧业生产，而且已经危及部分农牧民群众的生活。另外，在党风、廉政建设、社会治安等方面，都存在一些不容忽视的问题。我们应该采取有力措施，有针对性的加强工作。

党中央相继召开的中央工作会议和八中全会，为我国工农业生产的持续、稳定、协调发展指明了方向。在新的一年里，我们要动员全省各族干部群众全面贯彻执行党的基本路线，贯彻落实中央工作会议和党的八中全会精神，坚持以经济建设为中心，聚精会神抓党建，加强团结促稳定，用各项工作的新成绩，迎接党的第十四次全国代表大会的胜利召开。

二、坚持以经济建设为中心，抓住调整结构和提高效益两个关键环节，促进经济持续稳定发展

明年的经济建设，必须按照中央工作会议和八中全会的精神办事，从我省的实际出发，瞄准加强农牧业、搞活大中型企业、加快资源开发三个目标，紧紧抓住调整结构和提高效益两个关键环节，切实解决突出矛盾和关系全局的问题，促进经济持续稳定协调发展。

1、大力加强农牧业基础。

农牧业是我省国民经济的基础，农牧业生产发展了，农村牧区的安定就有了物质基础，全省稳定就有了可靠保证。当前和今后一个较长时期内，我们必须在八中全会精神指引下，认真贯彻落实省委关于进一步加强农牧业和农村牧区工作的意见，促进农牧业经济和农村牧区建设的全面发展.明年农村牧区要重点抓好四个方面的工作：

第一，继续深化农村牧区改革。要在进一步稳定家庭联产承包责任制的基础上，针对我省农村牧区当前存在的问题，把完善统分结合的双层经营体制、健全社会化服务体系和壮大集体经济作为深化改革的重点。家庭联产承包责任制适合我省农村牧区的生产力水平，必须长期稳定下去，不断完善提高。要进一步给农牧民群众吃定心丸，把他们的积极性调动到发展生产上来。农村牧区社会化服务体系建设，目前正由点到面、由浅入深地铺开，初步搭起了一个框架。要进一步加强分类指导，协调各方力量，不断充实和完善。要一手抓服务体系的健全，一手抓服务水平的提高，重点是抓好乡镇一级的统一协调和管理职能，抓好与农牧业生产相关部门服务工作的检查和督促，推动农村牧区社会化服务体系健康发展。完善双层经营体制、健全社会化服务体系的核心环节是逐步壮大集体经济实力，引导农牧民走共同富裕的道路。我省目前多数地区村级集体经济比较薄弱，乡镇集体经济多数也未形成力量。要从实际出发，立足当地资源，抓好开发性生产，培植集体经济的生长点，解决好起步问题。

第二，加强农牧业基础建设，坚持不懈地搞好农牧业综合开发。明年农牧业基础建设要着重抓好三件事：一是抓好农田基本建设。继续抓好治山、治水、治土和种树、种草等项工作，山水田林路综合治理，坚持改造低产田和生产基地建设，力争粮食产量和农民收入有一个新的突破。二是牧区要继续发展草业，强化基础。要坚持“立草为业”的方针，坚持进行草场围栏、人工种草、牲畜棚圈、定居房舍四配套的综合建设，提高防灾抗灾能力，保持畜牧业稳定发展。三是全省都要立足抗旱夺丰收。今年由于持续干旱，省内大部分农牧业县及浅山、半脑山地区出现严重旱情，抗旱已成为今冬明春全省农牧业战线的一件大事。各条战线都要立即行动起来，动员各方面力量投入抗旱，抓好备耕备种和抗灾保畜工作，共同为农牧业生产搞好综合服务，千方百计地帮助基层和农牧民解决生产、生活中存在的实际困难。

第三，大力加强农牧科技推广和应用，加快科技兴农兴牧的步伐。要以科技成果的推广、应用为重点，加强农牧业技术培训，认真落实科技承包措施，大力推广适用技术，充分发挥科学技术进步在农牧业生产中的重要作用。要持之以恒地实施“星火”、“燎原”、“丰收”计划，把实用技术普及到乡村和农牧户。这几年，丰产栽培技术、旱作农业技术、农作物间套复种技术、畜禽保暖快速饲养技术等已为越来越多的群众所接受，关键是进一步扩大范围，普及推广开来。要进一步完善农牧区技术服务网络，稳定农牧业科技队伍，加强科技知识的普及宣传，加强对农村牧区科技工作的领导和管理。要加强气象科学研究，提高对旱、涝、雹、雪等气象灾害的监测和预报水平，做好为国民经济建设和人民生产、生活服务的工作。

第四，搞好多种经营和乡镇企业，发展商品生产，增加农牧民收入。农业区要继续抓好养殖业，巩固和发展畜牧业经济“大合唱”，有条件的地方，应积极推广和发展庭院经济，开展多种经营。牧业区要重视发展采集加工业，扩大商品，增加收入。乡镇企业明年要有新的发展。一是加强现有企业的技术改造，强化内部管理，进一步提高产品质量和经济效益；二是立足当地资源，适应市场需求，选准产品方向，有计划地兴办乡镇企业，并尽可能地给予扶持，使其健康发展。

2、采取综合措施，搞好大中型企业。

搞好大中型企业，既是经济问题，也是重要的政治问题，是明年经济工作中的一项紧迫而艰巨的任务。省委工作会议之后，各地、各部门贯彻落实会议精神的情况总体是好的。但是目前经济生活还面临着不少困难和问题，明年大的经济环境仍不会很宽松，搞好企业还会遇到新的困难和问题。我们对此一定要有正确的认识，切不可盲目乐观，要进一步加强领导，打好企业翻身仗。

搞好大中型企业，要坚持两手抓。一手抓外部条件的改善，一手抓企业内部潜力的发挥。各级政府要进一步转变职能，结合落实搞好企业的各项政策，从明年开始，再花两年左右时间，逐步理顺政府与企业的关系，改善和加强宏观调控，认真推进政策配套，加强生产的统一调度，加强行业管理和计划指导，切实减少不必要的行政干预，为企业发展创造良好条件。企业内部要加快改革步子，进一步完善企业承包经营责任制，特别是在企业用工、分配和人事制度改革方面，要迈出大的步子。坚持从严治厂，加强管理，健全制度，整顿纪律。推进企业技术进步，搞好职工技术培训。全心全意依靠工人阶级，全面提高企业经济效益。

随着产品结构调整、限产压库和关停并转，明年一些企业特别是一些亏损大户和特困企业，将会遇到更大困难。一方面要有计划、有步骤地发展企业群体和企业集团，实行企业兼并和改组联合，以先进带落后，提高企业组织程度和专业化协作水平，提高工业企业规模经营的整体效益。另一方面，有关部门要制定一些扶持政策，帮助停产、半停产企业开辟新的生产途径，搞好生产自救。政府要帮助他们安排好职工生活，解决实际困难。要狠抓扭亏增盈工作，对于经营性亏损企业，要认真整顿，限期扭亏；对于通过努力可以救活的企业，要采取一些特殊政策给予支持；对于长期亏损、扭亏无望的企业，要下决心关停并转。

在搞好国营大中型企业的同时，要重视发展县办工业和城镇集体企业，鼓励兴办多种形式的经济实体，重视其它经济成份的健康发展，进一步加强管理和引导，发挥集体经济和其它经济成份在我省经济建设中的作用。

3、努力加快资源开发步伐。

发挥资源优势，加快资源开发，是增强经济发展后劲、全面振兴我省经济的根本出路。经过多年努力和实践，我们在这方面的认识逐步深化，基础工作有了很大改善，加快开发的时机日渐成熟。只要我们坚持不懈，调动各方面的积极性，抓住时机，做好工作，资源开发必将推动全省经济进一步发展。

加快资源开发，必须继续贯彻两条腿走路的方针。一方面，要在现有基础上，争取再上一批新项目，主要是围绕水电、石油、天然气和盐矿资源开发，争取国家投资兴办一批重点工程，增强我省经济实力。对已确定的重点建设项目，要加强领导，集中力量，打好攻坚战，争取尽快建成投产。对尚待立项的项目，有关部门要抓紧论证，做好前期工作，争取国家立项，早日投入建设。另一方面，要坚持自力更生，积极兴办一批地方小型开发项目。本着因地制宜，量力而行的原则，采取多种形式、多种开发渠道，千方百计筹集资金，能搞什么就搞什么，什么效益好就搞什么，集中搞一批小采矿、小加工。要鼓励各地努力扩大对外经济交往，广泛建立经济技术协作关系，积极引进资金、技术和人才，促进地方工业的发展。

要继续支持国家重点建设工程，充分发挥其在我省资源开发和经济建设中的骨干作用。积极主动为重点工程建设提供服务，帮助解决建设中遇到的各种实际问题。进一步加强地方政府与重点工程的联系，抓好工作协调，利用中央大企业的优势，在互惠互利的条件下，兴办一批下游加工工业、小型配套项目，拓宽经济发展路子，带动地方工业发展。

4、积极做好财贸金融工作。

加强农牧业基础，搞好大中型企业，都离不开财贸金融部门的支持。财贸金融战线要树立为经济建设服务的思想，从各自的业务出发，努力为发展农牧业生产、搞好大中型企业、开发资源作出自己的贡献。财政要增收节支，尽可能挤出一点资金用于经济建设。银行要积极融通资金，增加并及时发放贷款，继续帮助企业清理“三角债”。各行各业，各个单位都要牢固树立“过紧日子”的思想，勤俭办一切事业，杜绝铺张浪费。要进一步搞活流通，完善流通服务体系，充分发挥国营商业、供销社、民贸公司的主渠道作用，平抑物价，繁荣市场，保障供应。要扶持生产，密切产供销、农工商、技工贸联合，拓宽流通渠道。积极保护和支持地方产品，帮助企业搞好产品销售。要解决好农畜产品收购问题，适当扩大储备，改变目前农牧民卖粮难、卖油难、卖毛难的被动局面。要加强市场和集镇建设，完善市场体系和流通设施，引导企业、城乡集体商业组织和个体经营者进入流通领域，进一步把市场搞活，促进全省特别是民族地区经济的繁荣。

5、进一步重视和加强科技教育。

振兴经济靠科技，科技振兴靠教育。全省各级党委和政府要进一步树立"科技是第一生产力"的思想，把发展国民经济转到依靠科技进步和提高劳动者素质的轨道上来。明年"科教兴青"工作要精心组织实施。把科技工作的重点放在解决生产建设的实际问题上，动员科技人员深入农村牧区、工矿企业，直接为工农牧业生产服务；进一步抓好科技知识的宣传推广，加强对科教兴青的舆论宣传，动员全省各行各业、各条战线都来关心和支持科技工作，形成全民大兴科技、大搞科技的气候。按照全省教育发展"八五"计划和十年规划的要求，继续把基础教育、民族教育作为工作的重点，抓好初等教育的入学率、巩固率、毕业率、普及率；积极发展职业技术教育，办好各种专业技术培训班，加强成人教育和岗位培训；优化高等教育的专业结构，加强实践环节，进一步增强适应性和实用性，为科教兴青提供智力支援和人才保证。进一步加强科技教育的基础建设，支持科技、教育体制改革，促进经济振兴、科教繁荣、社会发展、民族进步。

三、继续坚持不懈地抓好党的建设更好地发挥党组织的核心领导作用

抓好党的建设，是我们一切工作的根本。我们要从建设有中国特色社会主义的高度，聚精会神地抓好党的建设，把党的各级组织建设成为富有战斗力的、坚强的领导核心，充分发挥广大共产党员的先锋模范作用。

1、坚持学习马列主义、毛泽东思想，提高各级干部的理论水平和政治素质。

当前，国际形势严峻，国内任务艰巨，形势和任务要求我们党必须在理论上更加成熟起来。各级干部特别是县以上领导干部，一定要从思想上认识学习马列主义、毛泽东思想的重要性，切实改变少数单位和部分干部忽视理论学习的现象，不断增强学习的自觉性。要按照中央的要求坚持学习马克思主义的基本理论，学习毛泽东、邓小平等老一辈革命家的著作，学习建设有中国特色社会主义的理论，明年还要集中学习中共党史和党建理论。通过学习，划清马克思主义与形形色色的机会主义思想和理论观点的界线，进一步坚定社会主义、共产主义信念，提高理论水平和政治素质。要建立和完善干部的学习、培训制度，并加强督促检查，保证制度的实行。要制定和落实好干部培训计划，建立干部培训档案。今后，要把干部理论学习和培训情况作为考核、使用干部的一项重要内容。

学习马克思主义的目的全在于应用。我们一定要发扬理论联系实际的学风，把学习的着眼点放在掌握马克思主义的立场、观点和方法，提高解决实际问题的能力和改造世界观上。要运用马克思主义的思想武器去研究和解决实际工作中不断出现的新情况、新问题，提高领导工作的原则性、科学性和预见性。要联系思想实际，克服各种非无产阶级思想，增强党性，树立无产阶级的世界观。值得注意的是，现在在一部分同志特别是领导干部中，学习理论比较注重于解决工作中的问题，而忽视世界观的改造。这种状况需要引起我们的重视。学习马列主义理论，既要注重改造客观世界，也要注重改造主观世界，这二者是相辅相成的。如果忽视了主观世界的改造，就无法担负起领导者的责任，也无法完成改造客观世界的任务，难免犯这样那样的错误。

2、加强各级领导班子建设。

领导班子建设是整个党的建设的一个重要方面。我省县以上各级领导班子总体上是好的，绝大多数政治坚定，工作勤奋，团结协调，能联系群众，艰苦奋斗。但也存在着一些不容忽视的问题特别是思想作风方面的问题不少，有些还是比较严重的。明年要继续按照中央的要求，抓好领导班子建设特别是思想作风建设。要坚持德才兼备的原则，把德放在第一位；重视干部的实践锻炼和在关键时刻的表现；注意领导班子结构的合理搭配；坚持干部交流；坚持按干部任免程序办事。领导班子思想作风建设要突出重点，注意解决存在的主要问题。当前在我省领导班子建设上还应当着重强调两点：一是要认真执行民主集中制原则，坚持重大问题由集体讨论决定。主要领

导人要养成良好的民主作风，善于听取不同意见，集思广益，使决策科学化、民主化。同时，又要在民主的基础上集中正确的意见，作出决策，不能议而不决、决而不行、各行其是。要加强纪律观念，坚决纠正各种无组织、无纪律的现象。二是要加强领导班子的团结。现在少数地区和单位领导班子中仍然存在不团结、不协调的问题，要采取措施，认真解决。对那些思想品质不好、到哪里都不好好干工作、闹无原则纠纷，而且搅得别人也干不成事的人，要就地免职或撤职。各级领导干部都要发扬党的优良作风，主动做好团结工作。要在班子内部经常开展批评和自我批评，不断提高解决自身矛盾的能力。只要我们各级领导班子在党的基本路线基础上的团结搞好了，就能带领群众，克服各种困难，取得工作的胜利。

在抓好领导班子建设的同时，要继续抓好基层党组织建设，发挥基层组织的战斗堡垒作用，加强干部、党员队伍建设，抓紧青年干部和后备干部的培养教育工作。

3、要进一步密切党和群众的联系。

人民群众是我们党的力量源泉和胜利之本，全心全意为人民服务是我们党的根本宗旨。我们要继续深入贯彻落实十三届六中全会决定，进一步密切党和群众的联系。各级领导干部都要坚持从群众中来、到群众中去的群众路线，树立全心全意为人民服务的思想，想群众所想，帮群众所需，关心群众疾苦，多为群众办实事。要把群众情绪、群众反映作为改进工作的第一信号和重要依据。提倡领导干部同工人、农牧民、知识分子和党外人士交朋友，使我们的领导机关真正了解下情、了解民意。

要不断推进社会主义民主政治建设，疏通和拓宽党同人民群众联系的渠道。各级党委要加强对人大工作的领导，充分发挥人大作为权力机关的作用，加强人大及其常委会的立法和监督职能。要进一步巩固和完善共产党领导的多党合作和政治协商制度，充分发挥各民主党派在现代化建设和改革开放中的参政议政和民主监督作用。进一步加强工会、共青团和妇联工作，充分发挥群众团体在党联系群众中的重要作用。重视做好信访工作，正确对待和处理人民群众的来信来访。

要坚持从严治党的方针，进一步搞好党风和廉政建设。我省的党组织和党员绝大多数是廉洁奉公、勤政为民的，这一点必须肯定。但在少数党员特别是党员领导干部中也确实存在着官僚主义、以权谋私、贪污受贿、徇私舞弊等腐败现象，在一些行业和部门存在着弄权勒索、吃拿卡要等不正之风。这些腐败现象和不正之风严重侵蚀党的肌体，损害党和人民的利益，群众反映强烈，意见很大。必须认真贯彻中央和省委在党风和廉政建设上已经制定的各项制度和规定，从严治党，敢于碰硬，下大决心惩治腐败。需要特别强调的是，在党风和廉政建设上，我们各级领导干部肩负着重大的责任。领导同志要经常检查反省自已，有没有脱离群众，有没有不廉洁的行为，自觉用党的纪律约束自己，用人民的期望要求自已，用焦裕禄等优秀干部的形象对照自己。时刻保持清醒头脑，做清正廉洁的模范。对本部门、本行业存在的不正之风，要敢于抵制和纠正，对违法违纪案件要坚决查处。要支持纪检、监察、检察以及经济监督部门的工作，发挥他们在党风和廉政建设中的作用。大力表彰和宣传各条战线上勤政廉洁的共产党员的先进事迹，以弘扬正气，增强党的凝聚力。

4、进一步转变作风，扎实工作。

我们各级领导机关和领导干部工作作风总体上是好的，特别是那些长年在基层、在艰苦地区工作的同志，他们兢兢业业、埋头苦干、无私奉献，表现了崇高的精神境界，要学习和发扬他们的精神。但是，也要看到，当前在一些地区和单位仍然存在着工作飘浮、效率低下、推诿扯皮、形式主义以及一般号召多、具体抓落实少等不良作风，严重妨碍党的路线、方针、政策的贯彻和各项任务的落实。因此，在新的一年里，仍然要大力提倡转变作风，扎实工作。各级领导干部要用更多的时间深入基层，深入群众，深入生产第一线。大兴调查研究之风，大兴求实务实之风，为基层服务，多办实事；大力发扬长期艰苦奋斗的精神。以对党对人民高度负责的态度，奋发向上、扎实苦干，善于把中央的路线、方针、政策同各地的实际结合起来，创造性地工作。要加强督促检查，保证各项工作的真正落实。

四、加强思想教育，做好民族工作巩固和发展安定团结的政治局面

巩固和发展安定团结的政治局面，是搞好改革和建设的基本保证。必须动员全社会的力量，做好各方面的工作，大力促进安定团结。

1、要扎扎实实地搞好农村牧区社会主义思想教育。

当前我省农村牧区社会主义思想教育正在顺利进行。通过社教，党在农村的各项方针政策得到进一步落实，农牧民群众的社会主义觉悟得到提高，以党支部为核心的村级组织建设得到加强，群众反映的突出问题正逐步得到解决，社会治安、社会风气有所好转，党群干群关系进一步密切，参加社教的干部经受了锻炼。实践充分表明，社会主义思想教育是占领农村社会主义阵地、稳定局势、引导农民走有中国特色的社会主义道路的重大战略措施。中央关于社教的部署是完全正确的，群众是拥护的。正如江泽民同志所讲的："农村工作千头万绪，怎么抓？实践证明，搞社会主义思想教育是个好办法。"这期社教的顺利进展，为今后的社教工作积累了经验。各级党委要切实按照中央的要求和省委的部署，从本地实际出发，把这项工作继续抓紧抓好。

根据前一阶段社教的实践，今后要重点抓好这样几个方面的工作：一是牢牢把握思想教育这个中心，着眼于正面宣传党的方针政策，提高思想觉悟。增强干部群众的社会主义信念和爱国主义、集体主义观念，引导干部和群众努力发展生产，更好地兼顾国家、集体、个人三者利益。今冬明春要把宣传贯彻党的十三届八中全会精神作为教育的主要内容，组织干部群众学习好《中共中央关于进一步加强农业和农村工作的决定》。二是坚持思想教育同解决实际问题相结合。要从实际出发，抓住突出的问题加以解决。在解决实际问题过程中，要严格按照党的政策办事，注意做好思想政治工作。三是抓好以党支部为核心的村级组织配套建设。重点是抓好党支部建设，选一个好支书，建立一套好的规章制度。四是加强对社教的领导，加强工作队自身建设。领导的重视程度，工作队素质的高低，在很大程度上决定着社教成效的大小。县委主要领导同志要亲自抓社教。工作队要由有农村牧区工作经验的同志带队，工作队员要发扬艰苦奋斗的精神，真正与群众打成一片，与基层干部和农牧民群众交朋友。这期社教很快就要结束了，要认真检查验收，总结经验，表彰先进。省社教办公室要抓紧做好明年社教的安排部署，搞好下期社教工作的衔接。

2、进一步做好民族工作和宗教工作。

民族工作是我省任何时候都不能忽视的重大政治问题。经过多年的努力，我省民族工作总的形势是好的。当前的主要问题是民族地区特别是青南地区和海东山区经济社会发展比较滞后，与各族人民要求改变落后面貌的强烈愿望形成明显的反差，出现了一些新的社会矛盾；国内外敌对势力利用民族、宗教问题加紧对我进行渗透、分裂活动，我省一些地方、单位对民族、宗教工作不够重视，放松对宗教活动的管理，潜藏着新的不安定因素。针对这些新情况、新问题，在民族工作上，我们必须进一步贯彻落实党的民族政策，正确处理稳定与发展的关系，在稳定的基础上求发展，以发展促进和巩固社会稳定。要抓紧九十年代最后十年，把经济搞上去。同时，要坚持不懈地加强马克思主义民族观、宗教观和党的民族政策的教育，加强反分裂、反渗透、维护祖国统一的教育，加强民族团结的教育，在各族干部群众中牢固树立"谁也离不开谁"的思想，大力促进民族团结进步事业。这里要特别指出的是，实现各民族的大团结，关键是干部，只要各族干部亲密无间，各民族群众就会亲如兄弟，即便出现一些问题，也比较容易解决。希望各级干部都要顾全大局，自觉地为各族人民的共同利益服务，做维护民族团结的模范。

在民族地区，宗教与民族问题密切相关。正确认识和处理宗教问题，是做好民族地区各项工作的重要组成部分，千万不能掉以轻心。要进一步全面贯彻党的宗教信仰自由政策，加强党和政府对宗教工作的领导，加强对宗教活动的管理，做好宗教人士的工作，发挥爱国宗教人士的作用，把宗教活动纳入国家法律和党的政策的轨道，使之与社会主义相适应。要教育宗教人士和信教群众搞好各宗教、特别是各教派之间的团结。切实纠正宗教干预政治、干预司法、干预婚

姻和宗教干扰经济建设、干扰群众生产、干扰教育、干扰计划生育等不正常现象。坚决反对和抵制国外宗教势力的渗透，打击违法的宗教活动。要加强对寺院的管理，支持和帮助寺院走“以寺养寺”的道路。加强对干部和群众进行科学知识和无神论的教育，引导群众把有限的收入用到发展生产、改善生活上，改变陈规陋习，树立新观念，创造新生活。

3、加强领导，综合治理，进一步搞好社会治安。

当前我省治安形势总的看是比较好的。各级党委和政府加强了综合治理工作的领导，在全省形成了打防结合、标本兼治、齐抓共管的社会治安局面。但是，我们也必须清醒地看到，治安形势仍然相当严峻，刑事犯罪案件居高不下，各种社会矛盾引发的不安定因素仍然较多。在一些农村牧区，反动会道门、封建迷信和封建部落势力有所抬头，群众性闹事械斗事件不断发生，还有的地方出现打击迫害老干部、老党员、老积极分子的事件。这些都表明，加强治安工作，为改革和建设创造良好的社会环境，仍然是各级党委、政府面临的重要任务。搞好社会治安，关键在领导重视，只要各级党委、政府有效地组织和动员各方面的力量集中整治，就没有解决不了的问题。要继续坚持依法从重从快的方针。严厉打击严重刑事犯罪活动。要全面落实社会治安综合治理的各项措施，重视乡规民约、村规民约的建设，把打击、预防犯罪的措施变成群众的自觉行动，使公安工作建立在牢固的群众基础之上。要加强公安队伍的建设，坚持“从严治警”，提高公安队伍的素质。要注意做好消除不安定因素的工作，做好大专院校的思想政治工作和停产半停产企业的职工思想工作，从解决群众反映最强烈的问题入手，理顺群众的情绪，化消极因素为积极因素，促进社会的稳定。

元旦、春节很快就要到了。要做好节日供应和文化活动安排。禁止利用公款请客送礼、大吃大喝。提倡过勤俭持家节，过团结友爱节，过移风易俗节，过鼓劲向上节。

同志们，明年是“八五”计划的第二年，我们的任务艰巨，在前进的道路上，还可能会出现一些新的困难和问题。我们对新的一年的工作充满信心。有以江泽民同志为核心的党中央的正确领导，有党的路线、方针、政策的正确指引，有全省广大干部和各族群众的强大凝聚力，有这些年来工作的基础，有党的第十四次全国代表大会召开的巨大动力，明年的事业一定会有新发展，青海高原一定会出现新面貌，同志们都将在自己的岗位上勤奋工作，创造新成绩。

青海省第七届人民代表大会第四次会议综述

青海省第七届人民代表大会第四次会议于1991年4月26日至5月4日在西宁举行。

大会由主席团常务主席宦爵才郎、尕布龙、卢声道、夏茸尕布、谢高峰、马文鼎、杨文锦、杨茂嘉等主持。

青海省第七届人民代表大会代表318人出席了会议。

七届全国人大代表、省政府组成人员、省委各部门、省顾委、省纪委、省军区、中央驻青单位、省政协委员、部分县人大常委会负责人等列席了会议。

大会听取了宦爵才郎主任《关于七届全国人大四次会议精神的传达报告》。

大会还先后听取了金基鹏省长的《政府工作报告》、省计委主任王汉民的《关于1990年国民经济和社会发展计划执行情况与1991年计划草案的报告》、省财政厅厅长孙肇然的《关于青海省1990年财政决算和1991年财政预算（草案）的报告》、省人大常委会副主任尕布龙的《青海省人民代表大会常务委员会工作报告》、马有功院长的《青海省高级人民法院工作报告》、张济民院长的《青海省人民检察院工作报告》等，经过代表的讨论审议，批准了上述报告，并通过了相应决议。

会议通过了《青海省县级以上各级人民代表大会议事规则》。

会议在民主的气氛中进行，会议收到10名以上代表联名提出的议案82件，较上次会议增加53件，增长183%，其中财政经济方面47件，政法方面15件，文教卫生方面15件、民族方面5件。根据议案处理规定，将3件议案分别交人大常委会财经委员会和民族委员会在闭会后调查研究审议，并提出是否列入省人民代表大会或省人大常委会会议议程的意见，由省人大常委会审议决定。将其余79件做为代表建议、批评和意见，连同大会秘书处收到的代表对各方面工作提出的155件建议、批评和意见共计234件，一并由人大常委会办公厅转交有关机关和组织，认真研究处理并负责答复。

会议根据青海省第七届人民代表大会第四次会议主席团关于增补省七届人大常委会副主任和委员的候选人名单、实行等额选举，采用无记名投票方式进行、选举了格桑多杰为青海省第七届人民代表大会常务委员会副主任，张天珠、贾锡太为常务委员会委员。

会议认为，1991年是实施十年规划和“八五”计划的第一年，做好今年的工作对今后的发展有着重要意义。我省各级人民政府必须深入贯彻党的十三届七中全会精神和七届全国人大四次会议精神，紧紧围绕稳定、改革、发展的基本要求，集中精力抓好经济工作，加强社会主义精神文明建设，争取“八五”计划有一个良好的开端。

会议要求，各级政府及其工作人员，特别是各级领导干部，要以焦裕禄同志为榜样、密切联系群众、全心全意为人民服务。要恪尽职守，积极务实，廉洁奉公，艰苦奋斗，努力做好各项工作。

会议号召，全省各族人民要以高度的历史责任感和时代紧迫感，积极投身到建设和改革的伟大实践中来，在党中央和省委的领导下，万众一心，埋头苦干，为全面完成今年的各项任务而努力奋斗。

政府工作报告

1991年4月26日在青海省第七届人民代表大会第四次会议上

省长　金基鹏

各位代表：

现在，我代表省人民政府向大会作政府工作报告，请予审议。

一、对“七五”期间政府工作的回顾

过去的五年，全省各级政府在党中央、国务院的正确领导下，根据中共青海省委的统一部署，坚持四项基本原则，坚持改革开放，在稳定的前提下集中力量抓好经济工作，全省政治、经济、社会稳定，各族人民团结增强，国民经济和社会事业都有了较快发展。我们胜利完成了“七五”计划，基本实现了第一个翻番的战略目标，为九十年代的发展奠定了比较扎实的基础。预计1990年全省国民生产总值62亿元，按可比价格计算比1985年增长27.6%，年均增长5%；国民收入47亿元，比1985年增长30.3%，年均增长5.4%；工农业总产值46.26亿元（按1980年不变价计算），比1985年增长51.5%，年均增长8.7%。

（一）工农业生产持续增长，国民经济正朝着好的方向发展

农牧业基础得到加强。1990年同1985年相比，农业总产值增长17.1%，年均增长3.2%。农业生产连续四年增产，1990年粮食、油料总产量分别达到114.56万吨和12.04万吨。畜牧业生产在1985年遭到大雪灾后，实现了两年恢复，三年稳定发展，1990年末大牲畜和羊的存栏数为2220.59万头（只），比历史最高年份增加6.84万头（只）；牲畜总增率创历史最好水平，主要畜产品产量比1985年有较大增长。农业综合开发取得突破性进展。1988年到1990年，全省新开发耕地30余万亩，增加1亿多斤粮油的生产能力。通过新建水利工程和维修配套、更新改造原有水利设施，五年中共扩大有效灌溉面积36万亩，改善灌溉面积105万亩。新修水平梯田62万亩，治理水土流失面积1076平方公里，改善了浅山地区旱作农业生产条件。畜牧业建设围栏草场538万亩，人工种草303万亩，灭治鼠虫害5900万亩，修建畜棚13.7万平方米。与此同时，林业、渔业和多种经营进一步发展，乡镇企业在调整经济结构中有了较快发展。1990年全省乡镇企业完成总产值6.4亿元，比1985年增长1.96倍。

工业生产增长较快。1990年同1985年相比，全省工业总产值增长69.2%，年均增长11.1%。发挥地方优势的能源、原材料工业，在工业总产值中的比重由1985年的20.4%提高到1990年的32.4%。五年中原油增长3.04倍，发电量增长5.2倍，钢和钢材产量分别增长了54.3%和69.4%。同时，产品结构调整和新产品开发初见成效。据统计，五年共研制新产品423种，其中306种已投入批量生产，新增产值约4亿元，新增利税0.4亿元。“七五”期末，交通运输货、客运量和邮电业务总量分别比1985年增长18.6%、41.1%和1倍。能源、原材料工业的发

展和交通邮电条件的改善，为进一步开发我省优势资源创造了条件。

重点建设进展顺利。“七五”期间，我省全社会固定资产投资累计109.34亿元，比“六五”增长75.4%。其中生产性投资比重由1985年的64.2%上升到1990年的73%，非生产性投资比重由35.8%下降到27%。一批国家和地方重点项目，如龙羊峡水电站、锡铁山铅锌矿、青海铝厂一期工程、民和镁厂一期工程、青海钾肥厂一期工程、青海石油局新增采油工程、花格输油管道、青海第三毛纺厂续建工程以及青藏、甘青、宁果公路改建、新建工程等相继竣工投产和交付使用，不仅提高了我省的生产力水平，而且为国民经济的持续发展增添了后劲。

内外贸易不断扩大。五年中，我省流通领域稳步改革，既发挥了国营物资、商业和供销社的主渠道作用，又发挥了集体、个体和其他经济成份的积极作用。城乡市场生产资料供应逐步改善，生活资料供应日益充裕。1990年同1985年相比，全省社会商品零售总额增长74.1%，物资系统生产资料销售额增长25.1%。在社会商品零售总额中，集体、个体所占的比重分别上升了8.13个和6.57个百分点。“七五”期间，我省对外贸易迅速发展，五年间进出口贸易总额累计达2.85亿美元，比“六五”时期增长1.9倍。其中，1990年出口总额6805万美元，比1985年增长2.2倍。在出口结构中，工矿产品出口的比重由“六五”时期的42%上升为“七五”时期的55%，硅铁、金属硅、地毯等已成为我省出口创汇的拳头产品。

财政金融工作取得新成绩。由于生产、流通的扩大和调动各地生财、聚财、理财的积极性，“七五”期间地方财政收入逐年增长，1990年达7.23亿元，比1985年增长2倍。在财政收入增长的基础上，1990年财政支出达17.13亿元，比1985年增长69.8%。金融部门认真贯彻国家货币信贷政策，有力地支持了地方经济的发展。1990年，全省银行各项存款余额达56.06亿元，比1985年末增加29.43亿元；各项贷款余额达72.22亿元，比1985年末增加51.07亿元。五年中保险业务收入和赔偿支出年递增38%和27%，较好地发挥了保险的经济补偿作用。

人民生活明显改善。全省农牧民人均纯收入1990年达到559.78元，比1985年增加216.83元，其中人均纯收入低于200元的农户由1985年的19.1%降低到4.2%，比1985年下降了14.9个百分点。城镇居民人均生活费收入1990年达到1199元，比1985年增加450元。剔除价格因素后，人民生活仍有较大改善。城乡居民人均储蓄存款余额1985年只有202元，1990年增加到594元。

城镇人均居住面积1990年比1985年增加2平方米，住房质量有所提高；农牧区的居住条件进一步改善；牧区已有4.08万户牧民定居，占全省牧户总数的43.1%。同时，全省扶贫工作成绩显著，贫困地区温饱面已超过90%，基本实现了解决大多数群众温饱问题的奋斗目标。

治理整顿取得阶段性成效。针对前两年出现的经济一度过热现象，我们坚决贯彻中央确定的“治理整顿、深化改革”方针，经过两年努力，现已取得明显成效：社会供求总量趋于基本平衡，固定资产投资规模得到压缩，投资结构有所改善，社会集团购买力得到控制，流通领域秩序逐步好转，市场物价涨幅有较大回落。1990年，全省社会零售物价总指数为104.5，是1985年以来物价涨幅最低的一年。清理整顿公司工作扎实稳妥，公司撤并留总体方案经国家批准并已基本落实。

经济体制改革继续深化。“七五”期间，我省各级政府深化改革的观念不断增强，城市和农牧区改革的步子比较稳妥，从而促进了生产力的发展。农牧区巩固和完善家庭联产承包责任制，逐步建立起统分结合的双层经营体制和社会服务体系。城市改革围绕搞活企业这个中心环节，积极推行企业承包经营责任制和企业内部人事、劳动、分配制度等方面的配套改革，正确处理党政工关系，进一步完善厂长（经理）负责制。目前，各地区、各部门在总结前一轮承包经验的基础上，正在抓紧落实新一轮承包责任制，截止3月底，地方预算内国营工业企业承包面达到61%，省属企业已全部落实。为促进生产要素的合理流动，发挥市场机制的作用，我省先后建立了资金、技术、劳务、国库券转让、外汇调剂、房地产等市场，加快了市场体系的发育。与此同时，相应进行了计划、财政、税收、金融、投资、物资、劳动工资等方面的改革。宏观调控的范围和方式有所改进，物价、审计、统计、工商行政等方面的管理与监督得到加强。我省还先后创办了民和县民族经济改革试验区和格尔木资源开发试验区，为探索民族地区的经济改革和资源开发迈出了新的步伐。对外开放有所扩大，全省各地注重加强与沿海省区的经济交流和经济合作，继续引进先进的技术设备，引进智力，为我省今后的发展注入了新的活力。

(二) 各项社会事业取得新的进步

科技工作积极投入到经济建设的主战场，在促进科技进步和工农业生产发展方面都取得了可喜成绩。“七五”期间，全省登记的科技成果702项，比“六五”增长33.5%，其中获国家奖励的7项，获省级奖励的257项。据不完全统计，其中214项科技成果的经济效益约7亿元。“七五”国家重点科技攻关项目《青海盐湖提钾和综合利用》已通过鉴定。星火计划在振兴农村牧区经济中发挥了积极作用。专利工作起步较快，成绩显著。科技体制改革继续深化，“双放”政策进一步推进，各项科技服务、科普活动受到群众欢迎。

教育工作努力探索同青海经济振兴和社会发展相适应的新路子，各类教育稳步前进。基础教育实行地方负责，分级管理的新体制，占全省总人口40%的15个县、市（区、镇）基本普及了初等教育；中等教育合理调整结构，农业职业中学规模逐年扩大，高中段职业技术学校在校生比重增加；普通高等教育面向青海经济建设和社会发展的实际需要，进一步明确了今后改革的方向；成人教育发展较快，扫盲工作取得进展，目前已有7个县、区达到基本无盲县要求；民族教育不断发展、巩固，全省普通教育的各级学校中，少数民族学生占在校生总数的比例达到31.7%，比“六五”末提高5.6个百分点。1987年至1990年全省集资1.5亿元，共改造小学危房65.62万平方米，比原计划超额完成1.06万平方米，办学条件得到改善。

文化、新闻出版、广播电视部门一手抓“扫黄”，清理整顿图书、报刊、音像、演出、娱乐市场；一手抓繁荣，丰富了人民群众的精神生活。在医疗卫生工作中，医疗条件得到改善，中、藏、蒙医药事业在发展中巩固提高。各级政府和计划生育部门从严控制人口增长，实现了把人口控制在450万以内的目标。全省群众性体育活动蓬勃开展，我省运动员在全国性的体育竞赛和省第十届运动会上，取得了较好成绩。

党的民族、宗教政策进一步落实，增强了各民族之间的团结，促进了民族地区经济和社会的发展。各地全面完成了第一个五年普法教育任务，成功地组织了“严打”的几个战役。严重刑事犯罪和经济犯罪活动受到严厉打击和惩处。一批政府机关工作人员的违纪违法问题受到查处。北京平息动乱之后，各部门、各单位进一步加强思想政治工作，旗帜鲜明地反对和抵制资产阶级自由化，巩固和发展了全省安定团结的政治局面。

各级政府继续发扬拥军优属的光荣传统，军政、军民关系融洽。人民解放军驻青部队、武警指战员在抢险救灾和塘河大地震中，奋不顾身，帮助受灾群众恢复生产，重建家园，立下了新功。在这里，我代表省人民政府表示衷心感谢！并向参加历次抢险救灾的广大官兵和干部群众致以崇高的敬意！

各位代表！“七五”时期，我们的各项事业取得了令人振奋的成就，这是全省各族人民共同努力的结果。但在改革和经济建设的实践中，由于多年积累下来的深层次问题还远未解决，治理整顿中又出现了新的矛盾和问题。加之我省历史上经济基础薄弱，应变能力和承受能力差，经济回升比全国滞后，当前，我省的经济形势还相当严峻，经济和社会生活中存在的困难和问题仍比较突出。这些问题主要是：农牧业自然条件差，基础薄弱；工业优化产品结构进展较慢，部分产品积压，资金占用增加，经济效益低；财政困难，建设资金紧张；经济体制方面的许多关系还没有理顺。同时，我们在实际工作中也出现过一些缺点和失误。比如思想不够解放，改革开放步子迈得不大，工作中创造性不够；一度存在两个文明建设“一手硬、一手软”的现象；社会治安形势比较严峻，民族宗教方面也还存在一些不安定因素；各级政府机关中官僚主义、以权谋私、互相扯皮、办事效率低的现象和行业不正之风依然存在。上述问题，阻碍着我省经济和社会的发展，对此，我们必须高度重视，认真加以解决。

同时，我们也应该看到今后发展的有利条件：一是党的十三届七中全会和七届全国人大四次会议为今后的经济建设和改革开放制定了正确的方针政策，确定了目标、重点和措施，使我们明确了方向，增强了信心。二是未来十年国家将按照统筹安排、合理分工的原则，实行产业倾斜与地区倾斜相结合的政策，这有利于发挥我省的比较优势。三是中央十分关怀、重视少数民族地区的发展，我们将有可能更多地获得国家和经济发达省市的帮助和支持。四是改革开放以来，我省经济发展较快，经济实力不断增强，有了比较好的基础。五是国家和我省政治稳定，民族团结，我们经过探索实践，对省情有了进一步认识，明确了今后发展的路子。这些有利条件，对我省经济、社会的发展必将产生积极的影响。为此，我们一定要认清形势，统一思想，增强克服困难的信心，振奋各民族的创业精神，团结一致，抓住有利条件，集中精力抓好经济工作，把我省的社会主义经济建设和改革事业不断推向前进。

二、“八五”计划的基本方针和发展重点

九十年代是非常关键的时期，对青海来讲尤其重要。八十年代，我省同全国一样，基本实现了国民生产总值的第一个翻番。但是，由于青海所处的特殊地理环境、自然条件，原有的经济基础比较薄弱，科技教育比较落后，我们要在现有的基础上实现第二步战略目标，就必须付出更加艰苦的努力，必须从现在起就扎扎实实地搞好“八五”建设，为今后十年的发展奠定一个坚实的基础。

制定和实施“八五”计划，首先要加深对省情的再认识。经过“七五”时期的探索和实践，我们对省情和今后发展思路的再认识，可以归结为如下十个要点：

——必须坚定不移地贯彻执行党的一个中心、两个基本点的基本路线，把中央的方针政策与青海的实际结合起来，创造性地开展工作。在指导思想上既不急于求成，又要努力学习先进，开拓前进，积极实施“改革开放，治穷致富，开发资源，振兴青海”的经济发展战略，促进经济、社会和地区间的协调发展。

——农业必须坚持一靠政策、二靠科技、三靠投入，实行深度开发与广度开发相结合的方针，走“稳耕地，攻单产，建基地，增后劲”的路子，稳定粮食调入数量，逐步提高自给率。同时，大力开展多种经营，积极发展乡镇企业，促进农业生产的稳步前进。

——畜牧业必须坚持“立草为业，调整结构，提高总增，增加商品”的方针，坚持“提高环湖，稳定青南，开发农区畜牧业”的发展战略和分类指导思想，实行草原建设和科学养畜并举，积极搞好围栏草场、人工种草、牲畜棚圈、牧民定居的四配套建设，加强畜病防治和草原保护，提高畜牧业的商品率和综合防灾能力。

——工业必须坚持发挥本省比较优势，走内涵挖潜和外延发展相结合，提高企业素质和加快资源开发相结合的路子，大力发展能源、原材料工业及与此相关的加工工业，积极改造和提高机械、电子、建材、轻纺、食品、医药工业。同时，通过深化改革，充分调动职工积极性，增强企业活力。

——各项建设必须坚持量力而行、保证重点的方针，既要显示出比较优势，缩短建设周期，用好管好建设资金，提高投入产出率，积极争取

国家对我省更多的投资；又要调整投资结构，分别轻重缓急，优先安排生产性建设和技术改造，统筹兼顾其他必不可少的建设项目。

——必须采取“内联外引”、“借梯上楼”、“借船出海”等多种形式，搞活生产、流通，扩大国内市场和外贸出口，引进资金、技术和人才，发展横向联合，不断扩大对外开放。

——必须坚持以社会主义公有制为主体的多种经济成份共同发展的所有制结构，进一步巩固和发展全民所有制经济，大力发展城镇、乡村集体经济，同时充分发挥个体经济、私营经济和其他经济成份对公有制经济有益的补充作用，特别鼓励和支持它们在农村牧区和城市服务行业，从事合法的生产经营活动，促进商品经济的发展，方便人民生活。

——必须依靠科技教育，振兴青海经济。确立“科教兴青”指导思想，积极推动科技与生产相结合，加强科技成果的推广应用，使科学技术尽快转化为现实的生产力；调整教育结构，以提高教育质量为前提，发展各级各类教育，努力培养大批的合格人才和素质优良的劳动者，为经济建设和社会发展服务。

——必须坚持物质文明建设和精神文明建设一起抓的方针，发挥思想政治工作优势，反对资产阶级自由化，倡导发扬艰苦创业、开拓进取、扎根高原的柴达木精神、湟源牧校精神和青藏兵站部特别能吃苦、特别能忍耐、特别能战斗的精神，不断提高各族人民的思想道德素质和科学文化素质，并努力形成有利于现代化建设和改革开放的理论指导、舆论力量、价值观念、文化条件及社会环境。

——必须增强民族团结，反对民族分裂的渗透活动，牢固树立“谁也离不开谁”的思想，认真执行党的民族宗教政策，充分尊重民族自治地方的自治权利，大力培养少数民族人才，全面发展少数民族地区的政治、经济和文化，不断巩固和发展平等团结、互助合作、共同繁荣的社会主义民族关系，促进民族地区的稳定与发展。

上述十个方面的认识和思路，既是我们回顾以往工作的主要体会，也是指导今后工作的基本方针。只要我们不断深化对省情的认识，并在实践中不断完善，狠抓落实，我省经济和社会发展的第二步战略目标与“八五”计划就一定能实现。

根据中共中央《建议》的精神，结合青海实际，省委七届六次全委会议提出的《关于制定全省十年规划和“八五”计划的基本思路》指出，“八五”期间，我省的主要奋斗目标是：坚持以经济建设为中心，坚持改革开放，在大力提高经济效益和优化经济结构的基础上，经济发展逐步走上良性循环的轨道，国民生产总值年均增长 6%，工业总产值年均增长 7.9%，农业总产值年均增长 3%；人民生活在解决温饱的基础上，向小康水平前进，居民生活消费水平年均增长 3%，全省总人口控制在 489 万人以内；坚持“科教兴青”，推进科技进步，发展教育事业，改善经济管理，使全省的国民经济整体素质得到提高；加强精神文明建设，进一步健全社会主义的民主和法制，增进民族团结，巩固和发展政治、经济和社会的稳定局面。

为了保证上述主要奋斗目标的顺利实现，“八五”期间，要把加强农牧业、发展能源和原材料工业、改造机电和轻纺工业、发展交通运输和邮电通信、突出科技教育作为全省的发展重点。

（一）继续加强农牧业

农牧业的稳定发展是关系到全省各族人民吃饭的头等大事，是经济发展、社会安定、民族团结的基础。“八五”时期，要以搞好农田和草原基本建设，提高综合生产能力，保证粮油和畜产品的稳定增长为重点，同时因地制宜地加强林业、渔业和乡镇企业，促进农村牧区经济的全面发展。到“八五”期末，粮食产量达到 125-127.5 万吨，油料产量 13 万吨，肉类总产量 17.15 万吨，绵羊毛 1.78 万吨。

加强和发展农牧业要抓好以下主要措施：一是继续稳定和完善农村牧区基本政策，调动农牧民的积极性。农村在稳定家庭经营的基础上，进一步完善统分结合的双层经营体制，重点抓好建立健全多层次、多形式的产前、产中、产后的生产、科技、流通服务体系，同时，注重因地制宜兴办各类经济实体，不断壮大集体经济。牧区进一步落实草场承包责任制，强化基层组织的管理和服务职能，充分发挥牧业合作社和牧民委员会的作用，实行多种形式的互助合作，把分户经营的积极性和自愿组织起来的优越性结合起来。二是依靠科技、教育，发展农牧业生产。不断提高农牧民的科学文化素质，大力推广应用先进的农业科技成果，实行科学种田，科学养畜，把各项增产技术措施真正落实到生产中去，实现科教兴农、科教兴牧。三是多渠道增加投入，推进农牧业综合开发。农业的重点是建设和修复农田水利设施，扩大灌溉面积，发展旱作农业，改造山区耕地、中低产田和生态条件，有计划地开发新的耕地，恢复撂荒地。畜牧业重点是加强草原建设和防灾基地建设，实行“四配套”，提高防灾保畜能力。四是重视发挥国营农牧场的生产潜力和示范作用，改善经营管理和生产条件。五是进一步发展农用工业，努力提高化肥、农药、农膜、农牧机械的产量和质量，以适应农牧业生产的需要。六是重视林业建设，提高造林质量，加快绿化进程，保护和合理利用森林资源，促进农林牧协调发展。七是大力发展乡镇企业，壮大集体经济，增加农牧民的收入，进而增强对农牧业的投入能力。八是继续抓好扶贫工作，积极开拓开发性扶贫项目，加快贫困地区脱贫致富的步伐。

（二）大力发展能源、原材料工业

我省具有发展能源、原材料工业的比较优势，“八五”期间，争取有新的突破。

发展能源工业要以电力工业为先导，贯彻大力开发水电，适当建设火电，积极扩大电网，因地制宜发展小水电和风力发电的指导思想。一是继续抓好黄河上游的水电开发，五年中，力争李家峡水电站一台机组发电，公伯峡或拉西瓦水电站开工建设。二是根据生产力布局，结合解决无电县、缺电县和电气化县工程，开发建设一批地方中小型水电站。三是配套建设火电站，桥头电厂 50 万千瓦扩建一期工程争取建成投产。四是加强全省的电网建设和改造，电网向海西地区扩展。“八五”期末，全省电力总装机争取达到 250 万千瓦，年发电量 90 亿千瓦小时。煤炭工业采取重点开发热水矿区，稳定大通煤矿生产，支持州县小煤矿的方针，努力增加煤炭产量，“八五”期末全省煤炭产量达到 400 万吨。石油工业继续抓好油气田勘探开发，增加储量，扩大采油能力，开发天然气资源，发展天然气化工。“八五”期间原油产量达到 120 万吨，建成格尔木炼油厂，争取天然气三项工程早立项，早开工，早建成。

发展原材料工业要与水电、盐湖、有色金属和非金属矿等优势资源的开发相结合，通过对现有企业的改造，扩建和重点项目建设，提高技术水平，扩大生产能力，降低消耗，逐步形成优势产业和拳头产品。冶金工业要完成西宁钢厂的改造工程、青海有色冶炼厂、民和镁厂二期和青海铝厂二期工程的建设，提高钢、钢材、铝、镁、铁合金等产品的品种、产量和质量，加快黄金勘探，积极发展各州、地的黄金生产。化学工业，要充分利用我省的盐湖和石油、天然气资源，发展盐化工、石油、天然气化工和化肥生产。围绕钾盐、钠盐的开发，开拓镁、锂、硼等盐湖资源的综合利用，发展短缺产品和系列产品。“八五”开工建设青海钾肥厂二期工程，争取钾肥生产能力达到 100 万吨以上。建材工业重点是抓好现有企业的技术改造和达标达产，努力降低消耗，提高产品质量，调整产品结构，积极开发新产品和非金属矿产资源。“八五”期间，要形成 10-15 万吨的大坝水泥生产能力；完成青海石棉矿 3 万吨扩建工程。加强地质勘查工作，提高地质找矿效益，为经济发展提供更多的矿产资源和必要的地质资料。

我省各民族自治地区一般都具有自己的资源特色，要根据各民族地区不同的具体条件，从实际出发，选准容易上、周期短、见效快的项目，给予资金和技术上的扶持，并积极争取国家投资和支持，使民族地区在“八五”期间的资源开发、经济发展迈出坚实的步伐，为民族地区今后十年向小康前进打好基础。

（三）立足现有基础，改造机电和轻纺工业

机电和轻纺工业是我省加工工业的主体，由于客观和主观上的一些原因，目前困难和问题较多，调整、改造的任务繁重。"八五"期间的发展重点是立足现有基础和现有企业，加快技术改造和技术进步，通过改组改造，优化结构，挖掘潜力，提高技术水平，扩大生产批量，形成"拳头"产品，发挥经济效益。机电工业要大力发展能源、交通、机械制造、工程建设原材料和农用工业需要的机电产品，积极增加出口创汇产品，狠抓机电仪一体化机械和与之配套的基础件，电子应用软硬件的开发。要大力发展电子工业，利用电子技术改造传统产业。通过改组、改造和联合，逐步形成以机电一体化数控产品为先导的机床行业，以引进大马力推土机为重点的工程机械行业和以载重汽车为主体的汽车行业，带动全省机电工业上新水平。轻纺工业重点是调整产品结构，提高产品档次和质量，增加花色品种，以原盐、纺织、服装、皮革及制品、日用精铝制品等为主，抓好有资源优势和加工优势行业的重点技改工程，推进全行业的技术进步和技术改造，提高产品竞争能力。抓紧建设青海化纤厂，完成茶卡和柯柯盐场改造工程，新增原盐生产能力100万吨。食品、饮料、医药行业也需依托优势资源，开发名、优、新产品，逐步发展壮大。

（四）积极发展交通运输和邮电通信

我省地处西部边远地区，发展交通和邮电通信对促进经济发展和扩大对外开放有重要意义。"八五"期间，交通运输的发展重点是完成青藏铁路扩能改造一期工程，使西哈段年货运能力达到600万吨，哈格段达到420万吨；加强干线改造，改善公路状况发展矿区和县乡公路，提高运输能力；加快建设和完善曹家堡机场的通航和服务设施，增辟国内航线，扩大航运业务。邮电通信要以提高综合通信能力、通信质量和技术装备水平为中心，以加快省际、省内干线网建设为重点，建成西宁至兰州光缆工程、西宁至格尔木数字微波及果洛明线载波工程，实现乡乡通电话，增强全省的通信能力。同时，大力加强市话建设，提高电话普及率。

（五）高度重视发展科技教育

发展教育事业，推进科技进步，是提高国民经济整体素质，促进社会全面进步的根本大计。必须把发展科技教育放到十分突出的战略地位，依靠科技进步和提高劳动者素质推进经济和社会的发展。

科学技术的发展要继续贯彻"经济建设必须依靠科学技术，科学技术工作必须面向经济建设"的基本方针，把发展国民经济作为科技工作的主战场，围绕解决工农业生产、技术改造、资源开发和社会事业等方面的重大问题，组织技术攻关，开展科学研究，推广投入少、见效快、效益好的科技成果。重点是推广促进农牧业增产的先进适用技术，抓紧中低产田改造、丰产栽培、优良畜禽、饲草品种的繁育和养殖、草原保护、防灾保畜配套技术的研究；创办科技先导型企业，加快高新产品开发，推广先进技术，先进设备和新工艺、新材料，有针对性地组织技术攻关，积极发展高新技术；抓好盐湖资源和其他矿产资源的开采和综合利用研究，促进资源开发，带动相关产业的发展；重视符合省情特点的基础研究和软科学研究；加强社会科学研究，特别要搞好对九十年代经济社会发展和改革开放重大课题的研究。

发展教育事业要坚持"教育必须为社会主义现代化服务，必须同生产劳动相结合，培养德、智、体全面发展的建设者和接班人"的方针，以提高教育质量为前提，培养更多符合本省需要的合格人才。基础教育要把实施九年义务教育，特别是初等义务教育作为重点，从我省实际出发，分类规划指导，分阶段推进。"八五"期末，全省适龄儿童入学率达到85%，比"七五"期末提高3.5个百分点。重视加强和改进提高民族教育，五年内少数民族学生占在校生总数的比例上升4个百分点，并使民族基础教育和职业技术教育的质量有较快的提高。职业技术教育要根据城市、农村、牧区的不同需要，统筹规划，加快发展，为工厂、农村、牧区和社会培养更多的适用人才。高等教育要积极调整专业结构，拓宽专业适用面，改善办学条件，抓好师资队伍建设，提高教育质量和办学效益，加速省内急需人才的培养，“八五”期间共培养专科和本科毕业生8000人。成人教育在城市重点是开展岗位培训，不断提高企业职工队伍的业务和技术水平；在农村牧区主要是狠抓扫盲及扫盲后的农牧业技术教育，提高农牧民运用先进农业技术的能力。

（六）解放思想，努力推进改革开放，保障“八五”计划的顺利实现

中央《建议》指出：十年规划和“八五”计划能否顺利实现，在很大程度上取决于经济体制改革能否取得预期的成功。对青海来说，为了改变前几年改革开放滞后的状况，更需要进一步解放思想，加大改革份量，扩大对外开放。深化改革的基本方向，是按照发展社会主义有计划商品经济的要求，建立计划经济与市场调节相结合的经济体制和运行机制。“八五”期间，深化经济体制改革的主要任务是：

深化企业改革，增强企业活力。坚持按照政企分开、所有权与经营权适当分离的原则，继续完善和发展企业承包经营责任制，逐步建立健全企业的管理体制、经营机制和自我约束机制，促进企业成为自主经营、自负盈亏的商品生产经营者。进一步改革和完善企业内部经营机制和管理制度，充分调动广大职工的积极性。积极发展企业集团，推动企业的改组、联合和兼并，促进企业组织结构合理化。

加强市场建设，培育市场体系。进一步深化流通体制改革，完善消费资料市场，扩大生产资料市场，逐步形成多层次、多渠道、高效畅通的商品流通体系。努力培育和发展资金、技术、信息、房地产、劳务等生产要素市场，逐步完善市场体系。继续加强市场管理，建立健全市场管理制度和市场交易规则，保护合法经营，打击违法行为，维护市场秩序。

坚持以公有制为主体，进一步发展其他经济成份。在不断巩固和发展国营经济、集体经济的前提下，继续鼓励发展个体经济、私营经济和其他经济成份，特别在农村牧区的农副产品加工业、商业、饮食业、运输业和城乡的服务行业，更要放宽政策，使所有制结构同我省现阶段的生产力水平相适应。

推进住房制度和社会保障制度的改革。通过分步提高房租、交纳住房保证金、超标准加租、出售公房、鼓励个人集资合作建房和新房新制度等多种形式，加快住宅商品化的进程，逐步改变低租金、无偿分配住房的制度。按照国家、集体和个人共同合理负担的原则，在城镇各类职工中逐步建立社会养老保险制度和待业保险制度，实行多层次的社会保险。在农村牧区逐步建立不同形式的老年保障制度。改革公费医疗和人身保险制度，建立和完善社会福利制度。

围绕上述改革要点，协调配套地搞好计划、投资、外贸、价格、财政、税收、金融和劳动工资等方面的改革，加强和改进经济管理、监督、信息、统计方面的工作，逐步提高宏观经济的综合调控能力，更好地运用经济手段调节经济运行。

在深化改革的同时，进一步扩大对外开放，推进横向经济联合。继续发展对外贸易，扩大对外经济技术交流与合作，积极利用外资，引进先进设备、技术和人才。用好现有优惠政策，加强同先进省区的联合与协作，争取国家和先进地区对我省的经济、技术和人才方面的支持帮助。继续办好民和民族经济改革试验区和格尔木资源开发试验区，加快资源开发，促进经济发展。

三、一九九一年的主要任务

1991年是实施“八五”计划和十年规划的第一年，又是继续治理整顿和深化改革的一年。今年，我省各级政府必须深入贯彻党的十三届七中全会精神和七届全国人大四次会议精神，紧紧围绕团结、稳定、发展的基本要求，集中精力抓好经济工作，加强社会主义精神文明建设，争取“八五”计划有一个良好的开端。为此，各级政府要认真做好以下十项工作：

第一，加强领导，争取农牧业有个好收成。

为争取今年农牧业生产继续稳定增长，各地必须认真贯彻《中共中央、国务院关于一九九一年农业和农村工作的通知》精神，切实加强领导，全面落实全省农业和畜牧工作会议确定的各项增产措施，争取农牧业有个好收成。

农业实行深度开发与广度开发相结合，是确保农业稳定增长的战略性措施。要继续加强农田基本建设，搞好中低产田的改造，不断提高现有耕地质量和生产水平。要认真抓好水利设施的维修和管护，积极开展“小流域”综合治理，充分利用小水小泉，搞好渠系配套，增加保灌面积。山区要坚持兴修梯田，大力种草植树，积极推广旱作农业技术，发展生态农业。同时，要统筹安排，抓紧实施已确定的开发项目，保证完成开发耕地10万亩，扩大水浇地面积6.9万亩，改善灌溉面积10万亩的任务，抓好湟中、互助两县商品粮基地的建设。要进一步加强土地管理，严格禁止乱占耕地的现象。牧业生产要继续下大力气搞好“四配套”建设，建设围栏草场120万亩，人工种草52万亩，畜圈、棚10万平方米，“四配套”防灾基地示范点1360户，防治草原鼠虫害1100万亩，进一步提高畜牧业的抗灾能力和综合生产水平。

增加投入是农牧业生产稳定增长的关键。今年国家用于我省农牧业生产的各项资金和贷款达4亿元以上，比去年有较大幅度的增长。农村、牧区集体经济和农牧民群众是农牧业投入的主体，要根据条件逐步建立集体积累，引导农牧民把更多的资金用于农牧业生产，同时增加劳动积累，并使之制度化、规范化。对农业生产资料的生产和供应，有关部门要分工负责，加强协作，保证逐项落实。

各地必须认真贯彻依靠科技教育振兴农牧业的方针，加强农牧业科技成果的推广应用。农业要围绕农作物的稳产高产，抓好适用技术的推广，组织实施科技承包和“丰收计划”330万亩。畜牧业要大力普及先进的饲养畜禽技术，合理利用草场，科学饲放管理，加强畜种改良和畜疫防治。要组织更多的科技人员到农村去，扩大农科教相结合，加强对农牧民的科技培训，提高农牧民种田养畜技能和农牧业生产水平。

乡镇企业目前困难较多，各级政府要主动给予扶植和引导。当前的重点是提高素质，着力办好现有企业；有条件的地方，要广开生产经营门路，有计划地兴办新的企业，做到优中选优，办一个成一个。乡镇企业本身要眼睛向内，通过深化企业改革加强经营管理，推进技术进步和技术改造，立足当地资源，开发具有地方特色的产品，进一步提高产品质量和经济效益。有关部门要从资金、物资和技术等方面继续给予支持。

扶贫工作从今年起要实施以脱贫致富为主要目标的扶贫开发。各地应根据当地资源条件，落实技术帮扶单位，选好脱贫致富的主导产业，以骨干项目为导向，努力提高贫困地区综合生产能力。各部门、各单位要继续大力搞好扶贫工作，从财力、物力和技术力量上支持贫困地区的经济发展。对青南地区的贫困县乡和目前尚未解决温饱问题的贫困地区，要重点予以扶持，使之尽快改变面貌。

第二，以提高经济效益为中心，确保今年工业生产有较好的增长。

国务院决定今年为“质量、品种、效益年”，目的是通过广泛深入地开展这一活动，大力提高企业的经济素质和经济效益，使企业逐步走上投入少、产出多、质量好、消耗低、效益高的发展道路。当前全国工业生产回升势头较好，基本建设和社会商品零售都有增长，各地区、各部门、各企业要认真贯彻国务院的决定，落实全国企业工作会议精神，把全部经济工作切实转到提高经济效益为中心的轨道上来，抓住市场销售正在稳步增长的时机，确保今年工业生产和销售有较好的增长，力争工业资金利税率比上年提高5%。

提高经济效益，首要问题是优化产品结构，提高产品质量。优化产品结构，必须坚持两手抓：一手抓适应性产品，对原有产品进行改进，增加花色品种，提高产品档次，以满足广大消费者多层次的需求；一手抓开发性产品，促进产品更新换代，今年要开发省级重点新产品120种。各企业都要认真调查和分析社会需求结构的变化和发展趋势，瞄准市场，根据自身的基础和特点，扬长避短，加快产品结构的调整，努力增加适销对路产品的生产。在调整产品结构中，要注意发挥自己的优势，加强专业化协作，努力形成本行业、本企业的拳头产品。产品质量是企业的生命，是牵动效益的"牛鼻子"。所有企业都要切实加强质量意识教育，树立质量第一的思想，狠抓提高产品质量的关键环节，提高产品合格率，争创优质名牌产品，向质量要效益。

加强企业管理，是提高经济效益的关键。今年，各行各业都要用很大精力整顿企业内部管理，强化企业基础建设，加强劳动纪律和工艺纪律，坚持高标准、严要求，建立健全质量、设备、工艺、物资、定额、成本、财务和劳动等方面的规章制度，落实责任，严格考核，明确奖罚，切实把企业各项基础工作抓上去。要加强全面经济核算，在生产、经营的各个环节建立严格的计量验收和盘点制度，完善核算办法，加速资金周转，提高资金使用效果，要结合实际，继续抓好企业升级达标工作，千方百计提高企业的整体素质。要强化经营销售环节，建立一支熟悉业务，懂得经济法规，了解商品性能的销售队伍，走出青海，努力开拓国内外市场，建立销售阵地，提高我省产品在全国市扬的覆盖面和占有率。

提高经济效益，必须依靠技术进步。各主管部门和企业要根据国家产业政策的要求，从有利于发挥比较优势出发，搞好推进技术进步和技术改造的规划，特别要注意选择一批投入少、周期短、见效快的项目，突破重点，带动全局。要有重点地引进国内外先进技术装备，大力推广新材料、新工艺、新技术、促进产业结构和产品结构的调整。大中型企业要加强自己的技术力量和科研设计队伍。小企业和乡镇企业要以多种方式与大企业、科研单位、大专院校实行联合、协作，形成自己的技术依托。要管好用好更新改造、大修理和技术开发基金，同时广辟资金筹措渠道，扩大技改资金来源。今年安排技术改造投资的重点是：节约能源和降低原材料消耗、增加名优产品和短线产品产量的项目，扩大出口和替代进口以及必要的安全措施和环境保护项目。同时，适当集中力量，加强对重点企业和重点产品的技术改造，推动全行业的技术进步。

克服铁路运输困难，仍然是当前我省工业生产和整个国民经济稳定发展的关键之一。铁路运输部门要与其他部门密切配合，加强调度，挖掘潜力，合理调整货运结构，保证指令性计划产品的发运，优先安排重点产品和出口产品的运输，努力完成今年的铁路运输任务。实行公铁分流，积极组织大吨位汽车和回空车搞好公路运输，争取从海西多运出一些物资。继续抓好青藏铁路扩能改造工程，加快施工进度，力争尽早解决铁路运输紧张问题。

第三，开拓市场，搞活流通，进一步扩大内外贸易。

在当前经济回升的情况下，主动走出去开拓市场，对促进工农牧业生产的发展具有重要作用，我们必须象重视生产那样重视流通。流通部门要牢固树立为工农牧业生产服务的思想，急生产所急，帮生产所需。国营商业、物贸企业和供销社要进一步加强同生产部门的协作，把收购和推销农牧产品、地方工业产品作为一项重要任务来抓。要面向全国，大力开拓地方工业品市场，积极开展多种形式的联销、展销活动。农牧产品在完成国家定购任务以后，要放开经营，组织多渠道流通，切实解决农牧民卖羊毛难、卖粮油难、卖土特产品难的问题。物资企业要积极组织计划分配物资和计划外紧缺物资货源，搞活省内外物资协作和计划内外物资串换，减少流通环节，确保"双保"企业、重点企业、重点产品和重点建设项目的需要，努力满足各方面生产建设的需要。

必须切实安排好人民生活必需品的供应，稳定市场，安定人心。国营商业和供销社要继续发挥主渠道作用，对粮、油、糖、肉、煤等人民基本生活必需品，必须稳定供应，确保粮、油价格改革成功；对棉布、肥皂、洗衣粉、火柴等市场敏感商品保证不断档脱销。要进一步改善服务态度，提高服务质量，正确引导消费，力争多回笼货币。要加强市场管理和物价管理，各种商品价格和收费标准都要接受群众监督和舆论监督，严禁乱涨价和变相涨价，尽力把零售物价上涨幅度控制在计划目标内。

从今年起，国家对各类外贸企业实行自负盈亏的新体制。面对新的情况，我省外贸企业必须加强经营管理，千方百计降低换汇成本，在实现自负盈亏的前提下多出口，多创汇。要继续加强出口商品货源基地建设，保证出口商品货源稳定；积极调整出口商品结构，控制高亏商品出口，增加盈利和低亏商品出口，逐步实行出口代理制；巩固和扩大传统市场，大力开辟新的国际市场。同时，在互惠互利的基础上，发展西部边境贸易。要认真做好国际市场的信息调研工作，掌握市场变化情况，指导生产部门优化品种，提高质量，改进包装，增强我省产品在国际市场上的竞争能力。商检部门要严格把好进出口商品质量关，维护我省商品出口的信誉和商品进口的合法权益。

第四，开源节流，搞活金融，为经济建设提供更多的资金。

当前，我省财政形势十分严峻。各地区、各部门一定要把争取财政形势好转的立足点放到开源节流、提高财政资金使用效益上，通过广泛深入地开展“双增双节”运动，实现财政收支平衡。

大力开辟财源，加强税收征管，是实现财政增收的关键。各地区、各部门要采取有力措施促进生产，在经济发展的基础上增加收入。要充分发挥财政、税收的经济杠杆作用，大力扶持符合产业政策、发挥当地资源优势的企业扩大生产规模，提高经济效益，培植更多的财政支柱企业和贡献大户，帮助生产潜力大，产品适销对路，有较好经济效益前景的企业克服困难，增产增销，多创收入，采取有力措施帮助后进企业改变面貌，扭亏为盈。要加强税收征管工作，坚持依法治税，堵塞税源流失漏洞，杜绝随意减免、越权减免税收现象，保证税收及时足额入库。

从紧安排支出，用好用活财政资金，是克服财政困难的有效途径。各地区、各部门、各单位都要贯彻艰苦奋斗，勤俭办一切事业的方针，坚持量入为出、量力而行的原则，精打细算，厉行节约，在各级预算范围内自求平衡。要认真落实节支措施，坚决按照国务院的要求，严格控制机构膨胀和人员超编，大力压缩会议经费开支，继续控制社会集团购买力的增长，减少一切可花可不花的开支。各地要尽可能适当集中一部分资金，开发效益型生产项目，加快技术改造，真正把有限的资金投入到发展生产和培植财源上，为缓解全省财政困难作出贡献。

金融工作要贯彻“控制总量，调整结构，强化管理，适时调节，提高效益”的货币信贷方针。根据经济形势的变化，加强分类指导，优化贷款投向，帮助企业盘活资金存量，切实把信贷资金用好。要继续大力抓好城乡居民储蓄，努力扩大信贷资金来源。今年新增贷款继续对农牧业生产、农牧产品及出口产品的收购和生产、重点建设和技改项目实行倾斜，在优先支持重点企业、重点项目和重点产品对资金需求的同时，适当安排资金，支持经济效益好，有利于产品结构调整的中小型企业、集体企业和乡镇企业。认真清理信贷资产，继续抓好清理“三角债”工作，帮助企业挖掘资金潜力，加速资金周转，尽可能地缓解信贷资金紧张的状况。

第五，加大改革份量，加快开放步伐。

当前，治理整顿已经取得明显成效，经济稳定、政治稳定、社会稳定，改革环境相对比较宽松。我们要不失时机地加大改革份量，加快开放步伐，采取积极、慎重、稳妥的方针，坚定不移地把改革开放继续推向前进。

深化改革，首先要紧紧抓住深化企业改革这个中心环节，从外部环境和内部管理两个方面采取有力措施，增强企业活力特别是大中型和地方骨干企业的活力。当前，省政府正在按照全国企业工作会议和体改工作会议精神，制订切实可行的深化改革、搞活企业的措施。今年深化企业改革的重点：一是完善企业承包经营责任制。在做好两期承包衔接的基础上，结合企业生产经营特点，划小内部核算单位，把第二轮承包的经济、技术和管理指标层层落实到科室、车间、班组和个人，强化责任，细化管理、严格考核，明确奖罚。二是改革和完善企业内部工资分配制度。所有企业都要从实际出发，根据各自的特点，积极推行浮动工资、定额工资和计件工资，联系质量、产量和消耗，建立起全面反映职工劳动质量和数量的按劳分配制度。大力推行工资总额同经济效益挂钩，完善工效挂钩办法。三是对企业内部管理体制和人事制度进行改革试点，建立起既有利于厂长（经理）行使生产经营决策权，又有利于党组织发挥政治核心作用和进行保证监督的管理机构和人事制度。四是各级政府和各有关部门要按《企业法》有关规定进一步落实企业自主权，制定配套政策和措施，主动为搞活企业解决实际问题，努力改善外部环境。要认真治理“三乱”，加强对企业检查的管理，减轻企业负担。

推动生产要素合理流动，是调整和优化经济结构的一个重要方面。要采取有效措施，激励优势企业兼并或承包劣势企业。同时，按照经济发展的内在要求组建企业集团，发挥优势互补功能，提高规模经济效益。

加快社会保障制度改革是形势发展的需要。今年重点抓好退休养老保险制度改革，国营和集体企业职工退休费用先实行州、地、市级社会统筹。同时，做好待业、工伤、医疗保险制度改革的试点工作。要积极稳妥地推进住房制度改革，选择一些地区、企业进行试点。继续开发商品住宅，启动建筑市场，逐步解决城镇居民住房难的问题。

进一步深化农村牧区改革，建立健全统分结合的双层经营体制。农村要在稳定和完善以家庭联产承包为主的责任制基础上，抓好土地管理、合同管理和集体资产的经营管理，建立集体经济的自我积累机制，逐步发展和壮大集体经济。牧区要在稳定家庭承包制的基础上，积极推行“五统一”，加强管理，提高生产组织指挥功能。同时在自愿互利的前提下，提倡互助合作，实行牲畜合理组群放牧。无论农村牧区都要特别重视建立和健全社会化服务体系，积极为农牧业生产提供产前、产中、产后服务。今年重点抓好农村流通体制改革，建立农牧产品批发市场，逐步发展期货贸易，鼓励和引导农牧民进入流通领域。

为了加快我省经济发展，必须不断扩大对外开放，加强与先进地区的横向经济联合和经济技术协作。要充分运用现有优惠政策，吸引资金，联合兴办企业，或者利用现有企业搞合资经营企业，把我省的资源优势和先进地区的经济技术优势结合起来，共同开发。继续加强与对口支援省市的经济技术协作，积极推动黄河上游多民族经济开发区与黄河沿岸经济协作带的形成。企业要主动走出去，向国内先进企业或企业集团挂靠，按照互惠互利的原则，借助外力，促进自身发展。在当前资金短缺的情况下，近期联合的重点应放在技术协作上，“借梯上楼”，推动企业技术进步。省内地区之间、企业之间，也要积极开展多种形式的协作，做到优势互补，共同进步。有条件的企业要“借船出海”，到沿海或其他重点地区开厂设店，增强竞争意识，提高企业素质。

第六，坚持把科技和教育放在突出位置，进一步发展社会各项事业。

科技工作要紧紧围绕经济建设这一中心，突出重点，抓好落实。一是认真做好“科教兴青”方案的制定和实施工作。“科教兴青”要以科技为先导，以发展生产力为中心，以政策为动力，以教育为基础，建立科技、教育与经济紧密结合的机制。这项工作由省科委牵头，各地区、各部门要密切配合，通力协作。二是继续抓好科技兴农。根据我省实际，要在提高农牧业劳动生产率、增加农畜产品产量和有效利用资源上下功夫，把工作的重点放到先进适用科技成果的引进、示范、推广上。同时，搞好科技示范县、示范点的建设，进一步实施“星火计划”，建立健全多层次、多形式、多功能的农牧业科技推广服务体系，大力普及农牧业科技知识，引导广大农牧民群众走科技致富之路。三是围绕“质量、品种、效益年”

活动，大面积推广投入少、效益好、见效快的科技成果，推动企业技术进步和技术改造，促进产业结构的调整和技术水平、产品质量的提高。四是深化科技体制改革，继续放活科研机构和科技人员，大力开拓技术市场，加速技术成果商品化。鼓励科研单位与企业联营，发展科研生产型企业，搞好科技先导型试点企业，使科研单位向科研经营型转变。

教育工作要把坚定正确的政治方向放在首位，把培养社会主义事业可靠的接班人和建设者作为根本任务，把提高教育质量作为重点，推进各级各类教育的健康发展。要大力加强基础教育。当前，已普及初等教育的地区主要是巩固提高，未普及的地区要千方百计抓好普及；牧区要集中力量办好现有学校，不断提高“四率”，为普及初等教育创造条件。职业技术教育要统筹规划，合理布局，调整结构，促进发展，在办好现有职业学校的基础上，加强重点职业中学建设。要搞好基础教育、职业技术教育和成人教育的统筹，搞好农、科、教的结合，培养初、中级实用人才。高等教育要按照“坚持方向、稳定规模、优化结构，深化改革，改善条件，提高质量”的发展方针，面向省内经济建设，调整现有专业，拓宽知识面，增强适应性，努力提高教学质量和办学效益。成人教育要继续把开展岗位培训作为重点，提倡学用结合，按需施教。继续抓好扫盲工作，完成扫除文盲4.1万人的任务。民族教育要抓好师资队伍建设，重视双语教学，强化管理，注重实效，在培养合格毕业生上狠下功夫。

文化艺术、新闻出版、广播电视要继续贯彻“一手抓整顿，一手抓繁荣”的方针，进一步开展“扫黄”斗争，净化文化环境，繁荣人民群众精神生活。文化艺术要坚持“二为”方向，面向基层，面向人民，努力创作具有地方和民族特色的好作品，积极探索艺术表演团体体制改革的新路子。要加强文物保护和基层文化设施建设，扩大社会主义文化阵地。新闻出版要坚持把社会效益放在首位，努力多出版一些优秀读物，扩大对农村牧区的发行，并进一步加强对书刊、音像市场的引导和管理。广播电视要充分反映青海经济建设和社会事业发展的成就，宣传先进模范事迹，激励人民群众社会主义现代化建设的奋斗精神，为稳定政治、经济和社会作出贡献。卫生工作要认真贯彻预防为主和为人民健康服务的方针，进一步做好计划免疫工作，加强农村、牧区三级医疗卫生网的建设，广泛开展城乡爱国卫生运动，继续搞好地方病防治，深入开展医德教育，整顿医疗秩序，提高医疗质量和服务水平。要广泛开展群众性体育活动，认真抓好参加全国性运动会和举办省首届青运会的各项准备工作。

要进一步重视和发挥知识分子在现代化建设中的作用，提倡和鼓励知识分子深入实际、深入社会实践，为建设青海贡献自己的聪明才智。继续发扬尊重知识、尊重人才的良好风尚，逐步改善知识分子的工作和生活条件，稳定知识分子队伍。

第七，切实搞好计划生育，积极解决劳动就业问题。

当前，我省正处于第三次人口生育高峰，人口形势严峻。各级政府必须坚决贯彻基本国策，深入持久地开展计划生育宣传教育活动，增强全民的人口意识；必须继续坚持把工作重点放在农村、基层和流动人员上，进一步建立健全县、乡、村三级计划生育服务网络，普及避孕节育、优生优育知识，做好技术服务工作；必须认真贯彻执行《婚姻法》和《青海省计划生育条例》，杜绝早婚、早育和多胎生育。要严格实行人口与计划生育目标管理责任制，使计划生育真正落到实处，为了减轻城镇就业人口的压力，要严格执行“农转非”的政策规定，控制城镇人口的机械增长。

近两年我省城镇待业人员多，已成为一个突出的社会问题。各级政府要坚持贯彻“三结合”的就业方针，继续拓宽就业门路，开拓生产经营和服务新领域，提倡和鼓励自谋职业，通过各种途径增加就业岗位。鼓励企业利用我省原材料优势，瞄准市场需要，集资兴办集体所有制加工企业，实行一厂两制。待业人员要转变就业意识，树立“全民、集体、个体劳动都一样”的新观念，积极寻找就业机会。有关部门要从政策上给予扶持，切实解决劳动就业中的各种实际困难。对企业富裕人员要有计划、有针对性地开展技术培训、设备检修、清仓利库等活动，不能把他们推到社会上去。对停工待工人员，要区别不同情况，给予必要的生活保障。

第八，进一步加强民族团结，促进各民族共同繁荣。

我省是一个多民族聚居的省份。全面正确地贯彻党的民族政策，做好民族工作，不断巩固和发展各民族间平等互助，团结进步的社会主义新型民族关系，始终是关系全局的一件大事。要加强马克思主义民族观和党的民族政策的再教育，在各族干部和群众中牢固树立“谁也离不开谁”的思想，形成全社会都来维护和加强民族团结的良好风气。要坚定不移地贯彻执行民族区域自治法及其实施条例，充分保障民族自治地方的自治权利。大力发展民族地区经济，继续从资金、物资和技术上支持和帮助民族地区逐步增强经济实力，推进当地科技、教育和各项社会事业不断进步。积极培养少数民族干部和各种人才，充分发挥他们的聪明才智。民族地区干部要解放思想，广开思路，不断开拓经济发展的新路子，用社会主义现代化建设的大目标把各族群众凝聚起来，为促进经济的发展和各民族的共同繁荣作出贡献。要正确认识和处理民族之间和民族内部发生的问题，妥善解决边界、草山等纠纷。对于国内外敌对势力破坏民族团结和分裂祖国统一的活动，必须针锋相对，及时揭露，坚决抵制。各级政府要全面正确地贯彻党的宗教政策，尊重信仰宗教自由和不信仰宗教自由及少数民族的风俗习惯，建立健全宗教管理制度，把宗教活动纳入国家法律和党的政策的轨道。同时，要注意团结信教群众，发挥爱国宗教团体的作用，坚决打击利用宗教违法犯罪的活动。

第九，加强社会主义精神文明建设健全社会主义民主与法制。

社会主义精神文明建设是促进物质文明建设和维护政治、社会稳定的重要保证。各级政府、各部门、各单位必须坚定不移地贯彻两个文明一起抓的方针，切实加强精神文明建设。要加强马克思主义学习，当前的重点是进一步提高对建设有中国特色的社会主义理论的认识，把广大干部的思想统一到党的七中全会和七届全国人大四次会议精神上来，宣传十年规划和“八五”计划鼓舞人心的奋斗目标，引导组织群众专心致志地投入社会主义现代化建设。要发扬思想政治工作的优良传统，结合经济建设和改革开放的实际，不断改进思想政治工作。要长期不懈地坚持四项基本原则教育，增强广大群众的社会主义信念，抵制和反对资产阶级自由化，始终保持经济建设和改革开放的正确方向。要深入持久地进行爱国主义、集体主义、社会主义和艰苦奋斗的教育，继续开展学习雷锋和蒙托那义的活动，努力培养有理想、有道德、有文化、有纪律的社会主义新人，不断提高全省各族人民的思想道德素质和科学文化素质。

随着经济、社会的发展和改革开放的深入进行，必须加强社会主义民主和法制建设，为改革开放、经济和社会发展创造遵守法制的良好环境。各级政府要自觉接受同级人民代表大会及其常委会的监督。同时，要主动加强同人民政协、各民主党派、无党派爱国人士和群众团体的联系，高度重视他们的意见和建议，为他们参政议政、发挥民主监督提供条件，逐步使协商办事和民主决策经常化、制度化。

社会主义民主需要社会主义法制加以保障。要加强法制建设，善于运用法律手段加强对经济工作的依法监督和管理，妥善调整社会生活和经济生活的各种关系，把各项工作逐步纳入法制化的轨道。继续进行普法教育，搞好第二个五年普法教育规划和试点工作，提高全民法律意识。一切政府工作人员都必须带头学法懂法，增强法制观念，做遵法守法的模范。

在加强社会主义民主和法制建设的同时，要坚持专门机关与群众相结合，动员社会各方面的力量齐抓共管，认真落实各项措施，搞好社会治安的综合治理。要教育广大群众自觉维护社会秩序，敢于同坏人坏事作斗争。继续依法严厉打击刑事犯罪分子和经济犯罪分子，深入开展除“六害”的斗争，制止和取缔一切危害社会安全和扰乱社会秩序的行为和活动。广大公安干警和司法干部要不断提高政治和业务素质，廉洁奉公，执法如山，为加强社会治安、维护社会稳定作出新的贡献。

大力开展国防教育，努力提高全民国防意识。加强国防后备力量建设，保护国防设施，充分发挥民兵在两个文明建设中的作用。

第十，继续加强廉政建设，切实改进机关作风。

廉政建设是关系到社会主义制度的巩固和国家兴亡的一件大事，必须坚定不移地抓下去。今年廉政建设着重抓好三件事：一是继续贯彻中共中央和省委关于加强廉政建设的决定，大力开展党的根本宗旨和优良传统教育，加强对机关工作人员遵纪守法和职业道德教育，增强干部、职工的廉政意识，抵制各种腐败风气的影响和腐蚀，树立廉洁的机关风尚。二是坚决纠正行业不正之风，包括整顿执法部门和监督机关的违法违纪行为，制定具体措施，鼓励和支持舆论机关和人民群众对政府各部门、各行业进行公开的社会监督。三是继续狠抓大案要案，重点是查处政府机关领导干部和工作人员利用职权，采取各种手段贪污受贿、投机倒把、以权谋私、敲诈勒索、搞权钱交易等违法案件，同时要严肃查处严重官僚主义、失职渎职案件。对那些有令不行、有禁不止、违反政纪的行为，也要严肃处理。

各级政府机关工作人员特别是领导干部，要向焦裕禄同志学习，坚持全心全意为人民服务的宗旨，坚持群众路线，切实改进思想作风和工作作风。近两年来，我省县以上党政机关派出大批干部深入基层，受到基层干部和群众的欢迎，今后要作为一项制度长期坚持下去。要大兴调查研究之风，善于抓典型、抓重点，用典型经验指导和推动面上的工作。为了促使省政府各部门改进领导作风，提高办事效率，激励领导班子的负责精神，省政府决定从今年起对各职能部门领导干部实行目标管理责任制。各级领导干部必须克尽职守，作出表率，充分调动广大干部职工的积极性，确保政府责任目标的实现。

今年的任务是繁重的。我们必须坚定不移地以经济建设为中心，以深化改革为动力，广泛深入地开展“质量、品种、效益年”活动，突出加强农牧业、搞活企业、调整产品结构、推进技术进步、强化销售等重点工作，促进我省国民经济逐步走上良性循环的轨道。完成今年的各项任务，关键在于狠抓落实。要大力提倡工作认真，办事扎实的严谨作风。对党中央、国务院和省委提出的各项任务，要一级一级地抓，一环扣一环地抓，逐个逐个地解决问题。工作要有布置，有检查，有总结，坚持一切从实际出发，不搞花架子，不搞一刀切，扎扎实实完成各项任务。

各位代表！

党的十三届七中全会和全国人大七届四次会议为我们规划了宏伟的蓝图，指明了继续前进的方向。我们要更加紧密地团结起来，坚定信心，艰苦奋斗，努力拼搏，勇往直前，为确保“八五”建设起好步，为胜利实现第二步战略目标而奋斗！

青海省1991年大事记

一　月

4日　中共青海省委召开常委扩大会传达党的十三届七中全会精神。省委领导尹克升、田成平、金基鹏、桑结加、卞耀武、蔡竹林出席。中央委员格桑多杰和副省级以上干部列席了会议。省委书记尹克升要求用全会精神武装思想、统一认识、团结一致、艰苦奋斗，为实现十年规划和八五计划的伟大任务而努力奋斗。

7日　省委、省政府隆重表彰残疾人事业29个先进集体和26个先进个人。省委书记尹克升要求：全社会都来关心、帮助、支持残疾人事业。

10日　省委副书记、省长金基鹏邀请西宁钢厂、山川机床铸造厂等10家企业领导座谈指出：搞活大中型企业不仅是经济问题，而且是重大政治问题，要求各部门各企业都要认真学习中央七中全会精神，下大力气把我省的大中型企业搞活办好，促进全省经济的进一步发展。

12日　在北京民族文化宫隆重举行青海塔尔寺酥油花艺术展，同时展出的还有106幅堆绣、唐卡壁画精品。全国人大常委会副主任倪志福、全国政协副主席王光英、赵朴初、程思远及中央部门、兄弟省区负责人、香港友人等近千人出席。

15日　据青海日报载，大通回族土族自治县甩掉贫困县的帽子，继祁连县后成为我省又一个财政自给县，1990年县财政收入3262万元，财政支出3102万元。

15日　全省民族团结进步表彰大会在省人民礼堂隆重举行，省党政军主要领导尹克升、田成平、金基鹏等1000多人参加了会议，省委副书记田成平代表省委省政府讲了话。

16日　省计划财政会议开幕。省党政主要领导人尹克升、田成平、金基鹏、宦爵才郎等出席。会议分别由吴承志、马元彪、蔡竹林副省长和金基鹏省长主持。省计委主任王汉民、省财政厅厅长孙肇然分别传达了全国会议精神，并就我省1990年计划财政执行情况和1991年计划财政安排做了相应报告，省委副书记、省长金基鹏在17日大会上做了重要讲话。22日在总结大会上省委常委副省长蔡竹林强调：贯彻会议精神"贵在落实"。

19日　省统计局举行新闻发布会，省统计局局长赵恒伦公布了1990年国民经济和社会各项事业发展情况，指出我省各条战线都取得好成绩，治理整顿取得了阶段性成果。

23日　青海第一机床厂与大连组合机床研究所合作开发我国首台多轴组合式柔性加工单元在青海第一机床厂问世并通过国家鉴定，技术已达国际先进水平。

26日　省政府为优秀专家命名颁奖。会议由喇秉礼副省长主持，省委副书记、省长金基鹏宣布49名优秀专家名单，省委书记尹克升做了重要讲话。

二　月

2日　省政府为粮食生产功臣颁奖。表彰奖励1990年粮食生产成绩突出的湟中县人民政府等先进集体、粮食高产丰收竞赛17个优胜单位和主要贡献者51人。省党政主要领导尹克升、田成平、金基鹏、蔡竹林、马万里、尕布龙、马元彪、汪福祥等到会发奖。

4日　中共青海省委七届六次全委会在西

宁举行。尹克升、田成平、桑结加分别主持大会。尹克升做《认真贯彻党的十三届七中全会精神、夺取建设和改革新胜利》的报告。金基鹏就如何集中精力抓好我省今年的经济工作，确保"八五"建设起好步的问题做了重要讲话。田成平对会议进行了总结，会议于9日结束。

12日 省委、省政府在西宁宾馆举行迎春茶话会，各族各界代表1500多人出席，会议由省委书记尹克升主持，省委副书记、省长金基鹏致春节祝辞。

27日 省统计局发布1990年青海省国民经济和社会发展统计公报、表明我省经济运行情况正向好的方向发展。

三 月

5日 省委省政府省军区联合召开全省学雷锋学蒙托那义先进集体先进个人表彰会议，并做出了《关于授予蒙托那义为草原活雷锋荣誉称号》的决定。会议表彰先进集体标兵7个，先进个人标兵13人，先进集体38个，先进个人59名，省委书记尹克升到会讲了话，7日会议结束。

15日 青海日报载，省政府表彰奖励去年畜牧业丰收竞赛优胜单位，海北州等20个单位获"金牛"奖，海东行署获"特别奖"。

16日 金基鹏省长应邀率青海省政府代表团到布隆迪的基特加省进行友好访问。

22日 青海省与布隆迪的基特加省正式签署协议书结为友好省，标志我省对外开放工作掀开了新的一页。

四 月

3日 全省双拥工作会议在西宁隆重开幕。解放军总政治部副主任周文元中将、第二炮兵副政委史志信中将、兰州军区政治部主任孔昭文少将、兰州空军副政委赵立荣少将、省党政军领导尹克升等出席。尹克升、周文元、孔昭文等在会上讲了话。会上表彰双拥共建模范城格尔木市、双拥模范县湟源县、双拥工作先进集体34个、先进个人14名。会议于5日结束。

11日 青海省商品交易会在徐州隆重开幕。江苏、山东、广东、福建、湖北、河北、四川省共2000多人参加交易会。省委副书记省长金基鹏为会议剪彩。五天交易会日客流量2万多人次，成交额1.17亿元，零售额100多万元，引进资金6000万元，会议于15日结束。

11日 在第二届北京国际博览会上（27个国家参加）互助头曲酒荣获金奖。互助特曲和青稞液酒同时获得铜奖。

21日 省统计局发布《青海省'七五'时期国民经济和社会发展情况的统计公报》。

24日 省政协六届四次会议在西宁开幕.省政协委员208人出席会议。省政协副主席韩应选主持会议，副主席陈云峰做工作报告，省党政军领导到会祝贺，会议通过了《政治决议》、常委会工作报告、提案审查报告后于30日结束。

26日 省七届人大四次会议在西宁召开。出席大会的代表318人，宦爵才郎主任主持了会议并传达了七届全国人大四次会议精神，金基鹏省长做了政府工作报告，会议还先后听取了省计委主任王汉民、省财政厅厅长孙肇然、省人大副主任尕布龙、省高级法院院长马有功、省人民检察院院长张济民等向大会做的报告，经过代表审议，批准了他们的报告。通过了《青海省县级以上各级人民代表大会议事规则》。补选了副主任一人、党务委员二人。5月4日会议结束。

五 月

1日 省党政领导尹克升、金基鹏、桑结加、宦爵才郎等与西宁市群众一起参加游园活动，热烈庆祝"五一"国际劳动节。

22日 中央军委授予张鼎全"青藏高原模范干部"荣誉称号命名大会在西宁隆重举行。总后政治部副主任马国连少将主持会议。总后副部长李九龙中将宣读江泽民主席签发的命令。大会上省委书记尹克升和总后副部长李九龙中将做了重要讲话。

24日 中共青海省委发出通知号召全省向张鼎全同志学习。

六 月

6日 省委宣传部、省教育厅召开大会表彰八十年代优秀大学毕业生刁治明等36人。省委副书记桑结加、省人大主任宦爵才郎到会颁奖、副省长班玛丹增和教育厅厅长马玉麟到会讲话。

11日 全省宗教会议在西宁开幕。会议的任务是总结近年来我省宗教工作成绩，根据中央有关文件精神明确今后一个时期的宗教工作任务。省党政领导尹克升、金基鹏、多巴等出席了会议。省长金基鹏和省委书记尹克升先后做了重要讲话。会议历时4天，于14日结束。

12日 全省农村工作会议在西宁召开。省委书记尹克升、省委副书记省长金基鹏、副省长马元彪等在会上做了重要讲话。要求各级党委、政府下更大的决心，花更大的精力，采取切实有效的措施全面加强对农村工作的领导，扎扎实实地把农业生产搞上去，会议于15日结束。

14日 省统计局发布1990年人口普查提前抽样汇总（机器）主要数据公报。

17日 全省计划生育“双先”表彰会在西宁开幕。省委副书记、省长金基鹏要求各级党政部门要象抓经济工作那样认真抓好计划生育工作，坚决控制我省人口过快增长，省委书记尹克升和副书记田成平为双先代表颁了奖，班玛丹增副省长对会议进行了总结，19日会议结束。

18日 中共青海省委发出关于表彰100个农村牧区先进基层党组织的决定。

27日 尹克升率领中共中央对外联络部赴朝友好代表团一行七人，前往朝鲜进行为期一周的友好访问。

29日 中共青海省委隆重庆祝中国共产党成立七十周年，大会由省委常委副省长蔡竹林主持，省委副书记田成平做了《坚持党的领导、加强党的建设、为实现第二步战略目标而奋斗》的报告。

七 月

13日 省委省政府决定给江苏、安徽、浙江、河南四省各捐赠10万元的药品、青盐、棉毯等救灾物资，同时向江苏、安徽、浙江、河南、湖北、湖南、贵州、四川、山东、江西、甘肃10省发去慰问电。

16日 省统计局召开新闻发布会，通过我省上半年国民经济和社会发展情况：经济运行稳定，已经开始走出谷底、但企业效益仍然较差。

17日 中共青海省委举行七届七次全委会，主要任务是审议《中共青海省委关于制定全省国民经济和社会发展十年规划和八五计划的建议》，省委书记尹克升、副书记田成平主持了会议，副书记、省长金基鹏做了报告。19日会议结束。

20日 省政府召开第十一次全体会议，通报上半年经济工作情况，部署下半年主要工作。省长金基鹏主持会议并讲了话，副省长蔡竹林、吴承志、马元彪也讲了话。

25日 玉树藏族自治州成立40周年，结古镇举行隆重庆祝活动，全国人大民族委员会副主任平措汪杰和省党政军代表团团长桑结加到会祝贺。全国人大、国务院、省委、省人大、省政府、发了贺电。

八 月

1日 格尔木炼油厂举行开工奠基仪式，省委副书记、省长金基鹏等出席并剪彩。格尔木炼油厂的建设为开发西部经济造福青藏人民，增进民族团结进步，必将发挥重大作用。

3日 青海省暨西宁地区消夏迎金秋商品交易会隆重开幕，分别在大什字百货商店门前和商业厅礼堂举行仪式。省委书记尹克升和省委常委副省长蔡竹林为大会剪了彩。会议历时五天，于7日结束。会议期间成交额6045万元，其中省外订货2974万元。

九　月

8日　省教育厅召开庆祝教师节大会，表彰优秀教师和教育工作者。省委书记尹克升，副书记桑结加向200多名优秀园丁们颁发了荣誉证书和奖金，省教育厅厅长马玉麟在会上讲了话。

23日　全省排球赛结束。省直机关男女代表队分别获男女成年组冠军，青海师范大学、青海重型机床厂队分获男女亚军。

十　月

6日　格尔木小干沟中型水电站建成投产。装机3.2万千瓦，年发电量1.5亿度以上，它为开发格尔木地区资源将发挥巨大作用，副省长马元彪到会剪彩祝贺。

10日　西宁地区隆重纪念辛亥革命80周年，省政协副主席韩应选主持大会，省委书记尹克升到会讲话，民革青海省副主任委员王树中做了《统一祖国振兴中华》的发言，省台联会会长谢济三做了《只有中国共产党才能振兴中华》的发言。

13日　上午11时黄河上又一大型水电站—李家峡水电站截流成功。在当天召开的庆祝截流成功的大会上，省委书记尹克升和能源部副部长陆佑楣对地质、设计、施工的建设者们表示热烈祝贺。

19日　省统计局举行新闻发布会，披露前九个月我省国民经济运行正常，形势稳定。

23日　省委召开工作会议，尹克升、田成平、桑结加主持会议，省委常委副省长蔡竹林就全省经济形势和进一步搞好国营大中型企业问题讲了话，省委书记尹克升做了会议总结，26日会议结束。

十一月

2日　青海省第四次科技进步奖颁奖大会在省人民礼堂举行。获奖的有156个主要完成单位和340名主要贡献者，副省长班玛丹增在会上讲了话，省委书记尹克升、副书记田成平、桑结加等领导同志为获奖者颁了奖。

5日　青海日报载：青海第一机床厂与大连组合机床研究所研制的《多轴组合柔性加工单元》荣获国家科技攻关重大成果奖。

5日　省科协五大在西宁隆重开幕。省委书记尹克升等党政领导和中国科协书记处书记王治国及兄弟省科协领导到会祝贺。省委书记尹克升做了重要讲话。殷永章做了工作报告。会议选举了新一届委员会，殷永章当选为主席。8日会议结束。

12日　我省运动员在全国民族运动会上获博克摔跤团体冠军，此后又在10000米速度赛马比赛中获第三名。

19日　我省29名专家，经国务院批准享受特殊津贴，省委、省政府召开会议，向这些专家颁发了证书。

21日　省工会第九次代表大会昨日在西宁隆重召开。省委领导尹克升、田成平、唐正人、蔡竹林、多巴等出席开幕式。省委书记尹克升向大会致词，题为《充分发挥工人阶级在改革和建设事业中的主力军作用》。大会选出了新一届委员会、邱富贵当选为主席。26日会议闭幕。

十二月

18日　中共青海省委七届八次全委会在西宁举行。会议由省委书记尹克升、副书记金基鹏分别主持。省委书记尹克升，副书记、省长金基鹏，副书记桑结加分别在会上讲了话。会议审议通过了《中共青海省委关于贯彻中央＜决定＞，进一步加强农牧业和农村牧区工作的意见》，会议历时4天于21日结束。

27日　西宁曹家堡机场正式落成开航。14：30图-154客机，从西宁起飞，首航北京。

青海省党政群领导机构负责人名单

中国共产党青海省委员会

书　记　尹克升
副书记　田成平　金基鹏　桑结加
常　委　尹克升　田成平　金基鹏　桑结加　唐正人　蔡竹林　多　巴　季占斌
委　员　马元彪　马玉麟　马世清　马有功　王汉民　王敬禹　扎喜尼玛　尹克升　东主加
田成平　多　巴　刘光和　孙肇然　李生芳　杨生杰　吴有才　季占斌　张济民
金基鹏　卓　玛　岳世淑（女）　胡兴华　胡集钧　宦爵才郎　洛　桑　格桑多杰
殷永章　唐正人　桑结加　韩应选　程步云
候补委员　王恩科　谷向阳　高　尼　宋雅杉（女）　白　玛　权芳楼（女）
韩德明　刘光忠　马占云
秘书长　姚湘成　　副秘书长　于敬尧　曹随义
办公厅主任　　副主任　寻兴才　杨明理　杨效平
政法委员会书记　唐正人　　副书记　杜海平
政策研究室主任　于敬尧　　副主任　李启泽　牛宏瑞　南文奎　严正宇
组织部部长　　副部长　才　旦　窦俊德　安青虎
统战部部长　程步云　　副部长　李生芳　冶占强
宣传部部长　　副部长　田　源　冷恒元　傅良效
省直党委书记　丁有德　　副书记　张玉林

中国共产党青海省顾问委员会

主　任　马万里
常　委　马万里　景生明　强建华　康世昌
委　员　马万里　景生明　强建华　康世昌　阎文峻　乔　迁　李　宁　王　樗　白全忠
安贵明　李景山
秘书长　乔　迁　　副秘书长　淡　杰

中国共产党青海省纪律检查委员会

书　记　多　巴
副书记　张子廉　李有慰
常　委　多　巴　张子廉　李有慰　陈积福　闫致中　冷　巴　张玉林

青海省人民代表大会常务委员会

主　任　宦爵才郎(藏)

副主任　尕布龙(蒙古)　卢声道　谢高峰　马文鼎(回)　杨文锦(蒙古)　杨茂嘉(女、藏)　格桑多杰(藏)

秘书长　莫延海

委　员　才旦(藏)　马玉珊　马石纪　马效飞　王存宽　王孝榆　甘守祥　叶　飞　尕世加（藏）　邢炳彩（女）　朱清明（藏）　李长林　李自更　李承业（藏）　芈一之　张天珠　张生民　张吉喜　岳世淑(女)　宋秀岩(女)　陈永达　武海晏　杨景福　拉毛才让（蒙古）　周冠一　赵葆瑛（女）　钟圣清　格桑秋吉（藏）　徐澄清　高　贝（藏）　贾锡太　恋文林　韩秋夫（撒拉）　韩景春

省人大财经委员会主任委员　卢声道　副主任委员　季长安

省人大民族委员会主任委员　副主任委员　郑增诚

省人大科教委员会主任委员　杨茂嘉　副主任委员　高宗银

省人大法制委员会主任委员　朱清明　副主任委员　徐澄清　殷　彦

青 海 省 人 民 政 府

省长　金基鹏

副省长　蔡竹林　班玛丹增　吴承志　马元彪　喇秉礼

秘书长　刘光和　副秘书长　窦汝广　王炳生　李　庆　杨伯英　韩昌实　高昭平

民族事务委员会主任　索南才让　副主任　吴有才　多麻加布　拉毛才旦　韩道壮

计划委员会主任　王汉民　副主任　卫智德　吴正云　薛怀清

财政经济委员会主任　孙光荣　副主任　秦青蓉　陈恒仁　陈千臣　罗昆安　关凤强

科学技术委员会主任　王恩科　副主任　桑　吉　张友茂

民政厅厅长　王希文　副厅长　鲁加才让　陈联邦　血日布　王逢铭

劳动人事厅厅长　洛　桑　副厅长　李振海　吴　平　姚怀德

统计局局长　赵恒伦　副局长　刘春明　李凡夫　智　华

物资管理局局长　罗耀中　副局长　旷自成　邓述俊

物价局局长　副局长　华　琢　陆中仁

工商行政管理局局长　副局长　崔志浩　雷洪喜　王鸿之　姚华庭

财政厅厅长　孙肇然　副厅长　吴佩圣　权甲成　贾国民

审计局局长　李万柳　副局长　赵连株　杨维跃

司法厅厅长　孔国柱　副厅长　于志斌　吴振华　张致福　马景禄

公安厅厅长　唐正人　副厅长　年治海　胡昌明　张光汉

轻纺工业厅厅长　林士亭　副厅长　阳藏伯　卢惠敏　朱太秀　郑明杰

重工业厅厅长　谷向阳　副厅长　姬振文　王　纲　冯振发　周　超

机械工业厅厅长　葛继义　副厅长　陈利恒　马晓风　秦宝德

交通厅厅长　蔡巨乐　副厅长　多吉扎西　王茂槐　臧恩穆

建设环境保护厅厅长　张堤夫　副厅长　郅笃文　程极升　丁振华
农林厅厅长　胡兴华　副厅长　李佑民　张昌兴　达仁钦　万玛龙主
畜牧厅厅长　高尼　副厅长　彭毛多杰　蔺天兴　郭继伟　彭矩方　彭立鸣
水利厅厅长　刘英杰　副厅长　汤渐高　张国昌　李乃昌　赵传贤
监察厅厅长　郭绍宗　副厅长　徐芳芝　霍其亮　宋健生
商业厅厅长　赵乐际　副厅长　朱金泉　韩德明　焦同善　王长琪
对外经济贸易厅厅长　李树本　副厅长　完玛才旦　刘纯友　孟庆庭
教育厅厅长　马玉麟　副厅长　程庆麟　夏铸　蒋焕东
文化厅厅长　祁永忠　副厅长　张武明　冯国寅　华洛桑　耿桃科
新闻出版局局长　张灿炎　副局长　郑绍功　朱春辉　扎喜拉旦
广播电视厅厅长　王贵如　副厅长　魏兆屏　陈秉智　黄乃箴　旦正才让
卫生厅厅长　于丽璇　副厅长　秦德奎　宣诗孝
计划生育委员会主任　宋雅杉　副主任　汪源　胡守忠
体育运动委员会主任　王志德　副主任　蒋国良　王钧

人民法院与检察院

青海省高级人民法院院长　马有功　副院长　杨允习　钱应学　尤拉杰
青海省人民检察院检察长　张济民　副检察长　索元德　云保华　陈国富

中国人民政治协商会议青海省委员会

主席
副主席　韩应选　陈云峰　廖霭庭　松布　傅世春　汪福祥　古嘉赛　韩生贵　官却　扎西安嘉
秘书长　程步云（代）

群众团体

青海省总工会主席　邱富贵　副主席　甘守祥　薛政　马金辉　孙亦浩
共青团青海省委书记　副书记　邓本太　曹萍　李鹏新
青海省妇女联合会主任　岳世淑　副主任　卡毛杰　刘荣琴　马玉芬　王萍

“1991”经济形势进度分析

编者按语

1991年，青海省统计局每月都向中共青海省委、省人民政府、省人大常委会、省政协及有关综合部门提供经济形势分析报告，为省党政领导和有关部门分析、检查经济运行状况，研究解决经济发展中的主要矛盾、决策部署经济工作提供了很好地服务。受到省党政领导和有关部门的称赞。这些分析报告集统计信息、统计咨询、统计监督于一体，较好地发挥了统计的整体功能，为促进青海省国民经济的发展，起到了良好的作用。中共青海省委编发的《青海信息》第174期将1—4月的分析材料中的当前经济运行方面存在的问题和几点建议，摘报中共中央秘书局，省委编发的《青海工作通报》第16期将1—5月的经济形势分析材料全文上报中共中央办公厅，并发至全省县级以上单位；省政府编发的《青海快讯》第137期、277期将我局上报的上半年和1—10月经济形势分析材料的主要内容摘报国务院秘书局；出席全国七届五次人代会的青海代表将1991年全年的经济形势分析材料作为参阅文件。现将4个季度的和个别月份的分析报告编录于后，从中可以比较全面、系统地了解1991年青海省经济发展运行的轨迹，发现其内在的规律性，为研究、决策青海省1992年的经济工作仍具有一定的价值。

对第一季度全省经济形势的分析

今年第一季度，全省各族人民认真贯彻中央十三届七中全会和省委七届六次全委会精神，各项工作取得一定成绩。由于各地狠抓农牧业生产的各项增产措施，效果显著；工业生产保持了一定的增长速度；地方财政收入增加，支出减少；市场平稳正常，物价指数继续回落。但是，工业生产速度下滑，形势严峻。现对全省一季度经济形势分析如下：

一、农牧业生产形势好于往年

自去年入冬以来，全省各级党政领导为了充分做好今年的春耕播种和接羔育幼工作，抽调了一大批干部深入农村牧区，宣传落实党的十三届七中全会和省委七届六次全委会精神，落实各项增产措施，农牧业生产形势明显好于往年，根据元月份对农民今年农作物播种情况的意向调查资料推算，今年全省农作物总播种面积（不含复种）可达819.36万亩，比去年增加2.29万亩。其中，粮食作物播种面积602.66万亩，增加2.16万亩；油料作物播种面积171.15万亩，增加0.71万亩。目前，各地春耕播种已全面展开，已经播种的地方农作物出苗情况也比较好。

据月前省农调队对大通、湟中等15个县的调查，今年农业春耕工作有以下几个特点，

*一是农业投入增加。*15个县今年财政计划安排的支出资金比去年增长1.79%；银行安排的农业贷款增长1.06%；农民购买农业生产资料的投资增长2.11%。

*二是农田水利建设比往年效果好。*去冬今春，15个县用于农田水利建设的投资比上年度增长5.07%；投入劳动工日387万个，完成土石方869万立方米，新增灌溉面积比上年增长8.85%。

*三是春耕物资准备充分，供销部门的主要农业生产资料货源充足。*据对15个县的750户农民家庭调查，已备化肥比去年同期增长4.74%，农家肥增长7.57%，种籽粮增长2.46%。

由于今春气温偏暖，加之牧区各州去年入冬以后认真组织落实防冻抗灾措施，畜牧业生产形势也好于去年。据统计，今年一季度全省

大牲畜和羊共产仔畜 305.23 万头（只），比去年同期增长 0.81%；成活仔畜 273.44 万头（只），比去年同期增长 0.46%；成幼畜死亡数减少了 18.91 万头（只），死亡率下降了 0.91 个百分点。由于牲畜少死多活，使一季度末大牲畜和羊存栏数达到 2 412.88 万头（只），比去年同期增长 3.87%。但是，牧区可能发生的风雪灾害期还没有过去，不能盲目乐观，必须牢固树立抗灾保畜夺丰收的思想。

二、工业生产增长速度减慢

根据进度统计，今年一季度全省乡以上工业企业完成工业总产值（按 1990 年不变价格计算，下同）12.11 亿元，比去年一季度增长 1.7%。其中，轻工业产值 3.13 亿元，增长 0.6%；重工业产值 8.98 亿元，增长 2.1%。按所有制形式分，全民所有制企业完成产值 10.77 亿元，增长 0.5%；集体所有制企业完成产值 1.31 亿元，增长 10.2%。本季度全省大中型工业企业完成总产值 7.70 亿元，增长 3.2%。

从列入统计的 70 种主要工业产品产量完成情况看，比去年一季度增产的有 30 种，减产的也有 30 种，有 10 种产品尚无产量。在增产的主要产品中，呢绒产量 50.88 万米，增长 27.6%；乳制品 148.16 吨，增长 31.2%，日用精铝制品 427.91 吨，增长 50.9%；原油开采 24.67 万吨，增长 49.5%；天然气 1 800 万立方米，增长 1 倍；铁合金 1.79 万吨，增长 31.6%；金属铝锭 1.33 万吨，增长 31.6%；硫铁矿 0.5 万吨，增长 1 倍；硫酸 0.6 万吨，增长 66.7%，等等。

一季度，全省全民所有制独立核算工业企业全员劳动生产率为 6198 元，比去年同期提高 2.58%，其中轻工业劳动生产率下降 2.11%，重工业劳动生产率提高 4.05%。

今年一季度，全省工业生产虽然保持了低速增长，但是由于前些年积累下来影响工业生产发展的一些深层次问题还没有从根本上消除，面临的形势仍然比较严峻，工业生产没有走出困境；轻工业没有走出谷底。主要表现在：

1.工业总产值增长速度呈下滑趋势。 1990 年上半年全国工业总产值一直是负增长，而青海却保持着一定的增长速度，1—6 月还保持着 5.1%的增长速度，下半年全国工业开始逐月回升，增长幅度逐月增加，而全省工业增幅却逐月下降，到年底全年增长幅度降至 2%，到今年第一季度又降为 1.7%，而全国一季度增幅却达 13.8%。这一情况充分反映全省经济运行机制较全国存在着一个明显的“滞后期”。从轻工业看，去年元月至 7 月全省工业产值下降幅度均在两位数。从 8 月份起下降幅度回落为一位数，到年底下降幅度为 6.6%，今年第一季度在去年同期比上年下降 13.9%的情况下仅增长 0.6%，而重工业去年元月至 8 月增长幅度均为两位数，9 月起增幅为一位数，到年底只增长 6.5%，今年第一季度仅比去年同期增长 2.1%，增长幅度仍在下滑。上述情况说明全省工业生产没有走出困境，轻工业生产也没有恢复到 1989 年水平，仍在谷底运行。

2.各地区所属企业的生产普遍下降。 电力、建材等行业的生产也出现负增长，在全省 8 个州、地、市中，除海东和海北所属企业的产值比去年一季度有所增长外，其余地区均下降。其中西宁下降 2.4%，海西下降 40.3%，海南下降 4.2%，黄南下降 7.1%，果洛下降 35.1%，玉树下降 55.2%。在几个主要厅局中，电力局下降 13.8%，建材局下降 10.9%，国防工办下降 18.8%。

3.工业生产低效益运行的状况没有改变。 据对 260 户地方国营预算内企业的统计，第一季度亏损企业达 140 户，亏损面为 53.8%，比去年同期上升了 5.5 个百分点；亏损企业的亏损额 3 623 万元，比去年同期增亏 23.2%；盈利企业的利润仅 1 653 万元，下降了 28.1%；盈亏相抵后净亏损 1 970 万元，增亏 205%；可比产品成本比去年同期上升 3.1%。

4.产品积压状况在继续。 据 260 户地方国营预算内企业统计。季末定额流动资金达 17.32 亿元，比去年同期增加 3.12 亿元。其中产成品资金占用 6.57 亿元，增长 20.90%，占定额流动资

金的比重达37.9%，比去年同期上升了1.3个百分点。

5.企业"三角债"还在继续扩大。到一季度末，260户国营企业发出商品应收销货款多达8.85亿元，比去年同期增长29.5%。

针对上述情况，有关部门和企业必须采取切实有效措施，在"质量、品种、效益年"活动的推动下，争取尽快扭转被动局面。一是要以强化销售为手段，尽快处理积压产品，以清理企业和单位间的多角债务为突破口，缓解企业资金紧张状况；二是适应市场需求变化，加快产品结构调整的步伐，特别是消费品工业要改变品种单调、质量档次低下的现状，多增产适销对路、物美价廉的优质产品，并做到"干完第一代、投产第二代、设计第三代、构思第四代"，加快产品更新换代周期，使企业在激烈的市场竞争中永远立于不败之地。

三、运输邮电喜忧参半

根据进度统计，一季度全省铁路公路完成货物运输量148万吨，比去年同期下降4.52%。其中铁路货运量129万吨，增长4.03%，公路货运量19万吨，下降38.71%。铁路公路货物周转量87 884万吨公里，比去年同期增长0.84%，其中铁路货物周转量83 740万吨公里，增长5%；公路货物周转量4 144万吨公里，下降44%。

旅客运输平稳正常。一季度全省铁路公路客运量325万人，比去年同期增长1.25%。其中铁路客运量56万人，下降6.67%；公路客运量269万人，增长3.07%。旅客周转量2.71亿人公里，比去年同期下降11.18%，其中铁路旅客周转量下降17.93%，公路旅客周转量下降4.82%。

另据西宁铁路分局主要实物量统计，今年第一季度，青海境内发运原油21万吨，比去年同期增长6倍；发运金属矿石3.4万吨，下降38.18%；运送化肥4万吨，增长122.22%；运送原盐33.9万吨，与去年同期持平；发运钢铁9.8万吨，下降1%。一季度铁路货物平均日装车379.1辆，比去年同期增加25.5辆。除原油、化肥以外的各种物资发运量减少，即不利于生产的正常运行，也不利于地方财政增收，应引起注意。

一季度，全省邮电业务总量共完成1 421.8万元，按可比价格计算比去年同期增加11.2%。主要邮电业务中，挂发长途电话72.7万张，增长10.7%；电报41.9万份，下降5.6%；发送函件529.9万件，下降14.1%。

四、固定资产投资增加

根据进度统计，今年一季度全省全民所有制单位固定资产投资（含基建、更改两项）共6 540万元，比去年同期增加3 016万元。其中：生产性建设投资6 112万元，增加2 750万元，非生产性建设投资428万元，增加266万元。

第一季度，全省共完成基本建设投资5 738万元，比去年同期增加2 564万元。其中：地方项目投资345万元，增加84万元。投资额按用途分，生产性投资5 669万元，占基建投资额的比重由去年同期的95.8%上升到98.81%；非生产性建设投资69万元，占基建投资的1.2%。

一季度全省更新改造投资为802万元，比去年同期增加452万元，其中生产性建设投资443万元，增加123万元，非生产性建设投资359万元，增加329万元。由于第一季度是青海建设施工淡季，绝大部分建设项目尚未开工，投资结构，投资效果等情况趋势还不太明显。

五、市场商品货源充裕，供应正常

今年一季度，全省社会商品零售总额8.73亿元，比去年同期增长7.6%。其中，生活消费品零售额7.97亿元，增长8.1%；农业生产资料零售额0.76亿元，增长2.9%。在消费品零售额中，对居民的零售额7.13亿元，增长5.7%；对社会集团的零售额0.84亿元，增长33.7%。一季度全省商品零售市场的主要特点，一是各月零售额随春节高峰过后增长速度逐月趋缓，1—3月各月零售额与去年同月相比，增长速度分别为10.1%、8.5%和4.1%，显示了居民消费趋势稳定；二是全民、集体、个体零售额均呈增长趋势，其中全民所有制企业的零售额比去年同期增长5.3%，结束了去年全年下降的局面；集体所有制企业（含供销合作社）零售额增长10.3%；个体有证商业零售额增长28.4%；农民对非农业居民的零售额有所下降；三是有相当一部分商品的销售量比去年同期增长，吃的商品中粮食销售量增长17.3%，食油增长21.4%；穿的商品中棉花化纤布增长28.9%，涤棉布增长40.4%，绸缎增长56.2%，家用电器中，半导体收音机增长61.2%，彩色电视机增长31.8%，电冰箱增长21.7%。存在的主要问题一是社会集团购买的消费品增长幅度大大高于居民零售额的增长；二是农村特别是牧区市场启动效果不明显，一季度全省县以下的零售额比去年同期下降5.4%，农业生产资料销售也没有明显增长，扣除价格上涨因素后，实际是下降。

今年第一季度，全省外贸商品出口总额为2 389万美元，比去年同期下降8.46%；进口总额为20万美元，下降64.3%。对外贸易出现滑坡，是近几年来少有的，应引起有关部门的重视。

六、物价指数继续回落

今年以来，全省物价变动一直比较平缓。从零售物价总指数看，一月份为103.1，二月份为104.2、三月份降至101.5，从城乡居民生活费价格指数看，一月份为103.9、二月份为105、三份降为102.6。

同去年三月份相比，在今年三月份零售物价总指数中，食品类价格下降了1.4%，其中副食品价格下降了2.5%；衣着类价格上升了5.4%，日用品类价格上升了1.3%，文化娱乐用品类价格下降了5.2%，书报杂志类价格上升了2.2%；药及医疗用品类价格下降了2%；建筑材料类价格上升了5.3%；燃料类价格上升了49%。

三月份，农业生产资料价格指数已降至104.1；服务项目价格指数为112.8。

鉴于当前物价形势正常良好，为下一步进行价格改革创造了好的条件。目前正是地方产品的调价措施出台的较好时机。

七、地方财政收入增长、支出下降，银行信贷正常

据统计，今年第一季度，全省地方财政收入为1.26亿元，完成年度预算的16.4%，比去年同期增长14.5%。其中，工商税收1.01亿元，增长3.2%；国营企业所得税0.17亿元，增长2.5%；国营企业亏损补贴大幅度减少。一季度全省财政支出2.25亿元，为年度预算的15.4%，比去年同期下降6.2%。其中，基本建设支出292万元，增长3倍；价格补贴支出3 073万元，下降28.9%；科教文卫事业费支出6 415万元，增长1.2%；工、交、商、农林水气等各项事业费支出均比去年同期减少；行政管理费、公检法经费开支略有增长。

据省人民银行提供的统计资料，第一季度末全省银行各项存款余额56.89亿元，比去年底增加0.78亿元，其中城镇居民储蓄存款余额25.83亿元，增加1.21亿元，企业存款余额20.18亿元，增加0.61亿元，季末银行各项贷款余额72.05亿元，比去年底下降0.29亿元。其中固定资产投资贷款余额23.03亿元，增加0.18亿元；流动资金贷款余额43.47亿元，下降0.73亿元；农业贷款余额3.24亿元，增加0.36亿元，存贷相抵后贷大于存15.15亿元，比年初下降1.07亿元。

1—3月份，全省银行现金收入16.73亿元，比去年同期增加2.16亿元，现金支出16.67亿元，增加2.61亿元，收支相抵后，净回笼货币0.06亿元，比去年同期少回笼0.45亿元。

八、职工工资增加　居民收入增长

根据进度统计，今年第一季度末全省职工

人数为64.85万人，比去年同期增长2.6%。其中全民所有制职工55.75万人，增长2.1%；集体所有制单位职工9.06万人，增长6.3%。1—3月，全省职工工资总额3.87亿元，比去年同期增长8%。其中全民职工工资总额3.54亿元，增长8.5%；集体职工工资总额0.33亿元，增长2.5%。在全民职工工资总额中，奖金和计件超额工资0.34亿元，比去年同期增长21.75%，占工资总额的比重由去年同期的8.6%提高到9.7%。

另据城镇家计调查，今年一季度，全省城镇居民人均月生活费收入为106.30元，比去年同期增长11.04%；人均月生活费支出109.26元，增长16.90%。

全省经济形势继续好转 工业生产速度开始回升

——1—4月经济形势分析

为使"八五"起好步和今年全省经济发展有一个良好的开端，尽快摆脱生产速度下滑、经济效益滑坡的被动局面，省委、省政府采取了各项调整、启动措施，促进全省经济形势逐步好转。从1—4月份的情况看，农业春耕播种进展顺利，土壤墒情正常，畜牧业未遇大的自然灾害，接羔育幼好于往年；工业生产增长速度逐步回升，轻纺、机械工业走出谷底有望；市场销售情况看好，人民群众消费心理正常；固定资产投资增长，更改措施得到加强；地方财政收入增加，支出结构有所改善。存在的关键问题是企业经济效益依然无明显好转。

一、农牧业生产形势比较好

今年春播期间，各地普遍降了中雨雪，对农村充分利用天时，抓紧春耕播种十分有利。据海东、海北、海南等地最近上报的播种进度反映，今年粮、油等农作物播种面积均比去年有所增加，除少数地方受低温降水影响外，大多数地区土壤墒情好，庄稼出苗正常。畜牧业生产形势也很好，四月份各地虽出现低温降雪，但未发生灾害，没有影响仔畜成活。目前，严重威胁畜牧业生产的重灾时期已过，草原牧草返青季节已到，如果措施得力，可望取得比去年更好的收成。

今年的农牧业生产之所以出现好形势，主要是各级政府认真贯彻中央六中、七中全会精神，加强了村级组织建设和村级服务功能，措施得力。据统计今年投入增加，1—4月，省财政用于支援农村生产的支出达1 144万元，比去年同期增长8.4%；用于农林水气部门的事业费支出2 427万元，增长6.4%；农牧民购买农业生产资料的零售额11 055万元，增长16.5%，其中4月份增长幅度超过60%。另外，今春气候较好，也是一个重要原因。

二、工业生产增长速度有所回升

据进度统计，4月份，全省乡及乡以上工业企业共完成工业总产值（按1990年不变价格计算，下同）49 848万元，比去年同月增长8.06%，比一季度回升6.36个百分点。1—4月累计完成工业总产值170 905万元，比去年同期增长3.5%，其中：轻工业完成48 216万元，增长6.6%；重工业完成122 689万元，增长2.3%。按经济类型分：全民所有制完成151 413万元，比去年同期增长2.4%；集体所有制完成19 131万元，增长12.5%，其他经济类型完成361万元，增长54.4%。

1—4月，列入省计划内考核的工业企业共完成工业总产值170 369万元，比去年同期增长2.9%。大中型企业完成104 571万元，增长4.3%。

前4个月出口生产情况也好，1—4月全省共完成出口产品产值8 064万元，比去年同期增长28.0%，保证了全省外贸出口稳定增长。今年头4个月，全省出口商品总值3 319万美元，比去年同期增长2.8%。

从列入统计的71种主要工业产品产量看，1—4月比去年同期增产的有原盐、呢绒、日用精铝制品、原油、汽油、柴油、天然气、钢、铁合金、铝锭、硫铁矿、硫酸、交流电动机、皮革、化学农药、皮鞋等30种，减产的有布、毛线、地毯、肥皂、机制纸、原煤、发电量、钢材、电石、烧碱、合成氨、化肥（主要是钾肥）、汽车、机床、水泥、石棉、铅锌精矿等32种，持平的有啤酒、人造板两种，纯碱、重油、麻袋、硼砂等7种产品今年以来尚无产量。

1—4月，全省全民所有制独立核算工业企业全员劳动生产率8 513元，比去年同期提高了2.94%，其中轻工业劳动生产率下降了2.87%，重工业劳动生产率提高了4.88%。

三、固定资产投资增长，更改措施得到加强

根据进度统计，1—4月全省全民所有制单位固定资产投资（含基建、更改）共13 886万元，比去年同期增加3 243万元，增长30.5%。其中，生产性建设投资11 907万元，增加3 369万元，增长39.5%。在完成的投资总额中，基本建设投资12 524万元，比去年同期增加2 725万元，增长27.7%，其中地方项目投资1 331万元，减少566万元，下降29.8%；更改措施投资1 362万元，增加528万元，增长63.3%，占固定资产总额的比重由去年同期的7.84%提高到9.81%。

在今年1—4月的基本建设投资中，生产性建设投资10 998万元，比去年同期增加3 066万元，增长38.7%，占基建总投资的87.8%；非生产性建设投资1 526万元，减少351万元，下降18.7%，占基建总投资的12.2%。投资额按行业分，其中工业部门投资11 775万元，比去年同期增长42.3%，主要是石油工业投资和电力工业投资增长；其余多数行业的投资是减少的，这与施工旺季尚未到来，一些项目还没有正式开工有关。投资额按资金来源分，国家预算内投资5 721万元，比去年同期下降11.1%；国内贷款1 800万元，增长9.4%；利用外资4 465万元，增长很多，主要是石油开发项目一项引进外资就增加了3 000多万元，全年计划利用外资900万元，青海铝厂计划利用外资也有3 000多万元。

在1—4月的更改措施投资中，新建、扩建项目投资明显减少，改建项目投资达1 299万元，比去年同期增长5倍多，占更改投资的比重高达95.4%，体现了把更改措施投资主要用于内涵扩大再生产的政策。从分行业投资看，97.4%的更改投资用在了工业上，这对工业企业通过更新改造扩大生产能力、提高产品质量、开发新产品都是有利的。从资金来源看，企事业单位自筹的更改投资多达1 303万元，占95.7%，这对调整企事业单位进行技术改造、减轻财政压力是有利的。

由于前4个月全省建设施工还没有进入旺季，牧区许多地方的建设项目基本没有开工，全省固定资产投资总的趋势还不太明显，比较详细的分析要等第二季度以后才能进行。

四、市场活跃，物价稳定，消费正常

国务院决定于5月1日起调整平价粮油销售价格。由于时机选择适当，4月份没有引起消费商品市场的波动，人民群众消费情绪基本正常。虽出现局部集中购买粮油的现象，但因购买的是以往定量结余部分，没有形成大规模“抢购风”，也没有发现其他商品搭车涨价现象。

据统计，今年1—4月，全省社会商品零售总额已达11.50亿元，比去年同期增长8.7%，其中4月份的零售额2.78亿元，比去年4月份增长11.8%。在1—4月的零售总额中，生活消费品零售额10.39亿元，比去年同期增长8%；农业生产资料零售额1.11亿元，增长16.5%。4月份零售市场的主要特点是：

*1、城乡市场全面回升。*市的零售额由去年4月份的12 580万元增加到今年4月的13 937万元，增长了10.8%；县的零售额由6 915万元增加到7 504万元，增长了8.6%；县以下的零售额由3 092万元增加到3 287万元，增长

6.3%。

2、社会集团购买消费品开始有所减少。4月份，全省消费品零售额中，对社会集团的零售额为2 355万元，比去年4月份减少的224万元，下降8.7%。

3、农业生产资料零售额增长幅度较大。1—4月，全省农业生产资料零售额比去年同期增长16.5%，其中4月份零售额3 461万元，比去年4月份增长64%。

4、市场零售物价总水平保持稳定。4月份，全省零售物价总指数（以去年4月份为100）仅100.8，其中消费品价格指数只有100.6，农业生产资料价格指数104.2。在消费品中，食品类价格指数97.3、衣着类指数105.7、日用品类指数102.2、文化娱乐用品类指数99.3、书报杂志类指数102.2、药及医疗用品类指数99.4、建筑装潢材料类指数103.6，燃料类指数136.3；城乡居民生活费用价格指数101.9，其中服务项目价格指数112.8。

5、粮油等部分商品销售量增长。1—4月，统计的33种商品中，有11种商品的销售量比去年同期增长。其中粮食销售量增长34.7%，食用油销售量增长56.9%，卷烟增长40.7%，绸缎增长28.6%，半导体收音机增长39.9%，等等。这主要是与国家采取了对积压商品一次性降价措施和5月份出台粮油调价措施有关。

6、人民群众收入增加，消费正常。4月份全省城镇居民生活费收入103.99元，比去年4月份增长7.17%，生活费支出基本保持上月水平，但用于吃的支出增加，其中购买粮油支出增长48%，这同市场销售情况是吻合的。另外，1—4月，全省工资总额已达5.32亿元，比去年同期增长9.75%，其中全民职工工资总额增长10.3%，集体职工工资增长3.9%。

五、当前经济运行方面存在的主要问题

今年头四个月，全省经济形势虽然明显好转，为“八五”起步创造了一个良好的开端。但是也存在着一些不容忽视的困难和问题。

一是工业生产仍处于低效益运行状态，特别是企业经济效益差的问题依然没有明显改观。从财政收入统计看，1—4月全省地方财政收入虽已达到1.84亿元，比去年同期增长21.5%，但工商税仅增长1.9%；工业企业所得税只增长7.4%，大大低于商业企业增长18.9%的幅度；国营企业收入中，工业企业收入下降了67.3%，对工业亏损企业的补亏金额还多达534万元。另据260户地方国营预算内企业的统计，一季度企业亏损面高达53.8%，亏损金额增长23.2%，盈利企业的利润下降了28.1%；盈亏相抵后净亏损近2 000万元，可比产品成本上升了3.9%。到四月份统计，亏损企业又增加了1户，达141户，亏损企业亏损额也比去年同期增加1 572万元，增长46.6%，盈亏相抵后净亏2 912万元，增亏1 614万元。

二是部分产品积压继续增加，占用资金仍在上升。据地方国营预算内企业统计，4月底定额流动资金占用额17.92亿元，比去年同期增长24.65%，比一季度末又增加了6千万元。其中产成品资金达6.84亿元，比去年同期增长23.4%，比一季度末增加2 700万元，占定额流动资金的比重达38.2%。

三是社会集团购买消费品仍然较多。虽然经过各方面的努力，4月份当月的社会集团消费品零售额有所减少，但1—4月累计仍比去年同期增长21.3%，且已超过1亿元，控制社会集团消费的任务仍很艰巨。

四是更改投资中，非生产性投资增长幅度高于生产性投资增长幅度。1—4月，全省更新改造投资中非生产性投资达453万元，比去年同期增长98.7%，占更改投资的33.3%。而生产性投资只增长50%。

六、几点建议

1、进一步抓好“质量、品种、效益年”活动，掀起一个“抓质量、上品种、促效益”活动高潮，通过各种有力措施，把抓质量、上品种、促效益的目标责任制落实到企业，并限期抓出实效。

2、加强生产调度，巩固4月份工业生产速

度回升的局面，在原材料、资金供应、运输等方面做好对生产第一线的服务工作，使今后几个月的增长速度继续保持回升势头，促使全省工业特别是轻纺、机械工业尽快走出谷底。

3、抓住全国投资增加、生产发展、市场转旺这个契机，采取更加灵活的措施促使企业尽快处理积压产品，努力盘活资金，提高效益。

4、要继续强化农牧业基础地位，决不可因为春耕播种形势好和春季牲畜产仔成活多而放松入夏前后应抓的各项工作。要组织好各行各业支农支牧工作，为夺取今年的农牧业丰收打下坚实基础。

5、固定资产投资要尽快落实今年的项目投资计划与拨贷工作，争取在施工旺季加快工程进度，努力提高投资效益；要积极引导企业更改投资向生产性项目倾斜，争取在“质量、品种、效益年”活动中，有一批效益显著的项目竣工投产，发挥作用。

全省经济运行基本平稳，工业生产开始走出谷底，效益尚待进一步提高

——对今年1-5月全省经济形势的分析

今年是实施“八五”计划的第一年，为使“八五”经济发展有一个良好的开端，尽快摆脱“七五”末出现的市场销售疲软，生产速度滑坡、经济效益下降的被动局面，省委、省政府采取了一系列调整、启动措施，通过积极开展“质量、品种、效益年”活动，促进青海省经济形势逐步好转。从今年头5个月的情况看，农牧业生产形势好于往年，今后如无大的自然灾害，收成能够好于去年；工业生产保持了一定的增长速度，轻工业在经历了去年的负增长之后出现回升趋势；市场供应情况良好，物价指数有所上升；固定资产投资增长较快，更改措施得到加强；地方财政收入增加，支出减少；金融信贷基本正常，货币投放增多；职工工资增加，居民收入增长。存在的主要问题是，企业受“三角债”困扰仍较严重，资金占用继续增加；经济效益仍无明显好转。

一、农牧业生产好于往年，形势喜人

去冬今春，青海省各级党政领导为了做好今年的春耕播种和畜牧业的接羔育幼工作，先后抽调大批干部深入农村牧区，宣传落实党的十三届七中全会和省委七届六次全委会精神，落实各项增产措施，取得了明显效果。加之今年春播期间各地普遍降了中雨雪，对农村充分利用天时抓紧春耕播种十分有利。据年初对农民今年农作物播种情况的意向调查推算，全省农作物播种面积（不含复种）比去年增长0.3%，其中粮食作物播种面积增长0.4%。从目前情况看，除少数脑山地区受五月初低温降雪影响外，全省各地土壤墒情普遍较好，庄稼出苗、生长情况大都好于去年。

畜牧业生产方面，由于去年入冬以后广大牧区认真组织落实防冻抗灾措施，使今年的仔畜成活增加，成幼畜损亡下降，到一季度末全省大牲畜和羊存栏数比去年同期增长3.87%。从近两个月的情况看，由于没有发生大的风雪灾害，草原牧草返青、生长情况也很正常，预计今年畜牧业的收成将好于去年。

今年的农牧业生产之所以出现好的形势，主要是各级政府认真贯彻中央六中、七中全会精神，增加农业投入，狠抓村级组织建设，加强村级服务功能，落实增产措施得力。仅从投入方面看，据统计，1～5月，省财政在全省财政支出比去年同期下降4.2%的情况下用于支援农村生产的支出达2 063万元，增长5.7%；用于农林水气部门的事业费支出3 465万元，增长5.6%；银行发放的农村贷款也比去年底净增了5 738万元，比去年同期多增加559万元，增长10.8%；农牧民购买农业生产资料的零售额1.3亿多元，增长18.5%。但目前少数地区已发现农作物病虫害，望有关部门密切注意，尽早采取措施防止漫延成灾。

二、工业生产有所增长，开始走出谷底

根据进度统计，1～5月全省乡及乡以上工业企业共完成产值22.26亿元，比去年同期增长3.5%，其中5月份产值5.17亿元，比去年5月份增长3.6%，比今年4月份增长3.7%。按轻重工业分，今年前5个月完成轻工业总产值6.49亿元，比去年同期增长9.6%；完成重工业产值15.77亿元，增长1.2%。按所有制形式分，1～5月全民所有制企业完成产值19.64亿元；比去年同期增长2.9%；集体所有制企业完成产值2.59亿元，增长8.0%，其中乡办企业产值增长22.2%。

1～5月列入省计划考核的工业企业共完成产值22.19亿元，比去年同期增长3.5%。

今年1～5月全省工业生产运行的主要特点：

*1.总产值一直处于稳定、低速增长状态，反映了全省经济运行机制同全国相比存在一个滞后期。*去年下半年起，在全国工业总产值逐渐回升的情况下，全省工业总产值增长速度逐月减缓，到年底增长速度只有2%，到今年一季度又降到1.7%。4月份起有了缓慢回升，1～4月和1～5月的累计工业总产值都比去年同期增长3.5%，比全国增幅低近10个百分点，也比宁夏的增幅低1.3个百分点。

*2.轻工业在经历了去年的负增长之后今年持续回升。*去年上半年，全省轻工业产值下降幅度一直在两位数，从8月份起降至一位数，全年下降幅度为6.6%。今年以来，轻工业总产值在去年基数较低的水平上一直保持增长，其中第一季度比去年同期增长0.6%，1～4月累计比去年同期增长6.6%，1～5月累计增长9.6%，但实际上还没有恢复到1989年同期水平。从主要产品产量情况看，去年多数轻纺工业产品减产幅度都比较大，而今年有相当一批产品的产量呈增长趋势。据1～5月的统计，呢绒产量增长31.1%，纱增长4.8%，日用精铝制品增长20.8%，灯泡增长33.1%，乳制品增长27.5%，皮革增长9.2%。

*3.大中型企业和出口产品生产情况比较好。*1～5月，全省大中型工业企业完成产值13.26亿元，比去年同期增长3.7%，高于全省平均水平，其中实行“双保”的4户企业完成产值5.83亿元，比去年同期增长21.1%，为稳定全省经济大局发挥了重要作用。今年头5个月，全省出口产品产值共完成10 052万元，比去年同期增长18.9%，保证了全省外贸出口的稳定增长。

*4.全民所有制独立核算工业企业全员劳动生产率保持稳定提高。*据统计，1～5月全省全民所有制独立核算工业企业全员劳动生产率为10 928元，，比去年同期增长4.91%。其中，轻工企业劳动生产率为10 914元，增长2.84%；重工企业劳动生产率为10 933元，增长5.58%。从前4个月的统计看，和去年同期相比，1月份劳动生产率提高13.7%，1～2月提高1.2%，1～3月提高2.6%，1～4月提高2.9%，呈稳定提高趋势。

今年1～5月全省工业生产虽然保持了一定的增长速度，但是还存在着一些比较突出的问题。主要表现在：

*1.工业生产低效益运行的状况没有明显改善。*据对260户地方国营预算内企业的统计，到5月底亏损企业达147户，亏损面高达56.5%，比去年同期上升了8.4个百分点；1～5月亏损企业的亏损额6 332万元，增亏33.9%；盈利企业的利润额3 251万元，仅增10.5%，致盈亏相抵后净亏3 081万元，比去年同期增亏72.4%；可比产品成本也比去年同期上升2.63%。

*2.企业“三角债”还在继续扩大，资金占用持续增长。*到5月末，260户国营预算内企业资金占用达17.69亿元，比去年同期增长14.8%，其中产成品资金占用额达6.84亿元，增长12.4%。究其原因，主要是企业发出商品应收销货款占用额过大。仅据重工业厅所属企业5月底就有未收回货款83 962万元，扣除欠付其他企业货款后，债权净额多达1.86亿元，其中西宁钢厂债权净额1.25亿元。青海铝厂0.78亿元、锡铁山矿务局0.20亿元。“三角债”不仅造成

企业资金紧缺，而且也影响企业上交国家财政税利，成为困扰企业的一大难题。

*3.一些有销路、短线性能源原材料产品出现减产的不正常情况。*据统计，以往一直增产的发电量、原煤、钢材、铜锌精矿等由于种种原因，今年出现减产，和去年同期相比，1～5月原煤减产13.7%，发电量减产27.9%，小型钢材减产41.2%，烧碱减产9.7%，电石减产38.5%，合成氨减产58.8%，化肥减产13.9%（其中钾肥减产14.8%），铜精矿含铜减产31.7%，锌精矿含锌减产15.5%，镍精矿含镍减产19.7%，石棉减产11.7%，等等。

针对上述情况，有关部门和企业必须采取切实有效措施，争取尽快扭转被动局面。一是要进一步抓好“质量、品种、效益年”活动，把抓质量、上品种、促效益的措施落到实处，促进生产以更快的速度回升；二是以清理企业和单位间的多角债为突破口，进一步加快清债步伐，逐步缓解企业资金紧缺的矛盾；三是充分利用当前全国生产发展、市场转旺的良好契机，加快企业产品促销和产品结构调整的步伐，提高经济效益。

三、交通邮电正常发展

根据进度统计，1～5月全省铁路完成货运量200万吨，比去年同期增长4%；完成货物周转量13.6%亿吨公里，增长5.9%；完成客运量65万人（次），下降5%；完成旅客周转量2.45亿人公里，下降10.7%。1～5月全省公路运输部门完成货运量67万吨，比去年同期增长6.3%；完成货物周转量9 929万吨公里，下降31.8%；完成客运量468万人（次），增长2.6%；旅客周转量2.95亿人公里，增长12.4%。另据西宁铁路分局统计，1～5月省境内发运原盐48.3万吨，比去年同期下降1.6%；发运原油33.2万吨，增长10倍；全分局运送金属矿石6万吨，比去年同期下降33.3%；运送钢铁18.5万吨，增长8.2%。5月份，铁路货物日装车364.7辆，比去年同期增长6%。

1～5月，全省共完成邮电业务总量2 443.4万元，比去年同期增长12.4%。主要邮电业务中，发送函件1 074万件，比去年同期下降10%；挂发长途电话136.8万张，增长15.2%；电报72.6万份，下降4.5%。

四、固定资产投资有较大增长

根据进度统计，1～5月全省全民所有制单位固定资产投资（含基建、更改）共24 757.4万元，比去年同期增加7 129.4万元，增长40.4%。其中，生产性建设投资20 344.3万元，增加7 823.3万元，增长62.5%；非生产性建设投资4 413.1万元，减少694万元，下降13.6%。在投资总额中，地方投资6 268万元，比去年同期增长5.5%，其中生产性建设投资3 949万元，增加655万元，增长19.9%，非生产性建设投资2 319万元，减少328万元，下降12.4%。

1～5月，全省共完成基本建设投资额22 514万元，比去年同期增长39.4%，其中地方投资4 081万元，下降12%。投资额按用途分，生产性建设投资18 764万元，比去年同期增长62.8%；非生产性建设投资3 750万元，下降18.9%；生产性建设与非生产性建设投资的比例为83：17。投资额按行业分，其中农林牧渔水利业投资764万元，比去年同期增长255.3%；工业投资18 889万元，增长52.3%，其中用于能源工业的投资达16 822万元，增长86.6%，占全部工业投资的89%；其余各行业中除商业、金融保险业投资有所增加外均有不同程度地减少。投资额按资金来源分，国家预算内投资6 127万元，比去年同期下降33.8%；国内贷款5 582万元，增长78.9%；利用外资6 910万元，增长了18倍，主要是石油开发和青海铝厂两个项目大幅度地增加了利用外资；各级自筹投资只有2 257万元，下降了9.8%。1～5月基本建设投资的主要特点是，在施工项目减少（由去年同期的174个减少到171个）的情况下，投资额增加较多，有利于缩短建设战线、提高投资效益，据统计，1～5月全省基本建设新增固定资产1 497万元，比去年同期增长11倍；竣工房屋建筑面积1.28万平方米，增长42.4%；全部竣工投产（或交付使用）的项目2个。

1～5月全省共完成更新改造措施投资2 243.4万元，比去年同期增长51.7%，其中地方投资2 187万元，增长67.7%。投资额按建设性质分，用于新建工程的投资41万元，比去年同期下降了62.7%；用于扩建工程的投资197.4万元，增长了63.3%；用于改建工程的投资1 475万元，增长了77.5%。更改措施投资投向的这一变化，扭转了以往投资外延化的倾向，体现了更改措施中“限制新建、控制扩建、加强改建”的方针，有利于提高投资效果。投资额按用途分，生产性建设投资1 580.3万元，比去年同期增长58.5%；非生产性建设投资663.1万元，增长37.6%；生产性建设与非生产性建设投资之比为7：3。在生产性建设投资中，用于增加产品产量的投资1 282.3万元，比去年同期增长125.8%，占生产性投资的81.1%；用于节约能源的投资115万元，增长62.0%，占7.3%；用于增加产品品种和提高产品质量的投资分别为69万元和46万元，均比去年同期下降35%以上。

今年头5个月全省固定资产投资增长幅度虽然比较大，但这是在1989年、1990年连续两年大幅度压缩投资的基础上带恢复性的增加投资，实际投资额还没有恢复到1988年的水平。

五、市场供应正常，物价指数上升

根据国务院决定，5月份市场粮油实行调整后的新价格。由于时机选择适当，没有引起市场的大波动，也没有发现违反价格政策随意搭车涨价的现象，市场供应情况良好，城乡居民消费情绪稳定。

据统计，今年1～5月，全省社会商品零售总额为13.93亿元，比去年同期增长7.2%，其中5月份的零售总额为2.43亿元，比4月份下降12.3%，但比去年5月份增长0.3%。在1～5月零售总额中，生活消费品零售额12.63亿元，比去年同期增长6.2%；农业生产资料零售额1.3亿元，增长18.5%。前5个月零售市场的主要特点是：

*1.城镇销售情况一直较好，县以下农村市场还有待进一步启动。*1～5月，市的零售额比去年同期增长12.5%，县的零售额增长4.2%，县以下乡村零售额则下降了8.5%。

*2.各种所有制的经营单位零售额都有不同程度的增长，农民对非农业居民零售额下降。*1～5月，全民所有制经营单位零售额达7.92亿元，比去年同期增长6.7%；集体所有制经营单位零售额3.01亿元，增长12.4%，其中供销合作社零售额1.60亿元，增长13.1%；个体有证商业零售额2.45亿元，增长13.3%；农民对非农业居民的零售额0.53亿元，下降25.4%。

*3.商品销售量比去年同期增长的品种增加。*1～5月统计的33种商品中，销售量比去年同期增长的有15种，比1～4月增加了4种，比一季度增加了7种。其中，粮食销售量比去年1～5月增长了41.8%，食用植物油增长了107.7%，棉花化纤混纺布增长了23.7%，绸缎增长了34.3%，电视机增长了16%（其中彩电增长了73.3%），电冰箱增长了33.1%。

*4.社会集团购买消费品零售额增长仍然较快。*1～5月，全省消费品零售额中，社会集团零售额为1.32亿元，比去年同期增长14.7%，比居民消费品零售额的增幅高9.4个百分点。

5月份，全省零售物价总指数为107.6，是去年以来较高的月份，（今年1～4月的指数分别是103.2、104.2、101.5、100.8）这主要是由于国家统一调整了粮油价格产生的效应。横向与宁夏自治区的104.1相比也高出2.5个百分点。本月粮食和植物油价格分别比去年同期上涨了34.4%和52.5%，比今年4月分别上涨了55.1%和99.6%，加之受去年下半年调整食糖、糕点价格的影响，使今年5月份食品类价格上升了9.2%。从分城乡的零售物价总指数看，城镇为108.3、农村为105.3，改变了一年多以来农村物价指数一直高于城镇的状况。5月份，全省城乡居民生活费价格总指数为108.5，其中城镇为109.2，农村为106.0。在生活费价格总指数中，消费品价格指数为107.8，服务项目价格指数为113.8。在消费品价格指数中，除食品类价格因受粮油调价上涨明显外，衣着类、日用品类、书报杂志类、建材类价格指数基本保持前4个月的幅度，波动不大，分别为105.2、103.2、101.2和108、6，文化娱乐用品类和医药类价格则分别下降了0.4%和1.2%，燃料类仍保持着141.7的较高指数。今年1～5月平均，零售物价总指数为103.4，仅比前4个月上升1个百分点，预计上半年平均104左右。去年一直保持较高指数的农业生产资料价格今年5月已降至103.8，比去年同期回落了6.2个百分点，也比今年4月份回落了0.4个百分点。

由于市场供应情况良好，物价变动没有造成冲击性效应，全省城乡居民消费心理稳定，生活消费正常。据抽样调查，5月份青海省城镇居民人均生活费收入107.03元，比去年5月增长6.5%；生活费支出104.62元，增长24.1%，其中用于吃的支出增长22.02%，这同市场销售情况是吻合的。另外，1～5月全省工资总额已达6.63亿元，比去年同期增长6.8%，其中全民职工工资总额6.03亿元，增长6.9%。在工资总额中，计件超额工资0.62亿元，增长20.6%；各种津贴1.73亿元，增长16.3%。

六、财政收入增长，金融信贷正常

据统计，1～5月全省地方财政收入达2.41亿元，完成年度预算的31.3%，比去年同期增长20%。其中，工商税收2.05亿元，完成预算的30.7%，增长7.9%；农牧业税745亿元，完成预算的30.3%，下降21.7%；国营企业上交所得税3 124万元，完成预算的28.6%，下降3.1%；国营企业亏损退库3 610万元，为预算的25.8%，下降35.9%，但工业亏损企业补亏增长了3.7%；国营企业收入350万元，下降22.4%；增加的项目还有能源交通重点建设基金、专款收入（含教育附加、征收排污费、城市水资源费等），其他收入等。1～5月全省财政支出为4.69亿元，为年度预算的32.2%，比去年同期下降4.2%。支出比去年同期增加的主要项目有：基本建设2 318万元，增长21.4%；支援农业生产支出2 063万元，增长5.7%；农林水气事业费3 465万元，增长5.6%；工交商等部门事业费1 416万元，增长12.9%；文卫事业费12 213万元，增长2.7%，其中教育事业费6 682万元，增长3.3%；行政管理费7 035万元，增长9.3%。支出比去年同期减少的主要项目是价格补贴5 600万元，下降36.4%，其中粮油加价支出2 500万元，下降27.5%。应该看到，今年1～5月财政收入的增长是在去年同期较低基础上实现的，今后应以更大的努力加强财政税收工作，保证全年预算的实现。

5月底，全省银行存款余额为57.7亿元，比去年底增加1.59亿元，其中企业存款20.84亿元，增加1.26亿元，城镇储蓄6.78亿元，增加2亿元，财政和农村存款都有不同程度的减少；银行贷款余额为73.06亿元，比去年底增加0.73亿元，其中商业流动资金贷款减少1.9亿元，固定资产投资贷款增加0.71亿元。1～5月银行现金收入28.2亿元，现金支出28.45亿元，收支相抵后净投放货币2 701万元，比去年同期多投放4 101万元（去年同期回笼1 600万元）。

全省经济开始走出谷底，提高经济效益仍需艰苦努力

——对今年1-6月全省经济形势分析

在省委、省政府的领导下，经过治理整顿，深化改革，今年上半年全省国民经济运行稳定，已经开始走出谷底。农牧业增产措施得到落实，农作物播种面积增加，畜牧业生产丰收已成定局；工业总产值增长速度逐月上升，现已基本走出谷底；运输邮电情况正常；固定资产投资有较大增长，重点工程建设进展顺利；市场供应情况良好，居民消费心理稳定；

粮油调价措施出台顺利，物价指数有所上升；地方财政收入稳定增长，支出结构逐步改善；银行存贷差额比去年有所下降。但是，经济形势在向好的方向发展的同时，还存在着一些问题，比较突出的是上半年工业生产完成计划进度不理想，对下半年的压力比较大，经济效益仍然比较差，企业受“三角债”困扰的局势仍不见好转，全省对外贸易出现滑坡。

一、农牧业生产形势看好

今年以来，各级党委和政府采取了一系列措施，进一步加强农业的基础地位，全省农牧业生产形势普遍很好。

农业生产方面，据6月底统计，全省农作物播种面积已达799.05万亩，比去年同期统计数（下同）增加7.65万亩，增长0.97%。其中，粮食作物播种596.14万亩，增加1.19万亩，增长0.2%；油料作物播种176万亩，增加7.13万亩，增长4.2%；其他作物播种面积略有减少。由于今年春播期间各地对备耕工作抓得比较紧，各项增产措施落实得好，加之气候条件也好于往年，庄稼出苗、生长情况以及土壤墒情都普遍较好。今后如无大的自然灾害，今年全省粮油作物可望在去年丰收的基础上有所增产。

畜牧业生产方面，由于去年入冬以后牧区各州认真组织落实防冻抗灾措施，今春又没有发生大的风雪灾害，全省畜牧业生产丰收已成定局。据抽样调查资料推算，6月底全省大牲畜和羊存栏数达到2 593.89万头（只），比去年同期增加82.71万头（只），增长3.29%。其中，大牲畜存栏657.43万头，增加17.74万头，增长2.77%；绵山羊存栏1 936.46万只，增加64.97万只，增长3.47%。1～6月，主要畜产品产量、肉用牲畜出栏、肉类产量都比去年同期增长。据统计，上半年全省肉猪出栏34.85万头，比去年同期增加8.94万头，增长34.5%；出栏肉用牛4.88万头，增加1.55万头，增长46.55%；出栏肉用羊26.78万只，增加4.98万只，增长22.84%。上半年猪牛羊肉总产量33 474吨，比去年同期增长42.28%。其中猪肉24 779吨，增长47.29%；牛肉4 381吨，增长42.1%；羊肉4 314吨，增长19.14%。上半年全省绵羊毛产量达2 307吨，比去年同期增长28.02%。

今年上半年农牧业生产之所以取得好的成绩，主要原因一是各级党政领导的重视，去冬今春派出了大批干部到农村牧区帮助农牧民解决生产中的实际问题；二是在今年春耕播种、接羔育幼期间，有关部门认真落实农业生产资料和各种物资的供应工作，保证了春季农牧业生产的顺利进行；三是各地认真贯彻党的十三届七中全会和省委七届六次全委会精神，科技兴农兴牧思想明确，各项增产措施落实得好；四是财政、银行以及农牧民家庭和乡社集体各方面对农业的投入普遍增加，为夺取农牧业丰收奠定了物质基础。

目前，农业区少数地方已发现农作物病虫害，部分草原已出现虫灾。对此，有关部门应予密切注意，尽快采取有力措施，防止灾害蔓延，为巩固当前农牧业生产的好形势，为赢得今年农牧业的全面丰收，做出进一步的努力。

二、工业生产走出谷底

全省工业生产从去年下半年起增长速度逐月减缓，到年底增长速度下降到2%，今年一季度又降到1.7%。4月份起有了缓慢回升，1～4月和1～5月的累计工业总产值都比去年同期增长3.3%，6月份工业总产值比去年同月增长5.2%，上半年累计完成产值（按1990年不变价格计算）27.86亿元，比去年同期增3.8%，表明全省工业生产已经走出谷底。

根据进度统计，上半年全省工业生产表现为以下几个特点。

一是轻工业在经历了去年由市场疲软引起的负增长之后，今年进入了恢复性的增长阶段，1～6月全省轻工业总产值比去年同期增长8.5%，虽然比重工业产值的增长速度高6.5个百分点，但仍没有恢复到1989年的同期水平。根据列入统计的71种产品产量情况看，在1～6

月比去年同期增产的31种产品中，轻工业产品占12种。其中棉纱增产8%，呢绒增产34.1%，原盐增产1倍，日用精铝制品增产17.5%，塑料制品增产18.3%，灯泡增产38.6%，火柴增产22.6%。

二是全民、集体企业的生产都保持增长。1～6月，全省全民所有制工业企业完成总产值24.41亿元，比去年同期增长3%；集体所有制企业完成总产值3.4亿元，增长10.2%，在全民所有制企业中，大中型企业完成产值16.24亿元，增长4.3%，这对保证全省工业生产的稳定增长发挥了重要的作用。

三是全民所有制独立核算工业企业全员劳动生产率保持稳定提高。今年前5个月和去年同期相比，全省全民独立核算工业企业全员劳动生产率1～3月提高2.6%、1～4月提高2.9%、1～5月提高4.9%，6月份仍保持这种提高趋势。1～6月全员劳动生产率已达13 514元，比去年同期提高3.92%，其中轻工业劳动生产率为13 683元，提高1.94%，重工业劳动生产率为13 457元，提高4.54%。

当前工业生产中存在的主要问题是：

1、完成计划进度不理想。1～6月列入省计划考核部分的工业总产值完成了27.77亿元，仅比去年同期增长3.9%，距离计划规定的增长速度（6%）还有相当差距，对下半年造成较大压力。

2、生产与销售收入仍不同步，库存增加。据260户地方国营预算内企业统计，1～6月，工业总产值完成14.22亿元，比上半年同期增长8%，产品销售收入9.97亿元，仅增长1.17%，产成品资金占定额流动资金的比重达40.64%，比上年同期上升0.19个百分点。

3、企业受“三角债”困扰越来越严重，在很大程度上影响了经济效益的提高。据260户地方国营预算内企业的统计，6月底占用定额流动资金达17.42亿元，比去年同期增长14.2%，其中产成品资金高达7.08亿元，增长14.7%。究其原因，主要是企业发出商品未收回的货款占用额过大，仅260户预算内企业到5月底未收回货款就达9.6亿元，比上年同期增长51.1%，比年初增长31.9%，扣除欠付其他企业货款后，债权净额达3亿多元，成为产成品的虚拟占用。“三角债”造成企业资金严重紧缺，仅青海工程机械厂一家平均每月新增债权金额就多达3千多万元，导致企业经济效益持续下降。据统计，全省260户地方国营预算内企业到6月底有134户发生了亏损，亏损面高达51.5%，亏损金额为7 600万元，比去年同期增加1 751万元，冲抵盈利企业利润后，还净亏3 836万元，比去年同期增加；260户企业的产品销售税金1～6月累计8 514万元，也比去年同期下降8.4%。“三角债”不仅影响企业经济效益，也影响国家财政增收，已成为困扰我省经济运行的一大难题。

针对上述问题，有关部门和企业应尽快采取切实有效的措施，争取及早扭转被动局面。一是进一步加强生产调度，把开展“质量、品种、效益年”活动的措施落到实处，争取下半年工业生产发展速度有一个较快的回升，促使全年任务顺利完成；二是各企业主管部门，企业都应进一步大力开拓产品销售市场，促进销售，降低产品库存，加速资金周转；三是下决心加快清理“三角债”步伐，建议银行与企业主管部门组成强有力的工作班子，搞好清债工作，逐步缓解企业资金紧缺困难，促进经济效益提高；四是从长远看，还是要努力搞好结构调整，特别是抓紧产品结构调整工作。通过提高产品质量和档次，增加产品花色品种，适应市场需求，进而提高经济效益。

三、运输邮电情况正常

根据进度统计，上半年全省公路运输部门完成货物运输量58万吨，比去年同期下降23.68%，货物周转量1.27亿吨公里，下降30.98%；完成客运量558万人（次），增长4.49%；旅客周转量3.49亿人公里，增长8.97%。上半年西宁铁路分局完成货物运输量366.6万吨，比去年同期增长3.76%，货物周转量20.2亿吨公里，增长9.3%；完成客运量108万人（次），下降5.26%；旅客周转量2.94亿人公里，下降 7.91%。公路运输货物运量虽然减少，但周转量上升，有利于提高车辆利用率和经济效益；铁路客运量下降是国家调整客运票价后的正常效益；有利于缓解铁路客运紧张的矛盾。另据对西宁铁路分局上半年运输的主要货物统计，1～6 月发运原油 40.1 万吨，比去年同期增长 11.9 倍；发运钢铁 21.9 万吨，增长 7.88%；运送原煤 148.9 万吨，增长 42.62%。但发运原盐、金属与非金属矿石、水泥等都有不同程度地减少。上半年货物日装车数为 360 辆，比去年同期增长了 5.17%。

上半年，全省邮电部门共完成邮电业务总量 2 975.3 万元，比去年同期增长 13%。主要邮电业务中，发送函件 1 177 万件，比去年同期下降 10.5%；挂发长途电话 165.5 万张，增长 14%；电报 87.1 万份，下降 4.2%，累计发行报刊 3 850.4 万份，与去年同期基本持平。

四、固定资产投资增长

根据进度统计，上半年全省基本建设和更新改造共完成投资 40 293 万元，比去年同期增长 18.8%。其中，中央部属和直供项目投资 28 625 万元，增长 44.7%，地方项目投资 11 668 万元，下降 17.5%。投资额按用途分，生产性建设投资 30 976 万元，比去年同期增长 22.0%；非生产性建设投资 9 317 万元，增长 9.2%。生产性建设投资与非生产性建设投资的比例（以非生产性为 1）为 3.3：1。

上半年全省共完成基本建设投资 36 516 万元，比去年同期增长 16.5%，其中中央部属和直供项目投资 28 014 万元，增长 43.7%；地方项目投资 8 412 万元，下降 28.6%。投资额按用途分，生产性建设投资 28 212 万元，比去年同期增长 19%；非生产性建设投资 8 304 万元，增长 8.8%。投资额按国民经济行业分，其中农林牧渔水利业投资 1 293 万元，比去年同期增长 95%；工业投资 28 139 万元，增长 18.7%；运输邮电业投资 3 008 万元，下降 4.7%；商业饮食供销仓储业投资 648 万元，增长 151.2%；金融保险业投资 558 万元，增长 3 倍多；投资额按资金来源分，国家预算内资金 10 563 万元，比去年同期下降 26.3%；银行贷款 10 933 万元，增长 1.3 倍；利用外资 9 301 万元，增长 1.2 倍；自筹资金 5 137 万元，下降 25.5%（其中企事业单位自筹资金增长了 21.1%）。到 6 月底，全省基本建设施工项目 281 个，比去年同期增加了 26 个，其中本年新开工项目 52 个，比去年同期增加了 7 个；建成投产（或交付使用的）项目 7 个，比去年同期减少了 6 个；基本建设施工房屋面积 97.55 万平方米，下降了 1.47%，竣工面积 3.02 万平方米，增长 46.3%；房屋竣工率为 3.1%，高于去年同期 2.1%的水平。

上半年全省共完成更新改造措施投资 3 777 万元，比去年同期增长 46.85%，其中中央部属和直供项目投资 521 万元，增长 139%；地方项目投资 3 256 万元，增长 38.32%。投资额按用途分，生产性建设投资 2 764 万元，比去年同期增长 65.71%；非生产性建设投资 1 013 万元，增长 12.06%。在生产性建设投资中，用于增加产品产量的投资 1 672 万元，增长 84.55%；用于节约能源的投资 193 万元，增长 132.53%；用于提高产品质量的投资 188 万元，增长 38.23%；用于增加产品品种的投资 151 万元，下降 46.26%。这种投向结构上的变化基本突出了更新改造措施的原则要求，但在增加产品品种方面的投入还应加强。投资额按建设性质分，新建项目投资 93 万元，比去年同期下降 49.73%；扩建项目投资 749 万元，增长 8.24%；改建项目投资 2 497 万元，增长 63.63%。改、扩建项目投资增加，特别将投资的大头用于改建项目，有利于克服前些年更改投资外延化倾向，也有利于提高投资效果。上半年，全省更改措施投资的 80.6%投向工业部门，比去年同期增长幅度高达 77.82%，而且主要用于保证煤炭、石油、冶金等行业的技改措施，这是符合全省实际的合理的安排，对进一步启动当前全省工业生产的较快回升，增强地方工业生产后劲十分有利。

上半年全省固定资产投资形势比较好，主要表现在以下几个方面。

一是投资额增长幅度比较大，表明投资需求增长，对促进生产、流通的发展具有积极的推动作用。

二是投资结构有比较明显的改善，无论是按用途还是按行业，投向基本体现了保证重点，如基本建设投资农业投资增长了95%，这是多年来少有的；更改措施投资中，改建工程投资占更改总投资的比重由去年同期的59.3%提高到66.1%，投资外延化倾向明显得到改变。

三是重点工程建设进度快，据列入统计的9个重点建设项目基建投资额统计，上半年共完成投资 27 679万元，完成年计划投资的35.2%，占上半年全省累计完成基建投资总额的75.8%，贯彻了保证重点的建设方针。其中，曹家堡机场、青海油田、德令哈纯碱厂、龙羊峡电站（第五台机组工程）等项目的投资均完成计划投资额的40%以上。

但是，当前全省固定资产投资中还存在着一些问题。一是地方投资比去年同期下降幅度较大，而且地方生产性建设投资减少三分之一还多；二是在建项目又有扩张之苗头，容易造成投资分散；三是国家预算内投资减少。

五、市场供应情况良好，物价有所上升

今年以来，由于消费需求平稳增长，居民消费心理稳定，5月份粮油调价措施出台时机适当，市场没有出现大的波动，商品供应正常，零售价格上半年平均比上年同期上升了4.3%。

根据进度统计，上半年全省社会商品零售总额为16.62亿元，比去年同期增长7.0%。其中生活消费品零售额15.15亿元，增长6.1%；农业生产资料零售额1.47亿元，增长17.5%。在消费品零售额中，售给城乡居民的零售额13.58亿元，增长5.7%，售给社会集团的零售额1.57亿元，增长9%。

上半年，全省社会商业商品购销活动开始好转。到6月底，社会商业商品库存由上年同期的17.17亿元减少到15.41亿元，下降了10.3%，表明去年及以前市场疲软阶段积压的商品现已开始“消肿”。上半年全省各种所有制的商业经营单位的零售额都有增长。其中全民所有制零售额9.46亿元，增长8.6%，占社会商品零售额的比重由去年同期的56.1%上升到57.0%。表明国营商业的主渠道作用有所加强。

存在的主要问题，一是农村市场启动还不快，上半年全省县以下社会商品零售额比去年同期下降7.8%；二是对外贸易出现滑坡，1～6月外贸出口总额4 491万美元，比去年同期下降16.4%，主要原因是出口亏损实行包干后补亏没有来源；三是社会集团消费品零售额增长快于城乡居民零售额的增长幅度。

从市场物价情况看，上半年全省零售物价总指数平均为104.3，城乡居民生活费指数为105.2。从1～6月份物价趋势看，前4个月物价指数低而平稳，5月份实行粮油调价以后，指数开始有所上升。如1～6月各月零售物价总指数，1月份为103.2、2月份为104.2、3月份为101.5、4月份为100.8、5月份为107.6，到6月份上升到108.6。

6月份，全省城乡居民生活费用价格指数为109.4，其中城镇109.9、农村109.0，消费品价格指数为108.8，农业生产资料价格指数为101.3，服务项目价格指数为113.9。在消费品价格指数中，食品类指数为110.8，主要是粮食和食用植物油价格上升较多，分别比去年同月上涨40.4%和54.9%，而肉禽蛋、蔬菜价格却有所下降；衣着类指数为105.6；日用品类指数为103.7；文化娱乐用品类指数为104.6；书报杂志类指数为101.2；药及医疗用品类指数为95.9；建材类指数为108.9；燃料类指数为141.3。物价方面的主要问题是城市居民生活费用价格指数从5月份起已连续两个月超过110，其中5月份为110.4，6月份为112.2，如再持续下去居民将难于承受，引起消费心理不安。另外，粮油调价措施出台后，对一部分就业少，负担重的城镇职工和贫困居民家庭的生活有一定影响。

六、财政收入增长，金融贷差减少

据统计，上半年全省地方财政收入32 375万元，完成年度预算的43.7%，比去年同期增

长 11.8%。其中工商税收 29 244 万元，完成年度预算的 45.9%，增长 8.0%；农牧业税 837 万元，完成年度预算的 32.7%，下降 23.4%。

上半年全省财政支出共 62 312 万元，为年度预算的 33.7%，比去年同期减少 205 万元，下降 0.3%。其中，基本建设支出 4 243 万元，为年度预算的 31%，增长 9.9%；企业挖潜改造资金支出 1 872 万元，为年度预算的 38.2%，增长 39%。财政支出在结构上发生了合理的变化，基本建设、更改挖潜等生产性支出增加较多，以往开支较大的价格补贴支出则大幅度减少。但行政事业费支出仍有较大幅度增长，增收节支工作还要继续抓紧。

6 月底，全省银行存款余额为 58.22 亿元，比年初增加 2.1 亿元，比去年同期少增加 1.82 亿元。其中，企业存款余额 20.01 亿元，比年初增加 0.44 亿元，改变了企业存款下降的趋势；城镇储蓄存款余额 27.14 亿元，比年初增加 2.52 亿元，比去年同期少增加 0.52 亿元；银行各项贷款余额 73.98 亿元，比年初增加 1.65 亿元，比去年同期少增加 0.61 亿元。其中流动资金贷款余额 44.08 亿元，比年初减少 0.12 亿元，而去年同期是增加 1.1 亿元；固定资产投资贷款余额 24.12 亿元，比年初增加 1.27 亿元，农业贷款余额 3.5 亿元，比年初增加 0.61 亿元。6 月底贷款大于存款差额由年初的 16.21 亿元减少到 15.76 亿元，下降了 2.8%，信贷结构变化开始趋向合理。

上半年全省银行现金收入 33.1 亿元，比去年同期增长 14.4%。其中出售商品收入 12.18 亿元，增长 11.5%；现金支出 33.8 亿元，增长 16.3%。收支相抵后净投放货币 6 928 万元，比去年同期多投放 5 544 万元。

七、职工工资增长，居民收入增加

根据进度统计，6 月底全省全部职工人数为 66.71 万人，比去年同期增加 1.26 万人，增长 1.9%。其中全民职工 56.7 万人，增加 0.66 万人，增长 1.2%；集体职工 9.96 万人，增加 0.59 万人，增长 6.3%。其他所有制单位职工 0.05 万人，增加 0.01 万人。6 月底全省城镇个体劳动者人数为 3.86 万人，比去年同期的 4.06 万减少了 0.2 万人，下降了 4.9%。

上半年全省职工工资总额 8.19 亿元，比去年同月增加 0.59 亿元，增长 7.8%。其中全民职工工资总额 7.44 亿元，增加 0.51 亿元，增长 7.5%；集体职工工资总额 0.75 亿元，增加 0.08 亿元，增长 11.9%。在全部职工工资总额中，奖金和计件超额工资 0.76 亿元，占工资总额的比重为 9.9%，比去年同期增加 0.08 亿元，增长 12.5%；各种津贴 2.09 亿元，占工资总额的 25.5%，比去年同期增加 0.04 亿元，增长 2.0%。

另据城乡住户抽样调查，上半年全省城镇居民人均生活费收入 636.02 元，比去年同期增长 9.1%；人均生活费支出 620.68 元，增长 14.2%。在人均生活费支出中，吃的支出 356.43 元，增长 14.9%，穿的支出 101.09 元，增长 23.4%。上半年全省农牧民人均现金收入为 148.16 元。

一至九月全省国民经济运行正常经济形势持续稳定

在省委、省政府的领导下，全省各族人民认真贯彻党的十三届七中全会和省委七届七次全委会精神，深入开展“质量、品种、效益年”活动，今年 1～9 月全省国民经济运行正常，经济形势一直向好的方向发展。农牧业在经过抗御干旱、高温、冰雹等自然灾害后，仍可取得较好收成；工业生产增长速度稳定上升，今年的生产计划可以实现；固定资产投资持续增加，投资结构有所改善；市场供应情况良好，物价涨势基本正常，财政收入增加，金融信贷平稳；职工及居民收入平稳增长，消费心理稳定。当前存在的问题也是严峻的，第四季度要注重结构、比例、效益与速度的统一，为全面提高生产、建设、流通等各个领域的经济效益，做好各个方面的工作。

一、农牧业可望获得好收成

今年以来，由于全省各级党政领导充分重视加强农牧业的基础地位，认真落实各项增产措施，增加农牧业的投入，使全省农牧业生产形势普遍好于往年。入夏以后，全省出现持续高温少雨天气，旱象较重，部分地区还发生了农作物病虫害、冰雹袭击以及草原虫害等。由于各地切实加强了防灾抗灾工作，采取了一系列抗灾措施，减少了灾害损失。预计油料作物总产量可以超过去年，创历史最高水平；粮食作物总产量将接近丰收的去年，仍然是一个丰收年景。畜牧业生产由于前期抗灾保畜措施落实较好，今年丰收已成定局。预计主要畜产品产量、肉类总产量均比去年增产，年末大牲畜、羊、猪的存栏头数也将比去年增加。

目前，全省农牧业区各地已进入秋收扫尾阶段，并普遍开始了秋冬农田基本建设。各地区要充分重视做好明年春耕的各项准备工作。对明年的春旱要有思想准备，立足于抗灾夺丰收。牧业区各地要针对因今夏干旱部分草场长势欠佳、冬春供草不足的实际，入冬前要适时、适量多宰杀肉用牲畜，减少冬春死亡的压力，并为明年畜牧业生产的稳定发展奠定基础。

二、工业生产平稳增长，今年计划可以实现

根据进度统计，1～9月全省乡及乡以上工业企业共完成总产值（按1990年不变价格计算，下同）44.2亿元，比去年同期增长6.2%，其中列入省计划考核的工业企业完成产值44.05亿元，完成年计划的75.4%，比去年同期增长6.2%。已超过计划进度应达到的速度要求。

从今年1～9月工业生产的情况看，具有以下几个方面的明显特点：

一是工业总产值的增长速度保持稳定上升。据统计，今年第一季度全省工业总产值比去年同期增长1.7%，到第二季度增长速度提高到3.8%，1～8月增长速度又提高到5.4%，1～9月增长速度又进一步提高到6.2%。由于全省工业是“速度效益型”的，这种增长速度稳定上升的趋势对于提高经济效益具有一定的促进作用。

二是轻重工业基本同步增长。1～9月全省轻工业总产值12.85亿元，比去年同期增长6.9%；重工业总产值为31.35亿元，增长5.9%。去年全省轻工业在经历了持续下降以后，今年出现恢复性增长趋势，如按这一趋势继续运行，今年全省轻工业生产可望恢复到1989年的水平。

三是各种经济类型的工业企业总产值均保持增长。据统计，1～9月全省全民所有制工业企业完成总产值38.42亿元，比去年同期增长5.1%；集体所有制企业完成总产值5.7亿元，增长13.6%。其中乡办企业的产值1.34亿元，增长30.2%。

四是大中型企业的生产持续稳定增长，为稳定全省经济大局奠定了基础。1-9月，全省大中型工业企业共完成总产值25.11亿元，比去年同期增长7..5%，占全省工业总产值的56.8%。4户国家“双保”企业的生产情况也很好。

五是大多数产品完成计划进度比较好，比去年同期增产的产品也比较多。根据进度统计，在列有产量计划的62种产品中，完成年计划75%以上的有23种，其中纯棉布、原盐、乳制品、农用薄膜、灯泡、火电、钢、钢材、石棉等14种产品的产量已完成年计划的80%以上。在列入统计的71种产品中，产量比去年同期增长的有35种，持平的2种。其中呢绒增产38.8%，原盐增产60.3%，日用精铝制品增产20.7%，原油增产37.2%，天然气增产72.7%，金属铝锭增产25.1%，硫铁矿增产60%，交流电动机增产121.4%，推土机增产75.7%，这些产品的增产幅度都比较大。

六是企业劳动生产率提高。据1-9月统计，全省全民所有制独立核算工业企业全员劳动生产率为20 901元，比去年同期提高

5.5%。其中轻工企业劳动生产率20 586元，提高2.0%；重工企业劳动生产率为21 009元，提高6.7%。

但是，目前工业生产中还存在着一些问题，需要引起足够的重视。

*一是某些产品的积压状况仍未见大的改善，影响资金流转和经济效益的提高。*在去年全国性的市场疲软影响下，全省部分工业产品特别是轻纺产品陆续滞销，造成积压。今年以来，有关部门和企业虽积极采取措施，加强产品促销工作，但由于产品质量档次改进不快，积压占库现象未见大的改善。据调查，仅轻纺系统的毛线、毛毯、呢绒、长毛绒等产品的生产库存量大都相当于8个月至一年的产量，火柴、红矾钠、洗衣粉、机制纸、肥皂等产品也有不同程度的积压。另据262户地方国营预算内工业企业的统计，1-9月总产值增长了7.4%，但销售收入只增长1.2%，9月底产成品资金占用额达7.65亿元，比去年同期增长15.4%，占定额流动资金的比重达37.8%。

*二是经济效益仍然比较差。*到9月底，全省262户地方国营预算内企业中有117户发生亏损，亏损面达44.7%；1-9月产品销售税金1.32亿元，比去年同期下降6%；盈利企业的利润5 891万元，下降5.40%；亏损企业的亏损额10 758万元，增亏30.2%，盈亏相抵后净亏4 867万元，比去年增亏，可比产品成本也上升了2.7%。

针对上述问题，今后三个月不宜追求速度。进一步抓好产品销售，减少产品积压，对边生产边积压的产品要限产，以提高经济效益。同时要进一步认真贯彻清理“三角债”工作会议精神，搞好清债工作，提高资金效益。第四季度应大力贯彻落实好中央工作会议精神，集中力量搞好结构调整，特别要努力搞活大中型企业，并为明年的生产稳定发展做好准备。

三、运输邮电业稳定正常

根据进度统计，今年1-9月全省铁路货运量共完成500万吨，比去年同期增长9%。其中省境内铁路货运量完成402万吨，增长17.6%；公路运输部门完成货运量98万吨，下降16.2%。1-9月铁路公路（口径同前）货物周转量27.11亿吨公里，比去年同期增长7.4%。其中铁路（省境内）货物周转量25亿吨公里，增长12.1%；公路运输部门货物周转量2.11亿吨公里，下降28.4%。1-9月，铁路公路（口径同前）客运量1 066万人（次），比去年同期增长12.1%，其中铁路客运量146万人（次），下降8.9%，公路客运量920万人（次），增长16.3%；铁路公路旅客周转量0.98亿人公里，比去年同期增长1.4%，其中铁路旅客周转量0.44亿人公里下降9.8%，公路旅客周转量0.55亿人公里，增长12.6%。

另据西宁铁路分局统计，1-9月由省境内发运原盐73万吨，比去年同期下降3.3%；发运钢铁30万吨，增长30%；发运原油59万吨；增长19倍；发运水泥8.7万吨，增长22.5%；运送原煤和金属矿石有不同程度减少。

1-9月，全省共完成邮电业务总量4 651万元，比去年同期增长14.6%。挂发长途电话、发行杂志累计份数也都比去年同期增长，汇票及电报略有减少。

四、固定资产投资结构有所改善

根据进度统计，1-9月全省全民所有制固定资产投资共111 833万元，比去年同期增长25.07%。其中，基本建设投资87 871万元，增长30.7%；更改措施投资8 495万元，增长16.43%；其他固定资产投资15 467万元，增长3.8%，在总投资额中，中央项目投资73 888万元，增长35.5%；地方项目投资37 945万元，增长5.2%。

从基本建设投资看，其结构变化有以下几个特点：

*一是生产性建设投资比重上升，非生产性建设投资比重下降。*1-9月生产性建设投资为67 185万元，比去年同期增长33.5%，占基建投资总额的比重由去年同期的74.9%上升到76.5%；非生产性建设投资为20 686万元，只增长22.4%，所占比重相应由去年同期的

25.1%下降到23.5%。

*二是基础产业部门投资比重提高。*1-9月用于能源工业和运输邮电业的基建投资达58 430万元，比去年同期增长35.4%，占基建投资总额的比重由去年同期的64.2%提高到66.5%；用于农林牧渔水利业投资4 699万元，增长了77.6%，其比重也由去年同期的3.9%提高到5.3%，这一结构变化符合产业倾斜政策。

*三是大中型重点建设项目投资完成情况比较好。*到9月底，全省9个大中型重点建设项目共完成基建投资57 252万元，完成年计划投资的68.7%，占全省基建投资总额的65.2%。其中青海石油管理局完成投资23 432万元，完成计划的84.6%；龙羊峡水电站完成11 730万元，为年计划的73.3%；曹家堡机场完成1 920万元，为年计划的68.8%；李家峡水电站完成12 620万元，为年计划的62.2%。

从更改措施投资结构变化情况看，也有相当的改善，按建设性质分，新建和扩建项目的投资分别比去年同期下降16.4%和24.1%，而改建项目投资额达4 727万元，增长了46.21%，占更改措施总投资的比重由去年同期的44.3%上升到55.6%；按用途分，生产性建设投资达6 300万元，比去年同期增长29%，占投资总额的比重也由去年同期的72%上升到74.2%，而非生产性建设投资只比去年同期增长7.33%，所占比重相应由去年同期的28%下降到25.8%；按国民经济行业分，用于工业、农林牧渔水利业和科教文卫事业的投资都比去年同期增长，而用于其他行业的投资有所减少。

但是固定资产投资也存在着比较突出的问题。

*一是基本建设投资到位情况不够理想。*据统计，1-9月全省基建拨款只有78 991万元，与实际完成工作量相差8 880万元，投资到位率只有89.9%，比去年同期下降了11.5个百分点。投资不到位既影响工程进度，也造成拖欠工程款，形成"三角债"债务。

*二是新开工项目增加偏多，影响投资效果的提高。*到9月底，全省基本建设在建项目共501个，比去年同期增加34个，其中本年新开工项目272个，增加68个，新开工项目占全部在建项目的一半还多，更改措施项目更是如此。由于新开工项目偏多，致使反映投资效果的指标普遍比去年差。1-9月基本建设新增固定资产只有8 664万元，比去年同期减少6 434万元，下降42.6%，固定资产交付使用率不足10%，下降了12.6个百分点；项目投产率也由去年同期的24.6%下降到20.6%；房屋竣工面积比去年同期减少了5万平方米，房屋竣工率仅9.4%，下降了4.8个百分点。这些问题要通过进一步加强对投资的宏观调控和综合平衡逐步加以解决。

五、市场供应正常，物价指数稍高

今年以来，全省市场流通呈平稳、正常运行态势，社会商业商品购销均保持正常增长。根据进度统计，1-9月全省社会商业商品纯购进总值14.86亿元，比去年同期增长10.3%。纯销售总值26.46亿元，增长12.3%；商品库存总额15.28亿元，下降9.9%，呈正常减少状况，反映了商品积压已开始"消肿"，为提高经营效益奠定了基础。

1-9月，全省社会商品零售总额为24.27亿元，按同口径对比实际增长速度为9.38%，属正常增长趋势。零售总额按商品性能和销售对象分，消费品零售额为22.37亿元，同口径计算增长8.5%，其中售给城乡居民的零售额为20亿元，同口径计算增长8.3%，售给社会集团的零售额为2.37亿元，增长10.9%；农业生产资料零售额1.9亿元，增长19.7%。零售总额按经济类型分，全民所有制单位零售额13.77亿元，比去年同期增长7.9%；集体所有制单位零售额4.72亿元，增长6.9%；个体零售额4.58亿元，同口径计算，实际增长速度为22.9%。零售总额按地区分，市和县的零售额共19.53亿元，比去年同期增长11.3%；县以下乡村零售额2.85亿元，下降5.4%。从列入统计的33种主要商品的社会销售量看，有9种商品的销售比去年同期增长，其中粮食增长14.2%，食用植物油增长47.9%，棉花化纤布增长10.8%，绸缎增长 8.3%，半导体收音机增长 24.7%，录音机增长 3.8 倍，电冰箱增长 32.9%，民用煤增长 13.9%。

今年前 8 个月，全省市场物价指数变动基本正常，尽管 5 月份实行城镇居民平价粮油价格的改革，但由于时机选择恰当，没有引起物价大涨和市场波动。1-9 月全省城乡居民生活费用价格比去年同期上升 6.4%，零售物价也只上升了 5.4%，都在控制目标范围内，只是 9 月份物价上升幅度略显偏高。据调查统计，今年 9 月份全省零售物价总指数为 107.7，其中城镇为 109.7，农村为 104.5。在零售物价总指数中，消费品价格指数为 107.9（城镇 109.7、农村 104.3），农业生产资料价格指数为 105。在消费品价格指数中，食品类指数为 109.9，其中粮食 127、食用油 131.8；衣着类指数为 105.1；日用品类指数为 102.7；文化娱乐用品类指数为 99.9；书报杂志类指数为 100.2；药及医疗用品类指数为 101.4；燃料类指数为 138；建材类指数为 100.7。9 月份城乡居民生活费用价格指数为 110.9，其中城镇 113.3，农村 107.0。造成城乡居民生活费用价格指数较高的主要原因是服务项目价格上涨较猛。一是本月学杂保育费收费标准调整后，比去年 9 月上涨幅度高达 125%，单这一项就使服务项目价格上涨 29.6 个百分点，使居民生活费用价格上升 3.29 个百分点；二是今年以来修理及其他服务项目收费提高 21.8%，致使整个服务项目价格指数高达 135.1。

对外贸易方面，由于今年外贸实行地方自负盈亏的新体制，但全省因财政比较困难，对外贸补贴缺乏补亏能力，导致出口贸易连续几个月下降。1-9 月全省外贸出口总额为 5 916 万美元，比去年同期下降 8.7%；进口总额 212 万美元，比去年同期增长 26.9%。

六、财政收入增长，信贷运行正常

根据进度统计，1-9 月全省地方财政收入为 47 684 万元，完成年度预算的 64.4%，比去年同期增长 14.2%。其中，工商税收 43 837 万元，为年度预算的 68.9%，比去年同期增长 8.4%，主要是盐税增收 1 318 万元，增长了 103.3%；农牧业税和耕地占用税 1 490 万元，为年度预算的 58.2%，比去年同期下降 17.3%；国营企业所得税 5 475 万元，为年度预算的 54.9%，比去年同期下降 0.7%；国营企业计划亏损补贴 8 264 万元，为年度预算的 53.8%，比去年同期下降 20.4%。1-9 月全省财政支出 107 330 万元，为年度预算的 56.3%，比去年同期增长 0.3%。其中，基本建设支出 9 184 万元，为年度预算的 67.5%，比去年同期增长 7.1%；企业挖潜改造资金 2 881 万元，为年度预算的 55.3%，增长 61.7%；支援农村生产支出 6 773 万元，为年度预算的 50.1%，比去年同期增长 13.3%；行政管理费 14 609 万元，为年度预算的 80.7%，比去年同期增长 4.6%；价格补贴支出 13 255 万元，为年度预算的 58.1%，比去年同期下降 21.9%。从支出结构看，用于生产性的支出普遍增加，非生产性支出有所压缩。

9 月底，全省银行存款余额 60.82 亿元，比年初增加 4.71 亿元。其中企业存款 20.74 亿元，增加 1.17 亿元，城镇储蓄存款 28.53 亿元，增加 3.91 亿元。银行贷款余额为 78.60 亿元，比年初增加 6.27 亿元。其中流动资金贷款 46.24 亿元，增加 2.04 亿元；固定资产投资贷款 26.76 亿元，增加 3.91 亿元；农业贷款 3.53 亿元，增加 0.64 亿元。存贷相抵，贷大于存 17.70 亿元，比去年初增加 1.61 亿元。

1-9 月银行现金收入 49.95 亿元，比去年同期增长 13.2%；现金支出 53.05 亿元，增长 14.6%。收支相抵后净投放货币 3.10 亿元，比去年同期多投放 9 025 万元。

七、城镇居民收支增加

据城镇居民家庭收支抽样调查，前 9 个月人均月收入 124.87 元，比去年同期增长 9.04%，其中生活费收入 111.93 元，增长 7.83%。人均月生活费支出 103 元，增长 8.6%。由于居民收入增加，生活水平有一定程度的提高，各种耐用消费品拥有量继续增加。9

月底，全省城镇平均每百户居民拥有的耐用消费品和去年同期相比，彩电增加4.7台，洗衣机增加2.9台，收音机增加0.6架，电冰箱增加4.4台，录像机增加0.3台。

国民经济稳定发展 治理整顿目标实现

——对1991年全省经济形势的分析

在过去的一年里，全省各族人民在省委、省政府的领导下，认真贯彻党中央提出的“八五”计划和十年规划建议的精神，扎扎实实地开展“质量、品种、效益年”活动，使全省国民经济摆脱了前两年因供求失衡、市场疲软等矛盾所造成的困境，步入了平稳正常运行的轨道，治理整顿的预期目标已基本达到。农业的基础地位继续得到加强，农牧业生产都取得了丰收；工业生产一直保持稳定增长局面，限产压库措施取得了明显成效；固定资产投资在经历了连续两年的下降之后出现了较大幅度的回升，重点建设取得新进展，投资结构有所改善；流通领域经过治理整顿，市场秩序恢复正常，对外贸易也取得了好的成绩；地方财政收入保持持续增长，支出结构朝着好的方向发展；信贷资金明显松动，货币投放控制在计划指标以内；居民收入有所增长，人民生活有所改善。但是，面临的困难和问题也比较严峻，主要是调整经济结构、转换企业经营机制缓慢，经济效益不高，财政比较困难，经济发展的后劲不足。

一、国民经济总量指标保持适度增长

经过三年的治理整顿，1991年我们克服了社会总供给与总需求严重失衡的矛盾，全省国民经济总量指标都比上年有所增长。根据有关统计资料初步测算，去年全省国民生产总值（按当年价格计算，下同）为72.58亿元，按可比价格计算（下同），比1990年增长5%左右，高于1990年比上年增长3.7%的增长幅度；全省社会总产值为121.69亿元，比1990年增长5.5%，比1990年的增长幅度高0.6个百分点；国民收入54.06亿元，比1990年增长4.2%，也高出1990年比上年增长2.1%的幅度。国民经济总量指标的同步平稳增长，标志着全省国民经济运行机制恢复正常，治理整顿的总体目标已基本实现。

二、农牧业生产战胜了自然灾害，夺得了丰收

据初步统计，去年全省耕地面积继续增加，年末耕地面积868.9万亩，比上年末增加2.5万亩。全省粮食总产量114.63万吨，比1990年增产0.07万吨；油料作物总产量12.9万吨，增长7.2%。

畜牧业在克服了夏秋干旱造成的牧草减产的困难以后，夺得了又一个丰收年景。据抽样调查推算总体结果，去年年底草食牲畜存栏数达2 264.85万头（只），比上年底增长3.78%。其中大牲畜存栏625.28万头，增长3.05%；绵山羊存栏1 639.57万只，增长4.07%。牛羊出栏头数和牛羊肉产量都呈增长趋势，全年出栏肉用牛54.56万头，比上年增长1.92%；出栏肉用羊314.69万只，增长3.93%；牛肉产量5.25万吨，增长0.78%；羊肉产量5.55万吨，增长0.02%。去年全省绵羊毛产量达17 183吨，比1990年增长3.29%。

渔业生产也取得了好的成绩，全年水产品产量达3 896吨，比1990年增长16.1%，渔业总产值0.07亿元，增长13.3%，这是近几年来少有的。但是林业生产不理想，造林面积减少，林业总产值下降。

三、工业生产在调整中平稳增长

据进度统计，1991年全省乡及乡以上工业

企业共完成总产值59.5亿元，增长5.3%；列入省计划考核的工业总产值为59.32亿元，增长5.3%，超额1.6%完成全年计划，其中大中型企业完成产值32.95亿元，增长6.9%，占全省计划内完成总产值的55.5%。在乡及乡以上工业企业完成的产值中，轻工业产值为17.86亿元，比1990年增长4.9%；重工业产值为41.64亿元，增长5.4%。按所有制形式分，全民所有制企业的产值为51.69亿元，比1990年增长4.3%；集体所有制和其他企业都有较多的增长。全民所有制独立核算工业企业全员劳动生产率为27 703元，比1990年提高2.13%，其中轻工业的劳动生产率为28 793元，提高4.07%；重工业的劳动生产率为27 335元，提高1.5%。

去年列入统计的71种工业产品中，有41种产品的产量比上年增长。其中，原盐产量141万吨，增长35.6%；卷烟2.69万箱，增长16%；罐头763.6吨，增长124.1%；农用薄膜979吨，增长93.1%；灯泡1 505万只，增长17.2%；原油102万吨，增长26.2%；汽油3.14万吨，增长17.2%；柴油4.63万吨，增长31.9%；天然气0.75亿立方米，增长47.1%；钢35.7万吨，增长10.7%；钢材29.5万吨，增长4.2%；铁合金8.78万吨，增长28.7%；铝锭5.84万吨，增长27.8%；硫铁矿2.7万吨，增长43.6%；化肥（折纯量）9.88万吨，增长44.2%；化学农药58.76吨，增长135.2%；铜精矿含铜量1 330吨，增长6.4%；推土机134台，增长35.4%；地毯10.02万平方米，增长26.2%；化学医药34.9吨，增长37.9%。去年各企业根据市场变化情况，遵照省政府的指示，对一些档次低劣、品种老化、质量较差的产品实行了限产压库措施，缓解了前一阶段产品积压矛盾，如毛线减产9.4%，棉布减产4.6%，白酒减产75.9%，合成洗涤剂减产29.7%，木材减产33.9%，工业锅炉减产24.2%，内燃机减产49.9%，工业用呢减产13.8%，毛毯减产13.8%，肥皂、红矾钠、牛奶分离器等滞销产品后两个月均已停产。

从总体情况看，全省工业企业的经济效益逐步有所改善，上缴财政利税逐季增加。但是地方预算内工业企业的经济效益仍不理想。根据261个地方国营预算内工业企业的统计，到12月底亏损企业为120个，亏损面达46%；亏损企业全年亏损额16 765万元，比1990年增亏24.2%；盈利企业的盈利额8 208万元，下降12.3%；盈亏相抵后净亏损8 557万元，比上年增亏106.9%，可比产品成本上升了3.7%。

四、运输邮电业情况良好

根据进度统计，去年全省公路运输系统及铁路（省境内，下同）共完成货物运输量638万吨，比上年增长4.93%。其中铁路完成货运量502万吨，增长10.57%；省公路运输系统完成货运量136万吨，下降11.69%。全省铁路、公路（口径同前）累计完成货物周转量35.77亿吨公里，比上年增长6.27%。其中铁路货物周转量32.97亿吨公里，增长10.27%；省公路运输系统货物周转量2.8亿吨公里，下降25.63%。

去年，全省铁路、公路客运量1 377万人（次），比上年增长1.32%，旅客周转量12.73亿人公里，下降1.7%。其中，铁路客运量217万人（次），增长3.85%，旅客周转量5.55亿人公里，下降9.34%；省公路运输系统客运量1 160万人次，增长0.87%，旅客周转量7.18亿人公里，增长1.26%。

另据西宁铁路分局的统计，去年由省境内发运的原盐94.2万吨，比上年增长3.06%；运送钢铁40万吨，与上年持平；发运原油79.5万吨，增长239.74%；发运金属矿石16.1万吨，下降15.7%；发运非金属矿石37万吨，下降36.6%；运送水泥7.4万吨，增长13.85%；运送化肥22.5万吨，增长81.45%。去年西宁铁路分局平均货物日装车350.2车，比上年增加19.2车。

1991年全省完成邮电业务总量6 202.5万元，比1990年增长11.6%。各种邮政、电信业务量虽然有增有减，但总的情况尚属正常。

五、固定资产投资增长，投资结构有所改善

根据进度统计，1991年全省全民所有制单位共完成固定资产投资20.83亿元，比1990年的进度统计数（下同）增长22.7%。其中，基本建设投资14.54亿元，增长23.8%；更新改造措施投资2.56亿元，增长42%；商品房建设投资0.38亿元，增长19.8%；其他固定资产投资3.35亿元，增长7.7%。在投资额增长的同时，投资结构也发生了好的变化。在投资总额中，用于生产性的建设投资为16.09亿元，比1990年增长29.1%；用于非生产性建设投资为4.74亿元，增长3.5%。生产性建设投资所占比重由1990年的73.4%上升到77.2%，提高了3.8个百分点，增加的投资金额多达3.63亿元。

去年，全省共完成基本建设投资14.54亿元，比上年增长23.8%。其中中央项目投资8.67亿元，增长33.7%；地方项目投资5.27亿元，增长11.6%。投资额按用途分，生产性建设投资10.85亿元，比上年增长32.3%，占基建投资的比重为74.6%，比上年提高4.8个百分点；非生产性建设投资3.69亿元，增长4%，占基建投资的比重由上年的30.2%下降为25.4%。投资额按建设性质分，新建工程投资7.75亿元，比上年增长59.6%；扩建工程投资4.93亿元，增长43.6%；改建工程投资0.89亿元，下降1.4%。从分行业完成投资情况看，用于农林牧渔水利业的投资1.16亿元，比上年增长84.2%；用于工业的投资9.44亿元，增长24.9%，其中用于石油、电力工业的投资分别比上年增长2.5%和61.8%，用于冶金工业的投资也比上年增长59.3%；用于运输邮电业的投资1.29亿元，比上年略有减少；用于科研、文教卫生事业的投资0.59亿元，增长7.7%；用于地质勘探、建筑业、房地产等行业的投资都有不同程度的增长，而用于其他行业（如行政事业等）的投资则比上年下降了24.9%；这种结构的变化体现了投资向农业、能源、原材料工业和科教文卫及基础设施建设行业的倾斜，也体现了经过治理整顿，全省基本建设投资结构正在逐步改善。投资额按资金来源分，国家预算内投资3.23亿元，比上年下降13.7%；国内贷款4.99亿元，增长73.5%；利用外资2.11亿元，增长13.9%；自筹资金2.64亿元，增长2.2%，其中企事业单位自筹投资增长34%；其他资金1.57亿元，增长125.9%，投资格局的这一变化，体现了投资主体多样化，调动了各方面的积极性。去年全省基本建设新增固定资产7.67亿元，比上年下降8.6%，固定资产交付使用率为52.7%；年底在建的工程项目854个，比上年底减少163个，其中本年新开工项目546个，减少158个，表明建设战线缩短、摊子缩小，有利于保证大中型及重点建设项目的顺利进行。去年全省基本建设竣工投产的项目共505个，项目投产率为59.1%；施工房屋建筑面积188.89万平方米，比上年增加16.06万平方米；竣工房屋面积91.84万平方米，增加8.45万平方米，房屋竣工率由上年的48.3%上升到48.6%。

去年国家安排在全省的10个大中型重点建设项目共完成投资8.3亿元，完成年计划投资的80.9%。其中，龙羊峡、李家峡两水电站共完成投资3.78亿元，完成年计划投资的100%；海西纯碱厂完成投资1 517万元，完成年计划投资的79.6%；青海石油管理局完成投资2.57亿元，完成年计划投资的92.8%；青海铝厂（二期工程）完成投资1.1亿元，完成年计划投资的100%。其余青海钾肥厂、格尔木小干沟水电站、曹家堡机场、黎明化工厂烧碱工程以及龙羊峡电力送出工程的进展也都比较好。

去年全省共完成更新改造措施投资25 553万元，比1990年增长42%，其中地方投资21 462万元，增长55.9%。更改投资的大幅度增长，对推动企业技术进步，走“内涵”扩大再生产的路子是有利的。从投资结构看，有以下几个显著特点：

一是投资向生产性建设倾斜明显。去年更改措施用于生产性建设的投资达21 042万元，占全部投资的比重由上年的75.8%提高到82.3%，上升了6.5个百分点。在生产性建设

中，用于增加产品品种的投资 3 458 万元，比上年增长 92.1%；用于提高产品质量的投资 1 649 万元，增长 80.6%；用于节约能源的投资 782 万元，增长 104.7%；用于增加产品产量的投资 11 713 万元，增长 72.2%。

二是用于变相搞基建的新建工程投资减少，用于扩建、改建工程的投资都有大幅度增加，体现了把更改措施投资主要用于“内涵”扩大再生产的正确方针。去年全省更改措施投资中用于新建工程的投资仅 1 245 万元，比上年下降 2.9%；用于扩建工程的投资 8 458 万元，增长 36.1%，用于改建工程的投资 11 059 万元，增长 20.1%。

三是投资的行业结构明显朝着合理方向转变。去年用于农林牧渔水利业的更改措施投资为 774 万元，比上年增长 117.4%，这是多年来所没有的；用于工业的投资 20 201 万元，增长 46.5%；用于运输邮电业的投资 2 453 万元，增长 32.7%；用于文教卫生事业的投资 424 万元，增长 37.2%。而用于房地产、金融业、商业及其他各行业的更改投资额都有不同程度地减少。

六、市场供应良好，物价涨势平稳

根据进度统计，去年全省社会商品零售总额 33.69 亿元，比 1990 年增长 9.8%，扣除价格上涨因素后增长 2.7%。其中，生活消费品零售额 31.36 亿元，增长 9.2%；农业生产资料零售额 2.33 亿元，增长 18%。在生活消费品零售额中，售给城乡居民的零售额为 28.08 亿元，增长 9.1%；售给社会集团的零售额 3.28 亿元，增长 10.2%。生活消费品零售额按地区分，市的零售额 16.95 亿元，比上年增长 12.5%；县及县以下的零售额 14.41 亿元，增长 5.6%；零售额按经济类型分，全民所有制零售额 18.72 亿元，比上年增长 6%；集体所有制零售额 6.12 亿元，增长 4.4%；个体有证商业零售额 6.82 亿元，增长 29%；农民对非农业居民的零售额 2 亿元，增长 8.5%。从各州、地、市销售情况看，除玉树、海西两个州的零售额比上年减少外，其余各地都比上年增长。1991 年，全省市场供应情况一直良好，销售淡旺季的变化也很正常，通过治理整顿流通领域的秩序已从根本上扭转了以往的混乱状况。

去年全省国合商业商品购销调存情况也呈正常变动。商品纯购进总值为 18.63 亿元，比上年减少 3.2 亿元；商品纯销售 24.58 亿元，减少 2.54 亿元；年末商品库存 17.8 亿元，减少 0.61 亿元。

在市场商品购销保持正常平稳的同时，物价涨势也得到了较好的控制。今年五月份城镇居民定量粮油调价措施出台前后，市场没有发生大的波动，虽然有几个月的物价指数一直在 108 左右的较高水平上变动，但由于居民消费心理稳定，加之控制物价的措施得力，没有出现“搭车”涨价现象。

根据调查初步统计，去年全省零售物价总指数（根据月进度数简单平均）为 106，实现了省政府预定的控制目标；城乡居民生活费价格指数为 107.5，其中城镇职工生活费物价指数为 108.7，农牧民生活费价格指数为 105.5。

根据月度调查统计，去年 12 月全省零售物价总指数为 105.3（以 1990 年 12 月份为 100，下同），不仅比 11 月份的指数下降了 2.9 个百分点，也比第四季度平均指数低 2.4 个百分点，从而使全年零售物价总指数能够控制在计划目标内。在 12 月份的零售物价总指数中，消费品价格指数为 105.3，农业生产资料价格指数为 105.5。在消费品价格指数中，食品类指数为 106.7（其中粮食为 115.3、副食品为 103.7）；衣着类指数为 103.5；日用品类指数为 103.8；文娱用品类指数为 99.3；书报杂志类指数为 102.7；药及医疗用品类指数为 104.6；建材类指数为 102.3；燃料类指数为 110.2。但服务项目价格指数仍然较高，12 月份为 140.7，全年平均为 119.8。

去年全省集市贸易价格呈稳定下降趋势。12 月份价格指数为 99.6，即集市价格水平比 1990 年 12 月份下降了 0.4%；全年平均价格指数为 98.4，即价格水平比 1990 年下降了 1.6%。

七、对外贸易增长，旅游事业发展

1991年外贸体制实行重大改革，全省在克服了资金困难的条件下，对外贸易仍取得了好成绩。全省外贸出口总额达7 552万美元，比1990年增长10.9%；进口总额为240万美元，增长8.1%。

1991年，全省旅游业也有了长足发展。全年来青海旅游的人数为7 965人，比1990年增加2 514人，增长41.2%。其中外国人5 480人，增长35.1%；华侨66人，增加60人；港澳台同胞2 419人，增长76%。全年旅游外汇收入483万元（外汇券），比1990年增长121.6%。

八、财政收入增长，信贷资金有所松动

根据进度统计，去年全省地方财政收入为8.47亿元，为年度预算的114.5%，比1990年增长17.0%，剔除不可比因素后实际增长8.1%。其中，工商税收6.82亿元，完成年度预算的107.2%，比1990年增长5.7%；农牧业税和耕地占用税0.33亿元，增长0.9%；国营企业所得税1.04亿元，增长11.3%；国营企业收入0.15亿元，下降36.1%；亏损企业退库补贴0.26亿元，下降15.8%；国家能源交通重点建设资金0.17亿元，增长38.6%；专款收入0.98亿元，增长123%。全省财政支出18.19亿元，为年度预算的91.7%，比1990的增长6.1%，按同口径比较，实际增长5.5%。其中，基本建设支出1.49亿元，增长2.1%；企业挖潜改造资金0.71亿元，下降0.4%；支援农村生产支出1.12亿元，增长22.5%；农林水气等部门事业费支出1.08亿元，增长13.6%；文教卫生事业费支出3.84亿元，增长6.9%；价格补贴支出2.33亿元，增长1.9%；行政管理费支出2.23亿元，增长11.9%。支出结构中，明显加强了对农业的投入。

去年底，全省银行存款余额达64.74亿元，比去年初增加8.62亿元。其中企业存款余额21.23亿元，增加1.66亿元；城镇储蓄存款余额30.15亿元，增加5.53亿元。年底贷款余额87.54亿元，比去年初增加15.17亿元。其中流动资金贷款余额51.12亿元，增加6.92亿元；固定资产投资贷款余额30.78亿元，增加7.9亿元；农业贷款余额3.26亿元，增加0.39亿元。存贷相抵后贷大于存净额22.8亿元，比年初扩大6.64亿元。

去年全省银行现金收入70.25亿元，比1990年增收7.67亿元，增长14.1%；现金支出75.17亿元，比上一年多支出8.53亿元，增长14.4%。收支相抵后净投放货币4.92亿元，比1990年多投放0.78亿元，控制在总行下达的5亿元指标以内。

九、职工人数增加，居民收入增长

根据进度统计，1991年底全省职工人数为67.07万人，比上年底增加0.64万人，增长0.97%。其中，全民所有制单位职工56.66万人，增加0.42万人，增长0.7%；集体所有制单位职工10.34万人；增加0.19万人；其他所有制单位职工0.07万人，增加0.05万人。去年全省职工全年工资总额17.82亿元。

另据城镇居民和农牧民家庭抽样调查资料初步推算，去年全省农牧民人均纯收入556元，同1990年基本持平。其中牧民人均纯收入835元，增长8.1%；农民人均纯收入509.7元，下降3.3%。去年全省城镇居民人均月生活费收入99.92元，增长8.96%，扣除生活费价格因素后实际增长0.24%。每百户城镇居民耐用消费品拥有量均有不同程度增长，其中：洗衣机拥有89.8台，增加3.4台；电冰箱19.3台，增加4.2台；彩色电视机81.8台，增加3.9台；收录机76台，增加2.1台；照像机24架，增加7架；组合家具18.9套，增加10.2套。

省 级 统 计 资 料

一、综　　合

行政区划及州、地、市、县（区）名称

地区	县级行政单位数(个)	县级行政单位(地区)名称	街道办事处	镇	农村乡政府	#民族乡	村民委员会	居民委员会
全省总计	44		28	35	403	34	4097	347
西宁市	5	城东区、城中区、城西区、城北区、大通回族土族自治县	25	2	33	2	370	236
海东地区行政公署	8	平安县、乐都县、湟中县、湟源县、互助土族自治县、民和回族土族自治县、化隆回族自治县、循化撒拉族自治县。		15	135	28	2179	43
海北藏族自治州	4	祁连县、刚察县、海晏县、门源回族自治县		2	32	3	204	12
海南藏族自治州	5	共和县、贵德县、同德县、贵南县、兴海县		2	39	1	398	14
黄南藏族自治州	4	同仁县、尖扎县、泽库县、河南蒙古族自治县（省直辖行政单位由黄南州代管）		3	36		251	7
果洛藏族自治州	6	玛沁县、甘德县、久治县、达日县、班玛县、玛多县		1	50		197	1
玉树藏族自治州	6	玉树县、囊谦县、称多县、治多县、杂多县、曲麻莱县		1	46		258	5
海西蒙古族藏族自治州	6	格尔木市、德令哈市、乌兰县、都兰县、天峻县、茫崖行政委员会	3	9	32		240	29

注：1.青海省矿区办事处（地级）和海南藏族自治州龙羊峡办事处（县级）、黄南藏族自治州李家峡办事处（副县级）未列入统计表内。

2.为节省篇幅，本年鉴以下各表所列自治州、自治县名称均用简称。

3.本资料来源于民政厅《青海省行政区划简册》1991刊。

土 地 与 自 然 资 源

(1991 年)

指　　　　标	计 算 单 位	1991 年
一、土地：土地总面积	万平方公里	72.12
#山地	万平方公里	42.55
盆地	万平方公里	22.29
河谷地	万平方公里	3.46
戈壁沙漠	万平方公里	3.03
丘陵地	万平方公里	0.79
二、草场资源：草原总面积	万亩	57 881.00
#可利用草场	万亩	50 175.58
冬春草场	万亩	26 300.39
夏秋草场	万亩	23 875.19
三、森林资源：森林面积	万亩	286.72
森林覆盖率	%	0.26
疏林地	万亩	141.42
灌木林地	万亩	2 149.46
木材蓄积量	万立方米	3 063.57
四、水利资源：1.地表水年径流总量	亿立方米	631.40
#黄河流域	亿立方米	225.30
长江流域	亿立方米	176.20
2.水利理论蕴藏量	万千瓦	2 165.00
#可装机容量	万千瓦	1 798.10
年发电量	亿千瓦小时	771.60
五、矿产资源:煤保有储量	亿吨	43.48
铁矿石保有储量	矿石亿吨	2.42
石棉保有储量	石棉亿吨	0.23
池　　盐	亿吨	533.40
镁　　盐	亿吨	19.43
钾　　盐	亿吨	2.08
硼	亿吨	0.12

主要地区日照时数

(1991年)　　　　单位：小时

月份	西宁	乐都	德令哈	恰卜恰	门源	隆务	结古	大武
一月	194.3	206.2	243.2	215.4	211.9	198.8	190.7	232.2
二月	185.1	191.8	243.3	193.2	179.7	174.6	188.4	219.2
三月	213.6	200.0	248.8	226.8	203.4	214.8	203.1	245.3
四月	226.0	214.7	258.7	230.08	221.0	216.6	186.8	228.1
五月	267.1	267.2	302.7	276.6	229.4	236.3	237.4	249.7
六月	262.8	253.1	287.9	270.0	230.9	223.7	189.6	207.7
七月	258.8	249.2	247.1	252.7	225.2	238.1	204.6	186.4
八月	265.4	266.9	238.4	277.8	238.0	253.6	166.1	222.0
九月	238.3	231.9	291.2	258.0	220.5	216.3	212.7	182.5
十月	179.8	186.2	260.5	242.6	192.0	188.6	211.8	229.1
十一月	212.2	209.6	291.1	256.7	204.5	225.5	174.8	237.5
十二月	186.8	187.3	235.3	235.9	186.7	216.6	164.8	236.7
全年	2 690.2	2 664.1	3 148.2	2 936.5	2 543.2	2 603.5	2 330.8	2 676.4

主要地区平均风速

(1991年)　　　　单位：米/秒

月份	西宁	乐都	德令哈	恰卜恰	门源	隆务	结古	大武
一月	1.2	1.6	1.5	1.3	0.8	1.2	1.3	1.6
二月	1.8	1.9	1.5	2.0	1.7	1.4	3.1	2.1
三月	2.1	2.2	2.3	2.8	3.1	1.9	1.7	3.0
四月	2.2	2.3	2.2	2.6	1.5	2.4	1.8	1.5
五月	2.0	1.8	2.5	2.7	3.2	1.2	1.5	2.5
六月	1.8	1.3	2.7	2.4	1.5	0.9	1.1	2.0
七月	1.6	1.2	2.7	1.6	2.1	1.3	1.0	1.7
八月	1.9	1.7	2.3	2.5	2.2	1.7	0.6	2.2
九月	1.6	1.4	1.9	2.3	1.6	2.5	1.2	1.6
十月	1.8	1.4	1.3	0.6	1.1	1.2	0.9	1.2
十一月	1.4	1.7	1.3	0.4	1.1	1.5	0.9	1.5
十二月	1.4	1.4	1.6	0.2	0.8	1.8	1.0	1.9
全年	1.7	1.7	2.0	1.8	1.7	1.6	1.3	1.9

主要地区平均气温

(1991年)　　单位：摄氏度

月份	西宁	乐都	德令哈	恰卜恰	门源	隆务	结古	大武
一月	-6.7	-5.8	-10.6	-9.9	-8.5	-6.7	-8.3	-9.7
二月	-7.3	-1.6	-9.0	-4.8	-6.0	-3.2	-0.9	-8.9
三月	3.3	4.1	0.3	1.6	-4.0	-0.3	1.1	-3.6
四月	7.9	8.8	5.3	5.5	0.8	5.9	7.2	7.5
五月	12.5	13.4	11.3	10.7	9.6	13.2	13.8	8.5
六月	16.7	17.7	16.3	15.0	10.6	15.6	15.0	12.5
七月	19.0	20.3	17.3	13.1	9.7	13.8	13.5	9.5
八月	18.5	19.8	15.2	14.1	10.0	17.5	8.7	9.6
九月	13.4	13.9	11.6	13.3	8.8	12.2	10.2	6.5
十月	7.4	7.5	3.4	-0.7	-2.6	2.4	1.3	-3.6
十一月	-0.8	-0.7	-5.2	-8.3	-10.9	-4.2	-6.0	-10.3
十二月	-5.3	-4.5	-8.9	-13.5	-21.1	-10.7	-11.4	-16.2
全年	6.6	7.7	3.9	3.0	0.3	4.6	3.7	0.15

主要地区降水量

(1991年)　　单位：毫米

月份	西宁	乐都	德令哈	恰卜恰	门源	隆务	结古	大武
一月	0.8	0.8	0	0.9	1.1	3.6	4.8	1.4
二月	0.3	0.2	2.9	1.0	4.1	2.9	1.9	12.7
三月	1.1	2.9	4.9	1.1	6.2	2.6	2.0	2.2
四月	6.4	13.9	2.7	2.4	8.3	10.4	13.1	4.5
五月	8.9	15.8	1.2	15.3	27.4	22.5	11.0	22.9
六月	32.7	23.8	5.0	42.6	24.6	40.1	67.5	41.0
七月	24.6	7.1	13.5	15.1	18.5	31.5	51.7	62.1
八月	10.7	9.6	45.5	11.4	21.4	15.9	50.3	58.6
九月	8.5	4.2	0.4	3.6	6.2	10.3	24.4	30.0
十月	5.5	7.9	0	5.4	4.4	3.2	7.3	3.4
十一月	0.3	0	0	0	0.3	0	1.0	1.3
十二月	1.1	0.5	5.4	1.3	3.8	0.4	1.2	1.0
全年	101.1	86.7	81.5	100.1	126.3	143.4	236.2	241.1

按经济类型分的主要指标比例关系

指　　标	绝　　对　　数				比　　重(%)			
	1980 年	1985 年	1990 年	1991 年	1980 年	1985 年	1990 年	1991 年
一、社会劳动者（万人）	**157.61**	**182.7**	**206.31**	**211.7**	**100.0**	**100.0**	**100.0**	**100.0**
全民所有制单位职工	46.90	52.1	56.24	56.95	29.8	28.5	27.3	26.9
城镇集体所有制单位职工	6.86	9.6	10.15	10.4	4.4	5.3	4.9	4.9
农村乡（社）劳动者	103.63	117.8	135.88	139.8	65.8	64.4	65.8	66.0
城镇个体劳动者	0.23	3.2	4.0	4.5	0.14	1.8	1.9	2.1
其　　他			0.04	0.1			0.02	0.05
二、农业总产值（万元）	**77 772**	**122 515**	**245 270**	**252 406**	**100.0**	**100.0**	**100.0**	**100.0**
#全民所有制	6 377	13 186	18 144	18356	8.2	10.8	7.4	7.3
三、工业总产值（万元）	**143 294**	**226 485**	**552 472**	**605 110**	**100.0**	**100.0**	**100.0**	**100.0**
全民所有制	118 289	183 754	464 558	507 848	82.6	81.1	84.1	83.9
集体所有制	25 005	38 986	74 208	82 753	17.4	17.2	13.4	13.7
个　　体		3 665	12 966	14 170		1.6	2.3	2.3
其他经济类型		80	740	339		…	0.13	0.06
四、固定资产投资额（万元）	**73 439**	**171 667**	**219 400**	**239 352**	**100.0**	**100.0**	**100.0**	**100.0**
全民所有制	73 439	146 112	196 100	214 898	100.0	85.1	89.4	89.8
集体所有制		9 960	5 400	5 603		5.8	2.5	2.3
个人投资		15 595	17 900	18 851		9.1	8.1	7.9
五、社会商品零售总额（万元）	**91 950**	**176 255**	**306 936**	**341 296**	**100.0**	**100.0**	**100.0**	**100.0**
全民所有制	68 776	106 774	176 675	191 265	74.8	60.6	57.6	56.0
供销合作社	16 215	21 037	26 816	27 912	17.6	11.9	8.7	8.2
其他集体所有制	5 108	19 295	31 740	34 341	5.6	10.9	10.3	10.1
合　　营			410	389			0.1	0.1
个　　体	455	18 784	52 880	68 197	0.5	10.7	17.2	20.0
农民零售	1 396	10 365	18 415	19 192	1.5	5.9	6.0	5.6
六、农村经济纯收入分配（万元）	**34 180**	**110 357**	**149 607**	**156 999**	**100.0**	**100.0**	**100.0**	**100.0**
国家税收	1 396	3 369	5 045	5 022	4.1	3.0	3.4	3.2
集体提留	3 650	3 809	4 220	4 729	10.7	3.5	2.8	3.0
个人所得	29 134	103179	140 342	147 248	85.2	93.5	93.8	93.8

注：本表价值指标均按当年价格计算。

重要年份国民经济主要指标(一)

指　标	单位	1952年	1965年	1980年	1985年	1988年	1990年	1991年
一、人　口								
年末总人数	万人	161.38	230.45	376.90	407.38	434.20	447.66	454.43
＃少数民族人口	万人	80.50	82.94	143.38	160.27	176.37	188.48	191.50
人口自然增长率	‰		39.66	15.53	9.63	14.59	16.87	15.02
二、社会劳动者年末人数	万人	71.66	102.49	157.62	182.70	197.80	206.31	211.70
＃职工人数	万人	2.14	18.20	53.76	61.70	65.10	66.43	67.30
三、国民生产总值	亿元			17.79	33.01	54.96	66.28	72.58
四、社会总产值	亿元	2.26	8.88	32.70	54.96	89.71	109.37	118.65
以1952年为100的指数	%	100.00	320.88	1 182.57	1630.09	2 053.92	2 160.32	2 214.33
五、国民收入	亿元	1.52	5.25	13.92	24.90	41.59	49.35	52.87
以1952年为100的指数	%	100.00	279.26	717.32	1 061.30	1 348.23	1 382.60	1 426.84
六、农业生产								
1.农业总产值	亿元	1.61	4.16	7.78	12.25	19.49	24.53	25.24
＃牧业产值	亿元	0.80	1.66	2.87	5.01	9.17	10.95	11.64
2.主要产品产量								
粮　　食	万吨	37.13	67.10	95.60	100.32	105.82	114.56	114.63
油　　料	万吨	1.62	3.36	7.07	9.92	10.45	12.04	13.21
肉类总产量	万吨	2.82	3.62	8.49	11.16	12.73	15.34	15.73
羊　　毛	万吨	0.80	0.92	1.70	1.53	1.57	1.76	1.82
3.年末牲畜存栏								
大牲畜	万头	290.88	343.61	553.88	589.39	604.33	612.26	622.21
绵山羊	万只	642.64	1 149.45	1 612.84	1 328.18	1 492.04	1 608.33	1 641.48
猪	万头	14.15	53.17	68.25	83.00	92.24	96.52	93.16
七、工业生产								
1.工业总产值	亿元	0.27	2.42	14.33	22.65	42.51	55.25	60.51
轻工业产值	亿元	0.22	1.14	5.19	8.74	14.19	15.98	17.65
重工业产值	亿元	0.05	1.28	9.14	13.91	28.32	39.27	42.86
2.主要产品产量								
原　　盐	万吨	0.66	5.98	30.25	36.50	110.49	104.31	142.32
皮　　鞋	万双	2.00	4.00	82.00	100.85	96.00	75.9	89.3
毛　　线	吨		309.00	853.00	1 611.00	2 274.00	1 436.25	1 182.00

注：本表价值指标均按当年价格计算，指数按可比价格计算。

重要年份国民经济主要指标（二）

指　　标	单位	1952年	1965年	1980年	1985年	1988年	1990年	1991年
纸及纸板	吨	41	352	3 672	6 456	8 300	7 100	7 800
原　煤	万吨	10	63	215	277	268	320	287
原　油	万吨		10.0	15.1	20.0	64.0	81.0	1 020
发电量	亿千瓦小时	0.01	0.85	8.22	11.38	45.86	70.63	59.81
钢	万吨			17.92	20.90	29.27	32.25	36.28
钢　材	万吨			15.25	16.74	22.68	28.31	29.48
硫　酸	万吨		0.52	3.10	1.36	2.11	1.88	2.70
机　床	台		90	1 314	1 114	1 132	1 297	1 062
汽　车	辆			1 173	2 502	2 240	549	521
水　泥	万吨		1.40	29.86	48.42	53.87	51.42	57.77
3.全民所有制独立核算工业企业								
全员劳动生产率(当年价,净产值计算)	元／人年				3 942	7 550	7 686	8 159
4.全民所有制独立核算工业企业								
主要经济效益指标								
百元固定资产原值实现产值	元							
(1990年不变价)					79.24	58.79	54.52	54.98
(当年价)					51.99	55.46	50.90	53.66
百元产值实现利税(当年价)	元			12.14	13.40	19.19	13.11	8.94
百元销售收入实现利税	元			14.33	15.80	20.28	14.77	9.55
百元资金实现利税	元			4.81	7.17	10.61	6.39	5.06
定额流动资金周转天数	元			273	204	150	198	192
八、固定资产								
全社会固定资产投资总额	亿元	0.09		7.34	17.17	25.67	21.94	23.94
#全民基建投资额	亿元	0.07	1.30	6.93	11.83	17.25	13.44	15.07
#生产性投资	亿元		0.85	4.96	7.20	13.06	9.26	10.85
更新改造投资额	亿元			0.41	1.42	2.86	2.25	2.90
九、商业外贸								
社会商品零售总额	亿元	0.63	3.20	9.20	17.63	28.70	30.69	34.13
国合商业商品净调入	亿元	−0.07	1.19	3.38	5.52	5.83	6.58	5.71
出口商品收购总额	亿元	0.15	0.27	0.90	0.89	2.52	4.22	3.47
进口商品金额	万美元		47.00	485.0	1 288	826.18	222	239.57

注：全民基本建设投资额中不包括跨省项目。

重要年份国民经济主要指标（三）

指　　标	单位	1952年	1965年	1980年	1985年	1988年	1990年	1991年
十、交通邮电								
1.运输线路年末达到数								
公路通车里程	公里	1 346	11 981	15 497	15 933	16 675	16 732	16 769
铁路营业里程	公里		198	505	1 095	1 095	1 095	1 095
民航航线里程	公里		1 949	4 251	4 972	4 972	4 972	4 748
2.旅客运输量								
铁　　路	万人		92.3	188	294.7	323.2	209	196
公　　路	万人	4.8	47.0	334	993.0	1 521	1 634	1 703
旅客周转量	万人公里	381	9 047	47 169	127 647	182 477	153 736	154 238
3.货物运输量								
铁　　路	万吨		150	241	334	411	454	502.1
					(510)			
公　　路	万吨	2.60	250	452	1 699	1 661	1 957	2 413
货物周转量	万吨公里	553	14 420	113 741	183 242	400 524	496 544	565 197
					(244 198)			
4.邮电业务总量	万元	18.97	359.58	887	1 720.4	2 480.0	3 457	6 223.4
十一、财政								
地方财政收入	万元	958	10 577	16 492.6	23 971	50 684	72 369	87 908
地方财政支出	万元	1 830	18 738	58 841.3	100 911	142 801	171 334	182 272
十二、物价指数								
农副产品收购价格总指数	%			100.0	10 874	214.25	163.95	169.36
零售物价总指数	%			100.0	118.89	170.26	196.94	209.35
职工生活费用价格总指数	%			100.0	119.92	173.85	200.35	215.58
十三、文化、教育、卫生								
高等学校在校学生	人		566	4 238	6 414	7 053	6 214	6 042
普通中学在校学生	万人	0.12	1.20	19.92	23.07	23.78	21.75	21.81
小学在校学生	万人	8.81	30.95	57.48	54.24	53.43	49.04	46.85
医疗床位年末数	张	529	6 634	11 941	13 743	15 093	15 698	16 262
卫生技术人员年末数	人	513	6 114	15 115	18 031	19 780	19 893	20 076
十四、人民生活								
居民人均消费品购买力	元	36	121	192	359	580	573	629.13
农业居民	元	20	46	58	183	300	299	311.40
非农业居民	元	175	363	551	801	1 236	1 235	1 410.33
全民所有制单位职工年平均工资	元	597	947	1 100	1 751	2 335	2 789	2 917
					(1 811)			

注：1.1985年括号内数字及以后年份公路货运量为全社会口径，即包括交通部门，非交通部门和个体运输。

2.1985年括号内数字及以后年份的全民所有制职工平均工资包括肉食补贴。

国民经济主要指标发展速度(一)

指　　标	1991年为1952年的%	1991年为1978年的%	1991年为1988年的%	1991年为1990年的%	平均每年增长(%) 1953－1991年	1979－1991年	1989－1991年	1990－1991年
一、人　　口								
年末总人口	281.6	124.5	104.7	101.5	2.7	1.7	1.5	1.5
＃少数民族人口	237.9	140.4	108.6	101.6	2.2	2.6	2.8	1.6
二、社会劳动者年末人数	295.4	146.3	107.0	102.6	2.8	3.0	2.3	2.6
＃职工人数	3 144.9	141.5	103.4	101.3	9.2	2.7	1.1	1.3
三、国民生产总值		217.2	109.9	104.7		6.1	3.2	4.7
四、社会总产值	2 214.5	202.9	107.8	102.5	8.3	5.6	2.5	2.5
五、国民收入	1 426.4	205.2	105.8	103.2	7.1	5.7	1.9	3.2
六、农业生产								
1.农业总产值	424.3	159.0	109.9	102.3	3.8	3.6	3.2	2.3
＃牧业产值	469.1	151.5	114.0	104.7	4.0	3.2	4.5	4.7
2.主要产品产量								
粮　　食	308.7	126.9	108.3	100.1	2.9	1.8	2.7	0.1
油　　料	815.4	291.6	126.4	109.7	5.5	8.6	8.1	9.7
肉类总产量	557.8	262.6	123.6	102.5	4.5	7.7	7.3	2.5
羊　　毛	227.5	113.0	115.9	103.4	2.1	0.9	5.0	3.4
3.年末牲畜存栏数								
大 牲 畜	213.9	109.4	103.0	101.6	2.0	0.7	0.1	1.6
绵 山 羊	255.4	99.8	110.0	102.1	2.4	−0.02	3.2	2.1
猪	658.4	110.3	101.0	96.5	5.0	0.8	0.3	−3.5
七、工业生产								
1.工业总产值	12 366.9	245.5	117.9	105.7	13.1	7.2	5.6	5.7
轻工业产值	5 879.6	237.3	97.7	99.0	11.0	6.9	−0.8	−1.0
重工业产值	36 211.8	248.1	129.7	108.8	16.3	7.2	9.1	8.8
2.主要产品产量								
原　　盐	21 563.6	364.9	128.8	136.4	14.8	10.5	8.8	36.4
皮　　鞋	4 465.0	162.4	93.0	117.7	10.2	3.8	−2.4	17.7
毛　　线		259.8	52.0	82.3		7.6	−19.6	−17.7
纸及纸板	19 024.4	147.2	94.0	109.9	14.4	3.0	−2	9.9
原　　煤	2 870.0	117.1	107.1	89.8	9.0	1.2	2.3	−10.2
原　　油		748.3	159.3	125.9		16.7	16.8	25.9
发 电 量	5 981倍	917.3	130.4	84.7	25.0	18.6	9.3	−15.3
钢		199.3	123.9	112.5		5.4	7.4	12.5
钢　　材		216.4	130.0	104.1		6.1	9.1	4.1
硫　　酸		87.4	128	143.6		−1.0	8.6	43.6
机　　床		84.4	93.8	81.9		−1.3	−2.1	−18.1
汽　　车		65.1	23.3	94.9		−3.2	−38.5	−5.1
水　　泥		316.9	107.2	112.3		9.3	2.3	12.3

国民经济主要指标发展速度(二)

指　　标	1991年为1952年的%	1991年为1978年的%	1991年为1988年的%	1991年为1990年的%	平均每年增长(%) 1953-1991年	1979-1991年	1989-1991年	1990-1991年
八、基本建设								
全民基本建设投资额	17 366.4	223.5	87.4	112.2	14.1	6.4	-4.4	12.2
#生产性投资	155.0	189.4	83.1	117.2	1.1	5.0	-6.0	17.2
九、商业外贸								
社会商品零售总额	5 122.9	419	113.1	104.6	10.6	11.7	4.2	4.6
出口商品收购总额	2 313.3	542.2	137.7	82.2	8.4	13.9	11.25	-17.8
进口商品金额		24.2	29.0	107.9		-10.3	-33.8	7.9
十、交通邮电								
1.运输线路年末达到数								
公路通车里程	1 245.8	122.6	100.5	100.2	6.7	1.6	0.2	0.2
铁路营业里程		214.7	100.0	100.0		6.1		
2.旅客运输量								
铁　路		115.6	60.6	93.8		1.1	-15.4	-6.2
公　路	35 479.2	1 077.8	112.0	104.2	16.2	20.1	3.8	4.2
旅客周转量	40 482.4	857.7	84.5	100.3	16.6	18.0	-5.5	0.3
3.货物运输量								
铁　路		190.2	122.2	110.6		5.1	6.9	10.6
公　路	92 807.7	323.5	145.3	123.3	19.1	9.5	13.3	23.3
货物周转量	102 205.6	1 189.8	141.1	113.8	19.4	21.0	12.2	13.8
4.邮电业务总量	32 806.5	814.2	250.9	180.0	16.0	17.5	35.9	80.0
十一、财政收支								
地方财政收入	9 176.2	324.7	173.4	121.5	12.3	9.5	20.1	21.5
地方财政支出	9 960.2	268	127.6	106.4	12.5	7.9	8.5	6.4
十二、教育、卫生								
高等学校在校学生		170.8	85.7	97.2		4.2	-5.0	-2.8
普通中学在校学生	18 175.0	104.3	91.7	100.3	14.3	0.3	-2.8	0.3
小学在校学生	531.8	78.2	87.7	95.5	4.4	-1.9	-4.3	-4.5
医疗床位年末数	3 074.1	148.5	107.7	103.6	9.2	3.1	2.5	3.6
卫生技术人员年末数	3 913.4	153.4	101.5	100.9	9.9	3.3	0.5	0.9
十三、人民生活								
居民人均消费品购买力	1 747.6	383.6	108.5	109.8	7.6	10.9	2.8	9.8
农业居民	1 557.0	486.6	103.8	104.1	7.3	12.9	1.3	4.1
非农业居民	805.9	316.2	114.10	114.2	5.5	9.3	4.5	14.2
全民所有制单位职工年平均工资	488.6	3 110	124.9	104.6	4.2	9.1	7.7	4.6

注：基本建设投资按投资建设中"历年全民所有制单位基本建设投资和新增固定资产"表的口径计算。

重要年份国民经济主要比例关系

(按当年价格计算)　　单位：%

指　　标	1952年	1957年	1965年	1980年	1985年	1989年	1990年	1991年
一、国民生产总值三次产业构成								
第一产业				28.11	26.16	26.06	26.66	24.75
第二产业				44.01	40.58	41.89	40.59	41.11
第三产业				27.88	33.26	32.05	32.75	34.14
二、国民收入的部门构成								
农业净产值	77.93	61.60	63.26	35.07	33.87	33.17	34.84	33.65
工业净产值	5.94	11.19	16.72	36.46	33.18	41.08	39.68	38.67
建筑业净产值	1.34	10.74	5.79	13.95	16.48	10.38	10.55	11.03
运输、邮电业净产值	1.52	4.57	3.72	2.86	3.99	2.62	2.91	3.65
商业净产值	13.27	11.90	10.51	11.66	12.48	12.75	12.02	13.00
三、国民收入使用额中								
积累所占比重			47.23	40.35	47.37	33.28	34.24	34.51
消费所占比重			52.77	59.65	52.63	66.72	65.76	65.49
四、工农业总产值中农轻重比例								
农　业	85.84	68.78	63.20	35.18	35.10	28.51	30.75	29.44
轻工业	11.52	19.61	17.33	23.46	25.05	22.08	20.02	19.18
重工业	2.63	11.61	19.47	41.36	39.85	49.41	49.23	51.38
五、农林牧副渔业总产值构成								
农　业（种植业）	43.50	45.50	49.00	50.29	47.96	44.65	46.82	45.80
林　业	0.20	0.70	0.50	0.90	4.26	3.18	2.83	2.69
牧　业	49.50	45.30	39.90	47.23	42.75	45.25	44.66	46.16
副　业	6.70	8.30	13.30	1.42	4.94	6.68	5.41	5.03
渔　业	0.10	0.10	0.30	0.16	0.25	0.24	0.27	0.32
六、在当年基本建设投资中								
生产性建设投资占	83.10	76.60	65.10	71.59	60.89	70.94	68.87	72.00
非生产性建设投资占	16.90	23.40	34.90	28.41	39.11	29.06	31.13	28.00
七、农轻重投资占总投资的比重	53.90	23.10	60.50	60.04	50.37	77.62	70.16	80.86
农　业	34.60	11.10	16.70	5.97	4.10	3.51	5.37	15.80
轻工业	7.40	2.90	4.50	3.54	3.36	2.21	4.13	2.39
重工业	11.90	9.10	39.30	50.53	42.91	71.90	60.66	62.67
八、地方财政收入占								
国民收入的比重	6.30	18.00	20.20	11.80	9.75	14.50	14.67	16.63
全年财政支出的比重	52.30	38.10	56.40	28.0	23.75	42.71	42.24	48.23
九、地方财政支出中的比重								
基本建设拨款	22.70	42.80	40.20	30.40	21.99	9.08	8.53	8.67
支援农业和农林水气部门事业费			16.80	16.70	11.86	11.38	10.90	12.28
科教文卫事业费	21.30	18.10	16.70	18.70	24.93	22.56	21.81	22.08
十、社会商品零售额中								
对居民的消费品零售额占	90.31	87.69	84.69	78.97	82.81	85.06	83.86	84.07
对社会集团消费品零售额占	5.68	6.48	11.09	11.21	10.18	8.77	9.71	9.65
对农牧民农业生产资料零售额占	4.01	5.83	4.22	9.82	7.01	6.17	6.43	6.28

主要经济效益指标

(1985年—1991年)

指　　标	单位	1985年	1986年	1987年	1988年	1989年	1990年	1991年
每人平均国内生产总值	元	808.0	924	1 018	1 260	1 365	1 493	1 592
以1980年为100的指数	%	140.8	149.6	154.4	162.1	162.1	167.5	172.8
每人平均国民收入	元	602	687	2 756	953	1 044	1 111	1 159.0
以1980年为100的指数	%	137.0	143.9	149.5	163.2	161.7	164.4	167.1
物质生产部门劳动者人均国民收入	元	1 568	1 759	1 719	2 102	2 641	2 760	2 844
以1980年为100的指数	%	148.9	146.5	150.8	163.9	161.5	161.9	162.8
国民收入占社会总产值比重	%	44.8	46.3	45.8	46.4	44.9	45.1	44.6
万元国民收入消耗能源	吨标煤	11.7	12.0	12.6	12.4	13.6	14.6	8.40
地方财政收入占国民收入比重	%	9.8	11.2	12.5	12.2	14.5	14.7	16.6
地方财政收入占财政支出比重	%	23.8	26.2	32.7	35.5	42.7	42.2	48.2
基本建设固定资产交付使用率	%	40.8	55.0	126.1	53.0	105.4	85.7	96.6
农业劳动力人均农业总产值(不变价)	元	998	974	1 012	1 014	994	1 007	1 011
农业劳动力人均生产粮食	公斤	894.2	885.3	936.6	951.5	953.4	952.3	931.2
农业劳动力人均生产油料	公斤	88.4	90.3	93.2	94.0	90.8	100.1	107.3
农业劳动力人均提供商品粮	公斤	155.4	211.8	193.6	145.5	203.5	218.6	191.2
粮食作物亩产量	公斤	173	169	181	183	187	191	190
油料作物亩产量	公斤	69.7	68.7	67.5	65.5	64	70	75
大牲畜和羊总增率	%	14.4	16.8	13.1	16.7	14.2	22.1	20.7
大牲畜和羊出栏率	%	18.8	19.2	16.5	16.8	18.1	18.3	19.1
大牲畜和羊商品率	%	11.9	12.0	10.5	10.9	12.6	12.4	12.6
母畜繁殖成活率	%	54.7	57.1	53.2	56.7	58.5	64.5	57.9
成幼畜死亡率	%	7.8	6.5	7.3	6.5	9.8	5.5	4.03
全部独立核算工业全员劳动生产率								
(当年价净产值计算)	元／人年	3 648	4 216	4 948	6 469	7 246	6 716	7 256
全民工业	元	3 942	4 476	5 717	7 550	8 240	7 686	8 159
中央企业	元				8 794	13 731	17 889	14 070
地方企业	元				7 340	7 226	5 901	7 257
集体工业	元	2 576	2 501	2 506	2 936	3 566	3 295	3 887
乡办工业					1 837	2 273	2 409	2 842
预算内工业销售利税率	%	14.2	14.7	13.2	15.3	13.9	8.3	6.2
预算内工业可比产品成本降低率	%	−7.1	−7.2	−3.6	−10.4	−20.2	−11.7	−5.3
预算内工业资金利税率	%	6.1	6.6	7.1	9.8	8.2	4.5	3.4
全部独立核算工业百元产值								
占用定额流动资金(当年价)	元	46.3	47.0	43.3	38.7	40.1	48.5	49.5
全部独立核算工业定额								
流动资金周转天数	天	196	188	182	149	178	201	191

注：本表价值指标除注明可比价外，均为现价，指数按可比价计算。

平均每天主要社会经济活动

(1985年—1991年)

指　　标	单　位	1985年	1986年	1987年	1988年	1989年	1990年	1991年
一、每天创造的财富								
国民生产总值	万元	904	1 052	1 188	1 506	1 654	1 816	1 988
国民收入	万元	682	783	882	1 139	1 264	1 352	1 448
社会总产值	万元	1 506	1 692	1 927	2 458	2 819	2 997	3 251
工农业总产值	万元	957	1 121	1 295	1 699	2 076	2 186	2 349
农业总产值	万元	336	387	437	534	592	672	692
工业总产值	万元	621	734	858	1 165	1 484	1 514	1 658
财政收入	万元	66	88	110	139	183	198	241
粮食产量	吨	2 748	2 695	2 853	2 899	3 037	3 139	3 141
油料产量	吨	272	284	284	286	289	330	362
肉类产量	吨	306	315	312	349	385	420	431
#牛肉产量	吨	98	97	94	113	130	143	144
羊肉产量	吨	125	123	120	128	134	152	154
育活大牲畜仔畜	头	2 331	2 395	2 226	2 328	2 226	2 613	2 540
育活绵山羊仔畜	只	10 085	9 833	9 610	10 590	11 587	13 447	12 477
发电量	万千瓦小时	312	401	612	1 256	1 595	1 935	1 639
原　油	吨	548	959	1 576	1 754	1 986	2 219	2 795
原　盐	吨	1000	1 878	3 934	3 027	3 358	2 858	3 899
钢　材	吨	459	498	521	621	762	776	808
棉　布	百米	452	497	611	636	626	598	579
毛　线	公斤	4 414	5 501	6 490	6 230	5 381	3 934	3 238
水　泥	吨	1 327	1 342	1 348	1 476	1 479	1 409	1 583
金属切削机床	台	3	3	3	3	4	4	3
二、每天消费（销售）量								
城乡居民消费总额	万元	497	570	644	804	886	966	1 065
平均每人消费额	元	1.22	1.37	1.51	1.84	2.00	2.15	2.34
社会商品零售总额	万元	483	555	624	778	785	841	935
粮　食	万斤	199	221	229	251	240	240	242
食用植物油	万斤	7.23	7.03	7.45	8.85	7.73	8.39	9.9
自行车	辆	341	328	253	291	169	129	133
收音机	架	198	187	124	128	99	97	114
手　表	只	323	270	310	352	319	251	247
煤　炭	吨	4 247	4 219	2 384	2 795	2 685	2 658	4 055
三、竣工房屋面积	万平方米	1.02	1.12	1.14	0.92	0.82	0.82	0.90
#住宅面积	万平方米	0.60	0.79	0.62	0.55	0.57	0.57	0.73
四、出生人数	人	157	285	263	287	284	296	289
死亡人数	人	51	69	75	60	71	91	103

重要年份人均主要经济指标

年份	人均国民收入（元／人）	人均国民生产总值（元／人）	人均工农业总产值（元／人）	人均耕地面积（亩／人）	人均粮食产量（公斤／人）	社会商品零售总额（元／人）	年底人均储蓄余额（元／人）	农牧民人均纯收入（元／人）	全部职工人均工资（元／人）
1949	81		103	4.6	199	23	0.01		
1952	96		118	4.4	231	39	0.81		597
1957	166		201	3.7	285	128	14	107	1 038
1962	173		222	4.2	202	146	13		788
1965	228		293	3.9	291	142	21		978
1970	244		328	3.2	230	159	24		856
1975	299		474	2.7	276	190	34		883
1978	330	431	542	2.5	248	212	45	113	907
1980	362	475	590	2.4	254	246	75	164	1 065
1981	328		515	2.3	209	262	90	181	1 059
1982	368		596	2.3	236	272	108	222	1 111
1983	405		612	2.2	247	298	129	252	1 246
1984	481	665	715	2.2	258	349	160	294	1 490
1985	602	808	863	2.1	246	436	202	343	1 664 (1 719)
1986	687	924	996	2.0	239	494	253	369	1 917
1987	756	1 018	1 109	2.0	245	541	319	392	2 041
1988	953	1 260	1 438	1.96	245	659	372	493	2 305
1989	1 044	1 365	1 733	1.95	253	656	456	464	2 438
1990	1 111	1 493	1 782	1.94	258	691	594	560 (514)	2 632
1991	1 159	1 592	1 880	1.91	251	748	711	556	2 752

注：1.各项价值指标按现价计算。

2.1985 年括号内数字及以后各年的人均工资均含肉食补贴。

3.1990 年农牧民人均纯收入按新口径计算，括号内数字同上年可比。

国民生产总值

(1985年—1991年)

分类	1985年	1986年	1987年	1988年	1989年	1990年	1991年
一、国民生产总值（当年价格）							
国内生产总值（亿元）	33.01	38.41	43.38	54.96	60.37	66.34	72.58
第一产业	8.64	10.47	11.74	14.36	15.73	17.67	17.96
第二产业	13.39	15.40	16.61	23.30	25.29	26.90	29.84
第三产业	10.98	12.54	15.03	17.30	19.35	21.77	24.78
第一层次	4.72	5.35	5.72	6.66	6.46	7.74	10.39
第二层次	3.53	4.10	5.72	6.02	7.51	8.13	7.86
第三层次	1.79	1.95	2.15	2.84	3.30	3.68	4.10
第四层次	0.94	1.14	1.44	1.78	2.08	2.22	2.43
二、构成（以国民生产总值为100）							
第一产业	26.16	27.26	27.06	26.13	26.06	26.66	24.75
第二产业	40.58	40.09	38.29	42.39	41.89	40.59	41.11
第三产业	33.26	32.65	34.65	31.48	32.05	32.75	34.14
三、环比指数（按可比价格计算%）							
国民生产总值	100.00	108.07	105.73	107.54	101.18	103.72	104.69
第一产业	100.00	109.17	103.13	99.39	102.57	104.17	100.97
第二产业	100.00	107.50	102.99	123.06	99.74	102.23	104.29
第三产业	100.00	107.89	111.09	96.61	102.17	105.46	108.36
定基指数（以1980年为100）							
国民生产总值	153.76	166.17	175.69	188.94	191.17	198.28	207.58
第一产业	141.62	154.61	159.45	158.48	162.55	169.33	170.97
第二产业	143.21	153.95	158.55	195.12	194.61	198.95	207.48
第三产业	182.85	197.27	219.15	211.72	216.31	228.12	247.19
四、人均国民生产总值（元／人）							
按当年价格计算	808	924	1 018	1 260	1 365	1 493	1 592
人均国民生产总值指数							
(以上年为100)	100.00	106.21	103.20	104.99	100.00	103.34	103.17
(以1980年为100)	140.83	149.57	154.36	162.06	162.06	167.48	172.79

注：1990年数据因邮电业计算方法按国家统一规定改变，故作调整。

历 年 国 民 收 入 生 产 额

(按当年价格计算)

单位：万元

年 份	国民收入总额	农业净产值	工业净产值	建筑业净产值	运输、邮电业净产值	商业净产值
1949	11 844	10 032	603	28	13	1 168
1950	12 738	10 607	642	108	16	1 365
1951	14 124	11 349	763	109	62	1 841
1952	15 211	11 853	904	204	231	2 019
1953	16 853	12 343	1 211	673	421	2 208
1954	21 438	16 579	1 581	641	494	2 143
1955	26 601	18 267	3 230	1 628	871	2 605
1956	33 484	18 854	3 502	6 136	1 345	3 647
1957	34 309	21 134	3 840	3 686	1 566	4 083
1958	42 606	18 796	6 536	8 925	1 540	6 809
1959	58 735	19 092	17 627	12 170	1 913	7 933
1960	61 183	18 733	22 471	9 178	2 543	8 258
1961	42 374	20 861	10 702	1 073	2 018	7 720
1962	37 108	21 423	6 800	676	1 399	6 810
1963	41 388	26 322	6 685	1 179	1 027	6 175
1964	47 411	30 839	7 534	2 091	1 305	5 642
1965	52 461	33 187	8 771	3 035	1 954	5 514
1966	54 629	30 650	10 798	4 425	2 341	6 415
1967	59 330	36 005	10 803	3 454	2 223	6 845
1968	52 624	29 205	10 007	3 878	2 136	7 398
1969	58 746	32 877	10 034	6 007	2 399	7 429
1970	68 984	32 916	18 525	7 291	2 568	7 684
1971	79 087	35 461	24 866	6 721	2 658	9 381
1972	87 583	40 219	25 858	8 515	2 804	10 187
1973	92 217	41 474	30 738	7 236	2 784	9 985
1974	95 967	44 431	31 604	6 879	2 876	10 177
1975	102 317	43 806	35 653	8 904	2 951	11 003
1976	98 396	42 890	32 731	9 317	2 641	10 817
1977	104 399	35 377	43 249	11 074	2 887	11 812
1978	121 424	33 418	52 037	19 622	3 681	12 666
1979	127 840	36 643	49 566	24 288	3 685	13 658
1980	139 183	48 804	50 755	19 410	3 987	16 227
1981	127 390	44 530	43 901	17 665	3 583	17 711
1982	145 356	53 469	47 168	21 586	4 499	18 634
1983	161 734	56 582	53 733	23 210	6 607	21 602
1984	195 065	71 387	63 336	27 052	6 905	26 385
1985	245 976	83 309	81 625	40 527	9 817	30 698
1986	285 707	99 500	99 520	39 411	7 703	39 573
1987	321 971	112 134	116 826	39 001	8 965	45 045
1988	415 874	139 881	157 556	55 073	9 216	54 148
1989	461 359	153 052	189 521	47 873	12 102	58 811
1990	493 477	171 955	195 812	51 994	14 384	59 332
1991	528 716	177 900	204 456	58 314	19 316	68 730

历 年 国 民 收 入 部 门 构 成

(按当年价格计算)　　单位：%

年份	农业	工业	建筑业	运输、邮电业	商业
1949	84.70	5.09	0.24	0.11	9.86
1950	83.27	5.04	0.85	0.13	10.72
1951	80.35	5.40	0.77	0.44	13.05
1952	77.93	5.94	1.34	1.52	13.27
1953	73.24	7.19	3.99	2.50	13.10
1954	77.34	7.38	2.99	2.30	10.00
1955	68.67	12.14	6.12	3.27	9.79
1956	56.31	10.46	18.33	4.02	10.89
1957	61.60	11.19	10.74	4.57	11.90
1958	44.12	15.34	20.95	3.62	15.98
1959	32.51	30.01	20.72	3.26	13.51
1960	30.62	36.73	15.00	4.16	13.50
1961	49.23	25.26	2.53	4.76	18.22
1962	57.73	18.33	1.82	3.77	18.35
1963	63.60	16.15	2.85	2.48	14.92
1964	65.05	15.89	4.41	2.75	11.90
1965	63.26	16.72	5.79	3.72	10.51
1966	56.11	19.77	8.10	4.29	11.74
1967	60.69	18.21	5.82	3.75	11.54
1968	55.50	19.02	7.37	4.06	14.06
1969	55.97	17.08	10.23	4.08	12.65
1970	47.72	26.85	10.57	3.72	11.14
1971	44.84	31.44	8.50	3.36	11.86
1972	45.92	29.52	9.72	3.20	11.63
1973	44.97	23.33	7.85	3.02	10.83
1974	46.30	32.93	7.17	3.00	10.60
1975	42.81	34.85	8.70	2.88	10.76
1976	43.59	33.27	9.47	2.68	10.99
1977	33.89	41.43	10.61	2.77	11.31
1978	27.52	42.86	16.16	3.03	10.43
1979	28.66	38.78	19.00	2.88	10.68
1980	35.07	36.46	13.95	2.86	11.66
1981	34.96	34.46	13.87	2.81	13.90
1982	36.78	32.45	14.85	3.10	12.82
1983	34.99	33.23	14.35	4.09	13.34
1984	36.60	32.47	13.87	3.54	13.52
1985	33.87	33.18	16.47	3.99	12.49
1986	34.83	34.83	13.79	2.70	13.85
1987	34.83	36.28	12.11	2.78	13.99
1988	33.64	37.89	13.24	2.21	13.02
1989	33.17	41.08	10.38	2.62	12.75
1990	34.84	39.68	10.55	2.91	12.02
1991	33.65	38.67	11.03	3.65	13.00

历年国民收入指数

(以上年为100)　　单位：%

年 份	国民收入	农 业	工 业	建筑业	运输、邮电业	商 业
1950	107.55	105.73	106.47	385.71	123.08	116.87
1951	110.88	106.99	118.85	100.93	387.50	115.31
1952	108.96	105.41	121.10	210.09	372.58	106.29
1953	108.86	103.15	131.06	272.05	182.25	110.82
1954	123.74	129.91	126.26	99.36	117.34	94.39
1955	121.10	107.54	168.15	253.98	176.32	118.69
1956	131.16	107.55	143.02	391.86	161.44	142.45
1957	94.32	103.85	101.02	60.04	116.43	122.39
1958	117.07	88.98	151.92	237.66	98.65	175.45
1959	135.47	101.83	276.63	132.02	124.22	132.29
1960	105.50	93.23	129.10	76.97	127.53	109.08
1961	66.11	95.58	46.48	17.35	79.35	92.15
1962	90.99	107.23	65.05	62.02	69.33	60.68
1963	110.44	121.67	97.10	174.41	73.41	93.23
1964	109.71	115.70	108.06	177.35	127.05	94.87
1965	113.48	108.64	123.58	130.14	149.73	107.89
1966	105.61	94.98	120.44	148.82	119.81	121.27
1967	104.10	111.32	102.81	78.06	94.96	107.30
1968	93.24	86.91	94.84	112.27	95.94	107.67
1969	116.36	113.75	111.54	154.76	112.29	100.22
1970	116.59	100.65	164.51	122.55	107.04	102.91
1971	108.93	102.72	130.27	92.98	103.50	122.36
1972	113.58	113.27	112.09	117.61	100.02	113.70
1973	109.63	107.15	120.58	90.87	101.54	97.38
1974	101.66	104.57	103.05	93.77	99.29	101.82
1975	107.62	99.66	115.58	129.44	102.61	108.11
1976	99.66	101.98	94.32	104.64	89.50	98.26
1977	109.51	89.52	113.93	115.87	109.31	109.13
1978	110.53	91.45	109.93	177.19	127.50	106.92
1979	100.40	95.62	93.53	123.78	100.11	105.48
1980	102.77	114.72	101.50	79.92	108.20	118.20
1981	91.74	93.64	87.09	91.01	89.87	105.55
1982	111.08	113.01	106.28	122.19	125.56	103.70
1983	109.72	106.62	109.25	107.52	146.81	113.49
1984	115.27	113.18	117.31	116.55	104.54	117.98
1985	114.39	109.96	123.28	111.46	121.91	105.42
1986	107.60	107.68	113.22	89.88	78.24	121.46
1987	106.44	103.50	113.64	90.76	109.38	107.33
1988	110.92	101.21	119.70	120.55	118.82	100.15
1989	100.45	102.50	104.67	83.11	104.65	95.51
1990	102.09	103.49	101.89	99.36	115.60	97.48
1991	103.17	102.72	100.76	99.23	120.00	112.31

注：本表按可比价格计算，村和村以下办工业包括在工业中。

历 年 国 民 收 入 指 数

(以1952年为100)　　单位：%

年份	国民收入	农业	工业	建筑业	运输、邮电业	商业
1949	76.96	83.86	65.26	12.23	5.63	57.20
1950	82.77	88.65	69.48	47.16	6.93	81.59
1951	91.77	94.87	82.58	47.60	26.84	94.08
1952	100.00	100.00	100.00	100.00	100.00	100.00
1953	108.86	103.15	131.06	272.05	182.25	110.82
1954	134.70	134.00	165.48	270.31	213.85	104.60
1955	163.13	144.11	278.25	686.53	377.06	124.15
1956	213.95	154.98	397.95	2 690.25	608.73	176.86
1957	201.80	160.95	402.01	1 615.23	708.75	216.45
1958	236.24	143.22	610.74	3 838.75	699.18	379.77
1959	320.04	145.84	1 689.48	5 067.91	868.52	502.40
1960	337.64	135.97	2 181.12	3 900.77	1 107.62	548.01
1961	223.22	129.96	1 013.79	676.78	878.90	505.00
1962	203.10	139.35	659.47	419.74	609.34	306.43
1963	224.31	169.55	640.34	732.07	477.32	285.69
1964	246.09	196.17	691.95	1 298.33	568.32	271.03
1965	279.26	213.11	855.12	1 689.64	850.94	292.41
1966	294.93	202.42	1 029.90	2 514.52	1 019.51	354.61
1967	307.02	225.33	1 058.84	1 962.84	968.13	380.50
1968	286.27	195.83	1 004.21	2 203.68	928.82	409.68
1969	333.10	222.76	1 120.09	3 410.41	1 042.98	410.58
1970	388.36	224.21	1 842.66	4 179.46	1 116.40	422.53
1971	423.04	230.31	2 400.44	3 886.06	1 155.48	517.01
1972	480.49	260.87	2 690.63	4 570.39	1 155.71	587.84
1973	526.76	279.52	3 244.39	4 153.12	1 173.51	572.44
1974	535.51	292.30	3 343.34	3 894.38	1 165.17	582.86
1975	576.31	291.30	3 864.23	5 040.88	1 195.58	630.13
1976	574.35	297.07	3 644.75	5 274.78	1 070.05	619.16
1977	628.97	265.94	4 152.46	6 111.89	1 169.67	675.69
1978	695.20	243.20	4 564.80	10 829.65	1 491.33	722.45
1979	697.98	232.55	4 269.46	13 404.94	1 492.97	762.04
1980	717.32	266.78	4 333.50	10 713.23	1 615.39	900.73
1981	660.08	249.81	3 774.04	9 750.11	1 451.75	950.72
1982	733.21	282.31	4 011.05	11 913.66	1 822.82	985.90
1983	805.58	301.00	4 382.08	12 809.57	2 676.08	1 118.89
1984	927.79	340.67	5 140.61	14 929.55	2 797.58	1 320.07
1985	1 061.30	374.61	6 337.35	16 640.48	3 410.53	1 391.62
1986	1 141.96	403.38	7 175.14	14 956.46	2 668.40	1 690.26
1987	1 215.50	417.49	8 153.83	13 574.48	2 918.69	1 814.16
1988	1 348.23	422.55	9 760.14	16 364.04	3 467.98	1 816.87
1989	1 354.30	433.11	10 215.94	13 600.15	3 629.24	1 735.29
1990	1 382.60	448.26	10 409.02	13 513.11	4 195.40	1 691.56
1991	1 426.43	460.45	10 488.13	13 409.06	5 034.48	1 899.79

注：本表按可比价格计算，村和村以下办工业包括在工业中。

历 年 人 均 国 民 收 入 及 指 数

年 份	人均国民收入(当年价格)(元／人)	指 数		年 份	人均国民收入(当年价格)(元／人)	指 数	
		以上年为100	以1952年为100			以上年为100	以1952年为100
1949	81.0		84.29	1971	268.8	104.46	232.40
1950	85.3	105.31	87.61	1972	285.7	109.00	253.29
1951	92.1	107.99	94.61	1973	290.1	105.68	267.68
1952	96.1	105.69	100.00	1974	290.1	98.25	263.00
1953	103.9	102.55	102.55	1975	298.9	104.50	274.82
1954	123.6	118.33	121.35	1976	278.3	97.06	266.74
1955	147.1	112.59	136.63	1977	286.8	106.51	284.11
1956	172.4	131.15	179.19	1978	329.8	107.73	306.07
1957	166.2	88.44	158.48	1979	337.0	98.32	300.93
1958	189.4	110.23	174.69	1980	362.0	101.12	304.30
1959	235.1	120.01	209.65	1981	327.6	90.86	276.48
1960	236.6	100.59	210.89	1982	367.5	108.80	300.81
1961	178.7	73.10	154.15	1983	404.8	108.33	325.88
1962	173.2	100.57	155.03	1984	480.9	113.89	371.16
1963	194.1	110.84	171.83	1985	602.1	112.30	416.80
1964	214.9	106.01	182.16	1986	686.8	105.06	437.91
1965	228.1	108.26	197.19	1987	756.0	103.86	454.83
1966	226.1	100.87	198.91	1988	953.0	109.21	496.86
1967	236.6	99.86	198.64	1989	1 044.0	99.09	492.33
1968	201.3	89.53	177.85	1990	1 111.4	101.66	500.51
1969	216.1	111.67	198.60	1991	1 159.4	101.62	508.62
1970	243.9	112.01	222.45				

历年社会总产值

(按当年价格计算)　　　　单位：万元

年份	社会总产值	农业总产值	工业总产值	建筑业总产值	运输邮电业总产值	商业总产值
1949	16 951	13 339	1 871	96	23	1 622
1950	18 578	14 276	2 045	336	30	1 891
1951	20 502	15 084	2 397	342	129	2 550
1952	22 565	16 071	2 650	598	492	2 754
1953	26 189	16 849	3 475	2 011	959	2 895
1954	32 762	22 050	4 710	1 989	1 205	2 808
1955	42 552	24 324	7 124	5 234	2 293	3 577
1956	66 568	25 048	11 582	21 233	3 736	4 969
1957	63 038	27 984	12 704	12 280	4 605	5 465
1958	86 791	23 483	17 756	31 120	4 814	9 618
1959	138 262	24 118	49 613	46 134	6 377	12 020
1960	144 146	23 404	65 665	33 134	9 417	12 526
1961	82 362	26 376	31 682	5 784	7 475	11 045
1962	63 167	27 056	19 086	2 113	4 997	9 915
1963	67 554	32 862	18 751	3 699	3 422	8 820
1964	76 524	38 496	19 671	6 473	3 956	7 928
1965	88 770	41 598	24 223	9 937	5 585	7 427
1966	101 617	40 866	30 078	15 423	6 503	8 747
1967	105 901	45 599	31 060	13 057	6 735	9 450
1968	102 064	39 408	30 763	14 485	6 675	10 733
1969	117 303	43 667	34 797	20 614	7 741	10 484
1970	135 937	43 714	47 355	25 440	8 559	10 869
1971	166 237	46 587	72 285	24 594	9 493	13 008
1972	176 800	52 712	71 608	28 963	9 368	14 149
1973	187 258	53 116	85 085	25 099	9 734	14 224
1974	193 157	56 832	88 338	24 161	9 558	14 268
1975	214 773	56 329	101 559	31 915	9 518	15.452
1976	214 519	57 143	99 597	33 265	8 869	15 645
1977	237 754	57 137	113 449	40 107	9 591	16 870
1978	286 253	59 898	135 657	59 825	11 935	18 938
1979	311 439	65 219	137 316	75 765	13 311	19 828
1980	327 032	77 772	143 294	71 781	12 978	21 210
1981	296 406	72 958	122 511	66 031	11 194	23 712
1982	350 437	83 593	147 274	79 793	13 398	26 379
1983	376 154	86 734	153 723	87 674	18 057	29 966
1984	440 241	104 798	179 165	96 276	25 300	34 702
1985	549 559	122 515	226 485	126 176	31 002	43 381
1986	617 682	141 119	267 936	127 002	29 613	52 012
1987	703 406	159 369	313 048	138 105	33 167	59 717
1988	897 069	194 927	425 136	165 679	36 776	74 551
1989	1 028 778	216 005	541 774	145 832	45 873	79 294
1990	1 093 788	245 270	552 472	160 381	49 733	85 932
1991	1 186 497	252 400	605 106	175 678	56 001	97 312

历年社会总产值部门构成

(按当年价格计算)

单位：%

年份	农业	工业	建筑业	运输、邮电业	商业
1949	78.69	11.04	0.57	0.13	9.57
1950	76.84	11.01	1.81	0.16	10.18
1951	73.57	11.69	1.67	0.63	12.44
1952	71.22	11.74	2.65	2.19	12.20
1953	64.34	13.27	7.68	3.66	11.05
1954	67.30	14.38	6.07	3.68	8.57
1955	57.16	16.74	12.30	5.39	8.41
1956	37.63	17.40	31.90	5.61	7.47
1957	44.39	20.15	19.48	7.31	8.67
1958	27.06	20.46	35.86	5.55	11.08
1959	17.44	35.88	33.37	4.61	8.69
1960	16.24	45.56	22.99	6.53	8.69
1961	32.02	38.47	7.02	9.08	13.41
1962	42.83	30.22	3.35	7.91	15.70
1963	48.65	27.76	5.48	5.07	13.06
1964	50.31	25.71	8.46	5.17	10.36
1965	46.86	27.29	11.19	6.29	8.37
1966	40.22	29.60	15.18	6.40	8.61
1967	43.06	29.33	12.33	6.36	8.92
1968	38.61	30.14	14.19	6.54	10.52
1969	37.23	29.66	17.57	6.60	8.94
1970	32.16	34.84	18.71	6.30	7.99
1971	28.19	43.48	14.80	5.71	7.83
1972	29.81	40.50	16.38	5.30	8.00
1973	28.37	45.44	13.40	5.20	7.60
1974	29.43	45.73	12.51	4.95	7.39
1975	26.23	47.29	14.86	4.43	7.19
1976	26.64	46.43	15.51	4.13	7.29
1977	24.03	47.72	16.87	4.03	7.10
1978	20.92	47.39	20.90	4.17	6.62
1979	20.94	44.09	24.33	4.27	6.37
1980	23.78	43.82	21.95	3.96	6.49
1981	24.61	41.33	22.28	3.78	8.00
1982	23.85	42.03	22.77	3.82	7.53
1983	23.06	40.86	23.31	4.80	7.97
1984	23.80	40.70	21.87	5.75	7.88
1985	22.30	41.21	22.96	5.64	7.89
1986	22.85	43.38	20.56	4.79	8.42
1987	22.66	44.50	19.63	4.72	8.49
1988	21.73	47.39	18.47	4.10	8.31
1989	21.00	52.66	14.18	4.46	7.71
1990	22.42	50.51	14.66	4.55	7.86
1991	21.27	51.00	14.81	4.72	8.20

历年社会总产值指数

(以上年为100)　　单位：%

年　份	社会总产值	农　业	工　业	建筑业	运输、邮电业	商　业
1950	109.60	107.02	109.30	350.00	130.43	116.58
1951	110.36	105.66	117.21	101.79	430.00	115.23
1952	110.06	111.86	112.47	174.85	382.17	104.73
1953	110.22	97.60	129.75	218.39	194.92	106.53
1954	124.05	129.14	133.08	98.91	125.65	96.88
1955	129.58	110.41	141.40	263.15	190.29	120.14
1956	155.66	105.63	152.14	405.67	193.47	141.34
1957	88.99	100.31	104.01	57.83	123.26	120.23
1958	134.16	79.25	151.56	248.47	104.54	185.16
1959	158.99	101.01	277.80	142.52	132.47	135.47
1960	103.69	92.20	133.32	74.25	127.99	109.19
1961	54.91	96.73	45.93	25.90	75.54	86.97
1962	77.48	114.81	58.01	56.47	69.33	61.75
1963	106.08	126.27	98.72	175.06	71.34	91.47
1964	109.86	110.47	107.06	174.99	115.60	104.51
1965	119.23	111.00	129.21	137.64	141.18	102.72
1966	116.41	98.04	129.65	155.21	116.44	122.75
1967	103.26	109.33	104.58	83.36	103.56	108.64
1968	97.09	86.31	99.12	109.75	99.39	113.58
1969	118.30	113.51	119.64	142.31	115.97	97.49
1970	119.39	100.02	142.33	123.41	110.57	103.65
1971	114.48	102.23	131.92	99.66	110.91	119.68
1972	109.87	114.36	111.68	109.59	98.68	109.23
1973	108.52	107.75	119.43	87.92	103.82	99.88
1974	102.32	102.92	104.49	97.63	98.22	100.21
1975	111.61	99.12	115.65	132.09	99.44	108.29
1976	101.27	106.69	98.29	104.23	93.18	101.25
1977	111.34	99.90	114.86	120.72	108.75	112.84
1978	117.42	99.38	116.26	146.96	124.44	112.01
1979	105.36	96.03	99.85	126.64	111.53	102.42
1980	102.73	111.02	97.48	94.74	97.50	106.43
1981	90.01	93.05	85.46	91.99	86.25	107.84
1982	115.81	107.80	119.00	120.84	119.69	109.57
1983	105.59	102.48	101.39	109.88	134.72	111.25
1984	113.13	108.94	114.23	109.81	140.17	113.04
1985	110.70	111.11	119.72	97.48	97.13	112.52
1986	105.10	104.68	111.33	93.03	93.26	110.81
1987	107.86	103.86	113.01	99.73	104.84	109.51
1988	111.15	100.27	120.57	102.41	105.27	104.81
1989	101.84	102.43	108.09	79.82	118.18	92.62
1990	103.28	104.86	103.17	99.96	103.92	105.03
1991	102.51	102.34	105.74	88.65	98.12	109.20

注：本表按可比价格计算，村和村以下办工业包括在工业中。

历 年 社 会 总 产 值 指 数

(以1952年为100)

单位：%

年 份	社会总产值	农 业	工 业	建 筑 业	运输、邮电业	商 业
1949	72.40	79.06	69.40	16.05	4.67	58.90
1950	79.35	84.61	75.85	56.19	6.10	82.87
1951	87.57	89.40	88.91	57.19	26.22	95.49
1952	100.00	100.00	100.00	100.00	100.00	100.00
1953	110.22	97.60	129.75	218.39	194.92	106.52
1954	136.73	126.04	172.67	216.01	244.92	103.21
1955	177.17	139.17	244.14	568.43	466.05	123.99
1956	275.79	147.00	371.44	2 305.95	901.67	175.25
1957	245.44	147.46	386.33	1 333.53	1 111.40	210.70
1958	329.29	116.86	585.52	3 313.42	1 161.86	390.14
1959	523.53	118.04	1 626.58	4 722.28	1 539.11	528.52
1960	542.84	108.84	2 168.56	3 506.30	1 969.91	577.09
1961	298.05	105.28	996.02	908.13	1 488.07	501.90
1962	230.93	120.87	577.79	512.82	1 031.68	309.92
1963	244.97	152.62	570.39	897.75	736.00	283.48
1964	269.13	168.60	610.66	1 570.97	850.82	296.27
1965	320.88	187.14	789.04	2 162.28	1 201.18	304.33
1966	373.54	183.48	1 023.00	3 356.07	1 398.66	373.56
1967	385.71	200.59	1 069.84	2 797.62	1 448.45	405.84
1968	374.49	173.13	1 060.43	3 070.39	1 439.61	460.95
1969	443.02	196.52	1 268.69	4 369.47	1 669.52	449.38
1970	528.92	196.56	1 805.73	5 392.36	1 845.99	465.78
1971	605.51	200.94	2 382.12	5 374.03	2 047.39	557.45
1972	665.27	229.80	2 660.35	5 889.40	2 020.36	608.90
1973	721.96	247.61	3 177.26	5 177.96	2 097.54	608.17
1974	738.71	254.84	3 319.91	5 055.24	2 060.20	609.45
1975	824.47	252.60	3 839.48	6 677.47	2 048.66	659.97
1976	834.94	269.49	3 772.29	6 959.93	1 908.95	668.22
1977	929.62	269.23	4 332.85	8 402.02	2 075.98	754.02
1978	1 091.56	267.56	5 037.37	12 347.61	2 583.35	844.58
1979	1 151.74	256.93	5 029.82	15 637.02	2 881.21	865.02
1980	1 182.57	285.25	4 903.07	14 814.51	2 809.18	920.64
1981	1 064.43	265.42	4 190.16	13 627.87	2 422.92	992.82
1982	1 232.72	286.13	4 986.29	16 467.91	2 899.99	1 087.83
1983	1 301.63	293.22	5 055.60	18 094.94	3 906.86	1 210.21
1984	1 472.53	319.44	5 775.01	19 870.06	5 476.25	1 368.03
1985	1 630.09	354.93	6 913.85	19 369.33	5 319.08	1 539.30
1986	1 713.22	371.54	7 697.18	18 019.29	4 960.56	1 705.70
1987	1 847.88	385.88	8 698.59	17 970.64	5 200.67	1 867.91
1988	2 053.92	386.92	10 487.79	18 403.72	5 474.74	1 957.76
1989	2 091.71	396.32	11 336.25	14 689.85	6 470.05	1 813.28
1990	2 160.32	415.58	11 695.61	14 683.97	6 723.68	1 904.49
1991	2 214.54	425.30	12 366.94	13 017.34	6 597.27	2 079.70

注：本表按可比价格计算，村和村以下办工业包括在工业中。

历 年 工 农 业 总 产 值

(按当年价格计算)　　　　单位：万元

年 份	工农业总产值	农业总产值	工业总产值		
				轻工业	重工业
1949	15 210	13 339	1 871	1 575	296
1950	16 321	14 276	2 045	1 693	352
1951	17 481	15 084	2 397	1 913	484
1952	18 721	16 071	2 650	2 157	493
1953	20 324	16 849	3 475	2 599	876
1954	26 760	22 050	4 710	3 467	1 243
1955	31 448	24 324	7 124	5 115	2 009
1956	36 630	25 048	11 582	7 517	4 065
1957	40 688	27 984	12 704	7 978	4 726
1958	41 239	23 483	17 756	7 458	10 298
1959	73 731	24 118	49 613	16 323	33 290
1960	89 069	23 404	65 665	17 992	47 673
1961	58 058	26 376	31 682	10 328	21 354
1962	46 142	27 056	19 086	6 871	12 215
1963	51 613	32 862	18 751	7 463	11 288
1964	58 167	38 496	19 671	7 809	11 862
1965	65 821	41 598	24 223	11 409	12 814
1966	70 944	40 866	30 078	13 204	16 874
1967	76 659	45 599	31 060	13 076	17 984
1968	70 171	39 408	30 763	13 074	17 689
1969	78 464	43 667	34 797	12 353	22 444
1970	91 069	43 714	47 355	14 064	33 291
1971	119 142	46 857	72 285	24 721	47 564
1972	124 320	52 712	71 608	22 700	48 908
1973	138 201	53 116	85 085	28 418	56 667
1974	145 170	56 832	88 338	30 123	58 215
1975	157 888	56 329	101 559	35 952	65 607
1976	156 740	57 143	99 597	34 261	65 336
1977	170 586	57 137	113 449	38 346	75 103
1978	195 555	59 898	135 657	46 259	89 398
1979	202 535	65 219	137 316	44 078	93 238
1980	221 066	77 772	143 294	51 872	91 422
1981	195 469	72 958	122 511	50 352	72 159
1982	230 867	83 593	147 274	58 026	89 248
1983	240 457	86 734	153 723	64 410	89 313
1984	283 963	104 798	179 165	71 129	108 036
1985	349 000	122 515	226 485	87 423	139 062
1986	409 055	141 119	267 936	99 006	168 930
1987	472 417	159 369	313 048	118 577	194 471
1988	620 063	194 927	425 136	141 891	283 245
1989	757 779	216 005	541 774	167 343	374 431
1990	797 742	245 270	552 472	159 742	392 730
1991	857 506	252 400	605 106	164 546	440 560

注：村和村以下办工业产值包括在工业总产值中。

历年工农业总产值

(按不变价格计算)

单位：万元

年份	工农业总产值	农业总产值	工业总产值	轻工业	重工业
按1952年不变价格计算					
1949	15 210	13 339	1 871	1 576	295
1952	19 569	16 873	2 696	2 195	501
1953	19 966	16 468	3 498	2 616	882
1954	25 922	21 267	4 655	3 432	1 223
1955	30 063	23 481	6 582	4 724	1 858
1956	34 816	24 802	10 014	6 496	3 518
1957	35 296	24 880	10 416	6 537	3 879
按1957年不变价格计算					
1957	40 583	28 792	11 791	6 502	5 289
1958	40 690	22 819	17 871	7 514	10 357
1959	72 696	23 050	49 646	16 131	33 515
1960	87 439	21 253	66 186	18 161	48 025
1961	50 958	20 559	30 399	9 900	20 499
1962	41 237	23 603	17 634	6 349	11 285
1963	47 213	29 803	17 410	6 928	10 482
1964	51 564	32 924	18 640	7 409	11 231
1965	60 631	36 546	24 085	11 347	12 738
1966	67 056	35 830	31 226	13 700	17 526
1967	71 828	39 172	32 656	13 737	18 919
1968	66 176	33 808	32 368	13 750	18 618
1969	77 101	38 375	38 726	13 764	24 962
1970	93 500	38 381	55 119	16 383	38 736
1971	111 949	39 238	72 711	25 613	47 098
按1970年不变价格计算					
1971	107 943	43 062	64 881	22 162	42 719
1972	121 707	49 246	72 461	22 978	49 483
1973	139 604	53 062	86 542	28 905	57 677
1974	145 038	54 613	90 425	30 835	59 590
1975	158 707	54 134	104 573	37 019	67 554
1976	160 544	57 756	102 788	35 359	67 429
1977	175 766	57 700	118 066	39 906	78 160
1978	194 603	57 341	137 262	46 806	90 456
1979	192 123	55 065	137 058	43 996	93 062
1980	194 732	61 133	133 599	48 363	85 236
	(203 690)		(142 557)	(48 363)	(94 194)
1981	178 718	56 884	121 834	50 074	71 760
按1980年不变价格计算					
1981	199 700	77 368	122 332	50 278	72 054
1982	228 985	83 405	145 580	57 359	88 221
1983	233 082	85 474	147 609	61 848	85 761
1984	261 723	93 112	168 611	66 738	101 873
1985	305 289	103 457	201 832	77 914	123 918
1986	333 012	108 298	224 714	90 022	134 692
1987	366 422	112 476	253 946	104 979	148 967
1988	418 978	112 782	306 196	114 149	192 047
1989	446 476	115 520	330 956	117 887	213 069
1990	462 582	121 129	341 453	112 606	228 847
按1990年不变价格计算					
1990	851 392	255 918	595 474	187 394	408 080
1991	890 260	261 900	628 360	185 040	443 320

注：1.1980年括号内数字及以后各年工业总产值中包括了军委、总后系统工厂的产值。

2.工农业总产值按新口径计算，村和村以下办工业包括在工业总产值中。

历年农业、轻工业、重工业总产值构成

（按当年价格计算）

年份	占工农业总产值的(%)				占工业总产值的(%)	
	农业总产值	工业总产值	轻工业产值	重工业产值	轻工业产值	重工业产值
1949	87.7	12.3	10.4	1.9	84.2	15.8
1950	87.5	12.5	10.4	2.2	82.8	17.2
1951	86.3	13.7	10.9	2.8	79.8	20.2
1952	85.8	14.2	11.5	2.6	81.4	18.6
1953	82.9	17.1	12.8	4.3	74.8	25.2
1954	82.4	17.6	13.0	4.6	73.6	26.4
1955	77.3	22.7	16.3	6.4	71.8	28.2
1956	68.4	31.6	20.5	11.1	64.9	35.1
1957	68.8	31.2	19.6	11.6	62.8	37.2
1958	56.9	43.1	18.1	25.0	42.0	58.0
1959	32.7	67.3	22.1	45.2	32.9	67.1
1960	26.3	73.7	20.2	53.5	27.4	72.6
1961	45.4	54.6	17.8	36.8	32.6	67.4
1962	58.6	41.4	14.9	26.5	36.0	26.5
1963	63.7	36.3	14.5	21.9	39.8	60.2
1964	66.2	33.8	13.4	20.4	39.7	60.3
1965	63.2	36.8	17.3	19.5	47.1	52.9
1966	57.6	42.4	18.6	23.8	43.9	56.1
1967	59.5	40.5	17.1	23.5	42.1	57.9
1968	56.2	43.8	18.6	25.2	42.5	57.5
1969	55.7	44.3	15.7	28.6	35.5	64.5
1970	48.0	52.0	15.4	36.6	29.7	70.3
1971	39.3	60.7	20.7	39.9	34.2	65.8
1972	42.4	57.6	18.3	39.3	31.7	68.3
1973	38.4	61.6	20.6	41.0	33.4	66.6
1974	39.1	60.9	20.8	40.1	34.1	65.9
1975	35.7	64.3	22.8	41.6	35.4	64.6
1976	36.5	63.5	21.9	41.7	34.4	65.6
1977	33.5	66.5	22.5	44.0	33.8	66.2
1978	30.6	69.4	23.7	45.7	34.1	65.9
1979	32.2	67.8	21.8	46.0	32.1	67.9
1980	35.2	64.8	23.5	41.4	38.6	61.4
1981	37.3	62.7	25.8	36.9	41.1	58.9
1982	36.2	63.8	25.1	38.7	39.4	60.6
1983	36.1	63.9	26.8	37.1	41.9	58.1
1984	36.9	63.1	25.0	38.0	39.7	60.3
1985	35.1	64.9	25.0	39.8	38.6	61.4
1986	34.5	65.5	24.2	41.3	37.0	63.0
1987	33.7	66.3	25.1	41.2	37.9	62.1
1988	31.4	68.6	22.9	45.7	33.4	66.6
1989	28.5	71.5	22.1	49.4	30.9	69.1
1990	30.7	69.3	20.0	49.3	28.9	71.1
1991	29.4	70.6	19.2	51.4	27.2	72.8

历年农业、轻工业、重工业总产值构成

（按不变价格计算）

年份	占工农业总产值的%				占工业总产值的%	
	农业总产值	工业总产值	轻工业产值	重工业产值	轻工业产值	重工业产值
1949	87.7	12.3	10.4	1.9	84.2	15.8
1950	87.5	12.5	10.4	2.2	82.8	17.2
1951	86.3	13.7	10.9	2.8	89.8	20.2
1952	86.2	13.8	11.2	2.6	81.4	18.6
1953	82.6	17.4	13.1	4.3	74.8	25.2
1954	82.0	18.0	13.2	4.8	73.6	26.4
1955	78.1	21.9	15.7	6.2	71.8	28.2
1956	71.2	28.8	18.6	10.1	64.9	35.1
1957	70.5	29.5	18.5	11.0	62.8	37.2
1958	56.1	43.9	18.5	25.4	42.0	58.0
1959	31.7	68.3	22.3	46.0	32.9	67.1
1960	24.3	75.7	20.8	54.9	27.4	72.6
1961	40.3	59.7	19.4	40.3	32.6	67.4
1962	57.2	42.8	15.4	27.4	36.0	64.0
1963	63.1	36.9	14.7	22.2	39.8	60.2
1964	63.9	36.1	14.4	21.7	39.7	60.3
1965	60.3	39.7	18.7	21.0	47.1	52.9
1966	53.4	46.6	20.4	26.2	43.9	56.1
1967	54.5	45.5	19.1	26.4	42.1	57.9
1968	51.1	48.9	20.8	28.1	42.5	57.5
1969	49.8	50.2	17.9	32.3	35.5	64.5
1970	41.0	59.0	17.5	41.5	29.7	70.3
1971	39.9	60.1	20.5	39.6	34.2	65.8
1972	40.5	59.5	18.9	40.6	31.7	68.3
1973	38.0	62.0	20.7	41.3	33.4	66.6
1974	37.7	62.3	21.2	41.1	34.1	65.9
1975	34.1	65.9	23.3	42.6	35.4	64.6
1976	36.0	64.0	22.0	42.0	34.4	65.6
1977	32.8	67.2	22.7	44.5	33.8	66.2
1978	29.5	70.5	24.1	46.4	34.1	65.9
1979	28.7	71.3	22.9	48.4	32.1	67.9
1980	31.4	68.6	24.8	43.8	36.2	63.8
	(30.0)	(70.0)	(23.7)	(46.2)	(33.9)	(66.1)
1981	38.7	61.3	25.2	36.1	41.1	58.9
1982	36.4	63.6	25.1	38.5	39.4	60.6
1983	36.7	63.3	26.5	36.8	41.9	58.1
1984	35.6	64.4	25.6	38.9	39.6	60.4
1985	33.9	66.1	25.5	40.6	38.6	61.4
1986	32.5	67.5	27.1	40.4	40.1	59.9
1987	30.7	69.3	28.6	40.7	41.3	58.7
1988	26.9	73.1	27.2	45.8	37.3	62.7
1989	25.9	74.1	26.4	47.7	35.6	64.4
1990	26.2	73.8	24.3	49.5	33.0	67.0
	(30.1)	(69.9)	(22.0)	(47.9)	(31.5)	(68.5)
1991	29.4	70.6	20.8	49.8	29.4	70.6

注：1990年括号内数字是按1990年不变价格计算的。1980年括号内数字是按包括了军委、总后系统工厂的产值计算的。

历年工农业总产值指数

单位：%

年份	环比指数(以上一年为100)					定基指数(以1952年为100)				
	工农业总产值	农业总产值	工业总产值	轻工业产值	重工业产值	工农业总产值	农业总产值	工业总产值	轻工业产值	重工业产值
1949						77.72	79.06	69.40	71.80	58.88
1950	107.30	107.02	109.30	107.42	119.32	83.40	84.61	75.85	77.13	70.26
1951	107.11	105.66	117.21	112.99	137.50	89.33	89.40	88.91	87.15	96.61
1952	111.94	111.86	112.47	114.74	103.51	100.00	100.00	100.00	100.00	100.00
1953	102.03	97.60	129.75	119.18	176.05	102.03	97.60	129.75	119.18	176.05
1954	129.83	129.14	133.08	131.19	138.66	132.47	126.04	172.67	156.36	244.11
1955	115.97	110.41	141.40	137.65	151.92	153.62	139.17	244.14	215.22	370.85
1956	115.81	105.63	152.14	137.51	189.34	177.91	147.00	371.44	295.95	702.17
1957	101.38	100.31	104.01	100.31	110.26	180.36	147.46	386.33	297.81	774.22
1958	100.26	79.25	151.56	115.56	195.82	180.83	116.86	585.52	344.16	1 516.08
1959	178.66	101.01	277.80	214.68	323.60	323.07	118.04	1 626.58	738.82	4 906.03
1960	120.28	92.20	133.32	112.58	143.29	388.59	108.84	2 168.56	831.76	7 029.85
1961	58.28	96.73	45.93	54.51	42.68	226.47	105.28	996.02	453.41	3 000.34
1962	80.92	114.81	58.01	64.13	55.05	183.26	120.87	577.79	290.77	1 651.69
1963	114.49	126.27	98.72	109.12	92.88	209.81	152.62	570.39	317.29	1 534.09
1964	109.22	110.47	107.06	106.94	107.15	229.16	168.60	610.66	339.31	1 643.77
1965	117.58	111.00	129.21	153.15	113.42	269.44	187.14	789.04	519.65	1 864.37
1966	110.60	98.04	129.65	120.74	137.59	298.01	183.48	1 023.00	627.43	2 565.18
1967	107.12	109.33	104.58	100.27	107.95	319.22	200.59	1 069.84	629.13	2 769.12
1968	92.13	86.31	99.12	100.09	98.41	294.10	173.13	1 060.43	629.70	2 725.09
1969	116.51	113.51	119.64	100.10	134.07	342.65	196.52	1 268.69	630.33	3 653.53
1970	121.27	100.02	142.33	119.03	155.18	415.54	196.56	1 805.73	750.28	5 669.55
1971	119.73	102.23	131.92	156.34	121.59	497.52	200.94	2 382.12	1 172.98	6 893.60
1972	112.75	114.36	111.68	103.68	115.83	560.95	229.80	2 660.35	1 216.15	7 984.86
1973	114.70	107.75	119.43	125.79	116.56	643.41	247.61	3 177.26	1 529.79	9 307.15
1974	103.89	102.92	104.49	106.68	103.32	668.44	254.84	3 319.91	1 631.98	9 616.15
1975	109.42	99.12	115.65	120.06	113.36	731.40	252.60	3 839.48	1 959.36	10 900.87
1976	101.16	106.69	98.29	95.52	99.81	739.89	269.49	3 772.29	1 871.58	10 880.16
1977	109.48	99.90	114.86	112.86	115.91	810.03	269.23	4 332.85	2 112.27	12 611.19
1978	110.72	99.38	116.26	117.29	115.73	896.87	267.56	5 037.37	2 477.48	14 594.93
1979	98.73	96.03	99.85	94.00	102.88	885.48	256.93	5 029.82	2 328.83	15 015.26
1980	101.36	111.02	97.48	109.93	91.59	897.52	285.25	4 903.07	2 560.08	13 752.48
1981	87.74	93.05	85.46	103.54	76.18	787.48	265.42	4 190.16	2 650.71	10 476.64
1982	114.66	107.80	119.00	114.08	122.44	902.93	286.13	4 986.29	3 023.93	12 827.60
1983	101.79	102.48	101.39	107.83	97.21	919.09	293.22	5 055.60	3 260.70	12 469.71
1984	112.29	108.94	114.23	107.91	118.79	1 032.05	319.44	5 775.01	3 518.62	14 812.76
1985	116.65	111.11	119.72	116.75	121.66	1 203.88	354.93	6 913.85	4 107.99	18 021.21
1986	109.07	104.68	111.33	115.54	108.68	1 313.07	371.54	7 697.18	4 746.38	19 585.45
1987	110.03	103.86	113.01	116.61	110.60	1 444.77	385.88	8 698.59	5 534.75	21 661.51
1988	114.34	100.27	120.57	108.74	128.92	1 651.95	386.92	10 487.79	6 018.49	27 926.02
1989	106.56	102.43	108.09	103.27	110.95	1 760.32	396.32	11 336.25	6 215.29	30 983.92
1990	103.61	104.86	103.17	95.52	107.41	1 823.86	415.58	11 695.61	5 936.57	33 279.83
1991	104.72	102.34	105.74	99.04	108.81	1 909.95	425.30	12 366.94	5 879.58	36 211.78

国民收入使用额

(1978年—1991年)　　单位：万元

年份	国民收入使用额	使用额大于生产额		积累总额	消费总额	积累率 %	消费率 %
		差额	差额占生产额的%				
1978	191 898	70 474	58.04	90 781	101 117	47.3	52.7
1979	216 941	89 101	69.70	109 146	107 795	50.3	49.7
1980	203 083	63 900	45.89	81 938	121 145	40.3	59.7
1981	195 099	67 705	53.15	67 419	127 680	34.6	65.4
1982	237 948	92 592	63.70	97 753	140 195	41.1	58.9
1983	250 529	88 795	54.90	91 764	158 765	36.6	63.4
1984	299 210	104 145	53.39	114 533	184 677	38.3	61.7
1985	421 770	175 794	71.47	199 773	221 997	47.4	52.6
1986	440 819	155 112	54.29	181 908	258 912	41.3	58.7
1987	541 611	219 640	68.22	255 566	286 045	47.2	52.8
1988	696 200	280 326	67.41	342 298	353 902	49.2	50.8
1989	559 144	97 785	21.19	186 122	373 022	33.3	66.7
1990	654 562	161 049	32.63	224 158	430 404	34.2	65.8
1991	744 005	215 289	40.72	256 719	487 286	34.5	65.5

国民收入消费额及构成

(1978年—1991年)

年份	消费总额(万元)	居民消费(万元)			社会消费(万元)	以消费总额为100		人均消费水平(元/人)		
			农民消费	非农业居民消费		居民消费	社会消费	全体居民	农业居民	非农业居民
1978	101 117	84 113	37 971	46 142	17 004	83.2	16.8	226	145	419
1979	107 795	85 729	36 670	49 059	22 066	79.5	20.5	226	138	434
1980	121 145	104 034	44 835	59 199	17 111	85.9	14.1	270	166	516
1981	127 680	108 681	45 619	63 062	18 999	85.1	14.9	283	166	551
1982	140 195	119 715	53 601	66 114	20 480	85.4	14.6	301	192	570
1983	158 765	132 348	61 810	70 538	26 417	83.4	16.6	331	218	605
1984	184 677	149 369	66 732	82 637	35 308	80.9	19.1	368	234	688
1985	221 997	181 521	87 516	94 006	40 476	81.8	18.2	444	299	812
1986	258 912	207 920	93 632	114 288	50 992	80.3	19.7	500	321	922
1987	286 045	235 143	103 022	132 121	50 902	82.2	17.8	552	346	1 033
1988	353 902	293 552	128 333	165 220	60 349	82.9	17.1	673	420	1 265
1989	373 022	323 253	152 661	170 592	49 769	86.6	13.4	731	492	1 292
1990	430 404	352 761	172 522	180 239	77 643	82.0	18.0	786	544	1 365
1991	487 286	388 589	187 651	200 938	98 697	79.7	20.3	852	604	1 522

注：以上两表均按当年价格计算。

国民收入积累额及构成

(1978年—1991年)

年份	积累总额(万元)	生产性积累(万元)		非生产性积累(万元)		以积累额为100		以积累额为100	
		固定资产	流动资产	固定资产	流动资产	生产性	非生产性	固定资产	流动资产
1978	90 781	70 772	6 982	10 166	2 861	85.6	14.3	89.2	10.8
1979	109 146	85 087	5 481	16 305	2 273	77.9	22.1	92.9	7.1
1980	81 938	48 599	10 318	20 900	2 121	71.9	28.1	84.8	15.2
1981	67 419	39 535	4 531	20 216	3 137	65.4	34.6	88.6	11.4
1982	97 753	62 214	356	30 630	4 553	64.0	36.0	95.0	5.0
1983	91 764	64 769	617	25 931	446	71.3	28.7	98.8	1.2
1984	114 533	62 201	17 464	32 102	2 766	69.6	30.4	82.3	17.7
1985	199 773	86 412	32 676	55 307	25 377	59.6	40.4	70.9	29.1
1986	181 908	90 003	34 777	49 143	7 985	68.6	31.4	76.5	23.5
1987	255 566	117 594	73 882	53 038	11 052	74.9	25.1	66.8	33.2
1988	342 298	135 716	99 965	58 780	47 837	68.8	31.2	56.8	43.2
1989	186 122	95 817	31 216	51 758	7 331	68.3	31.7	79.3	20.7
1990	224 158	90 481	75 575	52 094	6 008	74.1	25.9	63.6	36.4
1991	256 719	107 462	81 331	54 815	13 111	73.5	26.5	63.2	36.8

注：本表按当年价格计算。

社会产品最终使用构成及净调(流)入率

(1978年—1991年)

单位：%

年份	补偿当年消耗的生产资料	为扩大再生产追加的固定资产和流动资产	为增加消费追加的固定资产和商品库存	社会集团消费	居民个人消费	社会产品净调(流)入率
1978	57.58	27.16	4.55	5.94	29.38	24.61
1979	58.95	29.08	5.96	7.08	27.53	28.61
1980	57.44	18.02	7.04	5.23	31.81	19.54
1981	57.02	14.87	7.88	6.41	36.67	22.84
1982	58.52	17.85	10.04	5.84	34.16	26.41
1983	57.00	17.38	7.01	7.02	35.18	23.60
1984	55.69	18.71	7.30	8.02	33.93	23.65
1985	55.24	21.67	14.68	7.36	33.03	31.99
1986	53.75	20.20	9.25	8.25	33.66	25.11
1987	54.23	27.22	9.11	7.24	33.43	31.23
1988	53.64	26.27	11.89	6.73	32.72	31.25
1989	55.15	12.35	5.74	4.84	31.42	9.50
1990	54.88	15.71	4.79	7.10	32.25	14.73
1991	55.44	15.91	5.73	8.32	32.75	18.15

注：本表按当年价格计算。以社会总产品为100。

国民收入、财政收支、固定资产投资之间的比例

(1978年—1991年)　　　　单位：%

年份	地方财政收入占国民收入		财政支出占国民收入		全社会固定资产投资占国民收入使用额	基本建设拨款占财政支出
	生产额	使用额	生产额	使用额		
1978	23.9	15.13	56.01	35.4		34.4
1979	17.9	10.54	53.34	31.4		34.8
1980	11.8	8.12	42.28	31.4		30.4
1981	8.5	5.56	43.32	28.3	43.4	18.6
1982	9.0	5.48	42.94	26.2	44.2	20.0
1983	9.5	6.14	45.71	29.5	50.6	20.8
1984	8.4	5.47	47.03	30.7	45.2	20.4
1985	9.7	5.68	41.02	23.9	40.7	22.0
1986	11.2	7.28	42.78	27.7	41.3	17.3
1987	12.5	7.40	38.06	22.6	40.6	15.6
1988	12.2	7.28	34.34	20.5	36.9	12.7
1989	14.5	11.97	33.96	28.0	38.5	9.1
1990	14.7	11.06	34.72	26.2	33.5	8.5
1991	16.63	11.81	34.48	24.5	32.17	8.7

八 项 重 要 经 济 指 标 (一)

(1978年—1991年)

年份	固定资产投资额				银行各项贷款余额(万元)			
	完成额(万元)	比上年增长(%)	#地方项目		各项贷款年末余额	比上年末增加额	#固定资产投资贷款	
			完成额(万元)	比上年增长(%)			年末余额	比上年末增加额
1978	67 458		24 375		68 615	4 717		
1979	99 653	47.7	29 708	21.9	72 449	3 834		
1980	73 393	−26.4	27 277	−8.2	76 666	4 217		
1981	63 942	−12.9	20 303	−25.6	79 104	2 438		
1982	83 623	30.8	29 619	45.9	96 182	17 078		
1983	92 846	11.0	25 946	−12.4	105 141	8 959		
1984	100 245	8.0	33 557	29.3	113 901	8 760	12 896	
1985	132 526	32.2	59 662	77.8	211 460	71 229	51 032	27 532
1986	156 559	18.1	65 399	9.6	296 306	84 846	77 689	26 657
1987	173 536	10.8	56 592	−13.5	402 116	105 810	128 465	50 776
1988	200 855	15.6	75 138	32.3	486 819	115 991	172 526	42 041
1989	153 331	−23.7	61 395	−18.3	589 608	102 789	192 824	20 298
1990	156 937	2.4	81 523	32.8	722 182	132 574	228 825	36 001
1991	179 749	14.54	85 640	5.1	875 366	153 184	307 842	79 017

注：1.固定资产投资系全民所有制基本建设和更新改造投资，基本建设投资中未包括跨省项目投资。

2.贷款年末余额按当年口径整理，增加额按当年与上年的可比口径计算。

八项重要经济指标（二）

(1978年—1991年)

年份	工业全员劳动生产率		工业销售利税率		工业资金利税率		工业可比产品成本降低率	
	劳动生产率（元／人）	比上年增长（%）	销售利税率（%）	比上年增减百分点	资金利税率（%）	比上年增减百分点	成本降低率（%）	比上年增减百分点
1978	7 884		17.52		6.89		−4.08	
1979	7 775	−1.38	17.77	0.25	7.21	0.32	−1.74	2.34
1980	7 667	−1.39	14.12	−3.65	5.63	−1.58	−1.53	0.21
1981	6 382	−16.76	11.94	−2.18	3.86	−1.77	−2.90	−1.37
1982	7 745	12.14	11.72	−0.22	4.22	0.36	−0.81	2.09
1983	7 392	−4.56	14.06	2.34	5.30	1.08	−1.40	−0.59
1984	8 378	13.34	15.15	1.09	6.56	1.26	−1.96	−0.56
1985	9 947	19.23	14.19	−0.96	6.11	−0.45	−7.10	−5.14
1986	10 582	5.94	14.71	0.52	6.66	0.55	−7.20	−0.10
1987	11 984	13.25	13.19	−1.52	7.14	0.48	−3.62	3.58
1988	14 063	17.35	15.29	2.10	9.76	2.62	−10.36	−6.74
1989	13 611	−3.21	13.97	−1.32	8.20	−1.56	−20.21	−9.85
1990	14 666	7.75	8.30	−5.67	4.54	−3.66	−11.70	−8.51
1991	15 247	3.96	6.17	−2.13	3.44	−1.10	−5.27	6.43

注：工业全员劳动生产率为全民独立核算工业企业。销售利税率、资金利税率、可比产品成本降低率的统计范围为预算内工业企业。

八项重要经济指标（三）

(1978年—1991年)

年份	职工工资						万元工业总产值能源消耗	
	工资总额（万元）	比上年增长（%）	含肉价补贴的 工资总额(万元)	含肉价补贴的 比上年增长(%)	平均工资（元／人）	比上年增长（%）	消耗量（吨标准煤）	综合降低率(%)
1978	42 928.97				906			
1979	48 979.22	14.09			959	5.85		
1980	57 663.80	17.73			1 065	11.05		
1981	58 892.79	2.13			1 059	0.56		
1982	63 473.65	7.78			1 111	4.91		
1983	72 821.90	14.73			1 246	12.15		
1984	88 791.30	21.93			1 490	19.58		
1985	101 647.30	14.48	105 034.00		1 664	11.68	9.55	
					(1 719)			
1986	116 832.40	14.94	121 877.41	16.43	1 917	11.51	9.64	−0.94
1987	126 512.60	8.29	131 633.70	8.01	2 041	6.47	9.84	−1.56
1988	143 818.10	13.68	149 117.00	13.28	2 305	12.93	9.17	6.33
1989	154 981.56	7.76	160 348.27	7.53	2 438	5.77	9.68	−5.56
1990			173 045.12	7.92	2 632	7.95	11.51	−18.90
1991			184 656.32	6.71	2 752	4.56	7.34	36.23

注：1.职工工资总额为全民所有制单位，城镇集体所有制单位及各种合营单位的职工工资总额，1985年括号内的平均工资及以后年份平均工资包括肉食补贴。

2.万元工业总产值能源消耗综合降低率统计范围为全部工业企业。

投　入　产　出　基

(1990年 按 当 年

投入 \ 产出			代码	中间使用：物质生产部门：第一产业：农业	第一产业合计	第二产业：煤炭采选业	石油和天然气开采业
代码				01	T1	02	03
中间投入	物质生产部门	第一产业	农业	01	298 268	298 268	0	0
			第一产业合计	T1	298 268	298 268	0	0
		第二产业	煤炭采选业	02	1 242	1 242	118	1 285
			石油和天然气开采业	03	0	0	0	0
			金属矿采选业	04	0	0	0	0
			其他非金属矿采选业	05	1 767	1 767	1 409	0
			食品制造业	06	97 873	97 873	0	0
			纺织业	07	8 431	8 431	61	0
			缝纫及皮革制品业	08	2 125	2 125	81	520
			木材加工及家具制造业	09	5 772	5 772	369	465
			造纸及文教用品制造业	10	1 435	1 435	44	2 539
			电力及蒸汽、热水生产和供应业	11	4 695	4 695	816	0
			石油加工业	12	26 581	26 581	275	5 830
			炼焦、煤气及煤制品业	13	184	184	7	0
			化学工业	14	92 776	92 776	728	2 509
			建材及其他非金属矿物制品业	15	2 902	2 902	454	6 358
			金属冶炼及压延加工业	16	3 652	3 652	2 264	15 929
			金属制品业	17	17 043	17 043	593	592
			机械工业	18	7 192	7 192	1 478	16 145
			交通运输设备制造业	19	1 236	1 236	371	2 086
			电气机械及器材制造业	20	2 285	2 285	497	1 463
			电子及通信设备制业	21	0	0	0	0
			仪器仪表及其他计量器具制造业	22	133	133	28	339
			机械设备修理业	23	2 877	2 877	36	1 404
			其他工业	24	813	813	0	0
			建筑业	25	0	0	0	0
			第二产业合计	T2	281 012	281 012	9 629	57 464

本 流 量 表

生产价格计算）　　　　　　　　　　　　　　　　　　　　　　　　单位：千元

间	使	用					代码
生	产	部	门				
二	产	业					
金属矿采选业	其他非金属矿采选业	食业制造业	纺织业	缝纫及皮革制品业	木材加工及家具制造业	造纸及文教用品制造业	
04	05	06	07	08	09	10	
321	0	254 867	100 081	26 102	272	18 053	01
321	0	254 867	100 081	26 102	272	18 053	T1
7 927	1 401	4 631	1 947	701	393	938	02
0	0	0	0	0	0	0	03
0	26	0	0	0	0	0	04
1 106	1 150	3 368	677	147	8 278	189	05
74	1	31 555	158	188	271	7	06
648	1 949	2 080	63 279	17 008	1 409	2 012	07
563	2 923	1 340	349	12 680	234	184	08
740	1 328	686	165	77	4 720	221	09
368	2 328	6 484	553	1 072	70	16 551	10
3 345	3 539	8 401	3 451	579	392	930	11
3 838	14 889	1 415	769	452	252	490	12
49	23	456	1	16	29	6	13
8 739	22 944	6 422	22 991	37 793	2 977	5 223	14
1 513	407	3 243	185	236	55	77	15
4 986	2 115	3 103	549	42	413	523	16
969	2 636	2 012	1 094	1 099	2 467	487	17
1 241	1 640	1 791	2 980	685	344	421	18
263	8 229	267	218	79	117	95	19
1 589	1 369	1 223	1 254	331	134	71	20
37	201	300	1	0	0	11	21
0	12	195	32	6	1	5	22
1 558	77	728	115	42	10	39	23
699	541	18	79	422	2	22	24
0	0	0	0	0	0	0	25
40 251	69 726	79 715	100 847	73 653	22 570	28 498	T2

投 入 产 出 基

(1990年按当年

投入＼产出			代码	中			
				物质			
				第			
				电力及蒸汽热水生产和供应业	石油加工业	炼焦、煤气及煤制品业	化学工业
代码				11	12	13	14
中间投入	物质生产部门	第一产业	农业	01	0	0	0	32 592
			第一产业合计	T1	0	0	0	32 592
		第二产业	煤炭采选业	02	60 064	7	6 989	9 249
			石油和天然气开采业	03	0	2 554	0	0
			金属矿采选业	04	0	0	0	2 876
			其他非金属矿采选业	05	530	1	0	8 160
			食品制造业	06	112	8	0	7 848
			纺织业	07	625	0	61	6 131
			缝纫及皮革制品业	08	580	22	3	925
			木材加工及家具制造业	09	163	2	15	716
			造纸及文教用品制造业	10	1 091	70	5	7 625
			电力及蒸汽、热水生产和供应业	11	1 193	2	1 491	15 768
			石油加工业	12	1 750	527	595	5 350
			炼焦、煤气及煤制品业	13	175	0	0	3 387
			化学工业	14	1 744	94	74	106 606
			建材及其他非金属矿物制品业	15	1 021	7	0	6 661
			金属冶炼及压延加工业	16	4 377	28	0	9 070
			金属制品业	17	1 802	285	326	4 254
			机械工业	18	2 947	29	0	3 603
			交通运输设备制造业	19	796	21	121	1 688
			电气机械及器材制造业	20	2 367	8	21	982
			电子及通信设备制造业	21	188	0	0	19
			仪器仪表及其他计量器具制造业	22	1 433	3	0	919
			机械设备修理业	23	164	15	0	792
			其他工业	24	30	0	0	33
			建筑业	25	0	0	0	0
			第二产业合计	T2	83 153	3 682	9 700	202 663

本 流 量 表 （续一）

生产价格计算）　　　　　　　　　　　　　　　　单位：千元

间	使		用					代码
生		产		部	门			
二		产		业				
建材及其他非金属矿物制品业	金属冶炼及压延加工业	金属制品业	机械工业	交通运输设备制造业	电子机械及器材制造业	电子及通信设备制造业	仪器仪表及其他计量器具制造业	
15	16	17	18	19	20	21	22	
16	340	1	17	0	0	0	0	01
16	340	1	17	0	0	0	0	T1
9 151	33 217	953	3 874	141	1 167	107	81	02
0	0	0	0	0	0	0	0	03
0	7 331	0	14	0	0	0	0	04
2 446	3 501	348	1 691	58	326	102	22	05
43	242	7	47	7	269	2	1	06
525	1 936	486	945	55	361	54	28	07
770	3 709	772	1 029	98	307	17	44	08
1 700	1 019	772	2 533	112	2 117	68	29	09
3 981	1 437	4 492	2 599	37	1 896	750	199	10
4 989	79 991	3 455	5 701	299	1 378	113	133	11
2 187	12 738	1 569	4 729	300	3 533	84	80	12
463	19 858	7 776	1 529	28	244	2	1	13
2 209	20 646	7 126	10 017	2 788	7 004	2 888	1 089	14
4 196	56 742	889	5 282	170	1 784	14	42	15
4 848	518 822	83 810	98 776	4 561	59 056	2 964	4 226	16
946	11 532	4 470	8 971	449	311	242	2 713	17
4 016	17 096	4 524	56 191	7 640	4 227	368	291	18
926	2 097	1 886	4 661	7 342	225	0	8	19
905	12 206	903	6 593	365	9 089	461	99	20
21	658	490	3 221	167	171	3 110	153	21
24	1 382	187	804	163	89	93	18	22
331	962	231	462	64	196	666	32	23
396	7 719	4 376	501	148	0	0	0	24
0	0	0	0	0	0	0	0	25
45 072	814 840	129 521	220 171	24 992	93 750	12 105	9 288	T2

投入产出基

(1990年按当年

投入 \ 产出			代码	中间使用 物质 第二产业 机械设备修理业	其他工业	建筑业	第二产业合计
代码				23	24	25	T2
中间投入 物质生产部门	第一产业	农业	01	13	0	0	432 673
		第一产业合计	T1	13	0	0	432 673
	第二产业	煤炭采选业	02	999	8	45 086	190 436
		石油和天然气开采业	03	0	0	0	2 554
		金属矿采选业	04	0	0	0	10 247
		其他非金属矿采选业	05	140	1	48 425	82 072
		食品制造业	06	7	0	71	40 916
		纺织业	07	777	436	3 447	104 313
		缝纫及皮革制品业	08	443	1	2 115	29 709
		木材加工及家具制造业	09	520	1	19 531	38 068
		造纸及文教用品制造业	10	122	1	6 221	60 535
		电力及蒸汽、热水生产和供应业	11	923	3	15 467	152 356
		石油加工业	12	5 995	3	21 982	89 633
		炼焦、煤气及煤制品业	13	53	0	2 506	36 611
		化学工业	14	8 160	14	37 337	318 121
		建材及其他非金属矿物制品业	15	985	0	131 639	221 960
		金属冶炼及压延加工业	16	7 103	4 152	310 659	1 142 376
		金属制品业	17	1 041	18	37 871	87 179
		机械工业	18	2 624	25	36 453	166 759
		交通运输设备制造业	19	50 511	0	18 354	100 360
		电气机械及器材制造业	20	1 098	89	32 118	75 235
		电子及通信设备制业	21	444	0	0	9 191
		仪器仪表及其他计量器具制造业	22	68	0	300	6 100
		机械设备修理业	23	73	0	11 550	19 545
		其他工业	24	5	0	29 395	44 386
		建筑业	25	0	0	0	0
		第二产业合计	T2	82 092	4 753	810 527	3 028 661

本　流　量　表　(续二)

生产价格计算）　　　　　　　　　　　　　　　　　　　　　　　　　　　　单位：千元

间	使	用					代码
生产部门				非物质生产部门			
第三产业							
货运邮电业	商业	饮食业	物质生产部门合计	旅客运输业	公用事业及居民服务业	文教卫生科研事业	
26	27	28	TM	29	30	31	
0	13 120	3 866	747 928	1	5 225	8 463	01
0	13 120	3 866	747 928	1	5 225	8 463	T1
6 653	3 960	483	202 774	2 460	3 463	4 225	02
0	24	2	2 580	0	0	0	03
0	0	14	10 261	0	14	0	04
2 117	3 621	50	89 627	549	1 955	7 271	05
0	8 794	21 476	169 059	0	2 725	870	06
1 696	12 357	63	126 859	1 002	3 308	3 570	07
2 570	3 518	63	37 985	1 240	430	2 627	08
3 788	6 465	192	54 285	1 981	2 834	1 592	09
3 271	11 614	45	76 900	550	9 972	13 442	10
4 655	10 032	332	172 070	1 655	2 952	6 200	11
91 540	11 468	45	219 267	28 486	3 801	4 719	12
1 315	3 667	127	41 902	572	2 430	3 831	13
23 529	8 453	140	443 019	5 069	18 839	39 753	14
3 138	23 829	264	252 093	2 904	575	4 464	15
6 002	8 244	0	1 160 275	1 946	347	3 176	16
3 339	8 118	132	115 812	1 870	928	3 815	17
3 002	3 094	84	180 130	873	448	514	18
33 569	6 072	0	141 237	18 914	5 887	1 084	19
2 035	3 826	28	83 408	2 211	1 934	418	20
1 363	781	15	11 350	159	4 843	400	21
225	48	1	6 508	128	10	1 227	22
1 709	8 075	66	32 272	9 227	3 221	5 507	23
264	1 313	1	46 777	1	988	847	24
0	0	0	0	0	0	0	25
195 780	147 374	23 623	3 676 449	81 799	71 905	109 551	T2

投入产出基

(1990年按当年

投入 \ 产出				代码	中间使			
					非物质生产部门			
					第三产业			
					金融保险业	行政机关	第三产业合计	非物质生产部门合计
			代码		32	33	T3	TNM
中间投入	物质生产部门	第一产业	农业	01	0	0	30 675	13 688
			第一产业合计	T1	0	0	30 675	13 688
		第二产业	煤炭采选业	02	0	1 462	22 705	11 609
			石油和天然气开采业	03	0	0	26	0
			金属矿采选业	04	0	0	28	14
			其他非金属矿采选业	05	1 403	3 864	20 831	15 042
			食品制造业	06	0	39	33 902	3 633
			纺织业	07	1 020	864	23 880	9 764
			缝纫及皮革制品业	08	29	115	10 592	4 441
			木材加工及家具制造业	09	512	2 957	20 322	9 877
			造纸及文教用品制造业	10	4 358	10 801	54 054	39 124
			电力及蒸汽、热水生产和供应业	11	736	11 973	38 534	23 515
			石油加工业	12	1 497	2 896	144 452	41 399
			炼焦、煤气及煤制品业	13	2 414	4 827	19 183	14 074
			化学工业	14	603	4 563	100 948	68 826
			建材及其他非金属矿物制品业	15	743	450	36 368	9 137
			金属冶炼及压延加工业	16	0	0	19 715	5 469
			金属制品业	17	186	3 115	21 505	9 914
			机械工业	18	1 622	969	10 607	4 427
			交通运输设备制造业	19	372	17 415	83 313	43 672
			电气机械及器材制造业	20	203	8 493	19 147	13 259
			电子及通信设备制业	21	72	17 122	24 755	22 595
			仪器仪表及其他计量器具制造业	22	271	2 419	4 330	4 056
			机械设备修理业	23	380	236	28 422	18 571
			其他工业	24	0	0	3 414	1 836
			建筑业	25	0	0	0	0
			第二产业合计	T2	16 422	94 578	741 032	374 255

本　流　量　表　(续三)

生产价格计算)　　　　　　　　　　　　　　　　　　　　单位：千元

用	最终使用						
	总消费					总积累	代码
中间使用合计	居民总消费			社会总消费	总消费合计	固定资产形成	
	农业居民	非农业居民	小计			固定资产大修理	
STIU	SB101	SB102	STHC	SB103	STC	SB201	
761 616	725 400	538 860	1 264 260	59 294	1 323 554	0	01
761 616	725 400	538 860	1 264 260	59 294	1 323 554	0	T1
214 383	11 100	1 000	12 100	0	12 100	0	02
2 580	0	0	0	0	0	0	03
10 275	0	0	0	0	0	0	04
104 669	0	6 240	6 240	0	6 240	0	05
172 691	311 990	480 981	792 971	0	792 971	0	06
136 623	126 216	90 240	216 456	0	216 456	0	07
42 426	92 730	122 240	214 970	0	214 970	0	08
64 162	73 020	21 110	94 130	0	94 130	0	09
116 024	0	19 500	19 500	0	19 500	0	10
195 585	10 960	7 020	17 980	0	17 980	0	11
260 666	0	3 240	3 240	0	3 240	0	12
55 977	0	29 160	29 160	0	29 160	0	13
511 846	30 160	41 860	72 020	0	72 020	0	14
261 230	2 530	170	2 700	0	2 700	0	15
1 165 743	0	0	0	0	0	0	16
125 727	11 760	8 120	19 880	0	19 880	0	17
184 558	19 900	17 860	37 760	0	37 760	0	18
184 908	3 610	0	3 610	0	3 610	0	19
96 667	7 520	42 240	49 760	0	49 760	0	20
33 945	40 450	48 730	89 180	0	89 180	0	21
10 564	0	0	0	0	0	0	22
50 843	0	0	0	0	0	53 563	23
48 613	3 870	0	3 870	0	3 870	0	24
0	0	0	0	0	0	38 442	25
4 050 704	745 816	939 711	1 685 527	0	1 685 527	92 005	T2

投入产出基

(1990年按当年

投入＼产出				代码	最终 总积 固定资产形成 固定资产更新改造	基本建设 物质生产性	基本建设 非物质生产性	基本建设 小计
代码					SB202	SB203	SB204	STCC
中间投入	物质生产部门	第一产业	农业	01	0	150 960	0	150 960
			第一产业合计	T1	0	150 960	0	150 960
		第二产业	煤炭采选业	02	0	0	0	0
			石油和天然气开采业	03	0	0	0	0
			金属矿采选业	04	0	0	0	0
			其他非金属矿采选业	05	0	0	15 474	15 474
			食品制造业	06	0	0	0	0
			纺织业	07	0	0	430	430
			缝纫及皮革制品业	08	0	0	50	50
			木材加工及家具制造业	09	0	0	640	640
			造纸及文教用品制造业	10	0	0	4 890	4 890
			电力及蒸汽、热水生产和供应业	11	0	0	0	0
			石油加工业	12	0	0	0	0
			炼焦、煤气及煤制品业	13	0	0	0	0
			化学工业	14	0	0	0	0
			建材及其他非金属矿物制品业	15	0	0	1 810	1 810
			金属冶炼及压延加工业	16	0	94 194	270	94 464
			金属制品业	17	3 339	16 500	1 490	17 990
			机械工业	18	19 302	103 062	41 270	144 332
			交通运输设备制造业	19	3 076	2 900	15 320	18 220
			电气机械及器材制造业	20	456	65 900	9 200	75 100
			电子及通信设备制业	21	661	11 870	11 750	23 620
			仪器仪表及其他计量器具制造业	22	255	3 980	2 180	6 160
			机械设备修理业	23	0	0	0	0
			其他工业	24	0	0	2 020	2 020
			建筑业	25	215 058	935 190	415 120	1 350 310
			第二产业合计	T2	242 147	1 233 596	521 914	1 755 510

本 流 量 表 （续四）

生产价格计算）

单位：千元

终使用：积累：库存增加：物资生产性	终使用：积累：库存增加：非物资生产性	终使用：积累：库存增加：小计	终使用：总积累合计	终使用：调出	最终使用合计	调入	总产出	代码
SB205	SB206	SB207	STAC	SB301	STFD	SB401	STO	
217 176	2 856	220 032	370 992	144 781	1 839 327	148 243	2 452 700	01
217 176	2 856	220 032	370 992	144 781	1 839 327	148 243	2 452 700	T1
-3 330	13 210	9 880	9 880	0	21 980	148 622	87 741	02
11 440	0	11 440	11 440	191 396	202 836	0	205 416	03
30 120	0	30 120	30 120	86 527	116 647	3 256	123 666	04
34 460	0	34 460	49 934	189 603	245 777	121 437	229 010	05
-8 920	-17 040	-25 960	-25 960	57 426	824 437	506 083	491 046	06
24 880	36 650	61 530	61 960	107 211	385 627	172 072	350 178	07
22 210	850	23 060	23 110	22 754	260 834	151 091	152 169	08
- 800	2 730	1 930	2 570	8 482	105 182	124 902	44 442	09
6 700	- 810	5 890	10 780	14 178	44 458	66 781	93 701	10
0	0	0	0	414 907	432 887	36 594	591 878	11
7 880	22 116	29 996	29 996	17 698	50 934	301 404	10 195	12
- 360	0	- 360	- 360	5 689	31 189	73 356	17 109	13
29 260	4 120	33 380	33 380	141 899	247 299	366 170	392 974	14
16 680	- 860	15 820	17 630	23 267	43 597	152 802	152 025	15
129 566	-2 856	126 710	221 174	222 409	443 583	62 726	1 546 600	16
8 130	3 850	11 980	33 309	61 726	114 915	29 380	211 262	17
96 440	-16 800	79 640	243 274	248 928	529 962	264 892	449 628	18
12 480	5 760	18 240	39 536	85 748	128 894	239 827	73 976	19
16 680	-4 700	11 980	87 536	52 634	189 930	144 468	142 129	20
11 390	9 620	21 010	45 291	29 684	164 155	171 189	26 912	21
1 780	0	1 780	8 195	5 376	13 571	5 097	19 038	22
0	0	0	53 563	8 431	61 994	7 078	105 759	23
6 060	0	6 060	8 080	2 218	14 168	56 084	6 697	24
0	0	0	1 603 810	0	1 603 810	0	1 603 810	25
452 746	55 840	508 586	2 598 248	1 998 191	6 281 966	3 205 312	7 127 358	T2

投　入　产　出　基

(1990年按当年

投入 ＼ 产出	代码	农业	第一产业合计	煤炭采选业	石油和天然气开采业
		中 / 物质 / 第一产业		第	
代码		01	T1	02	03
中间投入 物质生产部门 第三产业 货运邮电业	26	21 961	21 961	1 128	4 177
商　业	27	50 819	50 819	812	3 370
饮食业	28	0	0	0	0
物质生产部门合计	TM	652 060	652 060	11 569	65 011
非物质生产部门 旅客运输业	29	7 784	7 784	207	836
公用事业及居民服务业	30	6 879	6 879	388	1 214
文教卫生科研事业	31	4 083	4 083	358	4 649
金融保险业	32	15 035	15 035	756	85
行政机关	33	0	0	0	0
第三产业合计	T3	106 561	106 561	3 649	14 332
非物质生产部门合计	TNM	33 781	33 781	1 709	6 784
中间投入合计	STM	685 840	685 840	13 279	71 796
最初投入 固定资产折旧 基本折旧	SA101	41 940	41 940	6 650	23 049
大修理折旧	SA102	7 220	7 220	4 980	12 360
固定资产折旧合计	STFC	49 160	49 160	11 630	35 409
劳动者收入	SA201	1 633 570	1 633 570	40 375	9 257
福利基金	SA202	9 220	9 220	3 622	887
利润和税金	SA204	68 090	68 090	12 043	17 430
其　他	SA205	6 820	6 820	6 793	70 636
最初投入合计	STPI	1 766 860	1 766 860	744 620	133 620
总　收　入	STI	2 452 700	2 452 700	87 741	205 416

本 流 量 表 （续五）

生产价格计算）　　　　单位：千元

间	使	用					代码
生	产	部	门				
二	产	业					
金属矿采选业	其他非金属矿采选业	食业制造业	纺织业	缝纫及皮革制品业	木材加工及家具制造业	造纸及文教用品制造业	
04	05	06	07	08	09	10	
6 516	5 982	5 592	4 391	2 800	4 444	1 673	26
5 387	7 291	14 281	16 090	10 346	1 981	5 013	27
0	0	0	0	0	0	0	28
52 474	**82 999**	**354 455**	**221 410**	**112 901**	**29 268**	**53 237**	**TM**
1 606	1 547	1 883	1 876	1 295	229	767	29
1 396	2 512	1 706	1 368	1 050	156	889	30
667	1 151	641	489	460	58	371	31
7 111	4 506	4 003	10 908	3 905	221	3 039	32
0	0	0	0	0	0	0	33
22 683	**22 988**	**28 106**	**35 121**	**19 856**	**7 089**	**11 754**	**T3**
10 781	**9 716**	**8 233**	**14 640**	**6 710**	**663**	**5 067**	**TNM**
63 255	**92 714**	**362 688**	**236 050**	**119 611**	**29 931**	**58 305**	**STII**
5 332	7 677	6 650	7 875	2 567	866	2 413	SA101
5 290	4 180	4 490	5 210	510	470	810	SA102
10 622	**11 857**	**11 140**	**13 085**	**3 077**	**1 336**	**3 223**	**STFC**
11 394	29 145	24 783	42 262	14 872	6 826	15 079	SA201
1 471	3 446	2 436	3 995	1 295	505	1 218	SA202
34 225	72 808	81 255	43 662	9 640	4 484	11 941	SA204
2 699	19 040	8 743	11 125	3 674	1 361	3 935	SA205
60 411	**136 296**	**128 358**	**114 128**	**32 558**	**14 511**	**35 396**	**STPI**
123 666	**229 010**	**491 046**	**350 178**	**152 169**	**44 442**	**93 701**	**STI**

投　入　产　出　基

(1990年按当年

投入 \ 产出			代码	中			
				物质			
				第			
				电力及蒸汽热水生产和供应业	石油加工业	炼焦、煤气及煤制品业	化学工业
代码				11	12	13	14
中间投入	物质生产部门	第三产业	货运邮电业	26	31 115	3 567	3 621	14 057
			商业	27	17 593	128	2 743	19 425
			饮食业	28	0	0	0	0
			物质生产部门合计	TM	131 861	7 376	16 063	268 737
	非物质生产部门		旅客运输业	29	2 853	51	251	4 892
			公用事业及居民服务业	30	2 958	92	3	6 038
			文教卫生科研事业	31	1 946	27	0	2 147
			金融保险业	32	1 709	−16	9	9 470
			行政机关	33	0	0	0	0
			第三产业合计	T3	58 174	3 849	6 627	56 030
			非物质生产部门合计	TNM	9 467	154	264	22 548
			中间投入合计	STM	141 327	7 531	16 327	291 285
最初投入	固定资产折旧		基本折旧	SA101	65 151	93	62	8 865
			大修理折旧	SA102	55 200	0	0	7 510
			固定资产折旧合计	STFC	120 351	93	62	16 375
			劳动者收入	SA201	22 232	480	305	37 246
			福利基金	SA202	1 953	44	44	3 226
			利润和税金	SA204	295 785	1 674	326	30 701
			其他	SA205	10 229	374	45	14 141
			最初投入合计	STPI	450 551	2 664	783	101 689
总收入				STI	591 878	10 195	17 109	392 974

本　流　量　表　(续六)

生产价格计算)　　　　　　　　　　　　　　　　　　单位：千元

间	使	用						代码
生	产	部	门					
二	产	业						
建材及其他非金属矿物制品业	金属冶炼及压延加工业	金属制品业	机械工业	交通运输设备制造业	电子机械及器材制造业	电子及通信设备制造业	仪器仪表及其他计量器具制造业	
15	16	17	18	19	20	21	22	
9 168	73 047	9 190	17 244	1 152	5 677	758	478	26
10 088	102 044	10 654	19 144	1 826	6 459	1 333	644	27
0	0	0	0	0	0	0	0	28
64 344	**990 270**	**149 366**	**256 576**	**27 970**	**105 886**	**14 196**	**10 410**	**TM**
1 265	12 839	1 976	3 386	235	1 878	250	261	29
829	13 756	2 399	4 571	194	3 204	321	456	30
686	4 406	881	1 748	45	639	80	99	31
2 680	68 427	7 983	20 657	2 576	11 357	1 681	934	32
0	0	0	0	0	0	0	0	33
24 716	**274 519**	**33 082**	**66 751**	**6 028**	**29 214**	**4 423**	**2 872**	**T3**
5 460	**99 428**	**13 238**	**30 362**	**3 050**	**17 078**	**2 332**	**1 750**	**TNM**
69 804	**1 089 698**	**162 604**	**286 938**	**31 021**	**122 964**	**16 528**	**12 160**	**STII**
7 386	39 529	2 808	16 232	3 606	1 219	470	569	SA101
3 710	35 410	1 280	11 640	2 400	650	510	360	SA102
11 096	**74 939**	**4 088**	**27 872**	**6 006**	**1 869**	**980**	**929**	**STFC**
32 514	70 469	16 159	99 417	28 480	8 908	4 318	4 067	SA201
2 776	10 371	1 591	12 631	2 601	791	406	395	SA202
29 031	265 107	22 305	4 398	− 483	4 671	3 999	806	SA204
6 804	36 017	4 513	18 371	6 351	2 926	680	680	SA205
82 221	**456 902**	**48 657**	**162 690**	**42 955**	**19 165**	**10 384**	**6 878**	**STPI**
152 025	**1 546 600**	**211 262**	**449 628**	**73 976**	**142 129**	**26 912**	**19 038**	**STI**

(七)投入产出基

(1990年按当年

投入 \ 产出				代码	中间物质 第二产业 机械设备修理业	其他工业	建筑业	第二产业合计
代码					23	24	25	T2
中间投入	物质生产部门	第三产业	货运邮电业	26	4 018	396	92 904	303 094
			商业	27	6 321	357	94 875	358 206
			饮食业	28	0	0	0	0
			物质生产部门合计	TM	92 444	5 506	998 306	4 122 634
	非物质生产部门		旅客运输业	29	1 718	39	12 594	54 734
			公用事业及居民服务业	30	2 837	15	3 545	51 899
			文教卫生科研事业	31	542	6	10 720	32 819
			金融保险业	32	1 984	12	11 705	175 702
			行政机关	33	0	0	0	0
			第三产业合计	T3	17 421	825	226 343	976 454
		非物质生产部门合计		TNM	7 082	72	38 564	315 154
	中间投入合计			STM	99 526	5 578	1 036 870	4 437 788
最初投入	固定资产折旧	基本折旧		SA101	315	155	49 350	258 890
		大修理折旧		SA102	80	50	26 140	183 240
		固定资产折旧合计		STFC	395	205	75 490	442 130
	劳动者收入			SA201	2 486	927	350 800	872 800
	福利基金			SA202	209	77	30 290	86 280
	利润和税金			SA204	2 542	－350	48 500	996 500
	其他			SA205	601	261	61 860	291 860
	最初投入合计			STPI	6 233	1 119	566 940	2 689 570
总收入				STI	105 759	6 697	1 603 810	7 127 358

本 流 量 表 (续七)

生产价格计算）　　　　单位：千元

间	使	用					
生	产	部	门	非物质生产部门			代码
第		三	产	业			
货运邮电业	商业	饮食业	物质生产部门合计	旅客运输业	公用事业及居民服务业	文教卫生科研事业	
26	27	28	TM	29	30	31	
22 674	20 391	1 687	369 808	7 219	5 687	9 383	26
22 799	13 110	3 531	448 465	7 504	7 189	7 509	27
0	0	0	0	0	0	0	28
241 254	193 995	32 707	5 242 650	96 523	90 006	134 906	TM
3 049	2 433	1 136	69 136	1 315	1 074	1 646	29
1 967	5 064	2 054	67 863	1 208	608	2 426	30
1 736	776	1 122	40 536	1 589	267	1 483	31
253	140 892	21	331 903	79	752	217	32
0	0	0	0	0	0	0	33
52 479	182 666	9 551	1 327 711	18 913	15 578	22 664	T3
7 006	149 165	4 333	509 438	4 190	2 701	5 772	TNM
248 260	343 160	37 040	5 752 088	100 713	92 707	140 678	STII
51 950	28 010	2 250	383 040	10 240	55 040	74 650	SA101
51 320	5 160	830	247 770	10 090	3 410	0	SA102
103 270	33 170	3 080	630 810	20 330	58 450	74 650	STFC
125 970	78 710	11 740	2 722 790	16 480	56 050	391 560	SA201
25 420	6 920	390	128 230	4 710	4 690	37 380	SA202
-22 770	261 940	62 920	1 366 680	-5 890	28 720	0	SA204
17 180	19 370	880	336 110	4 070	4 730	53 890	SA205
249 070	400 110	79 010	5 184 620	39 700	152 640	557 480	STPI
497 330	743 270	116 050	10 936 708	140 413	245 347	698 158	STI

投 入 产 出 基

(1990年 按 当 年

投入 \ 产出			代码	中间使用 · 非物质生产部门 · 第三产业 · 金融保险业	行政机关	第三产业合计	非物质生产部门合计
代码				32	33	T3	TNM
中间投入	物质生产部门 · 第三产业	货运邮电业	26	8 276	16 300	91 618	46 866
		商业	27	2 799	15 009	79 450	40 010
		饮食业	28	0	0	0	0
	物质生产部门合计		TM	27 497	125 888	942 775	474 819
	非物质生产部门 · 第三产业	旅客运输业	29	719	6 271	17 644	11 025
		公用事业及居民服务业	30	1 740	15 508	30 575	21 490
		文教卫生科研事业	31	518	3 309	10 801	7 166
		金融保险业	32	189	2 003	144 406	3 240
		行政机关	33	0	0	0	0
		第三产业合计	T3	14 241	58 401	374 493	129 797
	非物质生产部门合计		TNM	3 166	27 091	203 425	42 921
	中间投入合计		STM	30 663	152 979	1 146 200	517 740
最初投入	固定资产折旧	基本折旧	SA101	11 500	18 580	252 220	170 010
		大修理折旧	SA102	0	0	70 810	13 500
	固定资产折旧合计		STFC	11 500	18 580	323 030	183 510
	劳动者收入		SA201	21 990	148 910	851 410	634 990
	福利基金		SA202	3 900	20 510	103 920	71 190
	利润和税金		SA204	163 100	0	488 020	185 930
	其他		SA205	271 290	33 790	405 200	367 770
	最初投入合计		STPI	471 780	221 790	2 171 580	1 443 390
总收入			STI	502 443	374 769	3 317 780	1 961 130

本 流 量 表 (续八)

生产价格计算）　　　　　　　　　　　　　　　　　　　　单位：千元

用	最终使用						代码
	总消费					总积累	
中间使用合计	居民总消费			社会总消费	总消费合计	固定资产形成	
	农业居民	非农业居民	小计			固定资产大修理	
STIU	SB101	SB102	STHC	SB103	STC	SB201	
416 674	28 164	31 709	59 873	0	59 873	1 315	26
488 474	80 150	93 280	173 430	0	173 430	0	27
0	26 850	48 000	74 850	42 385	117 235	0	28
5 717 469	1 606 380	1 651 560	3 257 940	101 679	3 359 619	93 320	TM
80 161	22 590	36 620	59 210	0	59 210	0	29
89 353	83 490	72 520	156 010	143 916	299 926	0	30
47 703	27 420	43 520	70 940	729 544	800 484	0	31
335 143	340	4 960	5 300	162 000	167 300	0	32
0	0	0	0	374 769	374 769	0	33
1 457 508	269 004	330 609	599 613	1 452 614	2 052 227	1 315	T3
552 360	133 840	157 620	291 460	1 410 229	1 701 689	0	TNM
6 269 828	1 740 220	1 809 180	3 549 400	1 511 908	5 061 308	93 320	STII
553 050							SA101
261 270							SA102
814 320							STFC
3 357 780							SA201
199 420							SA202
1 552 610							SA204
703 880							SA205
6 628 010							STPI
12 897 838	1 740 220	1 809 180	3 549 400	1 511 908	5 061 308	93 320	STI

投 入 产 出 基

(1990年 按当年

投入 \ 产出				代码	总积 固定资产形成 固定资产更新改造	基本建设 物质生产性	基本建设 非物质生产性	基本建设 小计
代码					SB202	SB203	SB204	STCC
中间投入	物质生产部门	第三产业	货运邮电业	26	3 856	21 867	2 499	24 366
			商业	27	8 198	26 567	7 397	33 964
			饮食业	28	0	0	0	0
			物质生产部门合计	TM	254 201	1 432 990	531 810	1 964 800
	非物质生产部门		旅客运输业	29	0	0	0	0
			公用事业及居民服务业	30	0	0	0	0
			文教卫生科研事业	31	0	0	0	0
			金融保险业	32	0	0	0	0
			行政机关	33	0	0	0	0
			第三产业合计	T3	12 054	48 434	9 896	58 330
		非物质生产部门合计		TNM	0	0	0	0
	中间投入合计			STM	254 201	1 432 990	531 810	1 964 800
最初投入	固定资产折旧		基本折旧	SA101				
			大修理折旧	SA102				
			固定资产折旧合计	STFC				
	劳动者收入			SA201				
	福利基金			SA202				
	利润和税金			SA204				
	其他			SA205				
	最初投入合计			STPI				
总收入				STI	254 201	1 432 990	531 810	1 964 800

本 流 量 表 (续九)

生产价格计算) 单位：千元

终使用								
累						调入	总产出	代码
库存增加			总积累合计	调出	最终使用合计			
物资生产性	非物资生产性	小计						
SB205	SB206	SB207	STAC	SB301	STFD	SB401	STO	
22 675	74	22 749	52 286	140 885	253 044	172 388	497 330	26
63 263	1 300	64 563	106 725	177 415	457 570	202 774	743 270	27
0	0	0	0	2 618	119 853	3 803	116 050	28
755 860	60 070	815 930	3 128 251	2 463 890	8 951 760	3 732 520	10 936 708	TM
0	0	0	0	8 309	67 519	7 267	140 413	29
0	0	0	0	9 864	309 790	153 795	245 347	30
0	0	0	0	8 657	809 141	158 686	698 158	31
0	0	0	0	0	167 300	0	502 443	32
0	0	0	0	0	374 769	0	374 769	33
85 938	1 374	87 312	159 011	347 748	2 558 986	698 714	3 317 780	T3
0	0	0	0	26 830	1 728 519	319 749	1 961 130	TNM
755 860	60 070	815 930	3 128 251	2 490 720	10 680 279	4 052 269	12 897 838	STII
								SA101
								SA102
								STFC
								SA201
								SA202
								SA203
								SA204
								SA205
								STPI
755 860	60 070	815 930	3 128 251	2 490 720	10 680 279	4 052 269	12 897 838	STI

投 入 产 出 直 接

(1990

		代码	农业	煤炭采选业	石油和天然气开采业	金属矿采选业
代码			01	02	03	04
中间投入	农业	01	0.1216078	0.0000000	0.0000000	0.0025922
	煤炭采选业	02	0.0005063	0.0013444	0.0062570	0.0640985
	石油和天然气开采业	03	0.0000000	0.0000000	0.0000000	0.0000000
	金属矿采选业	04	0.0000000	0.0000000	0.0000000	0.0000000
	其他非金属矿采选业	05	0.0007203	0.0160597	0.0000000	0.0089409
	食品制造业	06	0.0399043	0.0000000	0.0000000	0.0005982
	纺织业	07	0.0034373	0.0006950	0.0000000	0.0052372
	缝纫及皮革制品业	08	0.0008663	0.0009192	0.0025304	0.0045505
	木材加工及家具制造业	09	0.0023533	0.0042045	0.0022619	0.0059873
	造纸及文教用品制造业	10	0.0005850	0.0005026	0.0123582	0.0029728
	电力及蒸汽、热水生产和供应业	11	0.0019141	0.0092975	0.0000000	0.0270522
	石油加工业	12	0.0108375	0.0031288	0.0283818	0.0310370
	炼焦、煤气及煤制品业	13	0.0000748	0.0000790	0.0000000	0.0003969
	化学工业	14	0.0378262	0.0082920	0.0122139	0.0706699
	建材及其他非金属矿物制品业	15	0.0011830	0.0051744	0.0309529	0.0122332
	金属冶炼及压延加工业	16	0.0014890	0.0258083	0.0775458	0.0403147
	金属制品业	17	0.0069485	0.0067623	0.0028814	0.0078354
	机械工业	18	0.0029321	0.0168491	0.0785970	0.0100374
	交通运输设备制造业	19	0.0005038	0.0042301	0.0101573	0.0021243
	电气机械及器材制造业	20	0.0009316	0.0056673	0.0071215	0.0128514
	电子及通信设备制造业	21	0.0000000	0.0000000	0.0000000	0.0002979
	仪器仪表及其他计量器具制造业	22	0.0000543	0.0003180	0.0016508	0.0000000
	机械设备修理业	23	0.0011729	0.0004144	0.0068328	0.0125952
	其他工业	24	0.0003316	0.0000000	0.0000000	0.0056509
	建筑业	25	0.0000000	0.0000000	0.0000000	0.0000000

消　耗　系　数　表

年)

其他非金属矿采选业	食品制造业	纺织业	缝纫及皮革制品业	木材加工及家具制造业	造纸及文教用品制造业	电力及蒸汽热水生产和供应业	代码
05	06	07	08	09	10	11	
0.0000000	0.5190285	0.2858015	0.1715309	0.0061201	0.1926652	0.0000000	01
0.0061164	0.0094313	0.0055610	0.0046075	0.0088388	0.0100101	0.1014810	02
0.0000000	0.0000000	0.0000000	0.0000000	0.0000000	0.0000000	0.0000000	03
0.0001119	0.0000000	0.0000000	0.0000000	0.0000000	0.0000000	0.0000000	04
0.0050231	0.0068580	0.0019332	0.0009629	0.1862668	0.0020141	0.0008958	05
0.0000059	0.0642603	0.0004507	0.0012326	0.0060976	0.0000745	0.0001893	06
0.0085086	0.0042351	0.1807044	0.1117677	0.0317103	0.0214724	0.0010566	07
0.0127651	0.0027285	0.0009978	0.0833294	0.0052748	0.0019594	0.0009804	08
0.0057971	0.0013962	0.0004724	0.0005050	0.1062139	0.0023567	0.0002746	09
0.0101668	0.0132045	0.0015803	0.0070435	0.0015798	0.1766328	0.0018441	10
0.0154533	0.0171080	0.0098538	0.0038048	0.0088262	0.0099251	0.0020152	11
0.0650149	0.0028816	0.0021973	0.0029726	0.0056674	0.0052244	0.0029572	12
0.0000991	0.0009285	0.0000028	0.0001074	0.0006516	0.0000596	0.0002951	13
0.1001897	0.0130777	0.0656539	0.2483646	0.0669825	0.0557430	0.0029470	14
0.0017763	0.0066038	0.0005284	0.0015483	0.0012457	0.0008185	0.0017253	15
0.0092347	0.0063197	0.0015681	0.0002765	0.0092931	0.0055833	0.0073948	16
0.0115082	0.0040973	0.0031238	0.0072224	0.0555044	0.0051926	0.0030439	17
0.0071623	0.0036475	0.0085090	0.0045003	0.0077470	0.0044964	0.0049794	18
0.0359312	0.0005427	0.0006235	0.0005159	0.0026288	0.0010180	0.0013450	19
0.0059767	0.0024911	0.0035817	0.0021742	0.0030190	0.0007555	0.0039987	20
0.0008780	0.0006102	0.0000017	0.0000000	0.0000000	0.0001143	0.0003175	21
0.0000511	0.0003965	0.0000914	0.0000407	0.0000313	0.0000514	0.0024212	22
0.0003375	0.0014817	0.0003286	0.0002766	0.0002309	0.0004109	0.0002764	23
0.0023610	0.0000368	0.0002257	0.0027709	0.0000428	0.0002301	0.0000511	24
0.0000000	0.0000000	0.0000000	0.0000000	0.0000000	0.0000000	0.0000000	25

投 入 产 出 直 接

(1990

		代码	石油加工业	炼焦、煤气及煤制品业	化学工业	建材及其他非金属矿物制品业
代	码		12	13	14	15
中间投入	农业	01	0.0000000	0.0000000	0.0829358	0.0001033
	煤炭采选业	02	0.0007219	0.4084823	0.0235367	0.0601964
	石油和天然气开采业	03	0.2504818	0.0000000	0.0000009	0.0000000
	金属矿采选业	04	0.0000000	0.0000000	0.0073195	0.0000000
	其他非金属矿采选业	05	0.0000726	0.0000000	0.0207653	0.0160891
	食品制造业	06	0.0007406	0.0000000	0.0199703	0.0002816
	纺织业	07	0.0000353	0.0035519	0.0156025	0.0034552
	缝纫及皮革制品业	08	0.0021275	0.0001730	0.0023532	0.0050617
	木材加工及家具制造业	09	0.0001667	0.0008603	0.0018223	0.0111845
	造纸及文教用品制造业	10	0.0068779	0.0002811	0.0194041	0.0261840
	电力及蒸汽、热水生产和供应业	11	0.0001923	0.0871359	0.0401235	0.0328142
	石油加工业	12	0.0517056	0.0347640	0.0136150	0.0143861
	炼焦、煤气及煤制品业	13	0.0000000	0.0000000	0.0086178	0.0030487
	化学工业	14	0.0092594	0.0042971	0.2712800	0.0145306
	建材及其他非金属矿物制品业	15	0.0006886	0.0000000	0.0169497	0.0276035
	金属冶炼及压延加工业	16	0.0027317	0.0000000	0.0230803	0.0318872
	金属制品业	17	0.0279479	0.0190825	0.0108254	0.0062224
	机械工业	18	0.0028210	0.0000000	0.0091695	0.0264166
	交通运输设备制造业	19	0.0020588	0.0070441	0.0042964	0.0060892
	电气机械及器材制造业	20	0.0007680	0.0012467	0.0024981	0.0059539
	电子及通信设备制业	21	0.0000000	0.0000000	0.0000486	0.0001351
	仪器仪表及其他计量器具制造业	22	0.0002521	0.0000000	0.0023383	0.0001546
	机械设备修理业	23	0.0014713	0.0000000	0.0020151	0.0021775
	其他工业	24	0.0000000	0.0000000	0.0000844	0.0026050
	建筑业	25	0.0000000	0.0000000	0.0000000	0.0000000

消　耗　系　数　表　(续一)

年)

金属冶炼及压延加工业	金属制品业	机械工业	交通运输设备制造业	电子机械及器材制造业	电子及通信设备制造业	仪器仪表及其他计量器具制造业	代码
16	17	18	19	20	21	22	23
0.0002196	0.0000042	0.0000385	0.0000000	0.0000000	0.0000000	0.0000000	01
0.0214773	0.0045127	0.0086158	0.0019014	0.0082130	0.0039808	0.0042674	02
0.0000000	0.0000000	0.0000000	0.0000000	0.0000000	0.0000000	0.0000000	03
0.0047400	0.0000000	0.0000306	0.0000000	0.0000000	0.0000000	0.0000000	04
0.0022635	0.0016478	0.0037601	0.0007828	0.0022908	0.0037839	0.0011467	05
0.0001567	0.0000308	0.0001042	0.0001000	0.0018894	0.0000691	0.0000604	06
0.0012521	0.0022983	0.0021026	0.0007397	0.0025394	0.0020240	0.0014724	07
0.0023979	0.0036537	0.0022892	0.0013253	0.0021634	0.0006473	0.0023296	08
0.0006590	0.0036555	0.0056345	0.0015137	0.0148945	0.0025127	0.0015075	09
0.0009294	0.0212650	0.0057811	0.0004952	0.0133388	0.0278626	0.0104388	10
0.0517205	0.0163531	0.0126792	0.0040377	0.0096980	0.0041863	0.0069626	11
0.0082361	0.0074281	0.0105172	0.0040558	0.0248562	0.0031258	0.0041964	12
0.0128398	0.0368066	0.0034013	0.0003843	0.0017200	0.0000877	0.0000594	13
0.0133492	0.0337292	0.0222781	0.0376939	0.0492759	0.1072981	0.0571896	14
0.0366885	0.0042082	0.0117469	0.0022951	0.0125534	0.0005154	0.0021904	15
0.3354595	0.3967120	0.2196843	0.0616567	0.4155110	0.1101274	0.2219909	16
0.0074562	0.0211573	0.0199521	0.0060746	0.0021906	0.0090076	0.1425079	17
0.0110537	0.0214140	0.1249711	0.1032735	0.0297403	0.0136573	0.0152777	18
0.0013559	0.0089259	0.0103666	0.0992477	0.0015839	0.0000000	0.0003992	19
0.0078919	0.0042733	0.0146626	0.0049401	0.0639487	0.0171480	0.0051908	20
0.0004251	0.0023209	0.0071644	0.0022563	0.0012029	0.1155648	0.0080462	21
0.0008938	0.0008858	0.0017883	0.0022026	0.0006248	0.0034479	0.0009334	22
0.0006217	0.0010916	0.0010272	0.0008664	0.0013762	0.0247454	0.0016882	23
0.0049907	0.0207142	0.0011150	0.0020026	0.0000000	0.0000000	0.0000000	24
0.0000000	0.0000000	0.0000000	0.0000000	0.0000000	0.0000000	0.0000000	25

(一)投 入 产 出 直 接

(1990

		代 码	机械设备修理业	其他工业	建筑业	货运邮电业
代	码		23	24	25	26
	农 业	01	0.0001230	0.0000000	0.0000000	0.0000005
	煤炭采选业	02	0.0094454	0.0012438	0.0281118	0.0133768
	石油和天然气开采业	03	0.0000000	0.0000000	0.0000000	0.0000000
	金属矿采选业	04	0.0000000	0.0000000	0.0000000	0.0000000
中	其他非金属矿采选业	05	0.0013228	0.0000986	0.0301936	0.0042564
	食品制造业	06	0.0000638	0.0000000	0.0000443	0.0000000
	纺 织 业	07	0.0073459	0.0651219	0.0021490	0.0034102
	缝纫及皮革制品业	08	0.0041859	0.0001628	0.0013185	0.0051679
	木材加工及家具制造业	09	0.0049192	0.0000836	0.0121779	0.0076172
	造纸及文教用品制造业	10	0.0011544	0.0001971	0.0038786	0.0065772
间						
	电力及蒸汽、热水生产和供应业	11	0.0087313	0.0003912	0.0096438	0.0093596
	石油加工业	12	0.0566891	0.0004793	0.0137060	0.1840626
	炼焦、煤气及煤制品业	13	0.0005030	0.0000000	0.0015628	0.0026436
	化学工业	14	0.0771546	0.0020935	0.0232805	0.0473101
	建材及其他非金属矿物制品业	15	0.0093153	0.0000523	0.0820788	0.0063106
投	金属冶炼及压延加工业	16	0.0671642	0.6199780	0.1937007	0.0120678
	金属制品业	17	0.0098444	0.0027027	0.0236129	0.0067147
	机械工业	18	0.0248097	0.0037853	0.0227292	0.0060361
	交通运输设备制造业	19	0.4776047	0.0000000	0.0114442	0.0674991
	电气机械及器材制造业	20	0.0103828	0.0132702	0.0200260	0.0040916
入	电子及通信设备制造业	21	0.0041982	0.0000000	0.0000000	0.0027406
	仪器仪表及其他计量器具制造业	22	0.0006470	0.0000000	0.0001870	0.0004531
	机械设备修理业	23	0.0006899	0.0000000	0.0072017	0.0034359
	其他工业	24	0.0000459	0.0000000	0.0183284	0.0005316
	建 筑 业	25	0.0000000	0.0000000	0.0000000	0.0000000

消耗系数表（续二）

年)

商业	饮食业	旅客运输业	公用事业及居民服务业	文教卫生科研事业	金融保险业	行政机关	代码
27	28	29	30	31	32	33	
0.0176521	0.0333168	0.0000038	0.0212946	0.0121221	0.0000000	0.0000000	01
0.0053279	0.0041611	0.0175165	0.0141143	0.0060517	0.0000000	0.0039010	02
0.0000318	0.0000207	0.0000000	0.0000000	0.0000000	0.0000000	0.0000000	03
0.0000000	0.0001199	0.0000000	0.0000582	0.0000000	0.0000000	0.0000000	04
0.0048719	0.0004338	0.0039106	0.0079684	0.0104149	0.0027926	0.0103096	05
0.0118310	0.1850555	0.0000000	0.0111054	0.0012455	0.0000000	0.0001030	06
0.0166248	0.0005436	0.0071328	0.0134834	0.0051137	0.0020301	0.0023049	07
0.0047334	0.0005412	0.0088337	0.0017526	0.0037634	0.0000572	0.0003062	08
0.0086978	0.0016529	0.0141111	0.0115529	0.0022809	0.0010191	0.0078895	09
0.0156262	0.0003840	0.0039195	0.0406447	0.0192538	0.0086739	0.0288216	10
0.0134972	0.0028589	0.0117837	0.0120314	0.0088799	0.0014649	0.0319478	11
0.0154291	0.0003895	0.2028745	0.0154905	0.0067587	0.0029797	0.0077281	12
0.0049337	0.0010909	0.0040756	0.0099052	0.0054866	0.0048046	0.0128803	13
0.0113730	0.0012055	0.0361002	0.0767848	0.0569392	0.0012004	0.0121751	14
0.0320598	0.0022773	0.0206836	0.0023422	0.0063945	0.0014797	0.0012008	15
0.0110921	0.0000000	0.0138593	0.0014133	0.0045491	0.0000000	0.0000000	16
0.0109226	0.0011410	0.0133210	0.0037828	0.0054638	0.0003700	0.0083126	17
0.0041620	0.0007243	0.0062193	0.0018278	0.0007364	0.0032291	0.0025858	18
0.0081687	0.0000000	0.1347038	0.0239950	0.0015520	0.0007412	0.0464675	19
0.0051469	0.0002380	0.0157455	0.0078834	0.0005991	0.0004032	0.0226618	20
0.0010510	0.0001305	0.0011340	0.0197401	0.0005723	0.0001429	0.0456856	21
0.0000652	0.0000065	0.0009139	0.0000423	0.0017582	0.0005390	0.0064537	22
0.0108647	0.0005718	0.0657130	0.0131297	0.0078875	0.0007566	0.0006295	23
0.0017665	0.0000083	0.0000091	0.0040259	0.0012128	0.0000000	0.0000000	24
0.0000000	0.0000000	0.0000000	0.0000000	0.0000000	0.0000000	0.0000000	25

投 入 产 出 直 接

(1990

			代码	农业	煤炭采选业	石油和天然气开采业	金属矿采选业
代码				01	02	03	04
中间投入	货运邮电业		26	0.0089539	0.0128562	0.0203364	0.0526881
	商业		27	0.0207197	0.0092546	0.0164078	0.0435593
	饮食业		28	0.0000000	0.0000000	0.0000000	0.0000000
	旅客运输业		29	0.0031735	0.0023609	0.0040707	0.0129893
	公用事业及居民服务业		30	0.0028045	0.0044230	0.0059101	0.0112903
	文教卫生科研事业		31	0.0016648	0.0040815	0.0226306	0.0053953
	金融保险业		32	0.0061300	0.0086175	0.0004160	0.0575029
	行政机关		33	0.0000000	0.0000000	0.0000000	0.0000000
	中间投入合计		STH	0.2796265	0.1513404	0.3495142	0.5114992
最初投入	固定资产折旧	基本折旧	SA101	0.0170995	0.0757914	0.1122076	0.0431191
		大修理折旧	SA102	0.0029437	0.0567581	0.0601707	0.0427765
		固定资产折旧合计	STFC	0.0200432	0.1325496	0.1723783	0.0858956
	劳动者收入		SA201	0.6660293	0.4601652	0.0450659	0.0921356
	福利基金		SA202	0.0037591	0.0412750	0.0043199	0.0118913
	利润和税金		SA204	0.0277612	0.1372511	0.0848530	0.2767537
	其他		SA205	0.0027806	0.0774189	0.3438687	0.0218246
	最初投入合计		STPI	0.7203735	0.8486596	0.6504858	0.4885009
总投入			STI	1.0000000	1.0000000	1.0000000	1.0000000

消 耗 系 数 表 (续三)

年)

其他非金属矿采选业	食品制造业	纺织业	缝纫及皮革制品业	木材加工及家具制造业	造纸及文教用品制造业	电力及蒸汽热水生产和供应业	代码
05	06	07	08	09	10	11	
0.0261204	0.0113884	0.0125401	0.0183991	0.1000065	0.0178509	0.0525694	26
0.0318350	0.0290828	0.0459471	0.0679892	0.0445817	0.0535048	0.0297244	27
0.0000000	0.0000000	0.0000000	0.0000000	0.0000000	0.0000000	0.0000000	28
0.0067567	0.0038342	0.0053561	0.0085125	0.0051447	0.0081902	0.0048196	29
0.0109684	0.0034739	0.0039063	0.0069018	0.0035048	0.0094924	0.0049982	30
0.0050252	0.0013058	0.0013960	0.0030220	0.0013116	0.0039645	0.0032886	31
0.0196746	0.0081522	0.0311497	0.0256596	0.0049667	0.0324344	0.0028878	32
0.0000000	0.0000000	0.0000000	0.0000000	0.0000000	0.0000000	0.0000000	33
0.4048490	**0.7386030**	**0.6740865**	**0.7860387**	**0.6734893**	**0.6222455**	**0.2387775**	**STII**
0.0335221	0.0135425	0.0224881	0.0168708	0.0194873	0.0257475	0.1100759	SA101
0.0182525	0.0091438	0.0148782	0.0033515	0.0105756	0.0086445	0.0932625	SA102
0.0517745	**0.0226863**	**0.0373663**	**0.0202223**	**0.0300630**	**0.0343921**	**0.2033384**	**STFC**
0.1272641	0.0504707	0.1206860	0.0977348	0.1535836	0.1609314	0.0375618	SA201
0.0150470	0.0049614	0.0114074	0.0085100	0.0113591	0.0130003	0.0033004	SA202
0.3179238	0.1654731	0.1246851	0.0633484	0.1008849	0.1274346	0.4997399	SA204
0.0831414	0.0178055	0.0317689	0.0241457	0.0306203	0.0419960	0.0172821	SA205
0.5951508	**0.2613969**	**0.3259138**	**0.2139612**	**0.3265109**	**0.3777544**	**0.7612226**	**STPI**
1.0000000	**1.0000000**	**1.0000000**	**1.0000000**	**1.0000000**	**1.0000000**	**1.0000000**	**STI**

投 入 产 出 直 接

(1990

		代 码	石 油 加 工 业	炼焦、煤气及煤制品业	化学工业	建材及其他非金属矿物制品业
代	码		12	13	14	15
中间投入	货运邮电业	26	0.3498313	0.2116251	0.0357706	0.0603029
	商 业	27	0.0125542	0.1602941	0.0494311	0.0663604
	饮食业	28	0.0000000	0.0000000	0.0000000	0.0000000
	旅客运输业	29	0.0050201	0.0146838	0.0124495	0.0083182
	公用事业及居民服务业	30	0.0090642	0.0001713	0.0153646	0.0054544
	文教卫生科研事业	31	0.0026552	0.0000269	0.0054640	0.0045142
	金融保险业	32	-.0015969	0.0005360	0.0240993	0.0176284
	行政机关	33	0.0000000	0.0000000	0.0000000	0.0000000
	中间投入合计	**STH**	**0.7386482**	**0.9542549**	**0.7412319**	**0.4591588**
最初投入	固定资产折旧 基本折旧	SA101	0.0091015	0.0036156	0.0225577	0.0485851
	固定资产折旧 大修理折旧	SA102	0.0000000	0.0000000	0.0191107	0.0244039
	固定资产折旧合计	**STFC**	**0.0091015**	**0.0036156**	**0.0416684**	**0.0729890**
	劳动者收入	SA201	0.0470572	0.0178435	0.0947797	0.2138723
	福利基金	SA202	0.0043060	0.0025658	0.0082103	0.0182633
	利润和税金	SA204	0.1641800	0.0190691	0.0781246	0.1909600
	其 他	SA205	0.0367071	0.0026512	0.0359852	0.0447567
	最初投入合计	**STPI**	**0.2613509**	**0.0457451**	**0.2587682**	**0.5408412**
总 投 入		**STI**	**1.0000000**	**1.0000000**	**1.0000000**	**1.0000000**

消　耗　系　数　表　(续四)

年)

金属冶炼及压延加工业	金属制品业	机械工业	交通运输设备制造业	电子机械及器材制造业	电子及通信设备制造业	仪器仪表及其他计量器具制造业	代码
16	17	18	19	20	21	22	
0.0472309	0.0435024	0.0383510	0.0155711	0.0399418	0.0281785	0.0251125	26
0.0659792	0.0504294	0.0425784	0.0246863	0.0454472	0.0495291	0.0338368	27
0.0000000	0.0000000	0.0000000	0.0000000	0.0000000	0.0000000	0.0000000	28
0.0083014	0.0093523	0.0075310	0.0031796	0.0132105	0.0092830	0.0137092	29
0.0088946	0.0113544	0.0101660	0.0026206	0.0225447	0.0119432	0.0239285	30
0.0028487	0.0041691	0.0038877	0.0006111	0.0044984	0.0029872	0.0052176	31
0.0442433	0.0377861	0.0459430	0.0348223	0.0799066	0.0624465	0.0490604	32
0.0000000	0.0000000	0.0000000	0.0000000	0.0000000	0.0000000	0.0000000	33
0.7045765	0.7696822	0.6381681	0.4193361	0.8651598	0.6141602	0.6387207	STII
0.0255585	0.0132938	0.0361013	0.0487522	0.0085743	0.0174698	0.0298946	SA101
0.0228954	0.0060588	0.0258880	0.0324431	0.0045733	0.0189509	0.0189100	SA102
0.0484539	0.0193527	0.0619894	0.0811953	0.0131476	0.0364206	0.0488046	STFC
0.0455636	0.0764873	0.2211095	0.3849871	0.0626760	0.1604412	0.2136285	SA201
0.0067055	0.0075322	0.0280929	0.0351589	0.0055662	0.0150883	0.0207522	SA202
0.1714130	0.1055817	0.0097817	-.0065234	0.0328648	0.1486066	0.0423532	SA204
0.0232875	0.0213640	0.0408585	0.0858461	0.0205853	0.0252831	0.0357404	SA205
0.2954234	0.2303179	0.3618319	0.5806638	0.1348399	0.3858398	0.3612788	STPI
1.0000000	1.0000000	1.0000000	1.0000000	1.0000000	1.0000000	1.0000000	STI

投 入 产 出 直 接

(1990

			代码	机械设备修理业	其他工业	建筑业	货运邮电业
代码				23	24	25	26
中间投入	货运邮电业		26	0.0379931	0.0591714	0.0579269	0.0455919
	商业		27	0.0597666	0.0532583	0.0591562	0.0458434
	饮食业		28	0.0000000	0.0000000	0.0000000	0.0000000
	旅客运输业		29	0.0162466	0.0057996	0.0078525	0.0061310
	公用事业及居民服务业		30	0.0268263	0.0023055	0.0022107	0.0039558
	文教卫生科研事业		31	0.0051249	0.0008870	0.0066839	0.0034908
	金融保险业		32	0.0187626	0.0018008	0.0072982	0.0005094
	行政机关		33	0.0000000	0.0000000	0.0000000	0.0000000
	中间投入合计		STH	0.9410608	0.8328799	0.6465042	0.4991856
最初投入	固定资产折旧	基本折旧	SA101	0.0029831	0.0230925	0.0307705	0.1044578
		大修理折旧	SA102	0.0007564	0.0074661	0.0162987	0.1031910
		固定资产折旧合计	STFC	0.0037395	0.0305586	0.0470692	0.2076488
	劳动者收入		SA201	0.0235059	0.1383892	0.2187291	0.2532926
	福利基金		SA202	0.0019716	0.0114708	0.0188863	0.0511129
	利润和税金		SA204	0.0240392	-.0522444	0.0302405	-.0457845
	其他		SA205	0.0056830	0.0389459	0.0385707	0.0345445
	最初投入合计		STPI	0.0589393	0.1671201	0.3534957	0.5008143
总投入			STI	1.0000000	1.0000000	1.0000000	1.0000000

消 耗 系 数 表 (续五)

年)

商 业	饮食业	旅客运输业	公用事业及居民服务业	文教卫生科研事业	金融保险业	行政机关	代码
27	28	29	30	31	32	33	
0.0274346	0.0145366	0.0514128	0.0231805	0.0134393	0.0164721	0.0434946	26
0.0176381	0.0304243	0.0534419	0.0293010	0.0107556	0.0055702	0.0400486	27
0.0000000	0.0000000	0.0000000	0.0000000	0.0000000	0.0000000	0.0000000	28
0.0032735	0.0097889	0.0093626	0.0043781	0.0023580	0.0014309	0.0167337	29
0.0068125	0.0177010	0.0086045	0.0024767	0.0034742	0.0034635	0.0413805	30
0.0010445	0.0096692	0.0113145	0.0010898	0.0021242	0.0010313	0.0088300	31
0.1895567	0.0001804	0.0005618	0.0030657	0.0003114	0.0003758	0.0053439	32
0.0000000	0.0000000	0.0000000	0.0000000	0.0000000	0.0000000	0.0000000	33
0.4616896	**0.3191728**	**0.7172627**	**0.3778608**	**0.2014988**	**0.0610278**	**0.4081954**	**STII**
0.0376848	0.0193882	0.0729277	0.2243353	0.1069242	0.0228882	0.0495772	SA101
0.0069423	0.0071521	0.0718594	0.0138987	0.0000000	0.0000000	0.0000000	SA102
0.0446271	**0.0265403**	**0.1447872**	**0.2382340**	**0.1069242**	**0.0228882**	**0.0495772**	**STFC**
0.1058969	0.1011633	0.1173680	0.2284520	0.5608473	0.0437662	0.3973381	SA201
0.0093102	0.0033606	0.0335439	0.0191158	0.0535409	0.0077621	0.0547270	SA202
0.3524157	0.5421801	-.0419477	0.1170587	0.0000000	0.3246139	0.0000000	SA204
0.0260605	0.0075829	0.0289859	0.0192788	0.0771888	0.5399418	0.0901622	SA205
0.5383104	**0.6808273**	**0.2827373**	**0.6221393**	**0.7985013**	**0.9389722**	**0.5918046**	**STPI**
1.0000000	**1.0000000**	**1.0000000**	**1.0000000**	**1.0000000**	**1.0000000**	**1.0000000**	**STI**

投 入 产 出 完 全

(1990

	代 码	农 业	煤 炭 采选业	石油和天然气 开 采 业	金 属 矿 采选业
代 码		01	02	03	04
农 业	01	0.1819081	0.0062193	0.0153956	0.0312756
煤炭采选业	02	0.0067072	0.0077628	0.0209688	0.0823235
石油和天然气开采业	03	0.0060487	0.0035353	0.0132728	0.0172182
金属矿采选业	04	0.0006339	0.0004833	0.0011884	0.0015320
其他非金属矿采选业	05	0.0044261	0.0188474	0.0051596	0.0177110
食品制造业	06	0.0525703	0.0012565	0.0026169	0.0062806
纺 织 业	07	0.0086817	0.0033854	0.0054852	0.0154343
缝纫及皮革制品业	08	0.0023045	0.0021859	0.0052669	0.0081237
木材加工及家具制造业	09	0.0045565	0.0061667	0.0060987	0.0112246
造纸及文教用品制造业	10	0.0060432	0.0040515	0.0229590	0.0148102
电力及蒸汽、热水生产和供应业	11	0.0093280	0.0160634	0.0174328	0.0454838
石油加工业	12	0.0241433	0.0141112	0.0529821	0.0687293
炼焦、煤气及煤制品业	13	0.0020125	0.0020303	0.0045408	0.0054236
化学工业	14	0.0720289	0.0243349	0.0447635	0.1313508
建材及其他非金属矿物制品业	15	0.0060655	0.0100113	0.0442867	0.0256011
金属冶炼及压延加工业	16	0.0222647	0.0636995	0.1806715	0.1195357
金属制品业	17	0.0119045	0.0102188	0.0117305	0.0178172
机械工业	18	0.0082378	0.0237821	0.1012574	0.0258538
交通运输设备制造业	19	0.0069377	0.0104181	0.0263939	0.0267982
电气机械及器材制造业	20	0.0027630	0.0079742	0.0128472	0.0188675
电子及通信设备制业	21	0.0004886	0.0006182	0.0016941	0.0018021
仪器仪表及其他计量器具制造业	22	0.0004013	0.0006092	0.0023875	0.0008970
机械设备修理业	23	0.0028286	0.0014755	0.0093751	0.0164525
其他工业	24	0.0009333	0.0007541	0.0016828	0.0071632
建 筑 业	25	0.0000000	0.0000000	0.0000000	0.0000000
货运邮电业	26	0.0300992	0.0298331	0.0675983	0.1105914
商 业	27	0.0379801	0.0227309	0.0507817	0.0815132
饮 食 业	28	0.0000000	0.0000000	0.0000000	0.0000000
旅客运输业	29	0.0062216	0.0045740	0.0095816	0.0197299
公用事业及居民服务业	30	0.0062649	0.0070495	0.0123743	0.0194596
文教卫生科研事业	31	0.0032209	0.0051975	0.0254362	0.0091080
金融保险业	32	0.0198645	0.0199962	0.0289553	0.0894490
行政机关	33	0.0000000	0.0000000	0.0000000	0.0000000

消　耗　系　数　表

年)

其他非金属矿采选业	食品制造业	纺织业	缝纫及皮革制品业	木材加工及家具制造业	造纸及文教用品制造业	电力及蒸汽热水生产和供应业	代码
05	06	07	08	09	10	11	
0.0369008	0.6692058	0.4333942	0.3333655	0.0608430	0.3077312	0.0069561	01
0.0208691	0.0207076	0.0184249	0.0288249	0.0306386	0.0238686	0.1067455	02
0.0242850	0.0067530	0.0066200	0.0100004	0.0173352	0.0077998	0.0055013	03
0.0016768	0.0007168	0.0012677	0.0034149	0.0018039	0.0011548	0.0003023	04
0.0127059	0.0122902	0.0085766	0.0146417	0.2175997	0.0089164	0.0045317	05
0.0065133	0.0997952	0.0235935	0.0269410	0.0153181	0.0175581	0.0016042	06
0.0202712	0.0138823	0.2293081	0.1648461	0.0561036	0.0402422	0.0040926	07
0.0166141	0.0055405	0.0037007	0.0949522	0.0130194	0.0049971	0.0023779	08
0.0099371	0.0057508	0.0045511	0.0062330	0.1251575	0.0069906	0.0025836	09
0.0232089	0.0241477	0.0115892	0.0281096	0.0183499	0.2239162	0.0059602	10
0.0309997	0.0288836	0.0251188	0.0333596	0.0339523	0.0249692	0.0081295	11
0.0969439	0.0269514	0.0264173	0.0399062	0.0691935	0.0311266	0.0219572	12
0.0044488	0.0035942	0.0034924	0.0071607	0.0080790	0.0036656	0.0018799	13
0.1710993	0.0721556	0.1489325	0.4286202	0.1756347	0.1304171	0.0186043	14
0.0123245	0.0145845	0.0098663	0.0188401	0.0158388	0.0103009	0.0066569	15
0.0652602	0.0393106	0.0369903	0.0578433	0.1038638	0.0417209	0.0347646	16
0.0214057	0.0140964	0.0128361	0.0220086	0.0762881	0.0148364	0.0072731	17
0.0236742	0.0130398	0.0204092	0.0212419	0.0274302	0.0150725	0.0120120	18
0.0541843	0.0107451	0.0115584	0.0183325	0.0343042	0.0134778	0.0108830	19
0.0103567	0.0059619	0.0079163	0.0082562	0.0102272	0.0043871	0.0065709	20
0.0022817	0.0014696	0.0008678	0.0013265	0.0019069	0.0011657	0.0010391	21
0.0009617	0.0009076	0.0007816	0.0014976	0.0010555	0.0007009	0.0026905	22
0.0035504	0.0045108	0.0036582	0.0054899	0.0043872	0.0040205	0.0018937	23
0.0036677	0.0010717	0.0012310	0.0045038	0.0032469	0.0013135	0.0006055	24
0.0000000	0.0000000	0.0000000	0.0000000	0.0000000	0.0000000	0.0000000	25
0.0873954	0.0445290	0.0487015	0.0772390	0.1796407	0.0566303	0.0727370	26
0.0652262	0.0644828	0.0876295	0.1330591	0.1021652	0.0955636	0.0429865	27
0.0000000	0.0000000	0.0000000	0.0000000	0.0000000	0.0000000	0.0000000	28
0.0129606	0.0096546	0.0122500	0.0203215	0.0150634	0.0153566	0.0070967	29
0.0184006	0.0097111	0.0113794	0.0202868	0.0152060	0.0177743	0.0077961	30
0.0084226	0.0042933	0.0046163	0.0085195	0.0065435	0.0075913	0.0047981	31
0.0468814	0.0331962	0.0667951	0.0791716	0.0484647	0.0692816	0.0166454	32
0.0000000	0.0000000	0.0000000	0.0000000	0.0000000	0.0000000	0.0000000	33

投 入 产 出 完 全

(1990

	代 码	石 油 加 工 业	炼焦、煤气 及煤制品业	化学工业	建材及其他 非金属矿物 制 品 业
代 码		12	13	14	15
农 业	01	0.0215265	0.0212180	0.1838191	0.0249802
煤炭采选业	02	0.0207919	0.4329912	0.0577872	0.0779039
石油和天然气开采业	03	0.2909920	0.0275913	0.0146882	0.0120720
金属矿采选业	04	0.0010512	0.0007610	0.0108948	0.0008718
其他非金属矿采选业	05	0.0071446	0.0134451	0.0355658	0.0243802
食品制造业	06	0.0046153	0.0050313	0.0401620	0.0041818
纺 织 业	07	0.0084034	0.0141635	0.0355494	0.0125681
缝纫及皮革制品业	08	0.0079421	0.0051472	0.0072515	0.0085706
木材加工及家具制造业	09	0.0075801	0.0093873	0.0081733	0.0169198
造纸及文教用品制造业	10	0.0252021	0.0133926	0.0437836	0.0408097
电力及蒸汽、热水生产和供应业	11	0.0182883	0.1065593	0.0727962	0.0479607
石油加工业	12	0.1617181	0.1101266	0.0586204	0.0481823
炼焦、煤气及煤制品业	13	0.0058609	0.0052491	0.0164667	0.0069399
化学工业	14	0.0731082	0.0543901	0.4223232	0.0541509
建材及其他非金属矿物制品业	15	0.0223957	0.0174806	0.0361619	0.0394868
金属冶炼及压延加工业	16	0.1081812	0.0759664	0.1007598	0.0993122
金属制品业	17	0.0428408	0.0342234	0.0261877	0.0153663
机械工业	18	0.0449081	0.0242924	0.0285065	0.0424333
交通运输设备制造业	19	0.0496892	0.0433550	0.0277499	0.0243214
电气机械及器材制造业	20	0.0089364	0.0096769	0.0092447	0.0111699
电子及通信设备制业	21	0.0026996	0.0019797	0.0018451	0.0015076
仪器仪表及其他计量器具制造业	22	0.0016129	0.0010693	0.0039823	0.0008268
机械设备修理业	23	0.0078676	0.0059509	0.0075278	0.0054849
其他工业	24	0.0021570	0.0018919	0.0019809	0.0040251
建 筑 业	25	0.0000000	0.0000000	0.0000000	0.0000000
货运邮电业	26	0.4554712	0.2971595	0.1072186	0.1083542
商 业	27	0.0668943	0.2061842	0.1110340	0.1003546
饮 食 业	28	0.0000000	0.0000000	0.0000000	0.0000000
旅客运输业	29	0.0142414	0.0226348	0.0240764	0.0138785
公用事业及居民服务业	30	0.0192900	0.0100634	0.0289259	0.0119761
文教卫生科研事业	31	0.0132324	0.0058080	0.0112742	0.0076066
金融保险业	32	0.0266540	0.0552116	0.0712304	0.0511598
行政机关	33	0.0000000	0.0000000	0.0000000	0.0000000

消　耗　系　数　表　(续一)

年)

金属冶炼及压延加工业	金　属制品业	机械工业	交通运输设备制　造　业	电子机械及器材制造业	电子及通信设备制造业	仪器仪表及其他计量器具制　造　业	代码
16	17	18	19	20	21	22	
0.0203133	0.0322726	0.0224694	0.0162342	0.0358511	0.0443583	0.0306244	01
0.0633132	0.0571881	0.0382662	0.0167134	0.0498605	0.0274906	0.0353297	02
0.0130375	0.0143120	0.0126530	0.0063878	0.0200338	0.0099026	0.0108194	03
0.0078773	0.0039957	0.0026999	0.0014536	0.0044277	0.0027251	0.0031803	04
0.0105146	0.0113631	0.0125118	0.0060925	0.0159375	0.0137066	0.0097436	05
0.0045989	0.0058949	0.0046263	0.0035817	0.0090596	0.0082875	0.0060691	06
0.0111121	0.0160293	0.0117527	0.0068010	0.0161109	0.0142505	0.0123719	07
0.0072206	0.0091877	0.0067918	0.0039077	0.0082296	0.0045298	0.0070938	08
0.0065529	0.0102115	0.0121554	0.0052444	0.0244303	0.0082255	0.0072599	09
0.0138028	0.0397751	0.0199181	0.0086108	0.0335790	0.0520392	0.0291985	10
0.0942661	0.0691464	0.0487613	0.0226904	0.0643561	0.0337786	0.0469430	11
0.0520317	0.0571196	0.0505006	0.0254939	0.0799631	0.0395195	0.0431806	12
0.0236707	0.0502502	0.0134669	0.0055311	0.0159641	0.0079670	0.0151467	13
0.0604287	0.0978645	0.0756389	0.0808955	0.1275555	0.2064500	0.1262480	14
0.0682279	0.0406066	0.0385626	0.0160053	0.0527038	0.0207567	0.0295823	15
0.5678388	0.6909577	0.4447274	0.1805796	0.7358994	0.2552708	0.4750712	16
0.0207277	0.0375566	0.0347867	0.0156929	0.0201907	0.0220533	0.1576570	17
0.0322541	0.0472605	0.1610250	0.1394475	0.0599012	0.0342670	0.0375527	18
0.0222765	0.0333483	0.0318665	0.1215374	0.0279447	0.0318647	0.0218283	19
0.0178882	0.0157433	0.0255340	0.0114833	0.0801001	0.0271489	0.0144853	20
0.0023245	0.0048695	0.0109355	0.0046945	0.0041093	0.1325042	0.0115213	21
0.0021474	0.0023652	0.0031340	0.0032787	0.0022881	0.0050843	0.0022808	22
0.0053502	0.0063717	0.0055091	0.0034019	0.0074847	0.0323432	0.0068553	23
0.0090278	0.0257117	0.0048357	0.0039022	0.0049667	0.0023476	0.0062897	24
0.0000000	0.0000000	0.0000000	0.0000000	0.0000000	0.0000000	0.0000000	25
0.1286489	0.1407645	0.1121772	0.0559469	0.1457287	0.0895107	0.0992248	26
0.1376386	0.1395245	0.1078346	0.0616356	0.1375646	0.1089088	0.1040702	27
0.0000000	0.0000000	0.0000000	0.0000000	0.0000000	0.0000000	0.0000000	28
0.0187315	0.0221584	0.0175769	0.0091792	0.0273913	0.0197613	0.0247156	29
0.0203937	0.0251180	0.0218418	0.0097176	0.0390696	0.0247861	0.0365093	30
0.0076543	0.0097158	0.0085710	0.0033672	0.0109509	0.0076795	0.0102170	31
0.1057201	0.1080951	0.1037754	0.0706169	0.1575133	0.1180615	0.1067071	32
0.0000000	0.0000000	0.0000000	0.0000000	0.0000000	0.0000000	0.0000000	33

投 入 产 出 完 全

(1990

	代码	机械设备修理业	其他工业	建筑业	货运邮电业
代 码		23	24	25	26
农 业	01	0.0386084	0.0466087	0.0237917	0.0251133
煤炭采选业	02	0.0357666	0.0458824	0.0593070	0.0289137
石油和天然气开采业	03	0.0269893	0.0135005	0.0152027	0.0594615
金属矿采选业	04	0.0024854	0.0051816	0.0024624	0.0011461
其他非金属矿采选业	05	0.0123402	0.0090096	0.0416554	0.0116988
食品制造业	06	0.0080541	0.0058988	0.0049085	0.0048755
纺 织 业	07	0.0213676	0.0897024	0.0140390	0.0122959
缝纫及皮革制品业	08	0.0097340	0.0061094	0.0064901	0.0092122
木材加工及家具制造业	09	0.0126712	0.0064979	0.0202426	0.0128617
造纸及文教用品制造业	10	0.0182061	0.0132309	0.0191896	0.0197036
电力及蒸汽、热水生产和供应业	11	0.0403786	0.0648986	0.0451067	0.0244239
石油加工业	12	0.1077321	0.0538783	0.0606778	0.2373770
炼焦、煤气及煤制品业	13	0.0090065	0.0163010	0.0108599	0.0068076
化学工业	14	0.1797084	0.0621661	0.0804063	0.1048265
建材及其他非金属矿物制品业	15	0.0325309	0.0475380	0.1087398	0.0188257
金属冶炼及压延加工业	16	0.2453659	0.9965284	0.3938756	0.0792926
金属制品业	17	0.0285600	0.0194074	0.0376610	0.0213020
机械工业	18	0.1082666	0.0297690	0.0478630	0.0313500
交通运输设备制造业	19	0.5548662	0.0236764	0.0385703	0.0972869
电气机械及器材制造业	20	0.0220864	0.0273067	0.0301780	0.0094396
电子及通信设备制业	21	0.0088900	0.0020842	0.0018812	0.0046928
仪器仪表及其他计量器具制造业	22	0.0031379	0.0015787	0.0013001	0.0014442
机械设备修理业	23	0.0070112	0.0053097	0.0117108	0.0074314
其他工业	24	0.0037634	0.0061358	0.0220058	0.0020268
建 筑 业	25	0.0000000	0.0000000	0.0000000	0.0000000
货运邮电业	26	0.1329699	0.1596641	0.1362534	0.1599475
商 业	27	0.1300622	0.1553833	0.1246034	0.0836597
饮 食 业	28	0.0000000	0.0000000	0.0000000	0.0000000
旅客运输业	29	0.0277633	0.0201018	0.0178854	0.0130959
公用事业及居民服务业	30	0.0399655	0.0179874	0.0135416	0.0125075
文教卫生科研事业	31	0.0105603	0.0069469	0.0115495	0.0080331
金融保险业	32	0.0899327	0.0880223	0.0631944	0.0315507
行政机关	33	0.0000000	0.0000000	0.0000000	0.0000000

消　耗　系　数　表　(续二)

年)

商　业	饮食业	旅客运输业	公用事业及居民服务业	文教卫生科研事业	金融保险业	行政机关	代码
27	28	29	30	31	32	33	
0.0513236	0.1682046	0.0316522	0.0723197	0.0381375	0.0053668	0.0250310	01
0.0185506	0.0115975	0.0402183	0.0307696	0.0163336	0.0038081	0.0231734	02
0.0094408	0.0038416	0.0683291	0.0100794	0.0052291	0.0024680	0.0096439	03
0.0005661	0.0003889	0.0014533	0.0013193	0.0008435	0.0000875	0.0007460	04
0.0109111	0.0045564	0.0148437	0.0162166	0.0145098	0.0037361	0.0168301	05
0.0166312	0.2064578	0.0060144	0.0190631	0.0055545	0.0006177	0.0041961	06
0.0264773	0.0056396	0.0202971	0.0253239	0.0115247	0.0036886	0.0102294	07
0.0071383	0.0024309	0.0147702	0.0043401	0.0055180	0.0005234	0.0029589	08
0.0127320	0.0043408	0.0223728	0.0161548	0.0043212	0.0017982	0.0131040	09
0.0274400	0.0081288	0.0205321	0.0584168	0.0286371	0.0118649	0.0460063	10
0.0239769	0.0112549	0.0337161	0.0264781	0.0177050	0.0035742	0.0450492	11
0.0375580	0.0152476	0.2727757	0.0402316	0.0208721	0.0098516	0.0384919	12
0.0084084	0.0027418	0.0101040	0.0131543	0.0075765	0.0052575	0.0164758	13
0.0429150	0.0262788	0.1154122	0.1402733	0.0962053	0.0077530	0.0596505	14
0.0393766	0.0077228	0.0387862	0.0110693	0.0114757	0.0027553	0.0100713	15
0.0526671	0.0157571	0.1274359	0.0488289	0.0289069	0.0063181	0.0641655	16
0.0172214	0.0060590	0.0332133	0.0121981	0.0101644	0.0018239	0.0173901	17
0.0149585	0.0058065	0.0508574	0.0152905	0.0067407	0.0053682	0.0191271	18
0.0246803	0.0080893	0.2108802	0.0448962	0.0123778	0.0043750	0.0687444	19
0.0085013	0.0025244	0.0249396	0.0122601	0.0025710	0.0010490	0.0291552	20
0.0021285	0.0010728	0.0040834	0.0232737	0.0011996	0.0004378	0.0537137	21
0.0005977	0.0003173	0.0024226	0.0008371	0.0021804	0.0006250	0.0073240	22
0.0129875	0.0031597	0.0711943	0.0162109	0.0093157	0.0012877	0.0058449	23
0.0028029	0.0005491	0.0024409	0.0049612	0.0018210	0.0001606	0.0013317	24
0.0000000	0.0000000	0.0000000	0.0000000	0.0000000	0.0000000	0.0000000	25
0.0646964	0.0334785	0.1942373	0.0642682	0.0358325	0.0248975	0.0868914	26
0.0435984	0.0501968	0.1109308	0.0624002	0.0293070	0.0111067	0.0739284	27
0.0000000	0.0000000	0.0000000	0.0000000	0.0000000	0.0000000	0.0000000	28
0.0075706	0.0128856	0.0198741	0.0102635	0.0057212	0.0023013	0.0224697	29
0.0119187	0.0209738	0.0216977	0.0093653	0.0073835	0.0043799	0.0480136	30
0.0032775	0.0111959	0.0174538	0.0039382	0.0037856	0.0014828	0.0116060	31
0.2081563	0.0158427	0.0479837	0.0303812	0.0136358	0.0043296	0.0369127	32
0.0000000	0.0000000	0.0000000	0.0000000	0.0000000	0.0000000	0.0000000	33

历年各部门物耗率

(以总产值为100)

单位：%

年份	总物耗率	农业	工业	建筑业	运输、邮电业	商业
1949	30.14	24.79	67.77	70.83	43.48	27.99
1950	31.44	25.70	68.61	67.86	46.67	27.82
1951	31.11	24.76	68.17	68.13	51.94	27.80
1952	32.59	26.25	65.89	65.89	53.05	26.69
1953	35.65	26.74	65.15	66.53	56.10	23.73
1954	34.56	24.81	66.43	67.77	59.00	23.68
1955	37.49	24.90	54.66	68.70	62.01	27.17
1956	49.70	24.73	69.76	71.10	64.00	26.60
1957	45.57	24.48	69.77	69.98	65.99	25.29
1958	50.91	19.96	63.19	71.32	68.01	29.21
1959	57.52	20.84	64.47	73.62	70.00	34.00
1960	57.55	19.96	65.78	72.30	73.00	34.07
1961	48.55	20.91	66.22	81.45	73.00	30.10
1962	41.25	20.82	64.37	68.01	72.00	31.32
1963	38.73	19.90	64.35	68.13	69.99	29.99
1964	38.04	19.89	61.70	67.70	67.01	28.83
1965	40.90	20.22	63.79	69.46	65.01	25.76
1966	46.24	25.00	64.10	71.31	64.00	26.66
1967	43.98	24.04	65.22	73.55	66.99	27.57
1968	48.44	25.89	67.47	73.23	68.00	31.07
1969	49.92	24.71	71.16	70.86	69.01	29.14
1970	49.25	24.70	60.88	71.34	70.00	29.30
1971	52.43	23.88	65.60	72.67	72.00	27.88
1972	50.46	23.70	63.89	70.60	70.07	28.00
1973	50.75	21.92	63.87	71.17	71.40	29.80
1974	50.32	21.82	64.22	71.53	69.91	28.67
1975	52.36	22.23	64.89	72.10	69.00	28.79
1976	54.13	24.94	67.14	71.99	70.22	30.86
1977	56.09	38.08	61.88	72.39	69.90	29.98
1978	57.58	44.21	61.64	67.20	69.16	33.12
1979	58.95	48.76	63.90	67.94	72.32	31.12
1980	57.44	37.25	64.58	72.94	69.28	23.49
1981	57.02	38.96	64.17	73.25	67.99	25.31
1982	58.52	36.04	67.97	72.96	66.42	29.36
1983	57.00	34.76	65.05	73.53	63.41	27.91
1984	55.69	31.88	64.65	71.90	72.71	23.97
1985	55.24	32.00	63.96	67.88	68.33	29.24
1986	53.75	29.49	62.86	68.97	73.99	23.92
1987	54.23	29.64	62.68	71.76	72.97	24.57
1988	53.64	28.24	62.94	66.76	74.94	27.37
1989	55.15	29.14	65.02	67.17	73.62	25.83
1990	54.88	29.89	64.56	67.58	71.08	30.95
1991	55.44	29.52	66.20	66.82	65.54	29.39

二、人　　口

历年全省年末总户数、总人口

年份	总户数(万户)	总人口(万人)			性比例(女=100)	总人口中:非农业人口	人口密度(人/平方公里)
		合计	男	女			
1949	27.10	148.33	74.15	74.18	99.96	14.20	2.05
1950	28.11	151.83	76.20	75.63	100.75	14.40	2.10
1951	28.88	156.32	78.95	77.37	102.04	15.30	2.16
1952	29.27	161.38	81.69	79.69	102.51	16.30	2.23
1953	30.06	164.01	83.32	80.69	103.26	17.70	2.27
1954	31.30	173.24	88.06	85.18	103.38	19.90	2.39
1955	32.42	179.41	91.83	87.58	104.85	23.10	2.48
1956	34.43	199.92	105.52	94.40	111.78	34.40	2.76
1957	36.05	204.64	107.98	96.66	111.71	39.70	2.83
1958	36.26	225.00	124.58	100.42	124.06	62.70	3.12
1959	38.37	260.01	150.04	109.97	136.44	80.00	3.59
1960	38.38	248.65	142.74	105.91	134.77	79.00	3.44
1961	39.88	211.42	113.80	97.62	116.57	51.96	2.92
1962	39.66	205.01	106.23	98.78	107.54	39.34	2.83
1963	41.75	209.74	110.39	99.35	111.11	39.60	2.90
1964	43.65	219.48	115.52	103.96	111.12	44.66	3.03
1965	44.54	230.45	121.40	109.05	111.33	47.11	3.18
1966	45.73	240.62	126.45	114.17	110.76	50.92	3.32
1967	47.11	250.45	131.39	119.06	110.36	51.93	3.46
1968	48.08	260.95	136.77	124.18	110.14	56.12	3.61
1969	49.87	271.93	142.75	129.18	110.50	58.24	3.76
1970	50.99	282.73	147.75	134.98	109.46	59.63	3.91
1971	53.36	295.65	153.88	141.77	108.54	66.93	4.09
1972	54.46	307.06	159.42	147.64	107.98	71.99	4.24
1973	55.68	318.16	164.94	153.22	107.65	75.83	4.40
1974	57.43	328.75	169.87	158.88	106.92	78.52	4.54
1975	58.91	337.49	174.95	162.54	107.64	79.92	4.66
1976	59.72	346.58	179.56	167.02	107.51	82.86	4.79
1977	63.36	356.75	184.95	171.80	107.65	86.17	4.93
1978	65.43	364.86	189.30	175.56	107.83	87.60	5.04
1979	67.53	372.02	192.25	179.77	106.94	92.32	5.14
1980	68.39	376.90	194.18	182.72	106.27	96.52	5.21
1981	69.79	381.60	196.62	184.98	106.29	97.48	5.27
1982	72.38	392.79	201.92	190.87	105.79	98.40	5.43
1983	73.25	392.57	201.64	190.93	105.61	99.61	5.42
1984	76.35	401.61	205.98	195.63	105.29	107.41	5.55
1985	78.97	407.38	208.43	198.95	104.77	116.14	5.65
1986	81.21	421.12	216.26	204.86	104.56	122.38	5.84
1987	83.50	427.90	219.16	208.74	104.99	124.40	5.93
1988	87.93	434.20	222.18	212.02	104.79	126.27	6.02
1989	89.10	440.20	225.27	214.93	104.81	126.74	6.10
1990	93.07	447.66	229.36	218.30	105.07	126.47	6.21
1991	97.94	454.43	232.80	221.63	105.04	128.92	6.30

历年各主要少数民族人口

单位：人

年份	合计	藏族	回族	土族	撒拉族	蒙古族	其他民族
1949	766 896	438 533	231 859	47 891	25 184	22 474	955
1950	755 667	434 535	222 259	47 191	25 771	24 770	1 141
1951	775 648	441 322	233 181	48 294	26 372	25 312	1 167
1952	805 046	452 047	246 866	51 835	27 102	25 839	1 357
1953	817 764	457 164	251 959	53 277	27 760	26 224	1 380
1956	909 692	495 197	295 280	58 159	29 418	30 247	1 391
1957	935 445	513 415	303 223	59 183	29 453	28 556	1 615
1959	910 846	477 994	310 419	62 276	29 762	28 935	1 460
1963	807 184	408 132	274 966	67 573	29 958	25 039	1 516
1964	829 373	422 664	280 026	69 296	29 796	24 927	2 664
1973	1 157 133	571 997	409 279	96 264	43 868	32 584	3 141
1977	1 321 736	650 183	461 315	112 473	50 646	42 219	4 900
1978	1 363 298	673 590	477 471	112 026	52 784	43 319	4 108
1979	1 407 605	691 969	493 157	115 242	55 006	47 779	4 452
1980	1 433 797	707 813	502 560	114 771	56 625	47 496	4 532
1981	1 485 073	729 214	519 019	122 579	61 343	47 983	4 935
1982	1 535 786	753 897	533 859	129 194	60 981	50 454	7 401
1983	1 557 063	770 107	535 431	131 044	63 094	51 329	6 058
1984	1 589 013	784 458	548 570	133 448	64 937	52 105	5 495
1985	1 614 478	797 418	553 363	133 301	65 779	58 791	5 826
1986	1 684 480	828 343	576 513	143 181	67 800	61 484	7 159
1987	1 715 000	842 000	585 800	145 500	68 900	62 500	10 300
1988	1 765 200	869 700	602 700	145 900	70 800	65 600	10 500
1989	1 812 900	893 700	623 100	155 400	72 200	67 400	11 100
1990	1 885 100	915 900	641 700	163 800	77 300	71 800	14 600
1991	1 915 000	930 200	652 100	166 800	78 200	72 700	15 000

历年人口自然变动情况

年份	年平均人口（人）	出生		死亡		自然增加	
		人数（人）	出生率（‰）	人数（人）	死亡率（‰）	人数（人）	自然增长率（‰）
1954	1 686 215	74 469	44.16	22 427	13.30	52 042	30.86
1955	1 763 261	63 361	35.93	24 800	14.06	38 561	21.87
1956	1 896 682	46 802	24.68	17 882	9.43	28 920	15.25
1957	2 022 809	65 094	32.20	21 037	10.40	44 057	21.78
1958	2 148 233	60 091	27.97	27 905	12.99	32 186	14.98
1959	2 425 097	55 825	23.02	40 216	16.58	15 609	6.45
1960	2 543 333	33 232	13.07	103 582	40.73	−70 350	−27.66
1961	2 300 361	26 291	11.43	26 872	11.68	−581	−0.25
1962	2 082 143	74 380	35.72	11 134	5.35	63 246	30.37
1963	2 073 743	94 479	45.56	17 358	8.37	77 121	37.19
1964	2 146 081	111 762	52.08	33 325	15.53	78 437	36.55
1965	2 249 638	109 596	48.72	20 371	9.06	89 225	39.66
1966	2 355 315	97 479	41.39	22 966	9.75	74 513	31.64
1967	2 455 290	100 169	40.80	18 990	7.73	81 179	33.06
1968	2 556 957	112 044	43.82	19 569	7.65	92 475	36.17
1969	2 664 364	114 443	42.95	21 080	7.91	93 363	35.04
1970	2 773 288	111 111	40.06	20 863	7.52	90 248	32.54
1971	2 891 902	115 726	40.02	21 853	7.56	93 873	32.46
1972	3 013 514	118 523	39.33	27 789	9.22	90 734	30.11
1973	3 126 035	119 610	38.26	24 229	7.75	95 381	30.51
1974	3 234 531	111 551	34.49	26 146	8.08	85 405	26.41
1975	3 331 215	106 448	31.95	27 457	8.24	78 991	23.71
1976	3 420 383	98 800	28.89	24 851	7.27	73 949	21.62
1977	3 516 690	96 783	27.52	24 316	6.91	72 467	20.61
1978	3 608 078	94 353	26.15	24 030	6.66	70 322	19.49
1979	3 684 434	90 156	24.47	23 878	6.48	66 278	17.99
1980	3 744 618	79 167	21.14	21 015	5.61	58 152	15.53
1981	3 792 496	79 113	20.86	21 617	5.70	57 496	15.16
1982	3 871 942	75 335	19.46	19 755	5.10	55 580	14.36
1983	3 926 796	60 855	15.50	20 795	5.30	40 060	10.20
1984	3 970 883	63 304	15.94	20 246	5.10	43 058	10.84
1985	4 044 920	57 471	14.24	18 533	4.58	38 938	9.63
1986	4 178 170	104 186	24.94	25 106	6.01	79 080	18.93
1987	4 245 100	95 897	22.59	27 254	6.42	68 643	16.17
1988	4 310 500	104 894	24.33	21 768	5.05	83 126	19.28
1989	4 372 000	103 801	23.66	26 028	5.93	77 773	17.73
1990	4 439 300	108 052	24.34	33 162	7.47	74 890	16.87
1991	4 510 450	105 409	23.37	37 662	8.35	67 747	15.02

历年人口机械变动情况

单位：人、%

年份	迁入		迁出		机械增加	
	人数	迁入率	人数	迁出率	人数	增长率
1954	61 805	3.59	50 255	2.92	11 550	0.67
1955	47 126	2.62	37 611	2.09	9 515	0.53
1956	241 799	12.63	126 288	6.60	115 511	6.04
1957	79 101	3.91	75 298	3.72	3 803	0.19
1958	438 493	20.41	181 126	8.43	257 367	11.98
1959	356 836	14.71	160 722	6.63	196 114	8.09
1960	262 267	10.31	218 968	8.61	43 299	1.70
1961	94 372	4.10	216 789	9.42	−122 417	−5.32
1962	71 029	3.41	188 766	9.07	−117 737	−5.65
1963	75 136	3.62	81 680	3.94	−6 544	−0.32
1964	86 863	4.05	71 404	3.33	15 459	0.72
1965	132 814	5.90	115 107	5.12	17 707	0.79
1966	126 368	5.37	100 992	4.29	25 376	1.08
1967	109 221	4.45	91 594	3.73	17 627	0.72
1968	93 440	3.65	69 698	2.73	23 742	0.93
1969	125 247	4.70	110 526	4.15	14 721	0.55
1970	151 266	5.45	130 879	4.72	20 387	0.74
1971	120 194	4.16	87 190	3.01	33 004	1.14
1972	110 268	3.66	81 362	2.70	28 906	0.96
1973	84 221	2.69	68 468	2.19	15 753	0.50
1974	73 741	2.28	70 119	2.17	3 622	0.11
1975	102 755	3.08	95 082	2.85	7 673	0.23
1976	104 688	3.06	86 678	2.53	18 010	0.53
1977	98 539	2.80	66 610	1.89	31 929	0.91
1978	105 991	2.94	95 264	2.64	10 727	0.30
1979	139 368	3.78	133 031	3.61	6 337	0.17
1980	121 385	3.24	124 151	3.32	−2 766	−0.07
1981	98 609	2.60	109 044	2.88	−10 435	−0.28
1982	114 146	2.95	129 407	3.34	−15 261	−0.39
1983	20 404	0.52	26 782	0.68	−6 378	−0.16
1984	54 746	1.38	27 311	0.69	27 435	0.69
1985	52 358	1.29	33 172	0.82	19 181	0.47
1986	24 530	0.59	27 113	0.65	−2 583	−0.06
1987	17 493	0.41	26 730	0.63	−9 237	−0.22
1988	13 204	0.31	33 330	0.77	−20 126	−0.46
1989	11 910	0.27	27 357	0.63	−15 447	−0.36
1990	10 306	0.23	24 491	0.55	−14 185	−0.32
1991	11 201	0.25	26 295	0.58	−15 094	−0.33

注：1983 年以后的迁入迁出人口均为省外迁入迁出。

第四次人口普查分年龄性别的人口数

（机器汇总）

单位：人、%

年龄别	人口数			占总人口的比重			性别比（女＝100）
	合计	男	女	合计	男	女	
总　计	**4 456 952**	**2 310 183**	**2 146 769**	**100.00**	**51.83**	**48.17**	**107.61**
0—4岁	**455 896**	**232 133**	**223 763**	**10.23**	**5.21**	**5.02**	**103.74**
0岁	95 754	48 795	46 959	2.15	1.09	1.05	103.91
1岁	91 247	46 261	44 986	2.05	1.04	1.01	102.83
2岁	93 147	47 432	45 715	2.09	1.06	1.03	103.76
3岁	92 711	47 304	45 407	2.08	1.06	1.02	104.18
4岁	83 037	42 341	40 696	1.86	0.95	0.91	104.04
5—9岁	**422 988**	**215 857**	**207 131**	**9.49**	**4.84**	**4.65**	**104.21**
5岁	78 971	40 354	38 617	1.77	0.91	0.87	104.50
6岁	74 732	38 008	36 724	1.68	0.85	0.82	103.50
7岁	84 586	43 061	41 525	1.90	0.97	0.93	103.70
8岁	96 476	49 143	47 333	2.16	1.10	1.06	103.82
9岁	88 223	45 291	42 932	1.98	1.02	0.96	105.49
10—14岁	**491 791**	**250 623**	**241 168**	**11.03**	**5.62**	**5.41**	**103.92**
10岁	96 868	49 317	47 551	2.17	1.11	1.07	103.71
11岁	96 114	48 973	47 141	2.16	1.10	1.06	103.89
12岁	95 964	48 865	47 099	2.15	1.10	1.06	103.75
13岁	99 091	50 582	48 509	2.22	1.13	1.09	104.27
14岁	103 754	52 886	50 868	2.33	1.19	1.14	103.97
15—19岁	**576 198**	**302 244**	**273 954**	**12.93**	**6.78**	**6.15**	**110.33**
15岁	104 840	53 733	51 107	2.35	1.21	1.15	105.14
16岁	116 907	60 394	56 513	2.62	1.36	1.27	106.87
17岁	117 545	61 793	55 752	2.64	1.39	1.25	110.84
18岁	118 662	63 166	55 496	2.66	1.42	1.25	113.82
19岁	118 244	63 158	55 086	2.65	1.42	1.24	114.65
20—24岁	**572 285**	**301 270**	**271 015**	**12.84**	**6.76**	**6.08**	**111.16**
20岁	122 088	64 192	57 896	2.74	1.44	1.30	110.87
21岁	122 857	64 610	58 247	2.76	1.45	1.31	110.92
22岁	115 137	60 657	54 480	2.58	1.36	1.22	111.34
23岁	104 368	54 958	49 410	2.34	1.23	1.11	111.23
24岁	107 835	56 853	50 982	2.42	1.28	1.14	111.52
25—29岁	**422 260**	**224 785**	**197 475**	**9.47**	**5.04**	**4.43**	**113.83**
25岁	110 079	58 691	51 388	2.47	1.32	1.15	114.21
26岁	107 715	57 133	50 582	2.42	1.28	1.13	112.95
27岁	104 937	56 017	48 920	2.35	1.26	1.10	114.51
28岁	64 407	34 241	30 166	1.45	0.77	0.68	113.51
29岁	35 122	18 703	16 419	0.79	0.42	0.37	113.91
30—34岁	**268 965**	**142 991**	**125 974**	**6.03**	**3.21**	**2.83**	**113.51**
30岁	44 740	24 309	20 431	1.00	0.55	0.46	118.98
31岁	47 201	25 309	21 892	1.06	0.57	0.49	115.61
32岁	59 833	32 098	27 735	1.34	0.72	0.62	115.73
33岁	57 855	30 047	27 808	1.30	0.67	0.62	108.05
34岁	59 336	31 228	28 108	1.33	0.70	0.63	111.10

第四次人口普查分年龄性别的人口数（续一）

（机器汇总）　　　　　　　　　　　　　　　　单位：人、%

年龄别	人口数			占总人口的比重			性别比（女=100）
	合计	男	女	合计	男	女	
35—39岁	**267 249**	**139 253**	**127 996**	**6.00**	**3.12**	**2.87**	**108.79**
35岁	60 985	32 003	28 982	1.37	0.72	0.65	110.42
36岁	56 137	29 217	26 920	1.26	0.66	0.60	108.53
37岁	52 488	27 507	24 981	1.18	0.62	0.56	110.11
38岁	51 921	26 954	24 967	1.16	0.60	0.56	107.96
39岁	45 718	23 572	22 146	1.03	0.53	0.50	106.44
40—44岁	**216 375**	**109 452**	**106 923**	**4.85**	**2.46**	**2.40**	**102.37**
40岁	49 944	26 095	23 849	1.12	0.59	0.54	109.42
41岁	43 403	22 513	20 890	0.97	0.51	0.47	107.77
42岁	40 632	20 688	19 944	0.91	0.46	0.45	103.73
43岁	42 183	20 748	21 435	0.95	0.47	0.48	96.79
44岁	40 213	19 408	20 805	0.90	0.44	0.47	93.29
45—49岁	**202 521**	**101 803**	**100 718**	**4.54**	**2.28**	**2.26**	**101.08**
45岁	40 205	19 478	20 727	0.90	0.44	0.47	93.97
46岁	40 158	19 765	20 393	0.90	0.44	0.46	96.92
47岁	40 254	20 051	20 203	0.90	0.45	0.45	99.25
48岁	42 404	21 804	20 600	0.95	0.49	0.46	105.84
49岁	39 500	20 705	18 795	0.89	0.46	0.42	110.16
50—54岁	**144 728**	**78 289**	**66 439**	**3.25**	**1.76**	**1.49**	**117.84**
50岁	32 011	17 429	14 582	0.72	0.39	0.33	119.52
51岁	30 784	16 777	14 007	0.69	0.38	0.31	119.78
52岁	29 057	15 837	13 220	0.65	0.36	0.30	119.80
53岁	36 358	19 808	16 550	0.82	0.44	0.37	119.69
54岁	35 586	19 184	16 402	0.80	0.43	0.37	116.96
55—59岁	**144 728**	**78 289**	**66 439**	**3.25**	**1.76**	**1.49**	**117.84**
55岁	32 011	17 429	14 582	0.72	0.39	0.33	119.52
56岁	30 784	16 777	14 007	0.69	0.38	0.31	119.78
57岁	29 057	15 837	13 220	0.65	0.36	0.30	119.80
58岁	26 424	14 082	12 342	0.59	0.32	0.28	114.10
59岁	26 452	14 164	12 288	0.59	0.32	0.28	115.27
60—64岁	**92 251**	**47 962**	**44 289**	**2.07**	**1.08**	**0.99**	**108.29**
60岁	21 747	11 557	10 190	0.49	0.26	0.23	113.42
61岁	18 167	9 667	8 500	0.41	0.22	0.19	113.73
62岁	19 017	9 813	9 204	0.43	0.22	0.21	106.62
63岁	16 973	8 793	8 180	0.38	0.20	0.18	107.49
64岁	16 347	8 132	8 215	0.37	0.18	0.18	98.99
65—69岁	**63 841**	**31 215**	**32 626**	**1.43**	**0.70**	**0.73**	**95.68**
65岁	16 098	7 929	8 169	0.36	0.18	0.18	97.06
66岁	13 987	6 918	7 069	0.31	0.16	0.16	97.86
67岁	12 489	6 055	6 434	0.28	0.14	0.14	94.11
68岁	11 285	5 503	5 782	0.25	0.12	0.13	95.17
69岁	9 982	4 810	5 172	0.22	0.11	0.12	93.00
70—74岁	**40 427**	**18 703**	**21 724**	**0.91**	**0.42**	**0.49**	**86.09**

第四次人口普查分年龄性别的人口数（续二）

（机器汇总）　　单位：人、%

年龄别	人口数			占总人口的比重			性别比
	合计	男	女	合计	男	女	（女＝100）
70岁	10 346	4 886	5 460	0.23	0.11	0.12	89.49
71岁	8 714	4 066	4 648	0.20	0.09	0.10	87.48
72岁	7 956	3 730	4 226	0.18	0.08	0.09	88.26
73岁	7 146	3 186	3 960	0.16	0.07	0.09	80.45
74岁	6 265	2 835	3 430	0.14	0.06	0.08	82.65
75—79岁	**20 989**	**9 123**	**11 866**	**0.47**	**0.20**	**0.27**	**76.88**
75岁	5 500	2 463	3 037	0.12	0.06	0.07	81.10
76岁	4 928	2 218	2 710	0.11	0.05	0.06	81.85
77岁	4 106	1 780	2 326	0.09	0.04	0.05	76.53
78岁	3 595	1 521	2 074	0.08	0.03	0.05	73.34
79岁	2 860	1 141	1 719	0.06	0.03	0.04	66.38
80—84岁	**8 455**	**3 287**	**5 168**	**0.19**	**0.07**	**0.12**	**63.60**
80岁	2 561	1 018	1 543	0.06	0.02	0.03	65.98
81岁	1 930	766	1 164	0.04	0.02	0.03	65.81
82岁	1 551	585	966	0.03	0.01	0.02	60.56
83岁	1 336	524	812	0.03	0.01	0.02	64.53
84岁	1 077	394	683	0.02	0.01	0.02	57.69
85—89岁	**2 516**	**873**	**1 643**	**0.06**	**0.02**	**0.04**	**53.13**
85岁	771	274	497	0.02	0.01	0.01	55.13
86岁	666	238	428	0.01	0.01	0.01	55.61
87岁	451	156	295	0.01	…	0.01	52.88
88岁	359	126	233	0.01	…	0.01	54.08
89岁	269	79	190	0.01	…	…	41.58
90—94岁	**420**	**126**	**294**	**0.01**	**…**	**0.01**	**42.86**
90岁	170	49	121	…	…	…	40.50
91岁	91	34	57	…	…	…	59.65
92岁	71	15	56	…	…	…	26.79
93岁	57	20	37	…	…	…	54.05
94岁	31	8	23	…	…	…	34.78
95—99岁	**91**	**25**	**66**	**…**	**…**	**…**	**37.88**
95岁	26	7	19	…	…	…	36.84
96岁	16	3	13	…	…	…	23.08
97岁	14	3	11	…	…	…	27.27
98岁	15	8	7	…	…	…	114.29
99岁	20	4	16	…	…	…	25.00
100岁及以上	**29**	**7**	**22**	**…**	**…**	**…**	**31.82**

第四次人口普查分地区各主要少数民族人口数

（机器汇总）

单位：人

地区别	少数民族人口合计	蒙古族	回族	藏族	土族	撒拉族
全省	1 878 040	71 510	639 766	912 160	163 463	76 818
西宁市	271 243	5 485	189 962	29 854	36 941	1 445
城东区	67 232	566	61 853	1 878	739	799
城中区	9 428	438	5 905	1 313	397	137
城西区	15 167	476	9 824	2 619	561	249
城北区	12 115	433	7 873	851	491	77
大通县	167 301	3 572	104 507	23 193	34 753	183
海东地区	676 905	7 576	329 399	163 878	104 001	70 422
平安县	23 671	120	18 122	4 629	535	117
民和县	176 994	77	126 336	11 721	38 005	146
乐都县	32 532	5 512	3 848	16 305	6 587	19
湟中县	97 807	317	62 335	34 085	933	22
湟源县	15 470	1 396	2 176	11 475	245	42
互助县	83 159	121	6 157	19 649	57 147	5
化隆县	154 659	27	102 166	42 254	452	9 653
循化县	92 613	6	8 259	23 760	92	60 418
海北州	139 558	11 387	66 512	52 336	7 610	824
门源县	75 227	2 689	51 477	14 560	6 118	94
祁连县	30 067	4 140	13 231	10 936	869	695
海晏县	10 426	3 635	640	5 511	317	10
刚察县	23 838	923	1 164	21 329	306	25
黄南州	161 939	22 689	13 562	115 813	7 966	1 328
同仁县	59 512	116	2 974	47 462	7 470	1 045
尖扎县	37 390	22	9 988	27 007	172	126
泽库县	41 216	45	246	40 656	101	130
河南县	23 821	22 506	354	688	223	27

第四次人口普查分地区各主要少数民族人口数(续)

(机器汇总)

单位：人

地区别	少数民族人口合计	蒙古族	回族	藏族	土族	撒拉族
海南州	**225 099**	**2 681**	**22 922**	**194 399**	**3 553**	**837**
共和县	63 063	1 853	5 847	53 387	1 206	271
同德县	35 556	320	239	34 816	134	40
贵德县	41 724	30	10 680	29 338	1 319	258
兴海县	41 967	241	3 843	37 436	211	186
贵南县	42 789	237	2 313	39 422	683	82
果洛州	**107 846**	**78**	**1 263**	**105 645**	**374**	**341**
玛沁县	24 601	46	760	23 350	203	204
班玛县	17 261	8	102	17 014	70	23
甘德县	20 894	2	70	20 697	36	66
达日县	20 213	7	118	20 029	26	23
久治县	15 553	2	95	15 420	17	
玛多县	9 324	13	118	9 135	22	25
玉树州	**220 095**	**29**	**463**	**219 336**	**140**	**74**
玉树县	60 055	15	285	59 630	71	26
杂多县	30 926	1	17	30 880	18	4
称多县	37 013	2	73	36 883	26	24
治多县	18 840	1	13	18 810	4	12
囊谦县	54 701	4	57	54 609	14	4
曲麻莱县	18 560	6	18	18 524	7	4
海西州	**75 355**	**21 585**	**15 683**	**30 899**	**2 878**	**1 547**
格尔木市	12 286	1 961	5 315	3 389	308	142
德令哈市	12 248	6 296	2 556	2 142	802	59
乌兰县	11 462	5 775	2 476	1 407	820	755
都兰县	22 454	6 991	3 472	10 779	498	435
天峻县	13 185	23	266	12 699	148	31
大柴旦镇	3 720	539	1 598	483	302	125

十人以上各民族人口增长情况

民　族	1990年普查人口数	1982年普查人口数	1964年普查人口数	占总人口的比重(%)			人口增长(%)	
				1990年	1982年	1964年	1990年比1982年	平均每年增长
总　计	4 456 946	3 895 706	2 145 604	100.00	100.00	100.00	14.41	1.70
汉　族	2 580 419	2 359 979	1 316 231	57.90	60.58	61.35	9.34	1.12
蒙古族	71 515	50 456	24 927	1.61	1.30	1.16	41.74	4.46
回　族	638 847	533 750	280 026	14.33	13.70	13.05	19.63	2.27
藏　族	911 860	754 254	422 664	20.46	19.36	19.70	20.90	2.40
维吾尔族	120	128	56	...	...	...	-6.25	-0.81
苗　族	396	146	50	...	...	...	171.23	13.28
彝　族	107	70	9	...	...	...	52.86	5.45
壮　族	687	762	523	0.02	0.02	0.02	-9.84	-0.99
布依族	53	46	9	...	...	...	15.22	1.79
朝鲜族	306	242	79	...	...	...	26.45	2.98
满　族	8 463	3 048	645	0.19	0.08	0.03	177.67	13.62
侗　族	57	45	14	...	...	...	26.67	3.00
瑶　族	87	56	22	...	...	...	55.36	5.66
白　族	119	66	28	...	...	...	80.30	7.65
土家族	880	68	14	0.02	...	...	1 194.12	37.72
哈萨克族	521	1 497	874	0.01	0.04	0.04	-65.20	-12.36
畲　族	31	11	3	...	...	...	181.82	13.83
高山族	19	8	1	...	...	...	137.50	11.42
水　族	11	14		...	...	...	-21.43	-2.97
东乡族	1 557	650	160	0.04	0.02	0.01	139.54	11.54
纳西族	19	15	6	...	...	...	26.67	3.00
土　族	162 865	128 930	69 296	3.65	3.31	3.23	26.32	2.96
达斡尔族	22	11		...	...	...	100.00	9.05
仫佬族	12	5	3	...	...	...	120.00	11.57
羌　族	52	16	11	...	...	...	225.00	15.87
撒拉族	77 003	60 930	29 796	1.73	1.69	1.39	26.38	2.97
仡佬族	22			...	...	...		
锡伯族	110	27		...	...	...	307.41	19.19
俄罗斯族	31	5		...	...	...	520.00	25.62
保安族	616	381	44	0.01	0.01	...	61.68	6.19
裕固族	97	74	32	...	...	...	31.08	3.44

第四次人口普查分地区人口自然变动情况

(手工汇总)

单位：人

地区	1989年上半年		1989年下半年		1990年上半年	
	出生人口	死亡人口	出生人口	死亡人口	出生人口	死亡人口
全省	51 145	12 821	52 656	13 207	47 631	17 061
西宁市	9 646	2 364	10 851	2 628	9 161	3 155
城东区	1 691	263	1 983	356	1 553	415
城中区	878	239	960	241	818	306
城西区	1 171	290	1 392	316	1 164	357
城北区	1 269	287	1 455	319	1 285	390
大通县	4 637	1 285	5 061	1 396	4 341	1 687
海东地区	22 677	6 057	24 516	6 405	20 498	8 116
平安县	1 081	263	1 286	280	1 063	376
民和县	4 605	834	4 241	983	3 719	1 269
乐都县	2 662	779	3 148	877	2 818	994
湟中县	4 323	1 378	5 950	1 537	4 271	1 939
湟源县	1 202	475	1 730	432	1 367	587
互助县	4 505	1 375	4 679	1 356	3 996	1 836
化隆县	2 810	637	1 988	603	2 044	747
循化县	1 489	316	1 494	337	1 220	368
海北州	3 268	731	3 154	752	3 110	984
门源县	1 838	418	1 727	434	1 666	542
祁连县	560	106	539	138	543	170
海晏县	366	112	428	86	408	109
刚察县	504	95	460	94	493	163
黄南州	2 461	602	2 271	563	2513	714
同仁县	817	206	797	187	796	226
尖扎县	561	122	509	124	565	143
泽库县	663	196	600	163	768	218
河南县	420	78	365	89	384	127
海南州	4 680	1 013	4 383	971	4 488	1 407
共和县	1 455	269	1 340	279	1 362	445

第四次人口普查分地区人口自然变动情况(续)

(手工汇总)　　　　单位：人

地区	1989年上半年		1989年下半年		1990年上半年	
	出生人口	死亡人口	出生人口	死亡人口	出生人口	死亡人口
同德县	602	137	532	113	526	173
贵德县	913	266	997	268	837	355
兴海县	868	172	797	170	839	244
贵南县	842	169	717	141	924	190
果洛州	**1 872**	**675**	**1 589**	**551**	**1 834**	**852**
玛沁县	423	125	377	98	409	187
班玛县	237	75	253	87	293	131
甘德县	370	138	290	110	327	173
达日县	359	170	257	111	288	155
久治县	277	78	225	78	292	105
玛多县	206	89	187	67	225	101
玉树州	**3 640**	**857**	**2 659**	**786**	**3 200**	**1 129**
玉树县	922	182	744	186	760	255
杂多县	530	156	388	139	564	206
称多县	675	180	428	161	596	239
治多县	332	89	308	61	256	108
囊谦县	825	161	554	146	714	224
曲麻莱县	356	89	237	93	310	97
海西州	**2 901**	**522**	**3 233**	**551**	**2 827**	**704**
格尔木市	691	77	743	76	619	103
德令哈市	490	85	584	78	435	112
乌兰县	346	74	364	77	359	113
都兰县	618	151	708	177	667	214
天峻县	217	64	237	52	228	86
大柴旦镇	143	35	204	48	148	31
茫崖行政委员会	396	36	393	43	371	45
茫崖地区	244	25	246	33	231	32
冷湖镇	152	11	147	10	140	13

第四次人口普查分地区各种文化程度的人口数

(手工汇总)　　单位：人

地　区	合计	大学本科	大学专科	中专	高中	初中	小学
全　省	2 407 413	28 539	37 849	97 142	271 691	791 579	1 180 613
西宁市	767 778	20 741	21 996	40 042	115 326	287 633	282 040
城东区	160 599	4 178	4 893	7 459	26 704	63 008	54 357
城中区	109 269	3 878	4 703	8 289	21 114	43 784	27 501
城西区	149 779	8 076	7 389	13 005	27 791	55 503	38 015
城北区	143 883	3 645	3 299	6 518	23 307	60 765	46 349
大通县	204 248	964	1 712	4 771	16 410	64 573	115 818
海东地区	988 820	2 672	6 517	22 804	76 382	295 907	584 538
平安县	65 785	564	831	2 565	6 636	21 168	34 021
民和县	136 284	340	830	3 102	11 133	38 652	82 227
乐都县	179 950	624	1 353	3 727	17 857	58 496	97 893
湟中县	274 713	459	1 286	4 257	17 413	84 523	166 775
湟源县	81 626	202	588	2 414	8 138	26 750	43 534
互助县	166 221	235	774	3 277	9 362	44 609	107 964
化隆县	54 138	138	508	2 167	3 742	14 517	33 066
循化县	30 103	110	347	1 295	2 101	7 192	19 058
海北州	131 250	834	1 481	5 668	14 272	38 723	70 272
门源县	70 142	280	548	2 969	6 106	18 928	41 311
祁连县	17 988	67	158	852	1 760	4 925	10 226
海晏县	25 126	405	559	1 081	4 352	8 795	9 934
刚察县	17 994	82	216	766	2 054	6 075	8 801
黄南州	61 647	464	970	4 065	5 573	15 141	35 434
同仁县	28 810	247	504	2 335	3 017	6 619	16 088
尖扎县	20 011	139	280	878	1 810	5 700	11 204
泽库县	7 665	25	78	420	308	1 490	5 344
河南县	5 161	53	108	432	438	1 332	2 798
海南州	160 835	1126	2 133	7 516	19 101	46 534	84 425
共和县	71 150	800	1 461	4 632	11 335	23 455	29 467

第四次人口普查分地区各种文化程度的人口数(续)

(手工汇总)　　单位：人

地　区	合计	大学本科	大学专科	中专	高中	初中	小学
同德县	14 524	50	117	572	1 018	2 413	10 354
贵德县	20 638	114	185	696	2 174	5 570	11 897
兴海县	12 930	38	115	675	810	3 118	8 174
贵南县	41 593	124	253	941	3 764	11 978	24 533
果洛州	32 725	237	564	3 066	2 124	8 255	18 479
玛沁县	11 187	152	253	1 670	852	3 323	4 937
班玛县	5 119	18	74	330	327	1 229	3 141
甘德县	4 148	15	42	243	214	818	2 816
达日县	4 902	19	72	312	296	1 049	3 154
久治县	4 372	18	87	230	245	923	2 869
玛多县	2 997	15	36	281	190	913	1 562
玉树州	40 881	171	605	3 446	2 360	9 478	24 821
玉树县	14 380	109	376	1 947	1 246	4 067	6 635
杂多县	4 051	18	43	290	134	759	2 807
称多县	6 969	8	69	402	384	1 270	4 836
治多县	4 901	12	38	253	213	760	3 625
囊谦县	8 646	14	42	335	254	2 067	5 934
曲麻莱县	1 934	10	37	219	129	555	984
海西州	223 477	2 294	3 583	10 535	36 533	89 908	80 604
格尔木市	65 538	595	1 049	2 540	12 043	28 286	21 025
德令哈市	37 326	377	694	2 625	5 627	13 825	14 178
乌兰县	24 184	145	337	1 104	3 803	9 496	9 299
都兰县	32 973	109	313	1 262	4 120	11 509	15 660
天峻县	5 822	23	96	441	799	1 448	3 015
大柴旦镇	17 415	245	280	711	3 024	8 057	5 098
茫崖行政委员会	40 219	800	814	1 852	7 137	17 287	12 329
茫崖地区	22 540	358	297	957	3 398	10 379	7 151
冷湖镇	17 679	442	517	895	3 739	6 908	5 178

第四次人口普查分地区不识字或识字很少的人口状况

（手工汇总）

单位：人、%

地区	总人口	不识字或识字很少		1982年15周岁及以上不识字或识字很少占总人口的比重
		15周岁及以上	占总人口的比重	
全省	**4 456 946**	**1 234 755**	**27.70**	**29.15**
西宁市	**1 087 155**	**190 850**	**17.56**	**7.08**
城东区	207 792	24 337	11.71	10.59
城中区	129 469	9 260	7.15	8.66
城西区	179 826	14 625	8.13	7.08
城北区	180 697	19 721	10.91	
大通区	398 371	122 907	31.57	37.22
海东地区	**1 908 381**	**578 352**	**30.31**	**33.78**
平安县	102 013	22 079	21.64	28.48
民和县	327 488	121 708	37.16	37.91
乐都县	279 280	61 822	22.14	29.44
湟中县	427 530	95 669	22.38	31.26
湟源县	127 083	29 242	23.01	26.41
互助县	345 068	114 905	33.30	35.38
化隆县	200 448	92 398	46.10	41.99
循化县	99 471	40 529	40.74	37.76
海北州	**258 462**	**78 446**	**30.35**	**32.33**
门源县	138 284	43 453	31.42	34.24
祁连县	42 392	14 400	33.97	32.14
海晏县	38 185	8 045	21.06	17.05
刚察县	39 601	12 548	31.69	28.82
黄南州	**181 995**	**68 447**	**37.61**	**34.16**
同仁县	68 349	23 052	33.73	30.68
尖扎县	46 083	16 061	34.52	35.56
泽库县	42 489	18 362	43.22	39.53
河南县	25 074	10 972	43.76	
海南州	**361 355**	**116 008**	**32.10**	**30.65**
共和县	127 903	32 238	25.21	23.94

第四次人口普查分地区不识字或识字很少的人口状况(续)

(手工汇总)

单位：人、%

地区	总人口	不识字或识字很少		1982年15周岁及以上不识字或识字很少占总人口的比重
		15周岁及以上	占总人口的比重	
同德县	40 834	13 711	33.58	31.69
贵德县	85 563	28 754	33.61	36.07
兴海县	49 914	20 482	41.03	36.25
贵南县	57 141	20 823	36.44	32.90
果洛州	**119 973**	**49 940**	**41.63**	**37.57**
玛沁县	30 718	11 196	36.45	31.80
班玛县	18 782	7 717	41.09	37.76
甘德县	21 973	10 367	47.18	42.90
达日县	21 539	9 888	45.91	42.24
久治县	16 422	6 668	40.60	37.78
玛多县	10 539	4 104	38.94	31.19
玉树州	**227 298**	**106 260**	**46.75**	**39.96**
玉树县	64 530	28 955	44.87	38.09
杂多县	31 307	15 272	48.78	37.75
称多县	37 742	17 761	47.06	41.62
治多县	19 313	7 372	38.17	38.84
囊谦县	55 423	27 124	48.94	42.45
曲麻莱县	18 983	9 776	51.50	40.48
海西州	**312 327**	**46 452**	**14.87**	**15.52**
格尔木市	83 017	8 622	10.39	9.04
德令哈市	52 771	8 248	15.63	
乌兰县	35 744	6 205	17.36	18.12
都兰县	56 090	13 530	24.12	23.48
天峻县	15 915	5 723	35.96	29.18
大柴旦镇	20 926	1 468	7.01	9.20
茫崖行政委员会	47 864	2 656	5.55	6.10
茫崖地区	27 231	1 622	5.96	7.58
冷湖镇	20 633	1 034	5.01	4.62

第四次人口普查分地区市、镇、县（不含镇）人口数

（手工汇总）　　　　单位：人、户

地区	总人口数	市、镇合计			县	
		户数	人口数	#村委会人口	户数	人口数
全省	4 456 946	388 717	1 632 841	519 678	538 177	2 824 105
西宁市	1 087 155	204 345	805 474	137 691	52 872	281 681
城东区	207 792	51 158	207 792	27 477		
城中区	129 469	36 121	129 469			
城西区	179 826	45 543	179 826	25 222		
城北区	180 697	46 582	180 697	52 966		
大通县	389 371	24 941	107 690	32 026	52 872	281 681
海东地区	1 908 381	86 575	413 122	282 879	284 321	1 495 259
平安县	102 013	9 218	39 820	17 681	11 992	62 193
民和县	327 488	19 307	97 308	86 315	41 587	230 180
乐都县	279 280	13 342	60 127	43 339	44 266	219 153
湟中县	427 530	14 662	68 563	44 357	70 287	358 967
湟源县	127 083	5 724	22 280		21 538	104 803
互助县	345 068	9 508	45 795	32 110	56 537	299 273
化隆县	200 448	10 549	56 771	44 254	24 520	143 677
循化县	99 471	4 265	22 458	14 823	13 594	77 013
海北州	258 462	11 481	51 336	23 538	41 384	207 126
门源县	138 284	11 481	51 336	23 538	15 781	86 948
祁连县	42 392				8 074	42 392
海晏县	38 185				8 874	38 185
刚察县	39 601				8 655	39 601
黄南州	181 995	7 789	36 155	14 925	25 374	145 840
同仁县	68 349	5 053	22 243	6 432	8 196	46 106
尖扎县	46 083	2 736	13 912	8 493	4 671	32 171
泽库县	42 489				7 675	42 489
河南县	25 074				4 832	25 074
海南州	361 355	11 069	46 508	10 614	59 782	314 847
共和县	127 903	6 836	28 303		19 844	99 600

第四次人口普查分地区市、镇、县（不含镇）人口数(续)

（手工汇总）　　单位：人、户

地区	总人口数	市、镇合计			县	
		户数	人口数	#村委会人口	户数	人口数
同德县	40 834				7 002	40 834
贵德县	85 563	4 233	18 205	10 614	13 634	67 358
兴海县	49 914				9 085	49 914
贵南县	57 141				10 217	57 141
果洛州	119 973	2 804	11 588		23 051	108 385
玛沁县	30 718	2 804	11 588		3 949	19 130
班玛县	18 782				4 009	18 782
甘德县	21 973				4 498	21 973
达日县	21 539				4 661	21 539
久治县	16 422				3 507	16 422
玛多县	10 539				2 427	10 539
玉树州	227 298	4 531	19 682	6 582	38 595	207 616
玉树县	64 530	4 531	19 682	6 582	8 257	44 848
杂多县	31 307				5 722	31 307
称多县	37 742				7 095	37 742
治多县	19 313				4 023	19 313
囊谦县	55 423				9 632	55 423
曲麻莱县	18 983				3 866	18 983
海西州	312 327	60 123	248 976	43 449	12 798	63 351
格尔木市	83 017	19 364	83 017	9 111		
德令哈市	52 771	13 079	52 771	13 835		
乌兰县	35 744	4 955	22 215	5 206	2 737	13 529
都兰县	56 090	4 784	22 462	14 093	6468	33 628
天峻县	15 915				3534	15 915
大柴旦镇	20 926	5 203	20 926	1 204		
茫崖行政委员会	47 864	12 738	47 585		59	279
茫崖地区	27 231	6 856	26 952		59	279
冷湖镇	20 633	5 882	20 633			

注：茫崖行政委员会下设冷湖镇、花土沟镇、茫崖镇和尕斯乡，以上资料中的茫崖地区包括花土沟镇、茫崖镇和尕斯乡。
海西州的格尔木市和德令哈市系县级市。

第一、第二、第三、第四次人口普查重要数据

指　　标	第一次人口普查(1953年7月1日)	第二次人口普查(1964年7月1日)	第三次人口普查(1982年7月1日)	第四次人口普查(1990年7月1日)
一、总　人　口	1 676 534	2 145 604	3 895 706	4 456 946
二、总　户　数	308 935	430 249	722 896	923 894
三、按性别分				
男性	852 515	1 137 994	2 004 819	2 310 499
女性	824 019	1 007 610	1 890 887	2 146 447
四、性　别　比	103.46	112.94	106.03	107.64
五、按民族分				
汉　　族	822 395	1 316 233	2 359 979	2 580 419
少数民族	854 139	829 318	1 535 727	1 876 515
#藏　族	493 639	422 664	754 252	911 860
回　族	251 959	280 026	533 750	638 847
土　族	53 277	69 296	128 930	162 865
撒拉族	27 760	29 796	60 930	77 003
蒙古族	26 224	24 928	50 456	71 515
民族不详		53		12
六、按行政区划分的市镇人口	115 271	355 680	797 911	1 632 846
七、按文化程度分				
大学或相当大学		13 574	31 468	66 388
高　　中		35 729	199 261	368 833
初　　中		107 066	544 725	791 579
小　　学		395 230	999 470	1 180 613
不识字或识字很少			1 135 465	1 234 755

注：表中数字为手工汇总数。

全省计划生育情况

(1987年—1991年)

指　　标	单　位	1987年	1988年	1989年	1990年	1991年
一、计划生育率	%	71.17	76.96	78.71	78.40	81.39
二、领取独生子女证的人数	人	51 034	57 647	67 791	76 887	85 385
领证率	%	7.35	8.11	9.07	9.95	10.74
三、采取各种节育措施人数	人	536 397	552 047	599 125	630 094	664 543
#结扎人数	人	147 238	156 862	174 459	205 496	265 554
放环人数	人	159 491	183 480	209 129	216 758	226 231
服药人数	人	175 301	65 408	156 864	156 602	127 682
使用避孕套人数	人	28 977	28 928	36 471	31 634	27 831
使用外用药人数	人	13 857	13 747	16 144	14 247	13 561
采用其他措施人数	人	11 533	3 625	6 058	5 357	3 684
节育率	%	77.31	77.71	80.17	81.56	83.58

注：此表为计生委计划生育年报数。

三、劳动力和工资

历年社会劳动者年末人数

单位：万人

年份	社会劳动者总数	全民所有制单位职工	城镇集体所有制单位职工	其他所有制单位职工	城镇个体劳动者	农村集体和个体劳动者
1949	63.82	0.63			7.13	56.06
1952	71.66	1.93		0.21	7.18	62.34
1953	72.34	2.89		0.52	7.14	61.79
1954	77.22	3.84		0.78	7.95	64.65
1955	81.74	5.35		1.00	9.43	65.96
1956	93.54	12.51		3.94	8.17	68.92
1957	96.10	10.58		4.97	10.80	69.75
1958	117.24	32.36		6.00	9.80	69.08
1959	127.90	42.76		6.04	9.86	69.24
1960	130.94	48.32		5.07	10.31	67.24
1961	111.04	25.63		5.10	14.56	65.75
1962	107.94	16.20		4.14	13.18	74.42
1963	98.24	13.48	1.13	0.04	2.63	80.96
1964	98.52	14.08	0.98	0.23	0.58	82.65
1965	102.49	16.60	1.48	0.12	0.20	84.09
1966	106.96	19.39		1.77	0.12	85.68
1967	109.91	20.05		1.93	0.33	87.60
1968	112.86	21.36		2.09	0.35	89.06
1969	118.57	24.38		2.25		91.94
1970	124.35	27.23		3.41		93.71
1971	129.12	31.14		2.57		95.41
1972	132.18	33.30	2.74			96.14
1973	132.45	32.38		2.73		97.34
1974	133.19	32.61		2.67		97.91
1975	136.31	34.42	3.88			98.01
1976	139.20	36.94	4.19			98.07
1977	140.82	37.69	5.03			98.10
1978	144.71	42.35	5.22			97.14
1979	150.31	46.00	5.94		0.09	98.28
1980	157.62	46.90	6.86		0.23	103.63
1981	165.55	47.49	8.06		0.42	109.58
1982	171.17	48.54	9.03		0.71	112.89
1983	174.31	49.23	9.09		1.41	114.58
1984	177.35	50.31	9.32		1.56	116.16
1985	182.70	52.03	9.64	0.03	3.20	117.80
1986	189.20	54.10	9.80	0.05	3.70	121.60
1987	193.70	54.60	9.90		4.60	124.60
1988	197.83	55.30	9.76	0.05	4.91	127.81
1989	200.83	55.47	9.68	0.05	3.84	131.79
1990	206.31	56.24	10.15	0.04	4.00	135.88
1991	211.64	56.89	10.41	0.07	4.47	139.80

历年按三次产业划分的社会劳动者年末人数

单位：万人

年份	社会劳动者总数	第一产业	第二产业	工业	建筑业	第三产业	#交通运输、邮电通讯业	#商业、饮食、服务业
1949	63.82	56.11	0.70	0.56	0.14	7.01	0.07	1.39
1952	71.66	62.41	1.07	0.83	0.24	8.18	0.29	1.36
1953	72.34	61.87	1.21	1.10	0.11	9.26	0.57	1.41
1954	77.22	65.15	2.64	2.19	0.45	9.43	0.71	1.87
1955	81.74	67.52	2.56	1.82	0.74	11.66	0.97	2.10
1956	93.54	72.00	5.22	2.05	3.17	16.32	1.96	2.73
1957	96.10	72.56	5.72	2.23	3.49	17.82	2.02	2.24
1958	117.24	79.52	20.22	9.05	11.17	17.50	3.23	2.50
1959	127.90	86.77	21.20	10.07	11.13	19.93	2.78	3.13
1960	130.94	84.24	21.36	10.63	10.73	25.34	2.68	3.04
1961	111.04	80.02	8.93	6.25	2.68	22.09	2.38	2.56
1962	107.94	86.42	4.91	4.07	0.84	16.61	1.95	1.90
1963	98.24	86.16	4.52	3.20	1.32	7.56	1.76	1.86
1964	98.52	85.34	4.68	3.17	1.51	8.50	1.72	2.00
1965	102.49	86.65	7.32	3.64	3.68	8.52	1.81	2.06
1966	106.96	94.18	8.94	4.07	4.87	3.84	1.87	2.02
1967	109.91	95.10	9.47	4.98	4.49	5.34	1.93	2.09
1968	112.86	96.40	10.93	5.79	5.14	5.53	2.12	2.19
1969	118.57	99.34	13.32	6.42	6.90	5.91	2.07	2.25
1970	124.35	102.01	14.92	8.22	6.70	7.42	2.32	2.41
1971	129.12	102.36	20.58	13.31	7.27	6.18	2.48	2.35
1972	132.18	102.75	22.05	13.19	8.86	7.38	2.64	2.64
1973	132.45	104.20	20.51	12.86	7.65	7.74	2.71	2.53
1974	133.19	105.95	19.27	12.01	7.26	7.97	2.69	2.57
1975	136.31	105.47	21.27	14.34	6.93	9.57	2.78	2.61
1976	139.20	104.74	22.93	15.57	7.36	11.53	2.90	2.83
1977	140.82	104.28	25.73	18.63	7.10	10.81	2.96	2.92
1978	144.71	103.21	26.66	19.83	6.83	14.84	3.33	3.60
1979	150.31	105.21	27.84	19.38	8.46	17.26	3.55	3.90
1980	157.62	108.31	28.41	19.82	8.59	20.90	3.49	3.85
1981	165.55	113.90	29.61	20.01	9.60	22.04	3.43	4.40
1982	171.17	113.87	29.58	20.00	9.58	27.72	3.65	4.60
1983	174.31	115.42	30.21	20.41	9.80	28.68	3.70	4.65
1984	177.35	115.46	30.96	20.76	10.20	30.93	3.90	4.85
1985	182.70	112.20	36.90	24.70	12.20	33.60	4.46	5.06
1986	189.20	111.20	38.70	26.00	12.70	39.30	7.40	8.90
1987	193.70	113.90	38.30	26.20	12.10	41.50	7.70	9.80
1988	197.83	115.90	38.80	27.10	11.70	43.13	7.80	10.50
1989	200.83	120.43	38.18	27.76	10.42	42.22	7.38	10.46
1990	206.31	123.74	38.99	28.31	10.68	43.58	7.92	10.50
1991	211.64	127.12	39.38	28.43	10.95	45.14	7.93	11.29

城乡劳动力资源与分配平衡表

单位：万人

指标	1990年			1991年		
	合计	城镇	乡村	合计	城镇	乡村
年末劳动力资源总数	**258.0**	**101.3**	**156.7**	**263.4**	**102.6**	**160.8**
一.年末劳动年龄内全部人数	245.0	99.9	145.1	254.0	101.5	152.5
#参加社会劳动的人数	202.5	82.0	120.5			
二.不足和超过劳动年龄参加社会劳动的人数	15.9	1.2	14.7	11.2	0.8	10.4
三.劳动年龄内丧失劳动能力的人数	3.9	0.8	3.1	2.8	0.7	2.1
四.其他(包括劳动年龄在押犯人及机械变动差额跨地区调整数)	1.0	1.0		1.0	1.0	
年末劳动力分配总数						
一.社会劳动者总数	206.31	70.43	135.88	211.7	71.9	139.8
(一)按经济类型分组						
1.全民所有制单位职工	56.24	56.24		56.9	56.9	
2.城镇集体所有制单位职工	10.15	10.15		10.4	10.4	
3.各种合营、华侨或港澳工商业者经营和外资经营单位职工	0.04	0.04		0.1	0.1	
4.农村乡(镇)劳动者	135.88		135.88	139.8		139.8
5.城镇个体劳动者	4.00	4.00		4.5	4.5	
(二)按国民经济行业分组						
1.农林牧渔水利业	123.75	4.10	119.65	127.2	4.1	123.1
2.工业	28.31	24.37	3.94	28.4	24.4	4.0
3.地质普查和勘探业	2.77	2.77		2.9	2.9	
4.建筑业	10.68	8.21	2.47	11.0	8.2	2.8
5.交通运输邮电通讯业	7.92	5.00	2.92	7.9	4.9	3.0
6.商业公共饮食物资供销和仓储业	10.50	8.81	1.69	11.4	9.5	1.9
7.房地产管理、公用事业、居民服务和咨询服务业	1.88	1.81	0.07	2.0	1.9	0.1
8.卫生、体育和社会福利事业	2.56	2.16	0.40	2.7	2.3	0.4
9.教育、文化艺术和广播电视事业	6.22	5.46	0.76	6.3	5.6	0.7
10.科学研究和综合技术服务事业	0.85	0.77	0.08	0.9	0.8	0.1
11.金融、保险业	1.23	1.08	0.14	1.4	1.4	
12.国家机关、政党机关和社会团体	6.00	5.75	0.25	6.1	5.9	0.2
13.其他行业	3.64		3.64	3.5		3.5
二.城镇待业人员	4.2	4.2		3.3	3.3	
三.16岁以上在校学生	8.2	7.1	1.1	8.5	7.4	1.1
四.宗教职业者	2.9	0.2	2.7	2.9	0.2	2.7
五.聘用和留用的退休、离休人员及城镇民办教师等按劳动统计制度规定未包括在职工中的其他社会劳动者	10.8	8.5	2.3	10.0	7.8	2.2
六.家务劳动者	25.8	11.1	14.7	27.0	12.0	15.0

乡村劳动力分行业人数

(1986年—1991年)　　　　单位：人

类　　别	1986年	1987年	1988年	1989年	1990年	1991年
一、乡村总户数（户）	**514 421**	**525 200**	**535 482**	**548 133**	**573 537**	**587 048**
#牧业户（户）	91 722	88 574	91 267	92 527	92 395	93 308
二、乡村总人口	**2 876 705**	**2 911 103**	**2 944 288**	**2 979 498**	**3 041 281**	**3 083 845**
#牧业人口	482 978	489 053	495 979	503 020		521 330
三、乡村劳动力	**1 216 526**	**1 246 022**	**1 278 127**	**1 317 860**	**1 358 820**	**1 398 011**
1.按性别分						
男劳动力	618 533	634 094	649 295	673 531	689 967	713 420
女劳动力	597 993	611 928	628 832	644 329	668 853	684 591
2.按国民经济部门分						
农林牧副渔业	1 061 329	1 090 914	1 118 687	1 165 005	1 196 549	1 230 995
工　　业	36 017	33 692	36 706	37 935	39 355	39 826
#乡镇办	8 602	7 493	7 221	8 462	8 662	9 425
村　办	13 972	11 511	11 061	11 391	12 570	9 520
村以下办	13 443	14 688	18 424	18 082	18 123	20 881
建　筑　业	34 932	30 489	27 691	23 770	24 732	27 772
运输、邮电业	23 254	25 212	26 680	26 137	29 197	29 692
商业、饮食业	13 466	14 320	16 241	16 114	16 891	18 690
卫生、体育、社会福利事业	3 936	4 075	4 140	4 133	4 004	4 144
房地产、公用服务事业	532	62	284	398	710	1 150
科研、综合技术服务事业	627	763	734	820	835	817
文教、艺术、广播电视业	10 082	9 826	8 973	8 072	7 581	7 477
金融、保险业	161	67	53	149	75	108
乡镇经济组织管理	2 042	2 105	2 798	2 316	2 499	1 980
其　　他	30 148	34 499	35 140	33 011	36 392	35 360

全民所有制单位全部职工人数

(1991 年)　　　　单位：人

类　　别	年末人数	#女　性	#少数民族	固定职工	合同制职工	临时职工	计划外用工	平均人数
总　　计	568 903	183 226	71 549	457 758	67 605	18 285	25 255	569 508
一、按领导关系分组								
1.中央直属企业、事业、机关	104 397	30 643	6 098	86 411	13 535	1 071	3 380	103 453
2.省属企业、事业、机关	227 291	70 176	16 557	194 446	21 914	7 027	3 904	229 092
3.州、地、市属企业、事业、机关	98 568	41 529	13 027	71 342	18 281	3 425	5 520	99 115
4.地辖市属企业、事业、机关	8 197	3 237	657	5 804	1 227	652	514	8 710
5.县及县以下企业、事业、机关	130 450	37 641	35 210	99 755	12 648	6 110	11 937	129 138
二、按企业、事业、机关分组								
1.企业	354 421	117 814	29 687	268 427	57 155	10 191	18 648	358 479
#地方	265 491	91 360	24 078	195 195	44 752	9 702	15 842	270 735
2.事业	142 054	48 399	25 612	125 326	8 087	4 103	4 538	138 998
#地方	129 607	45 172	25 139	114 187	7 157	3 879	4 384	126 488
3.机关	72 428	17 013	16 250	64 005	2 363	3 991	2 069	72 031
#地方	69 408	16 051	16 234	61 965	2 161	3 633	1 649	68 832
三、按国民经济行业分组								
1.农林牧渔水利业	40 989	9 745	6 765	35 685	1 212	1 800	2 292	39 571
农　　业	22 555	5 967	1 595	20 736	506	853	460	22 062
林　　业	2 746	444	793	2 001	127	188	430	2 751
畜　牧　业	5 658	1 297	2 104	5 036	110	283	229	5 474
渔　　业	843	16	10	67	1	13	762	207
水　利　业	3 526	710	390	2 964	250	230	82	3 504
农林牧渔水利服务业	5 661	1 311	1 873	4 881	218	233	329	5 573
2.工　　业	193 178	67 693	15 523	138 776	39 214	6 352	8 836	193 327
3.地质普查和勘探业	29 007	7 841	923	25 644	3 105	247	11	28 108
4.建筑业	52 887	12 708	2 876	42 228	4 800	2 374	3 485	59 814
(1)土木工程建筑业	31 560	7 454	1 599	24 453	3 473	2 322	1 312	38 684
(2)线路管道和设备安装业	20 128	4 877	1 235	16 625	1 310	27	2 166	19 944
(3)勘察设计业	1 199	377	42	1 150	17	25	7	1 186
5.交通运输、邮电通讯业	45 292	11 676	3 668	37 132	7 408	403	349	44 900
(1)交通运输业	38 800	9 564	2 997	31 235	6 923	343	299	38 479
铁路运输	19 220	5 106	994	15 461	3 759			18 822
公路运输	19 304	4 389	1 992	15 553	3 137	318	296	19 420
水上运输	24	3	1	13	8		3	22
航空运输	252	66	10	208	19	25		215
(2)邮电通讯业	6 492	2 112	671	5 897	485	60	50	6 421
6.商业、公共饮食、物资供销和仓储	43 898	17 057	5 081	31 475	5 990	1 866	4 567	42 339
(1)商　　业	36 636	14 525	4 442	25 615	5 238	1 562	4 221	35 228
#对外贸易业	1 887	581	215	1 436	180	32	239	1 766
(2)公共饮食业	1 156	637	141	853	128	48	127	1 179

全民所有制单位全部职工人数(续)

(1991年)　　　　单位：人

类别	年末人数	#女性	#少数民族	固定职工	合同制职工	临时职工	计划外用工	平均人数
(3)物资供销业	4 353	1 464	330	3 650	397	165	141	4 252
(4)仓储业	1 753	431	168	1 357	227	91	78	1 680
7.房地产管理公用事业居民服务和咨询服务业	**8 997**	**4 628**	**903**	**5 792**	**1 849**	**483**	**873**	**8 929**
(1)房地产管理业	579	210	105	501	33	21	24	568
(2)公用事业	5 431	2 816	553	3 232	1 358	257	584	5 373
#市内公共交通业	2 834	1 609	195	1 588	1 242	2	2	2 815
园林绿化业	568	204	35	470	5	36	57	564
清洁卫生业	774	567	160	247	46	143	338	757
市政工程业	902	322	113	615	51	73	163	875
(3)居民服务业	2 893	1 567	239	1 977	447	205	264	2 898
#旅游业	154	72	12	103	36	15		154
旅馆业	2 542	1 412	212	1 726	397	163	256	2 547
(4)咨询服务业	94	35	6	82	11		1	90
8.卫生、体育和社会福利事业	**20 520**	**11 048**	**4 395**	**18 689**	**710**	**535**	**586**	**20 268**
(1)卫生事业	19 027	10 626	4 218	17 392	673	418	544	18 731
(2)体育事业	706	206	122	686	7	10	3	759
(3)社会福利事业	787	216	55	611	30	107	39	778
9.教育、文化艺术和广播电视事业	**56 132**	**20 531**	**13 565**	**51 858**	**980**	**1 591**	**1 703**	**54 999**
(1)教育事业	48 850	18 123	11 878	45 347	565	1 397	1 541	47 819
#普通高等学校	3 998	1 326	550	3 709	75	65	149	3 967
普通中学	18 680	6 503	3 631	17 286	203	464	727	18 439
小学校	20 477	8 078	6 597	19 208	189	587	493	19 927
(2)文化艺术事业	4 931	1 774	1 220	4 428	297	107	99	4 856
(3)广播电视事业	2 351	634	467	2 083	118	87	63	2 324
10.科学研究和综合技术服务事业	**8 247**	**2 714**	**578**	**7 495**	**225**	**273**	**254**	**8 192**
(1)科学研究事业	4 425	1 488	245	4 015	94	137	179	4 390
自然科学研究事业	4 126	1 420	218	3 731	93	123	179	4 092
社会科学研究事业	147	43	26	138	1	8		146
综合科学研究事业	152	25	1	146		6		152
(2)综合技术服务事业	3 822	1 226	333	3 480	131	136	75	3 802
#气象事业	1 586	628	134	1 405	106	43	32	1 581
地震事业	230	64	20	203	2	25		226
测绘事业	595	144	31	573	2	18	2	584
环境保护事业	392	122	78	360	8	16	8	381
11.金融、保险业	**11 386**	**4 436**	**1 386**	**10 645**	**424**	**81**	**236**	**10 955**
(1)金融业	10 810	4 250	1 340	10 084	422	78	226	10 403
(2)保险业	576	186	46	561	2	3	10	552
12.国家机关、政党机关和社会团体	**58 370**	**13 149**	**15 886**	**52 339**	**1 688**	**2 280**	**2 063**	**58 106**
#国家机关和政党机关	57 532	12 696	15 382	51 520	1 682	2 267	2 063	57 282

全民所有制单位数

（1991年）　　单位：个

行　　业	实有数	行　　业	实有数
总　　计	9 596	(3)物资供销业	114
一、按领导关系分组		(4)仓　储　业	39
1.中央直属企业、事业、机关	446	7.房地产管理公用事业居民服务和咨询服务业	181
2.省属企业、事业、机关	771	(1)房地产管理业	34
3.州、地、市属企业、事业、机关	1 067	(2)公用事业	77
4.地辖市属企业、事业、机关	205	#市内公共交通业	2
5.县及县以下企业、事业、机关	7 107	园林绿化业	22
二、按企业、事业、机关分组		清洁卫生业	11
1.企业	2 172	市政工程业	18
#地方	1 810	(3)居民服务业	67
2.事业	5 259	#旅游业	7
#地方	5 180	旅馆业	47
3.机关	2 165	(4)咨询服务业	3
#地方	2 160	8.卫生、体育和社会福利事业	643
三、按国民经济行业分组		(1)卫生事业	564
1. 农林牧渔水利业	820	(2)体育事业	24
农　　业	95	(3)社会福利事业	55
林　　业	124	9.教育、文化艺术和广播电视事业	3 416
畜　牧　业	95	(1)教育事业	2 986
渔　　业	4	#普通高等学校	13
水　利　业	147	普　通　中　学	379
农林牧渔水利服务业	355	小　　学　　校	2 472
2.工业	551	(2)文化艺术事业	269
3.地质普查和勘探业	27	(3)广播电视事业	161
4.建筑业	71	10.科学研究和综合技术服务事业	180
(1)土木工程建筑业	47	(1)科学研究事业	62
(2)线路管道和设备安装业	8	自然科学研究事业	45
(3)勘察设计业	16	社会科学研究事业	4
5.交通运输、邮电通讯业	294	综合科学研究事业	13
(1)交通运输业	226	(2)综合技术服务事业	118
铁路运输	34	#气象事业	51
公路运输	189	地震事业	6
水上运输	2	测绘事业	4
航空运输	1	环境保护事业	17
(2)邮电通讯业	68	11.金融、保险业	209
6.商业、公共饮食、物资供销和仓储业	1 006	(1)金融业	180
(1)商　　业	788	(2)保险业	29
#对外贸易业	39	12.国家机关、政党机关和社会团体	2 198
(2)公共饮食业	65	#国家机关和政党机关	2 094

全民所有制工业全部职工人数和工资

（1991 年）

行业	单位数（个）	年末人数（人）	#女性	#合同制职工	#工程技术人员	平均人数（人）	工资总额（万元）
总计	**551**	**193 178**	**67 693**	**39 214**	**10 468**	**193 327**	**55 326.30**
总计中：中央企业	29	26 011	8 227	5 725	1 854	26 279	10 005.43
地方企业	522	167 167	59 466	33 489	8 614	167 048	45 320.87
总计中：轻工业	231	45 641	22 499	12 738	1 781	46 374	10 467.18
重工业	320	147 537	45 194	26 476	8 687	146 953	44 859.12
总计中：1.采掘业	81	32 793	7 478	7 865	1 176	33 322	11 104.61
(1)矿业	62	31 409	7 073	7 618	1 072	31 977	10 710.36
#煤炭采选业	22	14 879	2 082	3 266	242	14 719	4 372.88
石油和天然气开采业	1	3 721	1 433	620	399	3 703	2 149.44
黑色金属矿采选业	1	24	3	7	2	23	5.50
有色金属矿采选业	14	4 671	1225	1 495	250	4 556	1 597.63
(2)木材及竹材采运业	4	352	42	46	58	358	122.22
(3)自来水生产和供应业	15	1 032	363	201	46	987	272.03
2.制造业	470	160 385	60 215	31 349	9 292	160 005	44 221.69
(1)食品、饮料和烟草制造业	99	10 972	3 644	2 035	556	10 809	2 537.62
(2)饲料工业	11	364	84	66	10	362	68.01
(3)纺织业	14	18 408	11 916	7 847	522	18 420	3 977.29
(4)缝纫业	3	1 723	1 036	106	85	1 709	380.45
(5)皮革、毛皮及其制品业	9	985	419	261	43	925	221.90
(6)木材加工及竹、藤、棕、草制品业	1	720	266	91	15	746	195.64
(7)家具制造业	2	74	13	8	5	67	14.23
(8)造纸及纸制品业	4	983	372	231	46	970	211.12
(9)印刷业	16	1 493	779	270	93	1 492	327.49
(10)工艺美术用品制造业	2	402	371	60	8	392	28.47
(11)电力、蒸气、热水生产和供应业	58	9 907	2 950	1 771	1 079	9 291	3 928.26
(12)石油加工业	2	44	19	5	5	49	11.36
(13)化学工业	32	19 189	6 500	4 335	788	18 725	5 361.57
(14)医药工业	5	1 665	808	186	137	1 690	479.11
(15)橡胶工业	2	337	153	54	13	337	76.56
(16)塑料制品业	5	1 200	705	406	49	1 179	224.29
(17)建筑材料及其他非金属矿物品业	74	12 114	3 042	2 133	581	12 269	2 609.42
(18)黑色金属冶炼及压延加工业	17	17 552	5 270	2 401	773	17 539	5 545.81
(19)有色金属冶炼及压延加工业	5	7 328	2 074	2 277	391	7 418	2 245.00
(20)金属制品业	9	2 138	911	517	87	2 144	504.34
(21)机械、电气、电子设备制造业	73	45 853	16 690	5 117	3 623	45 837	12 766.87
#机械工业	59	39 929	14 077	4 619	3 227	39 778	11 331.49
交通运输设备制造业	7	2 933	1 020	179	173	3 092	676.02
电气机械及器材制造业	1	557	317	170	22	554	123.77
电子及通讯设备制造业	4	2 104	1 094	102	186	2 081	564.13
仪器仪表及其他计量器具制造业	2	330	182	47	15	332	71.46
(22)其他工业	27	6 934	2 193	1 092	383	7 635	2 506.08

城镇集体所有制单位全部职工人数和个体劳动者人数

（1991年）　　　　单位：人

行　　业	单位数（个）	年末人数合计	#女　性	#少数民族	#合同制职工	平均人数	#实行计件工资人数	城镇个体劳动者人数
总　　计	2 588	104 122	45 964	13 724	4 748	100 920	14 226	44 709
一、按企业、事业、机关分组								
企　　业	2 410	101 869	44 734	13 456	4 682	98 721	14 226	
事　　业	128	1 498	766	245	64	1 450		
机　　关	50	755	464	23	2	749		
二、按国民经济行业分组								
1.农、林、牧、渔、水利业	53	353	127	57	9	352	10	
畜牧业	19	148	50	20	8	146	10	
水利业	2	30		8	1	30		
农、林、牧、渔、水利服务业	32	175	77	29		176		
2.工　　业	565	44 392	26 117	6 282	1 624	42 914	7 645	6 950
3.建　筑　业	291	27 936	4 456	2 536	170	26 222	4 931	922
土木工程建筑业	287	26 764	4 381	2 507	136	25 104	4 304	
线路管道和设备安装业	4	1 172	75	29	34	1 118	627	
4.交通运输、邮电通讯业	7	809	172	295	1	803	71	3 464
交通运输业	7	809	172	295	1	803	71	
#公路运输业	3	585	157	167		576		
装卸搬运业	4	224	15	128	1	227	71	
5.商业、公共饮食业、物资供销和仓储业	1 114	23 433	11 624	3 375	1 968	23 078	1 388	26 884
商　　业	965	19 010	9 477	2 700	1 276	18 620	1 315	
公共饮食业	79	805	496	164		835		
物资供销业	70	3 618	1 651	511	692	3 623	73	
6.房地产管理、公用事业、居民服务和咨询服务业	124	3 019	1 529	333	24	3 556	43	5 584
房地产管理	9	372	126	16		407		
公用事业	58	1571	751	290		2 079		
#市内公共交通业	2	210	41	34		174		
#园林绿化业	5	320	171	24		319		
清洁卫生业	7	258	203	10		248		
居民服务业	57	1 076	652	27	24	1 070	43	
#旅馆业	10	121	86	16	24	117	43	
7.卫生、体育和社会福利事业	55	790	474	105	57	721		646
#卫生事业	50	699	442	99	57	656		
社会福利事业	5	91	32	6		65		
8.教育、文化艺术和广播电视事业	20	313	149	14		284	138	104
#教育事业	20	313	149	14		284	138	
9.金融、保险业	282	1 742	552	460	891	1 676		
金　融　业	281	1 571	522	418	794	1 508		
保　险　业	1	171	30	42	97	168		
10.国家机关、政党机关和社会团体	77	1 335	764	267	4	1 314		
#国家机关和政党机关	6	44	12	9	3	43		

城镇集体所有制工业全部职工人数

(1991 年)　　　　单位：人

行　　业	单位数(个)	年末人数合计	#女性	#合同制职工	#工程技术人员	平均人数	工资总额(万元)
总　　计	565	44 392	26 117	1 624	1 117	42 914	7 315.41
总计中：轻工业	392	27 744	17 742	1 281	719	27 111	4 493.50
重工业	173	16 648	8 375	343	398	15 803	2 821.91
总计中：采掘业	4	728	249		17	680	121.61
矿　业	4	728	249		17	680	121.61
制造业	561	43 664	25 868	1 624	1 100	42 234	7 193.80
1. 食品、饮料和烟草制造业	41	1 649	1 083	59	45	1 659	290.06
2. 饲料工业	2	69	24		1	69	9.61
3. 纺织业	20	4 211	3 088	213	164	4 033	726.55
4. 缝纫业	47	3 296	2 602	51	78	3 271	472.98
5. 皮革、毛皮及其制品业	24	3 257	2 271	155	99	3 189	518.48
6. 木材加工及竹、藤、棕、草制品业	5	80	34	1	7	97	17.16
7. 家具制造业	23	1 443	745	75	18	1 466	253.51
8. 造纸及纸制品业	10	791	584		15	773	132.44
9. 印刷业	29	1 485	1 118	29	40	1 457	263.04
10.文教体育用品制造业	2	152	131		2	145	29.20
11.工艺美术制造业	16	2 421	1 775	551	28	2 180	292.96
12.石油加工业	2	191	110		5	194	37.60
13.炼焦、煤气及煤制品业	1	5	2			5	1.14
14.化学工业	16	1 787	887	48	34	1 724	287.62
15.橡胶工业	6	524	399		9	513	86.38
16.塑料制品业	9	948	644	5	26	884	136.49
17.建筑材料及其他非金属矿物制品业	24	2 888	1 722	125	41	2 804	570.90
18.黑色金属冶炼及压延加工业	4	333	62	31	7	264	25.17
19.有色金属冶炼及压延加工业	2	232	114	2	18	219	44.36
20.金属制品业	50	3 483	1 885	137	66	3 419	587.31
21.机械、电气、电子设备制造业	84	7 589	4 604	111	218	7 389	1 354.13
机械工业	41	4 186	2 578	111	85	4 143	692.48
交通运输设备制造业	30	1 854	1 016		64	1 788	382.59
电气机械及器材制造业	10	1 181	795		57	1 102	209.61
仪器仪表及其他计量器具制造业	3	368	215		12	356	69.45
22.其他工业	144	6 830	1 984	31	179	6 480	1 056.71

全民与城镇集体所有制单位职工增加来源和减少去向变动情况

(1991 年)　　　　　　　　　　　　　　　　　　　　　单位：人

项　　目	全民所有制单位				集体所有制单位职工人数
	固定职工	# 中央单位	合同制职工	# 中央单位	
一、上年末职工人数	**458 546**	**88 469**	**59 255**	**11 412**	**101 452**
二、本年新增和调入的职工人数	**23 885**	**4 246**	**12 079**	**2 820**	**11 775**
1.新增职工人数	13 839	2 159	10 848	2 445	10 506
(1) 从农村招收的人员	58		85	10	929
(2) 从城镇招收的人员	641	72	9 045	1 378	1 869
(3) 统一分配的复员军人	1 367	255	8		73
(4) 统一分配的转业军人	160	38			1
(5) 统一分配的大学毕业生	2 630	473			59
(6) 统一分配的中专毕业生	4 238	578	3	3	45
(7) 统一分配的技工学校毕业生	2 705	353	904	889	5
(8) 停薪留职人员复职	114	18	12	5	
(9) 临时工转为固定工和合同制职工	56	22	324	28	
(10)计划外用工转为合同制职工			177	73	
(11)由城镇集体所有制单位转入人员	527	279	174	19	
(12)由全民所有制单位转入人员					997
(13)其　　他	1 343	71	116	40	6 528
2.由外省、自治区、直辖市调入人数	1 748	132	79	20	23
3.由其他全民所有制单位调入人数	8 298	1 955	1 152	355	
4.由其他单位调入人数					1 246
三、本年减少和调出的职工人数	**24 673**	**6 304**	**3 729**	**697**	9 105
1.减少的职工人数	10 864	2 248	1 039	195	7 524
(1) 退　休	7 438	1 712	101	10	1 101
(2) 离　休	220	24			8
(3) 退　职	62	8			132
(4) 停薪留职	118	7	18	2	
(5) 参　军	2		12		25
(6) 转入城镇集体所有制单位	447	263	59	4	
(7) 转入全民所有制单位					167
(8) 除　名	188	11	76	25	198
(9) 开　除	162	21	65	17	28
(10)辞　退	52	6	46	4	333
(11)辞　职	53	8	17	1	106
(12)合同制职工终止合同和解除合同			454	115	27
(13)死　亡	743	138	65	11	88
(14)其　他	1 379	50	126	6	5 311
2.调到外省、自治区、直辖市人数	5 242	2 401	956	350	112
3.调到其他全民所有制单位人数	8 567	1 655	1 734	152	
4.调到其他单位人数					1 469
四、本年末职工人数	**457 758**	**86 411**	**67 605**	**13 535**	**104 122**

城镇待业人员变化情况

(1985年—1991年) 单位：万人

指　　标	1985年	1986年	1987年	1988年	1989年	1990年	1991年
一、待业人员总数	10.66	8.21	7.45	8.74	8.45	7.82	7.39
1.上年结转人数	6.82	5.39	3.54	4.36	5.85	4.32	4.17
2.本年新增加人数	3.84	2.82	3.91	4.38	2.60	3.50	3.22
#由就业转待业人数	0.48	0.73	1.15	1.38	0.34	0.99	1.16
二、本年度安排待业人员就业的人数	5.18	4.06	2.84	2.63	3.62	3.35	3.53
1.安排到全民所有制单位的	2.31	1.31	0.78	0.66	0.91	1.08	1.01
#补充自然减员	1.00	0.38	0.22	0.13	0.01	0.03	
2.安排到集体所有制单位的	1.45	1.24	0.84	0.77	1.61	1.79	1.92
#补充自然减员	0.16	0.07	0.01		0.03	0.01	
3.从事个体经营者	0.59	0.37	0.28	0.28	0.12	0.23	0.21
4.从事临时性工作	0.83	1.14	0.94	0.92	0.98	0.25	0.31
三、除安排就业外因其他原因减少的人数	0.09	0.61	0.25	0.26	0.51	0.30	0.54
四、本年末实有待业人员数	5.39	3.54	4.36	5.85	4.32	4.17	3.32
#青年人数	3.09	2.07	3.35	4.73	3.78	3.49	2.85
#女性青年数	1.99	1.22	1.99	2.61	2.07	1.99	1.63

注：资料来源于劳动人事厅统计报表。

离休、退休、退职人数

(1991年) 单位：人

项　　目	合　计	截止本年末离休干部人数	截止本年末退休职工人数	截止本年末领取定期生活费的退职职工人数
总　　计	117 512	12 842	99 825	4 845
一、劳动人事部门管理的	116 286	12 623	98 818	4 845
1.全民所有制单位合计	103 502	12 367	86 831	4 304
#地方单位	82 487	10 431	68 316	3 740
#企业单位	63 093	5 195	55 864	2 034
2.城镇集体所有制单位	12 784	256	11 987	541
二、民政部门管理的	1 226	219	1 007	

注：该资料来源于劳动人事、民政部门统计报表。

历年全省职工工资总额和平均工资

年份	工资总额(万元)	#全民所有制单位	#城镇集体所有制单位	工资总额中奖金(万元)	#全民所有制单位	#城镇集体所有制单位	平均工资(元)	#全民所有制单位	#城镇集体所有制单位
1950	391.02	391.02					519	519	
1952	977.81	977.81					597	597	
1954	2 549.26	2 549.26					757	757	
1955	3 768.75	3 768.75					820	820	
1956	10 808.24	10 808.24					1 014	1 014	
1957	11 966.40	11 966.40					1 038	1 038	
1958	16 904.35	16 904.35					793	793	
1959	26 607.96	26 607.96					708	708	
1960	34 121.84	34 121.84					721	721	
1961	22 910.77	22 910.77					712	712	
1962	14 932.90	14 932.90					788	788	
1963	12 932.00	12 412.00	520.00				843	901	459
1964	14 190.41	13 677.40	513.01				957	951	484
1965	16 200.08	15 604.90	595.18				978	947	482
1966	16 999.90	16 999.90					888	888	
1967	18 233.30	18 233.30					886	886	
1968	18 455.00	18 455.00					878	878	
1969	21 272.80	21 272.80					886	886	
1970	22 365.90	22 365.90					856	856	
1971	25 895.80	25 895.80					850	850	
1972	28 883.10	28 883.10					883	883	
1973	29 410.20	29 410.20					887	887	
1974	29 645.06	29 645.06					909	909	
1975	33 004.69	30 488.81	2 515.88				883	889	649
1976	35 039.50	32 379.54	2 659.96				870	894	660
1977	36 846.94	33 679.90	3 167.04				868	890	687
1978	42 928.97	39 490.58	3 438.39				907	938	654
1979	48 979.22	44 699.99	4 279.23				959	991	721
1980	57 663.80	52 032.71	5 631.09	171.08		171.08	1 065	1 100	820
1981	58 892.79	52 547.95	6 344.84	197.52		197.52	1 059	1 103	796
1982	63 473.65	56 398.55	7 075.10	4 577.96	4 330.36	247.60	1 111	1 155	848
1983	72 821.90	64 590.50	8 231.40	5 316.30	5 041.70	274.60	1 246	1 301	933
1984	88 791.30	78 482.80	10 308.50	7 247.50	6 840.20	407.30	1 490	1 565	1 091
1985	105 034.00	93 009.40	12 016.80	8 410.60	7 921.80	488.80	1 719	1 811	1 233
1986	121 877.47	108 385.92	13 454.48	9 671.72	9 036.80	634.00	1 917	2 021	1 353
1987	131 633.70	117 302.42	14 292.48	11 318.39	10 676.01	640.18	2 041	2 143	1 469
1988	149 116.90	133 290.30	15 753.90	16 880.50	16 058.80	814.00	2 305	2 421	1 644
1989	160 348.27	144 330.50	15 937.07	18 737.53	17 912.83	812.70	2 438	2 580	1 628
1990	173 045.12	156 406.08	16 566.01	19 274.65	18 592.73	673.91	2 632	2 789	1 722
1991	184 656.32	166 116.63	18 433.59	20 626.24	19 890.69	735.55	2 752	2 917	1 827

注：表列工资总额和平均工资均包括肉类价格补贴

全民所有制单位职工工资总额构成

(1985年—1991年)

单位：%

指　　标	1985年	1986年	1987年	1988年	1989年	1990年	1991年
工资总额	100.0	100.0	100.0	100.0	100.0	100.0	100.0
计时、基础、职务工资	55.5	55.1	56.9	52.9	51.8	54.3	54.7
计件工资	3.8	3.0	3.4	3.9	4.1	3.7	3.9
#超额工资	0.6	0.5	0.6	0.4	0.4	0.4	0.4
各种奖金	8.5	8.3	9.1	12.0	12.4	11.9	12.0
各种津贴和补贴	28.6	28.8	27.4	28.2	28.7	26.2	26.3
加班加点工资	0.8	1.0	1.5	1.5	1.4	1.4	1.7
其他工资	2.8	3.8	1.7	1.5	1.5	2.5	1.4

全民所有制单位支付的劳保福利费

(1978年—1991年)

年　份	劳保福利费（万元）	相当于工资总额（%）
1978	4 544.14	10.59
1979	5 250.40	12.67
1980	8 639.54	17.50
1981	9 954.12	19.20
1982	10 595.73	18.80
1983	11 758.70	18.20
1984	14 626.60	18.60
1985	24 591.00	27.35
1986	29 000.90	27.90
1987	29 413.50	26.07
1988	37 186.60	24.98
1989	41 667.10	25.99
1990	23 810.40	15.22
1991	31 593.00	19.02

全民所有制单位全部职工工资总额构成情况

(1991年)　　　　单位：万元

类别	全年工资总额	计时工资	计件工资	#超额工资	各种奖金	#生产奖	机关事业单位奖励工资
总计	166 116.63	90 811.33	6 548.66	619.95	19 890.69	11 524.71	4 662.80
#中央单位	37 498.66	18 810.77	864.09	194.59	6 102.80	4 087.37	363.93
省级单位	70 830.71	39 523.11	2 982.76	339.72	8 448.66	5 889.21	1 242.36
总计中：企业	104 650.34	56 254.24	6 331.55	619.64	12 368.21	9 264.42	172.79
#地方企业	72 036.38	40 220.50	5 467.61	425.05	6 800.84	5 211.70	159.40
事业	42 100.08	23 052.65	208.75	0.01	5 523.19	2 079.96	2 861.69
#地方事业	37 948.71	20 749.34	208.60	0.01	5 079.21	2 045.31	2 521.78
机关	19 366.21	11 504.44	8.36	0.30	1 999.29	180.33	1 628.32
#地方机关	18 632.88	11 030.72	8.36	0.30	1 907.84	180.33	1 617.69
一、农、林、牧、渔、水利业	9 324.30	5 419.30	436.92	0.75	609.31	133.96	435.33
二、工业	55 326.30	31 029.14	2 684.86	272.95	6 212.12	4 830.07	67.06
三、地质普查和勘探业	12 471.11	6 114.15	121.32		2 048.85	1 754.78	263.62
四、建筑业	18 775.71	10 051.37	1 791.78	204.46	2 185.48	1 973.49	51.03
五、交通运输、邮电通讯业	14 993.29	7 151.27	670.75	122.96	1 945.83	1 088.93	193.29
六、商业、公共饮食业、物资供销和仓储业	11 033.03	5 828.53	771.96	18.52	1 495.06	1 053.20	25.97
七、房地产管理、公用事业、居民服务和咨询服务业	1 964.86	1 111.36	1.10		282.30	125.54	106.50
八、卫生、体育和社会福利事业	5 950.46	3 212.21	0.93		840.89	94.64	397.55
九、教育、文化艺术和广播电视事业	14 848.16	8 716.51	54.30	0.01	1 593.41	132.82	1 359.49
十、科学研究和综合技术服务事业	2 425.48	1 315.04	1.42		338.97	57.09	205.54
十一、金融、保险业	3 070.96	1 540.12	3.18		601.19	272.20	6.76
十二、国家机关、政党机关和社会团体	15 932.97	9 322.33	10.14	0.30	1 737.28	7.99	1 550.66

全民所有制单位全部职工工资总额构成情况(续一)

(1991年)　　单位：万元

类　别	节约奖	# 燃料原材料奖	其它奖金	其它工资	# 补以上年工资	# 学历浮动工资	# 保留工资
总　计	1 070.77	872.50	2 632.41	2 408.99	196.38	2 057.98	17.70
#中央单位	378.34	345.44	1 273.16	486.64	13.26	428.44	4.65
省级单位	642.72	499.67	674.37	928.89	78.08	792.93	0.89
总计中：企业	910.84	870.59	2 020.16	1 123.38	142.28	878.26	10.88
#地方企业	543.82	525.27	885.92	747.00	132.68	534.03	6.31
事业	145.87	1.91	435.67	908.47	33.27	846.99	4.13
#地方事业	145.75	1.79	366.37	818.05	29.61	767.59	4.05
机关	14.06		176.58	377.14	20.83	332.73	2.69
#地方机关	2.86		106.96	357.30	20.83	327.92	2.69
一、农、林、牧、渔、水利业	0.73		39.29	131.97	29.12	97.46	3.16
二、工　业	776.61	744.38	538.38	556.65	66.22	438.61	2.72
三、地质普查和勘探业			30.45	147.74	3.14	140.95	
四、建筑业	64.20	61.21	96.76	170.35	25.77	144.35	
五、交通运输、邮电通讯业	66.73	63.19	596.88	101.36	8.87	91.49	
六、商业、公共饮食业、物资供销和仓储业	3.28	1.74	412.61	180.70	19.66	118.73	0.20
七、房地产管理、公用事业、居民服务和咨询服务业	1.15	0.97	49.11	10.65	0.96	8.09	0.06
八、卫生、体育和社会福利事业	139.98		208.72	160.16	8.11	142.05	0.81
九、教育、文化艺术和广播电视事业	1.30		99.80	455.28	16.02	428.69	4.61
十、科学研究和综合技术服务事业	0.12	0.12	76.22	72.90	1.09	68.95	0.12
十一、金融、保险业			322.23	71.29	2.34	59.45	3.33
十二、国家机关、政党机关和社会团体	16.67	0.89	161.96	349.94	15.08	319.16	2.69

全民所有制单位全部职工工资总额构成情况(续二)

(1991年)　　单位：万元

类　　别	各种津贴	年功性津贴	物价补贴	在育工龄津贴	高原缺氧津贴	其他津贴	加班加点工　资
总　　计	43 719.85	2 495.12	15 687.76	5 318.65	6 710.41	13 507.91	2 737.11
#中央单位	10 561.19	517.66	3 030.75	930.17	1 328.97	4 753.64	673.17
省级单位	17 532.82	797.33	6 511.10	2 387.32	2 511.42	5 325.65	1 414.47
总计中：企业	26 012.03	637.48	9 627.08	3 202.13	3 922.25	8 623.09	2 560.93
#地方企业	16 882.29	256.04	6 924.70	2 427.22	2 748.72	4 525.61	1 918.14
事业	12 307.30	1 222.90	4 170.45	1 375.45	1 833.85	3 704.65	99.72
#地方事业	11 009.87	1 114.06	3 886.51	1 227.18	1 682.57	3 099.55	83.64
机关	5 400.52	634.74	1 890.23	741.07	954.31	1 180.17	76.46
#地方机关	5 266.50	607.36	1 845.80	734.08	950.15	1 129.11	62.16
一、农、林、牧、渔、水利业	2 695.51	274.69	982.01	351.69	565.90	521.22	31.29
二、工　业	13 299.48	244.48	5 452.57	1 748.30	2 010.87	3 843.26	1 544.05
三、地质普查和勘探业	3 986.08	200.79	1 269.20	291.75	417.80	1 806.54	52.97
四、建　筑　业	4 160.54	207.68	1 205.17	477.97	568.81	1 700.91	416.19
五、交通运输、邮电通讯业	4 783.45	87.16	1 385.61	479.37	605.61	2 225.70	340.63
六、商业、公共饮食、物资供销和仓储业	2 547.98	43.35	1 106.42	389.95	465.65	542.61	208.80
七、房地产管理、公用事业、居民服务和咨询服务业	517.75	32.41	212.79	79.74	80.62	112.19	41.70
八、卫生、体育和社会福利事业	1 714.28	168.88	563.17	197.14	278.18	506.91	21.99
九、教育、文化艺术和广播电视事业	4 013.17	547.12	1 443.22	512.94	680.03	829.86	15.49
十、科学研究和综合技术服务事业	692.43	71.87	219.12	88.65	94.34	218.45	4.72
十一、金融、保险业	820.14	90.49	258.34	94.75	148.35	228.21	35.04
十二、国家机关、政党机关和社会团体	4 489.04	526.20	1 590.14	606.40	794.25	972.05	24.24

全民所有制单位全部职工工资总额构成情况补充资料

（1991年）　　　　　　　　　　单位：万元

行　　业	工资总额中对调整工资职工补发上年的工资	各种奖金中发放的上年奖金	从兼课酬金和业余医疗卫生服务提成中支付的奖金	工资总额中肉类等价格补贴
总　　计	112.15	1 338.96	104.83	4 986.73
#中央单位	11.45	334.56	4.64	898.64
省级单位	40.68	715.92	86.83	1 989.63
一、农、林、牧、渔、水利业	13.62	49.76		386.95
二、工　　业	49.35	619.82	8.43	1 625.37
三、地质普查和勘探业	3.11	51.79		248.06
四、建　筑　业	1.69	121.66		420.03
五、交通运输、邮电通讯业	5.21	86.90	3.87	405.15
六、商业、公共饮食、物资供销和仓储业	11.04	92.43		357.02
七、房地产管理、公用事业、居民服务和咨询服务业	0.58	13.34		74.42
八、卫生、体育和社会福利事业	6.18	78.28	80.88	205.35
九、教育、文化艺术和广播电视事业	13.30	39.54	10.32	508.16
十、科学研究和综合技术服务事业	0.94	14.13	1.29	79.10
十一、金融、保险业	0.10	117.49	0.04	111.49
十二、国家机关、政党机关和社会团体	7.03	53.82		565.63

全民所有制单位职工工资总额增长因素

（1991年）

指　　标	1990年比1989年增加额（万元）	增加额构成（%）	1991年比1990年增加额（万元）	增加额构成（%）
工资总额增加额	9 710.55	100.00	12 075.58	100.00
由于增加计时工资	5 835.64	60.10	10 164.40	84.17
由于增加计件工资	743.39	7.66	−66.75	−0.55
#超额工资	−8.15	−1.10	44.38	0.37
由于增加奖金	1 297.96	13.37	679.90	5.63
由于增加津贴	2 716.48	27.97	−598.59	−4.96
由于增加加班加点工资	557.46	5.74	175.63	1.45
由于增加其他工资	−1 440.38	−14.83	1 720.99	14.25

城镇集体所有制单位全部

(199

行业	工资总额	计时工资	各种奖金	#节约奖
总计	18 433.59	11 732.22	735.55	4.28
一、按企业、事业、机关分组				
企业	18 010.19	11 464.31	688.45	4.28
事业和机关	423.40	267.91		
二、按国民经济行业分组				
1.农、林、牧、渔、水利业	54.53	39.48	2.62	0.42
#畜牧业	22.67	15.72	1.44	0.42
农、林、牧、渔、水利服务业	26.88	18.89	1.17	
2.工业	7 315.41	4 343.46	232.52	2.68
3.建筑业	5 546.47	3 749.96	69.24	1.00
土木工程建筑业	5 397.82	3 673.59	65.83	1.00
线路管道和设备安装业	148.65	76.37	3.41	
4.交通运输、邮电通讯业	167.18	106.57	14.06	0.08
交通运输业	167.18	106.57	14.06	0.08
5.商业、公共饮食、物资供销和仓储业	4 078.63	2 608.10	292.34	0.10
商业	3 165.81	2 055.16	195.81	0.10
公共饮食业	97.03	68.54	6.67	
物资供销业	815.79	484.40	89.86	
6.房地产管理、公用事业、居民服务和咨询服务业	504.94	398.65	32.20	
房地产管理	100.00	75.13	12.85	
公用事业	234.41	178.97	18.50	
居民服务业	170.53	144.55	0.85	
7.卫生、体育和社会福利事业	175.87	99.42	20.99	
#卫生事业	162.12	90.41	20.32	
8.教育、文化艺术和广播电视事业	48.26	35.41	4.65	
#教育事业	48.26	35.41	4.65	
9.金融、保险业	347.63	212.03	50.52	
#金融业	307.23	189.33	43.42	
10.国家机关、政党机关和社会团体	194.67	139.14	16.41	

城镇集体所有制全部职工

(199

指标	单位	实有数
一、集体单位聘用和留用的退休、离休人员年末人数	人	1 670
全年补贴金额	万元	710.73
二、在集体所有制单位工作保留全民所有制身份的职工	人	10 604

职工工资总额构成情况

1年)

计件工资		各种津贴			加班加点工资	其他工资
	#超额工资		年功性津贴	物价补贴		
2 485.61	**74.41**	**2 814.24**	**105.94**	**1 292.55**	**197.81**	**468.16**
2 485.61	74.41	2 711.45	91.60	1 249.94	197.33	463.04
		102.79	14.34	42.61	0.48	5.12
2.35	0.33	8.87	1.45	4.63	0.03	1.18
2.35	0.33	2.79	0.83	1.90	0.03	0.34
		6.03	0.62	2.68		0.79
980.02	30.09	1 488.94	9.15	742.96	119.91	150.56
1 341.53	34.41	354.63	3.75	135.82	13.67	17.44
1 287.84	34.41	341.44	3.75	129.10	13.67	15.45
53.69		13.19		6.72		1.99
17.13		25.70		13.43	1.28	2.44
17.13		25.70		13.43	1.28	2.44
132.71	8.68	713.38	58.12	305.26	51.33	280.77
120.77	8.68	503.34	58.12	201.63	24.00	266.73
		21.12		4.65	0.40	0.30
11.94		188.92		98.98	26.93	13.74
10.39	0.40	53.35	2.29	28.51	4.84	5.51
		10.94		6.33	0.35	0.73
		33.23	2.02	16.60	0.82	2.89
10.39	0.40	9.18	0.27	5.58	3.67	1.89
		50.26	7.52	15.64	0.48	4.72
		48.47	7.45	14.38	0.48	2.44
1.48	0.50	5.97	0.96	4.36	0.27	0.48
1.48	0.50	5.97	0.96	4.36	0.27	0.48
		80.27	17.47	25.45	4.48	0.33
		69.67	9.47	25.45	4.48	0.33
		32.87	5.23	16.49	1.52	4.73

工资构成情况补充资料

1年)

指 标	单位	实有数
#供销合作社职工	人	4 721
三、工资总额中发给个人的肉类等价格补贴	万元	556.75
四、建筑业中自营施工单位年末人数	人	6 197

全民所有制单位各部门职工工资总额与年平均工资

行业	1990年 全年工资总额（万元）	1990年 年平均工资（元）	1991年 全年工资总额（万元）	1991年 年平均工资（元）
总计	**156 406.08**	**2 789**	**166 116.63**	**2 917**
＃中央单位	35 431.97	3 411	37 498.66	3 625
省级单位	56 907.48	2 953	70 830.71	3 092
按国民经济行业分				
一、农、林、牧、渔、水利业	9 263.39	2 298	9 324.30	2 356
二、工业	51 604.19	2 709	55 326.30	2 862
三、地质普查和勘探业	11 512.17	4 236	12 471.11	4 437
四、建筑业	18 235.12	2 979	18 775.71	3 139
五、交通运输、邮电通讯业	14 624.96	3 221	14 993.29	3 339
六、商业、公共饮食、物资供销和仓储业	9 687.72	2 433	11 033.03	2 606
七、房地产管理、公用事业、居民服务和咨询服务业	1 787.56	2 006	1 964.86	2 201
八、卫生、体育和社会福利事业	5 731.44	2 845	5 950.46	2 936
九、教育、文化艺术和广播电视事业	14 060.11	2 620	14 848.16	2 700
十、科学研究和综合技术服务事业	2 211.31	2 893	2 425.48	2 961
十一、金融、保险业	2 739.58	2 670	3 070.96	2 803
十二、国家机关、政党机关和社会团体	14 948.53	2 678	15 932.97	2 742

其他各种所有制单位职工人数和工资

（1991年）

类别	单位数（个）	年末人数（人）	＃女性	平均人数（人）	工资总额（万元）
总计	**1**	**705**	**273**	**588**	**106.1**
(一)按经济类型分					
中外合营	1	705	273	588	106.1
(二)按企业、事业分					
企业	1	705	273	588	106.1
(三)按国民经济行业分					
房地产管理、公用事业、居民服务和咨询服务业	1	705	273	588	106.1
居民服务业	1	705	273	588	106.1
旅馆业	1	705	273	588	106.1

四、投资建设

全社会固定资产投资

(1985年-1991年)　　单位：亿元

指　　标	1985年	1986年	1987年	1988年	1989年	1990年	1991年
一、全社会固定资产投资总额	**17.17**	**18.21**	**21.99**	**25.67**	**21.53**	**21.94**	**23.59**
(一)全民所有制单位	14.61	15.98	19.68	22.51	18.83	19.61	21.14
基本建设	12.77	13.95	14.82	17.48	13.09	14.17	15.08
#跨省项目	0.94			0.23	0.54	0.73	···
更新改造措施	1.42	1.70	2.54	2.83	2.78	2.25	2.90
其　他	0.42	0.33	2.33	2.20	2.96	3.19	3.16
(二)集体所有制单位	1.00	0.59	0.49	1.06	0.67	0.54	0.56
城　镇	0.30	0.36	0.25	0.74	0.47	0.29	0.18
农　村	0.70	0.23	0.24	0.32	0.20	0.25	0.38
(三)城乡居民投资	1.56	1.64	1.82	2.10	2.03	1.79	1.89
城镇居民	0.21	0.29	0.21	0.10	0.28	0.32	0.28
农　民	1.35	1.35	1.61	2.00	1.75	1.47	1.61
二、构成(以投资总额为100)							
(一)全民所有制单位	85.09	87.75	89.50	87.69	87.46	89.38	89.61
基本建设	74.37	76.61	67.36	68.10	60.80	64.59	63.93
#跨省项目	5.47			0.90	2.51	3.33	···
更新改造措施	8.27	9.34	11.55	11.02	12.91	10.25	12.29
其　他	2.45	1.80	10.59	8.57	13.75	14.54	13.40
(二)集体所有制单位	5.82	3.24	2.23	4.13	3.11	2.46	2.37
城　镇	1.75	1.98	1.14	2.89	2.18	1.32	0.76
农　村	4.08	1.26	1.09	1.24	0.93	1.14	1.61
(三)城乡居民投资	9.09	9.01	8.27	8.18	9.43	8.16	8.02
城镇居民	1.22	1.59	0.95	0.39	1.30	1.46	1.19
农　民	7.86	7.41	7.32	7.79	8.13	6.70	6.82

按用途分的全社会固定资产投资

(1989年-1991年)　　单位：万元

指　　标	生产性建设			非生产性建设		
	1989年	1990年	1991年	1989年	1990年	1991年
总　计	**156 904**	**157 986**	**174 850**	**58 387**	**61 454**	**61 071**
一、全民所有制单位	142 901	146 201	161 602	45 395	49 906	49 864
基本建设	92 894	99 822	108 545	38 052	41 847	42 266
#跨省项目	5 399	7 270	71	40	12	···
更新改造措施	22 114	16 949	23 551	5 670	5 601	5 458
其　他	27 893	29 430	29 506	1 673	2 458	2 140
二、集体所有制单位	2 308	2 735	4 095	4 417	2 673	1 508
城　镇	1 270	2 069	1 406	3 449	801	388
农　村	1 038	666	2 689	968	1 872	1 120
三、城乡私人投资	11 695	9 050	9 153	8 575	8 875	9 699
城镇居民				2 762	3 178	2 773
农　民	11 695	9 050	9 153	5 813	5 697	6 926

注:①其他投资中包括国防人防工程128万元。

②1990年全社会固定资产投资总额中不包括商品房投资3 180万元。

③1991年全社会固定资产投资总额中不包括商品房投资3 631万元。

全省地方项目固定资产投资

(1985年-1991年)　　单位：万元

指　　标	1985年	1986年	1987年	1988年	1989年	1990年	1991年
一、全社会固定资产投资总额	**85 217**	**89 043**	**80 337**	**107 825**	**96 555**	**108 487**	**117 602**
(一)全民所有制单位	59 662	66 675	57 231	76 269	69 564	85 171	93 209
基本建设	50 713	51 161	39 735	50 956	41 864	63 437	62 193
更新改造措施	8 949	14 238	16 857	24 182	19 531	18 089	23 447
其　他		1 276	639	1 131	8 169	3 645	3 938
(二)集体所有制单位	9 960	5 876	4 918	10 575	6 720	5 391	5 542
城　镇	3 034	3 610	2 496	7 393	4 719	2 853	1 733
农　村	6 926	2 266	2 422	3 182	2 006	2 538	3 809
(三)城乡居民投资	15 595	16 492	18 188	20 981	20 271	17 925	18 851
城镇居民	2 086	2 943	2 095	1 031	2 762	31 788	2 773
农　民	13 509	13 549	16 093	19 950	17 509	14 747	16 078
二、构成(以投资总额为100)							
(一)全民所有制单位	70.0	74.9	71.3	70.7	72.0	78.6	79.3
基本建设	59.5	57.5	49.5	47.3	43.4	58.5	52.9
更新改造措施	10.5	16.0	21.0	22.4	20.2	16.7	19.9
其　他		1.4	0.8	1.0	8.4	3.4	3.3
(二)集体所有制单位	11.7	6.6	6.1	9.8	7.0	5.0	4.7
城　镇	3.6	4.1	3.1	6.9	4.9	2.6	1.5
农　村	8.1	2.5	3.0	3.0	2.1	2.3	3.2
(三)城乡居民投资	18.3	18.5	22.6	19.5	21.0	16.5	16.0
城镇居民	2.4	3.3	2.6	1.0	2.9	2.9	2.3
农　民	15.9	15.2	20.0	18.5	18.1	13.6	13.7

按用途分的地方项目固定资产投资

(1989年-1991年)　　单位：万元

指　　标	生产性建设			非生产性建设		
	1989年	1990年	1991年	1989年	1990年	1991年
总　计	**55 917**	**65 668**	**72 502**	**40 638**	**42 819**	**45 100**
一、全民所有制单位	41 913	53 883	59 255	27 646	31 288	33 954
基本建设	21 031	37 943	36 830	20 833	25 494	25 363
更新改造措施	14 391	13 302	18 481	5 140	4 787	4 966
其　他	6 491	2 638	3 599	1 673	1 007	339
二、集体所有制单位	2 308	2 735	4 095	4 417	2 656	1 447
城　镇	1 270	2 069	1 406	3 449	784	327
农　村	1 038	666	2 689	968	1 872	1 120
三、城乡私人投资	11 696	9 050	9 152	8 575	8 875	9 699
城镇居民				2 762	3 178	2 773
农　民	11 696	9 050	9 152	5 813	5 697	6 926

全民所有制和城镇集体单位固定资产投资

(1991 年)

指标	合计	全民所有制单位					城镇集体所有制单位
		小计	基本建设	更新改造措施	全民其他	商品房屋	
一、固定资产投资额(万元)	216 692	214 898	150 740	29 009	31 518	3 631	1 794
按构成分							
建筑安装工程	154 434	153 168	113 188	16 090	21 175	2 715	1 266
设备工器具购置	39 107	38 657	21 883	11 780	4 981	13	450
其他费用	23 151	23 073	15 669	1 139	5 362	903	78
按性质分							
新建	107 642	107 430	77 653	898	28 879		212
扩建	61 558	60 905	54 165	6 565	175		653
改建	30 926	30 208	8 828	18 934	2 446		718
按用途分							
生产性建设	163 154	161 748	108 474	23 551	29 378	345	1 406
非生产性建设	53 538	53 150	42 266	5 458	2 140	3 286	388
#住宅	24 951	24 707	17 389	3 187	1 019	3 112	244
按隶属关系分							
部直属项目	90 563	90 502	57 360	5 562	27 580		61
部直供项目	31 187	31 187	31 187				
地方项目	94 942	93 209	62 193	23 447	3 938	3 631	1 733
按资金来源分							
1.国家预算内投资	36 631	36 558	34 262	1 366	930		73
2.国内贷款	60 227	59 552	46 774	11 967		811	675
3.利用外资	19 492	19 492	19 492				
4.自筹资金	78 074	77 083	32 882	14 850	29 269	82	991
5.其它资金	22 268	22 213	17 330	826	1 319	2 738	55
二、新增固定资产(万元)	185 703	184 379	145 607	16 556	18 753	3 463	1 324
#生产性	138 432	137 786	108 869	11 075	16 812	1 030	646
三、施工项目(个)	1 330	1 290	890	323	36	41	40
#全部建成投产项目(个)	856	832	604	190	25	13	24
四、房屋建筑施工面积(万平方米)	260.78	256.88	195.52	37.15	3.60	20.60	3.90
#住宅	111.59	110.76	75.36	16.71	1.82	16.86	0.83
房屋建筑竣工面积(万平方米)	133.36	131.46	24.97	18.70	3.22	9.41	1.90
#住宅	64.56	64.03	46.92	8.60	1.58	6.93	0.53

说明:1.本表和以下各表基本建设投资均不包括跨省项目。

2.施工项目个数中不包括其它投资项目。

3.其他投资中不包括国防人防工程 128 万元。

分行业的全民固定资产投资及新增固定资产

(1991年)　　　　单位：万元

行业	投资额			新增固定资产		
	基本建设	更新改造	其他	基本建设	更新改造	其他
总计	150 740	29 009	31 518	145 607	16 556	18 753
一、农林牧渔水利业	10 654	982		4 574	461	
1.农业	333	59		161	59	
2.林业	238	10		163	10	
3.畜牧业	951	9		409	9	
4.水利业	7 970	741		2 919	267	
5.农林牧渔水利服务	1 162	163		922	116	
二、工业	98 080	21 848	28 755	111 299	11 400	16 908
轻工业	3 607	3 928	…	4 855	2 255	
重工业	94 473	17 920	28 755	106 444	9 145	16 908
采掘工业	28 668	4 843	28 755	27 945	3 913	16 908
原料工业	62 131	8 115	…	76 014	3 742	
加工工业	3 674	4 962	…	2 485	1 490	
1.煤炭采选业	529	1 249	1 175	243	921	402
2.石油和天然气开采业	25 700	3 100	27 580	21 628	2 828	16 506
3.黑色金属矿采选业	287			297		
4.有色金属矿采选业	529	241		231	111	
5.建材及其它非金属矿采选业	1 263	253		5 035	53	
6.采盐业	27	365		14		
7.其它矿采选业	360			511		
8.自来水生产和供应业	341	55		397	101	
9.食品制造业	1 138	1 067		602	780	
10.饮料制造业	48	851			325	
11.烟草加工业		20			100	
12.饲料工业	13	46		13	60	
13.纺织业	720	813		3 434	317	
14.缝纫业		20			20	
15.皮革皮毛及其制品业	178	35		38	35	
16.木材加工及竹藤棕草制品业		41			41	
17.造纸及纸制品业	202	8			28	
18.印刷业		137			77	
19.工艺美术品制造业	63			119		
20.电力蒸汽热水生产和供应业	44 912	195		69 084	125	
21.化学工业	7 546	1 275		4 718	628	
22.石油加工业						
23.医药工业		205		10	239	
24.橡胶制品业						
25.塑料丝绳及编织品		174			53	

分行业的全民固定资产投资及新增固定资产（续）

(1991 年)　　　　单位：万元

行　　业	投资额			新增固定资产		
	基本建设	更新改造	其　他	基本建设	更新改造	其　他
26.建材及其他非金属矿制品业	788	889		696	320	
27.黑色金属冶炼及压延加工业	85	6 037			2 852	
28.有色金属冶炼及压延加工业	12 725	131		2 365	131	
29.金属制品业	38	334		38	279	
30.机械工业	407	3 374		1 656	662	
31.交通运输设备制造业	20	382		20	83	
32.电子电气及通信设备制造业	150	375		150	97	
33.仪器仪表及其他计量		176			134	
三、地质普查和勘探业	726			1 096		
#矿产地质调查业	726					
四、建筑业	436	448		437	285	
#土木工程建筑业	335	393			266	
五、交通运输邮电通讯业	13 135	2 369	2 689	4 551	1 664	1 804
交通运输业	11 574	1 662	2 689	3 898	1 056	1 804
#公路运输业		1 662	2 689		1 056	
航空运输业		707		653	608	
六、商业、公共饮食业、物资供销和仓储业	4 557	1 304	33	5 217	1 365	30
商　　业	4 137	1 199	33	4 882	1 361	30
公共饮食业	59			59		
物资供销业	266	55		276		
仓储业	95	50			50	
七、房地产管理、公用事业、居民服务和咨询服务业	5 122	188		1 647	126	
#公用事业	1 876	188		1 565	126	
居民服务业	3 226			82		
八、卫生体育和社会福利事业	3 043	36		1 277	36	
卫生事业	2 401	36		833	36	
体育事业	74			61		
社会福利事业	568			383		
九、教育、文化艺术和广播电视事业	5 002	684		5 474	790	
教育事业	4 362	536		5 049	680	
文化艺术事业	506	63		396	33	
广播电视事业	134	85		29	77	
十、科学研究和综合技术服务业	486	60		1 213	18	
科学研究事业	226	42		567		
综合技术服务业	260	18		646	18	
十一、金融、保险业	1 920	188		1 836	114	
金融业	1 749	188		1 587	114	
十二、国家政党机关和社会团体	7 412	902		6 744	297	
十三、其他行业	167		41	242		11

历年全民所有制单位基本建设投资与新增固定资产

单位：万元

年 份	投资总额	#国家预算内投资额	比重(%)	新增固定资产	固定资产交付使用率(%)
1950	371	48	12.94	349	94.10
1952	868	704	81.11	699	80.50
1953	2 667	2 446	91.71	2 734	102.50
1954	2 440	2 369	97.09	2 150	88.10
1955	8 752	7 119	81.34	5 847	66.80
1956	32 970	32 255	97.83	24 100	73.10
1957	17 223	16 623	96.52	13 424	77.90
1958	36 785	35 623	96.92	17 135	46.60
1959	47 802	41 370	86.54	33 349	69.80
1960	47 358	42 299	89.32	32 381	68.40
1961	8 264	7 172	86.79	6 776	82.00
1962	2 859	2 225	77.82	1 863	65.20
1963	4 580	4 214	92.01	3 812	83.20
1964	7 938	6 586	82.97	6 497	81.90
1965	12 998	10 371	79.79	8 958	68.90
1966	22 015	19 963	90.68	15 450	70.18
1967	17 967	15 889	88.43	11 660	64.90
1968	16 916	16 259	96.12	8 863	52.39
1969	27 721	26 195	94.50	16 145	58.24
1970	31 124	28 889	92.82	19 825	63.70
1971	31 961	27 790	86.95	21 463	67.15
1972	32 836	26 932	82.02	18 755	57.10
1973	31 031	26 455	85.25	22 209	71.60
1974	31 666	26 781	84.57	19 895	62.83
1975	43 128	37 162	86.17	26 704	61.92
1976	41 948	36 050	85.94	20 480	48.82
1977	46 728	41 782	89.42	19 246	41.19
1978	67 458	59 715	88.52	34 580	51.26
1979	96 863	90 808	93.75	62 520	64.54
1980	69 339	44 296	63.88	34 022	49.07
1981	58 408	50 877	87.11	22 314	38.20
1982	71 887	58 916	81.96	37 593	52.29
1983	80 886	61 295	75.78	64 215	79.39
1984	87 319	61 986	70.99	112 951	129.35
1985	118 314	69 627	58.85	48 301	40.82
1986	139 521	77 209	55.34	76 785	55.03
1987	148 156	66 722	45.04	186 821	126.10
1988	172 514	63 617	36.88	91 389	52.97
1989	125 547	57 733	45.99	132 330	105.40
1990	134 387	48 735	36.26	115 206	85.73
1991	150 740	34 262	22.73	145 607	96.59

注:本表不包括跨省项目投资。

各时期全民所有制单位基本建设投资与新增固定资产

单位：万元

时　期	投资总额	#国家预算内投资额	比　重(%)	新增固定资产	固定资产交付使用率(%)
“恢复”时期	1 676	1 084	64.68	1 364	81.38
“一五”时期	64 052	60 812	94.94	48 255	75.34
“二五”时期	143 068	128 689	89.95	91 504	63.96
1963年-1965年	25 516	21 171	82.97	19 267	75.51
“三五”时期	115 742	107 195	92.61	71 943	62.16
“四五”时期	170 621	145 120	85.05	109 026	63.90
“五五”时期	322 336	272 651	84.59	170 848	53.00
“六五”时期	416 814	302 701	72.62	285 374	68.47
“七五”时期	720 125	314 016	43.61	602 531	83.67
“八五”时期第一年	150 740	34 262	22.73	145 607	96.59

各时期按中央和地方项目分基本建设投资额

单位：万元

时期(年份)	中央项目		地方项目		在地方项目中		
	投资额	比重(%)	投资额	比重(%)	生产性建设	非生产性建设	#住宅
合　计	1 305 556	61.27	825 134	38.73			
“恢复”时期	441	26.31	1 235	73.69			
“一五”时期	36 757	57.39	27 295	42.61			
“二五”时期	58 769	41.08	84 299	58.92			
1963年-1965年	7 791	30.53	17 725	69.47			
“三五”时期	64 230	55.49	51 512	44.51			
“四五”时期	83 235	48.78	87 386	51.22			
“五五”时期	208 296	64.62	114 040	35.38	73 548	40 492	
“六五”时期	284 518	68.26	132 296	31.74	49 079	83 217	
“七五”时期	472 972	65.68	247 153	34.32	126 295	120 858	31 950
“八五”时期第一年	88 547	58.74	62 193	41.26	36 830	25 363	8 857
1978	43 083	63.87	24 375	36.13	18 840	5 535	
1979	69 258	71.50	27 605	28.50	16 376	11 230	
1980	44 986	64.88	24 353	35.12	11 086	13 267	
1981	41 257	70.64	17 151	29.36	6 764	10 387	4 791
1982	51 313	71.38	20 574	28.62	7 260	13 314	6 369
1983	61 966	76.61	18 920	23.39	5 201	13 719	5 436
1984	62 381	71.44	24 938	28.56	9 127	15 811	5 831
1985	67 601	57.14	50 713	42.86	20 727	29 986	12 356
1986	88 360	63.33	51 161	36.67	22 175	28 986	
1987	108 421	73.18	39 735	26.82	18 350	21 385	8 896
1988	121 558	70.46	50 956	29.54	26 796	24 160	7 920
1989	83 683	66.65	41 864	33.35	21 031	20 833	6 091
1990	70 950	52.80	63 437	47.20	37 943	25 494	9 043
1991	88 547	58.74	62 193	41.26	36 830	25 363	8 857

各时期生产性、非生产性基本建设投资额及比重

时期(年份)	投资额(万元)			占投资总额(%)		
	生产性建设	非生产性建设	#住宅	生产性建设	非生产性建设	#住宅
合　计	1 581 531	549 159	237 433	74.23	25.77	11.14
"恢复"时期	1 405	271	69	83.83	16.17	4.12
"一五"时期	48 056	15 996	5 965	75.03	24.97	9.31
"二五"时期	120 375	22 693	10 939	84.14	15.86	7.65
1963年-1965年	17 067	8 449	3 265	66.89	33.11	12.80
"三五"时期	92 993	22 749	10 214	80.35	19.65	8.82
"四五"时期	133 818	36 803	16 368	78.43	21.57	9.59
"五五"时期	263 231	59 105	25 211	81.66	18.34	7.82
"六五"时期	282 070	134 744	62 463	67.67	32.33	14.99
"七五"时期	514 042	206 083	85 550	71.38	28.62	11.88
"八五"时期第一年	108 474	42 266	17 389	71.96	28.04	11.53
1980	49 642	19 697	9 772	71.59	28.41	14.09
1981	41 819	16 589	8 270	71.60	28.40	14.16
1982	50 828	21 059	9 799	70.71	29.29	13.63
1983	58 572	22 314	10 021	72.41	27.59	12.39
1984	58 804	28 515	12 478	67.34	32.66	14.29
1985	72 047	46 267	21 895	60.89	39.11	18.51
1986	95 771	43 750	19 559	68.64	31.36	14.02
1987	107 575	40 581	18 549	72.61	27.39	12.52
1988	130 647	41 865	16 777	75.73	24.27	9.73
1989	87 495	38 012	14 809	69.67	30.31	11.80
1990	92 552	41 835	15 856	68.87	31.13	11.80
1991	108 474	42 266	17 389	71.96	28.04	11.53

各时期农、轻、重基本建设投资额及比重

时期(年份)	绝对数(万元)			占投资总额(%)		
	农业	轻工业	重工业	农业	轻工业	重工业
合　计	142 137	64 947	1 199 224	6.67	3.85	56.28
"恢复"时期	505	137	132	30.13	8.17	7.88
"一五"时期	7 198	1 395	3 817	11.24	2.18	5.96
"二五"时期	18 903	7 255	37 018	13.21	5.07	25.88
"调整"时期	5 365	1 069	8 585	21.03	4.19	33.65
"三五"时期	9 927	3 975	77 575	8.58	3.43	67.02
"四五"时期	13 992	6 149	88 870	8.20	3.60	52.09
"五五"时期	20 078	6 972	170 092	6.23	2.16	52.77
"六五"时期	17 115	11 692	236 023	4.11	2.81	56.63
"七五"时期	25 234	22 696	482 639	3.50	3.15	67.02
"八五"时期第一年	23 820	3 607	94 473	15.80	2.39	62.27
1980	4 137	2 455	35 034	5.97	3.54	50.53
1981	2 996	2 087	33 230	5.13	3.57	56.89
1982	3 501	2 617	44 402	4.87	3.64	61.76
1983	2 355	1 074	53 135	2.91	1.33	65.69
1984	3 414	1 937	54 487	3.91	2.22	62.40
1985	4 849	3 977	50 769	4.10	3.36	42.91
1986	3 622	5 271	75 699	2.60	3.78	54.26
1987	4 610	4 975	107 042	3.11	3.36	72.25
1988	5 377	4 120	128 113	3.12	2.39	74.26
1989	4 408	2 777	90 270	3.51	2.21	71.90
1990	7 217	5 553	81 515	5.37	4.13	60.66
1991	23 820	3 607	94 473	15.80	2.39	62.67

各时期按国民经济行业分的基建投资额

单位：万元

时期(年份)	总计	一、农林牧渔水利气象业	农业	林业	牧业	水利业	气象业	二、工业	1.煤炭采选业	2.石油和天然气开采业
“恢复”时期	1 676	505	20	3	33	449		269	91	
“一五”时期	64 052	7 198	3 774	84	854	2 316	133	5 212	1 257	
“二五”时期	143 068	18 903	11 376	366	2 329	4 693	139	44 273	4 200	5 742
“调整”时期	25 516	5 365	1 704	195	1 087	2 283	83	9 654	1 716	1 703
“三五”时期	115 743	9 293	5 309	197	855	2 805	127	81 550	3 705	6 513
“四五”时期	170 622	11 716	2 120	354	751	8 300	191	96 020	9 672	10 167
“五五”时期	322 336	20 078	5 497	628	831	11 602	462	177 063	6 977	63 620
“六五”时期	416 814	17 917	6 105	1 100	2 950	6 331	650	247 715	1 353	78 654
“七五”时期	720 125	25 234	3 764	1 146	2 596	16 410		505 335	2 931	125 190
“八五”时期第一年	150 740	10 654	333	238	951	7 970		98 080	529	25 700
1980	69 339	4 137	813	147	871	2 003	146	37 489	438	18 177
1981	58 408	2 996	565	214	683	1 374	72	35 317	175	19 360
1982	71 887	3 501	1 250	207	519	1 386	103	47 019	163	24 208
1983	80 886	2 355	639	221	412	858	131	54 209	171	18 908
1984	87 319	3 414	1 128	240	546	1 395	103	56 424	156	16 178
1985	118 314	5 651	2 523	218	790	1 318	241	54 746	688	
1986	139 521	3 622	127	176	515	2 147		80 970	687	95
1987	148 156	4 610	1 001	243	93	2 537		112 017	568	17 156
1988	172 514	5 377	681	285	486	2 894		132 233	250	48 283
1989	125 547	4 408	776	175	434	2 565		93 047	742	34 587
1990	134 387	7 217	1 179	267	1 068	3 671		87 068	684	25 069
1991	150 740	10 654	333	238	951	7 970		98 080	529	25 700

各时期按国民经济行业分的基建投资额(续一)

单位：万元

时期(年份)	3.黑色金属矿采选业	4.有色金属矿采选业	5.建筑材料及其他非金属矿采选业	6.木材及竹材采运业	7.食品制造业	8.纺织业	9.木材加工及竹藤棕草制品业	10.造纸及纸制品业	11.印刷业	12.电力蒸汽、热水生产和供应业
“恢复”时期			3	4	44	76			4	6
“一五”时期			572	17	635	26	49		132	912
“二五”时期	4 433	2 926	2 882	111	2 696	1 292	374	664	135	5 735
“调整”时期	239	509	1 124	223	108	550	50	70	2	591
“三五”时期	6 833	963	2 481	653	237	2 791	105	266	103	5 998
“四五”时期	194	2 766	4 409	124	192	2 436	170			5 284
“五五”时期		4 136	3 427	246	1 258	2 428	242	22	54	53 047
“六五”时期		24 456	4 981	98	3 308	6 088	184	27	88	91 220
“七五”时期		7 506	35 720	16	4 310	13 519	119	167	533	164 016
“八五”时期第一年		287	529	1 263		1 138	720		202	44 912
1980		1 179	359	89	306	1 588	5	92	30	10 216
1981		627	462	18	446	1 309	34	27	41	10 035
1982		2 453	485		229	2 115	49		6	13 971
1983		6 038	503	44	298	532	73		21	22 634
1984		7 007	815	20	791	762			20	23 003
1985		8 331	2 716	16	1 544	1 370				21 577
1986		5 589	7 676		1 464	2 262	28	15	175	30 088
1987		730	13		572	1 895		40	6	38 729
1988		586	12 084	8	817	1 833	75	8	11	35 204
1989		356	10 862		710	859	16		29	31 508
1990		245	5 085	8	747	2 360		104	312	28 487
1991		287	529	1 263		1 138	720		202	44 912

各时期按国民经济行业分的基建投资额(续二)

单位：万元

时期(年份)	13.化学工业	14.建筑材料及其它非金属矿物制品业	15.黑色金属冶炼及压延加工业	16.有色金属冶炼及压延加工业	17.金属制品业	18.机械工业	三、地质普查和勘探业	四、建筑业	#土木工程建筑	#勘察设计业
“恢复”时期	17				11			8		
“一五”时期	128	31			931		28 630	1 151		
“二五”时期	4 805	535			6 184		22 777	1 790		
“调整”时期	684	7			170	1 667	74	506	352	40
“三五”时期	15 841	682	7 589	706	1 002	21 937	1 554	1 421	1 411	10
“四五”时期	6 415	6 428	14 439	2 277		20 362	1 448	2 164	564	10
“五五”时期	8 454	4 602	4 932	2 481	35	16 787	1 866	3 719	3 498	220
“六五”时期	7 631	4 645	992	13 754	319	7 225	19 312	3 410	2 714	558
“七五”时期	33 533	10 557	9 463	86 703	325	4 111	20 999	4 913	3 578	3 779
“八五”时期第一年	7 546	788	85	12 725	38	407	726	436	335	63
1980	897	743	381	128	35	2 606	319	696	566	130
1981	385	313	124	3	33	1 680	293	559	448	111
1982	1 486	187	70	118	82	1 208	331	559	484	75
1983	2 468	290	67	964	83	1 005	555	466	267	199
1984	1 776	674	300	3 313	81	1 164	957	539	529	10
1985	1 516	3 181	431	9 356	40	2 168	17 176	1 287	986	163
1986	2 109	3 265	125	23 256	146	1 458	17 490	2 212	1 869	63
1987	11 985	4 010	200	32 318	96	876	1 063	1 268	888	
1988	4 143	2 415	3 436	20 193	77	566	1 102	682	412	49
1989	3 889	521	2 851	4 384	6	614	873	348	205	68
1990	11 407	346		10 936		597	471	403	204	21
1991	7 546	788	85	12 725	38	407	726	436	335	63

各时期按国民经济行业分的基建投资额(续三)

单位：万元

时期(年份)	五、交通运输邮电通讯业	1.交通运输业	2.邮电通讯业	六、商业公共饮食物资供销和仓储业	#商业	七、房地产管理公用事业居民服务和咨询服务	#公用事业	八、卫生和社会福利事业	#卫生事业	九、教育文化艺术和广播电视事业
“恢复”时期	499	451	48	82	78	21	21	55	55	108
“一五”时期	9 808	8 901	907	3 666	3 666	604	604	954	954	2 369
“二五”时期	34 899	33 023	1 876	4 363	4 363	3 330	3 330	992	992	3 192
“调整”时期	3 046	1 845	1 201	1 823	1 204	980	980	566	557	1 297
“三五”时期	9 764	6 660	3 104	4 349	3 176	827	827	963	937	1 842
“四五”时期	38 134	35 800	2 334	5 822	5 629	1 798	1 561	1 611	1 441	3 816
“五五”时期	82 773	79 829	2 944	9 082	8 167	6 830	4 548	3 298	2 678	7 340
“六五”时期	46 504	43 089	3 415	14 548	11 345	13 836	5 100	7 682	6 150	21 695
“七五”时期	38 283	35 124	3 159	17 043	13 824	23 169	9 675	12 540	8 795	30 332
“八五”时期第一年	13 135	11 574	1 561	4 557	4 137	5 122	1 876	3 043	2 401	5 002
1980	14 403	13 809	594	3 234	2 818	2 099	1 131	1 013	734	2 675
1981	9 528	8 994	534	1 915	1 689	995	716	926	606	3 295
1982	8 472	7 883	589	2 768	2 573	1 289	863	1 116	995	2 739
1983	9 377	8 731	646	1 820	1 691	1 604	992	1 237	1 144	4 195
1984	8 810	8 124	686	2 874	2 301	2 801	564	1 295	1 292	4 860
1985	10 317	9 357	960	5 171	3 091	7 147	1 965	3 108	2 113	6 606
1986	9 401	8 926	475	4 494	3 340	5 174	1 070	2 546	2 173	7 337
1987	5 268	4 677	591	3 401	2 779	3 809	1 828	2 128	1 366	5 893
1988	6 006	5 504	502	3 330	2 637	5 228	3 350	3 550	2 381	5 960
1989	3 833	3 156	677	3 190	2 887	4 596	1 266	2 550	1 734	5 359
1990	13 775	12 861	914	2 628	2 181	4 362	2 161	1 766	1 141	5 783
1991	13 135	11 574	1 561	4 557	4 137	5 122	1 876	3 043	2 401	5 002

各时期按国民经济行业分的基建投资额(续四)

单位：万元

时期(年份)	1.教育事业	2.文化艺术事业	3.广播电视事业	十、科学研究和综合技术服务业	#科学研究事业	十一、金融保险业	十二、国家机关政党机关和社会团体	十三、其它行业
“恢复”时期	82	26				42	87	
“一五”时期	1 784	497	88	16	16	247	3 912	285
“二五”时期	2 429	585	178	360	360	83	4 486	3 620
“调整”时期	1 003	85	51	269	269		1 058	878
“三五”时期	845	538	460	776	321	48	1 696	1 660
“四五”时期	2 524	530	761	154	154	4		7 935
“五五”时期	5 128	1 468	745	1 153	1 153	390		8 744
“六五”时期	17 384	2 999	1 312	3 283	3 215	2 527	9 165	9 220
“七五”时期	25 921	2 259	2 152	6 492	3 075	8 468	25 587	1 730
“八五”时期第一年	4 362	506	134	486	226	1 920	7 412	167
1980	1 982	483	209	350	350	279		2 645
1981	2 800	474	21	271	271	282	2 031	
1982	2 102	429	208	322	322	483	3 288	
1983	3 431	584	180	924	924	281		3 863
1984	3 968	640	252	543	543	343		4 459
1985	5 083	872	651	1 223	1 155	1 138	3 846	898
1986	5 642	859	836	1 023	553	932	3 545	775
1987	4 984	412	497	1 498	621	1 880	4 970	351
1988	5 207	310	443	1 514	889	2 495	4 627	410
1989	4 842	325	192	1 256	524	1 593	4 320	174
1990	5 246	353	184	1 201	488	1 568	8 125	20
1991	4 362	506	134	486	226	1 920	7 412	167

各时期基本建设施工和全部竣工(投产)的项目个数

时期(年份)	施工项目(个)	#大中型项目	全部建成投产项目(个)	#大中型项目	建设项目投产率(%)	#大中型项目
“恢复”时期	130	8	105		80.77	
“一五”时期	1 207	71	924	13	76.55	18.31
“二五”时期	3 674	78	2 582	22	70.28	28.21
“调整”时期	1 486	23	1 057	5	71.13	21.74
“三五”时期	3 643	16	2 958	12	81.20	75.00
“四五”时期	3 946	106	2 847	23	72.15	21.70
“五五”时期	3 167	83	1 517	7	47.90	8.43
“六五”时期	3 867	49	2 167	7	56.04	14.29
“七五”时期	4 571	13	2 827	5	61.85	38.46
“八五”时期第一年	890	10	604	2	67.87	20.10
1980	668	16	355		53.14	
1981	561	12	290		51.69	
1982	670	9	373		55.67	
1983	753	8	467	3	62.02	37.50
1984	795	9	524	3	65.91	33.33
1985	1 088	11	513	1	47.15	9.09
1986	934	8	673	1	72.06	12.50
1987	975	6	572	1	58.67	16.67
1988	1 027	15	578	1	56.28	6.67
1989	781	9	443		56.72	
1990	854	10	561		65.69	
1991	890	10	604	2	67.87	20.10

注:1.表列大中型项目标准以当年规定为准。其中 1950-1962 年为限额以上项目个数。

2.1975 年以前的全部建成投产项目包括部分竣工(投产)的项目，1976 年以后为全部竣工投产项目。

3.1972 年以前的项目合计为全部建设项目。

基本建设投资效果主要指标

(1978年—1991年)

年　份	建设周期(年)	未完工程资金占用率(%)	固定资金交付使用率(%)	建设项目投产率(%)	房屋建筑面积竣工率(%)
1978	8年零4个月	156.80	51.3	58.9	46.9
1979		98.39	64.5	31.6	41.4
1980	8年零1个月	257.50	49.1	53.1	51.5
1981	8年零9个月	269.70	38.2	51.7	48.0
1982	7年零5个月	237.40	52.3	55.7	51.3
1983	5年零3个月	193.40	79.4	62.0	52.7
1984	6年零2个月	151.60	129.4	65.9	51.7
1985	7年零6个月	168.86	40.8	47.2	40.9
1986	5年零7个月	167.75	55.0	72.3	51.5
1987	5年零6个月	108.70	126.1	58.7	52.6
1988	5年零1个月	132.20	53.0	56.3	44.7
1989	6年零6个月	154.11	105.4	56.7	41.0
1990	7年零2个月	134.33	85.73	65.7	52.0
1991	5年零8个月	26.15	96.59	67.87	51.2

基本建设累计新增主要生产能力或效益

(1950年—1991年)

新增生产能力或效益名称	计量单位	数量	新增生产能力或效益名称	计量单位	数量
炼　钢	万吨/年	13	水泥	万吨/年	73.2
#电炉钢	万吨/年	13	棉纺锭	万锭	3
轧钢	万吨/年	14.5	毛纺锭	万锭	2.2
煤炭开采	万吨/年	500.6	铝电解	万吨/年	10.1
石油开采能力	万吨/年	224	原盐	万吨/年	30.03
石油加工能力	万吨/年	27	新建铁路铺轨里程	公里	1 150
化学肥料(实物量)	万吨/年	17.9	新建公路	公里	13 007.9
#磷肥	万吨/年	5.6	改建公路	公里	6 423.7
重型机床制造	台/年	120	有效灌溉面积	万亩	98.74
机床制造	台/年	1480	新增学生席位	万个	68.54
发电机组容量	万千瓦	158.34	新增病床	张	10 591
#水电	万千瓦	136.88	城市道路	公里	295.9
输电线路(11万伏以上)	公　里	28.1	供水能力	万吨/日	21.24

全民所有制单位新增生产能力(或效益)

(1991年)

指　　标	计量单位	数量		
		基本建设	更新改造	其　　他
钢　　材	万吨／年		0.20	
#热轧	万吨／年		0.20	
电炉铁合金	吨／年		2 150	
铝 加 工	吨／年			
铅锌选矿：处理原矿	万吨／年			
天然石油开采	万吨／年	10.00		
发电机组容量	万千瓦	1.66		
#水电	万千瓦	1.66		
烧　　碱	吨／年	10 000		
煤炭开采	万吨／年	263.10	6	
洗　　煤	万吨／年	0.40		
棉 纺 锭	万锭／年	2.00		
皮　　革	万张／年	4.20	3	
水　　泥	万吨／年		4.48	
平板玻璃	万重量箱／年			
植 物 油	吨／年			
卷　　烟	万箱／年		1.92	
酒	吨／年		328	
#啤酒	吨／年			
乳 制 品	吨／年		5	
#奶粉	吨／年			
肉类加工	吨／年		250	
新建铁路交付营业里程	公里			
新建公路	公里	22		53.60
改建公路	公里	23		66.35
新建独立公路桥梁	米	16		287.70
汽车购置	辆	56	139	
#载重汽车购置	辆	23	100	
其他汽车购置	辆	10	21	
新建微波电路	公里			
水库容量(总库容)	万立方米	0.65		
有效灌溉面积	万亩	5.09	0.25	
商业冷藏库	万吨	0.16	0.30	
粮食仓库	万公斤／平方米	3 183／9 478		

全民所有制单位新增生产能力(或效益)(续)

(1991年)

指　　标	计量单位	数　量		
		基本建设	更新改造	其　他
商业饮食服务网点	处／平方米	26／25 255	6／6 045	2／329
中等学校学生席位	个	5 350		
小学学生席位	个	12 468	6 883	
其他学生席位	个	590		
医院病床床位	个	716	180	
自来水供水能力	万吨／日	0.44	0.30	
自来水管道铺设长度	公里	100.85		
城市道路：长度	公里	6.70		
面积	万平方米	5.56		
城市公共交通车辆购置	辆	7		

全省竣工房屋面积

(1989年—1991年)　　　　单位：万平方米

项　目	1989年		1990年		1991年	
	合计	#住宅	合计	#住宅	合计	#住宅
总　计	**297.61**	**208.83**	**299.31**	**208.86**	**329.42**	**267.65**
一、全民所有制单位	103.78	44.41	136.54	69.53	131.46	64.03
基本建设	85.41	37.81	113.08	58.18	100.12	46.92
更新改造措施	17.41	6.35	20.47	10.45	18.70	8.60
其　他	0.96	0.25	2.99	0.90	9.42	1.58
二、集体所有制单位	15.09	1.57	12.78	4.09	8.06	3.61
城　镇	9.13	1.57	3.66	1.05	1.90	0.53
农　村	5.96		9.12	3.04	6.16	3.08
三、城乡私人建房	178.68	162.85	149.99	135.24	189.90	200.01
城　镇	29.71	22.73	28.39	22.76	20.29	18.07
农　村	148.97	140.12	121.60	112.48	169.61	181.94

注：农村私人建房按农村住户调查资料推算。

分时期基本建设施工和竣工房屋面积

单位：万平方米

时期(年份)	施工面积	竣工面积	#住宅	平均每平方米竣工房屋造价(元)	#住宅(元)
合计	5 233.50	2 974.48	1 335.66		
"恢复"时期	9.09	9.09	3.29		
"一五"时期	214.43	214.43	84.78		
"二五"时期	406.58	406.58	157.41		
"调整"时期	125.66	91.06	35.35	85.0	
"三五"时期	484.85	317.94	116.37		
"四五"时期	672.72	334.19	132.80	101.0	
"五五"时期	841.33	398.75	168.49	138.0	
"六五"时期	1 084.91	519.84	281.88	208.0	
"七五"时期	1 198.41	582.48	279.93	278.1	279.5
"八五"时期第一年	195.52	100.12	75.36	390.5	376.5
1980	208.00	107.00	55.00	157.0	139.0
1981	160.73	77.15	47.27	171.6	161.6
1982	194.94	100.04	54.59	190.0	161.0
1983	167.39	88.28	46.67	214.0	184.0
1984	227.85	117.73	60.21	236.0	208.0
1985	334.01	136.65	73.14	227.1	201.0
1986	244.22	125.67	66.67	236.0	215.0
1987	277.95	146.29	67.15	292.0	226.0
1988	251.60	112.43	50.15	355.9	262.7
1989	207.83	85.41	37.81	357.6	324.7
1990	216.81	112.68	58.15	337.1	311.0
1991	195.52	100.12	75.36	390.5	376.5

全民所有制房屋施工和竣工面积

(1991年)　　单位：万平方米

类别	基本建设		更新改造		其他	
	施工面积	竣工面积	施工面积	竣工面积	施工面积	竣工面积
合计	195.52	100.12	37.15	18.70	3.60	3.22
1.厂房	40.69	10.34	10.04	4.71	0.93	0.80
2.仓库	6.98	4.40	1.35	0.93		
3.商业营业用房	4.39	3.27	1.39	0.82	0.03	0.03
4.服务业用房	7.33	1.33	0.42		0.18	0.18
5.办公室	19.08	11.82	1.94	0.89	0.04	0.02
6.家属宿舍	68.56	41.55	15.83	8.10	1.56	1.33
7.集体宿舍	6.80	5.37	0.89	0.50	0.26	0.26
8.教育用房	14.99	9.52	1.95	1.16		
9.文化体育用房	1.54	0.54				
10.医疗用房	4.70	1.59	0.20	0.20		
11.科学实验研究用房	2.33	1.70	0.04			
12.其他	18.13	8.70	3.12	1.39	0.60	0.60

更新改造措施施工和竣工房屋面积

(1980年—1991年)　　单位：万平方米

年份	施工面积	竣工面积	#住宅	房屋建筑面积竣工率（%）	平均每平方米竣工房屋造价（元）	#住宅(元)
1980	12.98	7.10	1.82	54.70	114.00	92.20
1981	18.80	10.07	3.83	53.56	143.70	156.90
1982	39.41	24.71	10.45	62.70	159.20	150.70
1983	37.52	23.27	10.91	62.02	182.00	174.00
1984	33.46	18.84	5.89	56.31	221.00	180.00
1985	33.86	19.20	7.37	56.70	230.00	186.00
1986	38.62	18.96	8.05	49.09	245.00	210.00
1987	47.48	25.81	13.24	54.36	258.00	215.00
1988	45.25	22.57	10.62	49.88	301.73	241.62
1989	36.91	17.41	6.35	47.19	331.56	294.33
1990	33.75	20.47	10.45	60.67	349.38	316.28
1991	37.15	18.70	8.60	50.33	399.31	320.93

更新改造投资完成情况

(1980年—1991年)　　单位：万元

年份	施工项目（个）	#竣工项目	投资完成额	生产性建设	非生产性建设	#住宅	新增固定资产	#生产性
合计	4 989	2 826	210 524	165 324	45 200	23 324	154 815	
1980	233	121	4 054	3 420	634	325	2 363	
1981	243	135	5 534	4 536	998	622	3 129	
1982	669	440	11 736	8 172	3 564	1 829	8 619	
1983	607	306	11 960	8 744	3 216	1 641	8 863	
1984	471	286	12 926	10 015	2 911	1 328	9 417	
1985	412	143	14 212	10 821	3 391	1 418	9 104	
1986	431	208	17 038	14 069	2 969	1 634	10 718	7 235
1987	567	385	25 380	20 957	4 423	2 662	21 325	17 026
#地方项目	302	204	16 857	13 291	3 566	2 462	14 998	11 696
1988	450	275	28 341	21 976	6 365	3 626	21 347	16 945
#地方项目	396	232	24 182	19 067	5 115	2 673	15 971	12 328
1989	291	151	27 784	22 114	5 670	2 037	20 640	15 124
#地方项目	257	133	19 531	14 391	5 140	1 893	14 935	9 870
1990	292	186	22 550	16 949	5 601	3 015	22 734	17 437
#地方项目	249	146	18 089	13 302	4 787	2 771	16 820	12 283
1991	323	190	29 009	23 551	5 458	3 187	16 556	11 075
#地方项目	287	168	23 447	18 481	4 966	3 045	12 639	7 471

按国民经济行业分的更新改造措施投资

(1989年—1991年)　　单位：万元

部　　门	1989年		1990年		1991年	
	投资额	比重(%)	投资额	比重(%)	投资额	比重(%)
总　　计	27 784	100.00	22 550	100.00	29 009	100.00
一、工　业	21 647	77.91	16 030	71.09	21 848	75.31
轻工业	3 322	11.96	3 486	15.46	3 928	13.54
重工业	18 325	65.95	12 544	55.63	17 920	61.77
二、建筑业和地质勘探部门	328	1.18	402	1.78	448	1.54
三、农林水气部门	427	1.54	428	1.90	982	3.39
四、运输邮电部门	1 400	5.04	2 673	11.85	2 369	8.17
五、商业饮食服务业和物资供应部门	1 300	4.68	1 282	5.69	1 304	4.49
六、金融保险部门	72	0.26	174	0.77	188	0.65
七、科学研究部门	93	0.33	72	0.32	60	0.21
八、文教卫生和社会福利业部门	751	2.70	861	3.82	720	2.48
九、城市公用事业	1 205	4.34	131	0.58	188	0.65
十、其他	561	2.02	497	2.20	902	3.11

按用途分的更新改造措施投资

(1989年—1991年)　　单位：万元

指　　标	1989年		1990年		1991年	
	投资额	比重(%)	投资额	比重(%)	投资额	比重(%)
总　　计	27 784	100.00	22 550	100.00	29 009	100.00
一、生产性建设	22 114	79.59	16 949	75.16	23 551	81.19
1.节约措施	297	1.06	525	2.33	954	3.29
节约能源	54	0.19	459	2.04	918	3.16
其他节约	243	0.87	66	0.29	36	0.13
2.增产措施	13 361	48.09	7 678	34.05	8 055	27.77
3.增加品种措施	3 214	11.57	2 192	9.72	1 956	6.74
4.提高产品性能和质量措施	696	2.51	1 244	5.51	2 681	9.24
5.治理三废措施	595	2.14	121	0.54	773	2.67
6.其他生产性措施	3 951	14.22	5 189	23.01	9 132	31.48
二、非生产性建设	5 670	20.41	5 601	24.84	5 458	18.81
＃住宅建设	2 037	7.33	3 015	13.37	3 187	10.99

地方全民和城镇集体施工单位基本情况

指　　标	计算单位	地方全民施工单位			城镇集体施工单位		
		1990年	1991年	1991年比1990年增长（%）	1990年	1991年	1991年比1990年增长（%）
全部职工年末人数	人	29 700	31 200	5.1	16 800	12 500	−25.6
全部职工年平均人数	人	40 600	40 300	−0.7	17 900	13 900	−22.3
总　产　值	万元	50 981	58 974	15.7	14 511	11 814	−8.6
#施工产值	万元	49 762	53 922	8.4	14 263	11 367	−20.3
房屋建筑施工面积	万平方米	139.8	132.32	−5.4	57.0	42.25	−25.9
房屋建筑竣工面积	万平方米	79.7	69.23	−13.1	38.8	25.74	−33.7
竣工房屋面积优良品率	%	24.6	15.46	−9.14	15.5	11.61	−25.1
单位工程优良品率	%	34.4	35.2	0.8	15.7	16.8	1.1
年末自有机械设备原值	万元	13 567	13 416	−1.1	2 603	2 018	−22.5
年末自有机械设备净值	万元	8 493	8 313	−2.1	1 781	1 424	−20.0
全部职工技术装备率	元／人	2 860	2 765	−3.3	1 120	1 107	−1.2
(按设备净值计算)							
全部职工动力装备率	千瓦／人	6	6		3	3	
全员劳动生产率：按总产值计算	元／人	12 537	14 634	16.5	8 107	8 499	4.8
按施工产值计算	元／人	12 256	13 380	9.2	7 968	8 177	2.6
年末固定资产原值	万元	27 893	29 671	6.4	5 505	8 653	57.2
年末固定资产净值	万元	19 235	19 579	1.8	3 691	2 635	−28.6
定额流动资金年平均余额(占用额)	万元	27 246	30 352	11.4	1 697	2 137	25.9
工程成本降低额	万元	−988	−999		−1 153		
工程成本降低率	%	−2.5	−2.7				
利润总额	万元	413	843	104.1	−185	32	
上缴税金(或利润)	万元	1 305	1 735	32.9	503	346	−31.2
建筑业净产值	万元	15 066	17 282	14.7	4 815	3 924	−8.5
本年固定资产折旧	万元	1 819	1 348	−35.6	497	245	−50.7

主要年份全民所有制施工单位全员劳动生产率

年份	总产值(万元)	#施工产值	全部职工平均人数(人)	#建安工人	全员劳动生产率(按总产值元／人)	#建安工人	全员劳动生产率(按施工产值元／人)	#建安工人
1965		8 357	22 019	16 433			3 794	5 084
1970		10 219	30 768	20 804			3 321	4 912
1975		12 444	38 382	22 655			3 242	5 493
1978		18 672	42 671	36 905			4 376	5 059
1980		24 405	50 851				4 799	
1981		33 622	47 308				7 107	
1982		39 791	90 112	24 384			4 416	16 319
1983	50 893	47 921	76 914	73 828	6 617	6 893	6 230	6 491
1984	56 554	54 300	74 333	68 678	7 608	8 235	7 305	7 906
1985	61 674	58 551	72 711	65 447	8 482	9 423	8 053	8 946
1986	62 525	58 881	72 264	67 730	8 652	9 231	8 148	8 693
1987	66 276	62 753	69 400	65 400	9 550	10 134	9 042	9 595
1988	63 676	61 059	64 700	60 400	9 842	10 542	9 437	10 109
1989	64 606	62 294	62 500	58 700	10 337	11 006	9 967	10 612
1990	75 539	73 904	61 100	54 900	12 557	20 695	12 256	13 462
1991	81 423	80 139	60 012	40 114	13 568	20 298	13 353	19 978

建筑安装施工企业单位数和职工人数

(1980年—1991年)

年份	企业单位数(个)				全部职工平均人数(人)			
	合计	全民所有制单位	#地方	城镇集体单位	合计	全民所有制单位	#地方	城镇集体单位
1980	67	38	35	29	56 987	50 851	34 537	6 136
1981	73	41	35	32	52 938	47 308	30 775	5 630
1982	77	45	39	32	96 293	90 112	34 641	6 181
1983	79	46	41	33	83 764	76 914	42 741	6 850
1984	87	49	43	38	96 213	74 333	42 684	21 880
1985	117	46	41	71	99 005	72 711	42 864	26 294
1986	113	46	41	67	92 750	72 264	44 831	20 486
1987	136	47	42	89	93 600	69 400	43 800	24 200
1988	145	46	42	99	90 948	64 700	43 300	26 248
1989	130	45	42	85	82 000	62 500	42 600	19 500
1990	131	43	40	88	79 000	61 100	40 600	17 900
1991	81	43	40	38	73 900	60 012	40 312	13 900

五、财政、金融、保险

历 年 财 政 收 支 情 况

单位：万元、%

年 份	收入合计	地方财政收 入	国家财政补助收入	支出合计	地方财政收入 占收入合计比重	地方财政收入 占支出合计比重
1949	26.8		26.8	26.8		
1951	1 359.3	400.0	959.3	1 128.0	29.4	35.5
1952	2 937.7	957.6	1 980.1	1 830.3	32.6	52.3
1953	3 057.3	1 061.2	1 996.1	3 848.1	34.7	27.6
1954	5 866.8	2 734.7	3 132.1	4 868.1	46.6	56.2
1955	7 361.6	3 915.1	3 446.5	7 690.1	53.2	50.9
1956	16 253.9	4 997.5	11 256.4	16 896.1	30.7	29.6
1957	16 358.0	6 170.7	10 187.3	16 211.7	37.7	38.1
1958	37 875.6	10 779.0	27 096.6	32 441.4	28.5	33.2
1959	62 327.4	25 691.2	36 636.2	51 964.9	41.2	49.4
1960	66 423.6	29 076.6	37 347.0	70 972.9	43.8	41.0
1961	27 631.1	13 012.7	14 618.4	29 101.1	47.1	44.7
1962	14 126.6	5 573.5	8 553.1	12 757.3	39.5	43.7
1963	17 712.6	8 881.0	8 831.6	12 545.2	50.1	70.8
1964	19 630.6	10 354.7	9 275.9	17 310.2	52.7	59.8
1965	17 584.8	10 576.8	7 008.0	18 738.4	60.1	56.4
1966	22 065.4	11 242.2	10 823.2	21 703.4	50.9	51.8
1967	20 125.5	9 439.7	10 685.8	17 051.4	46.9	55.4
1968	15 505.2	7 618.7	7 886.5	14 979.9	49.1	50.9
1969	23 030.5	9 971.6	13 058.9	23 761.1	43.3	42.0
1970	26 228.2	11 974.7	14 253.5	27 105.4	45.7	44.2
1971	36 829.3	11 356.3	25 473.0	36 655.3	30.8	31.0
1972	41 313.4	13 539.4	27 774.0	41 861.4	32.8	32.3
1973	43 800.9	15 782.1	28 018.8	43 453.0	36.0	36.3
1974	41 696.0	15 740.3	25 955.7	42 458.7	37.8	37.1
1975	47 928.4	20 478.4	27 450.0	45 173.1	42.7	45.3
1976	46 532.5	17 210.7	29 321.8	48 724.9	37.0	35.3
1977	54 139.2	20 432.8	33 706.4	51 631.4	37.7	39.6
1978	70 300.9	29 040.2	41 260.7	68 010.4	41.3	42.7
1979	68 133.0	22 855.7	45 277.3	68 194.8	33.5	33.5
1980	63 683.6	16 492.6	47 191.0	58 841.3	25.9	28.0
1981	63 076.6	10 842.9	52 233.7	55 181.3	17.2	19.6
1982	70 985.0	13 038.1	57 946.9	62 414.1	18.4	20.9
1983	76 716.4	15 376.0	61 340.4	73 932.0	20.1	20.8
1984	86 064.5	16 355.0	69 709.1	91 748.0	19.0	17.8
1985	105 052.6	23 970.9	81 081.7	100 911.1	22.8	23.8
1986	123 874.9	32 112.1	91 762.8	122 230.6	25.9	26.3
1987	141 024.5	40 088.1	100 936.4	122 554.6	28.4	32.7
1988	143 165.1	50 684.0	92 481.1	142 801.7	35.4	35.5
1989	162 835.6	66 906.3	95 929.3	156 668.3	41.1	42.7
1990	169 744.8	72 369.4	97 375.4	171 334.2	42.6	42.2
1991	184 729	87 908	96 821	182 272	47.6	48.2

财政收支情况

(1991年) 单位：万元

收　　入	金　额	支　　出	金　额
一、工商税收类	68 419	一、基本建设支出	15 794
#产品税	12 058	二、企业挖潜改造资金	7 364
增值税	17 378	三、简易建筑费	598
营业税	22 784	四、地质勘探费	206
集体企业所得税	1 928	五、科技三项费用	2 372
城市维护建设税	3 008	六、其他部门流动资金	378
其他工商税	2 541	七、支援农村生产支出	11 477
国营企业奖金税	158	#小型农田水利和水土保持补助费	2 049
事业单位奖金税	16	支援农村合作生产组织资金	631
集体企业奖金税	15	农村草场和畜禽保护补助费	2 133
建筑税	1 542	八、农林水利气象等部门的事业费	10 905
盐　税	4 244	#农业事业费	1 589
二、农牧业税和耕地占用税收类	3 322	畜牧事业费	3 028
#农牧业税	3 011	林业事业费	1 140
农业税	1 813	水利事业费	2 300
牧业税	1 198	九、工业交通等部门事业费	3 893
三、国营企业所得税	10 426	十、商业部门事业费	432
四、国营企业调节税	378	十一、城市维护费	2 571
五、国营企业上缴利润	1 158	十二、城镇青年就业经费	201
六、国营企业计划亏损补贴	-13 999	十三、文教卫生事业费	38 762
七、国营能源交通重点建设基金收入	1 733	十四、科学事业费	1 487
八、专款收入	9 814	十五、其他部门事业费	11 132
#征收排污费收入	352	十六、抚恤和社会福利救济费	3 477
九、基本建设贷款归还收入类	32	十七、国防支出类	166
十、其他收入	2 840	十八、行政管理费	21 885
十一、国家预算调节基金类	1 796	十九、公检法支出类	7 114
十二、国营企业承包收入退库类	-944	二十、价格补贴支出	23 266
十三、社会保险基金收入类	2 933	二十一、支援不发达地区支出类	3 100
收入合计	87 908	二十二、其他支出类	10 472
中央补助收入	96 821	二十三、总预备费类	
#定额补助收入	65 607	二十四、专项支出类	4 238
专项补助收入	27 955	二十五、社会保险基金支出类	982
各项结算补助	1 384	支出合计	182 272
地方政府兑付国库券本金、利息收入	26	上解中央支出	846
上年结余收入	33 726	地方借给中央财政款	
调入其他资金	324	地方购买国库券	
收入总计	218 805	增设预算周转资金	50
		年终滚存结存	35 637
		#省级结存	7 331
		支出总计	218 805

各时期地方财政收入主要项目构成

单位：万元

时期(年份)	财政收入合计	企业收入	各项税收			国营企业所得税和调节税	其他
				#工商税收	#农牧业税		
"恢复"时期	1 358	168	779	656	123		411
"一五"时期	18 879	3 315	14 070	9 608	4 462		1 494
"二五"时期	84 133	45 598	30 410	24 586	5 824		8 125
"三年"调整	29 813	9 241	15 679	12 627	3 051		4 893
"三五"时期	50 247	14 925	30 938	24 350	6 588		4 384
"四五"时期	76 897	19 614	55 626	48 019	7 607		1 657
"五五"时期	106 032	18 866	80 348	72 906	7 442		6 818
"六五"时期	79 583	−58 888	103 440	96 488	6 952	27 226	7 805
"七五"时期	262 159.7	−77 420.6	257 798	246 002	11 796	54 199.5	27 582.8
1986	32 112	−13 144	33 798	32 110	1 688	9 877	1 581
1987	40 088	−14 159	41 693	39 958	1 735	10 579	1 975
1988	50 684	−17 880	51 601	49 230	2 371	12 915	4 048
1989	66 906.3	−16 297.8	63 170.3	60 151.4	3 018.9	11 225.1	8 808.7
1990	72 369.4	−15 939.8	67 535.7	64 552.6	2 983.1	9 603.4	11 170.1
1991	87 908	−13 785	71 430	68 419	3 011	10 804	19 459
累计	**797 009.7**	**−38 366.6**	**660 518**	**603 661**	**56 856.0**	**92 229.5**	**82 628.8**

注：1.1986年及以后年份的企业收入系国营企业上缴利润类和国营企业计划亏损补贴类、国营企业承包收入退库类之和。

2.各项税收按1988年口径整理，工商税收中包括盐税、建筑税等。农牧业税中包括耕地占用税和契税。

各时期财政支出主要项目构成

单位：万元

时期(年份)	财政支出合计	基本建设支出	支援农业支出	科技三项费用	文教科学卫生事业费	行政管理费	其他
"恢复"时期	3 383	630	203		464	1 941	145
"一五"时期	49 514	20 607	3 558		5 538	12 383	7 428
"二五"时期	197 238	90 089	22 194	1 229	14 512	24 145	45 069
"三年"调整	48 594	15 627	7 072	1 320	7 598	9 924	7 053
"三五"时期	104 601	51 806	10 299	1 560	13 291	14 095	13 550
"四五"时期	209 602	81 257	18 636	5 263	25 417	21 283	57 746
"五五"时期	295 403	98 011	43 906	4 339	43 893	29 229	76 025
"六五"时期	384 186	79 049	55 485	5 549	90 795	53 625	99 683
"七五"时期	715 590	87 183	82 407	9 924	160 574	96 117	279 384
1986	122 230	21 171	15 409	2 201	27 114	15 718	40 617
1987	122 555	19 092	13 816	2 003	28 253	16 527	42 864
1988	142 803	18 073	16 676	1 903	32 499	20 905	52 746
1989	156 668.3	14 224.5	17 824.2	1 876.7	35 344.3	23 037.8	64 360.8
1990	171 333.7	14 622.5	18 681.8	1 940.3	37 363.7	19 929.2	78 796.2
1991	182 272	15 794	22 382	2 372	40 249	21 885	79 590
累计	**2 190 383**	**540 053**	**266 142**	**31 556**	**402 331**	**284 627**	**665 673**

注：1.支援农业支出中包括支援农业生产支出和农林等部门事业费。

2.行政管理费中包括公检法支出。

各时期财政用于农业部门的主要项目支出

单位：万元

时期(年份)	合计	支援农业支出	基本建设支出	挖潜改造资金	科技三项费用	流动资金
"恢复"时期	226	203	23			
"一五"时期	7 516	3 558	3 752			206
"二五"时期	51 320	22 194	27 462		10	1 654
"三年"调整	10 709	7 072	3 416	…	83	138
"三五"时期	19 069	10 299	8 014	6	46	704
"四五"时期	33 380	18 636	13 521			1 223
"五五"时期	66 890	43 906	19 763	203	1 539	1 479
"六五"时期	66 591	55 485	9 282	97	1 530	197
"七五"时期	98 201	82 405	13 406	60	2 330	
1991年	25 232	22 382	2 370		480	
累计	379 134	266 140	101 009	366	6 018	5 601

注：1.农业指农林牧水利等部门。

2.因历史资料限制，支援农业支出中包括支援农业生产支出和农林等部门事业费。

各时期财政用于工、交、商部门的主要项目支出

单位：万元

时期(年份)	合计	工交商事业费	基本建设支出	挖潜改造资金	科技三项费用	流动资金
"恢复"时期	358	4	349			5
"一五"时期	15 467	4 659	9 839			969
"二五"时期	64 501	13 527	50 077		770	127
"三年"调整	9 034	1 523	6 402	28	1 066	15
"三五"时期	13 265	3 092	8 664	266	518	725
"四五"时期	77 632	6 081	54 853			16 698
"五五"时期	83 896	8 930	52 099	8 800	2 042	12 025
"六五"时期	51 496	11 781	21 169	13 288	2 097	3 161
"七五"时期	61 042	9 827	26 370	19 465	5 380	
1991年	15 630	1 872	4 023	8 321	1 414	
累计	392 321	61 296	233 845	50 168	13 287	33 725

注：本表包括用于工业、建工、交通邮电和商业部门支出。

主要年份文教卫生科学部门事业费

单位：万元

年份	合计	文化	教育	卫生	科学	广播电视	体育	其他
1952	308.7	26.3	111.1	93.4		9.2		68.7
1957	1 768.6	158.3	934.0	364.1	27.3	32.1	14.3	238.5
1962	2 415.7	177.2	1 126.5	689.1	157.8	51.2	25.6	188.3
1965	2 652.3	255.7	1 270.5	960.7	37.7	58.0	65.8	5.1
1970	2 817.1	265.4	1 252.6	1 091.3	18.2	167.7	21.9	
1975	5 987.4	468.0	2 971.4	1 607.7	104.3	325.5	183.9	326.6
1978	9 104.3	598.4	4 653.8	2 227.1	257.2	625.3	266.8	475.9
1980	11 006.2	749.2	5 839.7	2 667.1	177.4	589.8	299.9	683.1
1981	12 161.8	844.3	6 468.0	2 774.7	214.7	741.4	323.0	795.7
1982	14 281.2	938.5	7 227.2	3 275.3	327.4	764.2	530.1	1 218.5
1983	18 802.8	1 254.7	9 743.7	4 219.3	349.0	861.4	518.7	1 856.0
1984	21 908.7	1 413.3	10 611.5	5 430.6	449.2	1 077.8	618.4	2 302.9
1985	23 640.5	1 424.8	12 275.0	4 869.1	525.8	1 126.5	646.6	2 772.7
1986	27 113.8	1 478.4	13 606.3	5 623.7	560.2	1 371.1	844.3	3 629.8
1987	28 253.4	1 477.3	14 334.8	5 398.5	1 173.6	1 389.9	733.4	3 745.9
1988	31 049.6	1 483.5	16 637.0	5 168.6	1 449.8	1 657.2	844.7	3 808.8
1989	35 344.3	1 611.0	18 185.0	5 483.2	1 404.7	1 899.2	932.6	5 828.6
1990	37 363.6	1 729.7	19 340.1	6 116.1	1 401.9	1 725.2	1 088.4	5 962.2
1991	40 249.5	1 876.3	20 369.6	6 239.0	1 487.3	1 848.6	968.0	7 460.7

全省财政用于教育方面支出

单位：万元

项目	1986年支出数	1988年支出数	1989年支出数	1990年支出数	1991年支出数
合计	21 562	25 164	23 878	24 893	25 795
1.教育部门主管的教育事业费支出	13 606	16 637	18 185	19 340	20 370
2.工、交、商等部门事业费中用于教育方面支出	720	613	701	704	745
3.农林水气等部门事业费中用于教育方面支出	359	381	333	389	339
4.文化、卫生等部门(包括党政群)事业费中用于教育支出	1 520	1 959	1 477	1 414	1 556
5.从发展资金中列支的教育经费	790	827	911	836	568
6.教育部门基本建设支出	2 455	2 075	2 191	2 210	2 120
7.教育部门科技三项费用	5	12	1	1	1
8.学生课本价格补贴	30	85	80		96
9.从企业成本中列支的教育经费	208	294			
10.从企业营业外支出中列支的教育经费	1 380	1 640			
11.从预算外资金中列支的教育经费	379	641	836	1 402	

预算外资金收支总额

(1985年—1991年)　　单位：万元

项　　目	1985年	1986年	1987年	1988年	1989年	1990年	1991年
一、收入合计	54 223	55 803	65 059	78 088	86 989	92 308	97 353
#地方财政管理的收入	1 568	1 883	1 263	1 913	1 734	1 452	1 450
事业和行政单位的收入	9 058	10 732	12 730	14 432	16 051	18 860	22 778
国营企业及主管部门收入	43 597	43 188	51 066	61 743	69 204	71 996	73 125
二、支出合计	45 959	54 377	61 265	74 588	81 529	84 614	96 763
#更新改造支出	10 613	14 238	15 427	19 999	18 185	20 418	15 702
大修理支出	4 229	4 893	4 830	5 833	6 042	6 701	5 385
基本建设支出	4 044	4 638	6 979	5 762	7 874	6 552	7 786
福利奖励支出	9 298	11 347	11 546	14 200	15 459	15 156	17 169
科技三项费用	1 003	92	294	346	237	324	263
增拨流动资金	617	1 230	1 476	1 638	1 780	1 438	1 357
上交能源交通基金	3 928	4 376	3 816	4 763	5 956	4 855	3 691
三、年终滚存结余	52 835	45 929	58 902	62 735	70 323	78 139	78 319

注:本表不包括调入、调出数，资料取自财政部门。

财政收支主要比例关系

(1985年—1991年)　　单位：%

项　　目	1985年	1986年	1987年	1988年	1989年	1990年	1991年
一、地方财政收入发展速度(以1980年为100)	145.3	194.7	243.1	307.3	405.7	438.8	533.0
财政支出发展速度	171.5	207.7	208.3	242.7	266.3	291.2	309.8
二、地方财政收入占工农业总产值	6.7	7.9	8.5	8.2	8.8	9.1	10.3
地方财政收入占国民收入	9.7	11.2	12.5	12.2	14.5	14.7	16.6
地方财政收入占财政支出	23.8	26.2	32.7	35.5	42.7	42.2	48.2
三、地方财政支出占国民收入使用额	23.9	27.7	22.6	20.5	28.0	26.17	24.5
基本建设支出占财政支出	22.0	17.3	15.6	12.7	9.1	8.5	8.7
支农支出占财政支出	11.8	12.6	11.3	11.7	11.4	10.9	12.3
科教文卫事业费占财政支出	23.4	22.2	22.1	22.8	22.6	21.8	22.1
行政管理费占财政支出	13.0	12.9	13.5	14.6	14.7	15.7	12.0
四、人均地方财政收入(元)	59	76	94	117	152	163	195
人均财政支出(元)	248	290	286	329	356	386	404
五、预算外收入和预算内收入比例							
(预算内为1)	2.26	1.73	1.62	1.54	1.30	1.28	1.11

注：工农业总产值、国民收入为现价，支农支出包括支援农业生产支出和农林事业费。

全省银行历年存款余额

单位：万元

年份	合计	企业存款	财政性存款	城镇储蓄存款	农村牧区存款	#信用社存款	其他存款
1949	4	1	3	0.2			
1951	1 434	320	972	139			3
1952	2 099	217	1 749	128			5
1953	1 976	516	1 048	298	104		10
1954	3 333	673	1 978	482	197	43	3
1955	5 245	1 265	2 896	728	354	283	2
1956	7 770	3 615	1 803	1 784	565	543	3
1957	8 953	2 588	2 697	2 453	1 209	1 209	6
1958	31 572	10 685	16 644	2 630	1 613	781	
1959	52 626	13 209	29 713	4 749	4 955	2 701	
1960	48 736	16 755	19 126	6 579	6 276	2 486	
1961	47 675	13 081	25 202	3 792	5 600	2 136	
1962	34 463	11 031	16 560	2 450	4 422	1 830	
1963	43 641	12 790	23 284	2 733	4 834	2 599	
1964	44 212	11 902	22 797	3 569	5 944	3 162	
1965	46 481	13 535	22 498	4 274	6 174	3 269	
1966	50 028	13 011	24 909	5 190	6 918	3 988	
1967	54 844	14 505	27 129	5 770	7 440	4 215	
1968	52 718	13 734	25 031	6 064	7 889	4 135	
1969	56 125	12 976	28 943	5 702	8 504	4 747	
1970	57 131	14 406	26 935	6 195	9 595	5 140	
1971	59 129	15 339	26 769	6 858	10 163	5 343	
1972	67 608	16 471	31 554	8 002	11 581	6 161	
1973	72 790	19 340	31 775	8 749	12 926	7 119	
1974	79 913	26 110	29 660	9 716	14 427	8 023	
1975	82 110	22 364	32 718	10 617	16 411	9 703	
1976	95 609	27 345	38 212	11 612	18 440	11 272	
1977	113 838	38 616	43 142	13 169	18 911	12 630	
1978	100 339	33 516	32 647	14 874	19 302	13 688	
1979	129 232	45 898	43 850	18 687	20 797	16 145	
1980	136 134	38 969	50 577	25 782	20 806	16 151	
1981	155 403	40 572	59 836	31 317	20 897	16 248	2 781
1982	172 861	48 618	61 551	37 756	22 573	17 473	2 363
1983	201 014	60 322	68 267	46 587	23 607	18 698	2 231
1984	232 849	74 627	72 386	58 165	23 960	18 546	3 711
1985	266 332	106 574	52 570	75 904	21 095	16 717	10 189
1986	300 159	119 607	51 115	96 728	23 267	18 843	9 442
1987	364 328	144 319	57 949	122 477	24 540	20 753	15 043
1988	422 048	181 519	53 411	147 007	25 372	21 077	14 739
1989	454 705	178 991	51 158	184 824	24 150	19 982	15 582
1990	560 559	193 233	75 295	246 249	27 973	24 066	17 809
1991	647 187	203 258	84 158	301 524	38 525	25 735	19 722

注：1.1984年以前的财政性存款中包括基本建设存款、机关团体、部队存款，自1985年起建设银行信贷资金全部纳入国家信贷计划，基本建设存款项目予以取消。

2.均按当年口径整理。

全省银行历年贷款余额

单位：万元

年份	合计	工业贷款	#工业生产企业	商业贷款	农业贷款	国营农业	农村集体农户	对信用社	固定资产贷款
1949	1			1					
1951	350	16		57	277	185	92		
1952	723	22	11	137	564	453	111		
1953	1 484	48	43	835	601	453	148		
1954	4 830	46	42	4 128	656	440	214	2	
1955	11 116	290	237	10 108	718	437	278	3	
1956	14 447	1 223	757	11 448	1 776	471	1 173	132	
1957	18 504	1 084	593	15 639	1 781	471	1 204	62	
1958	18 121	1 904	1 633	14 493	1 724	588	918	197	
1959	41 131	7 521	7 521	31 846	1 764	457	1 196	94	
1960	63 369	12 395	11 613	48 289	2 685	554	1 535	282	
1961	57 817	8 499	7 275	46 635	2 683	618	1 500	286	
1962	40 400	5 121	3 589	31 998	3 281	549	1 683	307	
1963	24 503	3 424	1 955	17 797	3 282	445	1 822	288	
1964	15 943	3 018	1 734	10 198	2 727	435	1 592	258	
1965	18 584	2 955	1 530	12 685	2 944	488	1 746	259	
1966	24 385	4 588	2 349	16 681	3 116	436	2 219		
1967	23 678	4 321	2 846	16 612	2 745		2 368		
1968	28 318	7 079	4 183	18 372	2 867	77	2 431		
1969	33 756	9 177	6 279	21 704	2 875	24	2 472		
1970	43 836	12 823	8 837	27 889	3 124	165	2 509		
1971	48 602	15 795	10 756	31 079	1 728	228	919	13	
1972	48 851	16 148	8 681	30 970	1 733	236	956	16	
1973	47 184	15 306	8 587	30 128	1 750	244	956	21	
1974	48 465	15 194	8 861	31 358	1 913	311	1 033	21	
1975	52 619	17 184	10 374	32 971	2 464	521	1 236	40	
1976	54 849	18 687	12 006	33 267	2 895	640	1 531	56	
1977	63 898	20 811	12 439	39 615	3 472	670	1 968	70	
1978	68 615	22 575	12 999	41 235	4 805	997	2 596	162	
1979	72 449	25 138	13 890	40 192	7 119	886	3 515	288	
1980	76 666	25 274	16 621	42 379	7 905	707	5 151	390	1 108
1981	79 104	24 187	17 617	45 082	7 589	675	5 004	386	2 138
1982	96 182	25 150	18 398	59 479	7 135	203	5 154	375	3 501
1983	105 141	26 312	18 937	64 237	7 125	187	5 188	471	6 969
1984	113 901	32 263	23 183	56 935	10 378	528	7 336	717	12 896
1985	211 460	41 799	31 201	76 083	13 279	835	9 085	594	51 032
1986	296 306	64 205	51 215	85 485	17 641	1 907	10 232	778	77 689
1987	402 116	84 207	69 348	104 482	20 193	1 847	12 182	897	128 465
1988	486 819	114 690	97 646	137 381	17 602	1 887	14 778	935	172 526
1989	589 608	161 864	141 601	165 885	19 904	2 287	12 613	930	192 824
1990	722 182	210 602	186 310	191 329	28 877	3 755	13 037	6 258	228 825
1991	875 366	262 233	231 976	205 266	32 756	4 291	13 303	8 119	307 842

说明：1.工业贷款中包括工业结算贷款，集体工业贷款中包括集体工业设备贷款。

2.1987年以前农村贷款中包括预购定金贷款，农村托放专用贷款；农村集体农户贷款中不包括预购定金贷款和农村托放专用贷款。自1988年起贷款合计中不再包括农村托放专用贷款，农业贷款中不再包括乡镇企业贷款。

3.均按当年口径整理。

全省银行历年现金收支情况

单位：万元

年 份	收入合计	#商品销售收入	货币投放	支出合计	#国家工资支出
1953	7 487		1 394	8 881	
1954	11 125	6 360	655	11 780	1 947
1955	14 728	8 934	991	15 719	3 406
1956	28 683	16 402	4 107	32 790	11 720
1957	36 128	19 779	3 390	39 518	13 875
1958	37 564	19 406	2 278	39 842	12 930
1959	55 769	24 663	4 409	60 178	24 724
1960	58 018	23 180	8 334	66 352	28 816
1961	45 748	19 876	7 943	53 691	22 758
1962	35 547	19 168	2 222	37 769	15 557
1963	31 058	17 753	2 148	33 206	14 660
1964	35 698	19 882	2 624	38 322	17 741
1965	38 351	21 003	3 514	41 865	18 614
1966	40 166	22 269	3 645	43 811	18 717
1967	43 208	24 934	2 793	46 001	19 934
1968	42 811	24 969	3 321	46 132	19 928
1969	50 748	26 442	2 447	53 195	20 668
1970	49 005	28 672	1 760	50 765	22 736
1971	52 069	30 830	4 114	56 183	25 087
1972	56 591	32 596	5 823	62 414	27 901
1973	60 895	35 224	5 732	66 627	28 306
1974	62 640	38 049	6 607	69 247	29 865
1975	65 085	40 687	6 805	71 890	31 258
1976	67 084	42 158	8 307	75 391	32 728
1977	71 698	44 357	5 984	77 682	34 231
1978	78 641	47 563	9 540	88 181	38 012
1979	94 546	54 099	12 338	106 884	42 995
1980	111 379	63 273	14 250	125 629	50 606
1981	122 978	71 321	11 144	134 122	51 573
1982	134 957	76 587	13 109	148 066	53 660
1983	159 581	87 849	15 617	175 198	58 842
1984	198 815	104 784	25 707	224 522	75 915
1985	263 420	128 824	24 484	287 904	91 559
1986	298 315	143 816	20 510	318 825	106 850
1987	355 144	163 736	13 215	368 359	115 078
1988	502 603	221 949	16 922	519 525	132 468
1989	568 929	219 762	30 397	599 326	141 903
1990	615 664	225 256	41 468	657 132	162 513
1991	702 506	246 830	49 219	751 725	282 791

注：国家工资支出中包括奖金。

信用合作社存款和贷款年末余额

（1985年－1991年）　　单位：万元

项　　目	1985年	1986年	1987年	1988年	1989年	1990年	1991年
存款合计	19 956	22 561	25 228	28 827	28 605	32 438	37 894
一、城市信用社存款		1 075	1 590	2 472	2 489	2 998	4 785
集体工商业存款		711	1 024	1 217	1 193	1 304	1 562
个体工商户存款		94	219	283	357	443	676
居民储蓄存款		97	147	266	433	569	892
其他存款		173	200	706	506	682	1 655
二、农村信用社存款	19 956	21 486	23 638	26 355	26 116	29 440	33 109
乡镇企事业存款	2 295	2 247	2 491	2 773	2 350	2 221	2 396
乡镇集体存款	8 054	7 593	7 591	7 178	6 223	6 280	6 118
农民个人存款	7 756	9 808	11 663	14 252	15 686	19 134	22 712
承包及个体户存款	1 013	853	771	803	689	829	941
其他存款	838	985	1 122	1 349	1 168	976	942
贷款合计	7 290	8 304	9 296	10 917	12 274	13 091	14 458
一、城市信用社贷款		566	744	1 138	1 362	1 212	1 669
集体工商业贷款		441	533	789	890	740	823
个体工商户贷款		106	165	226	224	287	218
其他贷款		19	46	123	248	185	628
二、农村信用社贷款	7 290	7 738	8 552	9 779	10 912	11 879	12 789
乡镇集体贷款	698	632	589	521	415	352	443
乡镇企业贷款	830	1 030	1 340	1 666	2 066	2 047	2 019
承包及个体户贷款	5 762	6 076	6 623	7 592	8 431	9 480	10 327

保险机构、人员及主要经济指标

(1980年-1991年)

年份	机构(个)	年末人数(人)	年内平均人数(人)	人均保费(万元)	年内费用支出(万元)	人均费用(万元)	百元保费费用额(元)	利润(万元)	人均利润(万元)
1980	1	15	5	25.56	3.44	0.69	2.69	55.47	11.09
1981	5	43	29	4.36	20.77	0.72	16.44	45.97	1.59
1982	5	59	53	3.24	35.29	0.67	20.54	56.09	1.06
1983	18	169	148	1.51	47.01	0.32	21.03	189.85	1.28
1984	24	303	235	2.63	130.66	0.56	21.12	54.68	0.23
1985	26	393	325	3.11	134.99	0.42	13.32	49.36	0.15
1986	29	423	398	3.44	195.71	0.49	14.31	62.81	0.16
1987	29	433	439	5.10	272.11	0.62	12.40	497.00	1.20
1988	29	456	459	6.50	414.98	0.90	13.90	509.80	1.11
1989	29	488	467	8.90	499.36	1.07	11.95	1 172.70	2.51
1990	32	510	501	9.23	673.20	1.37	14.56	1 714.20	3.46
1991	34	543	516	10.12	700.04	1.36	13.41	2 242.00	4.30

保险业务基本情况

(1980年-1991年)

年份	国内业务(万元)							涉外业务(万美元)		
	险种(种)	保险费收入	#企业财产险	#家庭财产险	赔款支出	#企业财产险	#家庭财产险	险种(种)	保险费收入	赔款支出
累计	**59**	**22 213.4**	**4 223.5**	**149.5**	**8 346.2**	**1 071.5**	**61.2**	**4**	**151.5**	**44.7**
1980	2	127.8	119.9		0.1	0.1		2	0.2	
1981	3	125.4	102.7	0.5	16.1	13.9		2	0.5	
1982	3	170.7	117.0	0.6	26.0	15.3	0.1	3	0.8	
1983	4	226.3	126.6	0.4	50.3	9.0	0.2	3	1.3	
1984	17	632.0	135.0	1.3	208.7	24.9	0.1	3	2.2	1.7
1985	25	1 004.5	164.2	2.3	400.7	27.8	0.6	4	3.2	1.5
1986	28	1 322.9	188.8	3.8	616.0	40.6	1.1	5	12.0	2.3
1987	31	2 120.5	365.9	10.1	776.4	61.6	2.9	5	17.8	5.5
1988	34	2 904.1	475.8	13.2	1 185.7	208.3	5.1	5	22.1	9.4
1989	40	4 085.3	628.7	25.5	1 477.6	83.4	12.9	4	25.1	10.6
1990	59	4 461.3	823.0	36.7	1 770.0	357.6	21.3	4	31.3	7.9
1991	59	5 032.6	975.9	55.1	1 818.6	229.0	16.9	4	35.0	5.8

六、物 价

历 年 各 种 物 价 总 指 数

(以上年价格为100)

年 份	零售物价总指数		职工生活费用价格指数		农民生活费用价格指数	服务项目价格指数	农副产品收购价格指数	农村工业品零售物价指数	工农产品综合比价指数（以农副产品收购价指数为100)
	全社会	国营	全社会	国营					
1950	193.67						562.23	181.70	
1951	117.00	117.00	115.30	115.30	110.03	100.00	139.00	110.90	79.78
1952	103.20	103.20	102.88	102.88	102.85	100.00	106.90	103.10	96.44
1953	98.60	98.60	98.74	98.74	98.34	100.00	99.30	98.20	98.89
1954	104.20	104.20	103.78	103.78	105.06	100.00	103.80	105.50	101.64
1955	103.10	103.10	102.79	102.79	103.86	100.00	97.70	104.20	106.65
1956	92.70	92.70	92.70	93.43	89.05	100.00	96.80	88.10	91.01
1957	98.40	98.40	99.03	99.03	99.36	104.70	101.90	98.90	97.06
1958	98.30	98.30	98.47	98.47	99.08	100.00	96.40	99.00	102.70
1959	98.50	98.50	98.65	98.65	99.26	100.00	101.70	99.20	97.54
1960	100.20	100.20	100.18	100.18	99.08	100.00	101.10	99.00	97.92
1961	115.20	111.23	113.68	110.11	119.23	100.00	106.80	101.20	94.75
1962	99.50	100.20	99.55	100.18	99.36	100.00	101.10	101.60	100.49
1963	89.40	96.45	90.46	96.81	96.96	100.00	88.17	99.79	113.18
1964	94.00	96.91	94.30	96.92	98.10	97.00	97.40	98.30	100.92
1965	97.70	97.02	98.00	97.39	97.48	100.70	98.60	97.20	98.58
1966	96.40	97.10	96.24	96.87	95.40	94.84	104.50	95.44	91.33
1967	96.79	96.79	97.01	97.01	97.01	99.00	99.52	99.41	99.89
1968	99.05	99.05	99.15	99.15	99.15	100.00	99.59	99.69	100.10
1969	98.07	98.07	98.26	98.26	98.26	100.00	99.22	100.19	100.98
1970	97.77	97.77	97.99	97.99	97.99	100.00	100.55	99.66	99.11
1971	98.63	98.63	98.77	98.77	98.77	100.00	102.33	96.91	94.70
1972	99.49	99.49	99.54	99.54	99.54	100.00	105.90	100.22	94.64
1973	100.36	100.36	100.37	100.37	99.83	100.00	99.95	99.85	99.90
1974	100.10	100.10	99.83	99.83	99.89	97.00	110.93	99.99	90.14
1975	100.01	100.01	100.13	100.13	100.06	100.00	100.13	99.73	99.60
1976	99.99	99.99	100.02	100.00	100.06	100.00	100.11	99.92	99.81
1977	100.06	100.06	100.08	100.08	100.07	100.00	100.15	99.07	98.92
1978	100.22	100.22	100.23	100.23	100.50	100.00	99.76	100.30	100.54
1979	102.22	101.94	103.38	101.50	100.31	100.11	116.37	99.87	85.82
1980	104.08	103.64	105.59	102.74	101.30	100.44	101.19	100.15	98.97
1981	101.37	101.19	101.30	101.13	100.67	100.00	100.55	100.72	100.17
1982	101.80	101.48	102.07	101.70	100.88	100.20	100.77	101.12	100.35
1983	100.65	100.61	100.62	100.63	101.40	104.73	100.07	100.93	100.86
1984	103.40	103.10	103.10	102.40	102.40	103.86	105.10	103.00	98.00
1985	110.70	107.70	111.80	108.90	106.20	105.80	106.90	102.70	96.07
1986	106.10	105.80	106.40	106.10	105.70	107.80	104.40	102.50	98.18
1987	107.30	105.20	107.80	105.30	105.20	104.80	111.70	104.40	93.46
1988	118.30	117.10	118.60	116.90	116.20	112.20	136.90	111.00	81.08
1989	117.70	118.20	117.30	117.80	118.00	115.30	110.70	117.10	105.78
1990	104.50	105.20	104.70	105.00	107.60	114.10	100.70	108.40	107.65
1991	106.30	105.60	107.60	107.10	105.20	117.50	103.30	105.60	102.20

注：1.凡在此之前年鉴或其他形式发表的物价指数资料与本资料不一致者，以本资料为准。

2.1950年是以战前6年平均价为100的指数仅供参考。

历年全社会零售物价分类指数

(以上年价格为100)

年份	零售物价总指数	一.消费品价格指数	1.食品类	(1)粮食	(2)副食品	(3)烟酒茶	(4)其它食品	2.衣着类	3.日用品类	4.文化娱乐用品类
1951	117.00		132.60	159.80	123.50	127.20		104.00	108.60	98.60
1952	103.20		104.00	107.60	99.60	107.50		100.50	103.50	88.60
1953	98.60		104.00	98.90	110.10	98.90	100.00	92.70	96.10	93.70
1954	104.20		106.10	97.40	111.40	107.70	99.50	105.50	104.50	95.60
1955	103.10		103.10	100.20	103.40	105.40	96.40	100.60	101.10	100.10
1956	92.70		91.70	95.70	91.50	93.10	95.80	95.30	90.00	72.00
1957	98.40		96.80	91.70	100.90	99.00	80.20	100.20	97.90	95.90
1958	98.30		97.20	96.80	95.70	99.90	102.70	100.10	111.20	99.70
1959	98.50		97.30	92.60	98.10	99.90	96.90	99.70	100.70	100.00
1960	100.20		101.10	99.40	103.40	100.00	99.10	99.90	99.60	94.70
1961	115.20		108.60	100.00	114.80	100.50	111.60	101.30	100.50	99.80
1962	99.50		99.90	100.00	98.60	101.20	99.60	103.70	100.90	102.40
1963	89.40		98.00	100.00	90.45	105.29	99.09	99.16	100.68	100.51
1964	94.00		100.20	100.70	99.50	102.50	92.40	98.20	96.30	97.60
1965	97.70		100.83	104.60	97.00	98.60	92.70	99.40	93.40	96.40
1966	96.40		96.07	96.46	96.84	94.44	92.37	98.51	95.87	95.73
1973	100.36	100.41	99.99	100.00	99.93	100.00	100.12	99.88	102.90	100.00
1974	100.10	100.14	100.23	100.00	99.90	101.39	100.95	100.00	100.62	100.00
1975	100.01	100.14	100.29	100.00	99.98	101.14	100.21	100.02	100.02	100.05
1976	99.99	100.02	99.95	100.02	99.78	100.00	100.14	100.00	99.87	100.26
1977	100.06	100.09	100.07	100.00	100.01	99.99	100.75	99.93	100.17	100.00
1978	100.22	100.25	100.15	100.00	100.12	100.10	100.91	100.10	100.76	100.42
1979	102.22	101.65	103.23	100.38	107.21	100.50	105.17	100.13	100.51	101.34
1980	104.08	103.00	105.89	101.26	113.81	100.34	104.41	100.05	101.66	100.33
1981	101.37	101.26	102.33	100.00	103.14	103.65	102.59	99.78	101.10	100.13
1982	101.80	101.86	104.20	100.00	101.23	117.48	100.61	99.19	99.19	100.23
1983	100.65	100.72	100.76	100.00	101.83	99.60	101.07	100.21	101.16	99.58
1984	103.40	103.00	104.40	100.10	106.80	100.70	104.50	99.30	102.20	101.00
1985	110.70	111.10	115.90	111.70	121.30	103.40	107.50	101.60	103.60	101.50
1986	106.10	106.10	107.20	107.20	108.90	102.40	106.10	102.90	107.40	100.70
1987	107.30	107.50	109.60	104.50	113.70	102.70	110.20	103.40	106.90	101.50
1988	118.30	118.80	121.30	104.20	128.40	115.70	125.70	118.00	116.70	113.10
1989	117.70	117,70	114.50	114.30	115.20	112.20	114.20	120.80	120.70	120.90
1990	104.50	104.20	102.90	104.30	101.60	103.80	105.20	107.60	104.70	99.00
1991	106.30	106.40	107.70	114.90	105.80	101.70	112.80	103.80	102.50	97.50

注：凡在此以前年鉴或其他形式发表的物价指数资料，与本资料不一致者，以本资料为准。

历年全社会零售物价分类指数(续)

(以上年价格为100)

年 份	5.书报杂志类	6.药及医疗用品类	7.建 筑材料类	8.燃料类	二.农业生产资料价格指数	1.小农具	2.机械化农 具	3.化学肥料	4.农药及农药机械	5.农机用油
1951				90.80	86.80					
1952				83.20	107.70					
1953		70.70		101.40	102.20					
1954		76.20		95.50	99.50					
1955		108.70		103.20	106.60					
1956		97.40		101.60	84.90					
1957		218.60		94.00	94.20					
1958		98.20		93.90	107.60					
1959	99.90	97.80		100.00	98.50					
1960	100.00	93.30		100.00	98.40					
1961	100.00	94.70		102.70	101.90					
1962	100.00	100.50		100.40	99.30					
1963	105.77	100.18		98.21	96.78					
1964	110.40	95.40		101.90	94.60					
1965		92.00		99.00	94.70					
1966		91.06		97.57	94.63					
1973		99.64		100.00	100.00					
1974		99.82	100.00	97.47	99.68	99.80	98.72	100.00	99.26	100.00
1975		99.77	100.00	99.54	99.12	100.12	96.49	100.00	100.00	100.00
1976		100.03	99.74	100.29	99.75	100.00	99.34	100.00	100.00	99.88
1977		100.02	99.99	99.79	99.88	100.70	100.00	100.00	100.00	100.00
1978		100.10	100.00	100.79	100.04	108.17	99.80	100.00	98.88	100.00
1979		102.60	100.00	100.00	99.16	101.29	98.05	99.58	100.87	100.00
1980		100.23	100.00	100.00	99.23	100.72	99.99	99.89	100.00	100.00
1981		100.90	102.72	100.00	100.52	100.61	99.02	100.53	99.81	100.19
1982		100.37	100.00	100.00	100.88	100.55	99.47	100.96	100.00	97.87
1983		101.46	100.00	100.00	100.36	102.07	97.25	100.97	100.86	107.96
1984	112.50	110.60		100.00	107.90	108.40	108.00	113.80	100.50	122.40
1985	122.40	106.70		100.00	103.70	103.90	109.70	103.10	101.50	110.40
1986	109.10	103.80		114.50	102.60	106.10	102.50	100.00	100.30	100.00
1987	100.50	106.20		105.00	104.10	106.50	105.00	103.70	100.40	105.80
1988	109.90	117.10	113.90	101.80	111.00	111.50	108.20	103.40	100.00	112.10
1989	203.50	123.50	119.20	108.50	116.40	117.80	117.00	114.60	125.70	107.80
1990	103.60	104.80	107.00	119.20	108.70	111.60	101.00	118.70	110.50	100.20
1991	101.00	101.30	103.50	137.80	104.10	103.30	102.00	103.80	107.70	108.70

历年农副产品收购价格分类指数

(以上年价格为 100)

年 份	总指数	一.粮食类	二.经济作物类	三.禽畜产品类	1.肉畜	2.禽蛋	3.皮张	4.鬃毛	5.其它畜产品	四.干鲜果类
1951	139.00	193.40	151.30	112.50						
1952	106.90	96.40	87.20	114.70						
1953	99.30	104.00	132.40	95.10						
1954	103.80	94.80	103.80	102.50						
1955	97.70	99.80	100.00	94.40						
1956	96.80	89.90	97.80	100.20						
1957	101.90	100.00	100.00	103.20						
1958	96.40	88.20	99.20	101.10						
1959	101.70	100.70	99.10	100.00						118.90
1960	101.10	94.30	103.00	100.30						123.90
1961	106.80	118.30	143.20	100.00						118.90
1962	101.10	100.00	100.00	101.60						85.20
1963	88.17	99.92	100.02	99.23						67.48
1964	97.40	100.60	100.00	98.70						97.60
1965	98.60	100.00	100.00	99.50						100.40
1966	104.50	118.56	100.12	104.35						102.35
1972	105.90	100.00	100.00	110.30	129.68	100.00	101.22	100.00	108.40	100.00
1973	99.95	100.00	100.00	100.00	100.00	100.00	100.00	100.00	100.00	104.09
1974	110.93	100.00	100.00	116.72	109.18	100.00	104.82	123.96	129.84	100.00
1975	100.13	100.00	100.00	100.16	100.00	100.00	99.87	100.30	100.00	100.00
1976	100.11	100.00	100.26	100.00	100.00	100.00	100.00	100.00	100.00	100.00
1977	100.15	100.00	100.00	100.00	100.00	100.00	100.00	100.00	100.00	100.00
1978	99.76	100.00	100.00	100.00	100.00	100.00	100.00	100.00	100.00	101.98
1979	116.37	123.34	129.04	112.01	141.32	123.91	100.00	100.61	116.24	100.00
1980	101.19	105.82	100.00	100.81	100.00	100.00	109.25	100.00	100.00	100.00
1981	100.55	100.00	100.00	100.00	100.00	100.00	100.00	100.00	100.00	100.00
1982	100.77	100.00	108.67	100.00	100.01	100.00	100.00	100.00	100.00	100.00
1983	100.07	104.18	100.00	100.00	100.00	100.00	100.00	100.00	100.00	105.96
1984	105.10	111.22	100.13	107.62	107.88	104.78	104.74	108.17	106.06	101.98
1985	106.90	104.90	100.00	110.20	114.70	114.90	114.80	151.10	100.00	156.00
1986	104.40	105.00	100.30	103.30	99.50	105.10	116.30	107.60	109.40	109.40
1987	111.70	105.10	102.00	112.40	109.50	113.70	117.80	113.90	117.00	119.00
1988	136.90	108.90	120.20	146.70	140.40	111.40	124.30	164.90	121.10	115.70
1989	110.70	128.80	109.00	104.00	106.40	116.20	97.50	97.80	101.90	152.70
1990	100.70	99.40	119.20	94.10	95.60	93.80	75.10	96.10	100.40	89.70
1991	103.30	106.90	93.00	101.50	108.20	106.80	140.70	83.00	101.80	114.90

历年农副产品收购价格分类指数(续)

(以上年价格为100)

年 份	1.瓜果	2.干果	五.干鲜菜及调味品类	1.鲜菜	2.干菜	3.调味品	六.药材类	七.土副产品类	八.水产品类
1951								126.40	
1952								137.10	
1953								114.60	
1954								128.80	
1955								103.60	
1956								99.10	
1957								100.00	100.00
1958								98.60	
1959							103.60		100.00
1960							104.20		113.40
1961							109.10		
1962							117.50	100.00	
1963			76.40				101.04	58.68	
1964			75.90				91.10	91.30	
1965			86.50				101.70	98.90	
1966			92.75				102.03	132.45	
1972	100.00	100.00	102.96	102.98	100.00	100.00	100.12	100.00	
1973	100.00	118.52	98.53	98.50	100.00	100.00	100.00	100.00	
1974	100.00	100.00	102.93	103.32	100.00	100.00	106.38	100.00	100.00
1975	100.00	100.00	101.02	101.11	100.00	100.00	100.00	100.00	100.00
1976	100.00	100.00	101.63	101.73	100.00	100.00	100.00	100.00	100.00
1977	100.00	100.00	101.81	101.91	100.00	100.00	102.50	100.00	100.00
1978	98.39	127.77	93.65	93.38	127.78	100.00	102.29	100.00	100.00
1979	100.00	100.00	105.13	105.22	100.00	100.00	102.75	100.00	150.00
1980	100.00	100.00	101.44	101.23	128.57	100.00	113.57	100.00	100.00
1981	100.00	100.00	111.56	111.79	100.00	100.00	110.23	92.80	100.00
1982	100.00	100.00	97.26	97.23	100.00	100.00	116.88	100.00	100.00
1983	108.67	100.00	99.65	99.64	100.00	100.00	103.06	100.00	100.00
1984	102.89	100.00	104.16	104.36	100.00	100.00	107.55	100.00	100.00
1985	156.00		135.80	127.90	227.30		114.70	100.80	112.90
1986	109.40	118.80	107.80	100.90	129.40		122.10	124.00	
1987	120.70	118.80	127.00	126.20	154.60	100.00	122.30	101.10	135.70
1988	123.10	100.00	124.90	121.50	118.20	180.60	176.30	116.80	142.80
1989	152.70		130.90	133.60	92.80	82.50	76.90	117.90	132.60
1990	89.40	101.80	118.40	118.90	107.00	120.20	108.90	92.90	96.00
1991	115.30	102.00	120.80	102.10	152.60	109.20	125.90	91.70	126.30

各种物价总指数

(1991年)

基期	零售物价总指数		职工生活费用价格指数		农民生活费用价格指数	农副产品收购价格总指数	农村工业品价格总指数	工农商品综合比价总指数(以农副产品收购价格指数为100)
	按全社会综合平均价格计算	按国营商业综合平均价计算	按全社会综合平均价格计算	按国营商业综合平均价计算				
以1950年价格为100	207.83	209.38	223.20	212.6	196.99	410.13	160.96	39.22
以1957年价格为100	178.14	179.47	193.10	183.90	183.34	277.87	149.67	53.83
以1965年价格为100	195.11	183.02	209.70	187.50	171.29	306.63	157.03	51.19
以1970年价格为100	220.17	205.05	235.30	209.00	193.88	296.75	166.27	56.01
以1978年价格为100	222.72	207.42	237.30	211.20	196.39	246.61	173.17	70.20
以1980年价格为100	209.35	196.33	217.80	202.50	193.27	209.43	173.13	82.65
以1985年价格为100	176.09	171.14	181.60	175.40	172.59	183.84	159.22	86.58
以1986年价格为100	165.96	161.76	170.68	165.35	163.28	176.09	155.34	88.19
以1988年价格为100	130.75	131.31	133.50	134.33	133.57	115.15	134.04	116.38
以1989年价格为100	111.08	111.09	113.81	114.03	113.20	104.02	114.47	110.02
以1990年价格为100	106.30	105.60	108.70	108.60	105.20	103.30	105.60	102.20

各种物价总指数

(以1978年价格为100)

年份	全省零售物价总指数	职工生活费用价格指数	工农商品综合比价总指数(以工业品零售价格指数为100)	农村工业品零售价格总指数	农副产品收购价格总指数	工农商品综合比价总指数(以农副产品收购价格指数为100)
1978	100.00	100.00	100.00	100.00	100.00	100.00
1979	102.22	103.38	116.52	99.87	116.37	85.82
1980	106.39	109.16	117.73	100.02	117.75	84.94
1981	107.85	110.58	117.53	100.74	118.40	85.08
1982	109.79	112.87	117.12	101.87	119.31	85.38
1983	110.50	113.57	116.13	102.82	119.40	86.11
1984	114.26	117.09	118.50	105.90	125.49	84.39
1985	126.49	130.90	123.34	108.76	134.15	81.07
1986	134.20	139.28	125.63	111.48	140.05	79.60
1987	144.00	150.15	134.41	116.38	156.43	74.39
1988	170.35	178.07	165.77	129.19	214.16	60.32
1989	200.50	208.88	156.71	151.28	237.07	63.80
1990	209.52	218.70	145.58	163.98	238.73	68.68
1991	222.72	237.30	142.41	173.17	246.61	70.20

全社会零售物价分类指数

(1991年)

指　　标	以1978年价格为100	以1980年价格为100	以1984年价格为100	以1985年价格为100	以1986年价格为100	以1987年价格为100	以1988年价格为100	以1989年价格为100	以1990年价格为100
零售物价总指数	**222.72**	**209.35**	**194.93**	**176.09**	**165.96**	**154.67**	**130.75**	**111.08**	**106.30**
一、消费品价格指数	**220.08**	**210.20**	**196.44**	**176.82**	**166.65**	**155.03**	**130.49**	**110.87**	**106.40**
1.食品类	237.92	217.65	194.05	167.43	156.18	142.50	126.89	110.82	107.70
(1)粮食	181.72	178.78	178.60	159.89	149.15	142.73	136.98	119.84	114.90
(2)副食品	306.31	251.04	221.09	196.87	180.78	159.00	123.83	107.49	105.80
#鲜　菜		438.65	279.43	212.66	192.43	166.57	120.27	113.52	112.40
肉禽蛋				183.79	173.35	149.09	114.51	98.41	99.40
水产品				244.30	183.05	166.97	129.33	101.65	103.30
(3)烟酒茶	183.53	181.99	149.02	144.12	140.74	137.04	118.44	105.56	101.70
(4)其它食品	256.30	233.41	214.11	199.17	187.72	170.34	135.52	118.67	112.80
#鲜果					215.38	176.76	131.91	124.21	116.30
干果					176.34	150.20	124.96	104.04	109.40
2.衣着类	169.80	169.50	172.10	169.39	164.62	159.21	134.92	111.69	103.80
#棉布					198.11	194.21	168.29	133.14	109.40
呢绒					191.11	176.94	133.84	97.41	99.60
3.日用品类	190.47	186.41	179.80	173.55	161.59	151.16	129.53	107.32	102.50
4.文化娱乐用品类	140.65	138.34	136.93	134.90	133.97	131.99	116.70	96.53	97.50
5.书报杂志类				256.59	235.18	234.01	212.93	104.64	101.00
6.药及医疗用品类	211.04	205.22	180.58	169.25	163.05	153.53	131.11	106.16	101.30
(1)中药					150.17	142.74	123.26	102.71	102.10
(2)西药					174.88	163.05	137.94	108.96	100.70
7.建筑材料类						150.36	132.01	110.75	103.50
8.燃料类	218.12	218.12	218.12	218.12	190.05	181.43	178.22	164.26	137.80
二、农业生产资料价格指数	**174.97**	**177.82**	**161.93**	**156.15**	**152.20**	**146.20**	**131.71**	**113.16**	**104.10**

全省零售牌价分类指数

(1991年)

指标	以1978年价格为100	以1980年价格为100	以1984年价格为100	以1985年价格为100	以1986年价格为100	以1987年价格为100	以1988年价格为100	以1989年价格为100	以1990年价格为100
零售牌价总指数	**203.93**	**196.35**	**184.31**	**171.15**	**161.76**	**154.82**	**131.31**	**111.09**	**105.60**
一、消费品价格指数	**205.16**	**195.95**	**185.28**	**171.56**	**162.00**	**153.85**	**131.05**	**110.77**	**105.70**
1.食品类	252.22	214.71	191.99	172.04	161.23	151.11	126.98	110.23	106.50
(1)粮食	177.72	177.00	178.43	158.89	149.19	138.01	132.45	116.18	111.50
(2)副食品	291.99	227.88	211.59	181.78	167.85	156.28	125.03	107.23	103.70
#鲜菜	549.32	398.94	259.72	186.05	167.91	153.35	111.52	104.33	105.70
(3)烟酒茶	184.36	181.83	149.16	144.26	140.87	137.17	118.56	105.67	101.70
(4)其他食品	242.95	224.02	205.71	192.98	180.86	168.55	135.49	116.30	113.80
2.衣着类	169.80	169.50	172.10	169.39	164.62	159.21	134.92	111.69	103.80
3.日用品类	190.47	186.41	179.80	173.55	161.59	151.16	129.53	107.32	102.50
4.文化娱乐用品类	140.65	138.34	136.93	134.90	133.97	131.99	116.70	96.53	97.50
5.书报杂志类				256.59	235.18	234.01	212.93	104.64	101.00
6.药及医疗用品类	211.04	205.22	180.56	169.25	163.05	153.53	131.11	106.16	101.30
7.燃料类	218.12	218.22	218.12	218.12	190.05	181.43	178.22	164.26	137.80
二、农业生产资料价格指数	**174.97**	**177.82**	**161.93**	**156.15**	**152.20**	**146.20**	**131.71**	**113.16**	**104.10**

1991年固定资产投资价格指数

(以上年价格为100)

类别	指数	类别	指数
总指数	**119.54**	**二、设备、工器具投资**	**109.51**
一、建筑安装工程投资	**123.47**	1.金属制品	107.48
1.直接费	125.55	2.机械工业设备	109.90
①人工费	110.05	3.交通运输设备	107.03
②材料费	129.43	4.电气机械及器材	109.12
2.其它费用	118.30	5.仪器仪表及其它计量器具	103.74
		三、其它费用投资	**114.23**

全省生活费用价格指数和零售物价指数

(1991 年)

商品类别	按全社会价计算			按国营商业价计算		
	全省	城镇	农村	全省	城镇	农村
生活费用价格指数	**107.6**	**108.7**	**105.2**	**107.1**	**108.6**	**105.2**
零售物价总指数	**106.3**	**107.1**	**104.4**	**105.6**	**106.8**	**104.4**
一、消费品价格指数	**106.4**	**107.1**	**104.5**	**105.7**	**106.8**	**104.5**
(一)食品类	107.7	108.8	103.4	106.5	108.4	103.4
1.粮食	114.9	121.9	98.3	111.5	120.7	98.3
2.副食品	105.8	106.2	103.5	103.7	104.2	103.5
#食用植物油	111.5	114.4	102.7	113.2	119.3	102.7
鲜　菜	112.4	112.4		105.7	105.7	
肉禽蛋	99.4	100.0	93.6	97.0	97.8	93.6
水产品	103.3	103.4	100.9	96.3	99.9	100.9
食　糖	122.7	122.4	124.0	122.9	122.4	124.0
3.烟酒茶	101.7	101.5	102.3	101.7	101.5	102.3
4.其它食品	112.8	113.2	110.2	113.8	115.1	110.2
#鲜果	116.3	115.6	122.9	126.7	128.0	122.9
干果	109.4	109.5	108.9	108.3	107.9	108.9
奶及奶制品	108.2	108.5	107.1	108.3	108.5	107.1
(二)衣着类	103.8	103.8	104.3	103.8	103.8	104.3
#呢绒	99.6	100.0	98.1	99.6	100.0	98.1
(三)日用品类	102.5	102.2	104.0	102.5	102.2	104.0
(四)文化娱乐用品类	97.5	97.3	98.4	97.5	97.3	98.4
(五)书报杂志类	101.0	101.1	101.2	101.0	101.1	101.2
(六)药及医疗用品类	101.3	101.2	101.7	101.3	101.2	101.7
(七)建筑材料类	103.5	102.8	103.9	103.5	102.8	103.9
(八)燃料类	137.8	137.8	137.9	137.8	137.8	137.9
二、农业生产资料价格指数	**104.1**		**104.1**	**104.1**		**104.1**
#小农具	103.3		103.3	103.3		103.3
机械化农具	102.0		102.0	102.0		102.0
化学肥料	103.8		103.8	103.8		103.8
农药及农药机械	107.7		107.7	107.7		107.7
农机用油	108.7		108.7	108.7		108.7
三、服务项目价格指数	**117.5**	**122.2**	**110.2**	**117.3**	**122.1**	**110.2**
#房租	102.5	100.8	105.7	102.5	100.8	105.7
医疗保健费	101.7	106.4	96.0	101.7	106.4	96.0
学杂保育费	138.6	148.4	131.2	138.6	148.4	131.2
文娱费	107.7	109.1	105.6	107.7	109.1	105.6
修理及其它服务费	120.4	126.1	104.7	120.4	126.1	104.7

农副产品收购价格分类指数

(1991 年)

商品类别	以 1978 年价格为 100	以 1980 年价格为 100	以 1984 年价格为 100	以 1985 年价格为 100	以 1986 年价格为 100	以 1987 年价格为 100	以 1988 年价格为 100	以 1989 年价各为 100	以 1990 年价格为 100
总指数	**246.61**	**209.43**	**196.52**	**183.84**	**176.09**	**157.65**	**115.15**	**104.02**	**103.30**
一、粮食类	260.92	199.91	172.53	164.47	156.64	149.04	136.86	106.26	106.90
二、经济作物类	209.05	162.00	148.88	148.88	148.44	145.24	120.83	110.86	93.00
三、禽畜产品类	225.53	199.73	186.45	169.19	163.79	145.72	99.33	95.51	101.50
四、干鲜果类	339.60	399.60	369.81	237.06	216.69	182.09	157.38	103.07	114.90
五、干鲜菜及调味品类	522.16	489.63	434.75	320.14	296.98	233.84	187.22	143.03	120.80
六、药材类	530.55	454.65	318.37	277.57	227.33	185.88	105.43	137.11	125.90
七、土副产品类	137.57	137.57	148.24	147.07	118.60	117.31	100.44	85.19	91.70
八、水产品类					311.55	229.59	160.77	121.25	126.30

主要畜产品与农产品单项比价

单位：公斤

畜产品(单位:百公斤)		农产品							
		小麦(中等)		青稞(中等)		蚕豆(中等)		油菜籽(中等)	
	规格	1990 年	1991 年	1990 年	1991 年	1990 年	1991 年	1990 年	1991 年
绵羊毛	西宁毛纯白净货	1 151.43	902.68	1 091.33	1 015.73	879.72	824.98	527.24	492.54
菜牛	二级去骨肉	411.76	404.93	390.27	455.65	314.60	370.08	188.55	220.95
菜羊	胴体二级	389.90	359.99	369.54	405.08	297.89	329.00	178.53	196.42
牦牛皮(张)	甲级湿皮	49.93	70.06	47.33	78.83	38.15	64.03	22.86	38.23

农副产品收购价格指数

(1991年)

商品类别及品名	规格等级	单位	全省综合平均价(元)		全省收购金额(百元)		指数(以上年价格为100)
			上年价格	本年价格	本年实际	按上年价计算	
总指数		百元			6 407 824	6 203 590.8	103.3
一、粮食类		百元			2 875 936	2 691 018.8	106.9
小麦	中等	百公斤	68.09	75.38	2 323 137	2 098 587.4	110.7
青稞	中等	百公斤	71.84	66.99	481 793	516 944.3	93.2
蚕豆	中等	百公斤	89.12	82.48	27 796	30 049.5	92.5
豌豆	中等	百公斤	80.40	76.48	43 212	45 437.7	95.1
二、经济作物类		百元			846 416	910 124.4	93.0
食用植物油及油料		百元			846 416	909 839.4	93.0
油菜籽	中等	百公斤	148.70	138.15	828 670	892 001.4	92.9
菜籽油	二级	百公斤	458.13	469.61	10 938	10 670.5	102.5
胡麻籽	中等	百公斤	148.18	140.80	6 810	7 167.5	95.0
三、禽畜产品类		百元			2 265 619	2 232 136.7	101.5
1.肉畜		百元			1 132 273	1 046 627.6	108.2
肥猪	出肉率63-66%	百公斤	268.84	305.26	471 810	415 691.6	113.5
菜牛	估净肉、中等	百公斤	280.37	305.24	254 302	233 518.5	108.9
绵羊	胴体、中等	百公斤	265.48	271.36	406 161	397 417.7	102.2
2.禽蛋		百元			174 353	163 305.0	106.8
鸡	二等活公鸡	百公斤	503.60	684.90	43 718	32 145.0	136.0
鸡蛋	新鲜完整	百公斤	433.28	431.51	130 636	131 160.0	99.6
3.皮张		百元			226 666	161 063.0	140.7
绵羊皮	甲级湿皮	张	20.79	27.33	150 990	114 821.0	131.5
山羊板皮	一等湿皮	张	8.31	20.86	9 905	3 946.0	251.0
羊羔皮	乙级	张	3.00	2.72	34	37.0	90.7
马皮	湿皮中等	张	14.39	14.33	12	11.7	99.6
黄牛皮	湿皮中等	张	39.22	77.41	10 774	5 457.6	197.4
狗皮	乙级	张	3.00	4.00	6	4.2	133.3
猾皮	乙级	张	1.26	0.60	2	3.0	47.6
旱獭皮	二等干皮	张	5.62	5.10	3 058	3 371.0	90.7
牦牛皮	甲级湿皮	张	34.00	52.81	51 883	33 408.2	155.3
4.鬃毛		百元			637 847	768 034.9	83.0
绵羊粗毛	手抖净货本种绵羊毛	百公斤	784.01	680.44	387 293	446 190.0	86.8

农副产品收购价格指数(续一)

(1991年)

商品类别及品名	规格等级	单位	全省综合平均价(元)		全省收购金额(元)		指数(以上年价格为100)
			上年价格	本年价格	本年实际	按上年价计算	
绵羊细毛	手抖净货一等改良	百公斤	977.19	755.71	184 432	238 591.3	77.3
山羊毛	白色5cm以上	百公斤	275.57	299.45	6 127	5 636.4	108.7
山羊绒	手抖净货,头路紫绒	百公斤	9 545.29	7 049.81	47 023	63 629.6	73.9
驼毛	手抖净货、头路	百公斤	1 547.03	800.00	456	882.1	51.7
牛毛	一等白牦牛毛	百公斤	195.50	120.25	578	938.6	61.5
猪鬃	6.5cm以上100%黑鬃	百公斤	475.67	829.00	9	4.8	174.3
马尾	一等黑货	百公斤	691.00	800.00	8	7.0	115.8
5.其它畜产品		百元			94 482	92 812.7	101.8
绵羊肠衣	原肠	万根	30 500.00	35 298.56	14 826	12 813.7	115.7
山羊肠衣	原肠	万根	10 000.00	25 000.00	500	200.1	250.0
牛奶	鲜奶	百公斤	88.98	88.23	79 115	79 752.1	99.2
酥油	一等	百公斤	1 171.86	1 061.00	43	46.9	90.5
四、干鲜果类		**百元**			**7 892**	**6 868.1**	**114.9**
1.瓜果		百元			7 700	6 677.8	115.3
苹果	一等黄元帅	百公斤	150.78	173.92	7 700	6 677.8	115.3
2.干果		百元			192	188.3	102.0
核桃	中等	百公斤	392.04	400.00	192	188.3	102.0
五、干鲜菜及调味品类		**百元**			**26 073**	**21 583.5**	**120.8**
1.鲜菜		百元			13 773	13 489.7	102.1
莲花白	一等	百公斤	8.25	9.30	4 506	3 998.3	112.7
包心菜	一等	百公斤	13.54	13.80	720	706.4	101.9
葱	一等	百公斤	28.03	40.80	647.6	444.9	145.6
蒜苗	一等	百公斤	23.94	44.20	44.3	24.2	184.6
芹菜	一等	百公斤	27.84	22.00	339.1	429.1	79.0
萝卜	一等	百公斤	14.60	16.20	222.0	200.0	111.0
土豆	一等	百公斤	25.49	28.10	512.2	464.8	110.2
菜花	一等	百公斤	44.72	43.80	118.8	121.3	97.9
辣子	一等	百公斤	38.66	90.00	150.8	65.1	232.8
豆角	一等	百公斤	42.86	47.80	31.6	28.4	111.5
葱头	一等	百公斤	40.71	34.80	636.6	744.5	85.5
黄瓜	一等	百公斤	66.14	47.80	489.0	676.2	72.3
油菜	一等	百公斤	25.36	23.90	1 092.5	1 159.7	94.2

农副产品收购价格指数(续二)

(1991年)

商品类别及品名	规格等级	单位	全省综合平均价(元)		全省收购金额(百元)		指数(以上年价格为100)
			上年价格	本年价格	本年实际	按上年价计算	
韭菜	一等	百公斤	47.20	38.40	111.9	137.3	81.4
莴笋	一等	百公斤	36.53	24.20	372.9	563.1	66.2
菠菜	一等	百公斤	24.71	22.50	205.3	225.3	91.1
菜瓜	一等	百公斤	13.45	15.20	348.1	308.1	113.0
西红柿	一等	百公斤	45.26	40.40	702.7	786.8	89.3
茄子	一等	百公斤	44.00	47.60	105.7	97.7	108.2
胡萝卜	一等	百公斤	11.75	12.60	851.8	794.6	107.2
青麻叶	一等	百公斤	7.90	8.40	801.8	754.3	106.3
牛腿棒	一等	百公斤	7.80	7.80	773.7	773.7	100.0
2.干菜		百元			12 201	7 994.0	152.6
发菜	中等	百公斤	12 200.00	18 000.00	9 000	6 101.7	147.5
干辣椒	中等	百公斤	375.00	1 168.00	257	82.5	311.5
蘑菇	中等	百公斤	3 437.00	4 666.50	94	68.8	135.8
蕨菜	中等	百公斤	30.00	50.00	2 751	1 650.2	166.7
3.调味品		百元			100	91.4	109.2
花椒	中等	百公斤	3 044.75	3 325.00	100	91.4	109.2
六、药材类		**百元**			**227 312**	**180 507.3**	**125.9**
甘草	二等	百公斤	140.00	166.38	3 197	2 690.4	118.8
大黄	二等	百公斤	143.29	162.29	3 548	3 131.3	113.3
黄芪	二等	百公斤	521.94	494.35	534	563.8	94.7
贝母	二等	百公斤	11 096.76	13 500.00	9 720	7 986.9	121.7
枸杞	二等	百公斤	1 050.00	1 400.00	3 094	2 321.1	133.3
牛黄	天然	百克	7 000.00	8 000.00	10 240	8 958.9	114.3
鹿茸	二等	百克	357.82	277.74	14 462	18 636.5	77.6
麝香	净仁	百克	1 500.00	1 500.00	4 876	4 875.1	100.0
冬虫草	统装	公斤	700.00	1 023.05	143 115	97 890.0	146.2
秦艽	二等	百公斤	842.27	887.21	30 512	28 976.0	105.3
羌活	二等	百公斤	376.18	337.59	4 018	4 479.1	89.7
七、土副产品类		**百元**			**119 580**	**130 474.5**	**91.7**
蜂蜜	一等40度	百公斤	273.68	197.47	77 314	107 082.4	72.2
蜂蜡	一等净货	百公斤	780.00	1 060.00	2 862	2 106.0	135.9
麦草	二等	百公斤	8.00	14.94	38 513	20 617.5	186.8
蕨麻	二等	百公斤	300.00	400.00	893	669.7	133.3
八、水产品类		**百元**			**38 999**	**30 877.9**	**126.3**
湟鱼	一等	百公斤	172.75	218.26	38 999	30 878.3	126.3

主要农产品与工业

农产品（百公斤）		工业品							
		食盐(粒盐)(公斤)		白糖(砂糖)(公斤)		纸烟(乙级)(盒)		白酒(散装)(公斤)	
品名	规格	1990年	1991年	1990年	1991年	1990年	1991年	1990年	1991年
小麦	中等	130.94	167.51	24.85	22.43	103.17	106.17	12.80	15.05
蚕豆	中等	171.38	183.29	32.53	24.55	135.03	116.17	16.75	16.46
豌豆	中等	154.62	169.96	29.34	22.76	121.82	107.72	15.11	15.27
油菜籽	中等	285.96	307.00	54.27	41.12	225.30	194.58	27.95	27.57
肥猪	出肉率63%	517.00	678.36	98.12	90.85	407.33	429.94	50.53	60.93
菜牛	估净肉中等	539.17	678.31	102.32	90.85	424.80	429.92	52.70	60.93
菜羊	胴体中等	510.54	603.02	96.89	80.76	402.24	382.20	49.90	54.16
鸡蛋	新鲜完整	833.23	958.91	158.13	128.43	656.48	607.76	81.44	86.13
绵羊毛	手抖净货	1 507.71	1 512.09	286.14	202.51	1 187.89	958.37	147.37	135.82
牦牛皮(张)	一等湿皮	65.38	117.36	12.41	15.72	51.52	74.38	6.39	10.54

主要农产品与工业

农产品（百公斤）		工业品							
		化肥(尿素)(公斤)		缝纫机(一级)(台)		自行车(26型一级)(辆)		机械手表(19钻)(块)	
品名	规格	1990年	1991年	1990年	1991年	1990年	1991年	1990年	1991年
小麦	中等	93.27	100.51	0.25	0.27	0.24	0.25	0.97	1.13
蚕豆	中等	122.08	109.97	0.32	0.30	0.31	0.28	1.27	1.24
豌豆	中等	110.14	101.97	0.29	0.28	0.28	0.26	1.15	1.15
油菜籽	中等	203.70	184.20	0.54	0.50	0.52	0.46	2.12	2.07
肥猪	出肉率63%	368.27	407.01	0.97	1.11	0.94	1.02	3.83	4.57
菜牛	估净肉中等	384.07	406.99	1.01	1.11	0.98	1.02	4.00	4.57
菜羊	胴体中等	363.67	361.81	0.96	0.99	0.93	0.91	3.79	4.07
鸡蛋	新鲜完整	593.53	575.35	1.56	1.57	1.52	1.44	6.18	6.47
绵羊毛	手抖净货	1 073.99	907.25	2.83	2.48	2.74	2.27	11.18	10.20
牦牛皮(张)	一等湿皮	46.58	70.41	0.12	0.19	0.12	0.18	0.48	0.79

品交换比价

工业品									
棉布(白细布)(米)		混纺布(涤棉色卡)(米)		肥皂(300克)(条)		火柴(十盒装)(包)		煤油(民用)(公斤)	
1990年	1991年	1990年	1991年	1990年	1991年	1990年	1991年	1990年	1991年
25.89	25.04	10.00	9.93	69.48	72.48	130.94	103.26	94.57	90.82
33.89	27.40	13.09	10.87	90.94	79.31	171.38	112.99	123.78	99.37
30.57	25.41	11.81	10.08	82.04	73.54	154.62	104.77	111.67	92.14
56.54	45.90	21.84	18.20	151.73	132.84	285.96	189.25	206.53	166.45
102.22	101.42	39.48	40.22	274.33	293.52	517.00	418.16	373.39	367.78
106.60	101.41	41.17	40.22	286.09	293.50	539.17	418.14	389.40	367.76
100.94	90.15	38.98	35.75	270.90	260.92	510.54	371.73	368.72	326.94
164.75	143.36	63.62	56.85	442.12	414.91	833.23	591.11	601.78	519.89
298.10	226.06	115.13	89.65	800.01	654.27	1 507.71	932.11	1 088.90	819.81
12.93	17.54	4.99	6.96	34.69	50.78	65.38	72.34	47.22	63.63

品交换比价(续)

工业品							
拖拉机(手扶)(辆)		黑白电视(35cm)(台)		柴油(0—20#)(公斤)		茯茶(砖茶)(公斤)	
1990年	1991年	1990年	1991年	1990年	1991年	1990年	1991年
0.02	0.02	0.11	0.14	89.59	89.74	15.20	15.42
0.03	0.02	0.15	0.15	117.26	98.19	19.89	16.87
0.02	0.02	0.13	0.14	105.79	91.05	17.95	15.64
0.04	0.04	0.25	0.25	195.66	164.46	33.19	28.25
0.08	0.08	0.45	0.56	353.74	363.40	60.01	62.43
0.08	0.08	0.47	0.56	368.91	363.38	62.58	62.42
0.07	0.07	0.44	0.50	349.32	323.05	59.26	55.49
0.12	0.12	0.72	0.79	570.11	513.70	96.71	88.24
0.22	0.19	1.31	1.24	1 031.59	810.05	175.00	139.15
0.01	0.01	0.06	0.10	44.74	62.87	7.59	10.80

交换品	被交换品 品名	规格	单位	1950年	1952年	1957年
小麦	食盐	粗盐	公斤	67.5	105.9	93.2
	食糖	白砂糖	公斤	7.2	13.6	15.8
	茯茶	茯砖	公斤	6.0	17.6	16.8
(中等)	棉布	白细布	米	12.7	26.1	25.7
	火柴	10盒装	包	58.2	105.4	121.4
(百公斤)	煤油	本地产	公斤	10.7	16.9	23.0
	化肥	尿素	公斤			18.7
生猪	食盐	粗盐	公斤	500.0	454.0	310.8
	食糖	白砂糖	公斤	18.2	39.7	62.9
	茯茶	茯砖	公斤	41.4	53.4	43.9
(净重)	棉布	白细布	米	83.3	104.2	82.3
	火柴	10盒装	包	400.0	500.0	373.0
(百公斤)	煤油	本地产	公斤	35.2	61.9	98.2
	化肥	尿素	公斤			56.5
绵羊毛	食盐	粗盐	公斤	1 136.7	1 088.9	837.7
	食糖	白砂糖	公斤	121.0	141.4	146.3
	茯茶	茯砖	公斤	101.1	102.2	105.4
(纯白)	棉布	白细布	米	201.9	274.4	220.9
	火柴	10盒装	包	977.6	1 093.4	1 174.0
(百公斤)	煤油	本地产	公斤	118.9	158.9	242.0
	化肥	尿素	公斤			165.0

与工业品交换比价

1962年	1965年	1970年	1975年	1978年	1980年	1985年	1988年	1989年	1990年	1991年
99.7	92.3	105.0	105.0	113.92	118.0	168.93	188.0	232.60	130.94	167.51
19.1	15.0	19.5	19.5	20.10	19.0	34.78	20.09	26.04	24.85	22.43
19.3	12.6	14.2	14.2	13.85	16.8		15.81	17.94	15.20	15.42
27.1	27.1	27.6	27.2	35.10	35.14	38.07	29.08	29.69	25.89	25.04
123.0	115.8	136.6	136.6	136.70	165.00	154.67	146.22	129.22	130.94	103.26
24.6	26.8	37.9	37.9	37.91	46	63.92	70.19	98.28	94.57	90.82
16.9	17.5	30.4	30.4	35.97	117.0		101.23	112.55	93.27	100.51
327.3	342.8	369.0	369.0	345.60	462.0	492.90	962.11	1 012.63	517.00	678.36
60.8	68.6	68.6	68.6	71.66	75.0	101.80	106.90	113.35	98.12	90.85
44.7	52.7	50.0	50.0	49.37	66.0	55.81	80.90	78.10	60.01	62.43
86.6	103.2	97.0	95.5	103.80	138.66	116.42	148.83	129.27	102.22	101.42
102.6	480.0	480.0	480.0	487.30	651.00	443.40	748.31	562.57	517.00	418.16
105.9	126.3	133.3	133.3	135.36	181.00	210.00	359.19	427.27	373.39	367.78
61.0	72.7	107.1	107.9	174.04	458.00		518.06	489.98	368.27	407.01
837.5	876.0	923.0	1 177.9	1 053.90	1 054.0	1 542.59	2 961.75	3 017.87	1 507.71	1 512.09
145.9	162.8	218.6	218.6	218.53	171.0	296.65	329.08	337.82	286.14	202.51
105.1	118.8	125.0	159.4	150.56	150.0	159.38	249.04	232.74	175.00	139.15
220.5	245.1	242.0	304.5	316.50	316.51	356.97	458.17	385.26	298.10	226.06
1 173.2	1 140.0	1 200.0	1 530.0	1 530.00	1 486.00	1 439.75	2 303.58	1 676.59	1 507.71	932.11
241.8	300.0	363.6	425.0	412.78	412.78	591.68	1 105.72	1 275.15	1 088.90	819.81
165.0	172.7	252.2	327.0	530.71			1 594.79	1 460.26	1 073.99	907.25

全省全社会和国营蔬菜价格指数

(1991年) 单位：元/公斤、%

名称	全社会综合平均价格计算			国营商业综合平均价格计算		
	1990年价格	1991年价格	指数	1990年价格	1991年价格	指数
鲜菜指数	0.742	0.833	112.4	0.638	0.674	105.7
大白菜	0.344	0.436	126.7	0.282	0.316	112.1
洋白菜	0.278	0.463	166.5	0.218	0.315	144.5
菠菜	0.782	0.751	96.0	0.766	0.770	100.5
油菜	0.705	0.624	88.5	0.736	0.575	78.1
芹菜	0.691	0.796	115.2	0.535	0.700	130.8
韭菜	0.989	1.039	105.1	0.942	0.777	82.5
菜花	1.230	1.147	93.3	1.205	1.057	87.7
莴笋	0.828	0.812	98.1	0.796	0.753	94.6
黄瓜	1.156	1.065	92.1	1.053	0.976	92.7
冬瓜	0.833	0.680	81.6	0.738	0.607	82.2
西红柿	0.973	1.021	104.9	1.178	0.866	73.5
茄子	0.751	0.829	110.4	0.665	0.876	131.7
萝卜	0.452	0.574	127.0	0.321	0.441	137.4
胡萝卜	0.349	0.519	148.7	0.205	0.302	147.3
青椒	1.210	1.611	133.1	1.070	1.580	147.7
生姜	3.438	3.928	114.3	2.641	3.117	118.0
豆角	0.928	0.914	98.5	1.027	0.772	75.2
土豆	0.451	0.603	133.7	0.328	0.438	133.5
洋葱头	0.927	1.140	123.0	0.810	1.110	137.0
大葱	0.609	0.690	113.3	0.562	0.576	102.5
大蒜(蒜头)	1.624	3.378	208.0	1.098	2.680	244.1
蒜苔	2.721	2.717	99.9	2.794	2.481	88.8
莲藕	2.417	2.286	94.6	1.702	1.648	96.8
豆芽	0.946	0.903	95.5	0.798	0.776	97.2

主要农副产品收购混合平均价格

单位：元

品名	计量单位	1990年	1991年	品名	计量单位	1990年	1991年
粮食(贸易粮)	万公斤	6 301.2	7 196.4	鲜菜	百公斤	12.6	12.4
食用植物油	万公斤	43 680.9	40 784.4	绵羊毛	百公斤	748.5	675.8
麻麻	百公斤	300.0	400.0	山羊毛	百公斤	322.0	294.2
蜂蜜	百公斤	271.3	197.4	牛皮	张	25.8	49.6
肥猪	百公斤	289.3	305.3	绵羊皮	张	19.7	26.9
菜牛	百公斤	302.0	293.7	山羊板皮	张	6.6	20.9
菜羊	百公斤	291.0	268.1	山羊绒	百公斤	8 680.8	7 047.2
鲜蛋	百公斤	396.8	431.5	水产品(干鲜混全品)	吨	1 904.3	2 213.1

主要商品零售混合平均价格

价格单位：元

商品名称	计量单位	1990年	1991年	商品名称	计量单位	1990年	1991年
粮食(贸易粮)	万公斤	5 910.5	6 454.8	火柴	件	510.0	539.0
食用植物油	万公斤	28 258.0	28 877.0	肥皂	箱	55.0	69.6
猪肉	百公斤	503.6	536.7	香皂	百块	161.0	210.0
牛肉	百公斤	479.8	448.6	洗衣粉	百公斤	299.9	328.4
羊肉	百公斤	487.6	439.3	搪瓷面盆	百个	1 130.3	1 108.8
家禽	百公斤	600.4	808.6	搪瓷口杯	百个	411.4	363.7
鲜蛋	百公斤	490.7	474.3	铝锅	百个	2 472.4	3 830.4
鲜菜	百公斤	46.2	61.8	暖水瓶	百个	1 948.9	2 001.5
水产品(干鲜混合品)	吨	4 073.7	4 208.1	电灯泡	百个	88.0	92.0
食盐	吨	376.2	384.1	手电筒	百个	409.8	388.5
食糖	吨	2 600.3	3 414.4	手电池	百个	51.6	51.6
卷烟	箱	2 739.5	3 639.5	钟	个	47.9	48.8
酒	吨	5 424.2	7 257.0	手表	只	94.2	53.1
茶叶	百公斤	847.6	1 040.3	缝纫机	架	249.6	260.0
棉布	百米	378.0	352.3	自行车	辆	267.1	245.5
棉花化纤混纺布	百米	471.9	539.9	晶体管收音机	架	18.8	19.7
#涤棉混纺布	百米	460.0	506.0	电视机	架	2 320.8	2 136.7
化纤布	百米	1 072.2	1 160.0	录音机	架	681.6	671.4
呢绒	百米	3 076.9	3 186.5	洗衣机	台	469.2	548.8
绸缎	百米	884.6	987.9	电冰箱	台	2 013.0	2 055.4
毛线	百公斤	5 103.3	4 900.2	机制薄纸	吨	3 824.0	3 835.0
毛巾	百条	300.0	270.0	土纸	吨	1 720.0	1 750.0
锦纶袜	百双	250.0	260.0	金笔	百支	3 178.7	3 360.0
汗衫背心	百件	390.0	363.5	铱金笔	百支	430.7	450.9
棉毛衫裤	百件	850.0	914.7	铅笔	万支	1 270.0	1 300.0
卫生衫裤	百件	400.0	405.0	煤炭	吨	49.9	38.6
床褥单	百条	3 300.0	3 109.0	煤油	吨	712.0	712.0
絮棉	百公斤	834.0	966.0	化学肥料	标准吨	587.5	609.8
胶鞋	百双	1 560.0	1 494.2	化学农药	标准吨	883.3	969.0
皮鞋	百双	3 500.0	3 500.0	农用动力机械	马力	154.0	157.0
布鞋	百双	823.0	642.2	木材	立方米	710.0	735.0
塑料鞋	百双	757.1	698.6				

全省集市贸易价格指数

(1991 年)

商品类别	以上年价格为 100 的指数			以本期国营商业价为 100 的指数		
	全省	城市	县城	全省	城市	县城
总 指 数	100.6	103.7	97.5	119.8	125.7	115.8
一、消费品价格指数	100.2	103.7	96.3	119.8	125.7	115.8
1.粮 食						
2.食用植物油	94.1	88.7	95.1	165.3	153.4	164.6
3.鲜 菜	111.3	112.1	109.5	120.6	133.9	97.4
4.干 菜	99.2	100.6	98.5	104.4	94.7	125.0
5.肉禽蛋	94.0	97.2	91.5	118.3	123.4	118.1
6.水产品	109.3	109.8	105.1	130.2	128.9	
7.鲜 果	102.7	103.4	101.1	112.1	118.9	100.0
8.干 果	103.1	99.8	108.1	107.1	115.7	97.0
9.日用杂品	103.3		103.3	129.0		129.0
10.其 它	104.3		104.3			
二、农业生产资料			108.9			
价格指数	108.9		102.6			
1.小农具	102.6		108.9			
2.幼禽家畜	147.8		147.8			
3.大家畜	101.8		101.8			

建筑安装工程投资价格指数

(以上年价格为 100)

类 别	1985 年	1986 年	1987 年	1988 年	1989 年	1990 年	1991 年
施工产值价格指数	104.78	108.20	109.04	117.14	109.44	110.02	123.47
1.直接费	104.18	108.79	109.66	117.87	111.59	110.85	125.55
人工费	105.52	106.13	108.44	105.90	109.49	110.05	110.05
材料费	104.73	109.63	109.15	120.69	111.05	111.60	129.43
2.其他费用	106.55	106.38	107.14	115.02	102.25	107.51	118.30
主要材料费用价格指数							
钢 材	109.14	114.95	112.28	136.26	131.04	114.01	133.73
木 材	138.67	106.14	113.39	123.66	121.76	126.55	119.34
水 泥	104.61	118.53	110.28	114.74	108.74	107.04	121.93
地方材料	98.21	103.06	109.07	111.95	106.76	104.27	104.70
其他材料	98.91	106.82	104.35	120.83	109.46	113.15	154.53

注：1985—1990 年建筑业产值价格指数，口径略有差别。

七、人 民 生 活

人民物质文化生活水平提高情况

(1985年—1991年)

指　　标	单位	1985年	1986年	1987年	1988年	1989年	1990年	1991年
一、城乡居民全年人均收入								
农牧民人均纯收入（抽样调查）								
农　民	元	322.29	348.50	354.09	445.38	423.31	(484) 527.10	509.70
牧　民	元	458.98	481.34	595.53	790.76	675.64	(709) 772.73	835.29
职工家庭收入（抽样调查）								
家庭人均货币工资收入	元	738.13	810.71	1 008.59	961.32	912.28	969.23	1 054.84
每人平均生活费收入	元	749.37	875.34	946.92	1 025.76	1 139.75	1 199.10	1 325.15
二、居民人均生活费水平(按国民收入使用额计算)	元	444.38	500.00	552.08	672.85	731.34	786.00	852.00
农业居民	元	298.99	321.00	345.65	419.77	491.66	544.00	579.00
非农业居民（含公费医疗）	元	811.79	922.00	1 033.24	1 265.47	1 297.27	1 365.00	1 522.00
三、主要生活消费品人均水平（抽样调查）								
全年人均粮食消费量								
城镇居民	公斤	141.97	140.73	151.62	164.67	161.87	187.51	168.14
农　民	公斤	233.34	236.85	243.20	246.14	263.28	255.65	247.28
牧　民	公斤	185.75	169.90	165.37	177.37	190.80	196.52	219.01
全年人均食用植物油消费量								
城镇居民	公斤	7.43	8.04	8.96	9.17	8.87	9.77	9.29
农　民	公斤	4.82	4.87	5.22	5.39	5.50	5.58	6.25
牧　民	公斤	3.55	3.57	3.32	4.03	5.29	5.05	5.61
全年人均消费猪、牛、羊肉								
城镇居民	公斤	23.41	25.04	25.88	22.68	25.11	31.52	27.45
农　民	公斤	11.99	12.09	12.21	12.76	12.73	12.32	13.83
牧　民	公斤	36.09	32.57	37.54	35.38	41.69	38.18	33.07
全年人均消费布								
城镇居民（不含成衣折布）	米	5.81	4.98	5.06	7.20	4.33	3.40	3.29
农　民（含成衣折布）	米	5.79	6.26	5.18	5.06	3.59	3.34	2.96
牧　民（含成衣折布）	米	8.06	7.62	7.32	10.30	5.72	6.07	4.98
全年人均购买日用消费品								
城镇居民	元	55.42	63.78	67.89	117.44	82.34	82.64	101.02
农　民	元	11.08	18.31	19.28	26.56	18.74	18.66	17.05
牧　民	元	7.63	16.12	22.43	33.81	42.64	99.85	38.18
四、人均住房面积（抽样调查）								
城镇居民	平方米	8.63	8.32	8.98	8.72	9.38	9.88	9.76
农　民	平方米	11.15	11.76	12.28	12.63	13.50	13.07	14.02
牧　民	平方米	7.16	8.32	8.91	9.77	10.25	10.82	10.97

注：1.1990年农牧民人均纯收入按新口径计算，括号内数字为上年同口径数。

2.将城镇居民和农牧民购买日用消费品计算口径调为一致故城镇居民人均购买日用消费品金额有所变动,请以此数为准.

人民物质文化生活水平提高情况（续）

（1985年—1991年）

指　　标	单位	1985年	1986年	1987年	1988年	1989年	1990年	1991年
五、主要耐用消费品每百户拥有量								
自行车								
城镇居民	辆	135.31	150.00	166.00	138.44	150.00	156.67	151.56
农民	辆	44.74	57.63	66.05	75.75	77.95	82.00	74.67
牧民	辆	21.43	25.71	30.00	45.73	45.00	48.33	61.33
收音机								
城镇居民	台	57.14	48.00	51.00	65.78	42.44	43.56	37.56
农民	台	33.95	39.74	42.89	44.19	43.59	38.75	26.73
牧民	台	44.29	61.34	68.57	71.87	71.67	71.67	66.67
电视机								
城镇居民	台	74.90	88.00	83.00	96.44	102.22	105.56	103.56
农民	台	7.37	10.00	16.89	25.25	33.33	38.75	37.50
牧民	台				6.53	11.67	18.33	9.33
洗衣机								
城镇居民	台	53.33	67.00	79.00	80.67	85.78	86.44	88.89
农民	台	0.67	1.33	2.00	6.31	6.67	7.00	8.33
电冰箱								
城镇居民	台	3.33	4	6.00	10.44	11.11	15.11	19.78
农民	台							
收录机								
城镇居民	台	49.39	59.04	53.68	65.78	75.33	74.00	75.11
农民	台	6.22	10.67	20.89	31.56	32.05	33.25	28.76
牧民	台				39.20	38.33	38.33	24.00
缝纫机								
城镇居民	架	58.00	66.00	74.00	52.89	62.67	64.67	53.33
农牧民	架	33.11	39.56	43.33	46.89	47.43	49.11	47.50
六、城乡居民人均储蓄	元	201.99	253.22	319.39	372.00	456.48	594.09	713.55
七、学龄儿童入学率	%	79.22	81.30	82.40	83.40	82.60	81.48	84.00
每万人口中在校大学生数	人	15.71	16.71	16.60	16.20	14.60	13.88	13.30
八、卫生								
每万人拥有病床数	张	33.74	34.85	35.33	34.76	35.24	35.07	35.79
每万人拥有医生数	人	19.63	19.72	20.43	20.85	21.00	20.8	20.32
九、城镇就业								
平均每一就业者负担人口（抽样调查）	人	2.18	2.10	2.07	2.14	2.14	2.21	2.15
十、零售商业饮食业服务业								
平均每万人有网点（包括个体）	个	88.93	96.06	103.60	114.76	89.40	95.82	65.23
平均每万人有服务人员（包括个体）	人	184.90	202.76	208.14	231.25	201.62	205.20	183.62

重要年份人均主要消费品

年份	粮食（公斤／人年）					食用植物油（公斤／人年）				
	全省平均	非农业居民	农业居民	农民	牧民	全省平均	非农业居民	农业居民	农民	牧民
1950	160.0	190.5	147.0	160.5	78.0	1.75	5.15	1.45	1.70	0.15
1952	159.0	222.5	151.5	165.5	80.5	2.40	6.05	2.00	2.35	0.20
1957	193.0	208.5	189.0	208.0	90.0	3.00	6.60	2.05	2.40	0.30
1962	164.0	181.5	144.0	183.0	85.5	1.10	1.00	1.15	1.20	0.10
1965	198.5	211.0	195.0	211.0	90.0	3.40	5.75	2.65	3.10	0.25
1970	186.5	205.0	194.0	208.0	90.0	2.45	4.25	1.95	2.20	0.15
1975	201.0	203.0	200.0	216.5	93.0	2.20	4.00	1.55	1.80	0.15
1976	189.5	188.5	190.0	205.0	95.0	2.35	4.10	1.75	2.00	0.20
1977	188.5	183.5	191.0	203.5	102.5	2.85	4.25	2.30	2.60	0.30
1978	197.0	185.5	201.0	217.0	102.5	2.70	4.20	2.20	2.10	0.25
1979	203.5	198.0	205.5	223.5	103.5	3.10	4.45	2.65	3.10	0.25
1980	208.5	223.0	203.0			3.40	7.25	2.70		
1981	213.0	220.5	210.0	234.5	122.5	3.95	6.75	2.90	3.00	1.30
1982	222.5	229.5	220.0	246.5	131.0	4.50	8.15	3.00	3.40	1.40
1983	211.0	225.0	206.0	229.5	133.0	5.30	11.90	2.95	3.40	1.30
1984	229.5	217.0	234.5	251.0	149.5	6.25	10.20	4.80	5.15	2.90
1985	222.0	212.0	226.5	234.0	185.5	6.05	9.90	4.50	4.65	3.55

年份	猪、牛、羊肉（公斤／人年）					棉布（米／人年）				
	全省平均	非农业居民	农业居民	农民	牧民	全省平均	非农业居民	农业居民	农民	牧民
1950	16.80	20.50	16.45	8.80	54.35	3.8	6.0	3.5		
1952	17.80	21.65	17.30	9.35	58.60	4.4	6.3	4.1		
1957	19.05	22.50	18.25	9.90	60.65	7.5	8.9	7.2		
1962	9.55	10.10	9.30	4.60	40.05	4.5	4.9	3.4		
1965	14.20	16.85	11.65	8.00	53.65	7.3	8.4	7.0		
1970	13.95	22.20	11.45	6.65	46.10	7.6	8.7	7.3		
1975	13.70	20.35	11.25	6.25	44.15	8.4	9.1	8.2		
1976	14.05	20.90	11.60	6.45	44.30	8.0	8.8	7.8		
1977	16.60	22.25	14.50	8.95	40.55	8.0	9.0	7.6		
1978	16.95	25.85	13.70	9.15	43.00	8.6	9.5	8.3		
1979	16.55	23.15	14.20	9.15	42.30	9.3	9.8	9.1		
1980	19.30	25.40	16.70	10.40	50.35	9.3	9.8	8.6		
1981	19.00	25.30	16.40	9.55	50.15	8.8	9.1	8.1		
1982	19.15	23.75	17.35	10.45	52.60	8.5	10.6	7.8		
1983	21.45	27.90	19.15	11.35	60.65	6.9	10.7	5.5		
1984	19.09	27.72	15.88			6.8	9.8	5.7	5.9	5.0
1985	18.03	23.46	15.88			7.5	12.2	5.5	5.7	4.3

注：1985年以后的数据请使用前页《人民物质文化生活水平提高情况》表中相关资料。

历年居民消费品购买力

年 份	常住居民当年实现的消费品购买力(万元)					常住居民平均消费品购买力(元)				
	全体居民	非农业居民	农业居民	农民	牧民	全体居民	非农业居民	农业居民	农民	牧民
1949	3 260	1 558	1 702	1 198	504	22.30	111.28	12.80	10.82	23.44
1950	3 490	1 733	1 757	1 211	456	23.37	121.19	13.01	10.67	24.41
1951	5 091	2 327	2 764	1 873	891	33.18	156.17	19.95	16.18	39.07
1952	5 660	2 770	2 890	1 923	1 027	35.75	175.32	20.28	16.11	44.45
1953	7 155	3 491	3 664	2 576	1 088	44.11	206.56	25.22	21.16	46.10
1954	10 309	5 920	4 389	3 155	1 206	59.42	242.62	30.26	25.34	49.83
1955	12 758	7 505	5 253	3 715	1 460	70.56	278.99	34.13	29.02	58.63
1956	19 911	11 852	7 059	4 869	1 989	102.53	371.44	44.23	36.99	78.00
1957	23 203	15 797	7 406	4 994	2 152	112.42	377.92	44.99	37.10	80.90
1958	26 973	19 437	7 536	4 867	1 992	119.88	333.97	45.18	36.27	83.00
1959	34 480	26 011	8 469	4 995	1 912	138.03	333.47	49.30	38.36	86.13
1960	40 056	28 955	11 101	6 456	1 923	154.90	335.13	64.47	51.81	92.90
1961	31 823	23 081	8 742	5 014	1 702	134.20	324.63	52.69	40.50	92.00
1962	27 110	17 788	9 322	5 790	1 882	126.50	364.51	56.33	44.44	93.17
1963	24 504	15 622	8 882	5 762	1 923	114.93	375.53	51.76	41.97	88.62
1964	25 014	16 804	8 210	5 024	1 924	113.39	378.47	46.59	35.41	87.51
1965	27 858	19 860	7 998	4 656	2 012	121.15	362.81	45.65	31.61	87.48
1966	28 879	20 465	8 414	4 835	2 118	119.53	360.30	45.53	31.54	89.37
1967	31 531	21 670	9 861	5 516	2 377	125.77	382.86	50.80	34.58	97.02
1968	31 842	21 815	10 027	5 677	2 473	121.81	364.80	49.79	34.22	98.92
1969	32 965	22 547	10 418	5 971	2 625	121.24	360.18	49.78	34.48	99.23
1970	34 761	23 834	10 927	6 124	2 679	122.92	367.24	50.15	33.74	100.16
1971	37 091	25 865	11 226	6 309	2 705	126.07	376.00	49.78	33.58	98.36
1972	40 300	27 438	12 862	6 404	2 727	131.44	367.80	55.44	33.18	93.39
1973	43 225	29 939	13 286	7 207	2 757	135.97	378.02	55.66	36.23	89.80
1974	47 118	33 942	13 176	7 403	2 688	142.44	401.68	53.50	36.31	82.96
1975	50 666	36 988	13 678	7 426	2 756	148.02	418.42	53.87	35.58	79.65
1976	53 712	39 644	13 068	7 681	2 894	151.90	426.28	53.98	35.89	80.39
1977	57 679	42 747	14 932	7 710	3 111	158.46	441.60	55.88	35.21	84.08
1978	61 184	49 111	12 073	8 402	3 671	164.06	446.06	46.04	37.56	95.35
1979	65 902	51 074	14 828	10 612	4 216	173.65	451.99	55.64	46.89	104.88
1980	73 859	57 608	16 251	11 577	4 674	192.09	551.27	58.04	48.85	108.70
1981	82 463	61 096	21 367	14 547	6 820	212.10	573.13	75.72	61.25	152.57
1982	86 939	64 344	22 595	15 388	7 207	219.82	554.68	80.84	65.82	159.70
1983	95 492	66 844	28 648	19 845	8 803	238.70	628.23	95.54	80.15	190.95
1984	112 593	81 937	30 656	22 839	7 817	279.32	748.28	104.41	92.84	164.22
1985	147 183	93 605	53 578	41 279	12 299	359.42	801.41	183.05	167.96	262.07
1986	172 946	113 890	59 056	43 909	15 147	415.74	918.47	202.25	179.75	317.95
1987	197 035	122 888	74 147	55 873	18 274	462.61	961.04	248.77	223.17	383.18
1988	246 455	157 267	89 188	67 207	21 981	564.90	1 204.56	291.73	264.37	426.82
						(580.18)	(1 235.99)	(299.74)		
1989	243 826	135 675	108 151			551.34	1 031.44	348.09	(271.64)	(438.39)
1990	257 348	162 490	94 858			573.23	1 234.63	298.93		
1991	286 903	185 953	100 950			629.13	1 410.33	311.40		

注:人均消费品购买力 1988 年开始按抽样人口平均数计算。括号内数字按公安厅人口计算。

城镇家庭调查户主要指标

（1985年—1991年抽样调查）

指　　标	单位	1985年	1986年	1987年	1988年	1989年	1990年	1991年
一、调查户数	户	490	520	570	450	450	450	450
二、平均每户家庭人口数	人	4.47	4.33	4.23	4.07	4.01	3.96	3.77
三、平均每户就业人口数	人	2.05	2.06	2.04	1.90	1.88	1.79	1.76
每一就业者负担人口	人	2.18	2.10	2.07	2.14	2.14	2.21	2.15
平均每户就业面	%	45.86	47.58	48.23	46.68	46.88	45.20	46.68
四、平均每人每月实际收入	元	70.77	83.51	90.33	96.15	106.24	111.32	123.88
平均每一就业者每月收入	元	143.50	156.26	187.15	206.01	226.92	245.81	265.77
平均每人每月生活费收入	元	62.45	72.95	78.91	85.48	94.98	99.93	110.43
五、平均每人每月实际支出	元	64.89	75.15	80.28	98.77	103.16	104.07	119.11
1.生活费支出	元	56.56	64.77	69.03	87.34	89.12	93.15	105.05
(1) 购买商品支出	元	52.67	59.85	63.11	79.73	80.46	82.71	94.08
#吃	元	29.03	34.17	38.03	43.88	50.25	52.43	60.33
穿	元	9.41	11.29	11.90	15.69	12.85	13.85	16.11
用	元	10.20	10.15	9.87	15.17	6.86	6.89	8.42
烧	元	1.23	1.37	1.34	1.49	1.90	2.02	1.98
(2) 非商品支出	元	3.89	4.92	5.92	7.61	8.66	10.44	10.97
#房租、水电费	元	0.41	0.35	0.72	0.48	1.04	1.05	1.13
2.赡养、赠送支出	元	8.10	9.51	10.22	9.10	9.81	9.99	11.91

城镇住户家庭人均生活费支出及构成

（1985年—1991年抽样调查）

指　　标	1985年	1986年	1987年	1988年	1989年	1990年	1991年
一、生活费支出(元)	678.71	777.28	828.38	1 048.06	1 069.38	1 117.84	1 260.58
（一）生活消费品支出	632.00	718.21	757.37	956.77	965.49	992.51	1 128.99
1.食品	348.40	409.98	456.37	526.59	603.02	629.21	723.94
(1)粮食	64.72	70.55	76.96	82.02	84.16	90.40	122.42
(2)副食	170.75	203.53	227.88	275.94	326.47	320.84	352.91
食油	14.30	16.50	18.00	20.30	22.41	23.39	28.13
鲜菜	36.96	46.07	50.76	69.08	78.63	72.66	83.32
鲜蛋	12.12	13.05	12.84	17.19	17.08	15.41	16.22
猪牛羊肉	59.08	70.50	85.68	96.89	121.52	124.62	127.75
(3)烟酒茶	52.88	58.30	62.37	75.21	94.84	113.98	124.73
(4)其他食品	60.05	77.60	89.16	93.42	97.55	103.99	123.88
2.衣着	112.90	135.49	142.81	188.23	154.22	166.15	193.33
3.日用品	55.42	63.78	67.89	117.44	82.34	82.64	101.02
4.娱乐用品	67.11	58.01	35.04	46.27	55.08	35.29	34.50
5.书报杂志	5.29	6.39	6.39	6.71	7.04	6.82	9.23
6.建筑材料	6.20	4.24	6.60	12.37	4.05	7.86	2.06
7.药及医疗用品	6.66	8.36	9.09	11.58	19.50	25.18	26.79
8.燃料	14.75	16.43	16.14	17.91	22.84	24.29	23.77
9.其他商品	15.27	15.53	17.04	29.67	17.40	15.07	14.35
(二)非商品支出	46.71	59.07	71.01	91.29	103.89	125.33	131.59
二、生活费支出构成（%）							
(一)生活消费品支出	93.12	92.40	91.43	91.29	90.29	88.79	89.56
1.食品	51.34	52.74	55.09	50.24	56.39	56.29	57.43
(1)粮食	9.54	9.08	9.29	7.82	7.87	8.09	9.71
(2)副食	25.16	26.18	27.51	26.33	30.53	28.70	28.00
(3)烟酒茶	7.79	7.50	7.53	7.18	8.87	10.20	9.89
(4)其他食品	8.85	9.98	10.76	8.91	9.12	9.30	9.83
2.衣着	16.63	17.43	17.24	17.96	14.42	14.87	15.34
3.日用品	8.17	8.21	8.20	11.21	7.70	7.39	8.01
4.娱乐用品	9.89	7.46	4.23	4.41	5.15	3.16	2.74
5.书报杂志	0.78	0.82	0.77	0.64	0.66	0.61	0.73
6.建筑材料	0.91	0.55	0.80	1.18	0.38	0.70	0.16
7.药及医疗用品	0.98	1.08	1.10	1.10	1.82	2.25	2.13
8.燃料	2.17	2.11	1.95	1.71	2.14	2.17	1.89
9.其他商品	2.25	2.00	2.05	2.83	1.63	1.35	1.13
(二)非商品支出	6.88	7.60	8.57	8.71	9.71	11.21	10.44

城镇住户家庭调查户按收入水平分组

（1991年抽样调查）

指　标	单位	合计	按平均每人生活费收入分组							
			最低收入户	#更低收入户	低收入户	中等偏下收入户	中等收入户	中等偏上收入户	高收入户	最高收入户
调查户数	户	450	45	24	45	90	90	90	45	45
各组户数占总户数比重	%	100	10.00	5.33	10.00	20	20	20	10	10
平均每户家庭人口数	人	3.77	4.91	4.92	4.48	4.04	3.71	3.48	3.13	2.69
平均每户就业人口数	人	1.76	1.26	1.06	1.58	1.77	1.85	1.97	1.87	1.66
平均每户就业面	%	46.68	25.66	21.54	35.22	43.81	49.95	56.71	59.57	61.71
平均每一就业者赡养人数	人	2.15	3.89	4.63	2.84	2.28	2.00	1.76	1.68	1.62
平均每人每年实际收入	元	1 486.58	753.18	700.38	978.71	1 210.80	1 524.36	1 812.46	2 102.21	2 834.31
平均每人每年生活费收入	元	1 325.15	644.39	575.81	885.42	1 087.83	1 341.09	1 615.78	1 891.05	2 557.11
平均每人每年实际支出	元	1 429.26	814.41	848.51	999.26	1 194.15	1 531.66	1 728.88	1 836.31	2 441.63
平均每人每年生活费支出	元	1 260.58	718.65	742.31	908.42	1 089.33	1 349.80	1 499.12	1 630.60	2 055.99

城镇住户家庭人均月购买商品支出及构成

（1987年—1991年抽样调查）

指　标	1987年		1988年		1989年		1990年		1991年	
	金额（元）	比重（%）	金额（元）	比重（%）	金额（元）	比重（%）	金额（元）	比重（%）	金额（元）	比重（%）
购买商品支出	**63.11**	**100.00**	**79.73**	**100.00**	**80.46**	**100.00**	**82.71**	**100.00**	**94.08**	**100.00**
1.食品	38.03	60.26	43.88	55.04	50.25	62.45	52.43	63.39	60.33	64.13
(1)粮食	6.41	10.16	6.83	8.57	7.01	8.71	7.53	9.10	10.21	10.85
(2)副食	18.99	30.09	22.99	28.83	27.21	33.82	26.74	32.33	29.41	31.26
(3)烟酒茶	5.20	8.24	6.27	7.86	7.90	9.82	9.50	11.49	10.39	11.04
(4)其他食品	7.43	11.77	7.79	9.77	8.13	10.10	8.66	10.47	10.32	10.98
2.衣着	11.90	18.86	15.69	19.68	12.85	15.97	13.85	16.75	16.11	17.12
3.日用品	5.66	8.97	9.79	12.28	6.86	8.53	6.89	8.33	8.42	8.95
4.文娱用品	2.92	4.63	3.86	4.84	4.59	5.70	2.94	3.55	2.88	3.06
5.书报杂志	0.53	0.84	0.56	0.70	0.59	0.70	0.57	0.69	0.77	0.82
6.药及医疗用品	0.76	1.20	0.96	1.20	1.63	2.02	2.10	2.54	2.23	2.37
7.房屋及建筑材料	0.55	0.87	1.03	1.29	0.34	0.47	0.65	0.79	0.17	0.18
8.燃料	1.34	2.12	1.49	1.87	1.90	2.36	2.02	2.44	1.98	2.11
9.其他商品	1.42	2.25	2.47	3.10	1.45	1.80	1.26	1.52	1.19	1.26

城镇住户人均年现金收入及构成

（1991年抽样调查）

指　　标	绝对数(元)		比重(%)	
	1990年	1991年	1990年	1991年
一、实际收入	**1 335.88**	**1 486.58**	**100.00**	**100.00**
#生活费收入	1 199.10	1 325.15	89.76	89.14
1.全民所有制职工工资	898.73	959.39	67.28	64.54
(1)标准工资	530.21	603.73	39.69	40.60
(2)浮动工资	22.24	23.20	1.67	1.56
(3)承包收入	26.49	8.80	1.98	0.59
(4)奖金、超额工资	88.15	91.24	6.60	6.14
(5)各种津贴	186.09	212.28	13.93	14.28
(6)其他工资性收入	45.55	20.14	3.41	1.35
2.集体所有制职工工资	70.50	95.44	5.28	6.42
(1)标准工资	38.06	54.03	2.85	3.62
(2)浮动工资	0.38	1.10	0.03	0.07
(3)承包收入	14.01	15.16	1.05	1.02
(4)奖金、超额工资	3.91	7.89	0.29	0.53
(5)各种津贴	10.96	15.90	0.82	1.07
(6)其他工资性收入	3.18	1.36	0.24	0.09
3.从单位得到的其他收入	56.66	71.99	4.24	4.84
4.个体经营劳动者收入	9.53	11.44	0.71	0.77
雇主自营者净收益	9.53	11.44	0.71	0.77
5.聘留离退休人员收入	5.82		0.44	
6.其他就业者收入	2.46	0.21	0.18	0.01
7.其他劳动收入	37.13	34.60	2.78	2.33
8.财产性收入	3.16	5.20	0.24	0.35
9.转移性收入	223.51	269.55	16.73	18.13
#赡养收入	8.50	15.49	0.64	1.04
10.特别收入	28.38	38.76	2.12	2.61
#记帐补贴	14.47	13.72	1.08	0.92
二、储蓄借贷收入	**173.37**	**222.76**	**100.00**	**100.00**
1.提取储蓄存款	123.72	166.02	71.36	74.53
2.提取储金会款	6.12	1.03	3.53	0.46
3.借入款	32.98	40.23	19.02	18.06
4.收回借出款	5.01	11.61	2.89	5.21
5.收回保险本金		0.03		0.01
6.出售有价证券	2.23	1.97	1.29	0.88
7.其他借贷收入	3.31	1.87	1.91	0.85

城镇住户人均年现金支出及构成

（抽样调查）

指　　标	绝对数(元)		比重(%)	
	1990年	1991年	1990年	1991年
现　金　支　出	**1 487.00**	**1 688.89**	**100.00**	**100.00**
一、实际支出	**1 248.82**	**1 429.26**	**83.98**	**84.63**
1.生活费支出	1 117.84	1 260.58	75.17	74.64
2.非消费性支出	70.63	76.61	4.75	4.54
(1)贷款利息	0.03	0.06	…	…
(2)个人所得税		0.02		…
(3)各种税金	1.18	0.67	0.08	0.04
(4)赡养支出	68.38	75.24	4.60	4.46
(5)非储蓄性保险支出	0.26	0.29	0.02	0.02
(6)其他非消费性支出	0.78	0.33	0.05	0.02
3.特别支出	60.35	92.07	4.06	5.45
(1)赠送支出	51.45	67.72	3.46	4.00
(2)购买商品住宅支出	2.77	13.10	0.19	0.78
(3)其他特别支出	6.13	11.25	0.41	0.67
二、借贷支出	**238.18**	**259.63**	**16.02**	**15.37**
1.存入储蓄款	182.26	190.14	12.26	11.26
2.存入储金会款	3.76	4.53	0.25	0.27
3.归还借款	31.76	35.18	2.13	2.08
4.借出款	12.02	16.08	0.81	0.95
5.储蓄性保险支出	0.70	1.04	0.05	0.06
6.购买有价证券	4.40	4.56	0.30	0.27
7.预购	0.03	0.17	…	0.01
8.其他借贷支出	3.25	7.93	0.22	0.47

城镇住户家庭平均每人每年购买主要商品数量

（1985年—1991年抽样调查）

	单位	1985年	1986年	1987年	1988年	1989年	1990年	1991年
一、食品类								
粮　食	公斤	141.97	140.7	151.6	164.67	161.87	187.51	168.14
食用植物油	公斤	7.43	8.0	8.4	9.17	8.87	9.77	9.29
鲜　菜	公斤	126.18	139.2	127.2	151.19	153.01	155.96	132.25
猪　肉	公斤	10.99	12.3	12.4	13.17	14.07	15.56	14.15
牛羊肉	公斤	12.43	12.7	13.5	9.51	11.04	15.96	13.30
家　禽	公斤	1.01	0.7	1.0	1.03	1.30	0.71	0.88
鲜　蛋	公斤	4.92	4.9	4.3	4.54	3.83	4.00	3.35
鱼　虾	公斤	3.39	4.2	4.3	3.29	4.84	4.30	4.03
食　糖	公斤	3.21	2.9	3.0	2.92	2.90	2.71	1.62
卷　烟	盒	49.55	50.7	48.3	51.15	49.93	52.54	50.10
酒	公斤	5.23	6.2	6.0	6.63	6.15	7.48	6.11
#白　酒	公斤	2.53	3.0	2.7	2.94	2.92	3.89	3.42
#啤　酒	公斤	1.21	1.4	1.9	2.61	2.27	2.70	1.96
鲜瓜、果	公斤	31.53	59.4	39.3	35.07	39.45	41.67	39.59
鲜　奶	公斤	5.79	7.0	9.1	9.57	10.45	13.11	11.62
二、衣着类								
棉　布	米	2.16	2.19	2.50	3.71	1.83	1.10	0.91
化纤布	米	1.69	1.39	1.08	1.94	1.55	1.36	1.52
呢　绒	米	0.46	0.39	0.48	0.71	0.29	0.23	0.33
绸　缎	米	0.41	0.29	0.39	0.45	0.32	0.27	0.22
棉布服装	件	0.45	0.28	0.23	0.19	0.17	0.10	0.12
化纤布服装	件	1.25	1.48	1.43	1.41	1.37	1.59	1.80
呢绒服装	件	0.24	0.25	0.22	0.29	0.15	0.11	0.17
针织衣裤	件	0.93	0.61	0.56	0.91	0.58	0.52	0.68
床褥单	条	0.24	0.25	0.25	0.38	0.10	0.10	0.14
布　鞋	双	0.85	0.90	0.80	0.80	0.73	0.75	0.69
皮　鞋	双	0.66	0.60	0.62	0.80	0.44	0.55	0.69
胶　鞋	双	0.21	0.16	0.15	0.15	0.16	0.22	0.16
塑料鞋	双		0.08	0.08	0.06	0.05	0.06	0.03
三、日用品								
肥　皂	块	3.34	3.55	3.43	5.34	1.69	2.53	2.20
香、药皂	块	1.88	1.54	1.48	1.83	1.14	1.16	1.15
洗衣粉	公斤	1.71	1.10	1.11	3.57	1.80	1.58	1.16
四、燃料类								
煤　炭	公斤	440.08	363.9	367.69	552.81	320.85	126.21	172.32
液化石油气	公斤	4.06	3.5	4.47	4.65	5.19	3.57	5.64

城镇居民人均年生活费收入与支出水平

(1985年—1991年抽样调查)

单位：元

年份	生活费收入			生活费支出		
	当年实际	扣除物价因素后		当年实际	扣除物价因素后	
		按上年价格计算	按1985年价格计算		按上年价格计算	按1985年价格计算
1985	749.37	670.28	749.37	678.71	607.08	678.71
1986	875.34	822.69	822.69	777.28	730.53	730.53
1987	946.92	878.40	825.57	828.38	768.44	722.22
1988	1 025.76	864.89	754.07	1 048.06	883.69	770.46
1989	1 139.75	971.65	714.31	1 069.38	911.66	670.21
1990	1 199.10	1 145.27	717.77	1 117.84	1 067.66	669.12
1991	1 325.15	1 231.55	737.18	1 260.58	1 171.54	701.26

城镇住户家庭平均每百户年末拥有耐用消费品

(1985年—1991年抽样调查)

品名	单位	1985年	1986年	1987年	1988年	1989年	1990年	1991年
自行车	辆	135	150	166	138	150	157	157
缝纫机	架	72	66	74	53	63	65	53
机械手表	只	217	209	218	192	218	213	207
电子手表	只	87	103	112	82	95	92	89
洗衣机	台	58	67	79	81	86	86	89
电冰箱	台	3	4	6	10	11	15	20
大衣柜	个	80	80	82	72	82	88	77
沙发	个	186	183	187	169	185	194	213
写字台	张	89	89	92	84	96	92	88
组合家具	套	7	5	6	4	9	9	18
收音机	台	49	58	51	31	42	44	38
收录机	台	57	48	64	66	75	74	75
彩色电视机	台	47	64	72	64	76	78	83
黑白电视机	台	28	24	23	32	26	28	21
照相机	架	10	11	17	14	18	17	24

西宁市城镇家庭调查户主要指标

（1985年—1991年抽样调查）

指　　标	单位	1985年	1986年	1987年	1988年	1989年	1990年	1991年
一、调查户数	户	150	150	200	200	200	200	200
二、平均每户家庭人口数	人	4.33	4.14	4.09	4.04	3.95	3.89	3.61
三、平均每户就业人口数	人	2.28	2.26	2.12	2.10	2.07	1.92	1.76
每一就业者负担人口数	人	1.90	1.83	1.93	1.93	1.91	2.03	2.05
平均每户就业面	%	52.66	54.59	51.83	51.98	52.41	49.36	48.75
四、平均每人每月实际收入	元	71.15	85.87	92.68	95.45	109.93	116.10	128.95
平均每一就业者每月收入	元	123.64	139.60	178.27	184.06	210.11	235.56	264.75
平均每人每月生活费收入	元	64.19	77.18	81.27	87.35	99.24	104.48	114.67
五、平均每人每月实际支出	元	67.38	82.01	83.50	100.32	104.43	108.85	123.34
1.生活费支出	元	60.88	74.27	73.00	92.05	94.11	97.86	109.03
(1)购买商品支出	元	56.87	68.34	66.78	84.25	83.95	86.69	96.73
#吃	元	30.31	39.99	39.43	45.38	52.67	54.85	62.92
穿	元	10.83	12.57	12.54	16.30	13.13	14.33	15.75
用	元	11.72	11.26	11.62	16.37	12.30	12.29	9.45
烧	元	1.28	1.39	1.33	1.58	1.66	1.80	2.11
(2)非商品支出	元	4.01	5.93	6.22	7.79	10.16	11.17	12.30
#房租、水电费	元	0.83	1.03	0.96	0.72	1.48	1.35	1.56
2.赡养赠送支出	元	6.03	7.45	10.10	6.49	9.08	10.08	12.28

西宁市居民居住情况

(1991年抽样调查)　　单位:户、人

指标	调查户数	家庭常住人口数	指标	调查户数	家庭常住人口数
总计	200	722	四、按取暖设备拥有情况分		
一、按居住面积分			1.无取暖设备	5	17
1.无房户			2.空调设备	2	9
2.拥挤户	2	6	3.暖气	66	224
3.不方便户	6	21	4.火炕、火炉、火盆等	127	472
4.4～6平方米	23	110	五、按厨房使用情况分		
5.6～8平方米	62	245	1.无厨房	23	79
6.8平方米以上	107	340	2.独用厨房	176	640
二、按自来水使用情况分			3.公用厨房	1	3
1.无自来水	10	35	六、按房屋产权分		
2.独用自来水	162	596	1.公房	185	666
3.公用自来水	28	91	2.租赁私房	5	16
三、按卫生设备拥有情况分			3.自有房	10	40
1.无卫生设备	11	38	七、按燃料使用情况分		
2.有浴室厕所	7	27	1.液化石油气	86	288
3.有厕所无浴室	145	530	2.煤	113	432
4.公用卫生设备	37	127	3.其他	1	2

农村住户基本情况

(1985年—1991年抽样调查资料)

指标	单位	1985年	1986年	1987年	1988年	1989年	1990年	1991年
1.调查户数	户	450	450	450	450	450	460	600
2.调查户常住人口	人	2 912	2 879	2 880	2 854	2 796	2 878	3 692
平均每户常住人口	人/户	6.47	6.40	6.40	6.34	6.21	6.26	6.15
3.整半劳动力	人	1 517	1 483	1 509	1 486	1 492	1 598	2 000
平均每户整半劳动力	人/户	3.37	3.30	3.35	3.30	3.32	3.47	3.33
平均每劳动力负担人口	人	1.92	1.94	1.91	1.92	1.87	1.80	1.85
整半劳力占常住人口比重	%	52.09	51.51	52.40	52.07	53.36	55.52	54.17
4.年末使用房屋间数	间/户	8.32	8.45	8.65	9.22	9.40	9.37	9.35
#当年新建房屋间数	间/户	0.28	0.35	0.34	0.31	0.30	0.16	0.33
5.年末使用房屋面积	平方米/人	13.99	14.57	15.21	16.46	17.33	16.61	17.54
#生活用房	平方米/人	10.54	11.23	11.75	12.24	13.06	12.77	13.59
6.年末每间房屋价值	元/间	189.69	194.67	211.34	236.90	245.86	268.70	352.07
#新建房屋价值	元/间	289.32	370.91	539.42	522.04	410.20	545.31	543.86
新建房屋每平方米造价	元	25.32	27.44	38.90	45.25	31.96	42.03	39.94

农村住户家庭人均总收入、总支出和纯收入

(1986年—1991年抽样调查资料)　　单位：元

指　　标	1986年	1987年	1988年	1989年	1990年		1991年
					老口径	新口径	
一、总收入	**503.91**	**537.66**	**670.27**	**658.75**	**713.64**	**782.66**	**775.94**
从集体经营中得到的收入	5.31	5.62	6.67	6.13	9.43	9.96	11.23
从经济联合体得到的收入	0.29	0.34	0.28	0.34			0.28
家庭经营收入	463.67	487.77	620.20	609.29	658.75	727.23	718.20
其他非生产性收入	34.64	43.93	43.12	42.99	45.46	45.47	46.23
二、总支出	**453.24**	**500.36**	**610.82**	**645.37**	**647.68**	**723.45**	**720.86**
家庭经营费用支出	91.47	98.93	126.09	146.29	137.85	161.03	159.07
购置生产性固定资产支出	26.62	27.00	42.15	39.25	40.44	40.44	34.73
缴纳税款	8.87	7.52	8.26	11.16	10.56	10.56	11.45
上交集体的承包任务	4.03	7.74	6.61	6.85	12.99	12.99	12.22
生活消费支出	313.53	344.93	399.50	413.29	422.16	474.75	486.25
生活消费品支出	303.99	327.77	379.56	392.07	398.72	451.31	458.17
非商品支出	9.54	17.16	19.94	21.22	23.44	23.44	28.08
6.其他非生产性支出	8.72	14.24	28.21	28.53	23.68	23.68	17.14
三、纯收入	**369.24**	**392.15**	**492.82**	**463.52**	**513.96**	**559.78**	**555.56**
(一)按纯收入性质分							
生产性纯收入	335.50	350.34	450.91	423.06	466.45	512.28	503.05
非生产性纯收入	33.74	41.81	41.91	40.46	47.51	47.50	52.51
(二)按纯收入来源分							
从集体经营中得到的收入	5.31	5.62	6.67	6.13	9.43	9.96	11.23
从经济联合体得到的收入	0.29	0.34	0.28	0.34			0.28
家庭经营纯收入	336.42	349.90	450.12	421.81	466.54	511.83	504.07
(1) 农业收入	121.68	113.29	125.98	152.08	173.17	214.82	204.12
(2) 林业收入	2.21	2.29	2.84	3.39	1.91	1.97	1.82
(3) 牧业收入	97.48	119.81	155.55	148.14	147.33	150.91	149.35
(4) 渔业收入	0.29	−0.04		0.17	0.34	0.34	0.39
(5) 手工业收入	6.16	7.68	24.33	16.33	21.52	21.52	12.61
(6) 采集捕猎收入	12.07	15.49	19.42	8.47	7.56	7.56	8.52
(7) 工业收入	4.66	6.84	12.71	3.12	6.11	6.11	3.89
(8) 建筑业收入	1.96	2.39	3.85	4.25	4.58	4.58	5.16
(9) 运输业收入	17.30	13.41	19.00	15.91	21.96	21.96	20.59
(10)生产性劳务收入	53.13	53.11	67.47	55.20	63.08	63.08	76.98
(11)商业收入	4.10	1.83	3.90	4.02	9.07	9.07	6.98
(12)饮食业收入	2.46	2.32	3.13	2.23	1.41	1.41	1.62
(13)服务业收入	2.87	2.80	2.89	4.83	5.82	5.82	9.83
(14)其他家庭经营收入	10.05	8.68	9.05	3.67	2.68	2.68	2.21
其他非生产性收入	27.22	36.29	35.75	35.24	37.99	37.99	39.98

农村劳动力文化素质状况

(1985年—1991年抽样调查资料)　　单位：人

年份	平均每百个劳动力中					
	文盲或半文盲人数	小学程度人数	初中程度人数	高中程度人数	中专程度人数	大专程度人数
1985	56.36	25.25	16.08	2.18	0.13	
1986	55.76	24.68	17.13	2.16	0.27	
1987	53.94	26.77	17.03	2.06	0.20	
1988	52.42	27.12	18.17	2.09	0.20	
1989	50.64	26.83	19.57	2.76	0.20	
1990	51.69	26.72	18.90	2.50	0.19	
1991	44.20	32.85	19.05	3.60	0.20	0.10

按地势、生产类型分的农牧民人均纯收入

(1985年—1991年抽样调查资料)　　单位：元

年份	农牧民	农民				牧民
			川水	浅山	脑山	
1985	342.95	322.29	414.62	265.41	278.41	458.98
1986	369.24	348.50	454.84	289.68	289.43	481.34
1987	392.15	354.09	456.26	309.95	281.26	595.53
1988	492.82	445.38	565.27	360.17	395.70	790.76
1989	463.52	423.31	533.10	353.46	360.63	675.64
1990	559.78	527.10	614.18	455.74	507.50	772.73
1991	555.56	509.70	585.37	464.17	462.18	835.29

注：1990年以后的农牧民人均纯收入按新口径计算

按不同价格计算的农牧民纯收入、生活消费支出水平

(1985年—1991年抽样调查资料)　　单位：元

年份	人均纯收入			人均生活消费支出		
	按当年价格计算	按上年价格计算	按1985年价格计算	按当年价格计算	按上年价格计算	按1985年价格计算
1985	342.95	333.59	342.95	274.68	266.42	274.68
1986	369.24	358.74	358.74	313.53	303.79	303.79
1987	392.15	380.93	369.26	344.93	334.75	323.73
1988	492.82	453.06	428.56	399.50	363.89	341.80
1989	463.52	420.05	366.84	413.29	375.36	327.71
1990	513.96	492.70	399.28	422.16	393.59	320.97
1990(新口径)	559.78	545.38	445.36	474.75	463.23	374.53
1991	555.56	541.69	434.05	486.25	473.74	377.62

注：1990年以前按老口径计算

农户家庭按人均纯收入水平分组情况

（1991年抽样调查资料）

指　　标	单位	200元以下	200－500元	500－800元	800－1000元	1000元以上
1.调查户数	户	27	272	196	57	48
占全部调查户数的比重	%	4.5	45.33	32.96	9.50	8.00
2.调查户常住人口	人	164	1 729	1 199	344	256
平均每户常住人口	人／户	6.07	6.36	6.12	6.04	5.33
3.全部整半劳动力	人	81	910	678	183	148
平均每户整半劳动力	人／户	3	3.35	3.46	3.21	3.08
平均每人劳动力负担人口	人	2.02	1.90	1.77	1.88	1.73
4.年末使用房屋间数	间／户	7.89	9.38	9.98	9.04	7.77
年末使用房屋面积	平方米／人	12.15	15.83	19.23	20.38	20.83
#生活用房	平方米／人	9.32	12.03	14.97	16.14	16.98
年末使用房屋价值	元／户	2 163.70	2 908.24	3 625.66	3 719.82	4 221.71
5.年初粮食结存	公斤／人	182.96	279.63	346.27	441.50	370.64
年末粮食结存	公斤／人	159.09	302.35	381.00	447.68	405.82
6.平均每人总收入	元／人	270.77	527.50	852.49	1 151.91	1 913.77
7.平均每人纯收入	元／人	159.20	363.52	619.80	877.51	1 373.01
8.平均每人总支出	元／人	355.32	507.85	780.75	996.99	1 742.16
(1)家庭经营费用支出	元／人	86.47	121.62	165.55	176.08	405.23
#农林牧渔业生产支出	元／人	76.78	111.51	144.27	160.01	296.25
(2)购置生产性固定资产支出	元／人	11.77	8.87	42.22	42.98	178.05
(3)缴纳税款	元／人	2.78	6.37	15.09	20.30	22.36
(4)上交集体的承包任务	元／人	1.53	8.08	10.92	24.99	35.94
(5)生活消费支出	元／人	252.05	352.11	530.61	710.02	1 033.77
①生活消费品支出	元／人	229.87	333.46	494.99	664.99	996.34
食　品	元／人	165.07	231.60	312.50	411.95	542.93
衣　着	元／人	26.62	41.01	72.84	100.12	134.48
住　房	元／人	2.07	13.11	30.89	37.13	66.96
燃　料	元／人	26.37	24.47	34.42	47.01	79.04
用品及其他	元／人	9.76	23.26	44.34	68.78	172.93
②非商品支出	元／人	22.18	18.66	35.62	45.03	37.42
文化服务支出	元／人	1.24	5.14	8.57	11.15	13.90
生活服务支出	元／人	20.94	13.52	27.04	33.89	23.52
9.年末手存现金	元／人	60.91	77.88	166.17	297.99	640.65
年末存款余额	元／人	0.07	13.24	23.18	108.97	283.94
10.年内现金收入	元／人	204.71	335.66	605.54	892.47	1 759.75
年内现金支出	元／人	224.04	319.89	558.22	771.18	1 450.45

农牧民人均生活消费支出及构成

（1985年—1991年抽样调查资料）

类　　别	1985年	1986年	1987年	1988年	1989年	1990年		1991年
						老口径	新口径	
一、平均每人生活消费支出（元）	274.68	313.53	344.93	399.50	413.29	422.16	474.75	486.25
1.生活消费品支出	265.19	303.99	327.77	379.56	392.07	398.72	451.31	458.17
(1)食品	176.10	193.08	198.56	221.70	244.38	234.94	282.33	293.31
主食	91.10	100.12	91.07	99.08	113.59	105.08	135.54	138.52
副食	59.43	66.31	76.41	86.48	91.29	92.42	107.83	110.84
其他食品	23.47	24.15	28.22	30.77	35.86	34.24	35.76	41.19
在外饮食	2.10	2.50	2.86	5.37	3.70	3.20	3.20	2.76
(2)衣着	37.91	44.64	46.28	61.89	53.02	60.69	61.17	62.70
(3)住房	12.70	18.48	24.43	22.04	30.98	25.88	26.04	24.37
(4)燃料	16.62	16.57	20.64	20.32	24.64	25.34	29.89	33.67
(5)用品及其他	21.86	31.22	37.86	53.61	39.05	51.87	51.87	44.13
#日用品	10.55	17.97	19.82	27.55	21.98	29.47	29.47	20.34
2.非商品支出	9.49	9.54	17.16	19.94	21.22	23.44	23.44	28.08
(1)文化服务支出	2.96	2.47	4.33	5.37	5.87	5.86	5.86	7.25
(2)生活服务支出	6.53	7.07	12.83	14.57	15.35	17.58	17.58	20.83
二、构成(以生活消费支出为100)	100.00	100.00	100.00	100.00	100.00	100.00	100.00	100.00
1.生活消费品支出	96.55	96.96	95.03	95.01	94.87	94.45	95.06	94.23
(1)食品	64.11	61.58	57.57	55.49	59.13	55.65	59.47	60.32
(2)衣着	13.80	14.24	13.42	15.49	12.83	14.38	12.88	12.89
(3)住房	4.63	5.89	7.08	5.52	7.50	6.13	5.48	5.01
(4)燃料	6.05	5.29	5.98	5.09	5.96	6.00	6.30	6.93
(5)用品及其他	7.96	9.96	10.98	13.42	9.45	12.29	10.93	9.08
2.非商品支出	3.45	3.04	4.97	4.99	5.13	5.55	4.94	5.77

农牧民人均生活消费支出及构成(新口径)

(1991年抽样调查资料)

指标	农牧民	农民	川水	浅山	脑山	牧民
一、平均每人生活消费支出(元)	486.25	449.73	501.94	423.20	406.55	709.05
1.生活消费品支出	458.17	421.97	466.48	398.26	387.49	679.00
(1)食品	293.31	272.12	294.57	256.10	263.32	422.59
主食	138.52	135.60	136.06	133.11	140.00	156.37
副食	110.84	103.66	123.84	91.35	91.30	154.65
其他食品	41.19	29.98	32.31	28.60	28.44	109.60
在外饮食	2.76	2.89	2.36	3.04	3.59	1.96
(2)衣着	62.70	52.66	51.87	57.39	44.13	123.93
(3)住房	24.37	25.11	27.68	20.13	30.76	19.85
(4)燃料	33.67	32.13	40.87	29.65	20.74	43.09
(5)用品及其他	44.13	39.96	51.48	34.99	28.55	69.55
#日用品	20.34	17.05	21.65	15.79	10.97	40.39
2.非商品支出	28.08	27.76	35.46	24.94	19.06	30.05
(1)文化服务支出	7.25	7.60	10.90	6.50	3.67	5.08
(2)生活服务支出	20.83	20.15	24.56	18.45	15.39	24.97
二、构成(以生活消费支出为100)	100.00	100.00	100.00	100.00	100.00	100.00
1.生活消费品支出	94.23	93.83	92.94	94.11	95.31	95.76
(1)食品	60.32	60.51	58.69	60.52	64.77	59.60
(2)衣着	12.89	11.71	10.33	13.55	10.85	17.48
(3)住房	5.01	5.58	5.51	4.76	7.57	2.80
(4)燃料	6.93	7.14	8.14	7.01	5.10	6.08
(5)用品及其他	9.08	8.89	10.26	8.27	7.02	9.80
2.非商品支出	5.77	6.17	7.06	5.89	4.69	4.24

农牧民家庭人均全年主要消费品消费量

(1985年—1991年抽样调查资料)

类　别	单位	1985年	1986年	1987年	1988年	1989年	1990年	1991年
一、食品类								
粮　食	公斤	226.14	226.46	230.93	237.36	253.46	247.78	243.31
1.细　粮	公斤	173.79	178.31	172.77	181.72	204.96	176.49	184.24
2.粗　粮	公斤	52.35	48.15	58.16	55.64	48.50	71.29	59.07
蔬　菜	公斤	49.28	49.21	49.59	53.32	48.47	54.35	34.49
食用油	公斤	5.68	5.35	6.26	5.93	6.17	6.44	6.95
1.植物油	公斤	4.63	4.67	4.92	5.20	5.28	5.51	6.16
2.动物油	公斤	1.05	0.68	1.34	0.73	0.89	0.93	0.79
肉　类	公斤	15.64	15.27	16.21	15.87	16.65	15.76	16.54
1.猪　肉	公斤	7.00	8.25	8.01	8.50	8.91	8.09	8.64
2.牛羊肉	公斤	8.64	7.02	8.20	7.37	7.74	7.67	7.90
牛、羊奶	公斤	25.51	30.56	38.15	20.96	19.55	17.29	19.48
家　禽	公斤	0.06	0.06	0.06	0.08	0.17	0.45	0.10
蛋　类	公斤	0.54	0.66	0.55	0.52	0.77	0.74	0.79
鱼　虾	公斤	0.02	0.02	0.01	0.01	0.04	0.11	0.05
食　糖	公斤	0.71	0.69	0.80	0.68	0.68	0.64	0.64
茶　叶	公斤	1.84	1.78	1.79	2.04	1.44	1.30	1.47
糖果糕点	公斤	0.62	0.54	0.64	0.58	0.59	0.41	0.48
水　果	公斤	1.31	1.66	2.40	2.35	2.48	1.90	1.04
酒	公斤	1.60	1.54	1.76	1.94	1.79	1.49	1.68
卷　烟	盒	10.98	12.76	13.08	12.86	13.70	12.12	12.14
二、衣着类								
棉　布	米	3.21	3.25	2.30	2.43	1.60	1.28	1.11
化纤布	米	2.47	2.94	2.80	2.86	1.99	2.15	1.84
呢　绒	米	0.16	0.09	0.17	0.27	0.12	0.12	0.11
绸　缎	米	0.29	0.19	0.25	0.23	0.17	0.16	0.17
毛线及毛线织品	公斤	0.05	0.03	0.03	0.06	0.04	0.04	0.08
棉布服装	件	0.32	0.18	0.17	0.12	0.08	0.07	0.13
化纤服装	件	0.72	0.95	1.00	1.06	1.22	0.98	0.88
呢绒服装	件	0.03	0.02	0.04	0.07	0.03	0.02	0.05
皮　鞋	双	0.12	0.12	0.11	0.12	0.09	0.10	0.11
床褥单	条	0.09	0.09	0.10	0.14	0.07	0.06	0.07
三、日用品类								
肥　皂	块	0.36	0.33	0.35	0.42	0.27	0.22	0.14
洗衣粉	公斤	0.44	0.54	0.71	0.73	0.66	0.65	0.60

农牧民家庭平均每百户年末拥有耐用品数量

(1985 年—1991 年抽样调查资料)

指 标	单 位	1985 年	1986 年	1987 年	1988 年	1989 年	1990 年	1991 年
自行车	辆	41.33	52.67	60.44	70.67	73.56	77.61	73.00
缝纫机	架	33.11	39.56	43.33	46.89	47.78	48.04	47.50
钟	只	31.56	54.00	58.89	60.89	61.33	73.26	53.83
手 表	只	102.66	145.78	158.44	175.78	176.67	176.74	160.83
＃电子表	只		62.00	69.78	84.89	81.33	82.39	61.67
电风扇	台	0.44	0.22	2.00	2.00	0.22	0.22	0.17
洗衣机	台	0.67	1.33	2.00	4.67	5.78	6.09	8.33
摩托车	辆	0.22	0.67	1.33	1.78	1.56	2.17	1.67
收音机	台	35.56	43.11	46.89	47.78	47.33	43.04	31.50
收录机	台	6.22	10.67	20.89	31.11	33.11	33.91	28.17
黑白电视机	台	6.00	9.56	14.67	23.56	27.78	31.96	29.33
彩色电视机	台	0.89	1.11	2.22	2.44	2.67	4.13	4.33
照相机	架	0.44	0.89	1.11	1.78	2.00	1.74	1.33
大型家具	件	165.56	173.33	221.56	251.78	274.00	297.61	335.83
＃沙 发	个	28.67	44.44	55.78	71.78	79.11	83.70	76.00
大衣柜	个	15.78	24.44	34.00	53.56	50.22	60.22	64.00
写字台	张	18.67	31.78	37.11	45.78	48.44	53.04	50.00

农村住户人均纯收入分组及构成

(1985 年—1991 年抽样调查资料)

年 份	户数合计	100 元以下	100－150 元	150－200 元	200－300 元	300－400 元	400－500 元	500－800 元	800－1000 元	1000 元以上
一、绝对数(户)										
1985 年	450	8	28	50	126	103	60	54	9	12
1986 年	450	8	19	52	108	109	63	68	12	11
1987 年	450	8	19	54	102	89	69	74	20	15
1988 年	450	6	11	27	85	82	71	101	32	35
1989 年	450	4	18	32	85	92	68	102	20	29
1990 年	460		5	14	52	87	60	156	39	47
1991 年	600	1	8	18	61	106	105	196	57	48
二、构成(%)										
1985 年	100	1.78	6.22	11.11	28.00	22.89	13.33	12.00	2.00	2.67
1986 年	100	1.78	4.22	11.56	24.00	24.22	14.00	15.11	2.67	2.44
1987 年	100	1.78	4.22	12.00	22.67	19.78	15.33	16.45	4.44	3.33
1988 年	100	1.33	2.44	6.00	18.89	18.22	15.78	22.45	7.11	7.78
1989 年	100	0.90	4.00	7.11	18.89	20.44	15.11	22.67	4.44	6.44
1990 年	100		1.09	3.04	11.31	18.91	13.04	33.91	8.48	10.22
1991 年	100	0.17	1.33	3.00	10.17	17.67	17.50	32.66	9.50	8.00

历年城乡居民储蓄存款年末余额

单位：万元

年 份	合 计	城镇储蓄	农村信用社社员储蓄	城乡人均储蓄（元／人）
1949	0.2	0.2		0.01
1952	128	128		0.81
1953	298	298		
1954	482	482		2.86
1955	729	729		4.13
1956	1 784	1 784		9.41
1957	2 828	2 453	375	13.98
1958	2 885	2 630	255	13.43
1959	5 337	4 749	588	22.01
1960	7 442	6 579	863	29.26
1961	4 332	3 791	541	18.83
1962	2 723	2 449	274	13.08
1963	3 037	2 733	304	14.65
1964	3 906	3 569	337	18.20
1965	4 632	4 274	358	20.59
1966	5 682	5 190	492	24.12
1967	6 238	5 770	468	25.41
1968	6 465	6 064	401	25.28
1969	6 113	5 702	411	22.94
1970	6 558	6 195	363	23.65
1971	7 197	6 858	339	24.89
1972	8 460	8 002	458	28.07
1973	9 353	8 748	605	29.92
1974	10 372	9 716	656	32.07
1975	11 469	10 617	852	34.43
1976	12 499	11 612	887	36.54
1977	14 268	13 169	1 099	40.57
1978	16 269	14 874	1 395	45.09
1979	20 680	18 687	1 993	56.13
1980	28 127	25 782	2 345	75.11
1981	34 515	31 317	3 198	90.45
1982	41 865	37 756	4 109	108.12
1983	50 696	46 587	5 184	129.10
1984	64 283	58 165	6 118	160.06
1985	82 288	75 904	6 384	201.99
1986	106 634	96 825	9 809	253.22
1987	134 286	122 623	11 663	319.39
1988	161 525	147 273	14 252	372.01
1989	200 943	184 824	16 119	456.48
1990	265 952	246 249	19 703	594.09
1991	324 236	301 524	22 712	713.55

八、农　　业

农村基层组织情况

(1985年—1991年)

指标	1985年	1986年	1987年	1988年	1989年	1990年	1991年
一、农村基层组织数(个)							
1.乡(镇)数	428	429	429	429	430	430	430
(1)乡政府	403	404	404	403	403	403	403
#民族乡	48	34	35	35	34	34	34
(2)镇政府	25	25	25	26	27	27	27
2.村民委员会	3 933	3 940	3 970	3 977	4 022	4 021	4 027
#牧业	777	773	770	771	809	810	803
3.农牧业生产合作社	16 959	17 085	17 043	17 180	17 190	17 167	17 159
#牧业	2 809	2 804	2 783	2 716	2 738	2 831	2 717
二、乡村户数、人口、劳动力(万人)							
(一)乡村户数(万户)	50.72	51.44	52.52	53.55	54.81	57.35	58.70
(二)乡村人口数	286.17	287.67	291.11	294.43	297.95	304.13	308.38
(三)乡村劳动力合计	120.17	121.65	124.60	127.81	131.79	135.88	139.80
1.按性别分组							
男劳动力	61.31	61.85	63.41	64.93	67.36	69.00	71.34
女劳动力	58.86	59.80	61.19	62.88	64.43	66.88	68.46
2.按部门分组							
农林牧渔业劳动力	107.09	106.13	109.09	111.87	116.50	119.65	123.10
#种植业劳动力		81.97	83.85	82.74	88.07	92.62	91.84
工业劳动力	3.48	3.60	3.37	3.67	3.79	3.94	3.98
#乡办工业	0.72	0.86	0.75	0.72	0.84	0.87	0.94
村办工业	1.05	1.40	1.15	1.11	1.14	1.26	0.95
村以下办工业	1.71	1.34	1.47	1.84	1.81	1.81	2.09
建筑业劳动力	2.77	3.49	3.05	2.77	2.38	2.47	2.78
交通运输和邮电业劳动力	1.83	2.33	2.52	2.67	2.62	2.92	2.97
商业、饮食业劳动力	1.10	1.35	1.43	1.62	1.61	1.69	1.87
房地产管理公用事业居民服务业劳动力	...	0.05	...	0.03	0.04	0.07	0.11
卫生、体育和社会福利事业劳动力	0.35	0.39	0.41	0.41	0.41	0.40	0.41
教育、文化、艺术和广播电视事业劳动力	0.96	1.01	0.98	0.90	0.81	0.76	0.75
科学研究和综合技术服务业劳动力	0.04	0.06	0.08	0.07	0.08	0.08	0.08
金融、保险业劳动力	0.01	0.02	0.01	0.01	0.02	0.01	0.01
乡经济组织管理劳动力	0.20	0.21	0.21	0.28	0.23	0.25	0.20
其他劳动力	2.34	3.01	3.45	3.51	3.30	3.64	3.54
#外出临时工、合同工			1.46	1.76	1.84	1.80	1.85

主要年份农业经济效益主要指标

年 份	人均农业总产值(元／人)(产值按1990年不变价格计算)			人均粮食产量(公斤／人)		
	按总人口	按农业人口	按农业劳动力	按总人口	按农业人口	按农业劳动力
1952	383.0	425.3	971.5	230.7	257.7	594.9
1957	462.3	566.0	1284.8	285.1	353.9	806.4
1962	359.0	451.9	883.8	202.3	246.5	490.1
1965	526.7	717.9	1366.8	291.2	372.7	751.5
1970	428.5	545.3	1192.0	229.5	292.2	650.9
1975	485.7	637.0	1568.7	276.3	362.0	904.2
1978	475.8	626.4	1663.0	247.5	325.6	874.9
1980	491.9	657.7	1700.6	253.6	341.0	882.6
1981	451.5	606.4	1512.3	209.1	280.8	700.4
1982	472.2	630.0	1628.9	236.0	314.8	814.0
1983	486.6	652.2	1607.0	246.8	316.3	839.6
1984	520.2	738.6	1653.5	258.1	362.9	897.1
1985	585.2	808.3	2109.0	246.3	342.7	894.2
1986	554.8	781.9	2057.6	238.6	336.4	885.3
1987	559.9	783.0	2137.1	245.3	343.2	936.6
1988	552.7	773.9	2142.6	245.5	343.6	951.5
1989	558.2	785.5	2099.3	253.5	356.8	953.4
1990	576.4	806.2	2126.9	258.1	361.0	952.3
1991	580.6	807.7	2116.2	254.2	353.6	926.3

年 份	每人提供商品粮(公斤／人)			人均油料产量(公斤／人)		
	按农业人口	按农业劳动力	商品粮占粮食产量的(%)	按总人口	按农业人口	按农业劳动力
1952	47.5	110.5	18.5	10.1	11.2	26.0
1957	95.5	217.5	26.9	10.0	12.4	28.2
1962	40.0	79.5	16.4	3.6	4.3	8.6
1965	73.0	152.0	19.6	14.6	18.7	38.7
1970	52.5	113.0	18.0	9.1	11.6	25.8
1975	81.0	194.6	22.1	12.5	16.4	40.3
1978	58.0	155.5	17.8	12.4	16.3	43.8
1980	39.0	100.9	11.4	18.8	25.2	65.2
1981	41.9	104.6	14.9	16.6	22.3	55.7
1982	55.1	142.5	17.5	18.8	25.0	64.7
1983	64.4	163.5	19.5	18.5	24.7	62.7
1984	54.8	139.5	15.6	18.8	26.7	65.9
1985	59.9	155.4	17.4	24.5	33.9	88.4
1986	80.5	211.8	23.9	24.3	34.2	90.0
1987	70.9	193.6	22.6	24.3	34.2	93.2
1988	52.5	145.5	15.3	24.1	33.9	94.0
1989	76.2	203.5	21.3	24.1	34.0	90.8
1990	82.9	218.6	23.0	27.1	37.9	100.1
1991	72.6	190.2	20.5	29.3	40.8	106.8

全省农村社会总产值

(1985年—1991年)　　单位:万元

指　　标	1985年	1986年	1987年	1988年	1989年	1990年	1991年
农村社会总产值(当年价)	**165 159**	**185 170**	**200 415**	**243 959**	**274 436**	**305 770**	**320 305**
一、农业总产值	**122 515**	**141 119**	**159 369**	**194 927**	**216 005**	**245 270**	**252 406**
二、农村工业总产值	**13 186**	**14 660**	**16 917**	**22 330**	**30 303**	**30 008**	**34 935**
1.乡镇办工业产值	4 641	4 175	6 675	8 518	13 402	11 650	15 733
2.村办工业产值	4 648	5 224	4 779	5 509	7 983	8 028	9 296
3.村以下办工业产值	3 897	5 261	5 463	8 303	8 918	10 330	9 906
三、农村建筑业总产值	**15 442**	**14 397**	**10 158**	**11 096**	**10 576**	**11 627**	**12 106**
1.建筑安装工程产值	15 334	13 636	9 576	10 689	10 076	11 079	11 628
(1)兴建房屋	10 803	10 104	7 289	8 800	7 973	8 898	9 344
(2)农田水利工程	155	83	764	807	941	788	1 147
(3)其他建筑安装工程	4 376	3 449	1 523	1 082	1 162	1 393	1 137
2.其他基本建设产值	108	761	582	407	500	548	478
#开垦荒地产值	8	64	66	129	178	101	77
四、农村运输业总产值	**7 470**	**7 649**	**7 430**	**7 811**	**8 047**	**9 222**	**10 194**
1.乡镇办运输企业货运产值	381	204	260	292	314	358	478
2.村办运输企业货运产值	152	69	46	193	549	325	41
3.村以下办运输企业货运产值	6 937	7 376	7 124	7 326	7 184	8 539	9 675
五、农村商业、饮食业总产值	**6 546**	**7 345**	**6 541**	**7 795**	**9 505**	**9 643**	**10 664**
1.商业产值	4 196	6 165	4 715	5 706	6 887	6 510	6 956
#农村供销社商业	2 194	1 249	1 865	2 638	3 445	3 074	3 273
2.饮食业产值	2 350	1 180	1 826	2 089	2 618	3 133	3 708
#农村供销社饮食业	53	15	8	12	18	31	160
附:农民在城办企业全部产值		5 310	3 660	4 722	4 262	2 676	2 667
1.农民在城办工业产值		1 700	349	1 059	232	62	420
2.农民在城办建筑业产值		2 310	1 478	1 618	3 056	1 113	827
3.农民在城办运输业产值		500	607	660	388	391	554
4.农民在城办商业产值		500	613	789	284	538	493
5.农民在城办饮食业产值		300	613	596	302	572	373

农业总产值

(1975年—1991年)　　　　单位：万元

年份	农业总产值	种植业产值	林业产值	牧业产值	副业产值	渔业产值
(按1970年不变价格计算)						
1975	54 134	29 126	378	23 736	749	145
1976	57 756	27 114	440	29 381	702	119
1977	57 700	26 918	588	29 286	771	137
1978	57 341	27 830	522	27 972	898	119
1979	55 065	25 812	477	27 284	1 385	107
1980	61 133	30 746	548	28 873	868	98
1981	56 884	26 363	520	29 082	807	112
(按1980年不变价格计算)						
1981	77 368	37 360	1 526	37 420	937	125
1982	83 405	43 905	1 853	36 190	1 335	122
1983	85 473	45 229	2 204	36 183	1 717	140
1984	93 112	47 379	3 561	40 295	1 718	159
1985	103 457	49 620	4 407	44 231	5 022	177
1986	108 298	49 793	4 757	47 063	6 488	197
1987	112 476	51 711	5 033	46 793	8 827	112
1988	112 872	53 260	4 748	47 830	6 802	122
1989	115 520	55 513	4 643	49 269	5 956	139
1990	121 129	58 404	4 062	52 113	6 373	177
(按1990年不变价格计算)						
1990	255 918	113 898	8 520	121 256	11 629	615
1991	261 870	114 965	7 533	126 981	11 697	694

农业总产值构成

(1975年—1991年按可比价格计算)　　　　单位：%

年份	农业总产值	种植业产值	林业产值	牧业产值	副业产值	渔业产值
1975	100.0	53.80	0.70	43.85	1.38	0.27
1976	100.0	46.94	0.76	50.87	1.22	0.21
1977	100.0	46.65	1.02	50.76	1.33	0.24
1978	100.0	48.53	0.91	48.78	1.57	0.21
1979	100.0	46.87	0.87	49.55	2.52	0.19
1980	100.0	50.29	0.90	47.23	1.42	0.16
1981	100.0	46.35	0.91	51.12	1.42	0.20
1982	100.0	52.64	2.22	43.39	1.60	0.15
1983	100.0	52.92	2.58	42.33	2.01	0.16
1984	100.0	50.88	3.82	43.28	1.85	0.17
1985	100.0	47.96	4.26	42.75	4.86	0.17
1986	100.0	45.98	4.39	43.46	5.99	0.18
1987	100.0	45.98	4.47	41.60	7.85	0.10
1988	100.0	47.22	4.21	42.43	6.03	0.11
1989	100.0	48.05	4.02	42.65	5.16	0.12
1990	100.0	48.22	3.35	43.02	5.26	0.15
1991	100.0	43.90	2.88	48.49	4.47	0.26

农业总产值指数(环比指数)

(1976年—1991年)　　单位：%

年份	农业总产值	种植业	林业	牧业	副业	渔业
1976	106.69	93.09	116.40	123.78	93.72	82.07
1977	99.90	99.28	133.64	99.68	109.83	115.13
1978	99.38	103.39	88.78	95.51	116.47	86.86
1979	96.03	92.75	91.38	97.54	154.23	89.92
1980	111.02	119.12	114.88	105.82	62.67	91.59
1981	93.05	85.74	94.89	100.72	92.97	114.29
1982	107.80	117.52	121.43	96.71	142.48	97.60
1983	102.48	103.02	118.94	99.98	128.61	114.75
1984	108.94	104.75	161.57	111.37	100.06	113.57
1985	111.11	104.73	123.76	109.77	292.32	111.32
1986	104.68	100.35	107.94	106.40	129.19	111.30
1987	103.86	103.85	105.80	99.43	136.05	56.85
1988	100.27	103.00	94.32	102.26	77.06	108.93
1989	102.43	104.23	97.79	102.97	87.56	113.93
1990	104.86	105.21	87.49	105.77	107.00	127.34
1991	102.33	100.94	88.42	104.72	100.58	112.85

农业总产值

(1982年—1991年当年价格)　　单位：万元

年份	合计	种植业	林业	牧业	副业	#农民家庭兼营工业	渔业
1982	83 741	50 292	819	30 990	1 520	361	120
1983	86 883	52 576	1 110	31 054	1 981	438	162
1984	105 028	62 993	1 930	37 909	1 948	422	248
1985	122 515	61 968	4 709	50 091	5 220	3 546	527
1986	141 119	63 316	7 018	61 084	9 279	4 931	422
1987	159 369	70 307	6 559	68 394	13 857	9 885	252
1988	194 926	80 131	6 663	91 705	16 117	9 472	310
1989	216 005	96 448	6 878	97 740	14 426	9 812	513
1990	245 270	114 837	6 944	109 548	13 271	9 452	670
1991	252 406	115 579	6 787	116 486	12 762	9 697	792

分项目农业总产值和农业商品产值

(1991年)　　单位：万元

指　　标	农业总产值		现价农业商品产值
	按1990年不变价格计算	按当年价格计算	
农业总产值合计	**26 1870**	**252 406**	**109 483**
一、农作物种植业产值	**114 965**	**115 579**	**29 065**
(一)农作物主产品产值	104 387	103 949	28 510
1.粮食作物	75 371	75 775	12 699
(1)小麦	47 618	47 155	8 891
(2)杂粮	23 002	19 725	2 951
(3)马铃薯	4 751	8 895	857
2.经济作物	18 449	18 352	9 818
#油料作物	18 366	18 195	9 726
3.蔬菜、瓜类	7 318	6 455	4 077
4.水果	2 496	2 488	1 827
5.青饲料、绿肥	753	879	89
(二)农作物副产品产值	10 578	11 630	555
1.粮食作物	9 877	10 590	515
2.经济作物	701	1 040	40
二、林业产值	**7 533**	**6 787**	**543**
1.种植林木	5 946	5 551	9
2.林产品	99	156	58
3.村及村以下木材采伐	1 488	1 080	476
三、牧业产值	**126 981**	**116 486**	**67 514**
(一)牲畜繁殖增重	85 817	79 993	44 235
1.猪	21 492	20 774	9 659
2.大牲畜	32 092	29 690	14 755
3.绵山羊	32 233	29 529	19 821
(二)家禽饲养	1 963	2 275	886
(三)活的畜禽产品	38 511	33 743	21 970
(四)其他动物饲养	690	475	423
四、副业产值	**11 697**	**12 762**	**11 600**
1.采集野生植物	2 864	2 749	1 773
2.捕猎野生动物	316	316	245
3.农户兼营工业	8 517	9 697	9 582
五、渔业产值	**694**	**792**	**761**

农业净产值、商品产值及占农业总产值的比重

(1987年—1991年)

指　　标	单位	1987年	1988年	1989年	1990年	1991年
一、农业总产值(当年价)	万元	**159 369**	**194 926**	**216 005**	**245 270**	**252 406**
种植业	万元	70 307	80 131	96 448	114 837	115 579
林　业	万元	6 559	6 663	6 878	6 944	6 787
牧　业	万元	68 394	91 705	97 740	109 548	116 486
副　业	万元	13 857	16 117	14 426	13 271	12 762
#农户家庭兼营工业(商品部分)	万元	9 885	9 472	9 812	9 452	9 697
渔　业	万元	252	310	513	670	792
二、农业净产值(当年价)	万元	**112 134**	**139 881**	**153 052**	**171 955**	**177 932**
种植业	万元	43 590	49 330	60 108	72 461	72 775
林　业	万元	5 406	5 398	5 555	5 258	5 275
牧　业	万元	53 300	73 183	76 338	84 545	89 724
副　业	万元	9 680	11 768	10 706	9 279	9 557
#农户家庭兼营工业(商品部分)	万元			6 555	5 854	6 824
渔　业	万元	158	202	345	412	601
三、农业净产值占农业总产值(按当年价计算)	%	**70.36**	**71.76**	**70.86**	**70.11**	**70.49**
种植业	%	62.00	61.56	62.32	63.10	62.97
林　业	%	82.41	81.01	80.77	75.72	77.73
牧　业	%	77.93	79.80	78.10	77.18	77.03
副　业	%	69.86	73.02	74.21	69.92	74.88
#农民家庭兼营工业(商品部分)	%			66.81	61.93	70.37
渔　业	%	62.95	65.19	67.23	61.49	75.95
四、农业商品产值(当年价)	万元	**62 387**	**82 959**	**92 700**	**104 215**	**109 483**
种植业	万元	14 929	16 978	21 871	30 244	29 065
林　业	万元	732	1 018	1 053	732	543
牧　业	万元	33 397	49 083	56 021	60 782	67 514
副　业	万元	13 079	15 575	13 267	11 838	11 600
#农民家庭兼营工业(商品部分)	万元		9 327	9 422	9 450	9 582
渔　业	万元	250	305	488	619	761
五、农业商品产值占农业总产值(按当年价计算)	%	**39.15**	**42.56**	**42.92**	**42.49**	**43.38**
种植业	%	21.23	21.19	22.68	26.34	25.14
林　业	%	11.16	15.28	15.31	10.54	8.00
牧　业	%	48.83	53.52	57.32	55.48	57.96
副　业	%	94.36	96.63	91.96	89.20	90.89
#农民家庭兼营工业(商品部分)	%		98.47	96.03	99.98	98.81
渔　业	%	99.27	98.50	95.05	92.39	96.09

农村经济收入分配和效益

(1991年)　　单位：万元

指　　标	合计	乡(镇)村办企业	集体统一经营	联户企业	农民家庭经营
一、农村经济总收入	**232 935**	**23 424**	**7 112**	**620**	**201 779**
#出售产品收入	90 325	11 871	2 278	412	75 764
1.农　　业	168 703	674	270	75	167 684
#出售产品收入	73 681	471	158	72	72 980
(1)种植业	86 039	571	142	75	85 251
#粮食	63 645	82	57	61	63 445
(2)林业	1 625	18	43		1 564
(3)牧业	71 998	58	79		71 861
(4)副业	8 819	3			8 816
(5)渔业	222	24	6		192
2.工　　业	26 329	16 063	2 958	492	6 816
#出售工业产品收入	16 644	11 400	2 120	340	2 784
3.交通运输业	11 956	331	1 252	11	10 362
4.建筑业	7 525	4 144	228	8	3 145
5.商业、饮食业	7 364	1 193	1 901	26	4 244
6.服务业	2 302	514	371	8	1 409
7.其　他	8 756	505	132		8 119
二、农村经济总费用	**75 935**	**15 920**	**5 208**	**424**	**54 383**
三、农村经济纯收入总额	**157 000**	**7 504**	**1 904**	**196**	**147 396**
1.国家税收	5 023	1 020	313	32	3 658
2.集体提留	4 729	1 355	474	24	2 876
3.农村居民纯收入	147 248	5 129	1 117	140	140 862
四、农村经济内部生产性积累	**6 702**	**775**	**293**	**23**	**5 611**

主要年份耕地面积及构成

年份	年末耕地面积(万亩)				构成(以合计为100%)			每一农业人口占有耕地(亩)
	合计	水浇地	浅山地	脑山地	水浇地	浅山地	脑山地	
1949	681.65	74.82	402.26	204.37	11.0	59.0	30.0	5.08
1952	696.90	96.87	390.66	209.37	13.9	56.1	30.0	4.80
1957	753.02	172.74	368.60	211.68	22.9	49.0	28.1	4.57
1962	881.31	190.24	440.42	250.65	21.6	50.0	28.4	5.32
1965	867.90	212.10	428.10	227.70	24.4	49.3	26.3	4.73
1970	889.19	241.78	415.30	232.11	27.2	46.7	26.1	3.99
1975	883.84	248.73	383.24	251.87	28.1	43.4	28.5	3.43
1978	904.46	246.49	412.29	245.68	27.3	45.6	27.1	3.26
1980	880.91	239.43	378.21	263.27	27.2	42.9	29.9	3.14
1985	847.64	240.23	366.78	240.63	28.3	43.3	28.4	2.91
1986	844.94	245.50	359.35	240.09	29.1	42.5	28.4	2.83
1987	846.89	247.03	361.78	238.08	29.2	42.7	28.1	2.79
1988	852.50	244.76	346.14	261.60	28.7	40.6	30.7	2.77
1989	858.02	250.71	340.54	266.77	29.2	39.7	31.1	2.74
1990	866.44	257.34	337.10	272.00	29.7	38.9	31.4	2.70
1991	868.87	263.04	334.48	271.35	30.3	38.5	31.2	2.68

耕地面积增减变化情况

(1986年—1991年)

单位：万亩

指标	1986年	1987年	1988年	1989年	1990年	1991年
一、年初实有耕地面积	**847.64**	**844.94**	**846.98**	**852.50**	**858.02**	**866.44**
二、当年增加的耕地面积	**8.35**	**9.64**	**14.12**	**13.99**	**12.64**	**7.10**
#新开荒地面积	2.22	3.46	6.03	9.65	9.93	4.57
#国营开荒	0.09	1.65	0.02	2.70	3.16	0.26
三、当年减少的耕地面积	**11.05**	**7.69**	**8.51**	**8.47**	**4.22**	**4.67**
#国家基建占地	4.09	1.04	0.29	0.24	0.14	0.11
乡村集体基建占地	0.17	0.15	0.11	0.02	0.03	0.05
农民建房占地	0.33	0.50	0.29	0.25	0.10	0.20
退耕造林面积	0.83	0.61	0.12	0.26	0.09	0.14
退耕改牧面积	5.17	2.52	0.96	5.42	1.79	1.11
四、年末实有耕地面积	**844.94**	**846.89**	**852.50**	**858.02**	**866.44**	**868.87**
#全民所有制	148.06	149.73	145.78	144.64	148.84	148.32

农作物播种面积与产量

单位：万亩、吨、公斤

类　别	1990年			1991年		
	播种面积	总产量	亩　产	播种面积	总产量	亩　产
(全社会)						
农作物总计	817.07			815.19		
一、粮食作物	600.50	1145 607	191	602.93	1146 300	190
1.小　麦	320.19	741 755	232	326.43	769 400	236
2.杂　粮	228.77	295 137	129	223.51	293 500	131
#青　稞	132.10	176 437	134	128.44	191 000	149
豌　豆	58.41	59 301	102	53.36	46 000	86
蚕　豆	29.37	49 982	170	29.64	42 400	143
3.马铃薯	51.54	108 715	211	52.99	83 400	157
二、经济作物	171.58			176.07		
1.油料作物	170.86	120 449	70	175.51	132 142	75
#油菜籽	164.67	117 435	71	169.72	129 181	76
胡　麻	6.20	3 014	49	5.79	2 961	51
2.甜　菜	0.59	7 686	1 303	0.47	2 668	568
3.烟　叶	0.07	110	157	0.09	72	77
4.其他经济作物	0.06					
三、其他作物	45.00			36.19		
1.蔬　菜	10.33	228 512	2 212	11.04	233 370	2 114
2.瓜　类	0.17	2 782	1 636	0.14	2 549	1 840
3.青饲料	30.57			20.27		
4.绿　肥	3.94			4.74		
(全民所有制)						
农作物总计	119.43			115.00		
一、粮食作物	52.17	78 388	150	49.04	71 568	146
1.小　麦	24.93	47 943	192	25.37	46 976	185
2.杂　粮	27.22	30 302	111	23.60	24 427	104
#青　稞	21.06	23 165	110	17.79	18 384	103
豌　豆	3.64	4 757	131	1.54	1 453	95
蚕　豆	0.55	755	137	0.08	212	270
3.马铃薯	0.03	143	477	0.07	165	221
二、经济作物	59.17			62.39		
1.油料作物	59.17	39 398	67	62.38	42 057	67
#油菜籽	59.17	39 398	67	62.38	42 057	67
胡　麻						
2.甜　菜	…	14		…	5	
三、其他作物	8.10			3.57		
1.蔬　菜	0.46	9 554	2 077	0.44	8 830	1 985
2.瓜　类				…	50	
3.青饲料	7.24			2.43		
4.绿　肥	0.40			0.70		

历年农作物播种面积及复种指数

单位：万亩、%

年份	农作物播种面积								复种指数(%)
	总计	粮食作物	小麦	杂粮	马铃薯	经济作物	#油料	其他作物	
1949	498.18	458.54	133.88	286.05	38.61	32.86	32.80	6.78	73.1
1950	521.52	479.93	141.43	296.90	41.60	34.44	34.39	7.15	76.0
1952	560.15	502.42	164.00	294.56	43.86	48.84	48.62	8.89	80.4
1953	562.19	521.06	163.12	312.45	45.49	28.41	28.20	12.72	80.6
1954	584.30	531.78	169.76	316.68	45.34	34.09	33.89	18.43	83.2
1955	620.93	541.98	182.89	311.14	47.95	55.63	55.35	23.32	86.7
1956	662.19	579.36	213.68	309.30	56.38	56.11	55.81	26.72	89.0
1957	667.43	580.96	215.49	310.18	55.29	56.29	56.05	30.18	86.6
1958	682.65	590.00	194.19	298.13	97.68	64.34	60.90	28.31	89.6
1959	724.44	610.09	224.54	323.24	62.31	75.69	70.47	38.66	77.5
1960	1 125.21	938.44	271.30	586.72	80.42	125.99	117.65	60.78	90.3
1961	948.81	812.87	227.20	504.25	81.42	67.40	60.70	68.54	93.2
1962	776.17	686.96	211.50	411.49	63.97	52.31	50.00	36.90	88.1
1963	713.60	630.74	202.50	362.45	65.79	55.04	54.24	27.82	84.7
1964	720.17	639.57	210.95	364.77	63.85	58.59	58.18	22.01	84.5
1965	746.25	651.85	220.52	365.71	65.62	68.80	68.26	25.60	86.0
1966	772.68	662.27	224.67	370.85	66.75	78.55	77.78	31.86	87.7
1967	775.36	670.82	237.17	367.73	65.92	72.75	72.13	31.79	88.4
1968	751.99	656.82	238.48	359.96	58.38	66.84	66.22	28.33	85.4
1969	752.12	664.83	242.06	373.55	49.22	65.97	65.23	21.32	84.9
1970	773.47	675.75	246.45	386.37	42.93	67.08	66.40	30.64	87.0
1971	748.88	663.54	250.26	360.00	53.28	61.94	61.34	23.40	85.1
1972	747.87	655.28	263.01	334.11	58.16	66.90	65.77	25.69	86.0
1973	754.41	658.73	273.79	327.87	57.07	68.59	67.34	27.09	85.4
1974	753.84	653.37	283.42	318.70	51.25	71.34	70.18	29.13	85.3
1975	761.53	659.76	303.68	301.47	54.61	71.17	70.46	30.00	86.2
1976	769.94	657.25	322.09	283.20	51.96	81.66	80.39	31.03	85.1
1977	772.71	656.59	316.16	285.79	54.64	84.83	83.42	31.29	85.3
1978	771.87	652.14	310.55	285.59	56.00	93.17	91.77	26.56	85.3
1979	761.75	630.16	302.58	272.51	55.07	110.06	109.64	21.53	87.7
1980	763.09	617.94	301.71	261.71	54.52	118.33	118.16	26.82	86.6
1981	757.46	612.21	309.34	256.93	45.94	118.76	118.58	26.49	86.5
1982	758.40	612.57	336.14	235.58	40.85	116.92	116.83	28.91	86.9
1983	752.71	606.48	336.02	226.59	43.87	116.75	116.61	29.48	87.1
1984	760.09	609.67	329.73	235.65	44.29	119.13	118.80	31.29	88.6
1985	750.69	579.85	301.03	232.30	46.52	142.78	142.33	28.06	88.6
1986	761.71	580.47	301.47	231.62	47.38	151.11	150.79	30.13	89.7
1987	761.69	576.69	302.05	228.06	46.58	154.34	153.85	30.66	89.9
1988	771.45	578.58	307.17	223.61	47.80	160.03	159.64	32.84	90.5
1989	798.33	592.82	314.98	227.30	50.54	165.36	164.62	40.15	93.0
1990	817.07	600.50	320.19	228.77	51.54	171.58	170.86	45.00	94.3
1991	815.19	602.93	326.43	223.51	52.99	176.07	175.51	36.19	93.8

历年粮、油作物总产量及品种构成

单位：吨、%

年份	粮食总产量							油料总产量		
	绝对数				品种构成			绝对数		油菜籽占合计的
	合计	小麦	杂粮	马铃薯	小麦	杂粮	马铃薯	合计	#油菜籽	
1949	295 740	77 340	165 275	53 125	26.2	55.9	17.9	8 349	4 565	54.7
1950	318 455	85 430	174 960	58 065	26.8	55.0	18.2	8 788	4 805	54.7
1952	371 345	115 090	192 365	63 890	31.0	51.8	17.2	16 225	10 925	67.3
1953	331 345	105 415	173 740	52 190	31.8	52.4	15.8	9 300	7 610	81.8
1954	525 565	170 565	270 685	84 315	32.5	51.5	16.0	15 320	11 510	75.1
1955	589 665	197 505	296 540	95 620	33.5	50.3	16.2	27 865	21 595	77.5
1956	611 005	230 475	277 825	102 705	37.7	45.5	16.8	16 970	12 085	71.2
1957	585 380	206 120	281 385	97 875	35.2	48.1	16.7	20 450	19 805	96.8
1958	585 640	190 245	278 685	116 710	32.5	47.6	19.9	19 975		
1959	521 380	196 665	254 525	70 190	37.7	48.8	13.5	17 020		
1960	413 455	160 690	194 590	58 175	38.9	47.1	14.0	4 125		
1961	391 540	121 305	204 425	65 810	31.0	52.2	16.8	4 730		
1962	414 630	131 090	208 475	75 065	31.6	50.3	18.1	7 270		
1963	611 430	196 175	325 025	90 230	32.1	53.2	14.7	18 460	14 280	77.4
1964	629 435	211 960	351 325	66 150	33.7	55.8	10.5	27 045	22 175	82.0
1965	671 010	246 990	350 540	73 480	36.8	52.2	11.0	33 575	29 015	86.4
1966	592 460	213 660	317 630	61 170	36.1	53.6	10.3	34 860	31 845	91.4
1967	668 240	277 780	339 915	50 545	41.5	50.9	7.6	30 535	26 540	86.9
1968	504 585	215 285	248 870	40 430	42.7	49.3	8.0	22 215		
1969	558 060	236 200	287 350	34 510	42.3	51.5	6.2	27 115	24 280	89.5
1970	648 975	276 530	330 700	41 745	42.6	51.0	6.4	25 710	21 840	84.9
1971	638 765	287 170	297 840	53 755	45.0	46.6	8.4	24 995	21 905	87.6
1972	792 675	378 895	348 435	65 345	47.8	44.0	8.2	38 370	34 065	88.8
1973	833 000	412 000	357 000	64 000	49.5	42.8	7.7	38 640	34 805	90.1
1974	853 040	453 275	336 060	63 705	53.1	39.4	7.5	34 645	30 805	88.9
1975	932 250	514 575	346 970	70 705	55.2	37.2	7.6	41 575	37 610	90.5
1976	890 030	555 500	269 355	65 175	62.4	30.3	7.3	32 165	28 260	87.9
1977	861 115	507 600	281 510	72 005	58.9	32.7	8.4	42 575	39 400	92.5
1978	903 020	532 980	287 685	82 355	59.0	31.9	9.1	45 255	41 845	92.5
1979	820 570	480 410	269 095	71 065	58.5	32.8	8.7	58 325	55 670	95.5
1980	956 010	563 090	316 705	76 215	58.9	33.1	8.0	70 655	68 110	96.4
1981	797 800	501 035	242 050	54 715	62.8	30.3	6.9	63 430	60 815	95.9
1982	926 865	631 055	252 690	43 120	68.1	27.3	4.6	73 685	72 540	98.5
1983	969 035	638 530	240 180	90 325	65.9	24.8	9.3	72 380	70 435	97.3
1984	1 036 480	637 290	306 435	92 755	61.5	29.6	8.9	76 155	73 220	96.1
1985	1 003 247	629 617	289 646	83 984	62.8	28.9	8.3	99 220	95 722	96.5
1986	983 519	608 868	282 555	92 096	61.9	28.7	9.4	103 646	100 082	96.6
1987	1 041 466	675 961	277 153	88 352	64.9	26.6	8.5	103 774	99 754	96.1
1988	1 058 169	684 041	270 954	103 174	61.6	25.6	9.8	104 502	101 367	97.0
1989	1 108 442	705 876	292 412	110 154	63.7	26.4	9.9	105 533	102 608	97.2
1990	1 145 607	741 755	295 137	108 715	64.7	25.8	9.5	120 449	117 435	97.5
1991	1 146 300	769 200	294 100	83 000	67.1	25.7	7.2	132 142	129 181	97.8

历年年末牲畜存栏头数

单位：万头(只)

年份	一、大牲畜羊合计	1.大牲畜	#牛	#马	2.绵山羊	#绵羊	二、猪
1949	748.73	249.26	212.60	18.20	499.47	416.16	11.12
1950	799.58	262.97	224.52	19.17	536.61	448.25	11.92
1952	933.52	290.88	248.58	21.61	642.64	537.04	14.15
1953	1 035.16	310.85	266.58	23.16	724.31	605.92	13.07
1954	1 169.72	335.01	287.94	25.42	834.71	699.42	13.12
1955	1 276.08	363.04	312.24	28.09	913.04	758.69	16.45
1956	1 377.08	386.68	332.57	30.19	990.40	821.88	20.30
1957	1 500.04	413.52	355.17	33.59	1 086.52	898.72	20.16
1958	1 089.12	227.59	181.71	23.88	861.53	711.78	19.85
1959	982.04	208.74	168.45	20.64	773.30	649.26	17.56
1960	930.79	189.81	156.60	18.60	740.98	632.81	10.75
1961	941.24	196.64	165.66	17.95	744.60	644.77	15.21
1962	1 004.72	221.12	189.52	18.61	783.60	681.94	24.14
1963	1 164.40	264.75	229.33	21.37	899.65	777.28	32.44
1964	1 348.95	307.05	267.39	24.39	1 041.90	899.21	42.22
1965	1 493.06	343.61	299.99	27.22	1 149.45	993.21	53.17
1966	1 650.65	377.19	330.06	29.97	1 273.46	1 109.10	45.16
1967	1 761.17	402.51	353.30	31.95	1 358.66	1 191.22	41.29
1968	1 848.60	432.30	380.00	34.10	1 416.30	1 250.00	42.68
1969	1 913.40	450.10	394.50	36.50	1 463.30	1 294.80	39.57
1970	1 747.31	447.13	390.95	36.63	1 300.18	1 139.26	42.21
1971	1 925.89	474.70	416.40	38.34	1 451.19	1 280.57	51.74
1972	1 905.01	472.46	413.76	38.30	1 432.55	1 268.32	58.91
1973	2 046.60	510.93	448.78	40.44	1 535.67	1 362.82	59.40
1974	2 081.01	526.19	462.04	41.51	1 554.82	1 382.13	61.96
1975	1 958.34	510.98	445.57	41.90	1 447.36	1 273.99	72.93
1976	2 052.28	534.14	465.37	44.96	1 518.14	1 350.39	82.99
1977	2 147.26	556.75	486.18	45.79	1 590.51	1 421.72	94.52
1978	2 213.75	568.80	497.34	46.59	1 644.95	1 475.18	84.49
1979	2 152.94	556.56	488.55	42.75	1 596.38	1 429.66	76.34
1980	2 166.72	553.88	486.77	41.86	1 612.84	1 447.00	68.25
1981	2 187.48	569.91	501.12	42.29	1 617.57	1 452.56	66.51
1982	2 104.61	588.35	517.49	43.39	1 516.26	1 359.42	68.16
1983	2 043.64	593.99	522.61	43.46	1 449.65	1 302.37	67.33
1984	2 040.08	600.89	528.00	44.09	1 439.19	1 299.33	72.36
1985	1 917.57	589.39	515.89	44.00	1 328.18	1 197.41	83.00
1986	2 115.82	621.34	544.46	46.62	1 494.48	1 339.61	88.03
1987	2 029.05	602.50	529.60	44.00	1 426.55	1 277.10	90.50
1988	2 096.37	604.33	532.52	42.79	1 492.04	1 328.05	92.24
1989	2 127.89	594.18	520.98	43.22	1 533.71	1 347.17	97.37
1990	2 220.60	612.30	538.60	44.8	1 608.30	1 404.70	96.50
1991	2 263.69	622.21	550.15	41.55	1 641.48	1 432.41	93.16

畜牧业生产主要经济效益指标

(1985年—1991年)　　　　单位:万头(只)

指　　标	1985年	1986年	1987年	1988年	1989年	1990年	1991年
一、年末牲畜存栏头数							
1.大牲畜、羊合计	1 917.57	2 115.82	2 029.05	2 096.37	2 127.89	2 220.6	2 263.69
(1)大牲畜	589.39	621.34	602.50	604.33	594.18	612.3	622.21
(2)绵山羊	1 328.18	1 494.48	1 426.55	1 492.04	1 533.71	1 608.3	1 641.48
2.猪	83.00	88.03	90.50	92.24	97.37	96.52	93.16
二、年末能繁殖母畜数							
1.大牲畜、羊合计	781.50	811.57	831.34	862.39	908.30	930.20	971.35
(1)大牲畜	200.13	207.56	206.74	4 208.05	213.90	213.3	220.31
(2)绵山羊	581.37	604.01	624.60	654.34	694.40	716.9	751.04
2.猪	6.37	5.91	5.35	5.82	7.06	5.29	5.63
三、当年繁殖仔畜数							
1.大牲畜、羊合计	588.65	571.66	593.78	637.36	711.50	707.21	668.29
(1)大牲畜	95.29	97.35	95.39	103.17	95.10	103.08	97.79
(2)绵山羊	493.36	474.31	498.39	534.19	616.40	604.13	570.50
2.猪	46.64	46.22	49.66	48.47	54.43	49.43	51.95
四、当年育活仔畜数							
1.大牲畜、羊合计	453.20	446.32	432.01	471.52	504.16	586.21	547.48
(1)大牲畜	85.09	87.4	81.26	84.97	81.25	95.38	92.07
(2)绵山羊	368.11	358.92	350.75	386.55	422.91	490.83	455.41
2.猪	42.68	42.30	45.67	44.32	50.02	44.73	47.01
五、成幼畜死亡数							
1.大牲畜、羊合计	158.73	124.58	154.19	131.93	205.63	116.72	87.98
(1)大牲畜	42.23	31.06	44.54	44.01	56.15	25.63	19.41
(2)绵山羊	116.50	93.96	109.65	87.92	149.48	91.09	68.57
2.猪	2.22	4.53	3.49	2.70	3.57	3.00	2.67
六、当年产仔畜死亡数							
1.大牲畜、羊合计	135.45	125.34	161.77	165.84	207.34	121.00	120.81
(1)大牲畜	10.20	9.95	14.13	18.20	13.85	7.70	5.72
(2)绵山羊	125.25	115.39	147.64	147.64	193.49	113.30	115.09
2.猪	3.96	3.92	3.99	4.14	4.41	4.70	4.34
七、牲畜出栏数							
1.大牲畜、羊合计	384.03	367.78	349.62	340.40	379.80	389.33	423.61
(1)大牲畜	58.98	58.84	53.97	56.51	60.53	62.16	72.89
(2)绵山羊	325.05	308.94	295.65	283.89	319.27	327.17	350.72
2.猪	51.54	54.67	59.74	63.26	67.59	73.22	74.66
八、肉用畜出栏数							
1.大牲畜、羊合计	342.59	332.79	317.27	327.34	344.57	388.22	413.44
(1)大牲畜	47.98	46.07	43.31	50.19	54.57	61.87	63.51
(2)绵山羊	294.61	286.72	273.96	277.15	290.00	326.35	349.93
2.猪	42.39	47.19	51.21	54.71	59.12	61.59	62.64
九、出售牲畜数							
1.大牲畜、羊合计	242.03	229.28	221.87	221.62	263.78	263.39	279.59
(1)大牲畜	39.41	39.92	35.61	38.42	43.58	46.72	48.98
(2)绵山羊	4 202.62	189.36	186.26	183.20	220.20	216.67	230.61
2.猪	25.83	27.22	30.79	32.96	37.64	41.08	43.35

畜牧业生产主要经济效益指标(续)

(1985年—1991年)　　单位:%

指　　标	1985年	1986年	1987年	1988年	1989年	1990年	1991年
一、牲畜总增率							
1.大牲畜、羊合计	14.43	16.78	13.13	16.74	14.24	22.06	20.69
(1)大牲畜	7.13	9.56	5.91	6.80	4.15	11.74	11.87
(2)绵山羊	17.48	19.95	16.13	20.93	18.33	26.06	24.05
2.猪	59.91	45.51	47.92	45.99	50.36	42.86	45.94
二、牲畜净增率							
1.大牲畜、羊合计	-6.01	10.34	-4.10	3.32	1.50	4.36	1.94
(1)大牲畜	-1.91	5.42	-3.03	0.30	-1.68	3.05	1.62
(2)绵山羊	-7.71	12.52	-4.55	4.59	2.79	4.86	2.06
2.猪	14.70	6.06	2.81	1.92	5.56	-0.87	-3.48
三、牲畜出栏率							
1.大牲畜、羊合计	18.82	19.18	16.52	16.78	18.12	18.30	19.08
(1)大牲畜	9.82	9.98	8.69	9.38	10.02	10.46	11.90
(2)绵山羊	22.59	23.26	19.78	19.90	21.40	21.33	21.81
2.猪	71.23	65.87	67.86	69.90	73.28	75.20	77.35
四、牲畜商品率							
1.大牲畜、羊合计	11.86	11.96	10.49	10.92	12.58	12.38	12.59
(1)大牲畜	6.56	6.77	5.73	6.38	7.21	7.86	8.00
(2)绵山羊	14.08	14.26	12.46	12.84	14.76	14.13	14.34
2.猪	35.70	32.80	34.98	36.42	40.81	42.19	44.91
五、能繁殖母畜占畜群总数比重							
1.大牲畜、羊合计	40.75	38.36	40.97	41.14	42.69	41.89	42.91
(1)大牲畜	33.96	33.41	34.31	34.43	35.00	34.84	35.41
(2)绵山羊	43.77	40.42	43.78	43.86	45.00	44.58	45.75
2.猪	7.67	6.71	5.91	6.31	7.00	5.48	6.04
六、母畜繁殖率							
1.大牲畜、羊合计	71.07	73.15	73.16	76.67	82.50	77.86	71.84
(1)大牲畜	47.02	48.64	46.00	49.90	45.71	48.19	45.85
(2)绵山羊	78.86	81.58	82.51	85.53	94.20	87.00	79.58
2.猪	772.19	725.59	840.27	905.98	935.22	700.14	982.04
七、母畜繁殖成活率							
1.大牲畜、羊合计	54.72	57.11	53.23	56.72	58.46	64.54	58.86
(1)大牲畜	41.99	43.67	39.15	41.10	39.05	44.59	43.16
(2)绵山羊	58.84	61.74	58.07	61.89	64.63	70.68	63.52
2.猪	706.62	664.05	772.76	828.41	859.45	633.57	888.66
八、仔畜成活率							
1.大牲畜、羊合计	76.99	78.07	72.76	73.98	70.86	82.89	81.92
(1)大牲畜	89.30	89.78	85.19	82.36	85.44	92.53	94.15
(2)绵山羊	74.61	75.67	70.38	72.36	68.61	81.25	79.83
2.猪	91.51	91.52	91.97	91.44	91 390	90.49	90.49
九、成幼畜死亡率							
1.大牲畜、羊合计	7.78	6.50	7.29	6.50	9.81	5.49	3.96
(1)大牲畜	7.03	5.27	7.17	7.30	9.29	4.31	3.17
(2)绵山羊	8.09	7.07	7.34	6.16	10.02	5.94	4.26
2.猪	3.07	5.46	3.96	2.98	3.87	3.08	2.77

主要畜禽产品产量

(1985年—1991年)　　　　单位：吨

指　　标	1985年	1986年	1987年	1988年	1989年	1990年	1991年
1.奶类产量	159 108	159 400	189 043	194 490	208 566	209 610	210 296
#牛奶	154 527	154 900	174 990	190 763	198 202	201 312	203 234
2.肉类产量	111 602	115 081	113 815	127 310	140 539	153 442	157 360
(1)猪肉	27 825	32 479	34 970	38 035	40 117	43 985	45 787
(2)牛肉	35 790	36 707	34 380	41 124	47 355	52 088	52 611
(3)羊肉	45 783	45 017	43 841	46 651	49 066	55 518	56 120
(4)其他	2 204	878	624	1 500	4 001	1 851	2 842
3.羊毛产量	15 293	14 725	15 117	15 719	16 980	17 575	18 237
(1)山羊毛	337	355	356	389	445	420	501
(2)绵羊毛	14 956	14 370	14 761	15 330	16 535	17 155	17 736
4.羊绒产量	107	115	101	170	167	157	189
5.牛毛绒产量	1 874	3 286	1 791	1 825	2 752	2 048	2 125
6.驼毛绒产量	44	44	42	66	70	58	45
7.马鬃尾产量	8	8	5	3	9	11	8
8.蜂蜜产量	119	92	97	73	68	73	19
9.禽蛋产量	9 160	10 416	7 988	9 151	10 490	10 690	11 068

水果、渔业生产情况

(1985年—1991年)

指　　标	计算单位	1985年	1986年	1987年	1988年	1989年	1990年	1991年
一、水果								
1.水果产量合计	吨	19 825	19 281	21 154	25 717	22 679	22 019	21 365
#苹果	吨	11 552	11 571	12 770	15 974	12 971	14 431	14 471
梨	吨	6 380	4 885	6 830	8 090	7 299	6 210	5 148
葡萄	吨	41	58	37	138	70	95	77
2.年末实有果园面积	亩	51 702	68 706	97 837	94 037	92 553	93 567	90 827
#苹果园	亩	39 669	45 443	68 190	75 791	73 986	75 178	73 389
梨　园	亩	10 177	10 310	14 732	14 678	14 859	14 992	14 299
葡萄园	亩	202	216	350	460	309	240	185
3.年末实有零星果树	万株	119.24	130.04	174.82	179.57	186.08	205.80	183.81
#苹果树	万株	75.76	102.45	138.51	140.42	143.27	152.54	137.84
梨　树	万株	18.65	22.97	32.18	36.14	36.34	44.37	36.07
二、渔业								
1.水产品总产量	吨	4 350	4 580	2 260	2 380	2 781	3 356	3 943
#养殖产量	吨	210	208	245	314	317	375	321
2.养殖面积	万亩	7.57	6.50	6.99	7.07	7.18	7.20	7.12
#国营	万亩	7.54	6.46	6.77	6.95	6.98	7.03	6.90
个体	万亩	0.03	0.04	0.04	0.07	0.13	0.12	0.22

林业生产情况

（1986年—1991年）

指标	计算单位	1986年	1987年	1988年	1989年	1990年	1991年
一、营林情况							
1.当年造林面积	万亩	83.06	68.69	65.08	61.49	54.32	41.55
按所有制分							
国营造林	万亩	2.51	3.39	4.19	4.16	4.36	3.70
国社合作造林	万亩	0.25	0.78	1.04	0.51		0.87
集体造林	万亩	17.58	30.15	35.94	47.80	46.46	35.04
个人造林	万亩	62.73	34.37	23.89	9.02	3.50	1.94
按主要林种用途分							
用材林	万亩	8.59	7.78	9.01	9.03	9.90	8.01
经济林	万亩	1.30	0.86	0.42	0.28	0.10	0.47
防护林	万亩	27.95	24.51	26.71	25.62	23.48	19.39
薪炭林	万亩	45.22	34.71	28.24	26.56	20.84	13.68
其他林	万亩		0.83	0.70	…		
2.迹地更新面积	万亩	1.28	1.67	1.20	1.10	1.88	1.42
#人工更新面积	万亩	1.28	1.66	1.20	1.10	1.88	1.42
3.封山育林面积	万亩	176.10	171.17	157.68	179.69	191.44	310.02
#本年新封	万亩	59.13	43.25	31.20	38.53	96.72	127.28
4.零星(四旁)植树	万株	2 650.53	2 566.17	2 516.27	2 357.92	2 554.37	2 563.13
5.林木种子采集量	吨	113.00	9.00	8.00	24.12	36.33	49.55
6.育苗面积	万亩	5.53	4.85	4.25	4.37	4.05	4.47
#本年新育面积	万亩	1.39	1.09	0.90	0.79	0.75	0.94
7.幼林抚育实际面积	万亩	117.09	64..34	75.72	120.28	119.79	89.64
8.幼林抚育作业面积	万亩	97.11	74.92	84.87	146.76	139.77	110.53
9.成林抚育面积	万亩	6.22	5.27	4.05	4.69	5.67	5.58
10.低产林改造面积	万亩	0.07	0.08	0.16	0.05	0.04	0.04
二、主要林产品产量							
花椒	吨	44	56	36	55	47	48
核桃	吨	79	105	119	130	93	119
三、村及村以下木材采伐	万立方米	4.26	4.47	1.17	4.41	3.29	3.31

国营农、林、牧、渔场生产情况

(1986年—1991年)

指　　标	单位	1986年	1987年	1988年	1989年	1990年	1991年
1.农林牧渔场个数	个	125	119	133	143	145	147
#农场	个	37	37	43	47	50	50
2.农林牧渔场全部人口	人	11 957	101 707	101 507	81 226	84 365	83 341
3.农林牧渔场全部劳动力	人	45 235	35 403	31 302	32 006	32 312	32 196
#从事农林牧渔业的劳动力	人	26 958	23 979	21 230	20 318	24 173	23 326
4.年末实有耕地面积	万亩	115.86	144.94	142.75	141.39	143.83	145.16
5.粮食作物播种面积	万亩	46.65	47.48	47.06	49.14	50.67	47.44
粮食总产量	吨	66 876	71 295	68 212	76 522	77 967	70 992
上交国家粮食	吨	19 609	18 700	15 174	22 181	27 762	26 815
6.油料作物播种面积	万亩	50.57	51.65	53.34	55.88	57.11	58.86
油料总产量	吨	28 311	28 980	26 350	33 017	38 596	40 724
7.大牲畜年末存栏数	万头	9.84	11.02	12.37	8.67	12.12	11.94
羊年末存栏数	万只	36.25	45.25	44.95	42.92	48.04	48.65
猪年末存栏数	万头	2.42	2.51	1.93	2.01	1.76	2.47
8.当年出售和自宰的肉用牛	万头	0.75	1.20	1.19	1.13	0.97	1.41
当年出售和自宰的肉用羊	万只	9.58	8.01	8.23	8.09	10.68	12.09
当年出栏肉猪头数	万头	1.18	1.28	1.01	1.10	0.89	1.58
绵羊毛产量	吨	570.2	559.6	596.8	602.4	704.0	776.8
牛奶产量	吨	6 619	7 624	7 743	8 763		
9.水产品产量	吨	1 669	2 015	2 004	2 113	2 144	2 385
10.当年造林面积	万亩	2.18	3.39	4.19	4.16	4.36	3.70
11.农业总产值(按1980年不变价格计算)	万元	7 701		7 626	8 315	9 757	
(按1990年不变价格计算)	万元					21 125	18 669
(按现行价格计算)	万元	9 276		11 130	12 815	17 836	18 023
12.当年农副产品销售总额	万元	7 165	5 676	5 359	6 230	8 908	8 443
13.年末固定资产原值	万元	25 653	24 928	20 717	25 515	24 373	30 057
14.上交农牧业税	万元	349.4	326.5	348.6	943.7	590.8	631.5
15.经营利润	万元	418.3	-30.9	-75.6	739.1	1 161.0	1 325.2
#工副业经营利润	万元	195.4	140.7	147.5	414.4	1 463.6	258.5

主要年份农业机械年末拥有量

年 份	农机总动力（万瓦特）	大中型拖拉机（混合台／万瓦特）	小型和手扶拖拉机（台／万瓦特）	排灌动力机械（台／万瓦特）	农用载重汽车（辆）	联合收割机（台）
1957		138／481		24／49	167	6
1962		1 143／3 727		73／270	253	121
1965		775／2 666	6／3	127／499	275	100
1970		1 296／3 108	749／1 125	263／1 399	417	98
1975	30 465	3 434／12 024	5 776／4 264	1 716／4 414	673	113
1978	52 915	4 999／18 030	10 289／8 617	2 963／6 454	1 466	251
1980	69 622	6 364／23 087	13 933／12 476	4 552／8 456	1 930	363
1982	68 637	6 265／22 451	15 876／14 031	4 662／9 327	1 972	466
1985	88 032	5 018／17 906	28 589／25 208	3 117／7 770	3 160	439
1986	94 338	5 073／17 821	35 317／31 241	2 983／7 954	3 454	437
1987	102 756	4 902／17 651	42 234／37 643	2 917／7 328	3 432	438
1988	107 718	4 562／16 882	50 310／44 724	2 982／7 158	3 353	459
1989	113 316	4 264／15 453	55 495／49 756	2 885／7 333	3 490	470
1990	126 860	4 232／15 440	63 143／56 910	2 919／7 010	3 736	479
1991	137 005	4 140／15 379	70 629／63 712	2 598／7 747	3 972	480

主要年份农业现代化水平

年 份	当年实际机耕面积（万亩）	机耕地面积占耕地的（%）	有效灌溉面积（万亩）	有效灌溉面积占耕地的（%）	农用化肥施用量（万吨）	每亩耕地施用化肥（公斤）	农村用电量（万千瓦时）	每亩耕地用电量（千瓦时）
1949			74.82	11.0				
1952			96.87	13.9				
1957			172.74	22.9	0.11	0.15	2	…
1962	122.5	13.9	190.24	21.6			77	0.1
1965	136.1	15.7	212.10	24.4				
1970	212.5	23.9	241.78	27.2	2.74	3.10	707	0.8
1975	269.4	30.5	248.73	28.1	12.31	13.90	4 732	5.4
1978	291.7	32.3	246.49	27.3	15.84	17.51	7 442	8.2
1980	250.5	28.4	239.43	27.2	15.05	17.08	8 664	9.8
1983	206.7	23.9	235.67	27.3	12.53	14.50	7 267	8.4
1985	193.4	22.8	240.23	28.3	11.78	13.90	8 292	9.8
1986	205.4	24.3	245.50	29.1	11.90	14.08	9 523	11.3
1987	216.0	25.5	247.03	29.2	12.50	14.76	11 342	13.4
1988	238.3	28.0	244.76	28.7	13.43	15.75	11 003	12.9
1989	254.7	29.7	250.71	29.2	15.17	17.68	13 689	16.0
1990	316.0	36.5	257.34	29.7	15.88	18.33	14 758	17.0
1991	325.9	37.5	263.04	30.3	16.07	18.49	14 856	17.1

主要农业机械年末拥有量

(1991 年)

类　　别	计算单位	拥有量	类　　别	计算单位	拥有量
农业机械总动力	万千瓦	137.00		万千瓦	0.18
1.柴油发动机动力	万千瓦	89.18	割晒机	台	36
2.汽油发动机动力	万千瓦	29.12	机动脱粒机	台	4 386
3.电动机动力	万千瓦	17.57	种子精选机	台	295
4.其他机械动力	万千瓦	1.13	四、植保机械		
一、耕作机械			机动喷雾(粉)机	部	1 565
大中型拖拉机	台	4 140		万千瓦	0.34
	万千瓦	15.38	五、畜牧机械		
#轮式拖拉机	台	3 265	饲料粉碎机	台	5 255
	万千瓦	11.13	牧草收割机	台	31
小型拖拉机	台	70 629	机动剪毛机	把	430
	万千瓦	63.71		台	123
#小四轮拖拉机	台	3 087	机动挤奶机	套	89
	万千瓦	3.16	六、渔业机械		
大中型拖拉机配套农具	部	4 770	渔业机动船	艘	21
#机引犁	部	1 992		吨	386
旋耕机	部	108		万千瓦	0.13
机引耙	部	1 366	七、农副产品加工机械		
机引播种机	部	1 037	农副产品加工机械动力	万千瓦	8.27
小型拖拉机配套农具	部	55 189	磨面机	部	9 835
#机引犁	部	21 751	榨油机	部	3 486
旋耕机	部	25 206	淀粉加工机械	部	326
机引耙	部	1 531	八、运输机械		
机引播种机	部	6 284	农用载重汽车	辆	3 972
二、农用排灌机械				万千瓦	30.61
农用排灌动力机械	台	2 598	#柴油汽车	辆	261
	万千瓦	7.75		万千瓦	2.15
#柴油机	台	404	油罐车	辆	18
	万千瓦	0.50		万千瓦	0.14
电动机	台	2 194	农用运输车	辆	402
	万千瓦	7.25		万千瓦	0.85
农用水泵	台	1 761	大中型拖车	辆	3 253
喷灌机械	套	35	小型拖车	辆	66 005
三、收获机械			九、其他农业机械		
联合收割机	台	480	推土机	台	499
	万千瓦	3.06		万千瓦	2.47
机动收割机	台	145	风力机	台	61

主要农业机械按所有制分组

指　　标	计算单位	合计		#全民所有		#农户所有	
		1990年	1991年	1990年	1991年	1990年	1991年
一、大中型拖拉机	台	4 232	4 140	894	897	3 055	2 848
	万千瓦	15.44	15.38	3.97	4.22	10.27	9.31
二、小型拖拉机	台	63 143	70 629	612	598	62 371	69 845
	万千瓦	56.91	63.71	0.55	0.58	55.63	62.95
三、农用载重汽车	辆	3 736	3 972	619	613	2 932	3 042
	万千瓦	29.20	30.61	5.59	4.76	22.09	23.44
四、农用排灌动力机械	台	2 919	2 598	290	473	1 241	273
	万千瓦	7.01	7.75	0.94	2.35	1.17	0.24
#柴油机	台	676	404	63	38	493	115
	万千瓦	0.73	0.50	0.07	0.07	0.46	0.12
电动机	台	2 243	2 194	227	435	748	158
	万千瓦	6.28	7.25	0.86	2.28	0.71	0.12
五、机动脱粒机	台	4 021	4 386	43	32	3 477	3 082
六、磨面、碾米机	部	9 298	9 835	199	82	8 975	9 619
七、农用水泵	台	1 653	1 761	219	350	361	422

农 业 现 代 化 情 况

（1986年—1991年）

指　　标	单位	1986年	1987年	1988年	1989年	1990年	1991年
一、农业机械化情况							
当年实际机耕地面积	万亩	205.37	216.00	238.32	254.69	315.98	325.88
当年机械播种面积	万亩	182.54	194.30	205.15	219.14	264.06	285.14
当年机械收割面积	万亩	102.39	104.82	109.25	112.20	123.97	127.57
二、农业电气化情况							
农村用电量	万千瓦时	9 523	11 342	11 003	13 689	14 758	14 856
乡村办及村以下办水电站数	个	94	84	82	76	67	52
发电能力	万千瓦	1.21	1.13	1.17	0.89	0.76	0.59
三、农用化肥施用量(实物量)	吨	118 054	124 979	134 290	151 691	158 840	160 662
1.氮　肥	吨	53 706	55 278	55 646	58 682	65 077	65 662
#氨水	吨	695	610	244	111	383	133
2.磷　肥	吨	38 678	44 870	49 846	55 936	52 658	54 766
3.钾　肥	吨	1 354	1 516	3 881	6 604	6 924	5 314
4.复合肥	吨	25 216	23 315	24 917	30 469	34 181	34 920
四、沼气池	个	782	1 424	1 582	1 543	1 568	1 566
五、农田水利情况							
1.有效灌溉面积	万亩	245.50	247.03	244.76	250.71	257.34	263.04
#机电灌面积	万亩	24.34	25.11	26.21	27.00	25.65	25.29
2.配套机电井数	眼	536	524	518	498	479	514
#草原机井	眼			139	108	124	140
六、草原建设情况							
1.草原水渠	条	379	521	333	348	449	216
	公里	1 997	3 467	1 595	1 650	1 794	1 630
2.草原地下管道	条	286	324	352	389	374	393
	公里	2 081	2 191	2 541	2 667	2 670	2 517
3.草原灌溉面积	万亩	61.34	77.53	57.72	81.15	105.50	86.89
4.围栏草场面积	万亩	730.65	898.47	947.95	1 063.99	1 112.65	1 261.01
#当年新围面积	万亩	116.23	179.24	134.20	134.01	138.99	177.48
5.人工草场面积	万亩	127.38	123.94	113.95	118.68	141.42	171.14
#当年新种面积	万亩	20.26	27.19	20.63	11.56	27.87	30.13
6.改良草原面积	万亩	166.84	57.99	43.44	71.78	62.67	46.12
7.草籽种植面积	万亩	14.03	10.25	4.19	3.83	3.38	5.62
人工种草籽收获量	吨	266.5	237.0	507.5	126.31	44.2	291.5
8.当年鼠害面积	万亩	6 106.07	3 790.69	5 018.18	4 897.77	4 012.09	4 313.14
当年灭鼠面积	万亩	1 106.17	923.49	1 163.14	1 165.56	980.3	1 014.13
9.年末虫害面积	万亩	645.37	477.21	571.94	679.92	862.17	1 282.92
当年灭虫面积	万亩	67.24	111.15	76.87	94.56	43.27	141.18

乡镇企业基本情况

(1991年)

指　　标	企业单位数(个)	#乡　办	#村　办	企业人数(个)	#乡　办	#村　办
总　　计	40 910	842	761	142 955	37 178	22 149
一、农业企业	278	100	178	1 984	1 067	917
二、工业企业	13 748	432	400	60 376	18 077	16 821
三、建筑企业	398	126	68	36 704	16 746	2 835
四、交通运输企业	14 304	28		22 280	294	
五、商业、饮食企业	10 942	124	70	17 478	705	489
#饮食业	2 549	29	22	5 492	136	118
六、服务业企业	1 105	26	43	3 438	273	1 065
七、其他企业	135	6	2	695	16	22

乡镇企业基本情况(续)

(1991年)

指　　标	乡镇企业总收入(万元)			乡镇企业总产值(万元)					
				按1990年不变价格计算			按当年价格计算		
	合　计	乡　办	村　办	合计	乡办	村办	合计	乡办	村办
总　　计	67 840	23 061	12 881	75 538	30 436	14 437	70 693	27 503	13 012
一、农业企业	981	710	271	1 058	774	284	1 007	719	288
二、工业企业	29 646	12 522	8 922	43 250	20 290	11 970	38 474	17 430	10 541
三、建筑企业	11 075	7 649	1 437	13 876	8 487	1 583	13 858	8 469	1 583
四、交通运输企业	10 312	280		10 498	266		10 498	266	
五、商业、饮食企业	14 150	1 772	1 615	6 856	619	600	6 856	619	600
#饮食业	4 080	83	192	4 039	75	189	4 039	75	189
六、服务业企业	1 390	120	630						
七、其他企业	286	8	6						

乡村企业主要财务指标

单位：万元

指 标	1990年 计	1990年 乡 办	1990年 村 办	1991年 计	1991年 乡 办	1991年 村 办
1.总收入	28 991	18 307	10 684	35 942	23 061	12 881
2.费用支出	25 864	16 182	9 682	32 619	20 670	11 949
#生产费用	21 127	13 263	7 864	27 030	16 557	10 473
3.销售税金(应交)	1 584	986	598	1 868	1 222	646
4.利润总额	1 543	1 139	404	1 455	1 169	286
#所得税(应交)	298	216	82	210	136	74
5.实交国家税金合计	1 477	915	562	1 770	1 143	627
#销售税金	1 282	787	495	1 606	1 039	567
所得税金	195	128	67	164	104	60
6.纯利润	1 233	920	313	1 245	1 033	212
#(1)上交乡村	352	248	104	299	225	74
(2)企业留利	1 159	839	320	946	808	138
#①用于扩大再生产	889	637	252	716	647	69
②用于集体福利	203	151	52	178	121	57
③用于教育事业	39	30	9	52	40	12
7.工资总额	6 840	4 112	2 728	7 778	5 055	2 723
8.年末固定资产原值	28 454	18 138	10 316	30 836	19 736	11 100
9.本年提取折旧基金	2 479	1 841	638	2 132	1 338	794
10.年末固定资产净值	20 678	12 925	7 753	22 235	13 970	8 265
11.年末占用流动资金	14 773	9 128	5 635	18 552	12 277	6 275
12.定额流动资金年平均余额	6 376	3 834	2 542	7 244	4 583	2 661
13.自有流动资金	3 739	2 207	1 532	4 041	2 653	1 388
14.本年银行贷款总额	5 026	3 699	1 327	6 002	4 445	1 557
15.本年银行贷款余额	8 799	6 139	2 660	10 222	6 778	3 444
16.利息支出	782	511	271	999	722	277
17.亏损企业个数(个)	150	59	91	133	58	75
18.亏损金额	633	379	254	735	303	432

农村住户家庭生产经营情况

(1985年—1991年抽样调查资料)

指　　标	单位	1985年	1986年	1987年	1988年	1989年	1990年	1991年
一、经营耕地面积	亩/人	2.67	2.72	2.73	2.75	2.89	2.71	2.42
#承包耕地面积	亩/人	2.28	2.36	2.40	2.44	2.59	2.42	2.17
自留地面积	亩/人	0.35	0.29	0.31	0.29	0.28	0.27	0.20
二、经营山地面积	亩/人	1.27	0.13	0.07	0.07	0.05	0.05	0.08
#承包山地面积	亩/人	1.23	0.10	0.02	0.04	0.01	0.04	0.06
自留山面积	亩/人	0.02	0.03	0.04	0.02	0.02	0.01	0.01
三、年内出售肥猪头数	头/户	0.40	0.48	0.58	0.43	0.48	0.52	0.48
年内自宰肥猪头数	头/户	0.55	0.63	0.63	0.63	0.62	0.64	0.60
年内出售、自宰猪肉产量	公斤/户	70.07	78.28	88.29	83.08	88.76	88.48	88.08
平均每头猪的肉产量	公斤/头	73.76	70.52	72.97	78.38	80.86	76.28	81.56
猪年末存栏头数	头/户	1.89	2.03	1.84	1.92	2.01	1.66	1.49
#母猪	头/户	0.15	0.16	0.13	0.16	0.14	0.12	0.13
四、年内出售菜羊只数	只/户	2.51	1.90	2.21	2.29	1.79	2.60	2.56
年内自宰菜羊只数	只/户	1.56	1.77	1.69	1.50	1.56	1.60	1.50
年内出售、自宰羊肉产量	公斤/户	78.99	61.47	74.47	70.08	61.68	70.38	66.10
平均每只羊的肉产量	公斤/只	19.41	16.75	19.09	18.49	18.41	16.76	16.28
年末羊存栏数	只/户	20.46	23.54	22.90	23.95	25.40	27.65	20.85
五、年内出售大牲畜	头/百户	39.33	29.78	34.67	30.67	30.89	24.13	19.00
出售牛肉	公斤/户	28.17	17.87	25.05	22.36	22.35	13.03	17.05
年末大牲畜存栏数	头/户	8.25	9.65	9.59	7.50	7.75	7.91	6.22
六、年末饲养家禽数	只/户	6.06	5.12	4.53	4.73	4.38	4.78	3.81
七、年末养兔数	只/百户	4	13	28	23	3	3	7

农村住户主要农牧产品生产量、商品量

(1985年—1991年抽样调查资料)

类别	单位	1985年	1986年	1987年	1988年	1989年	1990年	1991年
一、生产量								
粮食	公斤/人	346.84	344.29	343.28	389.47	405.66	435.83	415.55
油料	公斤/人	33.63	34.03	35.03	37.64	36.96	43.38	43.69
蔬菜	公斤/人	79.95	102.74	86.15	97.63	81.36	77.44	47.14
果用瓜	公斤/人	0.07	0.23					0.81
水果	公斤/人	2.38	3.77	4.67	3.59	3.58	1.90	1.50
猪肉	公斤/户	70.07	78.27	88.29	83.08	88.76	88.48	88.08
羊肉	公斤/户	78.99	61.47	74.47	70.08	61.68	70.38	66.10
牛羊奶	公斤/户	284.53	302.32	266.95	169.55	156.52	172.94	137.14
家禽	只/户	1.61	0.94	0.82	0.71	1.14	1.03	3.81
禽蛋	公斤/户	12.31	11.68	8.88	8.17	8.83	9.03	8.40
羊毛	公斤/户	27.87	32.79	20.92	32.80	42.62	37.59	27.05
兔毛	公斤/户			0.03	0.01	0.01	0.01	0.01
核桃	公斤/户	0.02	0.01	0.19	0.07	0.17		
二、出售量								
粮食	公斤/人	40.58	53.67	62.33	69.79	82.86	85.62	86.89
油料	公斤/人	14.93	17.22	15.38	16.98	16.31	20.14	24.89
蔬菜	公斤/人	30.20	49.53	34.73	38.28	34.96	38.48	22.63
果用瓜	公斤/人	0.03	0.20					0.68
水果	公斤/人	1.34	1.29	0.80	1.50	1.52	1.13	0.89
猪肉	公斤/户	29.70	31.70	40.04	32.81	35.38	38.17	32.15
羊肉	公斤/户	42.40	31.35	39.87	44.90	30.60	40.17	39.38
牛羊奶	公斤/户	20.40	14.92	8.32	14.44	10.99	23.16	11.87
家禽	只/户	1.24	0.74	0.62	0.50	0.65	0.47	0.42
禽蛋	公斤/户	8.74	7.14	4.90	3.68	3.50	4.56	3.59
羊毛	公斤/户	25.27	30.30	15.22	24.57	18.94	27.01	18.19
兔毛	公斤/户				0.01	0.01	0.01	0.01
核桃	公斤/户	0.01		0.05	0.06			

农民家庭平均每百户年末拥有主要生产性固定资产数量

(1985年—1991年抽样调查资料)

指　　标	单位	1985年	1986年	1987年	1988年	1989年	1990年	1991年
汽　　车	辆	0.11	0.78	1.33	0.89	0.89	1.30	1.33
大中型拖拉机	台	1.55	1.33	1.11	1.33	1.56	1.74	1.33
小型和手扶拖拉机	台	7.91	10.16	12.07	16.11	17.56	18.26	21.58
机动脱粒机	台	6.88	1.36	1.13	2.73	3.22	3.43	3.27
胶轮大车	辆	18.44	18.44	16.22	16.31	19.56	15.87	12.67
胶轮手推车	辆	63.33	63.91	64.67	74.22	78.00	67.83	57.17
抽水机	台	0.44		0.89	1.11	0.22	0.22	
水　　泵	台	0.22			0.89	0.44	0.22	0.92
役　　畜	头	212.55	205.07	203.22	211.22	206.78	200.98	172.08
产 品 畜	头	186.33	179.58	228.89	187.11	154.00	144.35	77.50

农民家庭平均每户年末生产性固定资产原值

(1985年—1991年抽样调查资料)　　单位：元

指　　标	1985年	1986年	1987年	1988年	1989年	1990年	1991年
合　　计	2 231.83	2 196.64	2 271.66	2 769.58	2 753.27	2 892.16	2 897.68
1.役畜、产品畜	1 398.58	1 215.95	1 187.75	1 416.58	1 323.53	1 301.30	1 058.30
2.大中型铁木农具	33.92	30.58	39.15	59.27	55.53	78.33	109.08
3.农林牧渔业机械	201.54	168.78	251.92	469.71	568.58	661.48	897.98
4.工业机械	29.61	27.11	45.67	72.17	63.04	64.93	44.90
5.运输机械	208.51	391.82	346.14	347.71	348.18	380.69	279.00
6.生产用房	316.54	292.66	313.46	345.20	327.93	339.09	364.59
7.其　　他	43.13	69.74	87.57	58.94	66.48	66.34	143.83

九、工　　业

历年工业企业单位数和工业总产值

年　　份	工业企业单位数（个）	工业总产值（万元）				
		合计	全民所有制	集体所有制	其他经济类型	城镇农村个体
按1952年不变价格计算						
1949	15	1 871	105			1 766
1952	48	2 696	441	2		2 253
1955	207	6 582	2 886	592		3 104
1956	252	10 014	5 798	2 535		1 681
1957	356	10 416	5 221	2 935		2 260
按1957年不变价格计算						
1957	356	11 791	6 814	2 881		2 096
1958	677	17 871	17 260	611		
1959	929	49 646	47 570	2 076		
1960	899	66 186	63 384	2 802		
1961	705	30 399	27 873	2 526		
1962	465	17 634	15 231	2 226		177
1963	415	17 410	15 493	1 790		127
1964	434	18 640	16 543	1 998		99
1965	449	24 085	21 769	2 283		33
1966	438	31 226	28 434	2 792		
1967	423	32 656	29 668	2 988		
1968	470	32 368	29 111	3 257		
1969	485	38 726	34 909	3 817		
1970	610	55 119	50 604	4 515		
1971	822	72 711	66 060	6 651		
按1970年不变价格计算						
1971	822	64 881	58 559	6 322		
1972	913	72 461	64 861	7 600		
1973	959	86 542	75 535	11 007		
1974	1 022	90 425	77 534	12 891		
1975	1 038	104 573	88 638	15 935		
1976	1 158	102 788	84 685	18 103		
1977	1 271	118 066	96 467	21 599		
1978	1 391	137 262	112 208	25 054		
1979	1 306	137 058	112 052	25 006		
1980	1 274	142 557	117 676	24 881		
1981	1 178	121 834	98 371	23 463		
按1980年不变价格计算						
1981	1 178	122 332	98 376	23 956		
1982	1 344	145 580	119 494	26 001		85
1983	1 292	147 609	118 030	29 292		287
1984	1 303	168 611	134 333	33 750		528
1985	1 293	201 832	160 505	37 540	85	3 702
1986	1 460	224 714	176 994	43 538	143	4 039
1987	1 411	253 946	205 299	42 935	222	5 490
1988	1 478	306 196	250 905	48 791	506	5 994
1989	1 484	330 956	268 797	53 882	521	7 756
1990	1 450	341 453	275 223	55 128	340	10 762
按1990年不变价格计算						
1990	1 450	595 474	498 802	81 859	871	13 942
1991	1 477	624 235	520 417	89 536	396	13 886

说明：企业单位数为乡及乡以上工业企业数，工业总产值为全部工业。

按经济类型分全部工业企业单位数及工业总产值

类别	1990年			1991年			总产值1991年比1990年增长(%)
	企业数(个)	工业总产值(万元)		企业数(个)	工业总产值(万元)		
		1990年不变价	当年价		1990年不变价	当年价	
总计	**18 875**	**595 474**	**552 472**	**15 145**	**624 235**	**605 110**	**4.83**
全民所有制工业	**562**	**498 802**	**464 558**	**564**	**520 417**	**507 848**	**4.33**
中央企业	22	134 545	130 387	19	139 074	130 688	3.37
地方企业	540	364 257	334 171	545	381 343	377 160	4.69
集体所有制工业	**1 563**	**81 859**	**74 208**	**1 544**	**89 536**	**82 753**	**9.38**
#乡办工业	289	12 941	9 806	301	15 980	12 815	23.48
村办工业	432	8 728	8 117	410	9 208	9 396	5.50
城镇农村合作经营工业	253	3 109	2 891	229	2 921	2 980	-6.05
城镇合作经营工业	123	1 580	1 469	31	401	409	-74.62
农村合作经营工业	130	1 529	1 422	198	2 520	2 571	64.81
城镇农村个体工业	**16 740**	**13 942**	**12 966**	**13 029**	**13 886**	**14 170**	**-0.40**
城镇个体工业	2 335	4 448	4 137	2 290	5 762	5 880	29.54
农村个体工业	14 405	9 494	8 829	10 739	8 124	8 290	-14.43
其他经济类型工业	**10**	**871**	**740**	**8**	**396**	**339**	**-54.54**
全民与集体合营工业	5	824	686	5	354	295	-57.04
全民与私人合营工业	2	40	48	1	42	44	5.00
其他工业	3	6	6	2			
在总计中:							
轻工业	14 797	187 394	159 742	13 203	194 456	176 546	3.77
重工业	4 078	408 080	392 730	1 942	429 779	428 564	5.32

注：工业总产值增长速度按1990年不变价格计算。

按各种分组的工业企业单位数及工业总产值

（乡及乡以上工业）

类别	1990年			1991年			总产值1991年比1990年增长(%)
	企业数（个）	工业总产值(万元)		企业数（个）	工业总产值(万元)		
		1990年不变价	当年价		1990年不变价	当年价	
总计	**1 450**	**569 695**	**528 498**	**1 477**	**598 219**	**578 563**	**5.01**
按经济类型分							
全民所有制工业	562	498 802	464 558	564	520 417	507 848	4.33
集体所有制工业	878	70 022	63 200	905	77 407	70 377	10.55
#乡办工业	289	12 941	9 806	301	15 980	12 815	23.48
其他工业	10	871	740	8	396	339	-54.54
按轻重工业分							
轻工业	701	173 877	147 171	721	181 391	163 214	4.32
以农产品为原料	497	126 898	109 730	510	132 917	121 247	4.74
以非农产品为原料	204	46 979	37 441	211	48 474	41 966	3.18
重工业	749	395 818	381 327	756	416 828	415 350	5.31
采掘工业	130	69 269	52 523	132	71 193	65 158	2.78
原料工业	176	203 801	210 725	184	220 754	227 081	8.32
制造工业	443	122 748	118 079	440	124 881	123 111	1.74
按企业规模分							
大型企业	18	169 656	163 088	16	178 342	170 196	5.12
中型企业	32	141 872	137 112	33	148 519	156 673	4.69
小型企业	1 400	258 167	228 298	1 428	271 358	251 694	5.11
按工业主要行业分：							
采掘业	**156**	**88 742**	**66 236**	**159**	**91 168**	**79 072**	**2.73**
煤炭采选业	40	13 359	9 626	41	12 265	10 131	-8.19
石油和天然气开采业	1	26 055	19 091	1	32 493	32 146	24.71
黑色金属矿采选业	4	256	246	4	149	156	-41.80
有色金属矿采选业	16	13 948	11 456	16	12 364	11 371	-11.36
建筑材料及其他非金属矿采选业	62	14 778	11 466	63	13 020	10 409	-11.90
采盐业	16	17 410	12 207	16	17 741	12 231	1.90
木材及竹材采运业	6	864	633	6	884	928	2.31
自来水生产和供应业	11	2 072	1 511	12	2 252	1 700	8.69

注：工业总产值增长速度按1990年不变价格计算。

按各种分组的工业企业单位数及工业总产值（续）

（乡及乡以上工业）

行　　业	1990年			1991年			总产值1991年比1990年增长(%)
	企业数（个）	工业总产值(万元)		企业数（个）	工业总产值(万元)		
		1990年不变价	当年价		1990年不变价	当年价	
制造业	1 294	480 953	462 262	1 318	507 051	499 491	5.43
食品制造业	168	48 286	38 288	175	51 537	44 516	6.73
饮料制造业	25	5 487	5 557	27	7 750	8 393	41.24
烟草加工业	1	3 181	2 859	1	3 345	3 020	5.16
饲料工业	16	3 012	2 340	17	2 928	1 938	−2.79
纺织业	40	35 268	32 079	41	34 889	32 575	−1.07
缝纫业	61	7 677	7 129	67	7 427	7 162	3.37
皮革毛皮及其制品业	32	8 304	7 302	32	8 275	7 422	0.35
木材加工及竹藤棕草制品业	17	2 438	3 073	14	2 112	2 145	−13.37
家具制造业	40	1 610	1 411	38	1 705	1 598	5.90
造纸及纸制品业	16	2 462	2 316	17	2 813	2 361	14.26
印刷业	49	3 256	3 146	45	3 191	3 632	−2.0
文教体育用品制造业	11	306	297	10	363	337	18.63
工艺美术品制造业	48	5 254	4 341	49	5 799	5 083	10.37
电力、蒸汽、热水生产和供应业	58	63 430	51 356	64	59 441	50 248	−6.29
石油加工业	5	801	948	4	932	1 105	16.35
炼焦、煤气及煤制品业	19	3 767	2 178	20	3 757	3 771	−0.27
化学工业	58	30 620	28 569	59	30 892	32 092	0.89
医药工业	8	5 849	6 128	8	6 763	7 771	15.63
橡胶制品业	10	2 357	1 846	10	2 326	1 834	−1.32
塑料制品业	15	3 213	2 913	19	3 751	3 306	16.74
建筑材料及其他非金属矿物制品业	186	20 174	19 184	196	24 902	24 832	23.44
黑色金属冶炼及压延加工业	36	68 160	73 778	36	74 795	86 148	9.73
有色金属冶炼及压延加工业	8	49 476	62 647	10	63 535	67 385	28.42
金属制品业	92	14 857	13 371	91	15 610	14 570	5.07
机械工业	137	60 564	59 670	138	58 356	57 501	−3.65
交通运输设备制造业	77	16 426	16 692	73	15 429	15 715	−6.07
电气机械及器材制造业	26	7 239	6 734	25	6 866	6 583	−5.15
电子及通信设备制造业	3	2 899	2 710	3	2 905	2 757	0.21
仪器仪表及其他计量器具制造业	5	3 203	2 037	4	3 360	2 461	4.90

注：工业总产值增长速度按1990年不变价格计算。

重要年份主要工业产品产量

产品名称	单位	1965年	1978年	1980年	1985年	1988年	1989年	1990年	1991年
棉纱	吨		2 900	3 931	3 900	5 272	4 637	5 145	5 402
棉布	万米		1 527	1 878	1 648	2 321	2 284	2 183	2 115
呢绒	万米	44	112	121	248	290	204	170	232
毛线	吨	309	455	853	1 611	2 274	1 964	1 436	1 182
毛毯	万条		14.70	15.80	22.60	48.35	59.48	32.85	29.98
地毯	万平方米	0.17	1.21	1.63	7.48	11.47	10.92	8.84	13.65
工业用呢	吨		250	170	313	508	502	411	372
皮鞋	万双	4	55	82	101	96	86.5	75.9	89.3
机制纸及纸板	吨	352	5 300	3 672	6 456	8 300	7 500	7 100	7 800
原盐	万吨	5.98	39.00	30.25	36.50	110.49	122.57	104.31	142.32
食用植物油	万吨	0.53	0.98	1.42	2.23	2.86	2.81	2.65	3.01
火柴	万件	2.52	5.53	6.55	9.00	9.11	9.16	8.79	10.85
肥皂	吨	255		1 583	1 684	2 724	1 808	1 913	1 082
合成洗涤剂	万吨		0.20	0.30	0.80	1.04	1.28	1.19	0.83
卷烟	万箱		0.19	0.32	1.53	2.02	2.24	2.32	2.51
白酒	吨	438	2 174	2 608	5 300	6 800	8 100	7 100	10 900
啤酒	万吨					1.25	1.05	0.98	1.54
日用精铝制品	吨		1 670	1 411	1 453	2 003	1 881	1 621	1 659
原煤	万吨	63	245	215	277	268	302	320	287
原油	万吨	10.0	13.6	15.1	20.0	64.0	72.5	81.0	102.0
原油加工量	万吨				17.0	15.0	12.6	15.3	17.5
发电量	亿千瓦小时	0.85	6.52	8.22	11.38	45.86	58.20	70.63	59.81
水电	亿千瓦小时				1.40	30.45	44.12	57.32	44.00
火电	亿千瓦小时				9.98	15.41	14.08	13.31	15.81
钢	万吨		18.20	17.92	20.90	29.27	31.11	32.25	36.28
钢材	万吨		13.62	15.25	16.74	22.68	27.83	28.31	29.48
铝	万吨					2.31	3.19	4.57	5.87
纯硅	万吨				0.96	1.14	1.43	1.02	0.88
铁合金	万吨					3.24	6.82	7.79	9.26
木材	万立方米	5.06	4.57	3.21	6.30	7.45	7.14	7.07	7.47
铜精矿含铜	吨		703	1 005	1 371	1 583	1 676	1 336	1 400
镍精矿含镍	吨				309	340	667	528	429
锌精矿含锌	万吨					1.93	2.40	2.37	2.04
铅精矿含铅	万吨	0.47				1.60	1.67	1.70	1.59
烧碱	万吨			0.50	0.55	0.69	0.78	0.70	0.94
硫酸	万吨	0.52	3.09	3.10	1.36	2.11	2.19	1.88	2.70
红矾钠	吨	353	1 109	1 204	1 470	1 900	1 469	1 451	1 838
硼砂	吨	2 072	4 338	3 624	2 080	336	959		700
电石	万吨		0.10	2.20	1.30	1.67	1.77	1.45	1.23
合成氨	万吨		12	1.00	0.54	0.61	0.37	0.36	0.38
化肥(折100%)	万吨	1.27	12.16	7.12	2.48	5.12	5.62	6.56	9.89
金属切削机床	台	90	1 258	1 314	1 114	1 132	1 357	1 297	1 062
汽车	辆		800	1 173	2 502	2 240	1 631	549	521
内燃机	万千瓦				30.21	23.53	10.23	12.46	6.18
交流电动机	万千瓦				4.00	1.28	1.55	1.22	2.16
农用拖车	辆		3 170	1 668	4 163		155	5 458	4 071
推土机	台			101	33	109	94	99	128
牛奶分离器	万台			0.30	0.95		1.16	0.37	0.24
电话交换机	万门				0.43	0.31	0.04	0.04	
电话机	万部				0.47	1.74	2.45	3.22	2.06
水泥	万吨	1.40	18.23	29.86	48.42	53.87	53.99	51.42	57.77
石棉	万吨	0.60	2.28	2.18	2.50	2.90	3.57	4.32	4.15

独立核算工业企业净产值

(1985年—1991年)　　单位：万元

类别	1985年	1986年	1987年	1988年	1989年	1990年	1991年
总计	**73 745**	**90 059**	**109 642**	**147 174**	**176 882**	**158 169**	**168 237**
按经济类型分							
全民所有制	61 735	77 034	96 327	131 490	158 262	141 053	149 216
集体所有制	11 946	13 003	13 259	15 489	18 464	17 060	18 963
其他经济类型	64	22	56	195	156	56	58
按轻重工业分							
轻工业	21 545	30 347	37 348	41 637	48 191	42 901	49 548
以农产品为原料	16 639	24 611	21 122	25 653	32 184	30 417	30 175
以非农产品为原料	4 906	5 736	16 226	15 984	16 007	12 484	19 373
重工业	52 200	59 712	72 294	105 537	128 691	115 268	118 689
采掘工业	7 785	17 139	24 241	29 017	28 644	16 871	22 817
原料工业	17 149	17 846	23 513	43 397	63 507	69 168	59 454
制造工业	27 269	24 705	24 540	33 124	36 540	29 230	36 418
按企业规模分							
大型企业	16 727	24 142	32 016	54 524	67 534	55 355	47 174
中型企业	19 789	24 511	30 884	36 025	38 167	40 910	48 286
小型企业	37 228	41 406	46 742	56 626	71 181	61 904	72 777

注：本表为乡及乡以上工业

按主要行业分独立核算工业企业净产值

(1988年—1991年)

行业	工业净产值（万元）				占工业总产值比重（%）			
	1988年	1989年	1990年	1991年	1988年	1989年	1990年	1991年
煤炭采选业	3 545	4 699	5 271	5 313	55.09	57.21	57.90	56.00
石油和天然气开采业	19 817	16 600	2 879	8 423	75.94	57.82	15.08	26.20
有色金属矿采选业	2 612	3 099	4 203	3 948	37.96	32.89	37.71	34.93
建筑材料和其他非金属矿物采选业	2 672	3 878	4 131	4 606	43.17	44.37	38.18	47.03
采盐业	9 651	9 252	5 856	11 663	87.59	80.03	48.89	97.84
食品制造业	5 654	6 531	6 686	7 614	19.85	19.37	19.38	19.52
饮料制造业	1 700	2 176	2 168	3 881	42.20	42.52	39.08	46.55
烟草加工业	976	1 426	1 753	1 657	60.25	59.87	61.32	54.87
纺织业	9 931	13 946	12 138	9 087	30.21	33.42	37.91	27.95
缝纫业	1 870	2 040	1 554	1 499	26.94	28.79	22.47	21.52
皮革毛皮及其制品业	1 463	1 490	1 566	1 599	19.83	16.98	21.61	21.64
木材加工及竹藤棕草制品业	838	724	810	470	21.98	19.62	27.47	23.06
电力蒸汽热水生产和供应业	20 006	23 466	25 408	17 272	63.44	55.07	50.11	37.11
化学工业	6 894	8 649	5 411	12 150	33.29	29.89	19.29	38.45
医药工业	1 485	1 494	1 656	2 122	29.41	29.62	30.22	28.50
建筑材料及其他非金属矿物制品业	5 201	5 853	6 662	7 312	36.72	35.17	37.91	31.46
黑色金属冶炼及压延加工业	11 888	19 284	21 156	24 751	28.13	27.70	29.09	29.05
有色金属冶炼及压延加工业	6 005	13 837	16 212	11 714	19.87	28.24	26.07	17.59
金属制品业	3 684	4 109	4 323	4 223	31.16	31.09	32.50	29.16
机械工业	17 718	18 829	14 343	14 464	33.21	32.18	24.79	25.77
交通运输设备制造业	4 189	5 147	4 040	3 336	23.01	25.66	24.53	21.62
电气机械及器材制造业	1 571	2 177	1 873	2 475	31.41	30.12	27.88	37.68
仪器仪表及其他计量器具制造业	737	832	642	646	34.41	35.42	31.52	26.25

注：以上两表均按当年价格计算。

重点工业企业质量指标和实物劳动生产率

(1985年—1991年)

指　　标	单位	1985年	1986年	1987年	1988年	1989年	1990年	1991年
铝锭一级品率	%				50.13	60.51	96.54	99.79
钢锭合格率	%	99.29	99.21	99.30	99.43	99.31	99.32	99.34
钢材合格率	%	99.62	99.66	99.76	99.80	99.75	99.41	99.61
钢材成材率	%	76.77	76.92	77.94	78.16	79.78	81.27	80.33
工人炼钢	吨／人	215.52			259.18	265.05	244.36	248.84
商品煤灰分	%	25.26	24.60	26.88	25.91	25.83	21.95	23.56
商品煤含矸率	%	1.30	0.73	0.77	1.13	0.85	1.47	1.26
原煤全员效率	吨／工	0.72			0.71	0.78	0.89	0.78
水泥出厂合格率	%	100.00	100.00	100.00	100.00	100.00	100.00	100.00
水泥全员劳动生产率	吨／人	127.76			146.01	147.53	149.00	158.00
棉纱一等一级以上品率	%	95.58	98.59	99.01	99.35	97.36	99.68	99.86
棉布入库一等品率	%	96.87	95.62	98.74	99.02	98.85	97.59	96.74
毛线入库一等品率	%	92.42	95.30	96.71	94.10	92.19	93.94	94.35
长毛绒入库一等品率	%	96.41	98.50	98.41	98.62	98.67	98.21	98.00
毛毯入库一等品率	%	78.49	84.94	85.78	87.14	88.93	80.79	88.12
工业用呢一等品率	%	93.46	99.49	94.22	94.97	95.12	85.56	
机制纸合格率	%	85.99	98.11	98.92	95.91	94.81	97.20	98.20
普通灯泡综合合格率	%	86.07	83.32	82.20	81.15	86.30	87.20	89.90

重点工业企业主要产品物耗指标

(1985年—1991年)

指　　标	单　位	1985年	1986年	1987年	1988年	1989年	1990年	1991年
每吨电解铝耗氧化铝	公斤				2 163	2 064	1 984	1 949
每吨铝锭耗直流电	千瓦小时				17 385	15 105	14 334	14 161
每吨电炉钢耗电	千瓦小时	699	632	602	602	604	586	581
每吨钢耗金属料	公斤	1 109	1 086	1 074	1 084	1 076	1 039	1 078
每吨轧钢材耗电	千瓦小时	81	87	82	78	77	95	93
每吨锻钢材耗标准煤	公斤	348	364	321	298	302	324	319
原煤企业综合耗电	千瓦小时／吨	16.52	17.75	16.08	19.00	16.93	20.35	21.76
原煤企业综合耗坑木	立方米／万吨	95.67	81.28	96.52	72.35	72.44	68.77	80.81
火力发电耗标准煤	克／千瓦小时	468	462	510	467	502	439	433
火力发电厂用电率	%	8.66	8.23	5.92	8.22	8.74	8.83	8.46
供电线路损失率	%	8.86	7.44	6.93	6.00	6.25	6.76	5.82
油田原油损失率	%	2.28	2.29	2.30	2.03	2.30	1.64	2.57
原油加工耗电	千瓦小时／吨	20.61	20.36	19.10	18.78	22.67	49.74	51.45
原油加工耗燃料油	公斤／吨	102.24	89.43	73.27	60.18	60.98	68.27	79.82
每吨硫酸耗硫铁矿	公斤	1 018	1 005	1 031	1 009	1 008	1 038	1 010
每吨电解烧碱耗直流电	千瓦小时	3 111	3 202	3 225	3 473	3 746	4 089	3 799
每吨合成氨耗标准煤	公斤	1 686	1 748	1 819	2 251	1 298	1 790	1 726
每吨合成氨耗电	千瓦小时	1 630	1 563	1 917	2 091	3 057	3 368	2 858
每吨水泥熟料耗标准煤	公斤	200	191	181	191	189	164	164
每吨水泥综合耗电	千瓦小时	149	146	148	136	135	125	134
每吨棉纱连扯净用棉量	公斤	1 066	1 067	1 059	1 056	1 076	1 081	1 081
每吨棉纱耗电	千瓦小时	1 551	1 452	1 590	1 476	1 513	1 515	1 601
每百米棉布用纱量	公斤	14.89	13.00	12.00	12.32	12.14	11.56	11.15
每百米棉布耗电	千瓦小时	23.27	24.68	21.00	21.04	20.00	19.95	21.66
每百公斤毛线耗用毛条量	公斤	117.05	117.61	115.71	114.65	114.65	114.00	114.52
每吨毛线耗电	千瓦小时	1 433	1 333	1 290	1 219	1 217	1 435	1 445
每吨毛线耗用标准煤	公斤	4 935	4 184	5 149	5 618	5 140	6 362	6 742
每吨纸耗浆	公斤	1 025	1 197	990	1 019	996	1 312	
每吨机制纸耗电	千瓦小时	1 124	1 209	1 347	1 604	1 637	1 602	1 599

全部独立核算工业企业全员劳动生产率

（1988年—1991年）　　单位：元／人年

类　　别	1988年	1989年	1990年	1991年
总　　计	6 469	7 246	6 716	7 256
按经济类型分				
全民所有制工业	7 550	8 240	7 686	8 160
中央企业	8 794	13 731	17 889	14 070
地方企业	7 340	7 226	5 901	7 257
集体所有制工业	2 936	3 566	3 295	3 887
#乡办工业	1 837	2 273	2 409	2 842
其他经济类型工业	3 385	5 858	2 500	2 921
按轻重工业分				
轻工业	6 183	6 472	6 465	7 595
以农产品为原料	4 913	3 438	5 899	5 951
以非农产品为原料	10 561	10 326	8 437	13 311
重工业	6 590	7 586	6 814	7 127
采掘工业	9 599	9 155	5 446	7 468
原料工业	9 273	12 026	13 136	11 647
制造工业	3 985	4 271	3 418	4 288
按企业规模分				
大型企业	10 873	13 066	10 657	9 561
中型企业	7 733	7 949	8 456	10 507
小型企业	4 330	4 929	4 579	5 329
按工业主要行业分：				
煤炭采选业	2 133	2 848	3 280	3 347
石油和天然气开采业	70 851	51 778	7 995	23 760
黑色金属矿采选业	500	2 969	7 471	4 103
有色金属矿采选业	5 983	6 667	9 574	9 135
建筑材料及其他非金属矿采选业	4 507	6 050	6 386	7 232
采盐业	36 529	26 518	20 877	42 242
木材及竹材采运业	7 430	7 532	9 306	15 059
自来水生产和供应业	10 974	11 525	8 348	10 476

注：1.本表为乡及乡以上工业企业数字。

2.本表数字用当年价工业净产值计算。

全部独立核算工业企业全员劳动生产率(续)

(1988年—1991年)　　单位：元/人年

行　业	1988年	1989年	1990年	1991年
食品制造业	6 491	7 377	7 691	8 897
饮料制造业	8 445	10 762	10 246	18 632
烟草加工业	32 862	41 453	48 966	43 720
饲料工业	8 462	9 129	7 674	8 917
纺织业	5 321	6 921	6 075	4 490
缝纫业	3 327	3 825	3 145	3 096
皮革毛皮及其制品业	3 821	3 659	3 793	3 913
木材加工及竹、藤、棕、草制品业	5 787	5 171	5 466	3 268
家具制造业	2 774	2 945	2 664	3 010
造纸及纸制品业	2 836	2 660	2 963	2 667
印刷业	3 435	2 176	4 310	4 828
文教体育用品制造业	2 991	3 744	3 466	4 293
工艺美术品制造业	1 955	2 343	3 088	3 464
电力蒸汽热水生产和供应业	25 698	28 708	32 520	17 821
石油加工业	7 253	9 174	10 255	6 697
炼焦、煤气及煤制品业	2 179	2 718	2 574	2 199
化学工业	4 652	5 545	3 555	8 108
医药工业	7 845	7 561	8 492	11 098
橡胶制品业	4 295	4 376	4 862	5 142
塑料制品业	4 713	1 345	1 386	1 414
建筑材料及其他非金属矿物制品业	2 561	2 992	3 433	3 788
黑色金属冶炼及压延加工业	7 805	10 632	11 334	12 972
有色金属冶炼及压延加工业	7 831	16 394	18 788	15 105
金属制品业	4 611	5 284	5 329	5 223
机械工业	4 397	4 570	3 511	3 915
交通运输设备制造业	3 240	4 115	3 256	2 648
电气机械及器材制造业	3 948	5 720	4 866	6 077
电子及通信设备制造业	3 770	3 862	5 273	5 630
仪器仪表及其他计量器具制造业	5 232	5 064	3 893	3 885

全民独立核算工业企业全员劳动生产率

（1988 年—1991 年） 单位：元／人年

行　　业	1988 年	1989 年	1990 年	1991 年
总　　计	**7 550**	**8 240**	**7 686**	**8 160**
按轻重工业分				
轻工业	6 184	8 085	8 344	9 747
以农产品为原料	6 079	6 520	7 409	7 390
以非农产吕为原料	16 164	14 782	12 130	17 772
重工业	7 359	8 292	7 497	7 701
采掘工业	10 699	9 860	5 862	8 075
原料工业	9 654	12 595	13 908	11 861
制造工业	4 389	4 568	3 519	4 599
按企业规模分				
大型企业	10 873	13 066	10 657	9 561
中型企业	7 733	7 949	8 456	10 507
小型企业	5 287	5 691	5 384	6 138
按主要工业行业分				
煤炭采选业	2 157	2 879	3 408	3 302
石油和天然气开采业	70 851	51 778	7 995	5 896
黑色金属矿采选业		3 830	9 000	6 000
有色金属矿采选业	6 159	7 212	9 943	9 355
建筑材料和其他非金属矿采选业	5 870	5 943	7 580	7 455
采盐业	36 529	26 767	21 593	42 159
木材及竹材采运业	7 430	7 532	9 306	15 059
自来水生产和供应业	10 974	11 525	8 348	10 476
食品制造业	7 315	8 356	8 708	9 793
饮料制造业	9 926	12 419	11 292	20 182
烟草加工业	32 862	41 453	48 966	43 720
饲料工业	9 694	10 476	9 385	11 657
纺织业	5 288	7 192	6 537	4 451
缝纫业	3 376	4 248	3 849	3 350
皮革毛皮及其制品业	8 434	7 363	6 104	4 149
木材加工及竹藤棕草制品业	6 758	5 582	6 053	3 473
家具制造业	3 429	4 797	4 268	4 430
造纸及纸制品业	2 519	1 590	1 735	-205
印刷业	3 712	1 759	5 015	5 225
文教体育用品制造业	1 875	4 444	3 864	6 296
工艺美术品制造业	3 504	2 774	3 666	3 866
电力、蒸汽热水生产和供应业	25 783	28 789	32 623	17 878
石油加工业	16 000	14 750	11 250	17 500
化学工业	4 767	5 532	3 247	8 429
医药工业	7 845	7 561	8 492	11 098
橡胶制品业	4 450	4 991	6 344	6 255
塑料制品业	5 149	941	1 007	1 032
建筑材料及其他非金属矿物制品业	3 122	3 204	3 888	4 403
黑色金属冶炼及压延加工业	7 751	11 049	11 976	13 186
有色金属冶炼及压延加工业	7 879	16 571	1 9410	15 841
金属制品业	5 838	6 702	7 155	6 790
机械工业	4 569	4 875	3 672	4 226
交通运输设备制造业	3 308	4 184	2 971	2 117
电气机械及器材制造业	4 139	6 463	4 698	7 269
电子及通信设备制造业	3 770	3 862	5 273	4 719
仪器仪表及其他计量器具制造业	5 783	5 325	4 163	3 400

注：本表用当年价工业净产值计算。

集体独立核算工业企业全员劳动生产率

（1988年—1991年）　　　　单位：元／人年

行　　业	1988年	1989年	1990年	1991年
总　　计	2 936	3 566	3 295	3 887
轻工业	3 239	3 539	3 414	3 930
以农产品为原料	3 095	3 382	3 224	3 543
以非农产品为原料	3 681	4 030	3 953	5 320
重工业	2 614	3 594	3 183	3 845
采掘工业	1 952	4 268	2 699	3 870
原料工业	3 155	5 010	4 220	8 144
制造工业	2 668	3 122	3 053	3 100
煤炭采选业	1 881	2 543	2 425	3 764
黑色金属矿采选业	500	1 176	1 176	714
有色金属矿采选业	709	672	1 684	1 626
建筑材料及其他非金属矿采选业	2 097	6 278	3 179	6 594
食品制造业	2 936	3 182	2 832	4 297
饮料制造业	2 126	2 660	3 186	3 879
饲料工业	6 552	6 164	4 086	4 216
纺织业	5 481	5 659	4 043	4 938
缝纫业	3 118	3 474	2 694	2 918
皮革毛皮及其制品业	2 772	2 635	3 246	3 820
木材加工及竹、藤、棕、草制品业	2 841	3 554	3 509	2 610
家具制造业	2 740	2 819	2 580	2 940
造纸及纸制品业	3 158	3 934	4 643	6 600
印刷业	3 137	3 355	3 640	4 452
文教体育用品制造业	3 280	3 586	3 382	3 989
工艺美术品制造业	1 667	2 260	2 949	3 484
电力、蒸汽、热水生产和供应业	1 786	2 400	2 593	2 778
石油加工业	5 966	7 921	9 883	4 348
炼焦、煤气及煤制品业	2 179	2 718	2 574	2 199
化学工业	3 826	5 642	5 509	5 641
橡胶制品业	4 131	3 748	3 352	4 007
塑料制品业	4 238	3 573	3 148	3 208
建筑材料及其他非金属矿物制品业	1 847	2 595	2 744	2 819
黑色金属冶炼及压延加工业	11 366	5 710	3 514	10 246
有色金属冶炼及压延加工业	5 936	8 470	5 302	2 322
金属制品业	3 524	3 911	3 555	3 476
机械工业	2 898	2 393	2 343	2 054
交通运输设备制造业	3 070	3 923	4 058	4 588
电气机械及器材制造业	3 693	4 692	5 103	5 918
仪器仪表及其他计量器具制造业	3 447	4 158	2 965	6 053

注：本表用当年价工业净产值计算。

全部独立核算工业企业主要财务和经济效益指标

(1985 年—1991 年)

指　　标	单　位	1985 年	1986 年	1987 年	1988 年	1989 年	1990 年	1991 年
工业企业数	个	972	1 175	1 183	1 221	1 202	1 197	1 227
#亏损企业	个	111	159	185	167	211	289	317
产品销售收入	万元	187 381	225 778	255 859	377 583	417 003	450 246	517 937
#销售税金	万元	14 989	17 055	21 685	27 938	37 415	44 730	46 185
利润总额	万元	14 384	15 930	14 599	44 857	34 380	18 198	1 718
利润和税金总额	万元	29 373	32 985	36 284	72 794	71 795	62 928	47 903
亏损企业的亏损额	万元	3 514	2 808	4 181	4 860	5 951	16 656	22 287
固定资产原值年末数	万元	375 950	396 336	556 067	659 866	841 124	933 857	961 802
固定资产净值年末数	万元	271 992	283 252	434 057	517 682	674 125	741 565	656 657
定额流动资金全年平均余额	万元	100 606	116 030	127 387	154 073	203 085	247 991	275 046
全部资金总额	万元	372 598	399 282	561 444	671 755	877 210	989 556	931 702
工业总产值(1980 年不变价)	万元	186 327	204 737	237 160	284 736	303 613	309 640	
工业总产值(1990 年不变价)	万元	330 944	363 643	421 231	505 733	539 261	549 966	573 683
工业总产值（当年价）	万元	217 484	246 812	293 921	398 083	506 233	511 447	555 557
亏损企业比重	%	11.42	13.53	15.64	13.68	17.55	24.14	25.84
百元固定资产原值实现的产值								
(1980 年不变价)	元	49.56	51.66	42.65	43.15	36.10	33.16	
(1990 年不变价)	元	88.03	91.75	75.75	76.64	64.11	58.89	59.65
(当年价)	元	57.85	62.27	52.86	60.33	60.19	54.77	57.76
百元固定资产原值实现的利税	元	7.81	8.32	6.53	11.03	8.54	6.74	4.98
百元产值实现的利税								
(按 1980 年不变价计算)	元	15.76	16.11	15.30	25.57	23.65	20.32	
(按 1990 年不变价计算)	元	8.88	9.07	8.61	14.39	13.31	11.44	8.35
(按当年价计算)	元	13.51	13.36	12.34	18.29	14.18	12.30	8.62
百元销售收入实现的利税	元	15.68	14.61	14.18	19.28	17.22	13.98	9.25
百元资金实现利税	元	7.88	8.26	6.46	10.84	8.18	6.36	5.14
百元产值占用定额流动资金								
(按 1980 年不变价计算)	元	53.99	56.67	53.71	54.11	66.89	80.09	
(按 1990 年不变价计算)	元	30.40	31.91	30.24	30.47	37.66	45.09	47.94
(按当年价计算)	元	46.26	47.01	43.34	38.70	40.12	48.49	49.51
定额流动资金周转天数	天／次	196	188	182	149	178	201	194
全员劳动生产率								
(按当年价工业净产值计算)	元／人年	3 648	4 216	4 948	6 469	7 246	6 716	7 256

全民所有制独立核算工业企业主要财务和经济效益指标

(1985年—1991年)

指　　标	单　位	1985年	1986年	1987年	1988年	1989年	1990年	1991年
工业企业数	个	413	428	442	465	488	498	500
＃亏损企业	个	49	63	80	76	99	127	138
产品销售收入	万元	15 916	192 973	220 791	331 520	367 931	403 545	460 959
＃销售税金	万元	12 868	14 819	19 457	25 107	34 300	41 521	42 092
利润总额	万元	11 921	13 588	12 525	42 130	31 974	18 102	1 952
利润和税金总额	万元	24 789	28 407	31 982	67 237	66 275	59 623	44 044
亏损企业的亏损额	万元	3 388	2 623	3 853	4 616	5 518	14 987	20 345
固定资产原值年末数	万元	355 779	373 032	530 519	630 629	804 880	893 453	917 924
固定资产净值年末数	万元	257 936	267 257	416 173	497 649	648 822	713 611	627 702
定额流动资金全年平均余额	万元	87 832	99 804	112 256	136 251	179 016	218 951	242 160
全部资金总额	万元	345 768	367 061	528 429	633 900	827 838	932 562	869 862
工业总产值(1980年不变价)	万元	155 759	170 685	201 969	244 917	261 414	269 142	
工业总产值(1990年不变价)	万元	281 937	308 954	365 581	443 321	473 182	487 170	504 693
工业总产值（当年价）	万元	184 959	210 683	255 686	350 398	446 366	454 732	492 515
亏损企业比重	%	11.86	14.72	18.10	16.34	20.29	25.50	27.60
百元固定资产原值实现的产值								
(1980年不变价)	元	43.78	45.76	38.07	38.84	32.48	30.12	
(1990年不变价)	元	79.24	82.82	68.91	70.30	58.79	54.52	54.98
(当年价)	元	51.99	56.48	48.20	55.56	55.46	50.90	53.66
百元固定资产原值实现的利税	元	6.97	7.62	6.03	10.66	8.23	6.67	4.80
百元产值实现的利税								
(按1980年不变价计算)	元	15.91	16.64	15.84	27.45	25.35	22.15	
(按1990年不变价计算)	元	8.79	9.19	8.75	15.17	14.01	12.24	8.73
(按当年价计算)	元	13.40	13.48	12.51	19.19	14.85	13.11	8.94
百元销售收入实现的利税	元	15.80	14.72	14.49	20.28	18.01	14.77	9.55
百元资金实现利税	元	7.17	7.74	6.05	10.61	8.07	6.39	5.06
百元产值占用定额流动资金								
(按1980年不变价计算)	元	56.39	58.47	55.58	55.63	68.48	81.35	
(按1990年不变价计算)	元	31.15	32.30	30.71	30.73	37.83	44.94	47.98
(按当年价计算)	元	47.49	47.37	43.90	38.88	40.11	48.15	49.17
定额流动资金周转天数	天／次	204	189	186	150	178	198	192
全员劳动生产率								
(按当年价工业净产值计算)	元／人年	3 942	4 476	5 717	7 550	8 240	7 686	8 159

集体所有制独立核算工业企业主要财务和经济效益指标

(1985年—1991年)

指　标	单　位	1985年	1986年	1987年	1988年	1989年	1990年	1991年
工业企业数	个	557	742	731	745	703	693	722
#亏损企业	个	62	94	103	90	112	162	179
产品销售收入	万元	30 383	32 734	34 930	45 547	48 619	46 504	56 829
#销售税金	万元	2 111	2 232	2 216	2 804	3 094	3 200	4 088
利润总额	万元	2 442	2 340	2 079	2 696	2 375	79	-246
利润和税金总额	万元	4 553	4 572	4 295	5 500	5 469	3 279	3 842
亏损企业的亏损额	万元	126	185	311	219	432	1 669	1 942
固定资产原值年末数	万元	20 112	23 018	25 307	28 903	35 988	40 171	43 662
固定资产净值年末数	万元	14 015	15 727	17 674	19 766	25 096	27 766	28 782
定额流动资金全年平均余额	万元	12 767	16 090	15 029	17 661	23 848	28 902	32 758
全部资金总额	万元	26 782	31 817	32 703	37 427	48 944	56 668	61 540
工业总产值(1980年不变价)	万元	30 487	33 909	34 970	39 390	41 835	40 342	
工业总产值(1990年不变价)	万元	47 283	52 590	54 235	61 091	64 882	62 567	68 760
工业总产值（当年价）	万元	32 432	35 981	37 945	47 064	59 376	56 494	62 845
亏损企业比重	%	11.13	12.67	14.09	12.08	15.93	23.38	24.79
百元固定资产原值实现的产值								
(1980年不变价)	元	151.59	147.32	138.18	136.28	116.25	100.43	
(1990年不变价)	元	235.10	228.47	214.31	211.37	180.29	155.75	157.48
(当年价)	元	161.26	156.32	149.94	162.28	164.99	140.63	143.94
百元固定资产原值实现的利税	元	22.64	19.86	16.97	19.00	15.19	8.16	8.80
百元产值实现的利税								
(按1980年不变价计算)	元	14.93	13.48	12.28	13.94	13.07	8.13	
(按1990年不变价计算)	元	9.63	8.69	7.92	9.00	8.43	5.24	5.59
(按当年价计算)	元	14.04	12.71	11.32	11.67	9.21	5.80	6.11
百元销售收入实现的利税	元	14.99	13.97	12.30	12.06	11.25	7.05	6.76
百元资金实现利税	元	17.00	14.37	13.13	14.68	11.17	5.79	6.24
百元产值占用定额流动资金								
(按1980年不变价计算)	元	41.88	47.45	42.98	44.84	57.00	71.64	
(按1990年不变价计算)	元	27.00	30.60	27.71	28.91	36.76	46.19	47.64
(按当年价计算)	元	39.37	44.72	39.61	37.53	40.16	51.16	52.13
定额流动资金周转天数	天／次	153	179	157	142	179	227	210
全员劳动生产率								
(按当年价工业净产值计算)	元／人	2 576	2 501	2 506	2 936	3 566	3 295	3 887

全部独立核算工业企业主要经济效益指标

（1991年）

单位：元

类　别	每百元固定资产原值实现的产值	每百元固定资产原值实现的利税	每百元资金实现的利税	每百元工业总产值实现的利税	每百元销售收入实现的利税	每百元工业总产值占用定额流动资金
总　　计	**57.76**	**4.98**	**5.14**	**8.62**	**9.25**	**49.51**
按经济类型分						
全民所有制工业	53.66	4.80	5.06	8.94	9.55	49.17
集体所有制工业	143.93	8.80	6.24	6.11	6.76	52.12
其他工业	91.55	7.75	5.56	8.46	11.13	64.88
按轻重工业分						
轻工业	127.38	13.69	9.58	10.75	11.66	58.71
重工业	47.97	3.76	4.15	7.83	8.36	46.07
按工业主要行业分：						
煤炭采选业	40.98	−1.69	−2.12	−4.12	−4.35	39.56
石油和天然气开采业	28.03	−1.95	−26.84	−6.94	−8.19	0.22
有色金属矿采选业	30.68	4.54	4.35	14.78	12.19	62.71
建筑材料及其他非金属矿采选业	62.74	11.28	11.48	17.98	19.19	46.88
采盐业	150.23	29.37	17.83	19.55	38.78	56.14
木材及竹材采运业	92.41	21.48	20.13	23.24	23.12	39.87
自来水生产和供应业	20.34	3.93	5.51	19.32	21.55	9.87
食品制造业	154.51	14.97	14.89	9.69	9.59	20.00
饮料制造业	143.43	45.42	34.42	31.67	33.69	38.68
烟草加工业	313.93	172.87	81.28	55.07	50.81	42.42
饲料工业	329.73	29.68	22.58	9.00	12.42	13.26
纺织业	98.41	3.34	1.74	3.40	3.70	126.38
缝纫业	203.11	10.73	6.74	5.28	5.37	47.00
皮革毛皮及其制品业	150.29	−0.22	−0.13	−0.15	−0.16	76.82
木材加工及竹藤棕草制品业	79.33	0.84	0.46	1.05	1.36	137.44
家具制造业	124.64	−0.30	−0.22	−0.24	−0.25	73.84
造纸及纸制品业	79.76	−3.61	−3.55	−4.53	−5.06	46.96
印刷业	96.06	10.25	11.98	10.68	11.45	25.38
文教体育用品制造业	207.44	24.27	18.90	11.70	10.30	29.95
工艺美术品制造业	131.43	22.14	12.66	16.85	16.20	79.45
电力蒸汽热水生产和供应业	15.41	4.78	5.53	31.04	24.89	7.03
石油加工业	448.05	47.57	16.39	10.62	9.18	51.16
炼焦煤气及煤制品业	166.27	6.66	4.62	4.00	5.43	39.64
化学工业	69.14	3.41	3.14	4.93	6.60	59.83
医药工业	160.98	18.84	13.38	11.70	11.92	45.47
橡胶制品业	132.65	14.16	13.25	10.67	11.61	34.78
塑料制品业	92.26	2.78	2.35	3.02	2.91	54.02
建筑材料及其他非金属矿物制品业	68.59	5.32	5.20	7.76	8.97	48.68
黑色金属冶炼及压延加工业	135.80	12.34	10.37	9.09	12.00	34.94
有色金属冶炼及压延加工业	67.01	4.21	3.63	6.29	5.93	45.26
金属制品业	121.58	11.87	9.17	9.76	10.41	56.88
机械工业	73.70	1.98	1.58	2.69	2.89	85.51
交通运输设备制造业	105.31	−9.58	−6.25	−9.09	−9.13	87.59
电气机械及器材制造业	145.22	12.73	6.64	8.77	10.48	89.60
电子及通信设备制造业	101.13	5.90	3.42	5.83	7.38	100.33
仪器仪表及其他计量器具制造业	101.39	8.76	6.13	8.64	10.47	69.32

注：本表指标均按当年价格计算。

全部独立核算工业企业主要经济效益指标(续)

(1991年)

类　　别	工业净产值率(%)	定额流动资金周转天数(天/次)	平均每一职工		
			实现利税(元)	利润留成(元)	占有固定资产原值(元)
总　　计	30.28	191.17	2 066	296	41 483
按经济类型分					
全民所有制工业	30.30	189.12	2 408	343	50 195
集体所有制工业	30.17	207.52	788	117	8 950
其他工业	29.70	307.00	842		10 644
按轻重工业分					
轻工业	32.80	229.23	2 489	453	18 180
重工业	29.34	177.17	1 902	234	50 634
按工业主要行业分					
煤炭采选业	56.00	150.27	-246	45	14 587
石油和天然气开采业	26.20	0.95	-6 293		323 484
有色金属矿采选业	34.93	186.19	3 866	1 416	85 236
建筑材料及其他非金属矿采选业	47.03	180.15	2 763	405	24 508
采盐业	97.84	401.00	8 439	1 731	28 740
木材及竹林采运业	63.16	142.81	5 529	2 264	25 765
自来水生产和供应业	44.48	39.66	4 545	1 776	111 790
食品制造业	19.52	71.23	4 416	1 514	29 500
饮料制造业	46.55	148.12	12 674	701	27 907
烟草加工业	54.87	140.90	43 879		25 383
饲料工业	12.84	65.86	6 245	2 491	21 047
纺织业	27.95	496.06	551	-53	16 486
缝纫业	21.51	171.98	760	370	7 084
皮革毛皮及其制品业	21.64	294.99	-27	110	12 034
木材加工及竹藤棕草制品业	23.04	637.82	153	341	17 865
家具制造业	32.52	276.57	-24	36	7 430
造纸及纸制品业	19.43	188.80	-622	127	17 194
印刷业	37.45	97.99	1 377	388	13 425
文教体育用品制造业	31.84	94.91	1 561	634	6 488
工艺美术品制造业	30.92	275.07	1 888	65	8 523
电力蒸汽热水生产和供应业	37.11	20.29	14 905	212	311 605
石油加工业	13.39	159.19	5 294	995	11 176
炼焦煤气及煤制品业	27.54	193.70	319	177	4 787
化学工业	38.45	288.01	1 040	450	30 498
医药工业	28.49	166.71	4 555	1 015	24 189
橡胶制品业	30.54	136.20	1 800	174	12 700
塑料制品业	25.98	187.78	164	117	5 897
建筑材料及其他非金属矿物制品业	31.46	202.62	934	150	17 552
黑色金属冶炼及压延加工业	29.04	166.10	4 059	97	32 890
有色金属冶炼及压延加工业	17.59	153.81	5 398	812	128 129
金属制品业	29.16	218.40	1 749	220	14 733
机械工业	25.77	331.67	408	155	20 614
交通运输设备制造业	21.63	316.73	-1 114	56	11 630
电气机械及器材制造业	37.67	385.69	1 414	535	11 107
电子及通信设备制造业	38.92	457.24	845	110	14 307
仪器仪表及其他计量器具制造业	26.26	302.37	1 281	150	14 594

全民所有制独立核算工业企业主要经济效益指标

(1991 年)　　　　单位：元

类　别	每百元固定资产原值实现的产　值	每百元固定资产原值实现的利　税	每百元资金实现的利税	每百元工业总产值实现的利　税	每百元工业总产值占用定额流动资金	可比产品成本降低率(%)
总　计	**53.66**	**4.80**	**5.06**	**8.94**	**49.17**	**−13.30**
按隶属关系分						
中央企业	29.77	4.90	5.12	16.46	33.81	−6.42
地方企业	74.46	4.71	5.01	6.33	54.51	−15.98
按轻重工业分						
轻工业	121.71	14.17	10.07	11.64	58.28	−6.59
重工业	45.48	3.67	4.11	8.07	46.24	−15.25
按工业主要行业分						
煤炭采选业	36.67	−2.26	−2.85	−6.16	41.97	20.67
石油和天然气开采业	28.03	−1.95	−26.84	−6.94	0.22	−1 370.05
有色金属矿采选业	30.55	4.52	4.33	14.79	63.04	−27.96
建筑材料及其他非金属矿采选业	53.00	9.31	9.55	17.57	54.43	5.14
采盐业	150.84	29.45	17.83	19.53	56.27	4.33
木材及竹材采运业	92.41	21.48	20.13	23.24	39.87	−1 090.49
自来水生产和供应业	20.34	3.93	5.51	19.32	9.87	2.92
食品制造业	155.28	15.08	15.10	9.71	19.53	−11.48
饮料制造业	144.51	46.25	35.62	32.01	36.83	11.97
烟草加工业	313.93	172.87	81.28	55.07	42.42	−7.28
饲料工业	290.16	30.77	24.53	10.60	11.19	6.78
纺织业	94.51	2.87	1.46	3.04	136.40	−9.65
缝纫业	218.90	16.15	10.06	7.38	40.45	−7.69
皮革毛皮及其制品业	125.54	−7.86	−4.36	−6.26	89.14	−31.91
木材加工及竹藤棕草制品业	74.98	−0.28	−0.15	−0.37	144.52	7.79
家具制造业	65.92	4.64	3.28	7.04	120.03	17.38
造纸及纸制品业	46.23	−10.14	−10.61	−21.92	61.70	−6.09
印刷业	76.60	7.33	8.59	9.57	27.08	5.97
文教体育用品制造业	143.26	30.06	16.61	20.98	79.22	−139.13
工艺美术品制造业	132.78	13.32	7.10	10.03	81.58	−7.86
电力蒸汽热水生产和供应业	15.41	4.79	5.53	31.06	7.02	−21.00
石油加工业	303.34	60.31	26.37	19.88	52.42	1.79
化学工业	65.30	3.04	2.89	4.65	58.68	−6.81
医药工业	160.98	18.84	13.38	11.70	45.47	2.44
橡胶制品业	115.09	13.53	13.07	11.75	35.36	−5.67
塑料制品业	72.68	1.66	1.39	2.28	66.75	−1.10
建筑材料及其他非金属矿物制品业	54.01	5.35	5.51	9.91	55.70	−5.15
黑色金属冶炼及压延加工业	138.73	13.16	11.00	9.49	35.53	−4.44
有色金属冶炼及压延加工业	66.92	4.33	3.73	6.48	45.51	2.51
金属制品业	108.41	13.27	11.04	12.24	52.98	−13.53
机械工业	71.96	2.01	1.60	2.79	86.80	−4.33
交通运输设备制造业	90.01	−13.28	−8.69	−14.75	100.61	−1.23
电气机械及器材制造业	127.77	10.74	5.81	8.41	94.46	−0.48
电子及通信设备制造业	101.13	5.90	3.42	5.83	100.33	−7.39
仪器仪表及其他计量器具制造业	85.42	7.44	5.33	8.71	76.11	−29.46

注：本表指标均按当年价格计算。

全部独立核算工业企业主要财务指标

（1991 年）

行业	企业单位数（个）	年末固定资产（万元）		本年提取的折旧基金（万元）	定额流动资金年平均余额（万元）
		原值	净值		
总计	**1 227**	**961 802**	**65 657**	**41 542**	**275 046**
按轻重工业分					
轻工业	600	118 596	80 767	5 561	88 697
重工业	627	843 206	575 890	35 981	186 349
按工业主要行业分					
煤炭采选业	33	23 152	14 680	1 255	3 753
石油和天然气开采业	1	114 675	8 241	4 676	72
有色金属矿采选业	13	36 839	31 336	1 166	7 088
建筑材料及其他非金属矿采选业	49	15 609	10 749	685	4 591
采盐业	15	7 935	6 379	236	6 693
木材及竹材采运业	5	876	612	20	323
自来水生产和供应业	10	8 279	5 732	410	166
食品制造业	137	25 246	17 577	957	7 800
饮料制造业	23	5 813	4 447	247	3 225
烟草加工业	1	962	765	38	1 281
饲料工业	14	583	512	36	255
纺织业	38	33 036	22 370	1 815	41 086
缝纫业	55	3 430	2 185	170	3 274
皮革毛皮及其制品业	30	4 917	2 915	276	5 676
木材加工及竹藤棕草制品业	10	2 569	1 826	68	2 801
家具制造业	35	1 249	572	77	1 150
造纸及纸制品业	13	2 708	1 741	116	1 014
印刷业	39	3 704	2 267	165	903
文教体育用品制造业	7	133	88	7	83
工艺美术品制造业	40	3 427	2 413	195	3 578
电力蒸汽热水生产和供应业	52	302 008	257 905	11 457	3 271
石油加工业	4	247	150	16	565
炼焦煤气及煤制品业	12	135	106	8	89
化学工业	48	45 702	30 748	3 433	18 908
医药工业	6	4 625	3 128	179	3 386
橡胶制品业	10	1 383	840	58	638
塑料制品业	16	3 387	2 331	190	1 688
建筑材料及其他非金属矿物制品业	165	33 885	23 367	1 299	11 314
黑色金属冶炼及压延加工业	30	62 751	44 879	2 846	29 772
有色金属冶炼及压延加工业	8	99 364	85 034	5 067	30 139
金属制品业	81	11 913	7 186	546	8 238
机械工业	120	76 153	47 656	2 877	47 995
交通运输设备制造业	60	14 650	8 929	505	13 514
电气机械及器材制造业	22	4 524	2 788	243	5 886
电子及通信设备制造业	3	2 727	1 935	77	2 766
仪器仪表及其他计量器具制造业	4	2 427	1 766	95	1 706

全部独立核算工业企业主要财务指标(续)

(1991年)

行　　业	盈亏相抵后利润总额(万元)	利税总额(万元)	企业留利(万元)	工业总产值(当年价、万元)	全部职工年平均人数(人)
总　　计	1 717	47 903	6 848	555 557	231 855
按轻重工业分					
轻工业	2 152	16 237	2 956	151 072	65 326
重工业	-434	31 666	3 892	404 485	166 529
按工业主要行业分					
煤炭采选业	-709	-391	72	9 488	15 872
石油和天然气开采业	-3 805	-2 231		32 146	3 545
有色金属矿采选业	1 034	1 671	612	11 303	4 322
建筑材料及其他非金属矿采选业	705	1 760	258	9 793	6 369
采盐业	1 965	2 330	478	11 921	2 761
木材及竹材采运业	98	188	77	810	340
自来水生产和供应业	274	325	127	1 684	715
食品制造业	2 747	3 779	1 296	39 008	8 558
饮料制造业	372	2 640	146	8 337	2 083
烟草加工业	-195	1 663		3 020	379
饲料工业	146	173	69	1 923	277
纺织业	-3 784	1 104	-106	32 510	20 039
缝纫业	159	368	179	6 966	4 842
皮革毛皮及其制品业	-391	-11	45	7 389	4 086
木材加工及竹藤棕草制品业	-39	22	49	2 038	1 438
家具制造业	-91	-4	6	1 557	1 681
造纸及纸制品业	-180	-98	20	2 160	1 575
印刷业	211	380	107	3 558	2 759
文教体育用品制造业	26	32	13	276	205
工艺美术品制造业	-124	759	26	4 504	4 021
电力蒸汽热水生产和供应业	5 373	14 446	205	46 546	9 692
石油加工业	48	117	22	1 105	221
炼焦煤气及煤制品业	4	9	5	225	282
化学工业	-175	1 559	674	31 600	14 985
医药工业	420	871	194	7 446	1 912
橡胶制品业	24	196	19	1 834	1 089
塑料制品业	-23	94	67	3 125	5 744
建筑材料及其他非金属矿物制品业	167	1 803	290	23 241	19 305
黑色金属冶炼及压延加工业	-470	7 744	185	85 216	19 079
有色金属冶炼及压延加工业	510	4 186	630	66 584	7 755
金属制品业	296	1 414	178	14 484	8 086
机械工业	-1 246	1 508	572	56 128	36 943
交通运输设备制造业	-1 922	-1 403	70	15 428	12 597
电气机械及器材制造业	203	576	218	6 569	4 073
电子及通信设备制造业	56	161	21	2 757	1 906
仪器仪表及其他计量器具制造业	100	273	25	2 461	1 663

全民所有制独立核算工业企业主要财务指标

(1991 年)

行　业	企业单位数(个)	年末固定资产(万元)		本年提取的折旧基金(万元)	定额流动资金年平均余额(万元)
		原　值	净　值		
总　计	**500**	**917 924**	**627 702**	**38 566**	**242 160**
按轻重工业分					
轻工业	211	98 478	68 692	4 188	69 851
重工业	289	819 446	559 010	34 378	172 309
按工业主要行业分					
煤炭采选业	20	22 617	14 417	1 224	3 481
石油和天然气开采业	1	114 675	8 241	4 676	72
有色金属矿采选业	10	36 804	31 302	1 163	7 087
建筑材料及其他非金属矿采选业	15	14 603	10 021	624	4 213
采盐业	14	7 874	6 327	235	6 683
木材及竹材采运业	5	876	612	20	323
自来水生产和供应业	10	8 279	5 732	410	166
食品制造业	91	23 891	16 610	871	7 246
饮料制造业	13	5 593	4 787	233	2 977
烟草加工业	1	962	765	38	1 281
饲料工业	10	491	457	10	159
纺织业	10	28 768	19 538	1 537	37 085
缝纫业	4	1 864	1 343	68	1 651
皮革毛皮及其制品业	8	1 894	1 293	66	2 119
木材加工及竹藤棕草制品业	2	2 405	1 725	59	2 606
家具制造业	3	112	70	4	89
造纸及纸制品业	4	2 029	1 359	66	579
印刷业	13	2 876	1 860	107	596
文教体育用品制造业	1	36	24	1	40
工艺美术品制造业	3	817	648	26	885
电力蒸汽热水生产和供应业	44	301 829	257 739	11 454	3 264
石油加工业	2	84	59	3	133
化学工业	22	42 459	28 355	3 268	16 268
医药工业	6	4 625	3 128	179	3 386
橡胶制品业	3	1 037	651	34	422
塑料制品业	5	2 670	1 892	105	1 295
建筑材料及其他非金属矿物制品业	67	27 278	18 307	888	8 206
黑色金属冶炼及压延加工业	16	57 980	40 812	2 466	28 580
有色金属冶炼及压延加工业	5	98 203	84 055	5 025	29 906
金属制品业	11	8 773	5 511	320	5 039
机械工业	52	73 697	46 377	2 659	46 033
交通运输设备制造业	14	12 810	7 980	376	11 601
电气机械及器材制造业	4	3 420	2 192	171	4 128
电子及通信设备制造业	3	2 727	1 935	77	2 766
仪器仪表及其他计量器具制造业	2	2 272	1 698	84	1 477

全民所有制独立核算工业企业主要财务指标(续)

(1991 年)

行　　业	盈亏相抵后利润总额(万元)	利税总额(万元)	亏损企业亏损总额(万元)	企业留利(万元)	工业总产值(当年价、万元)	全部职工年平均人数(人)
总　　计	**1 952**	**44 043**	**20 345**	**6 276**	**492 515**	**182 871**
按轻重工业分						
轻工业	2 268	13 952	5 596	2 684	119 859	40 958
重工业	−317	30 091	14 749	3 592	372 655	141 913
按工业主要行业分						
煤炭采选业	−766	−511	919	45	8 295	14 286
石油和天然气开采业	−3 805	−2 231	3 835		32 146	3 545
有色金属矿采选业	1 026	1 663	45	604	11 242	4 199
建筑材料及其他非金属矿采选业	441	1 360	8	137	7 739	4 716
采盐业	1 956	2 319	537	478	11 877	2 761
木材及竹材采运业	98	188		77	810	340
自来水生产和供应业	274	325	10	127	1 684	715
食品制造业	2 661	3 603	174	1 276	37 097	7 164
饮料制造业	368	2 587	78	145	8 083	1 869
烟草加工业	−195	1 663	211		3 020	379
饲料工业	125	151	8	66	1 425	175
纺织业	−3 709	827	3 746	−141	27 189	16 594
缝纫业	214	301	22	122	4 081	1 991
皮革毛皮及其制品业	−262	−149	354	32	2 378	1 157
木材加工及竹藤棕草制品业	−56	−7	109	41	1 804	1 097
家具制造业	2	5		1	74	79
造纸及纸制品业	−238	−206	240		938	925
印刷业	125	211	5	83	2 203	1 353
文教体育用品制造业	7	11		7	51	27
工艺美术品制造业	−22	109	23		1 085	701
电力蒸汽热水生产和供应业	5 371	14 443	73	204	46 502	9 656
石油加工业	37	51	1	18	255	56
化学工业	−85	1 290	1 611	665	27 725	13 154
医药工业	420	871	51	194	7 446	1 912
橡胶制品业	11	140	44	14	1 194	550
塑料制品业	−35	44	57	63	1 940	4 737
建筑材料及其他非金属矿物制品业	138	1 460	667	247	14 732	11 747
黑色金属冶炼及压延加工业	−234	7 632	1 164	174	80 434	17 695
有色金属冶炼及压延加工业	648	4 256	1 938	630	65 716	7 333
金属制品业	336	1 164	43	137	9 511	4 265
机械工业	−1 135	1 481	2 044	556	53 034	31 652
交通运输设备制造业	−2 045	−1 701	2 166	31	11 530	9 890
电气机械及器材制造业	160	367	77	204	4 370	2 684
电子及通信设备制造业	56	161	67	21	2 757	1 906
仪器仪表及其他计量器具制造业	80	169		17	1 941	1 359

集体所有制独立核算工业企业主要财务指标

(1991 年)

行业	企业单位数(个)	年末固定资产(万元)		本年提取的折旧基金(万元)	定额流动资金年平均余额(万元)
		原值	净值		
总计	722	43 662	28 782	2 968	32 758
按轻重工业分					
轻工业	386	19 943	11 936	1 366	18 726
重工业	336	23 719	16 846	1 602	14 032
按主要工业行业分					
煤炭采选业	13	535	263	31	272
黑色金属矿采选业	1	1	1		
有色金属矿采选业	3	35	34	3	1
建筑材料及其他非金属矿采选业	34	1 007	728	62	378
食品制造业	46	1 355	967	87	554
饮料制造业	9	106	73	9	138
饲料工业	4	92	55	26	96
纺织业	28	4 268	2 831	278	4 001
缝纫业	51	1 566	842	102	1 624
皮革毛皮及其制品业	22	3 023	1 622	210	3 557
木材加工及竹藤棕草制品业	8	164	101	9	195
家具制造业	31	1 137	502	73	1 061
造纸及纸制品业	9	678	382	50	435
印刷业	26	828	407	58	306
文教体育用品制造业	6	98	64	6	42
工艺美术品制造业	37	2 610	1 765	169	2 694
电力蒸汽热水生产和供应业	8	179	166	3	7
石油加工业	2	163	92	13	432
炼焦煤气及煤制品业	12	135	106	8	89
化学工业	26	3 243	2 394	166	2 639
橡胶制品业	7	346	188	24	216
塑料制品业	11	717	439	85	393
建筑材料及其他非金属矿物制品业	96	6 567	5 027	409	3 100
黑色金属冶炼及压延加工业	14	4 771	4 067	380	1 192
有色金属冶炼及压延加工业	3	1 161	979	42	233
金属制品业	70	3 140	1 675	226	3 199
机械工业	68	2 456	1 280	218	1 962
交通运输设备制造业	46	1 840	950	129	1 912
电气机械及器材制造业	18	1 104	597	72	1 758
仪器仪表及其他计量器具制造业	2	155	68	11	229

集体所有制独立核算工业企业主要财务指标(续)

(1991年)

行业	盈亏相抵后利润总额(万元)	利税总额(万元)	企业留利(万元)	工业总产值(当年价、万元)	全部职工年平均人数(人)
总计	-246	3 842	572	62 845	48 782
按轻重工业分					
轻工业	-127	2 270	272	31 082	24 368
重工业	-119	1 572	300	31 763	24 414
按主要工业行业分					
煤炭采选业	57	120	27	1 193	1 586
黑色金属矿采选业				2	14
有色金属矿采选业	8	8	8	61	123
建筑材料及其他非金属矿采选业	264	401	121	2 054	1 653
食品制造业	87	175	19	1 911	1 394
饮料制造业	3	50	1	168	214
饲料工业	21	22	3	498	102
纺织业	-74	277	35	5 321	3 445
缝纫业	-55	67	57	2 886	2 851
皮革毛皮及其制品业	-129	138	13	5 012	2 929
木材加工及竹藤棕草制品业	17	28	8	235	341
家具制造业	-94	-9	4	1 483	1 602
造纸及纸制品业	58	108	20	1 221	650
印刷业	87	169	24	1 355	1 406
文教体育用品制造业	19	22	6	225	178
工艺美术品制造业	-102	650	26	3 419	3 220
电力蒸汽热水生产和供应业	2	2	1	43	36
石油加工业	12	67	4	850	115
炼焦煤气及煤制品业	4	9	5	225	282
化学工业	-91	269	9	3 874	1 881
橡胶制品业	13	56	6	641	539
塑料制品业	12	50	4	1 184	1 007
建筑材料及其他非金属矿物制品业	28	341	43	8 443	7 558
黑色金属冶炼及压延加工业	-236	112	11	4 783	1 384
有色金属冶炼及压延加工业	-138	-70		869	422
金属制品业	-40	250	41	4 973	3 821
机械工业	-111	27	16	3 094	5 291
交通运输设备制造业	123	298	40	3 898	2 707
电气机械及器材制造业	43	209	14	2 200	1 389
仪器仪表及其他计量器具制造业	20	44	7	520	304

独立核算乡办工业企业主要财务指标

（1991年）

行　　业	企　业单位数（个）	年末固定资产（万元）		定额流动资金年平均余额（万元）	利税总额（万元）	工业总产值（当年价、万元）	全部职工年平均人数（人）
		原　值	净　值				
总　　计	**228**	**9 674**	**7 472**	**3 948**	**592**	**10 915**	**12 669**
按轻重工业分							
轻工业	69	1 276	1 056	632	104	2 373	4 781
重工业	159	8 398	6 416	3 316	488	8 542	7 888
按主要工业行业分							
煤炭采选业	13	535	263	272	120	1 193	1 586
黑色金属矿采选业	1	1	1			2	14
有色金属矿采选业	3	35	34	1	8	61	123
建筑材料及其他非金属矿采选业	30	520	409	162	81	753	1 094
食品制造业	12	90	75	23	15	207	112
饮料制造业	5	15	11	17	10	29	38
饲料工业	3	44	30	36	1	36	42
纺织业	2	288	277	35	28	667	259
缝纫业	2	4	4	1	1	7	31
皮革毛皮及其制品业	2	252	199	75	15	432	167
木材加工及竹藤棕草制品业	2	73	49	47	3	31	49
家具制造业	3	36	28	36	3	59	78
造纸及纸制品业	1	48	39	20	10	80	64
印刷业	1	73	52	22	5	94	117
工艺美术品制造业	13	224	169	155	-21	183	3 390
电力蒸汽热水生产和供应业	8	179	166	7	2	43	36
炼焦煤气及煤制品业	8	91	74	77	5	152	203
化学工业	7	193	166	17	-3	72	111
建筑材料及其他非金属矿物制品业	53	3 429	2 571	1 637	85	2 725	3 346
黑色金属冶炼及压延加工业	7	2 715	2 210	947	167	3 219	976
金属制品业	11	76	63	100	28	341	132
机械工业	31	477	309	226	23	452	484
交通运输设备制造业	3	15	14		3	11	12

村办工业企业主要指标

(1991年)

行业	企业单位数(个)	现价工业总产值(万元)	年末全部从业人员(人)	利润总额(万元)	年末固定资产原值(万元)	年末占用流动资金(万元)
总计	410	9 396	15 597	272	6 012	4 489
按轻重工业分						
轻工业	135	2 057	4 431	59	1 358	1 440
重工业	275	7 339	11 166	213	4 654	3 049
按主要工业行业分						
煤炭采选业	16	559	965	42	468	225
黑色金属矿采选业	7	127	225	20	14	7
建筑材料及其他非金属矿采选业	43	388	1 330	31	210	168
#土砂石开采业	22	101	211	8	84	38
食品制造业	70	345	505	14	244	126
#粮食加工业	13	105	108	5	84	26
饮料制造业	5	164	121	−34	165	264
饲料工业	1	4	28	…	6	3
纺织业	7	133	409	−5	248	100
缝纫业	2	89	85	1	9	111
皮革毛皮及其制品业	3	106	187	2	39	93
木材加工及竹藤棕草制品业	5	18	40	2	21	13
家具制品业	2	69	73	…	12	29
造纸及纸制品业	6	93	208	−12	158	83
印刷业	4	70	102	2	62	71
工艺美术品制造业	20	278	1 942	36	171	135
电力蒸汽热水生产和供应业	5	6	8	…	60	…
炼焦煤气及煤制品业	9	123	172	4	94	110
化学工业	2	75	53	−1	22	45
橡胶制品业	2	34	36		1	32
建筑材料及其他非金属矿物制品业	114	3 014	6 446	134	2 102	1 523
#水泥制造业	5	158	298	12	151	67
砖瓦、石灰和轻质建筑材料制造业	81	2 331	166	93	1 652	1 190
黑色金属冶炼及压延加工业	5	1 113	502	−2	746	161
有色金属冶炼及压延加工业	9	133	181	−12	45	135
金属制造业	7	282	182	9	87	148
机械工业	23	643	621	11	321	309
交通运输设备制造业	11	464	552	−12	189	165
电气机械及器材制造业	1	88	82	17	40	113

村及村以下工业及城镇个体工业总产值

(1973 年—1991 年)　　单位：万元

年　份	村及村以下工业	#村办工业	#农村合作工业	#农村个体工业	城镇合作工业	城镇个体工业
按 1970 年不变价格计算						
1973	1 985	1 985				
1974	2 005	2 005				
1975	2 470	2 470				
1976	2 705	2 705				
1977	2 774	2 774				
1978	2 949	2 949				
1979	3 148	3 148				
1980	3 655	3 655				
1981	3 927	3 927				
按 1980 年不变价格计算						
1981	4 161	4 161				
1982	4 389	4 359		30		55
1983	4 950	4 725		225		62
1984	6 750	6 417		333		195
1985	8 522	4 408	803	3 311		355
1986	10 493	5 147	2 340	3 006		1 033
1987	10 123	4 768	1 053	4 302	1	1 188
1988	11 162	4 518	1 614	5 030	169	964
1989	13 881	6 575	1 047	6 259	257	1 497
1990	15 245	6 737	1 180	7 328	1 219	3 434
按 1990 年不变价格计算						
1990	19 751	8 728	1 529	9 494	1 580	4 448
1991	19 852	9 208	2 520	8 124	401	5 762

城乡合作经营及个体工业主要指标

(1991 年)

类　别	户数（户）	从业人数（人）	工业总产值(万元) 1990 年不变价	工业总产值(万元) 当年价	上交税金（万元）	自有资金（万元）
城镇合作经营工业	31	341	401	409	17	82
轻工业	20	270	327	334	15	81
重工业	11	71	74	75	2	1
农村合作经营工业	198	2 322	2 520	2 571	85	699
轻工业	45	736	603	615	15	270
重工业	153	1 586	1 917	1 956	70	429
城镇个体工业	2 290	4 495	5 762	5 880	94	743
轻工业	1 928	3 717	5 183	5 289	60	611
重工业	362	778	579	590	34	132
农村个体工业	10 739	22 852	8 124	8 290	697	1 199
轻工业	10 354	14 489	4 936	5 037	204	779
重工业	385	8 363	3 188	3 253	493	420

全省大中型工业企业主要指标

（1991年）　　　　单位：万元

指标名称	本年实际	指标名称	本年实际
全年工业总产值(1990年不变价)	326 861	营业外收入	627
全年工业总产值(当年价)	326 870	营业外支出	7 217
全年出口产品产值(1990年不变价)	16 401	资源税	
全年工业生产物质消耗价值(当年价)	234 132	利润总额	370
外购材料	129 355	归还基建借款的利润	1 210
外购燃料(扣除烧油特别税)	16 547	归还专项借款的利润	637
外购动力	24 019	应交利、税、费	3 218
折旧费(即提取的折旧基金)	26 551	#所得税	1 852
提取的大修理基金	15 816	企业留利（或分成、税后利润）	1 860
定货者来料	1 801	已交利、税、费	2 067
其　　它	20 044	全部商品产品总成本	279 257
全年工业净产值(现价：按生产法计算)	92 737	原材料	124 119
全年工业净产值(现价：按分配法计算)	95 460	燃料和动力	41 034
应得的产品销售利润和产品销售税金	31 423	工资及福利费	17 353
工　　资	24 433	车间经费	40 109
提取的职工福利基金	2 202	企业管理费	40 698
利息支出	13 133	全部可比产品总成本	253 287
其　　它	24 269	可比产品按上年实际单位成本计算的总成本	215 054
国家固定基金	227 106	已交盐税、烧油特别税、特别消费税	2
企业固定基金	34 246	已交能源交通建设基金、预算调节基金	1 216
固定资产原值年末数	718 136	提交合作事业基金	1 267 796
#生产用固定资产	618 468	由于产品销售价格比上年提高全年增加收入额	10 762
#机器、设备	422 989	由于产品销售价格比上年降低全年减少收入额	7 817
固定资产净值年末数	487 803	由于原材料、燃料、动力等比上年提价增加支出	8 180
国家流动基金	28 329	由于原材料、燃料、动力等比上年降价减少支出	679
企业流动基金	4 034	1949年至本年末累计固定资产投资额	1 224 263
本年提取的折旧基金	28 528	#工业生产投资	954 540
本年提取的大修理基金	16 090	1949年至本年末累计利润、税金总额	291 182
全年固定资产投资额	54 841	1949年至本年末已交利润、税金总额	234 980
#工业生产投资额	44 467	工业产品销售率(%)	94.92
更新改造投资额	16 567	资金利税率(%)	3.62
借入资金合计	356 370	净产值率(%)	29.20
流动资金年末实际占用数	362 093	成本利润率(%)	0.14
#定额流动资金年末实际占用数	170 300	全员劳动生产率(按净产值计算)(元／人年)	10 017
储备资金	67 257	全部流动资金周转次数(次)	0.94
生产资金	45 969	全部职工全年工资总额	29 904
成品资金	53 810	#奖　　金	4 495
流动资金全年平均余额	329 203	计件超额工资	125
#定额流动资金	156 939	津贴和补贴	6 208
专项资金合计	62 608	全部职工劳保福利费用总额	6 516
专用基金全年支用数	37 537	#退职、退休、离休费及职工死亡丧葬费与抚恤费	3 208
#用于新产品试制	162	全部职工年末人数（人）	95 393
用于生产发展	1 353	工　　人	61 518
用于职工福利	5 401	学　　徒	3 127
用于职工奖励	1 772	工程技术人员	6 227
全年产品销售收入	310 266	管理人员	11 560
产品销售税金	29 234	服务人员	10 440
产品销售工厂成本	258 328	其他人员	2 521
产品销售及其他费用	7 042	全部职工全年平均人数（人）	95 295
#教育费附加	538		
产品销售利润	4 675		

注：工业产品销售率是用产品销售收入计算的。

十、交通邮电

主要年份铁路、公路、民航里程年末达到数

单位：公里

年 份	铁路营业里程	公路通车里程			民用航空航线里程
		合 计	#有路面里程	#高级次高级路面	
1949		472	290		
1952		1 346	547		
1957		8 259	4 426		188
1965	198	11 981	6 643	182	1 949
1970	409	12 584	7 244	367	1 949
1975	497	12 979	9 141	1 268	4 893
1978	503	13 675	9 837	1 958	4 893
1980	505	15 497	11 624	2 105	4 251
1981	491	15 497	11 624	2 105	4 251
1982	517	15 664	11 890	2 364	4 972
1983	1 095	15 692	11 944	2 439	4 972
1984	1 095	15 772	12 034	2 461	4 972
1985	1 095	15 933	12 252	2 939	4 972
1986	1 095	16 189	12 847	3 067	4 972
1987	1 095	16 578	13 814	3 149	4 972
1988	1 095	16 675	13 964	3 214	4 972
1989	1 095	16 686	14 113	3 267	4 972
1990	1 095	16 732	14 212	3 408	4 972
1991	1 095	16 769	14 249	3 435	4 748

主 要 公 路 线 路 及 里 程

(1991 年)

单位：公里

线路名称	本省境内起迄地点	长 度
甘青公路	西宁——————民和享堂	131.0
青藏公路	西宁——————海西唐古拉山口	1 385.0
青新公路	湟源———天峻———茫崖石棉矿	1 223.0
柳格公路	当金山口——————格尔木市	399.0
青康公路	共和县倒淌河——————玉树结古	720.0
	玉树结古——————囊谦县城	200.0
民门公路	民和县岗口子——————门源县青石嘴	174.0
宁张公路	西宁——————扁都口	248.0
湟嘉公路	湟源县城关镇——————二指哈拉	512.0
当冷公路	当金山——————冷湖	116.0
冷大公路	冷湖——————大风山	128.0
临平公路	大力加山——————平安县平安驿	183.4
茶冷公路	茶冷口——————冷 湖	95.0
扎哈公路	扎 巴——————哈 城	111.1
遇回北线	平安驿——————黑 嘴	123.6
大甘公路	大 武——————甘 德	85.0
五河公路	伍道梁——————河南县城	236.0
花龙公路	花石峡——————省 界(通阿坝)	482.0
昌大公路	昌马河——————大 武	120.7
热江公路	热 水——————江 仓	97.0
宁果公路	西 宁——————大 武	435.0
满班公路	满 掌——————班 玛	64.0

民用车辆拥有量

(1991年)

指　　标	辆数（辆）	#交通部门	#私人	吨(客)位	#交通部门	#私人
一、民用汽车	43 195	3 073	7 342			
1.载客汽车	11 600	629	1 434	180 245	25 531	15 182
大　　型	2 219	587	80	110 950	25 142	2 800
小　　型	9 381	42	1 354	69 295	389	12 382
2.普通载货汽车	27 376	2 381	5 877	129 643	13 128	25 205
大　　型	23 325	2 349	5 363	121 193	13 066	24 134
小　　型	4 051	32	514	8 450	62	1 071
3.专用载货汽车	519	32	31	6 689	155	124
4.其他专业货车	1 478	31				
5.特种汽车	2 222					
二、轮胎式拖拉机	75 131		73 141	…	…	…
#手扶拖拉机	67 352		66 195	…	…	…
三、摩托车	21 501	12	16 160	…	…	…
#两轮摩托车	18 321	2	15 769	…	…	…
#：轻便摩托车	4 365		4 339	…	…	…
四、其他机动车	1 010	94	202	…	…	…
五、载货挂车	1 420	1 420	—	…	…	…

全社会客货运输量

指　　标	计算单位	1990年	1991年	1991年比1990年增长（%）
货运量	**万吨**	**2 434**	**2 998**	**23.17**
铁　路	万吨	454	502	10.57
公　路	万吨	1 957	2 413	23.30
民　航	万吨	…	…	…
管　道	万吨	23	83	260.87
货物周转量	**万吨公里**	**496 544**	**565 197**	**13.83**
铁　路	万吨公里	298 810	329 657	10.32
公　路	万吨公里	187 665	199 435	6.27
民　航	万吨公里	3	2	−33.33
管　道	万吨公里	10 066	36 103	258.66
客运量	**万人次**	**1 843**	**1 899**	**3.04**
铁　路	万人次	209	196	−6.22
公　路	万人次	1 634	1 703	4.22
民　航	万人次	…	…	…
旅客周转量	**万人公里**	**153 736**	**154 238**	**0.33**
铁　路	万人公里	61 220	55 314	−9.65
公　路	万人公里	92 411	98 817	6.93
民　航	万人公里	105	107	1.90

注：1989年铁路货运量是根据国家统计局反馈我省境内的数字，请以此数为准。

客 运 量 及 指 数

(1980 年—1991 年)

年　份 (时期)	总　计	铁　路	公　路	民　航
客运量 (万人)				
1980	522.0	188.0	334	
1981	569.4	178.4	391	
1982	738.1	190.1	548	
1983	982.0	210.0	772	
1984	1 186.0	266.0	920	
1985	1 287.7	294.7	993	
1986	1 632.9	288.7	1 344	0.2
1987	1 749.0	295.8	1 453	0.2
1988	1 844.0	323.0	1 521	…
1989	1 864.0	275.0	1 589	…
1990	1 843.0	209.0	1 634	…
1991	1 899	196	1 703	…
"六五"时期年平均增长%	19.79	9.41	24.35	
"七五"时期年平均增长%	7.43	−6.64	10.47	
指数 (以 1985 年为 100)				
1986	26.81	−2.04	35.35	
1987	35.90	0.37	46.32	
1988	43.27	9.60	53.17	
1989	44.83	−6.68	60.02	
1990	43.20	−29.08	64.55	
(以 1990 年为 100)1991("八五"时期第一年)	3.04	−6.20	4.22	

注：公路运输从 1986 年起包括个体运输。

旅 客 周 转 量 及 指 数

(1980 年—1991 年)

年　份 (时期)	总　计	铁　路	公　路	民　航
旅客周转量 (万人公里)				
1980	47 169	21 578	25 591	
1981	53 277	20 682	32 595	
1982	59 559	22 793	36 766	
1983	68 702	25 821	42 881	
1984	91 152	42 834	48 318	
1985	127 647	73 123	54 524	
1986	147 911	76 260	71 414	237
1987	161 244	79 430	81 552	262
1988	182 477	93 796	88 422	259
1989	169 501	82 658	86 696	147
1990	153 736	61 220	92 411	105
1991	154 238	55 314	98 817	107
"六五"时期年平均增长%	22.03	27.65	16.33	
"七五"时期年平均增长%	3.79	−3.49	11.13	
指数 (以 1985 年为 100)				
1986	15.88	4.29	30.98	
1987	26.32	8.63	49.57	
1988	42.95	28.27	62.17	
1989	32.79	13.04	59.01	
1990	20.44	−16.28	69.49	
(以 1990 年为 100)1991("八五"时期第一年)	0.33	−9.65	6.93	

注：公路运输从 1986 年起包括个体运输。

货运量及指数

(1980年—1991年)

年份(时期)	合计	铁路	公路	#交通部门	民航	管道
货物运输量(万吨)						
1980	692.8	240.8	452.0	173		
1981	580.7	205.7	375.0	148		
1982	653.0	239.0	414.0	172		
1983	1 018.9	262.9	756.0	175		
1984	757.5	309.5	448.0	172		
1985	2 033.1	334.1	1 699	212		
1986	1 823.1	337.1	1 486.0	236	…	
1987	2 233.6	389.6	1 844.0	231	…	
1988	2 072.0	411.0	1 661.0	210	…	
1989	2 254.0	427.0	1 837.0	169	…	
1990	2 434.0	454.0	1 957.0	154	…	
1991	2 998	502	2 413	136	83	23
"六五"时期年平均增长%	4.03	6.77	2.44	4.15		
"七五时期"年平均增长%	3.67	6.33	2.87	−6.19		
指数(以1985年为100)						
1986	10.33	0.90	−12.54	11.32		
1987	9.87	16.61	8.53	8.96		
1988	1.92	23.02	2.24	−0.04		
1989	10.87	27.81	8.12	−20.28		(以上年为100)
1990	19.72	35.93	15.19	−27.36		
(以1990年为100)1991(八五时期第一年)	23.17	10.57	23.30	−11.69		260.87

注：公路运输从1985年起为全社会数字，包括交通部门、非交通系统运输量。

六五时期平均增长速度是按可比口径计算的，按可比口径计算的1985年公路货运量为510万吨，合计货运量为844.1万吨。

货物周转量及指数

(1980年—1991年)

年份(时期)	总计	铁路	公路	#交通部门	民航	管道
货物周转量(万吨公里)						
1980			38 121	31 238		
1981	94 899	64 544	30 355	26 960		
1982	94 718	55 500	39 218	32 256		
1983	111 044	69 461	41 583	34 158		
1984	122 669	80 201	42 468	39 849		
1985	244 198	141 109	103 089	33 505		
1986	299 403	208 001	91 400	27 622	2	
1987	348 903	229 900	119 000	31 578	3	
1988	400 524	259 532	140 989	36 250	3	
1989	468 089	293 183	174 904	38 430	2	
1990	496 544	298 810	187 665	37 651	3	10 066
1991	565 197	329 657	199 435	28 030	2	36 103
"六五"时期年平均增长%	14.07	16.93	2.02	1.41		
"七五时期"年平均增长%	15.25	16.19	12.73	2.36		
指数(以1985年为100)						
1986	22.61	47.40	11.34	−17.56		
1987	42.88	62.92	15.43	−5.75		
1988	64.02	83.92	36.76	8.19		
1989	91.68	107.77	69.66	14.70		(以上年为100)
1990	103.34	111.76	82.04	12.37		
(以1990年为100)1991(八五时期第一年)	13.83	10.32	6.27	−25.55		258.66

注：公路运输从1985年起为全社会数字，包括交通部门、非交通系统运输量。

六五时期年平均增长速度是按可比口径计算的。按可比口径计算的1985年公路货物周转量为42133万吨公里，总计货物周转量为183242万吨公里。

主要年份邮电业务量

年份	邮电业务总量（万元）	函件（万件）	包件（万件）	报刊期发数（万份）	电报（万份）	长途电话（万张）	市内电话（万户）	农村电话（万户）
1949	4.48	39.00	0.20		0.40	0.20	…	
1952	18.97	72.80	1.70	2.10	2.60	1.00	0.02	0.01
1957	174.76	828.30	7.70	14.20	27.50	12.30	0.16	0.06
1962	383.05	1 176.10	21.20	11.90	99.90	31.50	0.35	0.31
1965	359.58	1 219.00	16.70	25.20	62.90	33.30	0.42	0.18
1970	444.87	1 447.10	38.90	14.20	87.70	42.40	0.47	0.18
1975	609.06	1 637.00	39.40	40.40	123.50	81.50	0.68	0.28
1978	764.40	1 789.60	38.70	55.60	138.60	103.10	0.81	0.35
1980	887.00	2 046.60	36.10	92.70	144.80	113.80	0.94	0.44
1981	1 224.80	1 990.70	34.80	91.90	150.20	111.10	0.98	0.40
1982	1 234.96	2 025.73	31.99	108.90	155.35	117.95	1.08	0.46
1983	1 327.70	1 955.20	30.30	126.10	160.00	133.10	1.18	0.57
1984	1 453.60	2 106.10	28.90	131.10	143.00	148.00	1.36	0.67
1985	1 720.40	2 344.40	29.50	153.87	162.30	168.30	1.50	0.72
1986	1 866.30	2 607.03	31.25	150.84	157.52	183.76	1.57	0.79
1987	2 022.70	2 829.40	30.90	149.94	166.50	191.28	1.86	0.97
1988	2 480.00	3 222.10	31.10	146.59	187.80	225.80	2.04	1.10
1989	3 019.80	3 220.60	28.50	81.20	189.60	270.70	2.10	0.24
1990	3 456.80	2 778.10	25.10	69.70	179.70	314.40	2.49	0.25
1991	6 223.38	2 073.63	20.85	68.80	175.20	377.80	2.73	0.17

注:按 1990 年不变价计算的 1990 年邮电业务总量为 5559.18 万元，从 1991 年开始均按 1990 年不变价计算。

邮电通信企业主要财务指标

单位：万元

指标	1990年	1991年	1991年比1990年增减	
			绝对数	%
业务收入	4 684.0	6 440.31	1 756.31	37.50
业务支出	6 150.2	7 934.60	1 784.4	29.01
营业外损益净额	−238.3	−435.9	197.6	82.92
税金	149.0	217.0	68.0	45.64
收支差额	−1 855.7	−2 139.1	283.4	15.27
年末固定资产原值	21 178.0	24 441.4	3 263.4	15.41

主要年份邮电通信网

(年末数)

年 份	邮电局、所(处)	#设在农村的	邮路及农村投递线路总长度(公里)	长话电路(路)	电报电路(路)	电话机(部)	#农村
1949	44	23	1 727				
1952	114	81	3 053	8	8	80	—
1957	180	105	18 554	20	76	1 321	—
1962	176	100	13 713	73	89	8 560	3 138
1965	174	95	14 125	66	117	7 041	708
1970	210	133	31 972	88	120	9 417	1 229
1975	234	142	31 362	145	123	14 447	1 227
1978	247	163	30 601	166	113	20 178	1 445
1980	245	145	27 995	205	128	22 051	1 771
1981	244	148	27 380	229	131	26 055	1 774
1982	243	147	27 556	244	130	26 804	2 078
1983	245	146	26 954	253	132	28 529	2 068
1984	247	159	29 420	261	133	30 150	2 340
1985	243	170	28 648	317	130	34 705	2 485
1986	247	171	28 177	353	125	39 741	2 604
1987	234	123	26 141	448	137	44 504	2 689
1988	229	136	24 400	500	142	46 885	3 096
1989	234	140	24 565	567	145	50 402	2 818
1990	237	135	24 567	584	142	61 339	2 855
1991	240	115	25 978	650	150	64 314	2 970

邮 电 通 信 水 平

(1985年—1991年)

指 标	单位	1985年	1986年	1987年	1988年	1989年	1990年	1991年
全省邮电通信水平								
平均每人每年发函件数	件	5.80	6.29	6.67	7.48	7.32	6.21	4.56
平均每人订报刊数	份	0.38	0.36	0.35	0.34	0.18	0.16	0.15
平均每百人拥有电话机	部	0.85	0.94	1.04	1.08	1.47	1.37	1.42
农村邮电通信水平								
设有邮电局所乡(镇)的比重	%	27.10	28.84	25.99	25.06	24.83	24.94	23.46
通邮路的乡(镇)的比重	%	99.30	99.53	100.00	100.00	100.00	100.00	100.00
通邮路的行政村比重	%	77.02	78.79	74.21	69.71	70.25	77.61	75.74
已通电话的乡(镇)比重	%	84.35	84.65	85.12	85.81	85.39	87.01	94.08
已通电话的行政村比重	%	10.62	8.38	8.6	9.29	9.45	9.83	9.77

十一、能 源 物 资

能源生产总量和构成

(1980年—1991年)

年份	能源生产总量(万吨标准煤)	占能源生产总量的（%）			
		原煤	原油	天然气	水电
1980	175.26	83.85	12.27	0.58	3.30
1981	152.57	79.92	15.64	0.56	3.87
1982	163.73	80.64	14.91	0.59	3.85
1983	171.21	81.15	14.64	0.22	4.00
1984	189.49	81.66	13.96	0.21	4.17
1985	230.26	84.30	12.35	0.26	3.08
1986	215.07	73.16	23.26	0.25	3.33
1987	278.06	57.01	29.57	1.39	12.03
1988	401.94	40.77	22.75	1.09	35.38
1989	496.76	36.65	20.85	1.02	41.48
1990	582.42	39.21	19.87	1.16	39.76
1991	602.18	34.01	24.20	1.66	40.13

能源消费总量和构成

(1980年—1991年)

年份	能源消费总量(万吨标准煤)	构成(%)			
		煤炭	石油	天然气	电力
1980	269.01	63.50	16.04	0.38	19.99
1981	279.07	63.20	14.67	0.31	21.82
1982	293.50	63.17	13.91	0.33	22.70
1983	309.52	63.41	12.47	0.12	24.00
1984	339.83	62.36	13.73	0.12	23.77
1985	349.21	62.23	12.57	0.14	25.03
1986	384.46	62.05	11.71	0.14	26.10
1987	408.38	56.65	12.88	0.94	29.53
1988	447.04	55.13	12.48	0.98	31.40
1989	472.21	47.23	12.56	1.07	39.14
1990	504.35	51.54	12.47	1.03	32.97
1991	444.29	44.08	11.25	2.24	42.43

注:本表将焦炭、煤气和供热等消费包括在煤炭消费量中。

分行业能源消费总量和构成

类别	1990年 消费总量(万吨标准煤)	1990年 构成(%)	1991年 消费总量(万吨标准煤)	1991年 构成(%)
消费总量	504.35	100.00	444.29	100.00
一、物质生产部门	395.40	78.40	384.51	86.55
(一)农、林、牧、渔、水利业	9.96	1.97	11.36	2.56
(二)工业	370.01	73.41	322.05	97.44
1.按轻重工业分				
轻工业	25.33	5.02	42.83	9.64
重工业	344.68	68.25	279.23	62.85
2.按主要行业分				
采掘业	63.65	12.50	44.04	9.91
(1)矿业	63.64	12.50	42.95	9.67
#煤炭采选业	10.76	2.12	9.02	2.02
石油和天然气开采业	28.50	5.56	24.72	5.56
有色金属矿采选业	14.29	2.78	4.87	1.10
建筑材料及其他非金属矿采选业	8.54	1.68	3.20	0.81
(2)自来水生产和供应业	1.00	0.05	1.07	0.03
制造业	306.26	60.71	277.99	62.57
(1)食品、饮料和烟草制造业	10.97	1.99	9.77	2.20
(2)饲料工业	1.50	···	0.03	···
(3)纺织业	10.11	2.00	10.75	2.42
(4)缝纫业	0.35	···	0.30	···
(5)皮革毛皮及其制品业	2.32	···	0.89	···
(6)木材加工及竹藤棕草制品业	0.74	···	1.08	···
(7)家具制造业	1.77	···	0.28	···
(8)造纸及纸制品业	1.05	···	1.29	···
(9)印刷业	0.51	···	0.59	···
(10)文教体育用品制造业	0.01	···	0.01	···
(11)工艺美术品制造业	0.63	···	0.53	···
(12)电力、蒸汽、热水生产和供应业	59.59	11.82	19.89	4.48
(13)石油加工业	4.83	···	0.70	···
(14)炼焦、煤气及煤制品业	3.89	···	0.47	···
(15)化学工业	19.83	3.93	24.72	5.56
(16)医药工业	1.78	···	1.87	···
(17)橡胶制品业	0.17	···	0.48	···
(18)塑料制品业	0.28	···	0.31	···
(19)建筑材料及其他非金属矿物制品业	12.44	2.47	19.42	4.37
(20)黑色金属冶炼及压延加工业	46.45	9.21	88.15	19.84
(21)有色金属冶炼及压延加工业	5.57	1.11	54.61	12.70
(22)金属制品业	19.96	3.94	5.40	1.22
(23)机械、电气、电子设备制造业	5.46	1.08	24.20	5.41
(24)其他工业	5.31	1.06	12.25	2.76
(三)建筑业	0.94	···	28.43	6.40
(四)交通运输和邮电通信业	11.47	2.28	18.90	4.26
(五)商业、饮食、物资供销和仓储业	3.02	···	4.42	0.09
二、非物质生产部门	9.74	1.92	8.98	2.00
三、生活消费	99.21	19.68	50.80	11.45

注:能源消费量为终端消费量，不包括损失量。

分行业原煤消费量和构成

类别	1990年 消费量(万吨)	1990年 构成(%)	1991年 消费量(万吨)	1991年 构成(%)
消费量	**363.95**	**100.00**	**195.85**	**100.00**
一、物质生产部门	**232.02**	**63.75**	**140.42**	**71.70**
(一)农、林、牧、渔、水利业	3.65	1.01	3.38	1.73
(二)工业	221.75	61.07	115.72	59.09
1.按轻重工业分				
轻工业	21.78	5.99	31.48	16.07
重工业	199.97	54.94	84.25	43.02
2.按主要行业分				
采掘业	18.70	5.15	12.42	6.34
(1)矿业	18.25	5.02	12.19	6.22
#煤炭采选业	4.71	1.30	7.04	3.59
有色金属矿采选业	11.13	3.07	3.91	1.99
建筑材料及其他非金属矿采选业	2.19	…	1.05	…
(2)自来水生产和供应业	0.19	…	0.17	…
制造业	203.05	55.78	103.32	52.75
(1)食品、饮料和烟草制造业	8.09	2.23	6.63	3.39
(2)饲料工业	0.04	…	0.03	
(3)纺织业	11.63	…	8.52	4.35
(4)缝纫业	0.36	…	0.19	…
(5)皮革、毛皮及其制品业	0.87	…	0.59	…
(6)木材加工及竹藤棕草制品业	0.41	…	0.59	…
(7)家具制造业	0.21	…	0.13	…
(8)造纸及纸制品业	1.03	…	0.89	…
(9)印刷业	0.59	…	0.32	…
(10)文教体育用品制造业	0.01	…	0.01	…
(11)工艺美术品制造业	0.75	…	0.44	…
(12)电力、蒸汽、热水生产和供应业	74.87	…	73.82	37.69
(13)石油加工业	0.01	…	0.01	
(14)化学工业	14.93	4.12	13.97	7.13
(15)医药工业	2.22	…	1.68	…
(16)橡胶制品业	0.05	…	0.35	…
(17)塑料制品业	0.15	…	0.10	…
(18)建筑材料及其他非金属矿物制品业	18.75	5.15	13.53	6.91
(19)黑色金属冶炼及压延加工业	28.85	7.95	24.90	12.71
(20)有色金属冶炼及压延加工业	7.82	…	5.06	2.58
(21)金属制品业	1.68	…	2.19	1.12
(22)机械、电气、电子设备制造业	17.83	4.68	12.51	6.39
(23)其他工业	6.47	1.80	10.46	5.34
(三)建筑业	10.56	2.90	11.79	6.02
(四)交通运输和邮电通信业	4.68	1.29	7.35	3.75
(五)商业、饮食、物资供销和仓储业	1.56	…	2.18	1.11
二、非物质生产部门	**7.74**	**2.09**	**5.87**	**2.30**
三、生活消费	**124.19**	**34.16**	**49.56**	**25.31**

注:原煤消费量为终端消费量，不包括损失量，电力、焦炭、重油、汽油、柴油消费量同前。

分行业电力消费量和构成

类　　别	1990年		1991年	
	消费量(亿千瓦时)	构成(%)	消费量(亿千瓦时)	构成(%)
消费量	**41.16**	**100.00**	**44.75**	**100.00**
一、物质生产部门	**39.01**	**94.78**	**44.13**	**98.61**
(一)农、林、牧、渔、水利业	1.51	3.67	1.57	3.51
(二)工业	36.75	89.29	41.19	92.04
1.按轻重工业分				
轻工业	1.91	4.64	2.20	4.92
重工业	34.84	84.64	38.99	87.13
2.按主要行业分				
采掘业	2.41	5.85	1.81	4.04
(1)矿业	2.40	5.83	1.59	3.55
#煤炭采选业	0.76	1.85	0.34	0.08
石油和天然气开采业	0.45	1.09	0.72	1.64
有色金属矿采选业	0.55	1.34	0.32	0.07
建筑材料及其他非金属矿采选业	0.01		0.17	…
(2)自来水生产和供应业	0.21		0.22	…
制造业	34.34	83.43	39.38	88.00
(1)食品、饮料和烟草制造业	0.54	1.33	0.67	1.52
(2)饲料工业	0.44	1.08	0.51	1.16
(3)纺织业	0.02		0.02	…
(4)缝纫业	0.05		0.05	…
(5)皮革、毛皮及其制品业	0.11		0.12	…
(6)木材加工及竹藤棕草制品业	0.03		0.03	…
(7)家具制造业	0.07		0.08	…
(8)造纸及纸制品业	0.02		0.08	…
(9)印刷业	0.02		0.05	…
(10)文教体育用品制造业	0.01			…
(11)工艺美术品制造业	0.01		0.02	…
(12)电力、蒸汽、热水生产和供应业	4.24	10.30	4.75	10.80
(13)石油加工业	0.12		0.17	…
(14)炼焦、煤气及煤制品业	0.03		0.03	…
(15)化学工业	2.11	5.13	2.27	5.07
(16)医药工业			0.04	…
(17)橡胶制品业	0.03		0.05	…
(18)塑料业			1.26	2.86
(19)建筑材料及其他非金属矿物制品业	0.84	2.04	1.02	2.27
(20)黑色金属冶炼及压延加工业	12.84	31.10	14.29	31.93
(21)有色金属冶炼及压延加工业	10.09	24.51	12.21	27.47
(22)金属制品业	0.93	2.56	0.40	…
(23)机械、电气、电子设备制造业	0.82	1.99	0.65	1.47
(24)其他工业	0.13		0.41	…
(三)建筑业	0.26		0.68	1.48
(四)交通运输邮电业	0.26		0.27	…
(五)商业、饮食、物资供销和仓储业	0.39		0.42	…
二、非物质生产部门	**0.85**	**2.30**	**0.05**	…
三、生活消费	**1.20**	**2.92**	**0.04**	…

汽油消费量和构成

类别	1990年 消费量（万吨）	1990年 构成（%）	1991年 消费量（万吨）	1991年 构成（%）
消费总量	18.29	100.00	10.17	100.00
一、物质生产部门	17.98	98.31	9.46	93.02
1.农、林、牧、渔业	0.50	2.73	0.52	5.11
2.工业	15.45	80.09	3.09	30.38
轻工业	4.23	23.13	0.82	8.06
重工业	11.22	61.24	2.27	22.32
3.建筑业	0.21	1.15	0.90	8.85
4.运输邮电业	1.57	8.58	4.68	46.02
5.商业、饮食、物资供销和仓储业	0.25	1.37	0.27	2.65
二、非物质生产部门	0.31	1.69	0.52	5.11

柴油消费量和构成

类别	1990年 消费量（万吨）	1990年 构成（%）	1991年 消费量（万吨）	1991年 构成（%）
消费总量	13.64	100.00	6.01	100.00
一、物质生产部门	13.63	99.93	5.98	99.50
1.农、林、牧、渔业	0.73	5.35	0.51	8.49
2.工业	7.39	54.18	2.96	49.25
轻工业	2.15	15.76	0.32	5.32
重工业	5.24	38.42	2.64	43.92
3.建筑业	0.06	…	0.45	7.49
4.运输邮电业	5.39	39.52	1.99	33.11
5.商业、饮食、物资供销和仓储业	0.06	…	0.77	12.81
二、非物质生产部门	0.01	…	0.33	5.49

焦炭消费量和构成

类别	1990年		1991年	
	消费量(万吨)	构成(%)	消费量(万吨)	构成(%)
消费总量	**2.50**	**100.00**	**11.30**	**100.00**
一、物质生产部门	**2.46**	**98.40**	**11.28**	**99.82**
1.农、林、牧、渔业	0.01	0.04	0.13	1.15
2.工业	2.41	96.40	11.10	98.23
轻工业			0.42	3.72
重工业	2.41	96.40	10.68	96.28
3.建筑业			0.03	…
4.交通运输邮电业			0.02	…
5.商业、饮食、物资供销和仓储业				
二、非物质生产部门	**0.04**	**1.60**	**0.02**	

燃料油消费量和构成

类别	1990年		1991年	
	消费量(万吨)	构成(%)	消费量(万吨)	构成(%)
消费总量	**7.87**	**100.00**	**12.40**	**100.00**
一、物质生产部门	**7.87**	**100.00**	**12.40**	**100.00**
1.农、林、牧、渔业	0.01	0.13		
2.工业	7.86	99.87	4.08	32.90
轻工业				
重工业	7.86	99.87	4.08	32.90
3.建筑业			8.29	66.85
4.运输邮电业				
5.商业、饮食、物资供销和仓储业			0.03	…
二、非物质生产部门				

平均每万元工业总产值能源消费量

(1985年—1991年)　　　　单位：吨／万元

类　　别	1985年	1986年	1987年	1988年	1989年	1990年	1991年
总　　计	**9.55**	**9.64**	**9.84**	**9.17**	**9.68**	**11.51**	**5.37**
一、按轻重工业分							
轻工业	4.31	2.76	5.47	2.92	2.01	2.48	2.36
重工业	12.63	13.48	12.84	12.82	12.83	15.71	7.02
二、按主要行业分							
采掘业	**8.47**	**7.93**	**9.14**	**9.38**	**15.40**	**15.67**	**5.02**
1.矿业	8.75	8.07	9.18	9.51	15.94	15.83	5.15
#煤炭采选业	12.00	14.04	20.45	18.53	15.72	15.78	7.35
石油和天然气开采业	16.99	13.77	14.79	19.91	26.43	24.31	8.13
有色金属矿采选业		11.41	9.53	12.45	13.29	20.56	3.94
建材及非金属矿采选业	0.70	4.71	5.97	4.00	3.95	4.11	2.46
2.自来水生产和供应业	5.95	7.58	11.57	8.85	7.70	7.13	4.75
制造业	**9.69**	**9.91**	**9.98**	**9.13**	**8.31**	**8.76**	**5.72**
1.食品、饮料和烟草制造业	1.42	2.78	3.35	2.66	1.75	3.60	1.56
2.饲料工业		0.89	0.74	1.01	0.20	1.09	0.10
3.纺织业	5.81	6.01	4.48	3.98	1.39	6.09	3.08
4.缝纫业	0.71	0.75	0.77	0.55	0.65	0.58	0.40
5.皮革、毛皮及其制品业	2.08	2.41	2.62	2.40	1.66	1.69	1.08
6.木材加工及竹藤棕草制品业	2.56	3.72	6.04	5.91	7.77	4.93	5.11
7.家具制造业	1.41	1.50	2.39	1.43	1.94	1.94	1.64
8.造纸及纸制品业	7.06	9.16	10.48	7.00	7.13	8.65	4.59
9.印刷业	1.17	1.47	1.73	1.68	1.61	1.71	1.85
10.文教体育用品制造业	1.32	1.31	16.08	2.88	0.41	2.55	0.28
11.工艺美术品制造业	1.85	1.84	2.93	1.80	2.34	2.16	0.91
12.电力、蒸汽、热水生产和供应业		18.71	13.60	6.80	7.46	6.97	5.15
13.石油加工业		0.35	1.53	1.53	6.53	2.18	7.51
14.炼焦、煤气及煤制品业	11.40	5.22	2.94	4.35			
15.化学工业	17.56	18.77	25.49	20.00	13.95	14.65	8.00
#基本化学原料制造业	22.57	12.28	4.39	12.88	9.81	10.50	…
化学肥料制造业	2.52	16.01	11.21	8.28	5.00	4.87	…
有机化学原料制造业	1.31	13.48		39.77	29.19	28.16	…
16.医药工业	4.54	3.65		3.85	5.25	3.68	2.77
17.橡胶制品业	6.97	4.67	5.38	3.95	4.67	4.44	2.06
18.塑料制品业	1.95	1.84	2.04	0.47	1.49	1.35	0.83
19.建筑材料及其他非金属矿物制品业	24.32	21.68	32.07	26.43	17.31	18.56	7.80
#水泥制造业	44.20	39.46	44.38	36.99	14.53	24.17	…
砖瓦石灰和轻质建材制造业	50.20	14.33	17.55	20.77	12.13	15.68	…
20.黑色金属冶炼及压延加工业	16.71	25.88	20.57	20.65	21.09	20.05	11.79
21.有色金属冶炼及压延加工业	39.22	28.35	30.88	30.72	30.05	30.06	8.60
22.金属制品业	2.83	5.03		5.22	5.35	5.26	3.46
23.机械、电气、电子设备制造业	9.98	4.90	4.84	4.85	3.71	3.86	2.78
#机械工业	16.07	5.70	5.67	5.81	4.63	4.97	3.20
交通运输设备制造业	0.87	2.37	2.75	2.13	3.46	3.81	1.41
24.其他工业	4.29	40.20	35.20	25.03	72.83	26.80	96.08

注:本表统计范围为村及村以上工业。

能源自给率

(1980年—1991年) 单位：万吨标准煤

年份	能源生产总量	能源消费总量	能源自给率%
1980	175.26	269.01	65.15
1981	152.57	279.07	54.67
1982	163.73	293.50	55.79
1983	171.21	309.52	55.31
1984	189.49	339.83	55.76
1985	230.26	349.21	65.94
1986	215.07	384.46	55.94
1987	278.06	408.38	68.09
1988	401.94	447.04	89.91
1989	496.76	472.21	105.20
1990	582.42	504.35	115.48
1991	602.18	444.29	135.54

能源利用效益主要指标

(1980年—1991年)

年份	每万元国民生产总值消费能源(吨标准煤)	每万元社会总产值消费能源(吨标准煤)	每万元国民收入消费能源(吨标准煤)	每吨能源消费生产的国民生产总值(元)	每吨能源消费生产的社会总产值(元)	每吨能源消费生产的国民收入(元)
1980	13.00	5.89	13.92	769	1 699	718
1981		6.48	14.99		1 543	667
1982		5.83	14.05		1 716	712
1983		5.67	13.16		1 764	760
1984		5.55	12.64		1 802	791
1985	12.64	5.29	11.67	791	1 889	857
1986	12.88	5.58	12.02	776	1 792	832
1987	12.94	5.78	12.61	773	1 731	793
1988	13.15	5.66	12.37	761	1 768	808
1989	13.73	6.12	13.57	728	1 634	737
1990	14.14	6.48	14.55	707	1 541	687
	(7.36)	(4.39)	(9.75)	(1 358)	(2 279)	(1 026)
1991	6.19	3.77	8.32	1 614	2 652	1 201

注：本表价值指标1990年以前按1980年不变价格计算。1990年括号内数字及以后年份按1990年不变价格计算。

能源生产弹性系数

(1981年—1991年)

年 份	能源生产比上年增长(%)	电力生产比上年增长(%)	国民收入比上年增长(%)	能源生产弹性系数	电力生产弹性系数
1981	-12.95	-6.08	-7.98	1.62	0.76
1982	7.31	1.55	11.08	0.66	0.14
1983	4.57	-1.79	9.87	0.46	-0.18
1984	10.68	6.23	15.17	0.70	0.41
1985	21.52	39.12	14.39	1.50	2.72
1986	-6.60	28.65	7.60	-0.87	3.77
1987	29.29	52.66	6.44	4.55	8.18
1988	44.55	105.19	10.92	4.08	9.63
1989	23.59	44.88	0.45	52.42	99.73
1990	19.26	12.14	2.09	9.22	5.81
1991	3.42	-32.00	3.20	1.07	-10.03

注:1.国民收入增长速度按可比价格计算。

2.能源（电力）生产弹性系数 $= \frac{\text{能源(电力)生产量年平均增长速度}}{\text{国民收入年平均增长速度}}$

能源消费弹性系数

(1981年—1991年)

年 份	能源消费比上年增长(%)	电力消费比上年增长(%)	国民收入比上年增长(%)	能源消费弹性系数	电力消费弹性系数
1981	4.15	15.89	-7.98	-0.51	-1.99
1982	4.01	7.65	11.08	0.36	0.69
1983	2.76	12.48	9.87	0.28	1.26
1984	10.70	10.32	15.17	0.71	0.68
1985	5.63	7.54	14.39	0.39	0.52
1986	10.96	18.83	7.60	1.44	2.48
1987	11.48	12.57	6.44	1.78	1.95
1988	8.84	37.04	10.92	0.81	3.39
1989	5.63	31.68	0.45	12.51	70.40
1990	6.81	10.04	2.09	3.26	4.80
1991	-11.90	7.32	3.20	-3.72	2.29

注:1.国民收入增长速度按可比价格计算。

2.能源（电力）消费弹性系数 $= \frac{\text{能源(电力)消费量年平均增长速度}}{\text{国民收入年平均增长速度}}$

主要工业产品生产与销售量

产品名称	单位	1990年 生产量	1990年 销售量	1991年 生产量	1991年 销售量	#企业自销	销售率(%)
钢材	吨	282 977	288 434	295 254	293 911	197 414	99.55
#小型型材	吨	32 926	32 845	19 759	20 449	9 241	103.49
优质型材	吨	187 282	193 127	205 299	203 817	142 804	99.28
无缝钢管	吨	62 769	62 462	70 196	69 645	45 369	99.22
铝	吨	45 747	38 606	58 316	52 719	36 704	90.40
硫酸(折100%)	吨	18 826	3 654	27 010	3 097	3 097	11.47
烧碱(折100%)	吨	7 200	4 047	9 900	8 363	8 363	84.47
水泥	吨	490 145	491 002	529 634	540 730	389 859	102.10
平板玻璃	重量箱		17 554				
平板玻璃	平方米		84 991				
原木	立方米	21 160	16 310	14 680	12 376	12 376	84.31
锯材	立方米	22 120	19 803	20 210	19 293	14 083	95.46
煤炭	万吨	276.2	271.7	216.0	206.4	163.9	95.56
焦炭	吨	19 366	20 033	11 153	8 505	8 505	76.26
原油	吨	807 627	730 038	1 020 004	979 633		96.04
燃料油	吨	83 270	84 192	77 963	108 487	86 471	139.15
汽油	吨	26 842	24 296	31 309	33 299	9 382	106.36
柴油	吨	35 139	33 260	46 282	47 481	28 132	102.59
润滑油	吨	1 442	1 280	2 421	2 418	2 418	99.88
汽车(不含汽车底盘)	辆	508	414	521	490	490	94.05
#载重汽车	辆	508	414	521	490	490	94.05
金属切削机床	台	1 270	1 088	1 062	1 137	1 137	107.06
棉布(混合数)	万米	2 217.3	2 173.7	2 115.3	2 200.4	2 200.4	104.02
呢绒(除土纺土织产品)	万米	167	152	231.4	160.9	160.9	69.53
毛线(不含混纺、腈纶线)	吨	1 303.6	1 197.6	1 181.0	1 120.0	1 120.0	94.83
皮鞋(包括人造革皮鞋)	万双	74.1	81.2	86.1	77.0	77.0	89.43
卷烟(包括纸卷雪茄)	万箱	2.3	2.4	2.5	2.6	2.6	104.00
机制纸及纸板	吨	5 390	5 394	5 658	5 058	5 058	89.40
合成洗涤剂	吨	11 816	10 072	8 253	8 991	8 991	108.34
灯泡	万只	1 285.3	1 293.2	1 506.1	1 525.8	1 525.8	101.31

注:1.本表统计范围为县及县以上生产工业产品的独立核算的工业企业，不包括乡办、村办工厂和大、中、小学的校办厂。

2.企业自销指工业企业计划外自行组织销售的产品数量。

工业企业生产与销售总值

单位：万元

类别	1990年 生产总值	1990年 销售总值	1991年 生产总值	1991年 销售总值	1991年 销售率(%)
总计	381 323	345 195	429 096	410 590	95.69
轻工业	113 247	107 427	124 358	123 142	99.02
重工业	268 076	237 768	304 738	287 448	94.33
一、采掘业	45 113	40 949	60 790	58 770	96.68
1.矿业	44 743	40 577	59 790	57 826	96.72
#煤炭采选业	7 757	7 879	7 926	7 799	98.40
石油和天然气开采业	8 884	8 030	27 540	26 450	96.04
有色金属矿采选业	8 898	7 552	9 749	9 033	92.66
建筑材料及其他非金属矿采选业	11 738	11 306	14 531	14 521	99.93
2.木材及竹材采运业	370	372	1 000	944	94.40
二、制造业	336 210	304 246	368 306	351 820	95.52
#食品、饮料和烟草制造业	35 909	36 259	41 538	44 160	106.31
饲料工业	1 677	1 662	1 885	1 878	99.63
纺织工业	22 689	21 388	27 220	24 465	89.88
缝纫业	6 535	6 601	6 405	6 467	100.97
皮革、毛皮及其制品业	5 134	4 032	5 409	6 111	112.98
木材加工及竹藤、棕草制品业	2 881	3 035	879	1 072	121.96
家具制造业	1 125	1 103	1 412	1 338	94.76
造纸及纸制品业	1 883	1 741	2 221	1 922	86.54
印刷业	2 011	1 996	2 038	2 068	101.47
工艺美术品制造业	1 189	1 031	4 124	3 842	93.16
石油加工业	3 931	3 652	6 671	7 411	111.09
化学工业	19 992	18 513	20 196	19 958	98.82
医药工业	5 539	5 270	5 831	6 126	105.06
橡胶工业	990	940	965	904	93.68
塑料制品业	2 598	2 733	2 956	2 890	97.77
建筑材料及其他非金属矿物制品业	12 690	11 800	16 695	16 401	98.24
黑色金属冶炼延压加工业	66 147	55 968	75 312	60 372	80.16
有色金属冶炼及延压加工业	57 122	47 288	59 763	53 802	90.03
金属制品业	8 587	8 359	6 506	5 812	89.33
机械、电气、电子设备制造业	73 868	67 430	77 781	82 515	106.09
(1)机械工业	52 047	47 219	57 737	62 180	107.70
(2)交通运输设备制造业	11 714	11 220	12 384	12 571	101.51
(3)电气机械及器材制造业	4 916	4 398	3 519	3 563	101.25
(4)电子及通信设备制造业	1、792	1 273	1 870	1 628	87.06
(5)仪器仪表及其他计量器具制造业	3 399	3 320	2 271	2 573	113.30

全民和城镇集体单位主要物资消费量

(1985年—1991年)

品　名	单　位	1985年	1986年	1987年	1988年	1989年	1990年	1991年
煤　炭	万吨	217.96	246.13	272.84	268.70	268.4	262.1	283.5
焦　炭	万吨	2.93	3.23	5.71	6.38	9.99	12.0	11.3
原　油	万吨	18.39	17.19	18.56	21.05	25.57	24.3	20.3
重　油	万吨	11.01	9.71	9.16	8.90	8.24	9.43	12.4
汽　油	万吨	9.59	8.12	8.78	8.09	8.36	8.80	9.10
柴　油	万吨	5.80	5.13	6.22	5.92	6.01	6.51	6.45
生　铁	万吨	6.77	6.45	6.90	6.85	7.11	7.50	7.67
钢　材	万吨	24.35	25.89	26.83	24.93	22.76	20.16	19.48
硫　酸	万吨	1.40	0.85	1.58	1.93	2.12	2.40	2.83
烧　碱	万吨	0.41	0.25	0.33	0.28	0.21	0.31	0.37
纯　碱	万吨	0.68	0.44	0.40	0.60	0.77	0.45	0.46
水　泥	万吨	57.25	32.69	52.26	36.11	46.06	38.86	46.38
平板玻璃	万重量箱	14.27	29.08	14.20	10.48	7.61	7.33	9.84
木　材	万立方米	24.43	21.36	21.58	18.60	15.96	12.88	12.37

主 要 物 资 消 费 量

品　名	单　位	合计		生产消费		基建消费	
		1990年	1991年	1990年	1991年	1990年	1991年
煤　炭	万　吨	262.1	283.5	256.1	268.6	6.0	14.9
焦　炭	吨	119 913	113 062	119 545	112 709	368	353
原　油	吨	242 818	202 840	239 556	202 632	3 262	208
燃料油	吨	94 259	124 017	32 743	41 102	61 516	82 915
汽　油	吨	88 021	90 951	68 780	73 479	19 241	17 472
煤　油	吨	693	494	583	445	110	49
柴　油	吨	65 114	64 535	40 274	42 007	24 840	22 528
润滑油	吨	3 168	2 886	3 105	2 365	63	521
生　铁	吨	74 962	76 748	74 659	76 190	303	558
钢　材	吨	201 579	194 813	123 941	114 972	77 638	79 841
#中型型钢	吨	12 993	10 585	7 771	5 947	5 222	4 638
小型型钢	吨	40 430	39 531	14 114	13 728	26 316	25 803
线　材	吨	24 831	22 741	10 389	9 386	14 442	13 355
中厚钢板	吨	17 717	20 856	13 070	14 009	4 647	6 847
薄钢板	吨	17 483	15 407	14 825	13 542	2 658	1 865
优质型材	吨	40 940	38 183	40 712	37 826	228	357
无缝钢管	吨	17 924	18 189	5 803	5 064	12 121	13 125
焊接钢管	吨	14 759	15 186	6 255	5 603	8 504	9 583
硫　酸	吨	23 997	28 286	23 947	28 208	50	78
烧　碱	吨	3 111	3 676	3 109	3 326	2	350
纯　碱	吨	4 547	4 623	4 542	4 505	5	118
水　泥	吨	388 554	463 794	54 011	62 680	334 543	401 114
木　材	立方米	128 852	123 658	65 127	52 562	63 725	71 096

分行业生产用钢材、木材消费量

行　　业	钢材(吨)		木材(立方米)	
	1990年	1991年	1990年	1991年
总　　计	123 941	114 972	65 126	52 562
一、农、林、牧、渔、水利业	2 731	3 435	1 156	1 146
二、工业	118 574	108 876	58 870	48 043
轻工业	7 580	7 574	13 370	12 341
重工业	110 994	101 302	45 500	35 702
(一) 采掘业	6 047	6 310	22 412	18 280
1.矿业	5 984	6 265	22 385	18 260
#(1)煤炭采选业	2 027	1 657	7 436	15 556
(2)石油和天然气开采业	1 895	1 414	300	259
(3)有色金属矿采选业	641	928	3 404	1 353
(4)建材及其他非金属矿采选业	26	633	20	191
2.木材及竹材采运业	0	0	0	0
3.自来水生产和供应业	63	45	27	20
(二) 制造业	112 527	102 566	36 458	29 764
1.食品、饮料和烟草制造业	432	353	283	579
2.饲料工业	2	3	0	7
3.纺织业	340	479	114	140
4.缝纫业	106	122	77	45
5.皮革、毛皮及其制品业	33	47	267	149
6.木材加工及竹藤棕草制品业	1 110	1 125	10 787	6 939
7.家具制造业	668	757	9 346	8 920
8.造纸及纸制品业	19	29	57	113
9.印刷业	6	0	0	0
10.文教体育用品制造业	15	26	4	0
11.工艺美术品制造业	19	56	63	158
12.电力、蒸汽、热水生产和供应业	3 228	2 328	1 135	991
13.石油加工业	63	0		0
14.炼焦、煤气及煤制品业	97	0	326	0
15.化学工业	2 145	2 001	613	512
16.医药工业	95	130	187	177
17.橡胶制品业	26	4	1	0
18.塑料制品业	143	18	2	1
19.建筑材料及其他非金属矿物制品业	2 290	4 057	1 137	1 162
20.黑色金属冶炼及压延加工业	17 983	18 655	1 647	1 485
21.有色金属冶炼及压延加工业	3 643	2 485	934	639
22.金属制品业	18 757	16 467	210	291
23.机械、电气、电子设备制造业	60 345	52 901	7 168	6 962
(1)机械工业	47 446	44 567	6 445	6 523
(2)交通运输设备制造业	8 831	6 517	418	248
(3)电气机械及器材制造业	2 625	426	62	40
(4)电子及通信设备制造业	1 355	1 342	243	151
(5)仪器仪表及其他计量器具制造业	88	49	0	0
24.其他工业	962	523	2 099	494
三、交通运输、邮电通信业	779	970	3 112	2 584
(一) 交通运输业	602	759	2 624	1 941
(二) 邮电通信业	177	211	470	643
四、商业、饮食、物资供销及仓储业	377	354	297	333
五、房地产管理、公用事业、居民服务及咨询业	146	88	70	34
六、卫生、体育和社会福利事业	77	71	310	81
七、教育、文化艺术、广播电视业	828	851	641	156
八、科学研究和综合技术服务业	216	215	405	34
九、其他行业	213	112	266	150

十二、商　　业

历年社会商品零售总额及城乡构成

单位：万元、%

年份	社会商品零售总额	消费品	#社会集团消费品	农业生产资料	绝对数		占零售总额的比重	
					城镇	乡村	城镇	乡村
1949	3 470	3 372	210	98	1 195	2 275	34.4	65.6
1952	6 267	6 016	356	251	2 280	3 987	36.4	63.6
1957	25 908	24 398	1 679	1 510	16 665	9 243	64.3	35.7
1962	30 417	29 118	2 478	1 299	21 255	9 162	69.9	30.1
1965	31 991	30 641	3 547	1 350	21 974	10 017	68.7	31.3
1966	34 257	32 084	4 261	2 173	23 041	11 216	67.2	32.8
1967	36 605	34 900	4 297	1 705	24 789	11 816	67.7	32.3
1968	37 067	35 269	4 123	1 798	25 049	12 018	67.6	32.4
1969	38 655	36 636	4 716	2 019	25 935	12 720	67.1	32.9
1970	44 013	41 017	5 711	2 996	29 048	14 965	66.0	34.0
1971	47 192	43 381	5 855	3 811	30 873	16 319	65.4	34.6
1972	50 953	46 188	5 888	4 765	33 625	17 328	66.0	34.0
1973	54 038	48 553	6 363	5 485	35 610	18 428	65.9	34.1
1974	58 445	52 180	6 560	6 265	38 712	19 733	66.2	33.8
1975	63 173	55 964	7 535	7 209	41 950	21 223	66.4	33.6
1976	65 957	58 362	7 430	7 595	43 015	22 942	65.2	34.8
1977	70 598	62 058	7 213	8 540	45 606	24 992	64.6	35.4
1978	76 630	66 815	8 678	9 815	50 423	26 207	65.8	34.2
1979	83 083	73 005	10 055	10 078	54 331	28 752	65.4	34.6
1980	91 950	82 920	10 310	9 030	59 198	32 752	64.4	35.6
1981	99 279	91 898	11 011	7 381	66 046	33 233	66.5	33.5
1982	105 444	97 826	12 143	7 618	70 744	34 700	67.1	32.9
1983	116 995	107 957	13 420	9 038	78 613	38 382	67.2	32.8
1984	138 693	128 523	16 947	10 170	95 174	43 519	68.6	31.4
1985	176 255	163 903	17 941	12 352	125 240	51 015	71.1	28.9
1986	202 739	190 154	19 158	12 585	144 036	58 703	71.0	29.0
1987	227 811	213 758	17 745	14 053	139 327	88 484	61.2	38.8
1988	283 990	267 965	23 608	16 025	178 777	105 213	63.0	37.0
1989	286 674	268 978	25 130	17 696	179 070	107 604	62.5	37.5
1990	306 936	287 193	29 796	19 743	192 335	114 601	62.7	37.3
1991	341 296	319 869	32 931	21 427	224 056	117 240	65.6	34.4

社会商品零售总额指数

(以1952年为100)　　　　单位：%

年份	社会商品零售总额	按商品用途分		按城乡分	
		消费品	农业生产资料	城镇	乡村
1949	55.37	56.05	39.04	52.41	57.06
1950	62.00	62.25	55.78	61.05	62.53
1951	89.26	89.56	82.07	94.91	86.03
1952	100.00	100.00	100.00	100.00	100.00
1953	128.08	127.51	141.83	164.08	107.50
1954	184.57	183.41	212.35	273.51	133.71
1955	231.69	229.57	282.47	339.78	169.88
1956	371.29	364.86	525.50	622.46	227.66
1957	413.40	405.55	601.59	730.92	231.83
1958	511.81	494.85	918.33	928.95	273.26
1959	720.89	670.84	1 920.32	1 296.80	391.55
1960	816.91	754.19	2 320.32	1 558.64	392.75
1961	597.48	580.92	994.42	1 290.13	201.38
1962	485.35	484.01	517.53	932.24	229.80
1963	431.59	435.74	332.27	830.53	203.46
1964	455.85	457.15	424.70	872.06	217.83
1965	510.47	509.33	537.85	963.77	251.24
1966	546.63	533.31	865.74	1 010.57	281.31
1967	584.09	580.12	679.28	1 087.24	296.36
1968	591.46	586.25	716.33	1 098.64	301.43
1969	616.80	608.98	804.38	1 137.50	319.04
1970	702.30	681.79	1 193.63	1 274.04	375.34
1971	753.02	721.09	1 518.33	1 354.08	409.08
1972	813.03	767.75	1 898.41	1 474.78	434.61
1973	862.26	807.06	2 185.26	1 561.84	462.20
1974	932.58	867.35	2 496.02	1 697.89	494.93
1975	1 008.03	930.25	2 872.11	1 839.91	532.30
1976	1 052.45	970.11	3 025.90	1 886.62	575.42
1977	1 126.50	1 031.55	3 402.39	2 000.26	626.84
1978	1 222.75	1 110.62	3 910.36	2 211.54	657.31
1979	1 325.72	1 213.51	4 015.14	2 382.94	721.14
1980	1 444.93	1 355.12	3 597.21	2 653.07	754.05
1981	1 584.16	1 527.26	2 940.64	2 896.75	833.53
1982	1 682.53	1 626.10	3 035.06	3 102.81	870.33
1983	1 866.84	1 794.50	3 600.80	3 447.94	962.68
1984	2 213.07	2 136.35	4 051.79	4 174.30	1 091.52
1985	2 812.43	2 724.45	4 921.12	5 492.98	1 279.53
1986	3 235.02	3 160.80	5 013.94	6 317.37	1 472.36
1987	3 635.09	3 553.16	5 598.80	6 110.83	2 219.31
1988	4 531.50	4 454.24	6 384.31	7 840.81	2 638.98
1989	4 574.30	4 471.04	7 050.03	7 853.66	2 698.95
1990	4 897.65	4 773.82	7 865.74	8 435.75	2 874.37
1991	5 445.92	5 316.97	8 536.65	9 827.02	2 940.56

社会商品零售总额的所有制构成

(1985年—1991年)

指　　标	1985年	1986年	1987年	1988年	1989年	1990年	1991年
一、绝对额(万元)	176 255	202 739	227 811	283 990	286 674	306 936	341 296
全民所有制	106 774	119 096	132 012	165 590	173 067	176 675	191 265
供销合作社	21 037	22 640	23 700	28 960	27 828	26 816	27 912
其他集体所有制	19 295	21 739	22 395	26 764	29 238	31 740	34 341
合　　营			1 084	378	491	410	389
个体经济	18 784	27 906	35 582	45 148	38 896	52 880	68 197
农民对非农业居民零售	10 365	11 358	13 038	17 150	17 153	18 415	19 192
二、比重(%)							
全民所有制	60.58	58.74	57.94	58.31	60.37	57.56	56.04
供销合作社	11.94	11.16	10.40	10.20	9.71	8.74	8.18
其他集体所有制	10.94	10.72	9.83	9.42	10.20	10.34	10.06
合　　营			0.48	0.13	0.17	0.13	0.11
个体经济	10.66	13.76	15.61	15.90	13.57	17.23	19.98
农民对非农业居民零售	5.88	5.60	5.73	6.04	5.98	6.00	5.63

社会消费品零售额的用途及构成

(1985年—1991年)

指　　标	1985年	1986年	1987年	1988年	1989年	1990年	1991年
一、消费品零售额(万元)	163 903	190 154	213 758	267 965	268 978	287 193	319 869
1.吃的	80 860	95 414	112 751	134 577	144 186	150 202	167 931
#粮　食	15 329	21 689	23 189	26 859	24 860	25 897	28 490
肉禽蛋	11 136	14 521	15 575	56 862	20 813	24 994	21 721
2.穿的	38 701	41 479	50 981	68 947	65 900	60 598	66 533
#棉布与针织品	6 522	10 000	7 311	7 980	8 953	9 246	9 826
化纤涤纶布	3 674	9 102	4 231	5 315	4 323	3 184	4 270
呢绒绸缎	7 131	8 101	6 265	11 169	8 402	4 645	5 807
3.用的	38 359	45 902	45 243	58 352	51 931	66 333	75 489
#日用品类	13 651	13 974	21 957	24 063	18 881	26 101	29 108
文娱用品类	14 149	19 300	10 735	17 703	14 518	18 913	24 317
书报杂志类	2 384	2 761	2 178	2 913	3 991	4 578	4 415
4.烧的	6 050	7 359	4 783	6 109	6 961	10 060	9 916
二、以消费品零售额为100的结构							
1.吃的	49.3	50.18	52.75	50.22	53.60	52.30	52.50
2.穿的	23.6	21.81	23.85	25.73	24.50	21.10	20.80
3.用的	23.4	24.14	21.16	21.78	19.31	23.10	23.60
4.烧的	3.7	3.87	2.24	2.28	2.59	3.50	3.10

按各种分组的社会商品零售总额及构成

单位：万元

类 别	1985年	1990年	1991年	1991年比1985年增减(%)	1991年比1990年增减(%)	比重(%) 1985年	比重(%) 1990年	比重(%) 1991年
社会商品零售总额	**176 255**	**306 936**	**341 296**	93.64	11.19	**100**	**100**	
1.按商品用途和销售对象分								
(1)消费品零售额	163 903	287 193	319 869	95.16	11.38	92.99	93.57	93.72
对居民的零售额	145 962	257 397	286 938	96.58	11.48	82.81	83.86	84.07
对社会集团的零售额	17 941	29 796	32 931	83.55	10.52	10.18	9.71	9.65
(2)农业生产资料零售额	12 352	19 743	21 427	73.47	14.32	7.01	6.43	6.28
2.按行业和经济类型分								
(1)商业零售额	141 625	254 274	277 141	95.69	8.99	80.36	82.83	81.20
国营商业	92 937	160 748	171 279	84.30	6.55	52.73	52.37	50.18
供销合作社商业	21 023	26 798	27 889	32.66	4.07	11.93	8.73	8.17
集体所有制商业	14 820	25 790	28 370	91.43	10.00	8.41	8.40	8.31
合营商业		410	389		−5.12		0.13	0.11
个体有证商业	12 845	40 501	49 214	283.14	21.51	7.29	13.20	14.42
(2)饮食业零售额	7 032	13 482	18 937	169.30	40.46	3.99	4.39	5.55
国营饮食业	1 460	2 117	3 821	161.71	80.49	0.83	0.69	1.12
供销合作社饮食业	14	18	23	64.29	27.78		…	0.01
集体所有制饮食业	646	820	766	18.58	−6.59	0.37	0.27	0.22
个体有证饮食业	4 912	10 527	14 327	191.67	36.10	2.79	3.43	4.20
(3)工业零售额	10 827	12 757	17 009	57.10	33.33	6.14	4.16	4.98
全民所有制工业	6 045	6 472	8 171	35.17	26.25	3.43	2.11	2.39
集体所有制工业	3 775	5 035	5 148	36.37	2.24	2.14	1.64	1.51
合营工业								
个体有证工业	1 007	1 250	3 690	266.43	195.20	0.57	0.41	1.08
(4)其他行业零售额	6 406	8 035	9 017	40.76	12.22	3.63	2.62	2.64
全民所有制	6 332	7 338	7 994	26.25	8.94	3.59	2.39	2.34
集体所有制	54	95	57	5.56	−40.00	0.03	0.03	0.02
个 体	20	602	966	4 730.00	60.47	0.01	0.20	0.28
(5)农民对非农业居民零售额	10 365	18 415	19 192	85.16	4.22	5.88	6.00	5.62

各时期国合商业商品调出、调入总额

单位：万元

时期(年份)	调出省外			省外调入			净调出(+)或净调入(-)		
	总额	工业品	农产品	总额	工业品	农产品	总额	工业品	农产品
“恢复”时期	4 079		4 079	2 437	1 952	485	1 642	−1 952	3 594
“一五”时期	12 483	1 494	10 947	45 571	38 478	7 073	−33 088	−36 984	3 874
“二五”时期	54 282	39 366	13 765	109 545	88 582	18 141	−55 263	−49 216	−4 376
“调整”时期	20 157	9 784	10 107	46 844	35 783	11 052	−26 687	−25 999	−945
“三五”时期	44 121	18 696	24 952	119 000	96 553	21 940	−74 879	−77 857	3 012
“四五”时期	60 613	35 226	24 675	173 806	137 823	35 651	−113 193	−102 597	−10 976
“五五”时期	103 315	75 315	27 551	257 285	206 787	50 742	−153 970	−131 472	−23 191
“六五”时期	117 317	80 461	36 902	318 565	251 660	66 846	−201 248	−171 199	−29 944
“七五”时期	182 171	132 333	49 848	446 911	346 957	99 954	−265 740	−214 624	−50 106
1986	31 742	20 623	11 119	76 361	61 145	15 216	−44 619	−40 522	−4 097
1987	35 857	23 467	12 390	83 284	63 683	19 601	−47 427	−40 216	−7 211
1988	42 884	31 847	11 037	101 183	79 191	21 992	−58 299	−47 344	−10 955
1989	50 334	39 716	10 628	98 874	70 908	27 966	−48 540	−31 192	−17 338
1990	21 354	16 680	4 674	87 209	72 030	15 179	−65 855	−55 350	−10 505
1991	34 654	25 847	8 807	91 725	77 498	14 227	−57 071	−51 651	−5 420

主要年份国合商业购、销、存情况

单位：万元

年份	商品纯购进	工业品购进		农副产品购进		国内纯销售	年末库存总额
			#省内工业品		#牛羊畜产品		
1950	1 458	68	62	1 390	833	2 896	649
1952	3 676	375	236	3 300	1 430	6 912	2 325
1957	11 617	3 655	1 424	7 814	3 187	29 909	22 218
1962	12 289	6 843	5 136	5 003	2 171	33 018	33 295
1965	16 249	7 767	6 716	8 168	3 252	35 603	26 574
1970	23 698	12 504	11 190	10 665	5 885	60 109	37 576
1975	46 585	30 171	28 301	15 624	7 505	89 188	53 332
1978	58 371	40 491	35 425	16 975	8 576	108 331	66 683
1980	57 303	38 230	31 833	18 229	8 828	113 024	71 217
1985	95 666	67 498	30 650	26 436	11 715	77 587	172 158
1986	112 960	78 981	41 760	32 228	12 998	76 361	196 230
1987	130 236	97 982	53 527	28 853	13 109	209 765	116 760
1988	178 279	132 923	65 525	43 178	14 331	255 104	155 415
1989	183 065	135 258	60 310	46 383	19 596	233 344	181 837
1990	218 214	160 514	73 253	52 997	24 541	271 182	184 118
1991	192 985	122 795	56 741	555 20	18 479	240 219	184 100

社会商业商品购、销、存总额

(1987年—1991年)　　　　单位：万元

项　目	合　计	全民所有制商业和供销合作社		其他集体所有制商业	合营商业	个体商业
		合　计	#外贸部门			
一、国内纯购进总额						
1987年	137 495	127 574	12 072	8 208		1 713
1988年	198 546	176 140	17 634	7 176	249	14 981
1989年	215 344	183 065	22 134	11 205		21 074
1990年	255 037	214 766	28 555	9 682		30 589
1991年	201 662	184 945	30 529	5 611	45	11 061
#农副产品						
1987年	31 031	28 853	498	2 178		
1988年	56 561	42 982	3 516	841	50	12 688
1989年	61 782	46 383	1 138	647		14 752
1990年	71 603	52 997	2 754	180		18 426
1991年	60 483	55 969	12 145	224		4 290
二、国内纯销售总额						
1987年	225 574	181 074	303	17 732	1 044	25 724
1988年	270 279	215 860	295	22 025	335	32 059
1989年	288 522	233 344	3 857	24 308	491	30 379
1990年	303 644	236 608	4 040	26 125	410	40 501
1991年	323 675	244 871	4 976	29 170	420	49 214
三、年末库存总额						
1987年	121 808	116 760	4 453	5 048		
1988年	162 131	155 415	14 038	6 630	86	
1989年	191 263	181 837	18 964	9 426		
1990年	194 648	184 118	25 661	8 530		2 000
1991年	200 941	182 713	23 101	8 869	296	9 063

重要年份主要消费品零售量

年份	粮食(万公斤)	食用植物油(万公斤)	肥猪(百头)	菜牛(百头)	菜羊(百只)	鲜蛋(万公斤)	水产品(吨)	食盐(百吨)	卷烟(箱)
1952	8 621		241	225	894	11	278	47	3 799
1957	15 739	314	610	425	1 789	25	571	124	14 227
1960	26 115	189	111	241	2 505	1	20 441	272	22 176
1965	13 948	208	1 080	123	2 160	114	2 038	183	19 218
1970	18 352	289	1 019	536	4 995	172	2 646	211	35 350
1975	20 364	371	1 575	481	4 895	102	2 527	244	41 604
1978	24 065	417	2 298	796	6 544	188	1 740	347	47 400
1980	25 388	432	3 407	517	5 651	242	1 468	281	47 930
1985	36 325	1 320	3 156	1 069	7 044	599	3 941	275	63 730
1987	41 831	1 360	3 315	1 339	7 935	589	2 090	237	71 790
1988	45 757	1 615	3 681	1 305	7 605	755	2 513	292	86 227
1989	43 868	1 411	3 536	1 396	6 250	610	3 626	422	79 473
1990	43 815	1 531	3 512	1 261	11 183	594	3 640	412	85 035
1991	44 138	1 805	3 362	1 673	10 226	354	3 016	200	88 851

重要年份主要消费品零售量(续)

年 份	酒 (吨)	食糖 (吨)	茶叶 (万公斤)	鲜菜 (万公斤)	棉布 (万米)	化纤布 (百米)	呢绒 (百米)	绸缎 (百米)	毛线 (百公斤)
1952	174	914	123	340	684		8	1 559	2
1957	1 645	2 364	431	1 006	2 535		501	14 011	84
1960	971	2 122	405	5 965	3 233		424	11 312	482
1965	1 024	2 412	350	4 312	1 896	57	2 958	10 095	
1970	2 189	5 549	452	6 650	2 684	130	2 995	10 284	1 995
1975	4 412	4 708	649	8 027	3 372	358	4 863	22 425	1 301
1978	5 416	11 652	672	10 069	3 421	20 300	5 100	19 400	1 748
1980	7 419	8 313	716	9 057	3 413	38 820	6 475	23 583	2 377
1985	17 804	15 047	674	9 734	3 079	49 228	19 536	36 377	8 619
1987	21 568	13 208	800	13 272	2 518	26 855	11 795	39 485	4 330
1988	28 633	9 418	1 030		2 465	25 900	14 431	41 943	5 540
1989	16 979	14 515	446		2 047	21 640	9 120	29 002	1 895
1990	14 876	15 101	520		1 786	16 754	8 073	24 389	1 568
1991	13 709	7 295	446		1 059	15 124	10 822	23 876	1 912

年份	针织内衣 (百件)	胶鞋 (百双)	缝纫机 (架)	自行车 (辆)	收音机 (架)	手 表 (只)	火 柴 (百件)	煤 炭 (万吨)
1952	274	414	21	184	162	533	28	8
1957	3 605	3 463	2 738	12 672	1 526	8 676	236	27
1960	12 730	8 183	3 252	17 938	8 747	2 552	404	83
1965	4 844	5 297	2 070	5 909	5 992	11 811	421	56
1970	10 384	9 222	11 119	21 669	13 504	20 198	464	83
1975	21 731	13 783	19 399	47 884	25 305	50 115	555	110
1978	27 113	13 172	24 804	56 900	28 300	83 500	577	162
1980	32 960	13 190	28 783	70 111	43 793	98 300	710	159
1985	51 303	22 663	21 019	124 603	72 305	117 900	818	155
1987	51 459	31 666	18 412	92 475	45 422	113 300	1 022	87
1988	49 209	35 103	19 344	106 291	46 800	128 400	1 053	102
1989	42 677	30 462	11 901	61 621	36 252	116 267	829	98
1990	35 738	27 316	7 803	46 933	35 473	91 700	717	97
1991	31 451	24 782	7 965	48 555	41 730	90 300	767	148

注：制度规定煤炭1991年始含工业用煤。

重要年份农用商品销售量

年份	化学肥料（标准吨）	氮肥	磷肥	钾肥	复合肥	化学农药（吨）	农用塑料薄膜（吨）
1952	11					5	
1957	1 052					1 543	
1960	21 350					2 147	
1970	49 243	26 982	20 622	1 639		826	
1975	141 252	60 770	77 205	1 856	1 421	2 243	
1978	223 096	113 742	81 638	646	27 070	2 133	
1980	212 931	104 951	85 402	370	22 208	1 952	
1985	171 787	77 614	17 968	2 347	73 858	442	50
1987	194 229	99 277	26 570	2 018	22 208	378	88
1988	235 913	113 812	30 881	6 298	84 918	421	351
1989	242 141	93 893	46 887	5 348	96 013	498	229
1990	248 637	117 423	24 748	2 285	20 892	660	173
1991	272 089	112 093	13 989	3 341	142 666	774	240

年份	农用动力机械（台）	拖拉机（台）	手扶拖拉机（台）	机引犁（台）	手推车（辆）	中小农具（万件）	耕畜（头）
1952							
1957							
1960							
1970	521					0.74	536
1975	1 806	748	1 586	689	65 147	241	500
1978	1 838	760	2 299	1 510	45 586	226	420
1980	1 203	617	1 374	309	25 336	212	2 427
1985	2 176	104	5 571	377	8 733	179	
1987	2 275	66	7 671	587	5 584	79	2 427
1988	2 062	74	8 651	1 200	5 202	195	
1989	1 693	87	6 310	754	4 887	97	
1990	1 574	116	7 287	1 242	3 349	175	
1991	1 753	133	7 875	226	—	123	

主要消费品零售量和金额

金额单位：万元

品名	单位	1990年		1991年	
		数量	金额	数量	金额
社会消费品零售额	万元		287 193		319 869
一、食品类	万元		150 202		167 931
#粮食	万公斤	43 815	25 897	44 138	28 490
食用植物油	万公斤	1 531	4 328	1 805	5 212
肥猪	吨	17 558	8 842	16 810	9 023
菜牛	吨	8 198	3 933	10 875	4 879
菜羊	吨	17 893	8 725	17 384	7 188
家禽	百只	5 084	534	6 244	631
鲜蛋	吨	5 935	2 960	3 543	1 680
水产品	吨	3 640	2 939	3 016	1 269
干鲜菜	万元		9 130		10 092
干鲜果	万元		12 700		13 259
食糖	吨	15 101	3 927	7 295	2 491
奶粉	吨	359	219	243	164
糖果	吨	4 151	3 379	3 377	2 931
糕点	吨	3 840	1 289	2 576	1 123
罐头	百箱	2 419	2 613	2 184	3 058
卷烟	箱	85 035	23 295	88 851	32 337
酒	吨	14 876	8 069	13 709	9 949
食盐	吨	41 264	1 552	19 944	766
茶叶	吨	5 200	4 408	4 461	4 641
蜂蜜	吨				
二、衣着类	万元		60 598		66 533
#棉布	万米	1 786	6 751	1 059	3 733
棉花化纤混纺布	万米	363	1 713	466	2 516
化纤布	万米	175	1 880	151	1 754
呢绒	百米	8 073	2 484	10 822	3 448
绸缎	百米	24 432	2 161	23 876	2 359
毛巾	百条	30 001	595	25 326	684
线袜	百双	221	5	165	6
绵纶袜	百双	35 842	925	36 357	945
针织内衣	百件	37 879	2 495	31 451	2 157
床褥单	百条	2 564	846	2 507	779
棉毯	百条	436	110	428	108
毛毯	百条	239	242	337	477
毛线	百公斤	1 568	800	1 912	937
絮棉	万公斤	639	4 742	610	5 889
皮鞋	百双	9 389	3 286	9 542	3 340

注：针织内衣包括汗衫背心、棉毛衫裤、卫生衫裤。

主要消费品零售量和金额(续)

金额单位：万元

品名	单位	1990年		1991年	
		数量	金额	数量	金额
胶鞋	百双	27 316	4 261	24 782	3 702
布鞋	百双	15 304	1 260	13 688	879
三、日用品类	万元		26 101		29 108
#火柴	百件	721	368	767	413
肥皂	百箱	688	416	778	541
洗衣粉	吨	4 446	1 956	2 657	1 169
香皂	百块	37 994	612	33 850	711
牙膏(20支)	百盒	2 698	540	3 045	658
保温瓶	百个	5 488	1 070	5 407	1 082
缝纫机	架	7 803	195	7 965	207
铝锅	百个	119	29	1 197	458
搪瓷口杯	百个	2 601	107	1 974	72
搪瓷面盆	百个	3 212	363	3 144	349
铁锅	万口	2	12	12	62
日用陶瓷器	万件	158	166	629	698
钟	百个	562	269	633	309
手表	百只	917	864	903	479
手电筒	百个	3 095	127	1 902	74
手电池	万节	939	765	637	329
自行车	辆	46 933	1 254	48 555	1 192
普通灯泡	百个	41 693	283	42 018	295
日光灯管	百只	493	33	646	44
电风扇	台	264	4	308	6
洗衣机	台	19 419	1 088	18 902	1 037
电冰箱	台	8 658	1 743	11 123	2 286
四、文化娱乐用品类	万元		18 913		24 317
#电视机	架	39 184	7 828	39 446	6 715
录音机	架	36 662	2 497	1 985	516
半导体收音机	架	33 179	62	41 730	82
照像机	架	2 873	87	3 581	135
机制薄纸	吨	1 785	683	11 319	4 341
土纸	吨	69	11	902	155
钢笔	百支	10 179	1 836	7 966	1 518
铅笔	万支	815	104	498	65
五、书报杂志类	万元		4 578		4 415
六、药及医疗用品类	万元		11 866		11 603
七、燃料类	万元		10 060		9 916
#煤油	吨	3 143	2 238	2 264	161
煤炭	万吨	97	4 845	148	7 697
八、房屋及建筑材料	万元		4 875		6 046

社会农副产品收购总额和收购量

(1985年—1991年)

类别及品名	单位	1985年	1986年	1987年	1988年	1989年	1990年	1991年
社会农副产品收购总额	**万元**	**43 365**	**52 390**	**58 554**	**78 223**	**90 095**	**90 631**	**96 288**
1.商业部门收购	万元	27 460	35 667	36 774	51 306	63 899	65 062	67 030
2.工业和其他部门收购	万元	5 540	5 365	8 742	7 093	5 482	9 326	11 785
3.非农业居民向农民购买	万元	10 365	11 358	13 038	17 150	16 903	16 243	17 473
社会农副产品收购量								
#粮　食	吨	174 375	235 602	11 690	161 768	236 608	263 043	255 343
食用植物油	吨	20 428	22 998	4 965	19 135	15 401	31 804	30 977
肥　猪	百头	1 835	2 290	4 140	1 375	1 414	1 913	1 584
菜　牛	百头	1 393	1 577	3 710	2 246	1 540	1 734	2 605
菜　羊	百只	10 168	9 452	3 620	10 587	9 408	12 019	14 459
家　禽	百只	5 945	9 872	381	7 352	4 520	4 067	6 759
鲜　蛋	吨	5 487	5 314	1 570	2 239	1 736	3 247	3 493
水产品	吨	4 188	3 264	645	1 044	2 200	2 763	2 491
鲜　奶	吨	12 883	13 841		17 383	14 892	17 432	19 323
酥　油	吨	134	27		81	16	166	127
蜂　蜜	吨	2 750	2 536	593	501	1 855	1 887	2 258
苹　果	吨	5 074	6 263	933	2 996	6 390	5 932	6 139
绵羊毛	吨	14 080	1 3789	7 328	12 822	12 523	16 229	13 648
山羊毛	吨	97	114	44	207	164	146	186
羊　绒	吨	90	56	49	47	97	93	59
牛　皮	百张	2 550	3 620	1 111	2 912	2 296	2 276	2 691
绵羊皮	百张	6 190	10 788	2 062	10 818	7 447	7 877	12 175
山羊皮	百张	519	699	69	631	292	146	466
猪　鬃	箱/50公斤	191	113	2	30	23	138	58

国合商业主要农牧副土特产品收购量

(1985年—1991年)

品名	单位	1985年	1986年	1987年	1988年	1989年	1990年	1991年
粮食	吨	143 525	203 485	175 000	117 715	184 343	223 373	224 508
食用植物油	吨	18 695	16 873	17 031	14 599	12 869	25 126	24 011
肥猪	百头	902	1 043	812	721	774	788	700
菜牛	百头	1 151	1 166	1 266	1 672	1 114	1 304	1 348
菜羊	百只	8 277	6 493	7 176	6 094	7 217	8 999	8 708
水产品	吨	2 091	675	477	805	1 158	628	183
绵羊毛	吨	13 465	13 276	11 935	12 413	12 163	15 374	12 525
山羊毛	吨	96	114	127	164	164	146	186
羊绒	吨	91	56	86	46	97	87	59
牛毛绒	吨		720	775	1 445	651	574	519
牛皮	百张	2 503	3 253	3 290	2 231	1 780	1 857	1 600
绵羊皮	百张	5 911	5 656	8 849	8 754	5 157	5 120	8 200
羔皮	百张	414	133	200	298	205	177	139
旱獭皮	百张	719	579	1 700	2 597	1 298	868	164
蜂蜜	吨	2 745	2 536	2 762	390	1 833	1 883	2 071
甘草	吨	343	155	182	172	42	92	147
党参	公斤	24 300	1 187	16 780	10 487	830	2 440	2 418
黄芪	公斤	22 200	7 365	19 620	4 893	3 600	6 320	6 233
冬虫草	公斤	5 992	8 509	6 540	18 235	4 991	9 861	3 921
贝母	公斤	19 519	11 382	9 200	15 639	1 455	1 213	6 488
鹿茸	公斤	5 700	563	2 110	556	1 025	219	267
麝香	公斤			0.07	16.9	5.48	1.34	32.5
大黄	公斤	219 041	346 201	340 290	455 931	190 000	277 000	150 363
秦艽	公斤	291 694	23 379	69 720	162 718	37 000	302 000	207 966
羌活	公斤	88 287	12 165	15 110	60 169	42 000	57 000	76 495

全民所有制商业和供销合作社经济效益主要指标

单位：万元

指标	1990年				1991年			
	合计	商业厅	供销合作社	粮油企业	合计	商业厅	供销合作社	粮油企业
一、商品总销售额	447 650	256 350	70 732	68 615	500 548	264 611	72 281	103 115
二、商品销售毛利	46 973	32 800	8 205	-31	55 341	34 836	8 560	4 497
三、商品流通费	43 599	22 503	6 110	11 743	46 493	22 945	6 626	13 126
#运杂费	10 238	5 336	973	3 649	10 702	5 169	1 285	3 927
四、销售税金	6 595	4 880	861	301	7 421	5 391	886	306
五、商品经营利润	-4 595	5 917	1 200	-13 649	2 807	7 564	1 010	-8 553
六、全部企业利润总额(补贴前)	-6 681	4 406	832	-13 645	-5 284	5 513	329	-13 512
#商业企业利润总额	-337	7 712	713	-14 060	-2 674	8 451	302	-13 579
七、全部企业利润总额(补贴后)	2 176	7 647	947	-8 144	1 872	8 446	568	-9 528
八、全部亏损企业的亏损额	12 239	3 312	222	8 572	17 842	2 936	207	14 627
#商业亏损企业的亏损额	11 845	2 945	222	8 545	17 407	2 501	207	14 627
九、应缴所得税、调节税、利润	6 199	4 474	538	401	6 457	4 653	408	549
十、财政已拨补亏损	8 728	160		8 568	4 136	102		4 034
十一、全部企业留利	4 941	3 492	91	416	5 776	4 131	62	483
十二、全部企业缴纳税金总额(不含所得税及调节税)	8 162	5 778	1 223	571	9 376	6 725	1 235	554
十三、全部企业全部流动资金平均占用额	227 329	112 232	36 919	61 623	240 415	111 054	37 258	72 489
#商业企业	217 538	105 971	36 654	58 405	227 242	99 807	36 965	70 889
#商品及材料资金	16 696	88 192	26 732	45 296	175 021	78 655	25 933	53 733
十四、全部企业年末固定资产原值	88 465	49 900	11 116	21 944	99 079	55 498	11 066	25 994
十五、全部企业年末固定资产净值	65 843	32 865	7 245	21 944	73 928	36 484	74 028	25 994
十六、商业企业职工平均人数(人)	32 739	16 187	7 637	6 190	34 230	17 036	7 644	6 534
十七、商业企业独立核算单位数(个)	1 001	456	234	189	998	443	218	212
#亏损单位(个)	248	71	44	108	260	76	43	123

历年社会商品购买力来源与分配

单位：万元

年份	一、本年货币收入总额	全民所有制单位职工工资	集体(个体)所有制单位职工工资	其他职业者收入	农村集体及农民出售产品收入	农村集体及农民的劳务收入
1949	4 298	259	244	237	2 516	113
1950	4 947	391	272	387	2 625	202
1951	6 597	593	494	876	2 963	314
1952	7 442	978	575	1 055	3 052	334
1953	9 451	1 810	686	1 375	3 332	351
1954	13 979	2 549	713	1 820	5 745	365
1955	17 264	3 769	786	2 127	6 521	435
1956	26 814	10 808	1 455	2 611	5 870	496
1957	30 213	11 966	1 588	2 810	7 814	783
1958	37 740	16 904	1 736	3 113	8 526	810
1959	53 651	26 608	1 123	2 886	13 101	626
1960	59 838	34 122	1 166	2 858	12 168	432
1961	41 628	22 911	1 755	2 962	6 004	638
1962	31 200	14 933	1 621	2 915	5 140	583
1963	31 942	13 432	1 515	3 126	6 758	489
1964	35 002	14 432	1 579	3 452	7 354	502
1965	38 735	16 922	1 469	3 480	8 215	851
1966	41 971	18 117	1 545	3 866	8 605	829
1967	44 269	19 634	1 676	4 125	8 893	787
1968	45 377	19 928	1 721	4 625	8 683	876
1969	48 497	21 273	1 745	5 463	9 535	948
1970	54 698	24 824	1 910	6 379	9 659	1 234
1971	57 374	27 304	1 975	6 534	9 715	1 256
1972	63 389	30 310	2 724	6 746	11 325	1 607
1973	66 044	30 751	3 142	6 812	11 907	1 641
1974	72 562	31 943	3 371	7 011	13 396	1 330
1975	77 101	33 792	3 705	7 433	14 014	807
1976	81 887	35 383	4 294	8 562	15 030	817
1977	85 591	37 007	4 900	8 936	14 868	851
1978	95 645	40 960	5 408	10 473	15 606	930
1979	104 922	46 231	6 266	10 628	16 972	1 880
1980	116 706	54 415	7 649	7 967	18 508	2 078
1981	123 248	55 453	8 699	8 214	20 276	2 686
1982	133 334	57 392	10 574	7 212	25 051	2 704
1983	146 321	64 591	11 635	4 803	25 878	4 007
1984	183 133	78 482	14 050	3 138	27 791	5 800
1985	229 397	89 903	23 590	3 342	35 435	10 306
1986	269 476	103 846	24 886	5 593	44 828	16 102
1987	302 578	112 806	26 317	6 035	54 074	16 159
1988	378 247	128 562	44 625	7 259	72 788	29 826
1989	419 543	139 478	29 239	8 962	86 284	33 959
1990	488 036	156 406	30 957	10 963	81 833	36 040
1991	508 363	166 117	31 955	12 533	81 785	39 278

历年社会商品购买力来源与分配(续一)

单位：万元

年份	居民及农村集体从财政得到的收入	银行和信用社农业贷款预购定金净增加额	居民和农村集体其他货币收入	城镇集团购买公用消费品货币	农民从集体经营中和经济联合体得到的收入	外宾购买消费品的货币	农民从事工业和手工业的净货币收入
1949	14		705	210			
1950	28	11	776	255			
1951	56	81	923	297			
1952	76		1 016	356			
1953	105		1 276	516			
1954	164		1 920	703			
1955	287		2 318	1 021			
1956	453	253	2 512	2 356			
1957	556	125	2 963	1 608			
1958	613	22	3 144	2 872			
1959	467	51	2 770	6 019			
1960	421	96	2 739	5 836			
1961	626	109	3 107	3 516			
1962	601	7	3 024	2 376			
1963	786	33	3 305	2 498			
1964	969	31	3 226	3 457			
1965	1 311	81	3 114	3 292			
1966	1 216	198	3 614	3 981			
1967	1 236	36	3 663	4 219			
1968	1 356	40	3 770	4 378			
1969	956		3 886	4 686			
1970	911	763	3 645	5 373			
1971	894	248	3 960	5 488			
1972	1 266	38	3 836	5 517			
1973	2 108		3 725	5 953			
1974	2 438	358	6 579	6 136			
1975	3 273	520	6 490	7 067			
1976	3 745	563	6 519	6 974			
1977	4 657	578	7 021	6 778			
1978	6 378	1 590	6 072	8 228			
1979	7 110	2 708	4 084	9 589			
1980	6 886	1 048	7 248	10 907			
1981	5 364	3	11 930	10 623			
1982	5 562	683	12 364	11 791			
1983	6 495	678	15 058	13 176			
1984	6 895	2 398	21 760	16 829			5 990
1985	8 119	2 735	33 605	17 827			4 535
1986	7 056	1 630	36 009	19 158	7 041	40	3 287
1987	12 903	2 653	41 205	18 763	7 588	60	3 965
1988	11 982	2 398	44 642	23 608	1 481	55	11 021
1989	5 405	2 294	80 189	25 130	1 981	22	6 600
1990	7 652	7 505	115 529	29 796	2 462	49	8 771
1991	9 131	8 763	118 162	32 931	2 222	35	5 345

历年社会商品购买力来源与分配(续二)

单位：万元

年　份	二、本年货币支出总额	购买商品支　出	居民文化生活服务支出	居民和农村集体缴纳税款	农村集体和农民归还预购定金和农贷
1949	3 972	3 470	56	170	
1950	4 463	3 885	74	191	
1951	6 165	5 594	83	171	
1952	6 974	6 267	102	210	
1953	8 902	8 027	125	265	
1954	13 473	11 567	165	1 011	
1955	16 790	14 520	220	1 206	
1956	25 721	23 269	266	996	
1957	28 916	25 908	345	1 358	
1958	35 802	32 075	523	1 418	
1959	50 371	45 178	765	1 710	
1960	56 516	51 196	826	1 469	
1961	41 751	37 444	865	856	
1962	35 436	30 417	916	868	
1963	31 607	27 048	996	955	
1964	33 830	28 568	1 143	1 167	64(农贷)
1965	37 755	31 991	1 279	1 279	
1966	40 562	34 257	1 272	1 242	
1967	43 270	36 605	1 334	1 298	
1968	44 246	37 067	1 387	1 176	
1969	46 954	38 655	1 418	1 388	
1970	53 251	44 013	1 447	1 702	15
1971	56 380	47 192	1 577	1 467	
1972	60 355	50 953	1 682	1 691	42
1973	63 896	54 038	1 820	1 565	18(农贷)
1974	69 805	58 445	1 989	1 541	
1975	74 480	63 173	2 075	1 433	
1976	77 997	65 957	2 309	1 541	28
1977	83 843	70 598	2 481	1 445	
1978	90 887	76 630	2 800	1 156	20
1979	98 863	83 083	3 056	1 468	4
1980	107 913	91 950	3 291	1 150	36
1981	116 690	99 279	3 648	1 164	141
1982	124 237	105 444	3 739	1 356	27
1983	136 920	116 995	4 403	1 336	16
1984	166 414	138 693	8 330	1 345	
1985	203 774	176 255	7 058	1 501	
1986	238 702	202 739	8 953	1 665	
1987	273 822	227 811	15 422	1 849	
1988	337 373	283 990	17 494	2 417	
1989	357 313	286 674	19 893	2 881	
1990	409 328	306 936	19 512	3 680	
1991	449 279	341 296	25 170	6 348	

注:1986 年以后手存现金只统计城乡个人部分。

历年社会商品购买力来源与分配(续三)

单位：万元

年份	居民和农村集体其他货币支出	三、年末结余购买力总额	银行存款	#城镇储蓄	手(库)存现金	#城乡个人
1949	276	326	0.2	0.2	326	326
1950	313	810	12	12	798	798
1951	317	1 242	136	136	1 106	1 106
1952	395	1 710	128	128	1 582	1 582
1953	485	2 259	490	298	1 769	1 769
1954	730	2 765	792	487	1 973	1 973
1955	844	3 239	1 187	797	2 052	2 048
1956	1 190	4 332	2 159	1 845	2 173	2 116
1957	1 305	5 629	3 209	2 460	2 420	2 359
1958	1 786	7 567	4 446	2 630	3 188	3 120
1959	2 718	10 847	6 756	4 616	4 091	3 979
1960	3 025	14 169	7 731	5 892	6 438	6 313
1961	2 586	14 046	7 014	5 804	7 032	6 913
1962	3 235	9 810	4 143	2 448	5 667	5 454
1963	2 608	10 145	4 609	2 753	5 536	5 432
1964	2 888	11 317	5 498	3 568	5 819	5 663
1965	3 186	12 297	6 318	4 274	5 979	5 769
1966	3 791	13 706	7 776	5 190	5 930	5 609
1967	4 033	14 705	8 995	5 775	5 710	5 416
1968	4 616	15 836	10 036	6 067	5 806	5 533
1969	5 493	17 379	11 391	5 700	5 988	5 425
1970	6 074	18 826	12 720	5 962	6 106	5 589
1971	6 144	19 820	13 823	6 865	5 997	5 572
1972	5 987	22 854	16 654	8 002	6 200	5 685
1973	6 455	25 002	18 884	8 748	6 118	5 521
1974	7 830	27 759	21 347	9 716	6 412	5 825
1975	7 799	30 380	23 398	10 617	6 982	6 358
1976	8 162	34 270	27 162	11 612	7 108	6 697
1977	9 319	36 018	29 154	13 169	6 864	6 459
1978	10 281	41 076	33 044	14 874	8 032	7 659
1979	11 552	47 681	37 886	18 687	9 795	9 400
1980	11 386	56 574	44 916	23 386	11 658	11 225
1981	12 458	63 129	50 556	28 192	12 573	12 110
1982	13 671	72 226	58 752	37 757	13 474	13 139
1983	14 170	81 627	67 672	46 587	13 955	13 204
1984	18 046	98 346	79 425	46 451	18 921	18 213
1985	18 960	131 006	97 308	75 904	33 698	32 950
1986	25 345	147 384	106 634	95 792	40 750	40 750
1987	28 740	176 140	134 277	122 623	41 863	41 863
1988	33 472	217 014	161 525	147 273	55 489	55 489
1989	53 965	279 244	200 944	185 264	78 300	78 300
1990	61 306	357 952	265 952	246 818	92 000	92 000
1991	52 550	417 036	324 236	301 523	92 800	92 800

城乡集市贸易情况

(1985年—1991年)

项目	1985年	1986年	1987年	1988年	1989年	1990年	1991年
一、集市数(个)	**204**	**215**	**219**	**239**	**236**	**231**	**239**
1.城市	36	40	41	48	34	45	60
2.乡村	168	175	178	191	202	186	179
二、集市贸易成交额(万元)	**16 276**	**23 169**	**29 677**	**39 004**	**41 084**	**43 439**	**58 363**
1.城市	9 349	13 683	18 240	24 696	23 089	27 266	39 736
2.乡村	6 927	9 486	11 437	14 308	17 995	16 173	18 624
在城乡成交额中							
#粮油类	406	560	562	457	487	910	1 355
肉禽蛋类	2 850	4 403	5 480	6 568	6 724	8 349	10 597
水产品类	312	750	453	474	692	843	1 143
蔬菜类	3 450	5 218	7 342	9 920	12 576	10 731	10 479
干鲜果类	1 756	2 800	3 822	4 763	3 666	5 198	6 768
农业生产资料类	612	649	545	1 235	1 105	1 115	1 126
大牲畜类	250	209	193	601	427	577	642

主要年份社会商业机构和人员

年份	机构数(个)			从业人员(人)		
	合计	国、合商业	私营和集体商业	合计	国、合商业	私营和集体商业
1949	4 542		4 542	5 922		5 922
1950	6 846	69	6 777	9 076	567	8 509
1952	7 928	484	7 444	12 150	2 219	9 931
1957	4 814	1 910	2 904	20 135	14 928	5 207
1979	4 671	2 559	2 112	32 746	29 251	3 495
1980	5 434	2 809	2 625	33 944	29 594	4 350
1981	6 924	2 775	4 149	36 849	29 358	7 491
1982	8 387	2 912	5 475	41 743	30 677	11 066
1983	14 267	3 198	11 069	50 884	32 956	17 928
1984	16 600	3 411	13 189	54 076	32 809	21 267
1985	26 277	3 278	22 999	69 409	34 216	35 193
1986	27 141	3 630	23 511	72 895	36 788	36 107
1987	30 809	3 642	27 167	76 513	44 856	31 657
1988	34 301	3 661	30 640	84 415	38 011	46 404
1989	28 081	3 749	24 332	80 516	39 511	41 005
1990	30 098	3 934	26 164	82 074	40 645	41 429
1991	29 622	3 921	25 701	83 439	40 947	42 492

商业机构、人员情况

(1991年末)　　　　单位：个、人

项目	合计		市		县		县以下	
	机构	人员	机构	人员	机构	人员	机构	人员
总计	29 622	83 439	9 700	39 548	8 099	23 120	11 823	20 771
一、全民所有制商业	2 528	33 181	644	17 921	1 281	11 812	603	3 448
1.企业管理机构	328	5 956	66	3 127	221	2 590	41	239
#兼营业务的	159	1 619	23	570	96	879	40	170
2.企业经营机构	2 141	24 711	541	12 644	1 038	8 858	562	3 209
(1)农副产品采购(供应)	221	3 000	21	1 140	71	977	129	883
(2)工业品批发机构	170	3 892	48	2 651	96	1 026	26	215
(3)零售机构	1 693	17 378	459	8 642	827	6 625	407	2 111
#①国家所有集体经营	134	2 013	72	1 446	40	447	22	120
②租赁给经营者个人	21	93			20	91	1	2
(4)其他经营机构	57	441	13	211	44	230		
3.仓储运输机构	59	2 514	37	2 150	22	364		
二、集体所有制商业	3 021	18 421	1 037	10 825	531	3 519	1 453	4 077
1.供销合作社	1 393	7 766	115	2 363	195	1 753	1 083	3 650
(1)企业管理机构	147	1 553	13	320	43	490	91	743
#兼营业务机构	109	1 061	10	240	26	261	73	560
(2)企业经营机构	1 243	6 122	101	1 982	150	1 233	992	2 907
①农副产品采购	78	359	4	170	10	98	64	91
②工业品批发机构	58	857	4	441	31	337	23	79
③零售机构	1 046	4 381	84	999	90	696	872	2 686
④其他经营机构	61	525	9	372	19	102	33	51
(3)仓储运输机构	3	91	1	61	2	30		
2.其它集体所有制商业	1 628	10 655	922	8 462	336	1 766	370	427
(1)企业管理机构	71	358	41	233	30	125		
(2)企业经营机构	1 554	10 293	878	8 225	306	1 641	307	427
#零售机构	1 528	10 099	857	8 063	301	1 609	307	427
#代购代销店	293	294					293	294
(3)仓储运输机构	3	4	3	4				
三、合营商业	8	102			8	102		
#零售机构	7	76			7	76		
四、个体有证商业	24 065	31 735	8 019	10 802	6 279	7 687	9 769	13 246

零售商业、饮食业、服务业机构、人员数情况

(1991年末)　　　　　　单位：个、人

类别	合计		市		县		县以下	
	机构	人员	机构	人员	机构	人员	机构	人员
零售商业机构合计	**28 339**	**63 669**	**9 419**	**28 506**	**7 504**	**16 693**	**11 416**	**18 470**
1. 粮油商店	363	2 941	101	991	124	1 091	138	859
2. 副食品商店	358	2 827	122	1 792	128	762	108	273
3. 其他食品商店	271	1 675	97	1 324	75	183	99	168
4. 百货商店	469	4 382	95	2 723	94	946	280	713
5. 纺织品商店	47	245	6	100	22	88	19	57
6. 五金、交电、化工商店	119	1 080	60	705	46	333	13	42
7. 医药商店	72	590	23	302	46	268	3	20
8. 书店	128	616	47	318	65	260	16	38
9. 煤炭商店	42	546	20	374	20	141	2	31
10.石油商店	61	850	21	398	34	368	6	84
11.日用杂品商店	123	747	42	500	42	125	39	122
12.农业生产资料商店	192	803	19	202	48	255	125	346
13.其它专业商店	139	695	65	380	41	163	33	152
14.综合性商店	1 890	13 937	682	7 595	440	4 023	768	2 319
15.个体有证商店	24 065	31 735	8 019	10 802	6 279	7 687	9 767	13 246
饮食业机构合计	**8 959**	**18 596**	**3 999**	**9 439**	**2 241**	**4 583**	**2 719**	**4 574**
1. 全民所有制饮食业	89	1 071	36	774	48	269	5	28
2. 集体所有制饮食业	156	1 249	98	979	47	252	11	18
3. 个体有证饮食业	8 714	16 276	3 865	7 686	2 146	4 062	2 703	4 528
服务业机构合计	**6 532**	**12 357**	**3 049**	**7 141**	**1 875**	**3 145**	**1 608**	**2 071**
按经济类型分								
1. 全民所有制服务业	163	1 582	61	1 025	94	510	8	47
2. 集体所有制服务业	182	2 084	110	1 710	49	292	23	82
3. 个体有证服务业	6 187	8 691	2 878	4 406	1 732	2 343	1 577	1 942
按行业分								
1. 旅馆业	899	3 248	281	1 973	360	837	258	438
2. 理发业	1 560	2 393	823	1 377	436	627	301	389
3. 浴池业	14	168	6	133	8	35		
4. 摄影业	424	778	184	422	131	228	109	128
5. 洗染业	30	183	18	155	12	28		
6. 日用品修理业	2 536	3 617	1 196	1 936	640	903	700	778
7. 其它服务业	1 069	1 970	541	1 145	288	487	240	338

十三、外贸旅游

外贸部门进出口贸易总额

(1985年—1991年)　　　　单位：万美元、%

指　　标	1985年	1986年	1987年	1988年	1989年	1990年	1991年
进出口贸易总额	**3 411.12**	**4 363.18**	**5 141.70**	**5 384.51**	**6 488.30**	**7 027.01**	**7 791.25**
一、出口总额	**2 122.95**	**2 643.01**	**4 014.60**	**4 558.33**	**5 849.08**	**6 804.63**	7 551.68
1.工矿产品	642.85	1 023.71	1 719.03	2 864.90	3 008.23	4 409.63	5 056.81
占出口总额比重	30.28	38.73	42.82	62.85	51.43	65.68	66.96
2.农副产品加工品	208.95	394.70	543.52	534.84	658.03	506.12	535.43
占出口总额比重	9.84	14.93	13.54	11.73	11.25	7.44	7.09
3.农副产品	1 271.15	1 224.60	1 752.02	1 158.59	2 182.82	1 828.88	1 959.44
占出口总额比重	59.88	46.33	43.64	25.42	37.32	26.88	25.95
二、进口总额	**1 288.17**	**1 720.17**	**1 127.10**	**826.18**	**639.22**	**222.38**	**239.57**
1.生产资料	812.77	1 439.70	968.30	742.49	542.28	137.25	145.80
占进口总额比重	63.09	83.70	85.90	89.87	84.83	61.72	60.85
(1).机器和设备	624.26	1 332.95	627.94	176.45	133.02	137.24	145.80
占进口总额比重	48.46	77.49	55.71	21.36	20.81	61.72	60.85
(2).生产原料	188.51	106.75	340.36	566.04	409.26		
占进口总额比重	14.63	6.21	30.19	68.51	64.02		
①重工业原料	174.47	76.36		59.08	157.08		
占进口总额比重	13.54	4.44		7.15	24.57		
②轻工业原料	0.40	30.39	340.36	504.69	242.22		
占进口总额比重	0.03	1.77	30.19	61.09	37.89		
③农业生产用物资	13.64			2.27	9.96		
占进口总额比重	1.06			0.27	1.56		
2.消费资料	475.40	280.47	158.80	83.69	96.94	85.14	93.77
占进口总额比重	36.91	16.30	14.10	10.13	15.16	38.28	39.15

外贸部门进口主要商品分类

(1985年—1991年)　　　　单位：万美元

指　　标	1985年	1986年	1987年	1988年	1989年	1990年	1991年
进口商品总值	**1 288.17**	**1 720.17**	**1 127.10**	**826.18**	**639.22**	**222.38**	**239.57**
1.自营部分	1 117.91	1 677.29	1 127.10	826.18	639.22	222.38	239.57
2.委托口岸	170.26	42.88					
在总值中：							
1.机械及设备	912.23	1 265.74	370.21	27.36	133.02	82.46	138.04
2.仪　器　类	113.31	140.16	242.12	61.17	30.54	26.63	7.76
3.五　金　类	55.38	3.40	47.66		157.08		
4.化工医药类	46.28	27.35	17.23	33.17	86.67	31.87	8.79
5.医疗器械类	59.19	133.51	16.41	32.06	29.45	28.16	21.86
6.轻工业品类	98.87	119.62	250.97	171.25	23.63		
7.纺织品类							
8.粮油土产类	2.94	30.39		501.17			
9.畜产品类			182.50		178.83		
10.文化用品						53.26	63.12

外贸部门出口商品分类

(1985年—1991年)　　单位：万美元

类别	1985年	1986年	1987年	1988年	1989年	1990年	1991年
合计	**2 123.1**	**2 643.0**	**4 014.6**	**4 558.3**	**5 849.2**	**6 804.6**	**7 551.68**
粮油食品类	587.5	518.2	691.7	729.6	820.6	840.4	825.57
土产及药材类	262.1	395.6	450.2	480.2	715.4	729.7	969.45
畜产品类	426.2	340.1	626.7	663.9	712.6	765.1	699.85
机械及设备类	13.7	128.2	195.0	287.1	346.5	432.9	523.45
轻工产品类	41.6	69.5	141.2	113.5	588.0	692.9	172.81
有色金属及矿产品类	553.7	741.9	1 366.1	1 646.6	2 224.4	2 925.2	3 306.26
化工类	72.4	100.1	98.3	102.6	100.3	141.8	157.63
纺织品类	165.9	349.4	445.4	534.8	341.4	276.6	896.66

外贸出口商品数量、金额及分类

金额单位：万美元

品名	单位	1990年		1991年	
		数量	金额	数量	金额
出口商品总值	万美元		**6 804.63**		**7 551.68**
一、农牧土特产品	万美元		**2 335.24**		**2 494.87**
1.粮油食品类	万美元		840.36		825.57
#蚕豆	吨	12 178	294.32	16 251	395.56
豌豆	吨	439	9.71	2 458	43.18
活牛	头	2 234	79.67	2 092	74.68
冻牛肉	吨	2 076	365.65	1 328	230.94
原盐	吨	1 937	9.85	1 800	8.98
咸蕨菜	吨	461	37.10	200	13.30
2.畜产品类	万美元		765.12		699.85
#绵羊肠衣	桶	100	37.78	190	50.39
粗次绵羊毛	吨	735	162.16		
羊绒	吨	44	262.89	53	297.81
无毛绒	吨	2	25.30	2	6.69
山羊毛	吨	208	30.00		
兔毛	吨	14	21.08	23	28.97
3.土产类	万美元		176.76		201.16
#发菜	吨	6	25.11	3	12.93
蜂蜜	吨	1 522	105.75	1 354	113.08
菜籽饼	吨	3 613	45.91	7 239	74.62
4.中药材类	万美元		553.00		768.29
#甘草	吨	271	28.96	98	12.91
枸杞	吨	139	26.90	148	56.47
贝母	吨	3	13.21	3	6.72
麻黄	吨	4	0.33	5	0.46
秦艽	吨	12	3.56	25	7.50
虫草	吨	10	306.71	16	499.77
大黄	吨	82	18.20	72	24.55
雪莲花	吨	0.11	0.09	0.87	1.66
鹿茸	公斤	817	48.62	327	17.76
鹿角	吨	217	55.32	8	16.83
二、工业品类	万美元		**4 469.39**		**5 056.81**
1.纺织品类	万美元		779.30		896.66
#21支普通纱	件	600	22.35	100	3.90

外贸出口商品数量、金额及分类(续)

金额单位：万美元

品　　名	单　位	1990 年		1991 年	
		数　量	金　额	数　量	金　额
32 支普通纱	件	600	21.66	900	34.17
羊毛衫	万件	1.25	3.03	15 761	3.18
纯毛提花毛毯	万条	3	97.03	6 511	22.99
睡　衣	套	24 012	9.35	53 346	17.17
羊毛手工打结地毯	平方米	42 657	279.10	39 208	231.74
民族地毯	平方米	29 637	151.79	54 300	237.12
2.轻工业品类	万美元		190.17		172.81
#劳保手套	打	43 900	51.79		60.75
布面鞋	万双	15	19.49	66 150	7.39
脱胶骨粒粉	吨	880	17.74	6	1.42
蒸制骨粒粉	吨	750	14.10	85	10.86
蹄角粒粉	吨	112	5.12	584	1.40
抽屉锁	打	10 000	3.58	30	1.59
骨　胶	吨	136	9.02	5 000	9.27
扬声器	百个	3 800	3.61	119	
3.有色金属及矿产品类	万美元		2 925.25		3 306.26
#硅　铁	吨	32 450	1 847.63	43 309	2 188.43
金属硅	吨	4 500	438.02	5 130	378.9
锌	吨	500	68.11		
碳化硅	吨	602	25.68	2 731	86.33
砩石粉	吨	3 200	25.50		
锌矿砂	吨	9 336	328.79	11 335	242.01
4.化工类	万美元		141.79		157.63
#硫化碱	吨	556	13.90	429	9.99
元明粉	吨	3 560	35.65	2 685	31.35
氯化镁	吨	1 714	6.07	1 220	7.81
硼　酸	吨	1 000	63.27		
三氯化铁	吨	150	4.43	99	3.70
5.机械设备类	万美元		432.88		523.45
#蓄电池	千伏	14 928	60.86	14 928	29.36
八角锤	打	50	1.80	4 133	3.07
活络板手	打	3 376	3.50	27 287	40.48
螺文加工机床	台	9 640	12.94		
车　床	台	221	75.42	203	84.77
铣　床	台	52	68.69	47	63.66
数控机床	台	1	4.00	3	12.33
分马力电机	台	35 000	61.28	10 000	17.65
工业轴承	万套	17	26.52	15	38.33
量　具	万件	4	7.21	0.11	0.77

外贸出口主要国别和地区情况表

(1985 年—1991 年)　　单位：万美元

国别和地区	1985 年	1986 年	1987 年	1988 年	1989 年	1990 年	1991 年
总　值	**2 122.95**	**2 643.01**	**4 014.57**	**4 558.32**	**5 849.15**	**6 804.63**	**7 551.68**
#香　港	240.04	398.29	527.79	764.01	1 072.07	910.94	1 433.41
日　本	809.99	812.65	1 367.65	1 717.58	2 485.76	3 448.07	3 328.45
新加坡	86.68	102.84	160.92	108.22	259.32	383.66	460.14
苏　联	142.63	183.62	221.00	393.21	419.50	645.93	352.42
德　国		182.25	156.32	123.91	317.27	283.06	427.46
意大利	47.63	149.56	47.29	288.94	191.50	304.44	311.98
美　国	57.02	105.17	139.46	85.71	212.24	172.41	299.74
英　国	190.22	213.01	488.06	222.57	169.76	60.09	241.46
澳大利亚		186.32	90.31	207.25	10.86	8.18	2.32

注：德国指统一后的德国。

按国别（地区）分外贸出口情况

计算单位：万美元

国别（地区）	1990 年	1991 年	国别（地区）	1990 年	1991 年
总　值	**6 804.63**	**7 551.68**	印　度		19.68
香　港	910.94	1 433.41	尼泊尔	0.56	1.52
澳　门	15.14	36.34	澳大利亚	8.18	2.31
德　国	283.06	427.46	埃　及	68.23	17.65
日　本	3 448.07	3 328.45	挪　威		2.65
泰　国	69.16	48.49	孟加拉	2.66	7.04
马来西亚	6.40	8.25	巴基斯坦	23.20	59.98
新加坡	383.66	460.14	保加利亚	69.94	15.00
英　国	60.09	241.46	阿联酋		15.56
南朝鲜		139.59	沙特阿拉伯	28.35	3.67
法　国	7.91	34.62	苏　联	645.93	352.42
意大利	304.44	311.98	葡萄牙	10.56	15.84
荷　兰	11.66	11.84	伊　朗		1.87
西班牙	16.19	37.47	比利时	58.92	160.08
瑞　士	23.82	12.71	台湾省	6.49	12.75
瑞　典	4.21	19.47	其他国家	11.39	4.53
印度尼西亚	0.43	3.81	以出顶进	108.99	3.90
美　国	172.41	299.74	国内出售	0.19	

外贸部门主要出口商品收购数量和金额

(1991 年)

金额单位：万元

商品类别	单位	1990 年		1991 年	
		数量	金额	数量	金额
总　值	万元		42 164		34 747
一、农牧土特产品	万元		12 413		11 585
1.粮油食品类	万元		4 404		3 680
#蚕　豆	吨	14 582	1 664	8 730	950
活　牛	头	1 872	421	1 807	364
冻牛肉	吨	2 279	1 543	2 365	1 554
咸蕨菜	吨	482	114	442	111
2.畜产品类	万元		4 189		3 509
#绵羊肠衣	桶	635	470	148	96
羊　绒	吨	46	1 446	59	563
粗次绵羊毛	吨	831	804		
绵羊皮	百张	3 224	802	1 772	666
3.中药土产类	万元		3 820		4 396
#枸　杞	吨	206	282	354	731
虫　草	吨	14	1 488	13	2 301
蜂　蜜	吨	1 189	425	700	261
二、工业品类	万元		29 751		23 162
1.纺织品类	万元		4 655		3 455
#手工打结地毯	平方米	51 199	1 892	20 245	667
纯毛普通毛毯	百条	255	314	102	122
人造毛毯	百条				
棉　纱	件	775	169	1 505	461
2.轻工业品类	万元		1 082		1 764
#劳保手套	打	40 814	267	66 368	359
骨　胶	吨	101	43	100	34
3.五金矿产类	万元		21 430		14 598
#铁合金	吨	43 900	12 089	48 529	12 077
金属硅	吨	8 815	5 243	1 600	768
4.化工类	万元		565		631
#元明粉	吨	2 639	431	6 098	226
三氯化铁	吨			226	33
氯化镁	吨	2 434	44	60	6
5.机械及设备类	万元		2 019		2 714
#蓄电池	千伏	14 928	233	19 904	158
刃　具	万件	1.85	17	0.27	2
活络板手	打	10 025	64	18 066	155

旅游者人数和旅游外汇收入

(1991年)

指　　标	合计	西宁市	格尔木市	指　　标	旅游外汇收入(外汇券万元)
人数合计（人）	7 965	6 530	1 435	合　　计	483
外国人	5 480	4 239	1 241	一、商品性收入	35
华侨	66	64	2	1.商品销售收入	14
港澳和台湾同胞	2 419	2 227	192	2.饮食销售收入	21
人天数合计（人天）	23 895	19 590	4 305	二、劳务性收入	448
外国人	16 440	12 717	3 723	1.旅行社旅游业务费收入	268
华侨	198	192	6	2.住宿费	49
港澳和台湾同胞	7 257	6 681	576	3.长途交通费	131

接待旅游外宾分国籍统计情况

(1981年—1991年)　　　　单位：人

国　别	1981年	1982年	1983年	1984年	1985年	1986年	1988年	1989年	1990年	1991年
总　计	392	825	1 696	3 638	7 039	13 626	7 824	4 033	4 056	5 480
#日　本	105	45	173	404	958	1 878	1 463	940	1 082	1 318
菲律宾		26	24	14	1	22	1	124	3	2
新加坡	7	42	41	29	14	18	12	27	14	184
泰　国	10	34	26	17	27	1	3	5	2	12
美　国	110	206	309	512		1 465	723	370	361	430
加拿大	19	76	101	203	338	439	162	73	87	190
英　国	42	145	200	423	813	1 291	677	280	322	342
法　国	9	29	100	454	805	1 645	869	301	438	679
联邦德国	9	27	224			1 760	1 407	833	134	723
意大利		4	7	44	91	356	233	84	118	209
澳大利亚	59	127	197	301	348	597	271	131	113	173
苏　联						11	11	21	12	39
新西兰	2	38	61	73	86	269	71	33	77	34

十四、城市建设和环保事业

西宁市公共汽车客运情况

(1980 年—1991 年)

年份	年底车辆总数(辆)	年底营业线路(条/公里)	总行驶里程(万车公里)	#营业里程	客运总数(万人次)	客运周转量(万人公里)	单位成本(元/千车公里)	利润总额(万元)	职工人数(人)
1980	171	17/466			7 942			27.6	1 298
1981	176	17/466			7 881			16.5	1 377
1982	190	17/466			8 812		631	60.1	1 633
1983	192	17/467			10 162		636	61.0	1 690
1984	211	17/467			11 930		679	55.0	1 810
1985	230	17/467			14 832		730	67.8	2 036
1986	219	17/473			16 710			54.0	2 065
1987	222	/481			16 876			42.0	2 332
1988	250	23/498	1 076	1 068	17 759	50 993	883	68.0	2 382
1989	252	21/481	1 044	1 037	15 216	54 537	1 017	20.0	2 590
1990	266	21/481	1 128	1 128	15 612	47 843	1 176	0.9	2 567
1991	268	21/481	1 196	1 196	16 430	53 464	1 262	13.5	2 807

西宁市自来水供水情况

(1980 年—1991 年)

年份	年底自来水管总长度(公里)	全年供水总量(万吨)	全年售水总量(万吨)	#工业用水	年底用水总人数(万人)	供水普及率(%)	年末职工总人数(人)
1980	240	3 740	3 541	1 979	42.0	92.4	450
1981	246	4 380	4 040	2 343	43.0	95.2	443
1982	246	4 649	4 295	2 598	43.4	94.6	453
1983	251	5 222	4 817	3 121	43.5	94.0	450
1984	259	5 526	5 098	3 161	48.0	92.0	450
1985	255	5 577	5 145	3 190	48.0	95.2	443
1986	255	5 863	5 583	3 461	49.0	99.0	479
1987	285	6 308	6 008	3 604	53.0	96.4	513
1988	297	7 111	6 755	4 062	53.5	98.0	511
1989	300	7 824	7 200	4 464	53.9	98.0	522
1990	300	7 934	7 301	4 527	54.7	98.0	548
1991	300	8 279	7 619	4 785	55.7	98.0	590

西宁市道路、排水、养护情况

(1980年—1991年)

年份	年底道路长度(公里)	#高级路面	年底实有下水道长度(公里)	全年养护下水道长度(公里)	全年"两项"维护建设资金支出(万元)	年末固定职工总人数(人)	#市政工程管理人员
1980	157	150	67			314	
1981	160	156	67			327	
1982	163	160	74			1 057	
1983	169	166	78	78		1 001	244
1984	169	166	78	78			
1985	175	174	85	85			
1986	175	174	86	86		364	
1987	177	176	86	86	1 509	361	
1988	177	176	87	87		1 061	352
1989	179	178	90	90	2 509	1 269	349
1990	179	178	117	117	2 185	1 327	385
1991	180	179	117	117	4 603	1 159	359

注：1989年各项指标均包括城建系统外部分。

"两项"维护建设资金系城市维护建设税和公用事业附加用于市政工程、公用事业、环卫等方面的资金，自1991年开始系基建、交纳能源、交通建设基金、建设税、维护措施等五项支出之和。

西宁市环境卫生基本情况

(1985年—1991年)

类别	单位	1985年	1986年	1987年	1988年	1989年	1990年	1991年
一、当年完成工作量								
1.清运垃圾	万吨	12.7	23.5	23.0	26.1	23.8	23.6	30.3
2.清运粪便	万吨	0.8	2.2	2.0	2.5	2.0	1.9	2.0
二、全年清扫面积	万平方米	92	92	116	120	142	166	185
三、环境卫生机械数量	辆	58	63			85	85	77
四、环境卫生设施								
公共厕所	座	157	158	157	158	158	158	158
五、年末职工人数	人		607	738	252	197	230	320

西宁市城市建设用地情况

(1985年—1991年)

类　别	计量单位	1985年	1986年	1987年	1988年	1989年	1990年	1991年
总　人　口	万　人	**59.9**	**61.2**	**62.3**	**63.2**	**64.1**	**65.0**	**65.6**
#城市人口	万　人	50.4	51.9	52.7	53.7	54.5	55.0	55.7
市区面积	平方公里	350.0	350.0	350.0	350.0	350.0	350	350
建成区面积	平方公里	49.4	49.9	50.3	50.7	51.3	51.5	51.6
#城市建设用地面积	平方公里	49.4	49.9	50.3	50.7	51.3	51.5	51.6
1.工业用地	平方公里	10.1	10.2	10.3	10.3	10.5	10.5	10.5
2.仓库用地	平方公里	2.5	2.5	2.5	2.6	2.64	2.64	2.66
3.对外交通用地	平方公里	5.6	5.6	5.6	5.8	5.8	5.84	5.85
4.生活居住用地	平方公里	20.5	20.8	21.1	21.3	21.6	21.8	21.9
5.其他城建用地	平方公里	10.7	10.8	10.8	10.7	10.7	10.7	10.7

西宁市园林绿化情况

(1985年—1991年)

类　别	计量单位	1985年	1986年	1987年	1988年	1989年	1990年	1991年
年底园林绿地面积	公　顷	407	463.2		449	456	470.7	519
#公共绿地	公　顷	55.0	64.0	66.4	73.0	73.0	78.7	107
建成区绿化覆盖率	%	8.2	8.3	8.8	8.4	9.1	10.1	11
每人平均占有的公共绿地面积	平方米／人	1.1	1.2	1.3	1.4	1.3	1.4	1.9
公园个数	个	1	1	1	2	2	2	3
公园面积	公　顷	36	36	36.1	45.8	45.8	45.8	49
年游人量	万人次	140	130	130	210	265	315	250
全年植树数量	万株	34.4	42	37.1	28.7	17.6	16.1	12
年末苗圃面积	公　顷	46	49	49.3	26	26	49.3	49.3
年末职工人数	人	708	880	872	694	770	718	733

全省企事业环境污染治理情况

(1987年—1991年)

类　别	单　位	1987年	1988年	1989年	1990年	1991年
一、汇总单位数	个	180	72	56	45	52
二、企事业污染治理资金合计	万元	1 569	1 348	1407	798.53	1 300.78
#1.基本建设资金	万元	238	426		95.55	390.8
2.更新改造资金	万元	617	324	927	252.15	630.93
3.环境保护补助资金	万元	94	158	131	139.47	151.32
三、企事业污染治理资金使用合计	万元	1 569	1 348	1407	798.53	1 300.78
1.治理废水	万元	538	289	217	367.90	793.87
2.治理废气	万元	656	1 022	1076	326.77	409.39
3.治理固体废物	万元	92	15	52	38.81	77.52
4.治理噪声	万元	62	0.4	2	0.51	13
5.其他	万元	221	22	60	64.54	7
四、当年安排治理项目	个	90	93	76	61	85
#1.治理废水	个	26	19	14	13	32
2.治理废气	个	36	61	49	34	41
3.治理固体废物	个	5	9	7	9	8
4.治理噪声	个	4	4	3	3	2

全省“三废”排放、处理及综合利用情况

(1988年—1991年)

类　别	单　位	1988年	1989年	1990年	1991年
一、废水排放总量	万吨／年	10 454	12 688	12 259	9 614.97
#工业废水	万吨／年	6 150	6 616	6 864.88	5 889.58
#经过处理的	万吨／年	1 175	1 108	1 073.48	1 618.27
符合排水标准的	万吨／年	2 642	1 939	1 775.13	2 721.38
#经过处理达标的	万吨／年	688	691	568.06	1 061.59
二、废气排放总量	亿标立方米／年	376.8	397.1	388.9	381.78
#燃料燃烧过程中废气排放量	亿标立方米／年	317.1	266.9	255.8	246.60
#经过消烟除尘的	亿标立方米／年	238.0	139.1	122.6	140.37
#生产工艺过程中废气排放量	亿标立方米／年	112.8	130.2	125.7	135.18
#经过净化处理的	亿标立方米／年	28.9	82.8	23.9	92.02
三、工业粉尘排放量	万吨／年	20	3	3.2	1.84
工业粉尘回收量	万吨／年	16	3	4.6	11.13
四、工业固体废物产生量	万吨／年	223	263	256	280.5
工业固体废物处置量(储存量)	万吨／年	57	63	92	119.3
工业固体废物综合利用量	万吨／年	33	32	32	44.93
工业固体废物排放量	万吨／年	125	162	127	113.9
排入江河的工业固体废物量	万吨／年	0.2	10	0.4	
五、锅炉	台／千蒸吨	1 525／5.3	1 656／6.1	1 618／4.9	479／3.6
#已改造的	台／千蒸吨	569／2.8	930／3.9	949／3.9	
六、工业炉窖	座	516	488	357	366
七、“三废”综合利用产品产值	万元／年	1 012	750	830	1 684.2
“三废”综合利用利润	万元／年	241	309	391	251.9
八、汇总企业数	个	270	286	278	270

注：锅炉数1991年汇总的是工业企业范围内的，1990年以前汇总的是全社会范围的。

十五、科 学 技 术

地方单位各类专业技术人员

单位：人

类别	全民					集体				
	1980年	1985年	1989年	1990年	1991年	1980年	1985年	1989年	1990年	1991年
总计	45 032	69 875	105 048	107 413	105 424	19	310	1 137	1 214	
一、自然科学方面	29 740	35 976	47 092	48 377	48 509	19	310	562	614	
1.工程技术人员	10 529	12 398	16 879	17 284	17 101	17	142	364		
2.农业技术人员	3 231	4 088	4 461	4 560	4 849			6		
3.卫生技术人员	10 297	13 141	15 368	15 769	15 907	2	165	190		
4.科学研究人员	1 130	590	1 025	908	908					
5.教学人员	4 491	5 759	9 359	9 856	9 744		3	2		
6.其他人员	62									
二、社会科学方面	15 292	33 899	57 956	59 036	56 915			575	600	
1.科研人员	28	157	114	120	120					
2.教学人员	5 399	21 421	29 105	30 188	10 044					
3.财会人员	7 468	7 430	9 488	9 494	8 963					
4.经济人员		1 065	13 033	12 833	11 790					
5.统计人员	819	1 712	1 845	1 948	1 678					
6.文艺人员	1 136	860	1 054	1 099	1 037					
7.翻译人员	7	325	182	189	126					
8.其他人员	435	925	3 135	3 165	23 157					

注：1991年集体所有制单位各类专业技术人员有关部门未统计。

全民所有制地方单位专业技术人员基本情况

单位：人

类别	1985年	1988年	1991年
总计	69 875	96 720	105 424
1.工程技术人员	12 398	15 125	17 101
高级工程师	26	607	776
工程师	2 941	4 574	4 511
助理工程师、技术员	5 700	6 617	8 427
未评定职称的	3 731	3 327	3 387
2.农业技术人员	4 088	4 276	4 849
高级农艺师	8	133	135
农艺师	564	875	818
助理农艺师、技术员	1 665	2 494	2 242
未评定职称的	1 851	774	1 654
3.科学研究人员	747	1 222	1 028
＜1＞自然科学方面	590	1 099	908
正副研究员	13	137	125
助理研究员	214	423	306
研究实习员、实验员	146	453	339
未评定职称的	217	86	138
＜2＞社会科学方面	157	123	120
正副研究员		4	12
助理研究员	20	36	35
研究实习员、实验员	11	40	47
未评定职称的	126	43	26
4.卫生技术人员	13 141	14 881	15 907
正副主任医师	119	431	423
主治医师	682	2 902	3 042
医(护)师(士)	10 538	10 114	10 256
未评定职称的	1 802	1 434	2 186
5.教学人员	27 180	36 161	39 611
＜1＞自然科学方面	5 759	9 327	9 744
正副教授	34	185	165
讲师	403	703	799
助教	432	687	341
教师	4 890	615	828
中学教师		7 137	7 611
＜2＞社会科学方面	21 421	26 834	29 867
正副教授	25	153	141
讲师	311	488	793
助教	246	406	251
教师	8 441	838	1 065
中学教师		7 852	7 794
小学教师	12 398	17 097	19 823
6.会计人员	7 430	8 924	8 963
高级会计师		33	54
会计师	342	1 143	1 285
助理会计师、会计员	2 933	4 594	5 901
未评定职称的	4 155	3 154	1 723
7.统计人员	1 712	1 827	1 678
高级统计师		5	7
统计师	70	175	186

全民所有制地方单位专业技术人员基本情况（续）

单位：人

类　　别	1985年	1988年	1991年	类　　别	1985年	1988年	1991年
助理统计师、统计员	301	859	1 208	正副研究馆员	1	21	17
未评定职称的	1 161	788	277	馆员	27	318	319
8.编辑、记者、播音人员	**532**	**893**	**1 016**	助理馆员、管理员	160	905	1 002
正副编审、高级、主任记者	2	58	68	未评定职称的		338	326
编辑、记者一级校对、一级播音员	115	288	276	**13.工艺美术人员**	**68**	**59**	**59**
助理编辑、记者、二、三级校对播音员	69	323	344	高级工艺美术师		4	1
未评定职称的	346	224	328	工艺美术师	1	25	18
9.翻译人员	**325**	**178**	**126**	助理工艺美术师、美术员	67	17	30
正副译审		12	14	未评定职称的		13	10
翻译	84	57	32	**14.律师、公证人员**		**260**	**316**
助理翻译	81	55	34	一、二级律师、公证员		11	10
未评定职称的	160	54	46	三级律师、公证员		27	65
10.体育人员	**141**	**182**	**165**	四级律师、公证员、助理		113	129
主教练	1	12	13	未评定职称的		109	112
教练	1	72	61	**15.文艺人员**	**860**	**1 002**	**1 037**
助理教练		73	62	一、二级艺术人员		36	39
未评定职称的	139	25	29	三级艺术人员		288	280
11.经济人员	**1 065**	**10 148**	**11 790**	四级艺术人员		416	442
高级经济师		33	74	未评定职称的		262	276
经济师	229	1 394	1 817	**16.政工人员**			**114**
助理经济师、经济员	836	4 904	7 885	高级政工人员			1
未评定职称的		3 817	2 014	政工人员			33
12.图书、档案、文博人员	**188**	**1 582**	**1 664**	助理政工人员			80

全民所有制地方单位分行业各类专业技术人员情况

(1991 年)　　　　单位：人

行　　业	合 计	工程技术人员	农业技术人员	科学研究人员	卫生技术人员	教　学人　员	经　济人　员	会　计人　员	统　计人　员
总　　计	**105 424**	**17 101**	**4 849**	**1 028**	**15 907**	**39 611**	**11 790**	**8 963**	**1 678**
一、农、林、牧、渔、水利业	8 211	2 549	4 051	74	180	318	283	714	28
二、工业	15 854	7 257	58	3	768	1 230	3 595	1 932	729
三、地质普查和勘探业	864	595			40	24	103	74	16
四、建筑业	3 565	1 972			245	87	617	521	87
五、交通运输邮电通讯业	2 719	731	50		132	199	834	598	148
六、商业、饮食、物资供销和仓储业	6 666	488	41	2	169	23	3 617	1 952	261
七、房地产、公用、居民服务和咨询服务业	971	235	55		6		229	341	15
八、卫生、体育和社会福利业	13 551	19	8	12	12 783	17	43	455	25
#卫生医疗机构	12 966	11			12 546	15	32	328	8
九、教育、文化艺术和广播电视	41 669	563	44	48	238	36 871	231	646	27
#高等院校	2 343	80	17	40	64	1 839	14	72	2
中专学校	6 259	12	21	1	66	5 991	12	91	1
中、小学校	28 136		1	5	37	27 909	2	141	1
十、科学研究和综合技术服务业	2 546	937	55	854	318	16	100	154	20
#科学研究机构	1 516	193	29	786	297	13	38	96	3
十一、金融、保险	11						2	2	7
十二、国家机关、党政机关和社会团体	8 797	1 755	487	35	1 028	826	2 136	1 574	315

全民所有制地方单位分行业各类专业技术人员情况(续)

(1991年)　　　　单位：人

行业	翻译人员	图书档案文博人员	新闻出版人员	律师公证人员	播音人员	工艺美术人员	体育人员	艺术人员	政工人员
总计	126	1 664	930	316	86	59	165	1 037	114
一、农、林、牧、渔、水利业	3	10		1					
二、工业	7	176	17	5	1	10		3	63
三、地质普查和勘探业		12							
四、建筑业		35	8						1
五、交通运输邮电通讯业		9				1			9
六、商业、饮食、物资供销和仓储业	19	33		4		14		2	41
七、房地产、公用、居民服务和咨询服务业	1	31		57		1			
八、卫生、体育和社会福利业	4	28		13		1	143		
#卫生医疗机构	1	23		1		1			
九、教育、文化艺术和广播电视	49	1 054	765		83	18	6	1 026	
#高等院校	3	203	8			1			
中专学校		64							
中、小学校		40							
十、科学研究和综合技术服务业	8	61	16			7			
#科学研究机构	7	46	6			2			
十一、金融、保险									
十二、国家机关、党政机关和社会团体	35	215	124	236	2	7	16	6	

全省自然科学研究机构、人员情况

(1991 年)

单位：人

类别	机构(个)	年末职工总人数	#大学毕业以上及高中级职称	#大中专毕业及初级职称	从事科研活动人员	#大学毕业以上及高中级职称	#大中专毕业及初级职称	课题活动人员	#大学毕业以上及高中级职称	#大中专毕业及初级职称
总计	49	4 009	1 928	1 008	2 951	1 599	894	1 770	1 155	440
一、按机构隶属关系分										
地方县级以上部门属	43	2 880	1 293	811	2 176	1 158	741	1 234	815	363
国务院部门属	4	431	212	88	285	170	75	192	136	42
中国科学院属	2	698	423	109	490	271	78	344	204	35
二、按机构所在地域分										
西宁市	38	3 493	1 740	827	2 563	1 438	731	1 492	1 019	314
海东地区	2	256	108	81	156	87	66	124	70	54
海北州	2	77	18	32	70	15	32	54	14	25
黄南州	2	44	19	18	36	16	15	23	14	9
海南州	1	34	9	10	31	9	10	15	9	6
果洛州	1	31	11	11	30	11	11	22	10	11
玉树州										
海西州	3	74	23	29	65	23	29	40	19	21
三、按机构所属行业分										
农、林、牧、渔、水利业	18	1 091	463	281	783	412	246	523	323	157
工业	13	970	482	219	739	445	203	440	328	95
地质普查及勘探业	1	94	47	30	66	28	30	44	25	19
建筑业	2	76	42	17	69	41	17	28	22	6
交通运输、邮电通讯业	2	228	78	67	101	26	48	26	8	11
商业、饮食、物资、仓储业										
房地产、公用事业、居民服务业										
卫生、体育和社会福利事业	5	611	249	218	470	235	206	220	142	77
教育、文化艺术和广播电视事业										
综合技术服务业	7	903	551	166	688	396	134	466	293	66
金融、保险业										
其他	1	36	16	10	35	16	10	23	14	9

自然科学研究机构人员按学位、学历及技术职称分类

(1991年)

单位：人

类别	机构(个)	年末职工总人数	#博士	#硕士	#学士	按学历分类 研究生	大学	大专	中专	其他	按技术职称分类 高级	中级	初级	其他
总计	49	4 009		52	647	57	1 199	538	837	1 378	332	934	1 220	1 523
一、按机构隶属关系分														
地方县级以上部门属	43	2 880		13	465	15	788	394	701	982	193	634	876	1 177
国务院部门属	4	431		4	60	4	129	65	79	154	28	120	138	145
中国科学院属	2	698		35	122	38	282	79	57	242	111	180	206	201
二、按机构所在地域分														
西宁市	38	3 493		52	602	57	1 117	495	631	1 193	309	829	1 031	1 324
海东地区	2	256			24		46	32	90	88	12	66	99	79
海北州	2	77			7		7	7	36	27	1	11	33	32
黄南州	2	44			4		6		24	14	3	11	10	20
海南州	1	34					8	1	8	17	1		9	24
果洛州	1	31					3	2	14	12	4	7	11	9
玉树州														
海西州	3	74			10		12	1	34	27	2	10	27	35
二、按机构所属行业分														
农、林、牧、渔、水利业	18	1 091		4	162	5	298	85	306	397	100	197	298	496
工业	13	970		6	183	6	309	187	125	343	46	249	307	368
地质普查及勘探业	1	94			5		25	13	31	25	10	36	28	20
建筑业	2	76		1	13	1	25	16	12	22	4	20	28	24
交通运输、邮电通讯业	2	228			31		32	31	67	98	11	52	52	113
商业、饮食、物资、仓储业														
房地产、公用事业、居民服务业														
卫生、体育和社会福利事业	5	611		5	71	6	126	76	208	195	35	139	240	197
教育、文化艺术和广播电视事业														
综合技术服务业	7	903		36	169	39	369	124	84	287	125	239	253	286
金融、保险业														
其他	1	36			13		15	6	4	11	1	2	14	19

社会、人文科学研究机构、人员情况一览表

(1991年)　　单位：人

名　　称	全部职工人数	女　性	大学毕业以上及高中级职称	大中专毕业及初级职称	从事科研活动人　员	女性	大学毕业以上及高中级职称	大中专毕业及初级职称
总　　计	244	78	112	87	209	73	105	81
青海省文化厅								
青海省文物考古研究所	50	22	13	28	48	22	13	27
青海省文学艺术研究所	22	8	13	7	14	6	8	6
青海省委宣传部								
青海省社会科学院	113	34	49	34	90	32	47	30
青海省教育厅								
青海教育科学研究所	10	2	7	1	8	1	7	1
青海省文学艺术界联合会								
青海省《格萨尔》史诗研究所	7	2	5	2	7	2	5	2
中国人民建设银行青海省分行								
中国人民建设银行青海省分行投资研究所	13	3	5	6	13	3	5	6
中国人民农业银行青海省分行								
中国人民农业银行青海省分行农村金融研究所	5	1	4	1	5	1	4	1
青海省财政厅								
青海省财政科学研究所	10	2	8	2	10	2	8	2
青海省计划委员会								
青海省计委经济研究所	6	2	4	2	6	2	4	2
青海省物价局								
青海省物价局价格研究所	8	2	4	4	8	2	4	4

全省科技成果登记基本情况

（1991年）

类别	单位	合计	独立科研机构	大专院校	工矿企业	集体或个体机构	其他
总计	项	144	76	20	24	1	23
一、按成果水平分类							
1.国际首创(领先)	项	2	1		1		
2.国际先进	项	15	10	2	1		2
3.国内首创(领先)	项	21	8	3	8	1	1
4.国内先进	项	53	26	11	8		8
5.省部先进	项	53	31	4	6		12
二、按应用行业分类							
1.农、林、牧、渔、水利业	项	39	27	6	2		4
2.工业	项	38	15	2	20	1	
3.地质普查和勘探业	项	5	2				3
4.建筑业	项	5	2	1	2		
5.交通运输、邮电通讯业	项	2	1				1
6.商业、饮食、物资供销和仓储业	项	1	1				
7.卫生、体育和社会福利事业	项	26	16	6			4
8.其他行业	项	28	12	5			11
三、按应用情况分类							
1.已应用	项	74	37	1	24	1	11
2.未应用	项	70	39	19			12
3.应用率	%	51.4	25.7	0.7	16.7	0.7	7.6
四、统计经济效益的项目数	项	33	10	1	20		2
五、应用后本年度取得的经济效益							
1.新增产值	万元	2 365.14	658.31		951.58		755.25
＃新增利税	万元	291.93	136.50		155.43		
创收外汇	万美元						
2.节约资金	万元	64.87	43.29	21.58			

补充资料：1. 在144项成果数中，鉴定项目77项。

2. 6项科学理论和24项软科学均不包括在总计数中。

全省全民所有制大中型工业企业技术开发基本情况

(1991年)

类别	有技术开发机构的企业数(个)	企业从事技术开发人员(人)	#科学家和工程师	企业技术开发经费筹集额(千元)	企业技术开发经费支出额(千元)	企业技术改造支出总额(千元)	企业技术引进支出总额(千元)	企业技术开发项目(项)
总计	28	6 570	2 410	67 367	49 129	33 055	31 683	180
一、按承包情况分:								
1.承包企业	25	6 536	2 395	66 549	48 424	32 665	31 683	174
2.未承包企业	3	34	15	818	705	390		6
二、按规模分								
1.大型企业	5	138	76	5 095	2 352	5 517		22
2.中型企业	23	6 432	2 334	62 272	46 777	27 538	31 683	158
三、按隶属关系分								
1.中央企业	2	155	73	3 300	2 876	6 866	22	14
2.地方企业	26	6 415	2 337	64 067	46 253	26 189	31 661	166
四、按轻重类别分								
1.轻工业	5	5 473	1 994	39 489	33 009	14 189	28 542	110
2.重工业	23	1 097	416	27 878	16 120	18 866	3 141	70
五、按国民经济行业分								
石油和天然气开采业	1	4 444	1 496	9 280	9 264		24 960	28
有色金属矿采选业								
建材及非金属矿采选业	1	15	6	170	170	106	22	5
采盐业								
食品制造业								
纺织业	2	36	24	3 635	1 504	2 111		15
皮革、毛皮及其制品业	1	21	5	550	498			2
木材加工及竹藤棕草制品业		10	6	100	114			1
电力蒸汽热水生产和供应业	1	110	49	1 733	993			7
化学工业	2	330	52	22 232	3 787		2 876	8
医药工业	1	75	45	788	322	3 406		3
建材及非金属矿物制品业		32	13	552	95	7 675		2
黑色金属冶炼及压延加工业	1	264	121	7 801	7 801			8
有色金属冶炼及压延加工业		30	18	1 825	2 015	6 760		7
金属制品业	2	26	9	384	280	205		3
机械工业	13	1 093	523	17 084	21 003	10 042	3 785	74
交通运输设备制品业	1	12	3	64	64	390		2
电气机械及器材制造业	1	31	11	210	210	200		6
电子及通信设备制造业		31	20	800	850	400	40	5
仪器仪表及计量器制造业	1	10	9	159	159	1 760		4

十六、教 育 文 化

主要年份各级各类学校数

单位：所

年份	高等学校	中等专业学校	#中师	普通中学	农业中学及其他职业中学	小学
1949		5	3	3		717
1956		7	5	4		1 065
1957	1	18	9	14		1 441
1962	1	9	7	33		1 743
1965	1	14	8	30	12	5 847
1970	3	9	6	49		3 097
1975	4	11	8	540	1	6 531
1978	6	27	16	818		6 577
1980	6	33	16	582	1	5 207
1981	6	34	15	432		4 772
1982	6	35	16	425		4 224
1983	6	33	14	416		4 082
1984	6	37	16	420	10	4 345
1985	7	37	16	435	6	4 256
1986	7	37	16	465	25	4 049
1987	7	39	16	473	27	3 930
1988	7	39	16	479	28	3 709
1989	7	39	16	478	28	3 870
1990	7	39	16	484	35	3 839
1991	7	38	15	486	29	3 610

主要年份高等学校基本情况

单位：人

年份	毕业生人数	招生人数	在校学生数	教职工人数	#专任教师	每一专任教师负担学生数
1949						
1956		155	155	66	19	8.2
1957		102	178	113	55	3.2
1962	782		1 236	1 023	533	2.3
1965	297	176	566	634	326	1.7
1970	323	368	616	792	351	1.8
1975	688	861	2 709	1 350	625	4.3
1978	785	1 314	3 538	1 663	819	4.3
1980	692	1 208	4 238	1 970	999	4.2
1981	93	1 227	5 367	2 127	1 032	5.2
1982	1 947	1 328	4 376	2 217	1 180	3.7
1983	1 375	1 485	4 852	2 448	1 255	3.9
1984	1 018	1 669	5 538	2 567	1 290	4.3
1985	1 159	2 037	6 414	2 559	1 253	5.1
1986	1 667	2 129	6 914	2 705	1 447	4.8
1987	1 832	1 949	6 913	2 805	1 465	4.7
1988	1 741	1 942	7 053	2 766	1 504	4.7
1989	2 040	1 596	6 435	2 840	1 510	4.2
1990	1 930	1 725	6 214	2 805	1 470	4.2
1991	1 864	1 743	6 042	2 825	1 437	4.2

注：高等学校教职工人数系指校本部教职工。

主要年份中等专业学校基本情况

单位：人

年份	毕业生人数	招生人数	在校学生数	教职工人数	#专任教师	每一专任教师负担学生数
1949	99	188	683	195	90	6.9
1952	134	499	1 602	236	88	18.2
1957	465	1 486	5 856	862	330	17.8
1962	788	576	1 361	335	160	8.5
1965	510	1 644	3 825	753	313	12.2
1970	970	1 677	2 210	578	261	8.5
1975	1 502	2 006	5 703	989	436	13.1
1978	1 778	3 459	7 966	1 374	657	12.1
1980	2 484	2 922	9 615	1 917	955	10.5
1981	3 450	2 492	7 707	2 126	1 006	7.7
1982	2 726	3 022	8 095	2 427	1 131	7.2
1983	2 592	3 210	8 673	2 328	1 156	7.5
1984	3 081	4 846	10 656	2 522	1 239	8.6
1985	2 872	4 512	12 159	2 555	1 283	9.5
1986	4 448	4 628	12 236	2 863	1 455	8.4
1987	4 108	4 660	12 620	3 012	1 619	7.8
1988	4 218	4 252	12 520	3 094	1 710	7.3
1989	4 150	4 034	12 240	3 113	1 680	7.3
1990	4 216	3 378	11 286	3 102	1 670	6.8
1991	4 038	3 523	10 594	3 082	1 606	6.6

注：中等专业学校教职工人数系指校本部教职工。

主要年份普通中学基本情况

单位：人

年份	毕业生人数	招生人数	在校学生数	教职工人数	#专任教师	每一专任教师负担学生数
1949	200	229	705	109	63	6.6
1952	193	454	1 221	137	60	8.9
1957	1 026	4 111	9 382	539	400	17.4
1962	1 741	3 607	10 032	1 150	686	8.7
1965	2 182	4 403	11 978	1 122	767	10.7
1970	8 096	14 374	38 913	1 700	1 375	22.9
1975	26 410	53 092	120 724	7 528	5 857	16.0
1978	49 600	78 600	209 100	11 512	9 791	18.2
1980	58 600	70 597	199 200	14 058	10 779	18.5
1981	56 700	68 500	194 400	15 027	11 675	16.7
1982	54 200	70 200	192 100	15 426	11 901	16.1
1983	53 000	72 800	197 200	15 790	12 082	16.3
1984	52 200	73 800	215 700	16 048	12 212	17.7
1985	58 200	76 200	230 700	16 599	12 917	17.9
1986	64 703	78 968	241 600	17 694	13 827	17.5
1987	69 490	78 319	248 567	19 403	15 219	16.3
1988	71 950	73 884	237 777	19 768	15 811	15.0
1989	74 051	70 019	218 543	19 894	15 921	13.7
1990	68 074	76 269	217 470	20 161	16 023	13.6
1991	63 598	73 703	218 086	20 317	16 196	13.5

主要年份小学基本情况

年份	毕业生人数(万人)	招生人数(万人)	在校学生数(万人)	教职工人数(人)	#专任教师	每一专任教师负担学生数(人)
1949	0.30	0.36	4.05	1 629	1 522	26.6
1952	0.64	0.93	8.81	2 542	2 375	37.1
1957	2.26	4.14	15.37	4 661	4 401	34.9
1962	1.31	2.89	10.13	4 333	4 170	24.3
1965	1.70	14.78	30.95	11 148	10 812	28.6
1970	2.29	3.38	23.13	10 196	10 057	23.0
1975	4.81	18.34	54.05	20 512	19 485	27.7
1978	6.46	13.38	59.90	24 933	23 918	25.0
1980	6.27	11.53	57.48	27 049	25 162	22.8
1981	6.07	11.52	54.07	27 779	26 011	20.8
1982	6.26	11.24	51.30	26 354	24 384	21.0
1983	6.34	11.71	51.45	26 519	24 291	21.2
1984	6.01	11.81	53.54	26 744	24 416	21.9
1985	6.10	9.60	54.24	26 818	24 649	22.0
1986	6.14	9.84	55.02	27 165	25 261	21.8
1987	6.34	8.56	54.39	27 824	25 758	21.1
1988	6.00	8.30	53.43	28 033	26 111	20.5
1989	5.96	7.56	51.01	28 279	26 313	19.4
1990	6.51	7.65	49.04	28 582	26 515	18.5
1991	6.40	7.15	46.85	28 351	26 373	17.8

主要年份幼儿教育事业基本情况

单位：人

年份	幼儿园数(所)	在园幼儿数	教职工人数	#幼师	每一幼师负担幼儿数
1949	2	320	31	24	13.3
1952	3	560	46	25	22.4
1957	4	882	121	40	22.1
1962	11	749	101	46	16.3
1965	13	2 007	212	65	30.9
1980	46	15 561	1 053	408	38.1
1981	55	22 744	1 426	670	33.9
1982	51	25 561	1 237	583	43.8
1983	52	25 200	1 600	762	33.1
1984	155	29 100	1 691	730	39.9
1985	219	29 140	1 417	843	34.6
1986	145	30 884	1 949	1 089	28.4
1987	165	32 180	1 777	1 125	28.6
1988	227	38 879	2 031	1 511	25.7
1989	228	34 748	1 925	1 330	26.1
1990	203	44 320	1 820	1 275	34.8
1991	240	49 497	2 367	1 481	33.4

主要年份初中、小学毕业生升学率、学龄儿童入学率

单位：%

年　份	初中毕业生升学率	小学毕业生升学率	小学学龄儿童入学率
1949	20.7	50.0	14.7
1952	82.1	45.1	
1957	113.0	58.1	
1962	65.0	58.4	
1965	93.7	106.7	73.1
1970	46.8	53.4	51.4
1975	63.0	89.5	89.8
1978	58.8	92.1	85.5
1980	40.2	86.9	82.4
1981	38.4	87.0	78.3
1982	45.7	87.2	74.6
1983	44.2	86.1	76.8
1984	62.0	90.7	80.6
1985	49.9	92.6	79.2
1986	55.7	93.6	81.3
1987	52.8	92.3	82.4
1988	52.9	89.4	83.4
1989	49.1	85.9	82.6
1990	48.4	88.9	81.5
1991	56.2	91.2	84.0

主要年份平均每万人口中在校学生数

单位：人

年　份	大学生	中专生	#中　师	中学生	小学生
1949		5	3	5	274
1952		10	7	8	547
1957	0.9	30	11	46	749
1962	6.0	6	5	49	494
1965	3.0	16	10	52	1 343
1970	2.0	8	5	138	818
1975	8.0	17	12	358	1 602
1978	10.0	22	15	573	1 642
1980	11.0	25	15	529	1 525
1981	14.0	20	9	509	1 417
1982	11.0	21	10	489	1 306
1983	12.0	22	11	502	1 311
1984	14.0	27	13	537	1 333
1985	15.9	30.3	0.5	556.4	1 350.6
1986	16.8	30.0	13.0	593.6	1 351.8
1987	16.6	30.6	13.2	603.1	1 320.4
1988	16.2	28.8	13.2	547.6	1 230.6
1989	14.6	27.8	13.6	496.7	1 159.4
1990	14.0	25.4	12.3	489.9	1 104.6
1991	13.4	23.5	11.1	483.6	1 038.8

普通教育各级学校基本情况

(1991年)　　　　单位：人

类别	学校数(所)	毕业生数	招生数	在校学生数	教职工数	#专任教师
总计	4 451	153 214	181 405	760 480	57 510	47 622
一、高等学校	7	1 864	1 743	6 042	2 825	1 437
#研究生		10	4	5		
二、中等学校	591	72 157	82 484	236 138	24 074	18 272
1.中等专业学校	38	4 038	3 523	10 594	3 082	1 606
中等技术学校	23	1 888	1 830	5 634	2 036	952
中等师范学校	15	2 150	1 693	4 960	1 046	654
2.普通中学	486	63 598	73 703	218 086	20 317	16 196
高中		17 733	17 646	55 904		4 792
初中		45 865	56 057	162 182		11 404
3.农职业中学	67	4 521	5 258	7 458	675	470
高中		2 899	2 941	4 711		383
初中		1 622	2 317	2 747		87
三、小学	3 610	63 972	71 467	468 524	28 351	26 373
四、盲聋哑学校	2	12	52	257	63	41
五、工读学校	1	8	8	22	30	18
六、幼儿园	240	15 201	25 651	49 497	2 367	1 481

注：高等学校和中等专业学校教职工人数系指校本部教职工。

普通教育专设各级民族学校基本情况

(1991年)　　单位:人

类别	学校数(所)	毕业生数	招生数	在校学生数	教职工数	#专任教师
总　计	1 539	20 710	34 346	159 638	12 688	10 577
一、高等学校	2	375	389	1 316	746	330
#研究生			4	5		
二、中等学校	71	6 651	8 971	24 486	3 006	2 139
1.中等专业学校	7	1 029	1 160	3 331	761	439
中等技术学校	1	85	237	561	187	95
中等师范学校	6	944	923	2 770	574	344
2.普通中学	64	5 622	7 811	21 155	2 245	1 700
高　中		1 327	1 940	4 688		428
初　中		4 295	5 871	16 467		1 272
三、小学	1 466	13 684	24 986	133 836	8 936	8 108
1.寄宿小学	283	3 462	5 139	24 838	2 832	2 191
县　办	14	563	468	2 019	172	137
乡　办	196	2 216	3 826	18 451	2 283	1 797
村　办	73	683	845	4 368	377	257
2.走读学校	1 031	10 073	18 625	17 587	5 882	5 695
3.牧读学校	152	149	1 222	91 411	222	222
补充资料:						
(1)有民族语文授课的中学	40	2 998	4 189	10 491	840	644
(2)有民族语文授课的小学	743	4 777	11 217	50 543	3 934	3 471

成人教育各级学校基本情况

(1991 年)

单位：人

类别	学校数(所)	教学点(个)	毕业生数	招生数	在校学生数	教职工数	#专任教师	兼任教师
总计	203	2 975	60 079	56 115	82 061	1 376	676	3 858
一、高等学校	3		1 073	741	1 580	719	317	45
1.广播电视大学	1		461	190	349	89	21	14
2.职工高等学校	1		42	60	139	239	99	31
3.教育学院	1		570	491	1 092	391	197	
二、中等学校	22	13	1 215	1 564	3 389	567	292	131
1.中等专业学校	18	1	1 094	1 408	2 986	526	257	131
(1)广播电视中等专业学校	1	1	297	431	700	82	55	66
(2)职工中等专业学校	14		452	652	1 304	367	168	62
(3)干部中等专业学校	2		65	104	144	77	34	3
(4)函授中等专业学校	1		280	221	838			
2.中学	4	12	121	156	403	41	35	
(1)职工中学		3	107		103	16	10	
(2)农民中学	4	9	121	49	300	25	25	
三、成人技术培训学校	27	170	12 912	4 941	8 523	36	23	532
1.职工技术培训学校								
2.农民技术培训学校	27	170	12 912	4 941	8 523	36	23	532
四、成人初等学校	151	2 792	44 879	48 869	68 569	54	44	3 150
1.职工初等学校								
2.农民初等学校	151	2 792	44 879	48 869	68 569	54	44	3 150
(1)小学班	7	110	1 222	1 831	2 903	31	31	92
(2)扫盲班	144	2 682	43 657	47 038	65 666	23	13	3 058

主要年份文化事业机构人员数

单位：机构：个
人员：人

类别	1952年	1965年	1978年	1980年	1985年	1986年	1987年	1988年	1989年	1990年	1991年
一、电影事业											
机构	14	206	1 331	1 516	1 303	1 286	1 177	1 019	1 138	1 030	756
人员	40	595	2 203	3 526	3 003	2 916	2 725	2 623	2 599	2 482	2 137
二、艺术事业											
机构	7	18	28	28	23	23	23	22	21	20	19
人员	61	692	413	1 562	1 426	1 479	1 473	1 401	1 352	1 370	1 358
三、图书馆事业											
机构	1	1	13	23	27	40	41	41	41	41	41
人员	15	53	105	217	340	403	430	409	420	416	411
四、群众文化事业											
机构	21	30	43	69	305	315	310	326	291	307	303
人员	64	65	194	314	804	783	817	857	875	869	877
五、文物事业											
机构			4	5	16	15	21	21	24	25	25
人员			41	99	150	168	198	209	204	202	222
六、艺术教育事业											
机构			1	2	2	2	2	1	1	1	1
人员			33	99	93	106	121	117	116	115	110
七、文化艺术科学研究事业											
机构					1						1
人员					37						21
八、其他文化事业											
机构		3	1	1	2	2	2	2	2	2	3
人员		38	9	9	31	56	76	93	90	86	76

文化事业机构、人员情况

（1991年）

单位：机构：个
人员：人

类别	合计		文化部门		工矿及其他部门		集体及个体经营	
	机构数	人数	机构数	人数	机构数	人数	机构数	人数
总计	1 149	5 212	384	3 937	304	759	461	516
一、电影事业	756	2 137	180	1 126	115	495	461	516
1.电影译制片厂	1	49	1	49				
2.电影发行放映管理机构	49	380	49	380				
3.电影院	58	291	17	211			41	80
4.影剧院	31	190	31	190				
5.开放礼堂、俱乐部	21	193			21	193		
6.放映队	535	612	78	115	37	61	420	436
7.对内礼堂、俱乐部	57	241			57	241		
8.电影机械生产修配机构	1	168	1	168				
9.其他	3	13	3	13				
二、艺术事业	19	1 358	19	1 358				
1.文艺创作机构	2	24	2	24				
2.艺术表演团体	14	1 240	14	1 240				
(1)话剧团	1	93	1	93				
(2)歌剧团、舞剧团、歌舞团	5	511	5	511				
#少数民族歌舞团	3	327	3	327				
(3)文工团、文宣队、乌兰牧骑	3	186	3	186				
(4)戏曲剧团	4	384	4	384				
#京剧团	1	114	1	114				
(5)曲、杂、木、皮团	1	66	1	66				
3.艺术表演场所	3	94	3	94				
三、图书馆事业	41	411	41	411				
四、文物事业	25	222	25	222				
1.文物单位	18	130	18	130				
#文物保护管理单位	16	65	16	65				
其他文物单位	2	65	2	65				
2.博物馆	6	81	6	81				
#综合性	6	81	6	81				
3.文物商店	1	11	1	11				
五、群众文化事业	303	877	114	613	189	264		
1.群众艺术馆	9	190	9	190				
2.文化馆	43	360	43	360				
#县文化馆	43	360	43	360				
3.文化站	251	327	62	63	189	264		
#乡镇文化站	241	301	62	61	179	240		
六、艺术教育事业	1	110	1	110				
1.中专艺术学校	1	110	1	110				
2.其他艺术教育机构								
七、文化艺术科学研究机构	1	21	1	21				
八、其他文化事业	3	76	3	76				
1.文化物资供应机构								
2.演出公司	1	3	1	3				
3.其他	2	73	2	73				

主要年份报纸、杂志、图书出版情况

年份	报纸		杂志		图书	
	种数(种)	总印数(万份)	种数(种)	总印数(万册)	种数(种)	总印数(万册、张)
1957		565.4			23	15.10
1970					80	312.00
1975	2	2 991.1			196	1 167.90
1978	2	2 966.0	1	6.00	204	1 051.50
1980	3	3 160.0	1	64.69	586	2 231.40
1981	4	631.0	12	93.20	281	906.00
1982	5	3 019.8	12	56.88	330	1 206.40
1983	…	…	…	…	374	1 127.00
1984	9	3 995.4	17	62.60	390	1 272.69
1985	10	4 312.8	17	111.13	339	960.74
1986	10	4 378.8	17	121.80	338	1 019.00
1987	10	4 566.7	16	74.64	501	1 244.19
1988	10	4 935.5	16	198.80	502	1 241.31
1989	12	4 025.9	18	76.2	627	1 444.77
1990	12	3 894.4	17	51.9	527	1 018.90
1991	13	4 438.8	18	53.4	556	1 164.16

图书出版情况

(1991年)

类别	本版图书(种)		租型图书(种)		总印数(万册、张)	
	汉文	少数民族文字	汉文	少数民族文字	汉文	少数民族文字
图书总计	**102**	**102**	**278**	**74**	**1 004.95**	**159.21**
#新出	45	22				
一、书籍合计	**102**	**31**	**7**		**137.10**	**15.07**
#新出		22				
1.社会科学	6		5		9.58	
2.文化教育	67	24	2		113.11	11.23
3.文学艺术	15	6			8.58	3.56
4.自然科学技术	10				4.55	
5.综合性图书	4	1			1.28	0.28
二、课本合计		**71**	**271**	**74**	**867.85**	**144.14**
#新出						
1.中专、技校课本		8				1.95
2.中学课本		47	140	14	412.94	27.65
3.小学课本		11	109	42	431.30	113.09
4.教学用书		5	22	18	23.61	1.45

杂 志 出 版 情 况

（1991年）

杂志名称	类别	发行范围	开本	每册印张（印张）	刊期	本年实际出版期数	总印数（万册）	总印张（千印张）
总　　计	18种						53.4	1646.5
一、哲学、社会科学合计	7种					42	29.9	672.5
青海社会科学	社科	公开	16	7.5	双月	6	1.1	81
攀　登	社科	公开	16	5	双月	6	1.5	75
青海《党的生活》	社科	公开	32	1.5	月	12	24	360
青海《党的生活》（藏文版）	社科	公开	32	2.5	双月	6	0.8	19.5
青海民族研究	社科	公开	16	6.3	季	4	0.4	25
青海民族学院学报	社科	公开	16	8.1	季	4	0.6	52
青海师范大学学报（社科版）	社科	公开	16	7.5	季	4	0.8	60
二、自然科学、技术合计	4种					16	3.3	140
青海师范大学学报（自然版）	自然科学	公开	16	4	季	4	0.6	24
青海医药杂志	自然科学	公开	16	4	双月	6	1.5	60
高原医学杂志	自然科学	公开	16	4	季	2	0.5	20
兽类学报	自然科学	公开	16	5	季	4	0.7	36
三、文化教育合计	2种					18	10.2	354
青海教育	文教	公开	16	3	月	12	7.8	234
青海教育（藏文版）	文教	公开	16	5	双月	6	2.4	120
四、文学艺术合计	5种					32	10	480
青海湖	文艺	公开	16	5	月	12	3.6	180
章恰尔	文艺	公开	16	5	季	4	2.8	140
牧　笛	文艺	公开	16	2	双月	6	1	20
青海群众艺术（藏文版）	文艺	公开	16	4	季	4	0.8	32
瀚海潮	文艺	公开	16	6	双月	6	1.8	108

报纸出版情况

（1991年）

报纸名称	报社的主管部门	类别	文字别	开张及版数	刊期
总计	13种				
青海日报	中共青海省委	综合	汉文	对开4版	日刊
青海藏文报	中共青海省委	综合	藏文	对开4版	双日
青海经济报	青海省财经委	专业	汉文	对开4版	周二
青海青年报	共青团青海省委	综合	汉文	四开4版	周
青海科技报	青海省科协	专业	汉文	四开4版	周
青海藏文科技报	青海省科协	专业	藏文	四开4版	半月
青海广播电视报	青海省广播电视厅	专业	汉文	四开4版	周
刚坚少年报	青海民族出版社	综合	藏文	四开4版	半月
青海法制报	青海省司法厅	专业	汉文	四开4版	周
青海藏文法制报	青海省司法厅	专业	藏文	四开4版	旬
西宁晚报	中共西宁市委	综合	汉文	四开4版	周六
海东报	中共海东地委	综合	汉文	四开4版	周
柴达木报	中共海西州委	综合	蒙古文	四开4版	周

报纸名称	本年实际出版期数	期印数(份)		总印数(万份)	总印张(千印张)
		平均数	期末数		
总计	1 352	334 667	324 578	4 438.8	35 669
青海日报	365	68 224	68 589	2 490	24 900
青海藏文报	174	2 343	2 389	41	410
青海经济报	104	15 000	15 000	156	1 560
青海青年报	52	10 000	10 000	52	260
青海科技报	52	10 000	10 000	52	260
青海藏文科技报	24	1 800	1 800	4.3	21.5
青海广播电视报	52	173 000	162 500	899.6	4 488
刚坚少年报	24	7 000	7 000	16.8	84
青海法制报	53	19 000	19 000	100.7	503.5
青海藏文法制报	36	3 000	3 000	10.8	54
西宁晚报	312	19 000	19 000	592.8	2 964
海东报	52	5 000	5 000	26	130
柴达木报	52	1 300	1 300	6.8	34

无线广播宣传基本情况

（1991年）

名称	广播使用语言名称	台数（座）	节目套数（套）	平均每日播音时间（时、分）								
				合计	转中央台节目	转省级台节目	自办节目					
							小计	新闻	专题	教育	文艺	服务性
合计		**4**	**7**	**57:36**	**5:30**	**3:50**	**48:16**	**6:40**	**4:47**	**1:13**	**27:43**	**7:53**
省级		**1**	**4**	**29:29**	**3:30**		**25:59**	**3:55**	**2:57**	**1:13**	**15:08**	**2:46**
青海人民广播电台	普通话、安多语	1	4	29:29	3:30		25:59	3:55	2:57	1:13	15:08	2:46
地市级		**3**	**3**	**28:07**	**2:00**	**3:50**	**22:17**	**2:45**	**1:50**		**12:35**	**5:07**
西宁人民广播电台	普通话	1	1	12:35	1:00	0:15	11:20	1:15	1:05		6:00	3:00
海西人民广播电台	普通话、安多语、蒙语	1	1	8:55		3:00	5:55	0:45			4:50	0:20
玉树人民广播电台	普通话、康巴语	1	1	6:37	1:00	0:35	5:02	0:45	0:45		1:45	1:47

电视广播宣传基本情况

（1991年）

名称	台数（座）	节目套数（套）	平均每周播出时间（时、分）							
			合计	转中央台节目	自办节目					
					小计	新闻	专题	教育	文艺	服务性
合计	**4**	**5**	**146:35**	**14:35**	**132:00**	**11:00**	**9:45**	**9:00**	**92:04**	**10:11**
省级	**1**	**2**	**68:31**	**4:05**	**64:26**	**5:30**	**7:55**	**9:00**	**35:24**	**6:37**
青海电视台	1	2	68:31	4:05	64:26	5:30	7:55	9:00	35:24	6:37
地市级	**2**	**2**	**40:04**	**6:25**	**33:39**	**3:00**	**1:45**		**25:40**	**3:14**
西宁电视台	1	1	16:59	2:20	14:39	2:00	0:45		9:10	2:44
海西电视台	1	1	23:05	4:05	19:00	1:00	1:00		16:30	0:30
县级	**1**	**1**	**38:00**	**4:05**	**33:55**	**2:30**	**0:05**		**31:00**	**0:20**
格尔木电视台	1	1	38:00	4:05	33:55	2:30	0:05		31:00	0:20

有线广播宣传基本情况

(1991年)

	台站数(座)	平均每日播音时间(时、分)					听众来信(封)
		合计	转上级台节目	自办节目			
				小计	新闻	其他	
合计	38	185:35	165:45	19:50	8:55	10:55	250

有线广播基本情况

(1991年)

	行政单位(个)				农户(万户)	建站城市(个)	广播机构(个)							农村有线广播普及情况			
							城市		农村								
	市	县	乡(镇)	村			广播站	服务部	县广播台(站)	县服务部	区广播站	乡广播站	村广播室	通广播村(个)	村通播率(%)	已装喇叭的农户(万户)	喇叭入户率(%)
合计	3	42	439	4022	57.35				38	15		208	699	1606	39.9	14.36	25

有线广播基本情况(续)

(1991年)

	广播喇叭(万只)						小片广播网(个)	扩音机								录象放映点(个)
	合计	城市喇叭	农村喇叭					小计		城市		农村				
												小计				
														县站		
			小计	入农户数	正常响的	音响率(%)		部	千瓦	部	千瓦	部	千瓦	部	千瓦	
合计	15.33		15.33	14.96	12.63	84.4	4	352	155.24			352	155.24	84	36.39	

主要年份广播、电视事业发展和普及情况

年份	广播电台数(座)	广播发射台和转播台(座)	广播节目套数(套)	广播人口覆盖率(%)	电视台数(座)	电视发射台和转播台(座)	电视节目套数(套)	电视人口覆盖率(%)	县广播站(个)	公社(乡)放大站(个)	有线广播喇叭数(千只)	农村有线广播普及率(喇叭入户率)(%)
1952	1	1	1	…								
1965	1	1	2	…					30	218	32.0	…
1978	1	5	2	25	1	10	1	20	41	226	293.0	
1980	1	5	3	25	1	17	1	22	48	222	276.0	
1985	3	7	6	48	1	120	1	46	40	226	222.0	47.0
1986	3	7	6	48	4	133	4	50	39	218	203.3	40.7
1987	3	7	6	48	4	142	4	69	39	205	189.4	36.5
1988	3	7	6	48	4	165	4	71	39	202	180.4	34.0
1989	3	7	6	50	4	173	5	71	37	204	166.5	31.5
1990	4	7	7	50	4	186	5	72	36	204	161.9	29
1991	4	8	7	50	4	222	5	73	38	208	153.3	25

广播电视覆盖情况

(1991年)

类别	人口数(万人)	覆盖人口(万人)	覆盖率(%)	类别	人口数(万人)	覆盖人口(万人)	覆盖率(%)
一、广播	451	224	50	市级台调频节目	451		
1.中波	451	224	50	县级台调频节目	451	72	16
中央台第一套节目	451	157	35	二、电视	451	327	73
中央台第二套节目	451	67	15	中央电视台节目	451	327	73
省台第一套节目	451	224	50	专转中央第一套节目	451	305	68
省台第二套节目	451	157	35	专转中央第二套节目	451	134	30
市台第一套节目	451	67	15	省电视台第一套节目	451	224	50
2.调频	451	170	38	省电视台第二套节目	451	67	15
中央台调频节目	451	125	28	市电视台节目	451	90	20
省级台调频节目	451	67	15	县电视台节目	451	6.3	1.4

十七、卫 生 体 育

主要年份卫生事业机构、床位、人员数

年 份	机构数(个)	#医院	病床数(张)	卫生技术人员(人)	西医师	中医师	医 士	护 士	其 他
1949	9	9	100	103	9		29	30	35
1952	67	28	529	513	23		125	130	235
1957	215	45	2 115	2 605	253	94	726	750	782
1962	797	45	3 853	5 017	640	567	1 169	1 200	1 441
1965	822	63	6 634	6 114	856	573	1 589	1 712	1 384
1970	818	80	8 212	8 217	1 710	433	2 047	2 331	1 696
1975	920	499	10 222	11 390	2 247	637	2 270	2 987	3 249
1978	1 032	507	10 951	13 090	2 694	784	2 599	2 703	4 310
1980	1 047	511	11 941	15 115	3 312	892	2 412	2 712	5 401
1981	1 911	532	12 321	16 877	3 705	650	2 985	2 732	6 805
1982	1 208	541	12 870	17 399	3 536	701	3 055	2 974	7 123
1983	1 217	553	13 311	17 997	3 753	728	3 089	3 236	7 191
1984	1 223	495	13 136	17 891	3 565	706	3 545	3 132	6 943
1985	1 253	518	13 743	18 031	3 302	722	3 847	3 392	6 768
1986	1 282	454	14 417	18 906	3 329	728	4 103	3 484	7 262
1987	1 302	433	15 119	19 759	3 547	769	4 427	3 285	7 732
1988	1 276	445	15 093	19 780	5 106	1 146	2 802	3 118	7 608
1989	1 226	436	15 511	20 103	5 429	1 277	2 636	2 994	7 767
1990	1 218	446	15 698	19 893	5 168	1 246	2 818	3 216	7 445
1991	1 184	472	16 262	20 076	5 136	1 242	2 825	3 326	7 547

每千人口卫生工作人员数

(1991年)

单位：人

项 目	全省		市		县	
	1990年	1991年	1990年	1991年	1990年	1991年
一、每千人口中的:						
卫生工作人员	5.6	5.6	14.3	14.2	3.7	3.8
卫生技术人员	4.5	4.5	10.9	10.7	3.1	3.1
医 生	2.1	2.1	4.6	4.5	1.5	1.5
#中西医师	1.4	1.4	3.9	4.0	0.9	0.8
二、每一医生负担人口数	**478.1**	**485.9**	**220.1**	**220.7**	**645.5**	**658.2**
#中西医师	692.1	707.1	257.5	251.0	1 104.5	1 185.2

各类卫生机构、床位及人员数

(1991年)

类别	机构数(个)	床位数(张)	卫生工作人员数(人)	卫生技术人员数(人)	#中医师	#西医师	#护师	#医士
总计	1 184	16 262	25 474	20 076	1 242	5 136	2 121	2 825
市	375	6 967	11 814	8 889	508	2 813	1 400	443
县	809	9 295	13 660	11 187	734	2 323	721	2 382
一、医院合计	472	15 238	18 731	14 862	873	3 425	1 848	1 588
市	56	6 138	8 635	6 609	320	1 863	1 195	240
县	416	9 100	10 096	8 253	553	1 562	653	1 348
1.县及县以上医院	159	13 280	16 445	12 748	625	3 077	1 816	949
市	48	6 075	8 540	6 523	307	1 844	1 188	230
县	111	7 205	7 905	6 225	318	1 233	628	719
#<1>综合医院	115	10 213	12 502	9 770	299	2 453	1 335	698
<2>中医医院	35	1 485	1 725	1 322	293	128	138	204
<3>医学院校附属医院	1	720	1 063	826	16	248	215	1
<4>精神病院	1	114	149	85	2	5	12	2
<5>妇幼保健院	3	98	221	165		69	22	11
<6>儿童医院	1	370	545	419	10	118	84	10
<7>麻风病院	2	200	72	44	1	7	3	10
<8>职业病院	1	80	168	117	4	49	7	13
2.区乡(镇)卫生院小计	313	1 958	2 286	2 114	248	348	32	639
二、疗养院、所	1	300	64	33	6	11	4	2
三、门诊部、所	568	561	2 104	1 982	130	673	196	433
四、专科防治站、所	4		346	243		82	1	76
五、卫生防疫站	58	10	1 408	1 068	48	342	11	305
六、妇幼保健站	48	53	540	443	4	151	21	157
七、药品检验所	17		166	121	1	4		
八、其他卫生机构	7		92	38	6	16	1	3
九、医学科研机构	1	100	265	190		73	23	
十、高等医药院校	1		383	58	2	53	1	
十一、中等医药学校	7		480	143	18	47	12	39
十二、个体开业人员			895	895	154	259	3	222

主要年份各级体委举办的运动会次数

年份	省级		州市级		县级	
	次数(次)	人数(人)	次数(次)	人数(人)	次数(次)	人数(人)
1963	4		9		114	
1978	2		12		54	
1980	11	2 005	39	953	93	34 946
1985	10	1 191	58	19 623	272	54 215
1986	35	6 434	100	24 935	441	127 322
1987	22	1 579	266	59 131	595	86 126
1988	18	2 275	50	14 080	633	181 886
1989	27	5 494	79	22 146	459	113 340
1990	26	7 362	75	101 161	539	117 917
1991	45	15 560	108	30 683	559	163 036

主要年份青少年业余体校年末数

年份	总计			#重点业余学校	
	学校数(所)	在校学生人数(人)	教练员人数(人)	学校数(所)	在校学生人数(人)
1963	3	116		1	103
1978	2	546	15	1	86
1980	9			1	
1985	15	1130	116	1	81
1986	19	1218	95	1	71
1987	23	1285	127	1	128
1988	17	1257	116	4	238
1989	19	1236	126	4	266
1990	18	1329	113	3	352
1991	20	1236	126	3	280

优秀运动队机构、人员数

(1991 年)

单位：人

类别	机构数(个)	职工人数	优秀运动员			专职教练员	科研人员	医务人员	行政管理干部	工人
			合计	在队运动员	待分配运动员					
总计	3	366	184	165	19	51	1	10	63	57
省体委直属	2	353	182	163	19	47		10	57	57
省辖市体委直属	1	13	2	2		4	1		6	

等级运动员分项发展人数

(1991年) 单位：人

运动项目	合计	#女	一级	#女	二级	#女	三级	#女	少年级	#女
总计	353	116	5	1	52	10	182	45	114	60
田径	235	113	1	1	19	7	101	45	114	60
国际式摔跤	3		3							
中国式摔跤	1				1					
射击	1		1							
足球	18				5		13			
篮球	80	3			21	3	59			
排球	12				6		6			
武术	3						3			

等级裁判员分项发展人数

(1991年) 单位：人

运动项目	合计	#女	一级	#女	二级	#女	三级	#女
总计	680	90	95	29	286	28	299	33
田径	179	34	33	11	69	13	77	10
游泳	1		1					
体操	13	1					13	1
举重	3						3	
拳击	2		1				1	
柔道	8	2	1		7	2		
射击	2	1	2	1				
射箭	6	4	4	2	2	2		
足球	40				13		27	
篮球	253	15	14	2	104	1	135	12
排球	31	3			10		21	3
乒乓球	45	14	7	5	23	3	15	6
羽毛球	20	5	7	2	13	3		
武术	49	8	25	6	20	2	4	
中国象棋	2				2			
桥牌	13	3			10	2	3	1
门球	13				13			

十八、民政、司法及其他

优 抚 对 象 情 况

(1991 年)

类　　别	单位	合计	城镇	乡村
一、年末优抚对象总人数	人	97 112	41 497	55 615
1.革命伤残人员合计	人	2 337	2 036	301
(1)革命伤残军人	人	1 606		
(2)革命伤残工作人员	人	577		
(3)革命伤残人民警察	人	73		
(4)革命伤残民兵民工	人	81		
2.烈军属户数合计	户	12 923	7 521	5 402
(1)烈士家属	户	672	347	325
(2)牺牲病故军人家属	户	282	162	120
(3)现役军人家属	户	11 969	7 012	4 957
3.烈军属人数合计	人	47 920	21 991	25 929
(1)烈士家属	人	1 435	563	872
(2)牺牲病故军人家属	人	835	403	432
(3)现役军人家属	人	45 650	21 025	24 625
4.在乡退伍红军老战士	人	135	100	35
5.在乡复员军人	人	6 130	1 370	4 760
6.在乡退伍军人	人	40 590	16 000	24 590
#带病回乡	人	595	105	490
二、优抚对象得抚恤、补助、优待				
1.年末伤残抚恤人数合计	人	2 337	2 036	301
(1)特等	人	6	2	4
(2)一等	人	33	25	8
(3)二等甲	人	134	109	25
(4)二等乙	人	478	397	81
(5)三等甲	人	955	851	104
(6)三等乙	人	731	652	79
2.享受定期抚恤年末人数	人	712	358	354
(1)烈士家属	人	398	160	238
(2)牺牲病故军人家属	人	314	198	116
3.享受定补年末人数	人	10 007	2 554	7 453
(1)在乡复员军人	人	4 314	189	4 125
(2)在乡退伍军人	人	5 262	2 332	2 930
(3)其他优抚对象	人	431	33	398
4.优待烈军属户数	户	3 930	72	3 858
#优待军属户数	户	3 809	55	3 754
5.优待总金额	百元	14 553	213	14 340
#优待军属金额	百元	13 716	149	13 567

社会救济对象情况

(1991年)

类别	单位	合计	城镇	乡村
一、困难户救济				
1.年末社会困难户				
(1)户数	户	76 465	3 782	72 683
(2)人数	人	405 981	17 298	388 683
2.国家临时救济困难户人次数	人次	197 191	10 189	187 002
3.国家定期定量救济困难户人数	人	60 892	1 721	59 171
4.集体补助困难户金额	百元	11 040	767	10 273
二、社会散居孤、老、残、幼救济				
1.年末社会孤、老、残、幼				
(1)户数	户	4 050	622	3 428
(2)人数	人	6 457	1 153	5 304
#老人	人	4 163	434	3 729
2.集体供养年末人数	人	3 108	230	2 878
#老人	人	2 470	199	2 271
3.国家给予定期定量救济人数	人	5 462	373	5 089
4.集体供给金额	百元	9 162	549	8 613
三、精减退职老职工救济				
人数	人	2 949	385	2 564
#享受40%救济人数	人	988	189	799
享受定期定量救济人数	人	1 961	196	1 765
四、扶贫情况				
1.本年新增扶贫户数	户	3 415		3 415
2.本年新增脱贫户数	户	5 769		5 769
3.年末在扶户数	户	30 864		30 864
五、农村自然灾害情况				
1.受灾面积合计	百亩	29 118		29 118
2.成灾面积合计	百亩	23 139		23 139
3.因灾损失情况				
(1)死亡人口	人	7		7
(2)减产粮食	吨	206 020		206 020
(3)减产油料	吨	17 067		17 067
(4)死亡大牲畜	头	82 982		82 982
(5)死亡羊数	只	206 008		206 008
(6)倒塌民房	间	512		512
(7)损坏民房	间	1 299		1 299
4.得到国家救济情况				
(1)救济人次	人次	345 875		345 875
(2)得到国家救济款	百元	50 200		50 200

社会福利事业、企业单位基本情况及其他

(1991年)

项　目	单位	数量
一、社会福利事业		
1.集体办敬老院情况		
(1)院数	个	89
(2)工作人员	人	64
(3)床位数	张	658
(4)收养人数	人	538
#老人	人	524
(5)集体供给金额	百元	2 601
2.社会福利院情况		
(1)院数	个	3
(2)职工人数	人	37
#医护人员	人	15
(3)床位数	张	142
(4)本年在院人天数	人天	40 370
(5)年末收养人员数	人	118
#老人	人	27
#残疾青壮年	人	40
#少年儿童和婴幼儿	人	31
3.社会举办福利工厂情况		
(1)单位数	个	47
(2)职工人数	人	1 503
#残疾职工	人	558
(3)总产值	百元	117 608
4.社会举办福利商业服务业情况		
(1)单位数	个	6
(2)职工人数	人	27
#残疾职工	人	17
(3)总收入	百元	1 221
二、民政部门发离退休退职金人员情况		
1.人数合计	人	1 226
(1)军队干部	人	87
离休	人	53
退休	人	34
(2)军队职工	人	137
(3)地方人员	人	1 002
三、烈士纪念建筑物管理单位	个	5
职工人数	人	30
四、收容遣送站	个	9
职工人数	人	51
五、殡葬事业单位	个	5
职工人数	人	29
六、安置农场情况		
1.单位数	个	1
2.实有土地面积	亩	5 100
3.职工人数	人	40
#管理人员	人	8

婚姻登记情况

(1991年)

地　区	准予登记结婚(对)	#初婚(人)	#再婚(人)		准予登记离婚(对)
	全省总计	29 776	55 690	3 862	15
	西宁市	7 385	12 875	1 895	91
	海东行署	15 005	28 597	1 413	14
#复婚	海南州	1 540	2 972	108	3
(对)	海西州	2 647	5 072	222	21
	海北州	1 640	3 199	81	6
	黄南州	825	1 568	82	7
	玉树州	437	827	47	4
	果洛州	297	580	14	5

律师、公证、调解工作基本情况

(1991年)

项目	单位	数量	项目	单位	数量
一、律师工作			办律师专题培训班	期	8
律师事务所	个	54	二、公证工作		
律师工作者	人	340	公证处	个	50
#专职律师	人	153	#办理涉外的公证处	个	1
律师助理	人	93	公证人员	人	187
专职辅助人员	人	53	#公证员	人	100
特邀律师	人	41	#公证员助理	人	37
聘请担任常年法律顾问的单位	处	522	办理公证文书	件	22 659
刑事案件	件	1 798	#办理涉外公证	件	387
#刑事辩护	件	1 655	接待来访	人次	6 337
刑事自诉代理	件	49	处理来信	件	74
刑事公诉代理	件	94	外地公证处委托	件	26
民事诉讼代理	件	1 006	公证费收入	万元	33.18
#涉外及港澳台	件	13	#国内公证收费	万元	31.89
经济案件诉讼代理	件	599	国外公证收费	万元	1.29
#经济合同纠纷	件	424			
行政诉讼代理	件	91	三、人民调解工作		
非诉讼法律事务	件	530	人民调解委员会	个	5 415
#审查起草修改合同章程	件	171	#一类	个	2 434
#见证(涉外)	件	6	二类	个	2 133
#提供咨询建议书	件	104	三类	个	848
#参与调解、仲裁	件	99	调解人员	人	22 437
代写法律事务文书	件	2 942	调解民间纠纷	件	26 262
解答法律咨询	件	7 719	#调解成功	件	23 617
义务法律咨询服务	件	2 374	己配司法助理员	人	188

国内公证文书分类

项　目	办理公证(件)		各类公证所占比重(%)	
	1990年	1991年	1990年	1991年
全　省　总　计	17 365	22 272		
一、经济公证事项分类合计	12 650	16 393	100.0	100.0
1.购销	48	152	0.4	0.9
2.联营	118	94	0.9	0.6
3.拍卖		3		...
4.贷款	4 100	5 754	32.4	35.1
5.担保	438	187	3.5	1.1
6.招标、投标	10	12	0.1	0.1
7.科技协作	138	123	1.1	0.8
8.供用电	1	158	...	1.0
9.劳务合同	4 951	6 104	39.1	37.2
10.建筑工程承包	386	192	3.1	1.2
11.工商服务业承包	93	61	0.7	0.4
12.农、林、牧、副、渔业承包	142	1 081	1.1	6.6
13.乡镇企业承包	26	18	0.2	0.1
14.财产租赁	30	61	0.2	0.4
15.企业租赁	10	24	0.1	0.1
16.资产经营责任制	1	25	...	0.1
17.其他经济合同	465	581	3.7	3.5
18.法人(代表人)资格	9	11	0.1	0.1
19.法人委托书	5	12	...	0.1
20.公司章程				
21.执行诉可证明	32	48	0.3	0.3

国内公证文书分类(续)

项目	办理公证(件)		各类公证所占比重(%)	
	1990年	1991年	1990年	1991年
22.提存	1	3	…	…
23.借款	270		2.1	
24.其他	1 376	1 689	10.9	10.3
二、民事公证事项分类合计	4 715	5 879	100.0	100.0
1.收养	79	75	1.7	1.3
2.解除收养	11	7	0.2	0.1
3.继承权	12	21	0.3	0.4
4.遗嘱	32	139	0.7	2.4
5.产权	39	38	0.8	0.6
6.亲属关系	34	21	0.7	0.4
7.死亡	2	1	…	…
8.房屋买卖	45	52	1.0	0.9
9.房屋租赁	193	192	4.1	3.3
10.留学协议	1	13	…	0.2
11.遗赠扶养协议	12	118	0.3	2.0
12.其他民事协议	503	1 317	10.7	22.4
13.委托书	52	43	11.0	0.7
14.赠与书	9	24	0.2	0.4
15.声明书	54	59	11.0	1.0
16.现场监督	26	29	0.6	0.5
17.执行诉可证明	2	8	…	0.1
18.副本等与原本相符	8	4	0.1	0.1
19.宅基地使用权	315	117	6.7	2.0
20.证据保全		2		…
21.计划生育	2 818	3 364	59.8	57.2
22.财产分割		158		2.7
23.其他	468	77	9.9	1.3

调解民间纠纷分类

项目	调解纠纷(件) 1990年	1991年	各类纠纷所占比重(%) 1990年	1991年
全省合计	24 525	26 262	100.0	100.0
1.婚姻	5 113	6 131	20.8	23.3
2.继承	630	746	2.7	2.9
3.赡扶抚养	979	1 184	4.0	4.5
4.家庭	4 741	3 437	19.3	13.1
5.房屋宅基地	1 963	2 124	8.0	8.1
6.债务	829	965	3.4	3.7
7.生产经营	1 432	1 896	5.8	7.2
8.邻里	4 500	4 863	18.3	18.5
9.赔偿	867	1 063	3.5	4.0
10.其他	3 471	3 853	14.1	14.7

各类事故

(1991年)

项目	1991年各类事故情况 事故起数(起)	死亡人数(人)	重伤人数(人)	经济损失(万元)	1991年比1990年升降幅度(%) 事故起数	死亡人数	重伤人数	经济损失
全省总计	3 210	597	1 381	990.58	-0.1	1.5	-2.3	-19.4
工交建企事业工伤事故	117	87	49	167.10	-23.0	-3.3	-43.7	-33.5
交通事故	2 728	440	1 249	483.14	0.2	0.5	1.3	6.0
农机肇事	29	28	31	0.82	-25.6	52.6	82.4	-47.8
铁路路外事故	66	33	23	18.62	-1.5	-8.3	-14.8	574.6
火灾事故	270	9	29	320.90	17.4	80.0	-40.8	-38.0

火 灾 事 故

(1991年)

类别	火灾起数(起)	死亡人数(人)	受伤人数(人)	损失折款(万元)	火灾原因(起)								
					放火	电器设备原因	违反安全制度	生活用火	吸烟	玩火	自燃	不明	其他
总计	270	9	29	320.90	14	11	25	83	25	49	3	44	16
工业	16	4	2	34.09		2	9	4				1	
交通邮电	9	2		5.87		1	3		2				3
商业财金	22			15.99		1	4	6	2			9	
基建工地	14		1	9.77		1		3		2		8	
文教卫生体育	5			181.31		1	1	1	1			1	
机关团体	9	1	2	6.01			1					8	
国营农牧场													
街道工业企业	15			3.57		1		2		4		8	
街道服务业	8			1.30			1					7	
街道居民	52	3	10	25.11	5	2	2	26	7	10			
乡村集体													
乡镇企业													
供销合作社													
专业户联合体													
农村	120	1	12	37.88	9	2	4	41	13	33	3	2	13
山林草原													
其他													

交 通 事 故

(1991年)

类别	发生事故次数(起)			死亡人数(人)			重伤人数(人)			经济损失
	小计	城市	农村	小计	城市	农村	小计	城市	农村	(万元)
全省总计	2 728	891	1 837	440	68	372	1 249	346	903	483.14
#特大事故	33	3	30	65	6	59	54	11	43	76.24
重大事故	411	66	345	375	61	314	175	2	173	91.20
一、机动车小计	2 565	794	1 771	397	50	347	1 152	285	867	480.90
1. 公路运输汽车	317	66	251	70	5	65	166	17	149	75.09
2. 公共汽车	105	77	28	7	3	4	50	31	19	9.84
3. 机关、团体、学校	182	80	102	17	4	13	69	34	35	32.98
4. 企事业单位	993	268	725	118	13	105	401	79	322	244.07
5. 军队汽车	81	31	50	11	2	9	27	12	15	11.35
6. 武警车辆	25	11	14				6	1	5	4.39
7. 农村集体单位	45	6	39	1		1	22	8	14	10.60
8. 个体联户	412	110	302	83	10	73	191	26	165	75.92
9. 其他汽车	27	4	23	12	1	11	12		12	2.37
10.摩托车	94	49	45	19	7	12	54	30	24	2.37
11.拖拉机	276	89	187	54	3	51	152	46	106	11.74
12.其他	8	3	5	5	2	3	2	1	1	0.18
二、非机动车小计	113	76	37	28	15	13	63	44	19	1.49
#自行车	107	71	36	27	14	13	60	41	19	1.43
三、乘车人、行人	50	21	29	15	3	12	34	17	17	0.75
四、与上年相比上升(+)										
下降(−)幅度(%)	0.15	5.95	−2.45	0.46	1.49	0.27	1.30	12.70	−2.48	6.03

全省工、交、建企业单位因工伤亡情况

(1991年)

单位名称	死亡人数(人)				重伤人数(人)			
	合计	国营企业	集体企业	企业以外人员	合计	国营企业	集体企业	企业以外人员
总计	87	78	7	2	49	39		8
省重工业厅	15	15			15	15		
省机械工业厅	1	1			1	1		
省水利厅	2	1		1				
省外贸厅	1	1						
省建设厅	11	11			1	1		
省劳改局	7	6		1	12	4		8
省物资局					1	1		
省建材工业局					1	1		
省电力局					1	1		
省邮电局	1	1						
西宁铁路分局	2	2						
水电部四局	4	4						
六五二大队					1	1		
茫崖石棉矿	1	1						
国营二二一厂					1	1		
青海铝厂	1	1						
西宁市	9	3	6		5	5		
海西州	9	9						
海北州	10	10			4	4		
海南州	5	5			1	1		
黄南州	1	1						
海东行署	6	5	1		2	2		
青海省烟草公司					1	1		

全省工、交、建企业工伤事故分产业和事故类别情况

单位：人

项　目	死亡	重伤	项　目	死亡	重伤
总　计	87	49	二、按类别分		
一、按产业分			物体打击	9	6
煤　炭	28	13	车辆伤害	10	6
石　油	2	3	机械伤害	3	17
化　工	2	3	起重伤害	2	1
冶　金	8	3	触　电	13	
铁　道	2		淹　溺	3	
交　通	2		灼　烫		
基　建	17	3	火　灾	1	
机　械	1	5	高空坠落	14	4
水　电	7	4	坍　塌	7	5
农　业	7		冒顶片邦	8	6
林　业			透　水		
邮　电	2		放　炮	9	2
地　质		1	瓦斯爆炸		
轻　工	6	3	火药爆炸		
纺　织			锅炉爆炸		
商　业		2	其他爆炸	2	
军　工		2	中毒和窒息	6	
建　材	3	7	其　他		2

全省各党派党员（成员）数

党派名称	单位	1985年	1988年	1989年	1990年	1991年
中国共产党	万人	17.20	19.96	20.15	20.55	21.27
中国国民党革命委员会	人	99	208	228	233	238
中国民主同盟	人	218	532	683	673	685
中国民主建国会	人	53	141	161	169	171
中国农工民主党	人	41	212	237	244	256
九三学社	人	127	340	438	441	451

历届青海省人民代表大会的代表人数

单位：人

项目	一届	二届	三届	四届	五届	六届	七届
	1954年	1958年	1963年	1967年	1977年	1983年	1988年
代表总数	300	303	355	青海省革命	715	450	381
在代表总数中:				委员会取代			
女代表	21		48	人民代表大会	157	97	71
占代表总数(%)	7.0		13.5		22	21.6	18.6
在代表总数中							
少数民族代表	152		127		277	182	148
占代表总数(%)	50.7		35.8		38.8	40.4	38.4

历届青海省政治协商会议的委员人数

单位：人

项目	一届	二届	三届	四届	五届	六届
	1949年	1954年	1959年	1979年	1983年	1988年
委员总数	77	64	139	177	275	275
在委员总数中						
女委员						30
占委员总数(%)						10.9
在委员总数中						
少数民族委员	30	32	70		134	138
占委员总数(%)	39.0	50	50.4		48.7	39.6

地区(厂矿)统计资料

城市基本情况

(1991年)

指标名称	单位	地区 西宁市	市区 西宁市	市区 格尔木市	市区 德令哈市
一、人口、土地面积					
年末总人口	万人	111.40	65.64	7.16	5.28
#非农业人口	万人	63.87	55.68	5.94	2.90
年平均人口	万人	103.88	65.32	7.1	5.28
年出生人数	人	14 854	8 291	862	782
年死亡人数	人	4 285	2 148	127	213
年婴儿死亡人数	人	307	98	20	3
年末总户数	万户	25.09	17.01	1.98	0.96
年末社会劳动者人数	万人	58.57	37.93	4.07	2.63
1.农、林、牧、渔、水利业	万人	17.13	3.47	0.45	1.29
2.工业	万人	16.92	12.75	0.76	0.29
3.地质普查和勘探业	万人	0.56	0.56	0.20	
4.建筑业	万人	6.45	5.68	0.58	0.10
5.交通运输、邮电通讯业	万人	3.16	2.89	1.12	0.24
6.商业、公共饮食业、物资供销和仓储业	万人	5.83	5.28	0.34	0.22
7.房地产管理、公用事业、居民服务和咨询业	万人	1.40	1.31	0.10	0.07
8.卫生、体育和社会福利业	万人	1.04	0.95	0.08	0.05
9.教育、文化艺术和广播电视事业	万人	2.18	1.79	0.17	0.11
10.科学研究和综合技术服务业	万人	0.58	0.57	0.02	0.02
11.金融、保险业	万人	0.52	0.44	0.04	0.04
12.国家机关、政党机关和社会团体	万人	2.06	1.84	0.14	0.17
13.其它	万人	0.74	0.40	0.07	0.03
城镇个体劳动者年末人数	人	25 397	21 927	1 685	1 371
城镇待业人员年末人数	人	15 072	11 374	5 847	1 632
土地面积	平方公里	3 350	350	99 400	27 613
#建成区土地面积	平方公里		52	18	7
二、综合					
国民收入(按当年价格计算)	万元	174 553	137 217	30 859	
国内生产总值(按当年价格计算)	万元	234 237	162 693	36 057	
农业总产值(按当年价格计算)	万元	25 356	8 376	2 495	2 754
(1)种植业产值	万元	16 487	3 703	1 371	1 541
(2)林业产值	万元	572	138	31	19
(3)牧业产值	万元	7 903	4 285	1 063	1 091
(4)副业产值	万元	351	207	29	61
(5)渔业产值	万元	43	43	1	42
乡村劳动力	万人	20.19	5.04	0.34	0.60
年末实有耕地面积	万亩	90	10	8	15
粮食产量(包括大豆)	万吨	14.49	1.85	1.03	1.70
油料产量	吨	10 443	1 189	263	854
蔬菜产量	万吨	10.16	8.64	0.61	0.02

城市基本情况（续一）

（1991年）

指标名称	单位	地区	市区		
		西宁市	西宁市	格尔木市	德令哈市
水果产量	吨	698	351		
猪肉产量	吨	5 531	2 196	85	162
牛羊肉产量	吨	1 316	122	728	868
牛羊奶产量	吨	18 463	12 627	464	998
禽蛋产量	吨	3 055	2 256	15	20
禽肉产量	吨	540	506		
水产品产量	吨	54	54	3	77
三、工业					
企业单位数(不包括村及村以下办工业)	个	570	464	73	29
全部工业总产值(现价)	万元	355 709	263 786	16 737	2 749
＃城镇合作经营和个体经营工业产值	万元	4 068	4 068	418	
乡办工业产值	万元	4 482	1 987		43
村及村以下办工业产值	万元	7 213	4 793	105	
“三资企业”工业产值	万元				
按轻重工业分：(1)轻工业产值	万元	100 711	81 160	2 504	650
(2)重工业产值	万元	249 777	173 765	13 710	2 099
按经济类型分：(1)全民所有制工业	万元	299 248	212 386	14 212	2 506
(2)集体所有制工业	万元	511 48	42 539	2 002	243
(3)其它经济类型	万元	91			
全民所有制：产品销售收入	万元	283 787	201 601	7 956	1 764
＃产品销售税金	万元	24 368	19 094	875	88
教育费附加	万元	407	307	4	1
盈利企业利润总额	万元	9 039	5 771	1 161	55
亏损企业亏损总额	万元	9 372	7 591	755	106
已交利、税、费	万元	2 322	2 047	516	16
固定资产原值年末数	万元	374 632	227 316	13 591	2 597
固定资产净值年末数	万元	264 715	152 987	8 576	1 792
定额流动资金全年平均余额	万元	171 607	131 518	4 946	882
定额流动资金占用年末数	万元	177 898	136 662	2 800	991
＃成品资金	万元	57 831	42 061	1 025	299
可比产品总成本	万元	222 640	152 365	4 493	925
可比产品按上年实际单位成本计算的总成本	万元	220 544	145 727	3 727	867
工业总产值（按1990年不变价计算）	万元	286 907	203 557	11 908	1 731
工业净产值（现价）	万元	80 576	61 287	6 059	586
全部职工年平均人数	万元	12	9	0.56	0.15
集体所有制：产品销售收入	万元	40 030	37 851	763	164
＃产品销售税金	万元	2 858	2 748	62	6
教育费附加	万元	35	35	1	
盈利企业利润总额	万元	917	785	112	1
亏损企业亏损总额	万元	1 149	1 082		3
已交利、税、费	万元	260	239	19	

城 市 基 本 情 况（续二）

（1991年）

指 标 名 称	单位	地区	市 区		
		西宁市	西宁市	格尔木市	德令哈市
固定资产原值年末数	万元	41		730	228
固定资产净值年末数	万元	34		572	132
定额流动资金全年平均余额	万元	8		347	85
定额流动资金年末占用数	万元	12		423	94
工业总产值（按1990年不变价计算）	万元	91		831	207
工业净产值（现价）	万元	9		334	58
全部职工年平均人数	万人	0.01		0.15	294
四、交通、邮电、电力					
铁路客运量（发送量）	万人	142	138	15	8
铁路货运量（发送量）	万吨	157	113	128	4
公路客运量（发送量）	万人	538	363	8	21
公路货运量（发送量）	万吨	114	114	158	16
民用航空客运总量	人	843	843		
民用航空货邮总量	吨	75	75		
年末邮局（所）数	处	60	48	9	9
计费邮电业务总量（按1990年不变价计算）	万元	3 121	2 842	252	183
年末电话机数	部	39 596	35 591	2 958	1 044
#程控电话	部	9 193	9 193		
全年用电量	万千瓦时	259 571	138 667	3 878	1 890
#工业用电	万千瓦时	239 143	120 533	1 839	900
城乡居民生活用电	万千瓦时	3 990	3 296	2 033	990
五、固定资产投资					
全民所有制单位基本建设投资	万元	35 088	21 235	6 418	3 465
#非生产性建设	万元	16 559	15 136	1 569	1 158
#住宅建设	万元	5 959	5 401	570	677
全民所有制单位更新改造措施投资	万元	17 591	15 580		567
#非生产性建设	万元	3 784	3 603		281
#住宅建设	万元	2 374	2 274		183
全民所有制单位其它固定资产投资	万元	890			
#非生产性建设	万元	206			
#住宅建设	万元	117			
城镇集体所有制单位固定资产投资	万元	1 275	809		
#非生产性建设	万元	224	98		
#住宅建设	万元	157	39		
城乡个人固定资产投资	万元	1 309	1 309	104	

城 市 基 本 情 况 (续三)

(1991年)

指 标 名 称	单位	地区	市 区		
		西宁市	西宁市	格尔木市	德令哈市
#非生产性建设	万元	1 309	1 309	64	
#住宅建设	万元	1 219	1 219	27	
新增固定资产：(1)全民所有制单位基本建设	万元	23 431	16 840		2 219
(2)全民所有制单位更新改造措施	万元	8 761	8 018	8 818	415
(3)全民所有制单位其他固定资产投资	万元	252			
(4)城镇集体所有制单位固定资产投资	万元	1 130	390		
年末实有住宅居住面积	万平方米		371.9	32	15.3
年末实有住宅使用面积	万平方米		507.2	54	26
城市居住人口(同居住面积同口径)	万人		55.68	6.30	2.60
平均每人居住面积	平方米		6.68	5.20	5.90
六、公用事业					
水厂综合生产能力（包括各单位自备水源）	万吨／日		34.4	3.0	1.4
年末供水管道总长度	公里		300	24	31
全年供水总量	万吨		12 619	746	365
#生活用量	万吨		3 287	297	265
生活用水人口	万人		64.7	6.4	3.2
#非农业用水人口	万人		55.0	5.6	2.6
年末实有公共汽（电）车营运车辆	辆		290	7	8
全年公共汽（电）车客运总数	万人次		17 738	84	21
年末实有出租汽车数	辆		492	110	7
年末实有铺装道路面积	万平方米		220	54	39
园林绿地面积	公顷		571	188	84
建成区道路绿化覆盖面积	公顷		53	42	42
废水排放量	万吨		6 035	258	
#工业废水排放量	万吨		3 159	97	
符合排放标准的工业废水量	万吨		1 968		
废气排放量	万标立米		950 890	44 773	
废气处理量	万标立米		461 291		
二氧化硫排放量	吨		8 696	900	
工业粉尘排放量	吨		6 064	86	
工业粉尘回收量	吨		2 721		
工业固体废物产生量	万吨		32		
工业固体废物处理量	万吨		2		
城市清洁卫生工作人员数	人		420	36	35
七、商业、外贸					
社会商品零售总额	万元	175 206	159 744	9 365	5 806

城 市 基 本 情 况 (续四)

(1991 年)

指 标 名 称	单位	地区	市 区		
		西宁市	西宁市	格尔木市	德令哈市
1.对居民和社会集团的消费品零售额	万元	170 145	157 211	9 045	5 702
2.对农民的农业生产资料零售额	万元	5 061	2 533	320	104
城乡集市贸易成交额	万元	24 262	23 330	2 066	344
零售商业、饮食业、服务业机构	个	18 197	14 983	356	701
#个体	个	16 359	14 416	260	401
零售商业、饮食业、服务业人员	人	46 567	41 172	1 553	2 116
#个体	人	24 138	20 381	401	744
外贸收购总额(按实际价格计算)	万元	37 117	37 117	107	365
旅游者人数	人	6 530			
旅游外汇收入	外券万元	482			
八、财政金融					
地方财政预算内收入	万元	29 784	26 194	2 384	997
#工商税收	万元	26 325	23 365	1 946	849
地方财政预算内支出	万元	20 294	15 946	2 230	1 104
#文教科学卫生事业费支出	万元	6 043	4 494	672	19
#教育事业费支出	万元	3 503	2 513	362	327
地方财政应上解支出	万元	14 109	14 034	478	407
城乡居民储蓄年末余额	万元	171 831	158 780	20 503	8 505
年末银行各项贷款余额	万元	471 703	406 536	26 019	14 685
银行现金收入	万元	363 559	333 046	31 502	6 536
银行现金支出	万元	352 732	316 834	41 377	8 259
承保额	万元	564 460	483 630	235 240	18 297
保 费	万元	2 209	1 932	329	110
已决赔款	万元	697	597	115	39
九、劳动工资、人民生活					
全民全部职工:年末人数	万人	26.94	23.04	1.75	1.42
平均人数	万人	27.19	23.35	5 410	1.41
工资总额	万元	72 979.63	66 762	349	3 805
集体全部职工:年末人数	万人	8.27	7.19	0.15	0.05
平均人数	万人	7.96	6.90	0.15	0.05
工资总额	万元	14 490	12 365	289	127
居民年人均生活费收入	元		1 376	1 394	
居民年人均生活费支出	元		1 308	1 265	
每百户拥有彩色电视机	台		82	92	
每百户拥有电冰箱	台		24	15	

城 市 基 本 情 况 (续五)

(1991 年)

指 标 名 称	单位	地区	市 区		
		西宁市	西宁市	格尔木市	德令哈市
职工生活费用价格指数	%		111.60	107.5	
消费品零售物价指数	%		109.30	105.9	
十、教育、科技、文化、卫生					
在校学生数：高等学校	人	5 826	5 826		
中等专业学校	人	4 852	4 542		633
普通中学	万人	6.37	4.33	0.73	0.31
农、职业中学	人	2 718	1 707	17	152
技工学校	人	7 074	5 912		
小学	万人	11.05	5.96	0.78	0.54
成人高等教育学校	人	1 580	1 580	310	
自然科学方面的人员	人	35 130	30 111	1 960	190
#中级技术职称以上的人员	人	11 432	9 799	420	105
电影放映单位数	个	101	58	25	3
公共图书馆藏书	千册	2 174	2 022	30	52
杂志出版印数	万册	51	51		5
报纸出版印数	万张	3 550	3 550		7
卫生机构数	个	391	337	19	31
#医院	个	81	46	5	8
门诊部（所）	个	283	269	6	23
医院床位数	张	7 252	6 223	525	207
社会福利院床位数	张	80	80		10
卫生技术人员	人	8 881	7 812	652	600
#医生（不包括个体开业）	人	3 736	3 338	230	450
十一、社会治安					
火灾起数	起		177	15	7
火灾死亡人数	人		30	2	
火灾损失折款	万元		68	8	11
交通事故	件		963	229	48
交通死伤人数	人		419	134	37
#死亡人数	人		82	20	5
刑事案件发案数	件		5 359	697	303
犯罪人数	人		2 728	232	85
#青少年犯罪人数（25 岁以下）	人		1 933	206	66

州、地、市社会和国民经济主要指标

（1991年）

指　　标	计量单位	西宁市	海东地区	海北州	海南州	黄南州	海西州	玉树州	果洛州
一、综　合									
1.土地面积	平方公里	3 350	17 010	34 706	41 634	17 901	325 787	197 791	78 444
2.年末总人口(抽样推算)	万人	111.40	194.37	26.28	36.79	18.49	31.73	23.17	12.20
人口密度	人／公里^2	332.54	114.27	7.57	8.84	10.33	0.97	1.17	1.55
3.国民生产总值（现价）	万元	234 237	139 779	39 320	76 188	25 289	107 974	18 398	18 471
比1990年增长(可比价)	%	7.2	7.8	4.9	−5.5			2.9	7.0
国民收入（现价）	万元	174 513	109 243	31 367	54 644	21 059	68 755	15 445	13 421
比1990年增长(可比价)	%	6.5	−1.1	1.9				3.9	
社会总产值（现价）	万元	513 503	242 004	59 651	112 832	37 286	175 766	23 104	18 511
比1990年增长(可比价)	%	8.6	2.3	2.5	−1.6		−2.6	7.5	
二、农　业									
1.农村基层组织情况									
乡（镇）个数	个	35	149	34	40	39	35	47	51
村民委员会数	个	369	2 180	205	400	251	173	258	191
农牧业生产合作社数	个	1 395	10 785	757	1 294	973	324	1 048	583
乡村户数	户	80 748	334 462	31 890	45 991	25 149	14 201	36 587	18 020
乡村人口数	万人	40.12	173.77	17.45	25.66	14.59	7.43	20.16	9.21
#牧业	万人	0.05	0.14	4.82	12.15	7.58	3.33	15.36	8.71
乡村劳动力	万人	20.20	78.48	7.42	11.05	6.65	3.69	8.38	3.93
#农林牧副渔业劳动力	万人	16.65	67.04	6.97	10.69	6.45	3.54	8.15	3.61
工　业	万人	1.15	2.51	0.16	0.07	0.05	0.03	…	
建筑业	万人	0.52	2.17	0.03	0.02	0.03	…	0.01	
交通运输业	万人	0.56	2.20	0.10	0.05	0.03	0.02	0.01	…
商业饮食业	万人	0.32	1.35	0.07	0.06	0.02	0.04	0.01	…
2.年末实有耕地面积	万亩	89.88	448.84	79.01	142.10	22.40	58.09	7.43	1.99
#水浇地	万亩	22.03	98.04	28.16	48.70	6.21	56.89	0.20	0.05
浅山地	万亩	37.24	224.56	24.71	29.72	9.49	0.60	1.72	0.10
脑山地	万亩	30.61	126.24	26.14	63.68	6.70	0.60	5.51	1.84
3.年末草原面积	万亩	251	1 353	4 207	5 643	2 576	14 558	18 840	10 453
其中：可利用草原	万亩	232	1 232	3 731	5 337	2 434	13 356	15 427	8 427
冬春草场	万亩	116	616	1 993	3 281	1 109	7 773	7 145	4 269
夏秋草场	万亩	116	616	1 738	2 056	1 325	5 583	8 282	4 158

州、地、市社会和国民经济主要指标(续一)

(1991年)

指　　标	计量单位	西宁市	海东地区	海北州	海南州	黄南州	海西州	玉树州	果洛州
4.农作物总播种面积	万亩	89.12	449.36	70.48	116.50	21.45	47.32	19.20	1.74
(1)粮食作物	万亩	73.21	373.63	26.48	57.03	16.21	39.37	15.34	1.66
①小　麦	万亩	41.13	216.17	2.02	26.17	10.63	29.98	0.24	0.10
②杂　粮	万亩	26.24	114.44	23.13	29.74	4.79	9.02	14.74	1.42
③洋　芋	万亩	5.84	43.02	1.33	1.12	0.79	0.37	0.36	0.14
(2)经济作物	万亩	11.59	57.13	38.76	58.24	3.03	7.01	0.24	0.07
#油料作物	万亩	11.59	56.58	38.76	58.24	3.01	7.01	0.24	0.07
(3)其他作物	万亩	4.32	18.60	5.24	1.23	2.21	0.94	3.62	0.01
5.年末牲畜存栏头数									
大牲畜	万头	16.47	59.13	61.24	88.04	77.18	28.87	163.21	128.07
绵山羊	万只	17.28	149.44	239.42	383.47	164.52	235.14	278.36	173.85
猪	万头	13.38	69.55	2.76	4.44	0.54	2.49		
6.主要农、牧产品产量									
粮　食	吨	144 853	671 288	43 564	120 746	36 970	82 895	18 040	1 976
①小　麦	吨	96 506	477 967	4 354	77 409	28 543	66 822	247	159
②杂　粮	吨	35 837	133 437	36 459	40 291	6 742	15 040	17 354	1 648
③洋　芋	吨	12 510	59 884	2 751	3 046	1 685	1 033	439	169
油　料	吨	10 443	46 240	31 231	36 320	2 289	5 479	108	32
#油菜籽	吨	10 421	43 410	31 231	36 211	2 289	5 479	108	32
猪牛羊肉	吨	6 940	44 563	19 882	25 215	13 324	11 578	18 302	14 715
#牛羊肉	吨	1 409	8 620	18 724	23 112	13 004	10 847	18 302	14 713
羊　毛	吨	173	1 801	3 503	5 339	946	3 062	2 015	1 397
#绵羊毛	吨	166	1 716	3 474	5 169	923	2 927	1 964	1 397
牛　奶	吨	18 463	24 604	23 751	30 893	20 241	4 767	47 000	33 514
禽　蛋	吨	3 055	7 105	535	150	3	219		
水　果	吨	698	18 406		1 787	418	56		
水产品	吨	54	634	1 300	1 384	2	82		487

州、地、市社会和国民经济主要指标(续二)

(1991年)

指　　标	计量单位	西宁市	海东地区	海北州	海南州	黄南州	海西州	玉树州	果洛州
7.农业现代化情况									
年末农业机械总动力	万千瓦	22.42	68.86	10.50	16.30	3.26	13.07	2.09	0.51
大中型拖拉机	台	636	1 451	386	604	176	812	62	13
小型拖拉机	台	12 866	40 514	4 575	6 324	1 652	4 350	272	76
农用载重汽车	辆	769	1 707	359	422	44	512	120	39
大中型拖拉机配套农具	部	847	728	949	1 217	124	858	22	25
小型拖拉机配套农具	部	9 514	32 930	2 618	5 113	867	4 123	8	16
联合收割机	台	5	6	124	241	2	100	2	
机动脱粒机	台	136	1 500	10	923	1 135	20	656	6
农用排灌动力机械	台	255	1 086	132	368	65	176	491	25
当年实际机耕地面积	万亩	28.41	77.30	58.31	110.21	6.24	45.05	0.35	0.01
当年机械播种面积	万亩	19.74	74.99	51.95	90.04	5.84	42.48	0.10	
当年机械收获面积	万亩	0.29	0.35	30.70	67.98	1.48	26.73	0.05	
农村用电量	万千瓦小时	3 320	7 656	588	1 913	331	853	177	19
乡村办及村以下办水电站数	个	4	10	2	11	1	11	12	1
发电能力	千瓦	337	867	400	807	75	2 470	912	75
农用化肥施用量(折纯量)	吨	7 084	33 920	4 141	6 706	928	4 820	97	32
氮　肥	吨	3 289	16 908	1 268	2 795	383	2 648	5	1
磷　肥	吨	2 230	7 458	1 004	1 353	158	950	4	
钾　肥	吨	325	822	65	69	46	59		
复合肥	吨	1 240	8 732	1 804	2 489	341	1 163	88	31
8.当年造林面积	万亩	4.37	31.93	0.60	2.12	1.53	0.30	0.59	0.10
零星植树(当年数)	万株	311	1 836	123	198	47	41	8	
育苗面积	亩	5 600	30 561	905	3 143	1 876	2 057	495	67
封山育林面积	万亩	39.08	76.68	18.96	35.66	8.24	55.30	76.10	

州、地、市社会和国民经济主要指标(续三)

(1991年)

指　　标	计量单位	西宁市	海东地区	海北州	海南州	黄南州	海西州	玉树州	果洛州
9.现价农村社会总产值	万元	44 190	141 899	32 699	38 869	15 505	19 890	15 131	10 387
(1) 农业总产值	万元	25 356	103 745	27 808	34 963	14 739	18 812	14 878	10 369
(2) 农村工业总产值	万元	11 859	18 966	2 586	511	345	585	83	
①乡镇办工业	万元	4 646	8 230	2 002	259	96	437	63	
②村办工业	万元	5 547	3 410	82	180	51	6	20	
③村以下办工业	万元	1 666	7 326	502	72	198	142		
(3) 农村建筑业总产值	万元	2 374	6 799	878	1 781	118	98	58	
(4) 农村运输业总产值	万元	2 579	6 204	636	439	99	190	41	7
(5) 农村商业、饮食业总产值	万元	2 022	6 185	791	1 175	204	205	71	11
10.农业总产值(1990年不变价格)	万元	24 420	106 113	26 935	37 970	13 836	19 424	19 040	12 355
种植业	万元	16 018	61 394	8 371	14 895	3 226	7 365	1 753	164
林　业	万元	740	5 408	318	551	248	209	55	4
牧　业	万元	7 303	32 412	16 351	21 356	9 858	11 549	16 736	11 416
副　业	万元	335	6 781	1 696	929	503	262	496	697
渔　业	万元	24	118	199	239	1	39		74
11.农业总产值(当年价)	万元	25 356	103 745	27 808	34 963	14 739	18 812	14 878	10 370
农业净产值(当年价)	万元	14 664	66 014	21 203	25 397	13 175	13 234	12 797	9 714
12.农村经济收入分配和效益									
(1) 农村经济总收入	万元	39 549	114 134	18 418	24 692	8 381	9 920	10 912	6 929
农业	万元	19 368	79 125	14 206	22 426	7 566	8 880	10 307	6 823
工业	万元	9 583	13 858	1 695	517	284	316	74	1

州、地、市社会和国民经济主要指标(续四)

(1991年)

指　　标	计量单位	西宁市	海东地区	海北州	海南州	黄南州	海西州	玉树州	果洛州
(2)农村经济总费用	万元	19 620	41 215	3 990	5 945	901	2 160	1 447	657
(3)农村经济纯收入总额	万元	19 929	72 919	14 428	18 747	7 480	7 760	9 465	6 272
#农村居民纯收入	万元	17 830	69 423	13 315	17 415	7 145	7 330	8 909	5 880
13.乡镇企业基本情况									
(1)企业单位数	个	9 496	25 830	2 461	1 188	1 247	608	80	
#乡办企业	个	115	384	155	89	19	38	42	
村办企业	个	294	381	16	27	17	7	19	
(2)企业人数	人	31 255	93 946	8 966	3 685	2 808	1 858	437	
#乡办企业	人	6 676	23 470	3 810	1 501	1 013	535	173	
村办企业	人	11 537	9 334	199	542	289	81	167	
(3)企业总产值(当年价格)	万元	17 956	44 041	3 872	2 053	1 305	1 125	341	
#乡办企业	万元	6 104	15 783	2 748	1 442	738	550	138	
村办企业	万元	6 535	5 631	83	257	282	31	173	
(4)企业总收入	万元	17 914	41 223	3 813	1 940	1 246	1 264	440	
#乡办企业	万元	4 750	13 429	1 953	1 280	808	621	220	
村办企业	万元	7 204	4 980	79	238	163	37	180	
三、工　业									
1.工业企业单位数		571	417	120	96	48	131	52	42
(不含村及村以下，下同)	个								
(1)全民所有制	个	146	113	55	56	33	92	31	38
(2)集体所有制	个	424	301	65	40	15	38	18	4
(3)其他经济类型	个	1	3						

州、地、市社会和国民经济主要指标(续五)

(1991年)

指　　标	计量单位	西宁市	海东地区	海北州	海南州	黄南州	海西州	玉树州	果洛州
2.工业总产值(1990年不变价格)	万元	350 488	74 676	19 370	52 771	4 514	87 859	3 396	4 890
按轻重工业分									
轻工业	万元	100 711	28 138	8 957	13 050	2 429	21 790	2 983	3 333
重工业	万元	249 777	46 537	10 413	39 720	2 084	66 069	414	1 557
按经济类型分									
全民所有制	万元	299 249	58 265	15 655	49 345	4 228	85 307	3 222	4 889
集体所有制	万元	51 148	16 245	3 716	3 426	285	2 454	132	1
其他经济类型	万元	91	166				98	42	
3.工业总产值(当年价格)	万元	355 709	69 936	17 086	42 243	4 202	81 666	3 114	4 435
4.全部独立核算工业企业主要财务及经济效益指标									
(1)企业单位数	个	487	341	45	72	36	107	48	30
#亏损企业	个	138	81	10	17	11	22	10	9
(2)工业总产值(1990年不变价格)	万元	341 742	41 873	14 073	46 549	4 241	84 430	3 116	4 322
工业总产值(当年价格)	万元	347 177	37 233	12 968	35 654	3 912	79 184	2 765	3 892
(3)工业净产值(当年价格)	万元	95 714	10 118	3 076	12 515	1 161	37 010	669	1 652
(4)产品销售收入	万元	331 389	35 321	11 554	34 442	4 987	62 255	2 628	7 075
#销售税金	万元	28 319	3 510	660	5 294	478	3 916	135	252
(5)固定资产原值年末数	万元	405 099	38 505	20 574	232 826	6 303	191 637	5 753	6 925
#生产用	万元	321 446	32 100	16 824	231 449	4 402	148 254	4 816	5 738
(6)固定资产净值年末数	万元	283 423	28 652	14 290	210 371	5 230	66 559	4 319	5 717
(7)流动资金全年平均余额	万元	376 956	24 058	14 332	11 247	3 880	51 210	1 901	2 470
#定额流动资金	万元	199 619	13 948	8 882	7 515	2 283	22 293	1 505	1 377
(8)全部资金总额	万元	483 042	42 600	23 172	217 886	7 513	88 852	5 824	7 094
(9)利税总额	万元	27 752	3 562	659	10 098	604	3 499	394	996

州、地、市社会和国民经济主要指标(续六)

(1991年)

指　　标	计量单位	西宁市	海东地区	海北州	海南州	黄南州	海西州	玉树州	果洛州
(10)盈利企业的利润总额		9 957	1 846	961	4 702	384	4 584	275	808
亏损企业的亏损总额		10 524	1 794	951	600	259	5 001	-17	64
盈亏相抵后的利润总额		-569	52	0	4 102	125	-417	258	744
(11)全部职工年末人数	百人	157.60	244.60	86.63	67.15	15.87	236.01	0.94	10.54
全部职工年平均人数	百人	155.90	243.50	84.96	68.14	16.05	249.00	0.92	11.67
(12)主要经济效益指标									
①亏损企业比重	%	28.34	23.75	22.22	23.61	30.56	20.56	20.83	30.00
②百元固定资产原值实现的产值									
(1990年不变价)	元	84.36	108.75	68.40	19.99	67.29	44.06	54.16	62.41
百元固定资产原值实现的产值(当年价)	元	85.70	96.70	63.03	15.31	62.07	41.32	48.06	56.20
③百元固定资产原值实现的利税额	元	6.85	9.25	3.20	4.34	9.58	1.83	6.85	14.38
百元产值实现的利税额(1990年不变价)	元	8.12	8.51	4.68	21.69	14.24	4.14	12.64	23.04
百元产值实现的利税额(当年价)	元	7.99	9.57	5.08	28.32	15.44	4.42	14.27	25.59
④百元销售收入实现利税额	元	8.37	10.08	5.70	29.32	12.11	5.62	14.99	14.08
⑤百元资金实现利税额	元	5.75	8.36	2.84	4.63	8.04	3.94	6.77	14.04
百元产值占用定额流动资金									
(1990年不变价)	元	58.41	33.31	63.11	16.14	53.83	26.40	48.30	31.86
百元产值占用定额流动资金(当年价)	元	57.50	37.46	68.49	21.08	58.36	28.15	54.43	35.38
⑥定额流动资金周转天数	天/次	216.85	142.16	276.75	78.55	164.80	128.91	206.16	70.07
全员劳动生产率(1990年不变价)	元/人	219 206	17 196	16 564	68 314	26 424	33 908	3 387	37 035
全员劳动生产率(当年价)	元/人	222 692	15 291	15 264	52 325	24 374	31 801	3 005	33 350
四、固定资产投资额	万元	57 000	19 735	4 699	8 898	2 248	70 116	3 006	1 681
1.全民所有制固定资产投资额	万元	57 000	19 494	4 634	8 701	2 232	70 116	3 006	1 681
#基本建设投资	万元	35 088	15 417	2 574	7 406	2 024	37 643	1 541	1 631
更新改造投资	万元	17 591	3 609	1 476	937	81	4 517	90	50

州、地、市社会和国民经济主要指标(续七)

(1991年)

指　　标	计量单位	西宁市	海东地区	海北州	海南州	黄南州	海西州	玉树州	果洛州
2.城镇集体所有制固定资产投资额	万元	1 275	241	65	197	16			
五、商业、饮食业、服务业									
1.社会商品零售总额(含农对非)	万元	175 206	71 551	16 894	23 473	8 333	27 985	10 531	6 394
(1)按商品用途和销售对象分									
①消费品零售额	万元	170 145	60 679	15 579	21 463	7 592	26 912	10 270	6 300
对居民的零售额	万元	450 567	56 780	14 823	19 123	6 607	22 777	9 748	5 591
对社会集团的零售额	万元	19 578	3 899	756	2 340	985	4 135	522	709
②农业生产资料零售额	万元	5 061	10 872	1 315	2 010	741	1 073	261	94
(2)按经济类型分									
①全民所有制	万元	95 202	28 421	11 649	14 992	4 998	21 317	9 054	5 267
②集体所有制	万元	34 311	19 619	2 473	3 778	1 236	738	94	4
③合营	万元		389						
④个体	万元	38 638	18 611	1 824	3 521	1 585	3 332	825	794
⑤农民对非农业居民零售额	万元	7 055	4 511	948	1 182	514	2 598	558	326
2.社会农副产品收购总额	万元	29 639	25 014	8 582	12 961	2 895	10 322	3 507	3 368
主要农副产品收购量									
粮　　食	吨	34 256	140 786	5 552	35 693	4 854	32 608	1 594	
食用植物油	吨	4 672	9 343	7 461	8 252	254	995		
肥　　猪	百头	5 930	873	25	23	20	45	1	3
菜　　牛	百头	618	124	169	336	228	81	574	475
菜　　羊	百只	1 627	1 269	2 055	4 322	842	1 651	1 143	1 547
鲜　　蛋	吨	1 670	1 625	21	43	20	106	8	
绵 羊 毛	吨	1 074	317	2 698	3 815	805	1 643	2 258	1 038
羊　　绒	公斤	7 299	62	2 300	762	19	48 359	5	
牛　　皮	百张	337	176	258	265	224	612	1 157	2 080
绵 羊 皮	百张	3 049	289	2 441	3 576	697	876	546	701
山 羊 皮	百张	29	0.7	20	180	7	228	0.7	

州、地、市社会和国民经济主要指标(续八)

(1991 年)

指 标	计量单位	西宁市	海东地区	海北州	海南州	黄南州	海西州	玉树州	果洛州
3.商业、饮食业、服务业机构和人员									
(1) 商业零售机构	个	11 496	11 203	1 553	1 845	912	1 444	757	412
商业零售人员	人	41 569	21 733	3 607	5 088	2 261	5 781	2 181	1 219
(2) 饮食业经营机构	个	4 084	2 858	286	542	251	759	66	113
饮食业经营人员	人	9 566	4 662	616	1 341	449	1 572	170	220
(3) 服务业经营机构	个	2 939	1 732	286	469	162	756	103	85
服务业经营人员	人	6 760	2 379	364	935	237	1 376	186	120
六、劳动工资									
1.年末全部职工人数	人	342 546	95 663	29 089	52 522	13 254	87 004	11 192	11 708
(1) 全民所有制单位	人	259 164	85 347	27 897	46 496	12 225	84 538	10 904	11 580
#固定职工	人	212 023	67 605	20 342	38 846	10 178	66 117	8 532	8 809
合同制职工	人	30 087	8 471	5 076	4 173	1 039	11 985	970	1 097
(2) 城镇集体所有制单位	人	82 677	10 316	1 192	6 026	1 029	2 466	288	128
(3) 其他经济类型单位	人	705							
2.全部职工工资总额	万元	87 575.7	21 362.3	7 871.1	14 326.2	3 455.1	31 006.2	3 539.9	3 870.6
(1) 全民所有制单位	万元	72 979.6	19 702.7	7 577.3	13 269.4	3 202.9	30 460.5	3 477.9	3 797.1
#固定职工	万元	63 363.0	17 027.0	6 095.1	11 613.2	2 860.2	26 055.3	3 044.6	3 099.9
合同制职工	万元	5 111.6	1 210.0	856.6	842.1	167.6	2 500.7	131.4	274.5
(2) 城镇集体所有制单位	万元	14 490.0	1 659.6	293.8	1 056.9	252.1	545.6	62.0	73.5
(3) 其他经济类型单位	万元	106.1							
3.全部职工人均年工资额	元/人	2 561	2 257	2 765	2 772	2 571	3 554	3 221	3 360
(1) 全民所有制职工	元/人	2 788	2 324	2 789	2 901	2 623	3 592	3 242	3 367
#固定职工、合同制职工	元/人	2 850	2 441	2 857	2 983	2 742	3 767	3 429	3 463

注：总后勤部、221 厂和西宁铁路分局职工人数 30 752 人未包括在各地区中。

州、地、市社会和国民经济主要指标(续九)

(1991年)

指标	计量单位	西宁市	海东地区	海北州	海南州	黄南州	海西州	玉树州	果洛州
(2)集体所有制职工	元/人	1 820	1 679	2 272	1 778	2 052	2 230	2 368	3 063
(3)其他经济类型职工	元/人	1 804							
七、财政金融									
地方财政收入	万元	29 784	10 587	2 898	3 544	1 253	10 272	1 413	1 066
#工商税收	万元	26 324	9 136	1 910	2 654	1 007	9 983	886	772
农牧业税和耕地占用税	万元	277	1 100	372	537	224	325	237	196
企业收入	万元	1 031	-167	399	109	-170	-633	75	-24
地方财政支出	万元	20 290	27 847	6 618	11 316	6 463	12 673	7 127	6 408
#基本建设支出	万元	904	525	252	108	205	1 208	115	182
支援农村生产支出	万元	643	5 633	270	812	534	841	488	339
农林水气等部门事业费支出	万元	830	2 485	520	806	539	1 160	452	438
文教卫生事业费支出	万元	5 950	8 855	1 851	2 852	1 929	3 159	2 015	1 731
行政管理费支出	万元	2 177	3 773	1 383	2 480	1 669	2 688	1 912	2 194
价格补贴支出	万元	2 390	863	349	342	208	449	235	173
城乡居民储蓄存款年末余额	万元	171 831	52 013	10 407	17 632	6 421	56 509	6 601	3 763
#城镇居民	万元	165 768	42 400	9 222	17 205	5 367	54 280	3 902	3 380
农村居民	万元	6 063	9 613	1 185	427	1 054	2 229	2 699	383
八、教育、卫生									
1.小学学龄儿童入学率	%	96.60	93.54	77.89	77.99	62.18	96.31	22.06	25.20
小学年辍学率	%	3.42	3.83	3.97	6.45	4.17	3.42	33.74	14.00
小学应届毕业生毕业率	%	95.47	98.20	99.74	101.28	92.81	93.63	104.72	91.59
小学毕业生升学率	%	97.01	90.07	85.96	78.41	64.72	95.25	82.96	89.80
初中毕业生升学率	%	53.47	40.75	49.74	49.78	69.71	45.46	66.48	62.13

州、地、市社会和国民经济主要指标(续十)

(1991年)

指　　标	计量单位	西宁市	海东地区	海北州	海南州	黄南州	海西州	玉树州	果洛州
2.普通中学学校数	所	106	217	26	37	13	62	9	13
在校学生数	万人	6.37	10.23	1.1	1.29	0.49	1.83	0.28	0.15
#少数民族	人	11 652	21 660	4 623	5 205	4 002	2 984	2 424	1 025
#初中	万人	4.54	7.87	0.81	0.96	0.34	1.30	0.21	0.13
高中	万人	1.83	2.36	0.29	0.33	0.15	0.53	0.07	0.02
教职工人数	人	6 472	7 533	1 081	1 392	520	2 617	323	256
#专任教师	人	4 870	6 599	823	1 035	422	1 921	234	199
#初中	人	3 226	4 978	564	734	276	1 221	173	171
高中	人	1 644	1 621	259	301	146	700	61	28
每一专任教师负担学生数	人	13.08	15.51	13.35	12.50	11.56	9.51	12.00	7.37
3.小学学校数	所	411	2 057	201	449	179	154	93	63
在校学生数	万人	11.05	23.26	2.50	4.01	1.50	3.00	1.04	0.46
#少数民族	人	31 531	76 295	12 566	22 942	13 147	6 697	10 124	3 716
教职工人数	人	5 981	12 774	1 605	2 675	1 171	2 469	938	657
#专任教师	人	5 635	12 261	1 486	2 393	1 159	2 129	759	498
每一专任教师负担学生数	人	19.61	18.97	16.85	16.76	12.92	14.00	13.76	9.23
4.幼儿园数	所	147	15	4	16	4	44	4	5
在园幼儿数	人	16 006	23 690	772	1 951	1 057	5 303	175	427
5.卫生机构数	个	391	258	86	93	71	107	92	86
#乡镇卫生院(所)	个	34	146	33	40	37	30	55	50
病床数	张	7 252	2 964	981	1 567	574	1 796	615	513
#乡镇卫生院(所)	张	229	1 081	72	255	35	2	119	165
全部卫生人员数	人	11 722	4 153	1 618	1 948	1 055	3 228	929	821
#卫生技术人员	人	8 881	3 667	1 190	1 524	822	2 539	757	696
#乡镇卫生院(所)	人	299	1 080	242	223	168	129	250	167

各县社会和国民经济主要指标(一)

(1991年)

指标	单位	大通县	平安县	民和县	乐都县	湟中县	湟源县
一、综合							
1.土地面积	平方公里	3 000	750	1 780	2 820	2 250	1 600
2.国民生产总值(当年价格)	万元		14 019.01	19 936.91	19 290.00	22 374.59	10 784.93
3.国民收入(当年价格)	万元		9 306.00	16 599.90	15 315.94	20 335.62	7 467.78
二、农业							
1.农村基层组织情况							
乡（镇）个数	个	28	9	29	23	26	10
村民委员会数	个	289	110	318	370	420	147
农牧业生产合作社数	个	1 083	446	1 848	1 455	2 455	726
乡村户数	户	58 310	14 709	55 760	54 581	77 847	20 775
乡村人口数	万人	30.37	7.78	30.69	24.65	40.00	10.09
#牧业	万人	0.05					
乡村劳动力	万人	15.18	3.65	13.18	11.16	18.55	4.52
#农林牧副渔业劳动力	万人	13.54	3.24	11.28	9.69	14.11	4.05
工业	万人	0.59	0.09	0.48	0.21	1.14	0.16
建筑业	万人	0.25	0.03	0.27	0.21	1.04	0.07
交通运输业	万人	0.22	0.10	0.43	0.23	0.93	0.12
商业饮食业	万人	0.10	0.05	0.25	0.13	0.58	0.03
2.年末实有耕地面积	万亩	80.20	21.00	67.51	62.80	97.25	29.75
水浇地	万亩	15.08	4.94	13.52	12.56	24.56	8.38
浅山地	万亩	34.51	11.52	42.19	33.95	42.95	7.85
脑山地	万亩	30.61	4.54	11.80	16.29	29.74	13.52
3.草原面积	万亩	238	包括在	129	218	197	135
#可利用草原面积	万亩	220	湟中县	120	202	184	128
冬春草场	万亩	110	内	60	101	92	64
夏秋草场	万亩	110		60	101	92	64
4.农作物总播种面积	万亩	79.50	19.24	73.90	64.29	96.44	28.81
(1)粮食作物	万亩	66.78	15.43	64.11	52.64	85.05	20.36
①小麦	万亩	35.91	9.46	41.91	30.57	52.33	6.84
②杂粮	万亩	25.44	4.48	11.97	13.45	24.27	12.02
③洋芋	万亩	5.43	1.49	10.23	8.62	8.45	1.50
(2)经济作物	万亩	10.91	2.43	5.51	5.15	10.77	7.36
#油料作物	万亩	10.91	2.43	5.51	4.96	10.77	7.36
(3)其他作物	万亩	1.81	1.38	4.28	6.50	0.62	1.09

注：1.青海湖面积未列入分地区资料中。

2.农业总产值分县数由各县计算，全省数由省上计算。

各县社会和国民经济主要指标(续一)

(1991年)

指　　标	单位	大通县	平安县	民和县	乐都县	湟中县	湟源县
5.年末牲畜存栏头数							
大牲畜	万头	15.50	1.82	8.07	6.37	11.40	5.88
绵山羊	万只	16.14	8.03	19.20	19.25	13.80	14.72
猪	万头	10.40	3.12	6.59	11.80	17.92	4.61
6.主要农、牧产品产量							
①粮　食	吨	126 364	31 382	101 490	83 470	161 320	39 940
小　麦	吨	79 516	23 985	77 633	62 612	119 484	17 170
杂　粮	吨	35 341	4 333	13 290	9 862	26 696	19 989
洋　芋	吨	11 507	3 064	10 567	10 996	15 140	2 781
②油　料	吨	9 253	2 054	3 420	3 530	10 080	5 600
#油菜籽	吨	9 253	1 989	1 233	3 345	9 980	5 600
③猪牛羊肉	吨	4 606	3 203	4 187	6 395	10 135	5 045
④羊　毛	吨	159	164	195	232	154	197
#绵羊毛	吨	152	162	186	220	146	196
⑤牛　奶	吨	5 836	558	2 794	1 589	9 318	1 504
⑥禽　蛋	吨	800	519	876	1 671	1 672	210
⑦水　果	吨	347	164	9 646	1 032	1 317	5
⑧水产品	吨		16	4	51	542	8
7.农业现代化情况							
(1) 年末农业机械总动力	万千瓦	13.37	4.46	8.99	8.58	19.78	4.73
(2) 大中型拖拉机	台	416	154	151	143	460	119
(3) 小型拖拉机	台	8 307	2 012	4 622	6 166	12 413	3 363
(4) 农用载重汽车	辆	391	134	226	176	662	77
(5) 大中型拖拉机配套农具	部	502	31	94	91	280	47
(6) 小型拖拉机配套农具	部	6 186	1 554	3 911	3 127	11 471	2 104
(7) 联合收割机	台			2			
(8) 农用排灌动力机械	台	35	120	161	218	97	28
(9) 当年实际机耕地面积	万亩	22.34	5.08	6.92	11.98	22.64	
(10)当年机械播种面积	万亩	15.25	5.00	2.78	18.57	23.24	5.64
(11)当年机械收获面积	万亩	0.06		0.02			
(12)农村用电量	万千瓦小时	1 144	288	1 779	887	1 289	781
(13)农用化肥施用量<折纯量>	吨	5 960	1 508	4 991	3 959	8 683	1 975
氮　肥	吨	2 613	599	2 813	1 720	3 225	990
磷　肥	吨	2 030	143	1 042	1 647	2 226	264

各县社会和国民经济主要指标(续二)

(1991年)

指　　标	单位	大通县	平安县	民和县	乐都县	湟中县	湟源县
钾　肥	吨	298		234	76		
复合肥	吨	1 019	766	902	516	3 232	721
8.农村社会总产值(当年价)	万元	25 316	7 334	23 766	16 842	35 228	9 737
农　业	万元	16 980	4 942	15 528	13 160	23 424	6 963
农村工业	万元	5 079	1 329	5 230	1 504	4 657	1 649
农村建筑业	万元	1 290	231	683	789	3 380	400
农村运输业	万元	1 334	473	655	938	2 493	450
农村商业、饮食业	万元	633	359	1 670	451	1 274	275
9.农业总产值(1990年不变价)	万元	16 025	4 988	16 225	14 427	24 838	7 450
种植业	万元	11 813	2 703	10 203	8 004	13 282	4 043
林　业	万元	586	343	1 029	774	1 200	283
牧　业	万元	3 497	1 906	3 695	5 010	7 971	2 567
副　业	万元	129	30	1 297	620	2 300	556
渔　业	万元		6	1	19	85	1
10.农业总产值(当年价)	万元	16 980	4 942	15 528	13 160	23 424	6 963
农业净产值(当年价)	万元	9 396	3 343	10 382	8 582	13 717	4 739
11.农村经济总收入	万元	23 372	5 183	16 003	17 355	31 033	6 377
#农业总收入	万元	13 621	2 807	9 357	11 395	22 064	4 870
农村工业总收入	万元	3 974	1 128	3 628	1 911	3 192	526
农村经济总费用	万元	10 757	2 047	4 001	6 405	13 557	1 953
农村经济纯收入总额	万元	12 615	3 136	12 002	10 950	17 476	4 424
国家税收	万元	463	126	277	201	632	136
集体提留	万元	516	30	284	121	270	126
农村居民纯收入	万元	11 636	2 980	11 441	10 628	16 574	4 162
三、工业							
工业企业单位数(不含村及村以下，下同)	个	106	32	45	53	67	51
#全民所有制	个	24	12	14	9	9	7

各县社会和国民经济主要指标(续三)

(1991年)

指　　标	单位	大通县	平安县	民和县	乐都县	湟中县	湟源县
工业总产值(1990年不变价格)	万元	88 959.8	1 674.1	7 518.5	5 195.5	8 102.0	7 704.6
轻工业	万元	4 756.5	1 092.8	1 612.1	3 168.7	4 326.1	3 735.6
重工业	万元	84 203.3	581.3	5 906.4	2 026.8	3 775.9	3 969.0
产品销售收入	万元	84 390.3	1 201.0	5 668.2	4 398.8	4 773.7	5 653.9
固定资产原值年末数	万元	149 365.2	2 031.6	7 153.7	5 267.9	6 789.6	5 163.0
固定资产净值年末数	万元	113 134.0	1 786.9	5 700.0	3 095.9	5 734.2	3 831.5
流动资金平均余额	万元	41 655.1	1 044.2	1 535.0	1 556.6	1 165.4	3 198.6
利税总额	万元	6 931.7	37.2	112.0	397.9	584.3	-412.2
职工平均人数	人	30 241	916	2 817	6 025	2 628	3 921
四、商业							
社会商品零售总额	万元	15 462	7 521	11 632	12 518	15 412	6 349
消费品零售额	万元	12 934	6 920	9 944	10 753	13 321	5 582
农业生产资料零售额	万元	2 528	601	1 688	1 765	2 091	767
农业居民对非农业居民零售	万元	575	743	610	1 208	951	195
社会农副产品收购总额	万元	4 735	2 729	3 346	4 461	5 147	1 998
社会商业、饮食业服务机构	个	3 293	1 007	2 555	2 130	4 671	1 363
社会商业、饮食业服务人员	人	6 335	1 893	4 792	3 916	8 731	2 703
五、财政							
地方财政收入	万元	3 590	1 019	1 375	2 620	1 773	721
地方财政支出	万元	4 348	2 247	3 650	5 482	4 433	2 146
六、教育							
1.学龄儿童入学率	%	93.6	94.2	96.2	97.9	98.1	100.2
小学升初中升学率	%	92.2	92.9	83.5	87.8	100.3	105.6
2.普通中学学校数	所	44	20	41	48	54	11
在校学生数	人	20 405	7 121	16 405	22 100	76 749	6 079
教职工人数	人	1 716	582	1 300	1 662	1 707	548
#专任教师	人	1 491	509	1 155	1 470	1 614	450
3.小学学校数	所	276	122	315	351	408	184
在校学生数	人	50 911	13 243	42 286	33 076	48 649	16 123
专任教师数	人	2 359	967	2 090	1 662	2 508	992

各县社会和国民经济主要指标(二)

(1991年)

指　　标	单位	互助县	化隆县	循化县	门源县	海晏县	刚察县
一、综　合							
1.土地面积	平方公里	3 320	2 740	1 750	5 813	4 173	9 110
2.国民生产总值(当年价格)	万元	22 982.68	11 420.03	5 890.16	15 404.00		9 897.00
3.国民收入(当年价格)	万元	21 584.73	8 772.53	4 547.34	13 069.00		8 343.00
二、农　业							
1.农村基层组织情况							
乡（镇）个数	个	21	21	10	15	6	5
村民委员会数	个	293	368	154	110	25	31
农牧业生产合作社数	个	2 053	1 128	674	467	49	99
乡村户数	户	62 761	32 352	15 677	19 329	3 187	4 033
乡村人口数	万人	32.80	18.58	9.19	10.59	1.67	2.24
#牧业	万人			0.14	0.79	0.77	1.95
乡村劳动力	万人	16.17	7.57	3.67	4.62	0.77	0.83
#农林牧副渔业劳动力	万人	14.52	7.21	2.94	4.40	0.67	0.80
工　业	万人	0.19	0.08	0.16	0.07	0.02	0.01
建筑业	万人	0.17	0.02	0.37	0.02	0.01	…
交通运输业	万人	0.26	0.05	0.07	0.03	0.04	0.01
商业饮食业	万人	0.13	0.11	0.07	0.04	0.01	0.01
2.年末实有耕地面积	万亩	103.92	52.86	13.75	48.58	4.49	21.63
水浇地	万亩	19.55	7.50	7.02	9.88	1.61	15.41
浅山地	万亩	51.33	28.78	5.99	15.55	1.56	6.22
脑山地	万亩	33.04	16.58	0.74	23.15	1.32	
3.草原面积	万亩	289	232	153	818	281	1 261
#可利用草原面积	万亩	242	220	136	743	257	1 095
冬春草场	万亩	121	110	68	394	152	580
夏秋草场	万亩	121	110	68	349	105	515
4.农作物总播种面积	万亩	102.67	49.26	14.75	48.14	4.18	14.19
(1)粮食作物	万亩	85.24	38.27	12.53	17.31	2.20	4.21
①小　麦	万亩	46.14	20.25	8.67	1.11	0.27	0.03
②杂　粮	万亩	30.37	15.21	2.66	15.18	1.82	4.18
③洋　芋	万亩	8.73	2.81	1.20	1.02	0.11	
(2)经济作物	万亩	16.28	7.93	1.68	27.46	1.10	9.08
#油料作物	万亩	15.92	7.93	1.68	27.46	1.10	9.08
(3)其他作物	万亩	1.15	3.06	0.54	3.37	0.88	0.90

各县社会和国民经济主要指标(续一)

(1991年)

指　　标	单位	互助县	化隆县	循化县	门源县	海晏县	刚察县
5.年末牲畜存栏头数							
大牲畜	万头	10.70	8.73	6.16	14.31	9.08	20.36
绵山羊	万只	26.16	31.90	16.38	38.81	36.39	79.42
猪	万头	22.25	2.78	0.48	1.92	0.41	0.22
6.主要农、牧产品产量							
①粮　食	吨	160 295	61 971	31 420	34 527	3 106	2 659
小　麦	吨	108 513	42 721	25 849	2 667	637	34
杂　粮	吨	38 641	16 889	3 737	29 500	2 306	2 625
洋　芋	吨	13 141	2 361	1 834	2 360	163	
②油　料	吨	16 341	3 825	1 390	25 398	821	4 574
#油菜籽	吨	16 341	3 821	1 101	25 398	821	4 574
③猪牛羊肉	吨	11 377	2 505	1 716	4 548	2 864	5 857
④羊　毛	吨	299	417	144	623	749	1 127
#绵羊毛	吨	285	398	124	603	746	1 122
⑤牛　奶	吨	4 277	2 251	2 313	6 896	4 853	7 517
⑥禽　蛋	吨	1 850	207	101	425	39	14
⑦水　果	吨	842	3 221	2 179			
⑧水产品	吨	1	12			157	1 143
7.农业现代化情况							
(1) 年末农业机械总动力	万千瓦	8.93	8.19	5.18	5.33	1.10	2.16
(2) 大中型拖拉机	台	255	123	46	188	50	110
(3) 小型拖拉机	台	5 504	4 385	2 049	2 655	645	472
(4) 农用载重汽车	辆	144	129	159	149	30	77
(5) 大中型拖拉机配套农具	部	123	50	12	689	31	197
(6) 小型拖拉机配套农具	部	4 764	4 191	1 808	1 627	210	397
(7) 联合收割机	台		4		66	5	53
(8) 农用排灌动力机械	台	159	171	132	48	13	29
(9) 当年实际机耕地面积	万亩	18.26	7.18	5.26	33.25	1.87	20.83
(10)当年机械播种面积	万亩	11.17	2.74	5.85	34.02	1.87	14.82
(11)当年机械收获面积	万亩		0.15		16.80	0.38	13.52
(12)农村用电量	万千瓦小时	1 181	976	474	362	95	85
(13)农用化肥施用量＜折纯量＞	吨	8 660	2 452	1 692	2 680	149	1 029
氮　肥	吨	6 135	936	490	859	51	224
磷　肥	吨	1 578	395	163	705	73	78

各县社会和国民经济主要指标(续二)

(1991年)

指标	单位	互助县	化隆县	循化县	门源县	海晏县	刚察县
钾肥	吨	420	90	2	65		
复合肥	吨	527	1 031	1 037	1 051	25	727
8.农村社会总产值(当年价)	万元	30 082	11 970	6 940	14 643	3 296	6 646
农业	万元	24 877	9 599	5 252	12 627	2 634	6 087
农村工业	万元	2 327	1 327	943	934	338	271
农村建筑业	万元	641	427	248	448	184	96
农村运输业	万元	577	351	267	224	112	110
农村商业、饮食业	万元	1 660	266	230	410	28	82
9.农业总产值(1990年不变价)	万元	22 688	10 526	4 969	12 017	3 096	5 912
种植业	万元	14 189	5 972	2 999	6 703	388	945
林业	万元	712	853	212	285	10	
牧业	万元	7 346	2 481	1 436	4 044	2 479	4 785
副业	万元	440	1 215	322	985	195	8
渔业	万元	1	5			24	174
10.农业总产值(当年价)	万元	24 877	9 599	5 252	12 627	2 634	6 087
农业净产值(当年价)	万元	15 240	6 498	3 512	9 140	2 010	4 830
11.农村经济总收入	万元	22 751	11 030	4 402	7 542	2 716	3 541
#农业总收入	万元	17 290	8 537	2 806	5 409	2 356	3 428
农村工业总收入	万元	2 021	1 048	405	907	61	1
农村经济总费用	万元	8 457	3 605	1 191	1 834	563	419
农村经济纯收入总额	万元	14 294	7 425	3 211	5 708	2 153	3 122
国家税收	万元	419	197	93	163	50	82
集体提留	万元	270	253	60	140	85	83
农村居民纯收入	万元	13 605	6 975	3 058	5 405	2 018	2 957
三、工业							
工业企业单位数(不含村及村以下，下同)	个	90	43	23	59	17	20
#全民所有制	个	19	13	8	22	7	13

各县社会和国民经济主要指标(续三)

(1991年)

指　　标	单位	互助县	化隆县	循化县	门源县	海晏县	刚察县
工业总产值(1990年不变价格)	万元	8 825.1	2 840.9	839.9	7 783.4	1 627.3	4 979.4
轻工业	万元	6 704.1	1 375.1	565.2	5 350.2	587.7	1 904.5
重工业	万元	2 121.0	1 465.8	274.7	2 433.2	1 039.6	3 074.9
产品销售收入	万元	8 262.5	2 776.5	758.3	5 374.8	998.6	3 437.2
固定资产原值年末数	万元	7 316.8	3 329.6	860.5	9 610.4	1 294.5	8 856.0
固定资产净值年末数	万元	5 183.1	2 648.6	664.6	6 364.7	1 067.7	6 346.3
流动资金平均余额	万元	3 953.4	1 033.4	412.4	5 437.4	576.5	2 034.6
利税总额	万元	1 959.1	611.3	87.5	360.3	−17.3	−227.4
职工平均人数	人	5 146	2 196	501	4 882	643	3 383
四、商业							
社会商品零售总额	万元	10 431	5 092	2 596	7 531	1 572	2 929
消费品零售额	万元	8 390	3 669	2 100	6 760	1 462	2 816
农业生产资料零售额	万元	2 041	1 423	496	771	110	113
农业居民对非农业居民零售	万元	202	546	56	298	67	398
社会农副产品收购总额	万元	4 248	2 323	762	3 777	2 070	789
社会商业、饮食业服务机构	个	2 015	1 264	787	1 455	312	130
社会商业、饮食业服务人员	人	3 581	1 868	1 290	3 682	807	492
五、财政							
地方财政收入	万元	2 416	488	259	978	442	606
地方财政支出	万元	4 735	2 489	1 653	1 596	852	1 091
六、教育							
1.学龄儿童入学率	%	94.6	75.1	85.7	86.0	82.2	70.1
小学升初中升学率	%	81.3	79.4	99.6	82.3	92.6	92.8
2.普通中学学校数	所	27	8	9	11	3	6
在校学生数	人	15 169	5 624	3 076	6 993	1 007	1 346
教职工人数	人	1 005	445	284	600	112	185
#专任教师	人	834	358	209	450	91	142
3.小学学校数	所	311	271	95	133	16	18
在校学生数	人	48 227	18 994	12 004	14 579	2 543	3 263
专任教师数	人	2 204	1 209	629	804	182	232

各县社会和国民经济主要指标(三)

(1991年)

指　　标	单位	祁连县	共和县	贵德县	贵南县	同德县	兴海县
一、综　合							
1.土地面积	平方公里	15 610	14 364	3 700	6 567	4 903	12 100
2.国民生产总值(当年价格)	万元	8 413					
3.国民收入(当年价格)	万元	6 914					
二、农　业							
1.农村基层组织情况							
乡（镇）个数	个	8	12	8	6	6	8
村民委员会数	个	39	89	112	72	71	56
农牧业生产合作社数	个	142	333	410	184	174	193
乡村户数	户	5 341	10 985	15 491	7 216	5 152	7 147
乡村人口数	万人	2.94	6.39	7.39	4.33	3.38	4.16
#牧业	万人	1.30	3.47	0.78	2.54	2.67	2.69
乡村劳动力	万人	1.19	2.89	3.43	1.71	1.38	1.65
#农林牧副渔业劳动力	万人	1.09	2.83	3.28	1.64	1.33	1.61
工　业	万人	0.06	0.01	0.05	0.01	0.01	
建筑业	万人	...	0.01	0.01	...	...	
交通运输业	万人	0.01	0.01	0.02	0.01	0.01	0.01
商业饮食业	万人	0.01	0.02	0.02	...	...	0.01
2.年末实有耕地面积	万亩	4.31	43.84	16.76	52.35	19.33	9.82
水浇地	万亩	1.25	27.56	11.02	4.17	3.22	2.74
浅山地	万亩	1.38	8.55	3.03	5.30	7.94	4.89
脑山地	万亩	1.68	7.73	2.71	42.88	8.17	2.19
3.草原面积	万亩	1 847	1 934	471	851	674	1 713
#可利用草原面积	万亩	1 636	1 899	268	828	657	1 685
冬春草场	万亩	867	1 151	173	560	470	927
夏秋草场	万亩	769	748	95	268	187	758
4.农作物总播种面积	万亩	3.98	34.66	15.56	42.34	15.88	8.06
(1)粮食作物	万亩	2.75	19.71	13.25	13.44	6.46	4.17
①小　麦	万亩	0.61	8.93	10.52	2.60	2.29	1.83
②杂　粮	万亩	1.94	10.39	2.41	10.63	4.07	2.24
③洋　芋	万亩	0.20	0.39	0.32	0.21	0.10	0.10
(2)经济作物	万亩	1.13	14.09	2.14	28.79	9.38	3.84
#油料作物	万亩	1.13	14.09	2.14	28.79	9.38	3.84
(3)其他作物	万亩	0.10	0.86	0.17	0.11	0.04	0.05

各县社会和国民经济主要指标(续一)

(1991年)

指　　标	单位	祁连县	共和县	贵德县	贵南县	同德县	兴海县
5.年末牲畜存栏头数							
大牲畜	万头	17.49	20.15	7.10	14.93	20.66	25.20
绵山羊	万只	84.80	129.73	33.81	84.72	53.63	81.58
猪	万头	0.21	1.42	1.55	0.82	0.28	0.37
6.主要农、牧产品产量							
①粮　食	吨	3 272	32 514	44 466	23 642	11 041	9 083
小　麦	吨	1 016	17 620	39 944	7 747	5 867	6 231
杂　粮	吨	2 028	13 947	3 573	15 380	4 828	2 563
洋　芋	吨	228	947	949	515	346	289
②油　料	吨	438	5 802	1 754	18 078	8 495	2 191
#油菜籽	吨	438	5 802	1 645	18 078	8 495	2 191
③猪牛羊肉	吨	6 613	7 885	2 849	5 605	3 638	5 239
④羊　毛	吨	1 004	1 994	476	1 211	669	990
#绵羊毛	吨	1 004	1 931	452	1 178	660	949
⑤牛　奶	吨	4 486	6 622	2 810	8 738	7 170	5 553
⑥禽　蛋	吨	58	45	61	23	1	20
⑦水　果	吨		24	1 693	9	13	48
⑧水产品	吨		1 282	102			
7.农业现代化情况							
(1) 年末农业机械总动力	万千瓦	1.90	6.13	3.64	3.73	1.52	1.28
(2) 大中型拖拉机	台	38	209	76	193	93	33
(3) 小型拖拉机	台	803	2 204	1 843	1 191	371	715
(4) 农用载重汽车	辆	103	149	67	108	38	60
(5) 大中型拖拉机配套农具	部	32	374	103	509	192	39
(6) 小型拖拉机配套农具	部	384	1 471	2 046	957	395	244
(7) 联合收割机	台		71	6	129	29	6
(8) 农用排灌动力机械	台	42	101	192	53	4	18
(9) 当年实际机耕地面积	万亩	2.36	33.86	8.50	48.77	12.74	6.34
(10)当年机械播种面积	万亩	1.24	30.36	6.28	41.05	10.34	2.00
(11)当年机械收获面积	万亩		21.01	0.46	36.35	7.74	2.43
(12)农村用电量	万千瓦小时	46	625	621	407	177	83
(13)农用化肥施用量＜折纯量＞	吨	283	1 150	1 223	3 418	721	194
氮　肥	吨	134	789	621	825	490	70
磷　肥	吨	148	245	157	711	205	35

各县社会和国民经济主要指标(续二)

(1991年)

指　　标	单位	祁连县	共和县	贵德县	贵南县	同德县	兴海县
钾　肥	吨		41	28			
复合肥	吨	1	75	417	1 882	26	89
8.农村社会总产值(当年价)	万元	8 114	11 503	7 916	8 824	5 191	5 435
农　业	万元	6 461	9 620	6 741	8 407	4 963	5 232
农村工业	万元	1 043	302	152	19	13	25
农村建筑业	万元	149	976	287	348	170	
农村运输业	万元	190	160	201	39	23	16
农村商业、饮食业	万元	271	445	535	11	22	162
9.农业总产值(1990年不变价)	万元	5 910	10 819	6 283	9 867	5 832	5 169
种植业	万元	336	3 477	3 769	4 526	2 106	1 018
林　业	万元	22	92	176	150	69	63
牧　业	万元	5 043	6 928	2 161	4 787	3 423	4 056
副　业	万元	509	124	135	404	234	32
渔　业	万元		198	42			
10.农业总产值(当年价)	万元	6 461	9 620	6 741	8 407	4 963	5 232
农业净产值(当年价)	万元	5 223	7 152	4 736	5 422	4 077	4 011
11.农村经济总收入	万元	4 619	7 883	5 058	4 568	3 213	3 971
#农业总收入	万元	3 013	7 039	4 087	4 380	3 137	3 784
农村工业总收入	万元	725	268	174	26	4	45
农村经济总费用	万元	1 173	2 544	922	964	709	807
农村经济纯收入总额	万元	3 446	5 339	4 136	3 604	2 504	3 164
国家税收	万元	148	196	101	114	63	85
集体提留	万元	363	292	120	215	49	97
农村居民纯收入	万元	2 935	4 851	3 915	3 275	2 392	2 982
三、工业							
工业企业单位数(不含村及村以下，下同)	个	24	44	20	14	8	10
#全民所有制	个	13	23	12	12	4	5

各县社会和国民经济主要指标(续三)

(1991年)

指　　标	单位	祁连县	共和县	贵德县	贵南县	同德县	兴海县
工业总产值(1990年不变价格)	万元	4 980.0	46 354.7	1 858.9	2 392.1	1 191.5	973.5
轻工业	万元	1 114.5	7 656.6	1 567.4	2 222.8	1 019.2	584.3
重工业	万元	3 865.5	38 698.1	291.5	169.3	172.3	389.2
产品销售收入	万元	3 182.8	30 772.8	1 375.1	790.1	907.9	595.8
固定资产原值年末数	万元	2 446.9	231 897.1	1 104.2	1 277.2	1 190.6	708.2
固定资产净值年末数	万元	1 669.5	207 068.3	849.3	1 019.6	1 050.7	382.9
流动资金平均余额	万元	1 430.7	6 504.5	459.1	251.1	146.5	153.9
利税总额	万元	662.3	8 910.8	181.9	126.8	112.8	62.5
职工平均人数	人	1 628	4 772	1 186	362	252	252
四、商业							
社会商品零售总额	万元	3 191	6 710	4 916	3 500	2 153	2 118
消费品零售额	万元	3 026	6 193	4 034	3 155	2 038	1 973
农业生产资料零售额	万元	165	517	882	345	115	145
农业居民对非农业居民零售	万元	122	667	269	33	33	180
社会农副产品收购总额	万元	1 502	3 311	2 420	2 584	1 114	1 583
社会商业、饮食业服务机构	个	442	955	869	542	166	322
社会商业、饮食业服务人员	人	1 075	2 536	723	912	469	839
五、财政							
地方财政收入	万元	858	1 229	599	514	387	365
地方财政支出	万元	1 255	1 704	1 977	1 317	1 250	977
六、教育							
1.学龄儿童入学率	%	63.9	77.0	93.3	78.3	86.0	50.9
小学升初中升学率	%	94.6	82.6	84.9	77.0	57.4	65.8
2.普通中学学校数	所	6	14	10	5	3	5
在校学生数	人	1 644	5 372	3 788	2 060	820	899
教职工人数	人	184	618	306	253	109	106
#专任教师	人	140	459	242	160	85	89
3.小学学校数	所	34	114	92	71	110	62
在校学生数	人	4 659	13 768	11 128	5 850	5 172	4 185
专任教师数	人	280	898	555	347	313	280

各县社会和国民经济主要指标(四)

(1991 年)

指　　标	单位	同仁县	尖扎县	泽库县	河南县	都兰县	乌兰县
一、综　合							
1.土地面积	平方公里	3 460	1 713	6 455	6 273	49 733	36 107
2.国民生产总值(当年价格)	万元	7 063.54	8 524.11	5 130.12	4 571.30	6 210.82	
3.国民收入(当年价格)	万元	4 835.08	7 757.17	4 513.27	3 953.31	5 068.54	
二、农　业							
1.农村基层组织情况							
乡（镇）个数	个	13	12	8	6	9	4
村民委员会数	个	74	79	60	38	88	28
农牧业生产合作社数	个	349	178	316	130	74	81
乡村户数	户	8 837	6 171	6 585	3 556	5 581	2 617
乡村人口数	万人	4.94	3.49	3.97	2.19	2.90	1.37
#牧业	万人	1.04	0.38	3.97	2.19	1.08	0.44
乡村劳动力	万人	2.25	1.62	1.72	1.06	1.48	0.65
#农林牧副渔业劳动力	万人	2.14	1.54	1.71	1.06	1.43	0.61
工　业	万人	0.05	0.01			0.01	0.01
建筑业	万人	0.01	0.02				
交通运输业	万人	0.01	0.01	…		0.01	0.01
商业饮食业	万人	0.01	0.01	…		0.02	0.01
2.年末实有耕地面积	万亩	12.43	8.00	1.98		27.28	7.92
水浇地	万亩	3.18	3.03			26.68	7.32
浅山地	万亩	5.94	3.55				0.60
脑山地	万亩	3.31	1.42	1.98		0.60	
3.草原面积	万亩	461	229	952	934	4 199	2 830
#可利用草原面积	万亩	430	171	927	906	3 926	2 697
冬春草场	万亩	203	50	426	430	2 366	1 977
夏秋草场	万亩	227	121	501	476	1 560	720
4.农作物总播种面积	万亩	11.53	8.31	1.61		23.83	6.11
(1)粮食作物	万亩	9.31	6.78	0.12		19.39	4.90
①小　麦	万亩	5.80	4.83			13.99	2.75
②杂　粮	万亩	3.24	1.42	0.12		5.14	2.09
③洋　芋	万亩	0.27	0.53			0.26	0.06
(2)经济作物	万亩	1.00	0.76	1.27		4.00	0.93
#油料作物	万亩	1.00	0.74	1.27		4.00	0.93
(3)其他作物	万亩	1.22	0.77	0.22		0.44	0.28

各县社会和国民经济主要指标(续一)

(1991年)

指　　标	单位	同仁县	尖扎县	泽库县	河南县	都兰县	乌兰县
5.年末牲畜存栏头数							
大牲畜	万头	11.16	4.47	32.64	28.91	7.92	3.44
绵山羊	万只	30.38	15.77	61.46	56.91	76.51	37.92
猪	万头	0.07	0.47			1.33	0.46
6.主要农、牧产品产量							
①粮　食	吨	19 344	17 564	62		47 203	8 606
小　麦	吨	14 129	14 414			35 800	6 073
杂　粮	吨	4 491	2 189	62		10 558	2 390
洋　芋	吨	724	961			845	143
②油　料	吨	628	643	1 018		3 875	610
#油菜籽	吨	628	643	1 018		3 875	610
③猪牛羊肉	吨	1 847	986	6 065	4 425	3 323	1 017
④羊　毛	吨	193	73	364	316	980	707
#绵羊毛	吨	186	57	364	316	907	686
⑤牛　奶	吨	3 740	1 084	9 234	6 183	961	517
⑥禽　蛋	吨	1	2			142	33
⑦水　果	吨	91	327			56	
⑧水产品	吨	2				3	
7.农业现代化情况							
(1) 年末农业机械总动力	万千瓦	1.15	1.95	0.13	0.03	5.77	1.89
(2) 大中型拖拉机	台	59	101	10	6	364	86
(3) 小型拖拉机	台	676	933	38	5	1 932	793
(4) 农用载重汽车	辆		41	3		211	50
(5) 大中型拖拉机配套农具	部	80	6	23	15	312	133
(6) 小型拖拉机配套农具	部	408	448		11	2 463	714
(7) 联合收割机	台			2		58	7
(8) 农用排灌动力机械	台	7	58			44	68
(9) 当年实际机耕地面积	万亩	2.56	2.15	1.53		22.45	6.24
(10)当年机械播种面积	万亩	3.52	0.93	1.39		22.07	4.51
(11)当年机械收获面积	万亩	0.08	0.01	1.39		13.67	2.06
(12)农村用电量	万千瓦小时	121	210			633	78
(13)农用化肥施用量＜折纯量＞	吨	594	314	20		1 887	690
氮　肥	吨	215	168			1 311	332
磷　肥	吨	115	43			457	116

各县社会和国民经济主要指标(续二)

(1991年)

指　　标	单位	同仁县	尖扎县	泽库县	河南县	都兰县	乌兰县
钾　肥	吨	12	34				
复合肥	吨	252	69	20		119	242
8 .农村社会总产值(当年价)	万元	4 230	3 149	4 343	3 783	7 480	2 810
农　业	万元	3 883	2 750	4 323	3 783	7 107	2 586
农村工业	万元	88	255	2		164	126
农村建筑业	万元	48	70			23	23
农村运输业	万元	64	24	11		111	60
农村商业、饮食业	万元	147	50	7		75	15
9.农业总产值(1990年不变价)	万元	3 756	2 396	4 357	3 326	8 206	2 866
种植业	万元	1 620	1 446	160		4 228	783
林　业	万元	76	149	23		135	32
牧　业	万元	1 745	765	4 163	3 185	3 762	2 008
副　业	万元	314	36	11	141	80	43
渔　业	万元	1				1	
10.农业总产值(当年价)	万元	3 883	2 750	4 323	3 783	7 107	2 586
农业净产值(当年价)	万元	3 202	2 250	4 190	3 532	4 647	1 867
11.农村经济总收入	万元	2 557	1 916	2 236	1 673	3 850	1 639
#农业总收入	万元	2 156	1 581	2 158	1 671	3 328	1 418
农村工业总收入	万元	176	108			125	61
农村经济总费用	万元	351	338	124	89	1 056	348
农村经济纯收入总额	万元	2 206	1 578	2 112	1 584	2 794	1 291
国家税收	万元	64	41	75	62	63	29
集体提留	万元	14	10	22	46	87	50
农村居民纯收入	万元	2 128	1 527	2 015	1 476	2 644	1 212
三、工业							
工业企业单位数(不含村及村以下，下同)	个	24	13	6	5	19	15
#全民所有制	个	16	8	6	3	14	11

各县社会和国民经济主要指标(续三)

(1991年)

指　　标	单位	同仁县	尖扎县	泽库县	河南县	都兰县	乌兰县
工业总产值(1990年不变价格)	万元	3 145.5	628.3	290.7	705.2	1 801.7	14 913.4
轻工业	万元	1 452.6	160.2	156.1	660.2	1 450.1	14 772.1
重工业	万元	1 692.9	468.6	134.6	45.0	351.6	141.3
产品销售收入	万元	3 558.3	216.1	363.7	849.2	1 026.7	5 103.7
固定资产原值年末数	万元	4 740.7	449.4	604.0	508.5	1 328.0	8 497.0
固定资产净值年末数	万元	3 927.9	323.4	518.7	459.9	855.1	6 565.6
流动资金平均余额	万元	1 632.9	247.3	105.4	297.4	180.8	4 748.6
利税总额	万元	336.6	93.6	67.7	105.8	99.6	2 403.2
职工平均人数	人	1 215	265	61	64	3 598	29 275
四、商业							
社会商品零售总额	万元	2 480	1 961	1 349	1 224	3 767	2 743
消费品零售额	万元	2 246	1 598	1 319	1 147	3 450	2 471
农业生产资料零售额	万元	233	363	30	77	317	272
农业居民对非农业居民零售	万元	156	128	38	161	144	162
社会农副产品收购总额	万元	827	454	801	488	3 062	1 312
社会商业、饮食业服务机构	个	492	416	189	168	523	317
社会商业、饮食业服务人员	人	895	611	529	365	1 290	950
五、财政							
地方财政收入	万元	390	144	241	213	343	773
地方财政支出	万元	1 498	1 221	991	1 072	1 473	1 394
六、教育							
1.学龄儿童入学率	%	73.5	84.5	29.3	45.2	91.0	96.3
小学升初中升学率	%	72.1	60.6	41.9	73.3	78.0	93.9
2.普通中学学校数	所	6	3	2	2	7	11
在校学生数	人	2 722	1 472	335	349	2 586	2 261
教职工人数	人	281	124	53	62	336	323
#专任教师	人	225	103	42	52	254	246
3.小学学校数	所	83	72	16	8	59	20
在校学生数	人	7 541	4 331	1 996	1 109	5 610	3 871
专任教师数	人	576	284	163	136	411	265

各县社会和国民经济主要指标(五)

(1991年)

指　　标	单位	天峻县	格尔木市	德令哈市	茫崖行委	大柴旦镇	冷湖镇
一、综　合							
1.土地面积	平方公里	25 953	99 400		56 407	40 727	17 460
2.国民生产总值(当年价格)	万元	4 363.3					
3.国民收入(当年价格)	万元	3 586.31					
二、农　业							
1.农村基层组织情况							
乡(镇)个数	个	12	4	5	1		
村民委员会数	个		32	25			
农牧业生产合作社数	个	64	34	68	3		
乡村户数	户	2 082	1 428	2 433	60		
乡村人口数	万人	1.16	0.72	1.25	0.03		
#牧业	万人	1.16	0.23	0.39	0.02		
乡村劳动力	万人	0.56	0.34	0.64	0.01		
#农林牧副渔业劳动力	万人	0.55	0.33	0.61	0.01		
工　业	万人		…	…			
建筑业	万人						
交通运输业	万人			0.01			
商业饮食业	万人		…	0.01			
2.年末实有耕地面积	万亩		7.82	15.06			
水浇地	万亩		7.82	15.06			
浅山地	万亩						
脑山地	万亩						
3.草原面积	万亩	2 797	3 974	包括在		758	
#可利用草原面积	万亩	2 200	3 794	乌兰县		739	
冬春草场	万亩	1 142	1 918	内		370	
夏秋草场	万亩	1 058	1 876			369	
4.农作物总播种面积	万亩		5.11	12.27			
(1)粮食作物	万亩		4.59	10.49			
①小　麦	万亩		4.58	8.66			
②杂　粮	万亩		0.01	1.79			
③洋　芋	万亩			0.04			
(2)经济作物	万亩		0.30	1.78			
#油料作物	万亩		0.30	1.78			
(3)其他作物	万亩		0.22				

注：1.德令哈市土地面积包括在乌兰县内。

2.茫崖行委和冷湖镇的草原面积包括在大柴旦镇内。

各县社会和国民经济主要指标(续一)

(1991年)

指标	单位	天峻县	格尔木市	德令哈市	茫崖行委	大柴旦镇	冷湖镇
5.年末牲畜存栏头数							
大牲畜	万头	13.30	2.14	1.90	0.17		
绵山羊	万只	69.06	21.49	27.81	2.35		
猪	万头		0.23	0.47			
6.主要农、牧产品产量							
①粮　食	吨		10 313	16 773			
小　麦	吨		10 303	14 646			
杂　粮	吨		10	2 082			
洋　芋	吨			45			
②油　料	吨		140	854			
#油菜籽	吨		140	854			
③猪牛羊肉	吨	5 150	874	1 061	152		
④羊　毛	吨	746	221	380	28		
#绵羊毛	吨	746	214	347	27		
⑤牛　奶	吨	2 446	481	327	35		
⑥禽　蛋	吨		24	20			
⑦水　果	吨						
⑧水产品	吨		3	76			
7.农业现代化情况							
(1) 年末农业机械总动力	万千瓦	0.29	2.42	2.63	0.07		
(2) 大中型拖拉机	台	14	160	186	2		
(3) 小型拖拉机	台	208	596	819	2		
(4) 农用载重汽车	辆	7	142	94	8		
(5) 大中型拖拉机配套农具	部		172	241			
(6) 小型拖拉机配套农具	部		316	630			
(7) 联合收割机	台		13	22			
(8) 农用排灌动力机械	台		29	35			
(9) 当年实际机耕地面积	万亩		3.99	12.37			
(10)当年机械播种面积	万亩		3.63	12.27			
(11)当年机械收获面积	万亩		2.45	8.55			
(12)农村用电量	万千瓦小时		69	73			
(13)农用化肥施用量＜折纯量＞	吨		874	1 369			
氮　肥	吨		484	521			
磷　肥	吨			377			

各县社会和国民经济主要指标(续二)

(1991年)

指　　标	单位	天峻县	格尔木市	德令哈市	茫崖行委	大柴旦镇	冷湖镇
钾　肥	吨			59			
复合肥	吨		390	412			
8 .农村社会总产值(当年价)	万元	4 079	2 486	2 935	99		
农　　业	万元	4 003	2 275	2 741	99		
农村工业	万元	46	105	144			
农村建筑业	万元		52				
农村运输业	万元		4	15			
农村商业、饮食业	万元	30	50	35			
9.农业总产值(1990年不变价)	万元	3 172	2 062	3 013	106		
种植业	万元		976	1 378			
林　业	万元		21	21			
牧　业	万元	3 126	1 031	1 517	106		
副　业	万元	46	33	60			
渔　业	万元		1	37			
10.农业总产值(当年价)	万元	4 003	2 275	2 741	99		
农业净产值(当年价)	万元	3 385	1 526	1 729	78		
11.农村经济总收入	万元	2 017	847	1 511	56		
#农业总收入	万元	2 005	758	1 315	56		
农村工业总收入	万元			130			
农村经济总费用	万元	282	134	336	4		
农村经济纯收入总额	万元	1 735	713	1 175	52		
国家税收	万元	72	11	33	1		
集体提留	万元	37	20	26	2		
农村居民纯收入	万元	1 626	682	1 116	49		
三、工业							
工业企业单位数(不含村及村以下，下同)	个	2	27	24	10	8	3
#全民所有制	个	2	16	14	8	6	3

各县社会和国民经济主要指标(续三)

(1991 年)

指　　标	单位	天峻县	格尔木市	德令哈市	茫崖行委	大柴旦镇	冷湖镇
工业总产值(1990 年不变价格)	万元	158.9	12 733.3	1 845.1	6 968.1	10 477.7	767.7
轻工业	万元	76.9	2 422.0	233.4	38.1	3.3	
重工业	万元	82.0	10 311.3	1 611.7	6 930.0	10 474.4	767.7
产品销售收入	万元	716.5	6 948.9	980.4	5 693.8	9 778.6	24.4
固定资产原值年末数	万元	602.8	13 846.9	1 615.2	12 246.5	31 245.0	64.0
固定资产净值年末数	万元	484.3	8 683.6	1 147.3	8 565.9	28 001.9	53.5
流动资金平均余额	万元	799.9	5 342.3	944.2	2 407.4	5 520.6	9.4
利税总额	万元	27.7	1 130.4	−16.6	885.7	455.6	29.7
职工平均人数	人	1 310	64 700	12 036	36 720	31 770	780
四、商业							
社会商品零售总额	万元	1 482	9 365	5 806	3 108	872	932
消费品零售额	万元	1 467	9 000	5 702	3 108	782	932
农业生产资料零售额	万元	15	365	104		90	
农业居民对非农业居民零售	万元	12	1 851	344	73		12
社会农副产品收购总额	万元	1 064	661	1 161			
社会商业、饮食业服务机构	个	212	880	701	126	53	147
社会商业、饮食业服务人员	人	498	2 661	2 116	476	367	371
五、财政							
地方财政收入	万元	285	2 135	996	758	170	627
地方财政支出	万元	956	2 230	1 104	788	371	389
六、教育							
1.学龄儿童入学率	%	53.2	96.6	72.0	100	100	100
小学升初中升学率	%	100.0	102.7	98.3	92.5	91.6	101.7
2.普通中学学校数	所	2	16	14	2	4	6
在校学生数	人	359	5 294	3 148	911	775	2 944
教职工人数	人	67	729	443	166	111	442
#专任教师	人	45	501	347	121	92	315
3.小学学校数	所	14	13	30	1	5	12
在校学生数	人	1 180	5 955	5 372	1 041	820	5 910
专任教师数	人	102	465	390	55	87	354

各县社会和国民经济主要指标(六)

(1991 年)

指　　标	单位	玉树县	称多县	囊谦县	治多县	杂多县	曲麻莱县
一、综　合							
1.土地面积	平方公里	13 547	13 827	11 433	77 607	34 557	46 820
2.国民生产总值(当年价格)	万元						
3.国民收入(当年价格)	万元						
二、农　业							
1.农村基层组织情况							
乡（镇）个数	个	9	8	10	6	8	6
村民委员会数	个	62	57	69	20	31	19
农牧业生产合作社数	个	262	251	292	68	110	65
乡村户数	户	9 673	6 189	8 902	3 348	5 117	3 358
乡村人口数	万人	5.11	3.45	5.31	1.73	2.85	1.72
#牧业	万人	3.56	2.24	3.27	1.73	2.85	1.72
乡村劳动力	万人	2.06	1.61	2.31	1.03	0.66	0.72
#农林牧副渔业劳动力	万人	2.02	1.54	2.21	1.03	0.65	0.69
工　业	万人		…				
建筑业	万人		0.01				
交通运输业	万人	0.01	…				
商业饮食业	万人	…	…				
2.年末实有耕地面积	万亩	7.43	5.62	13.51			
水浇地	万亩	0.20		2.77			
浅山地	万亩	1.72		6.34			
脑山地	万亩	5.51	5.62	4.40			
3.草原面积	万亩	1 967	2 026	1 512	4 340	4 299	4 696
#可利用草原面积	万亩	1 745	1 714	1 274	3 796	3 399	3 499
冬春草场	万亩	914	787	643	1 910	1 322	1 569
夏秋草场	万亩	831	927	631	1 886	2 077	1 930
4.农作物总播种面积	万亩	4.78	3.36	11.06			
(1)粮食作物	万亩	4.17	3.00	8.17			
①小　麦	万亩	0.08	0.05	0.11			
②杂　粮	万亩	3.93	2.89	7.92			
③洋　芋	万亩	0.16	0.06	0.14			
(2)经济作物	万亩	0.23	0.01				
#油料作物	万亩	0.23	0.01				
(3)其他作物	万亩	0.38	0.35	2.89			

各县社会和国民经济主要指标(续一)

(1991年)

指　　标	单位	玉树县	称多县	囊谦县	治多县	杂多县	曲麻莱县
5.年末牲畜存栏头数							
大牲畜	万头	39.79	28.89	30.32	18.75	25.81	19.65
绵山羊	万只	41.77	46.10	42.11	43.92	42.61	61.85
猪	万头						
6.主要农、牧产品产量							
①粮　食	吨	5 238	4 053	8 749			
小　麦	吨	100	51	96			
杂　粮	吨	4 968	3 906	8 480			
洋　芋	吨	170	96	173			
②油　料	吨	106	2				
#油菜籽	吨	106	2				
③猪牛羊肉	吨	3 504	6 624	3 192	2 934	2 852	2 699
④羊　毛	吨	247	326	178	333	412	519
#绵羊毛	吨	244	326	132	332	411	519
⑤牛　奶	吨	11 662	9 000	8 500	5 600	6 400	5 838
⑥禽　蛋	吨						
⑦水　果	吨						
⑧水产品	吨						
7.农业现代化情况							
(1) 年末农业机械总动力	万千瓦	0.86	0.44	0.52	0.14		0.14
(2) 大中型拖拉机	台	29	5	15	9		4
(3) 小型拖拉机	台	65	115	80	12		
(4) 农用载重汽车	辆	46	13	35	10		16
(5) 大中型拖拉机配套农具	部	9		11	2		
(6) 小型拖拉机配套农具	部	1			3		4
(7) 联合收割机	台	2					
(8) 农用排灌动力机械	台	163	246	82			
(9) 当年实际机耕地面积	万亩			0.35			
(10)当年机械播种面积	万亩			0.10			
(11)当年机械收获面积	万亩			0.05			
(12)农村用电量	万千瓦小时	12	105	60			
(13)农用化肥施用量＜折纯量＞	吨	43	47	7			
氮　肥	吨	2		3			
磷　肥	吨			4			

各县社会和国民经济主要指标(续二)

(1991 年)

指　　标	单位	玉树县	称多县	囊谦县	治多县	杂多县	曲麻莱县
钾　肥	吨						
复合肥	吨	41	47				
8 .农村社会总产值(当年价)	万元	3 651	2 660	2 426	2 309	1 901	2 184
农　业	万元	3 542	2 575	2 385	2 303	1 895	2 178
农村工业	万元	38	24	21			
农村建筑业	万元	31	15	12			
农村运输业	万元	19	22				
农村商业、饮食业	万元	21	24	8	6	6	6
9.农业总产值(1990 年不变价)	万元	4 235	3 327	3 549	2 477	2 565	2 886
种植业	万元	482	364	907			
林　业	万元	31	14	10			
牧　业	万元	3 553	2 851	2 552	2 440	2 477	2 864
副　业	万元	169	98	80	37	88	22
渔　业	万元						
10.农业总产值(当年价)	万元	3 542	2 575	2 385	2 303	1 895	2 178
农业净产值(当年价)	万元	3 025	2 296	1 800	2 256	1 468	1 951
11.农村经济总收入	万元	3 023	2 021	2 435	792	1 538	1 102
#农业总收入	万元	2 725	1 897	2 343	790	1 450	1 101
农村工业总收入	万元	29	24	21			
农村经济总费用	万元	559	206	279	74	238	90
农村经济纯收入总额	万元	2 464	1 815	2 156	718	1 300	1 012
国家税收	万元	38	75	35	40	48	44
集体提留	万元	67	53	18	38	77	23
农村居民纯收入	万元	2 359	1 687	2 103	640	1 175	945
三、工业							
工业企业单位数(不含村及村以下，下同)	个	12	6	17	2	4	2
#全民所有制	个	8	3	11	2	3	2

各县社会和国民经济主要指标(续三)

(1991年)

指　　标	单位	玉树县	称多县	囊谦县	治多县	杂多县	曲麻莱县
工业总产值(1990年不变价格)	万元	1 416.5	625.2	107.8	315.2	320.1	398.7
轻工业	万元	1 209.2	583.9	74.3	312.5	310.6	389.0
重工业	万元	207.3	41.3	33.5	2.7	9.5	9.7
产品销售收入	万元	855.3	403.9	108.0	315.3	225.9	230.4
固定资产原值年末数	万元	2 566.2	404.9	237.7	456.2	787.0	859.5
固定资产净值年末数	万元	1 695.9	335.2	203.7	412.7	619.3	694.5
流动资金平均余额	万元	702.0	24.5	24.1	186.9	218.8	67.6
利税总额	万元	209.3	8.9	24.5	42.6	20.2	60.8
职工平均人数	人	361	59	190	47	51	37
四、商业							
社会商品零售总额	万元	3 851	679	1 483	1 220	1 338	1 960
消费品零售额	万元	3 615	679	1 457	1 220	1 338	1 960
农业生产资料零售额	万元	236		26			
农业居民对非农业居民零售	万元	304	50	58	48	50	48
社会农副产品收购总额	万元	393	350	101	378	276	341
社会商业、饮食业服务机构	个	339	93	153	76	93	85
社会商业、饮食业服务人员	人	929	218	388	231	291	355
五、财政							
地方财政收入	万元	524	217	160	136	157	238
地方财政支出	万元	1 071	691	806	478	684	630
六、教育							
1.学龄儿童入学率	%	21.1	30.5	19.3	15.2	13.4	44.9
小学升初中升学率	%	87.4	66.9	74.4	126.8	94.9	100.0
2.普通中学学校数	所	3	2	1	1	1	1
在校学生数	人	1 445	547	325	217	107	166
教职工人数	人	138	58	37	32	30	28
#专任教师	人	107	43	30	21	16	17
3.小学学校数	所	19	41	11	8	7	7
在校学生数	人	3 523	2 755	3 029	532	764	829
专任教师数	人	292	170	134	60	54	49

各县社会和国民经济主要指标(七)

(1991年)

指　　标	单位	玛沁县	班玛县	甘德县	达日县	久治县	玛多县
一、综　合							
1.土地面积	平方公里	14 652	7 150	7 046	16 160	8 183	25 253
2.国民生产总值(当年价格)	万元						
3.国民收入(当年价格)	万元						
二、农　业							
1.农村基层组织情况							
乡（镇）个数	个	11	10	8	10	6	6
村民委员会数	个	31	35	36	33	22	34
农牧业生产合作社数	个	90	112	154	109	84	34
乡村户数	户	3 283	3 183	3 705	3 795	2 783	1 271
乡村人口数	万人	1.78	1.59	1.87	1.85	1.43	0.68
#牧业	万人	1.73	1.14	1.87	1.85	1.43	0.68
乡村劳动力	万人	0.80	0.63	0.77	0.76	0.63	0.34
#农林牧副渔业劳动力	万人	0.71	0.63	0.60	0.76	0.57	0.33
工　业	万人						
建筑业	万人						
交通运输业	万人						
商业饮食业	万人						
2.年末实有耕地面积	万亩	0.24	1.75				
水浇地	万亩	0.05					
浅山地	万亩	0.10					
脑山地	万亩	0.09	1.75				
3.草原面积	万亩	1 814	951	995	2 165	1 569	2 959
#可利用草原面积	万亩	1 578	809	852	1 715	1 320	2 153
冬春草场	万亩	789	360	444	862	678	1 136
夏秋草场	万亩	789	449	408	853	642	1 017
4.农作物总播种面积	万亩	0.20	1.55				
(1)粮食作物	万亩	0.16	1.49				
①小　麦	万亩	0.01	0.08				
②杂　粮	万亩	0.12	1.30				
③洋　芋	万亩	0.03	0.11				
(2)经济作物	万亩	0.03	0.05				
#油料作物	万亩	0.03	0.05				
(3)其他作物	万亩	0.01	0.01				

各县社会和国民经济主要指标(续一)

(1991 年)

指　　标	单位	玛沁县	班玛县	甘德县	达日县	久治县	玛多县
5.年末牲畜存栏头数							
大牲畜	万头	24.14	21.85	21.82	21.34	25.87	13.05
绵山羊	万只	47.27	7.23	31.98	27.76	16.82	42.79
猪	万头						
6.主要农、牧产品产量							
①粮　食	吨	225	1 751				
小　麦	吨	35	124				
杂　粮	吨	152	1 496				
洋　芋	吨	38	131				
②油　料	吨	21	11				
#油菜籽	吨	21	11				
③猪牛羊肉	吨	4 039	726	3 304	1 442	2 678	2 326
④羊　毛	吨	442	33	168	210	96	448
#绵羊毛	吨	442	33	168	210	96	448
⑤牛　奶	吨	7 605	6 272	4 204	3 528	8 055	3 850
⑥禽　蛋	吨						
⑦水　果	吨						
⑧水产品	吨						487
7.农业现代化情况							
(1) 年末农业机械总动力	万千瓦	0.15	0.20	0.01	0.04	0.07	0.04
(2) 大中型拖拉机	台	6			3	2	2
(3) 小型拖拉机	台	9	45		6		16
(4) 农用载重汽车	辆	9	18	1	3	6	2
(5) 大中型拖拉机配套农具	部	7			15		3
(6) 小型拖拉机配套农具	部	10					6
(7) 联合收割机	台						
(8) 农用排灌动力机械	台	3	22				
(9) 当年实际机耕地面积	万亩	0.01					
(10)当年机械播种面积	万亩						
(11)当年机械收获面积	万亩						
(12)农村用电量	万千瓦小时	19					
(13)农用化肥施用量＜折纯量＞	吨	1	31				
氮　肥	吨	1					
磷　肥	吨						

各县社会和国民经济主要指标(续二)

(1991年)

指　　标	单位	玛沁县	班玛县	甘德县	达日县	久治县	玛多县
钾　肥	吨						
复合肥	吨		31				
8.农村社会总产值(当年价)	万元	2 483	1 484	2 068	1 257	1 323	1 773
农　　业	万元	2 478	1 474	2 068	1 257	1 323	1 770
农村工业	万元						
农村建筑业	万元						
农村运输业	万元	1	5				1
农村商业、饮食业	万元	4	5				2
9.农业总产值(1990年不变价)	万元	3 025	1 565	2 181	1 574	1 953	2 057
种植业	万元	18	146				
林　业	万元	4					
牧　业	万元	2 766	1 230	1 999	1 536	1 902	1 982
副　业	万元	237	189	182	38	51	1
渔　业	万元						74
10.农业总产值(当年价)	万元	2 478	1 474	2 068	1 257	1 323	1 770
农业净产值(当年价)	万元	2 249	1 410	1 869	1 224	1 241	1 722
11.农村经济总收入	万元	2 158	826	1 284	800	946	915
#农业总收入	万元	2 124	816	1 269	783	933	898
农村工业总收入	万元	1					
农村经济总费用	万元	263	114	202	32	42	4
农村经济纯收入总额	万元	1 895	712	1 082	768	904	911
国家税收	万元	56	14	35	36	34	35
集体提留	万元	73	5	38	35	9	23
农村居民纯收入	万元	1 766	693	1 009	697	861	853
三、工业							
工业企业单位数(不含村及村以下，下同)	个	6	7	3	3	4	4
#全民所有制	个	5	7	3	3	4	4

各县社会和国民经济主要指标(续三)

(1991年)

指标	单位	玛沁县	班玛县	甘德县	达日县	久治县	玛多县
工业总产值(1990年不变价格)	万元	752.2	1 349.5	331.1	218.5	268.6	425.7
轻工业	万元	736.3	157.3	314.4	203.6	233.9	380.7
重工业	万元	15.9	1 192.2	16.7	14.9	34.7	45.0
产品销售收入	万元	540.8	1 290.5	332.4	219.9	373.9	386.4
固定资产原值年末数	万元	630.1	1 641.0	655.8	659.6	940.3	557.4
固定资产净值年末数	万元	438.4	1 270.9	607.5	501.8	866.9	392.6
流动资金平均余额	万元	148.7	294.7	192.4	65.4	154.2	154.6
利税总额	万元	109.6	415.0	75.6	23.8	28.1	0.9
职工平均人数	人	126	446	54	55	62	189
四、商业							
社会商品零售总额	万元	2 317	678	1 104	1 047	471	388
消费品零售额	万元	2 294	678	1 097	1 047	470	388
农业生产资料零售额	万元	23		7		1	
农业居民对非农业居民零售	万元	272	18	326	2		28
社会农副产品收购总额	万元	1 032	201	709	272	74	444
社会商业、饮食业服务机构	个	184	104	75	55	105	84
社会商业、饮食业服务人员	人	411	194	221	198	313	207
五、财政							
地方财政收入	万元	453	171	144	136	97	132
地方财政支出	万元	972	723	817	670	575	506
六、教育							
1.学龄儿童入学率	%	37.3	31.2	15.3	14.4	21.4	28.5
小学升初中升学率	%	86.2	92.5	100.0	83.7	100.0	87.9
2.普通中学学校数	所	3	2	2	2	2	2
在校学生数	人	726	180	132	142	133	154
教职工人数	人	96	50	21	23	34	32
#专任教师	人	68	40	17	21	29	24
3.小学学校数	所	12	18	8	12	7	6
在校学生数	人	1 568	922	551	579	540	430
专任教师数	人	158	94	53	69	55	69

指标	计量单位	全省总计	自治州县合计	海北州	海南州
一、人口					
年末人口	万人	454.43	284.71	△25.82	△37.82
#少数民族人口	万人	191.50	164.33	△14.08	△22.48
1.按城乡分					
市总人口	万人	△81.06	11.69		
县总人口	万人	△364.63	267.26	24.03	36.57
#县辖镇总人口	万人	△48.82	48.32	4.30	4.56
2.按农业非农业分					
农业人口	万人	325.51	221.37	17.87	27.38
非农业人口	万人	128.92	57.55	6.15	9.19
二、综合					
1.国民生产总值(按当年价格计算)	万元	717 198.86	392 147.59	39 320	76 188.42
第一产业	万元	186 902.80	143 343.96	21 744	25 917.58
第二产业	万元	294 383.13	152 355.62	6 990	39 357.95
第三产业	万元	235 912.93	96 448.01	10 586	10 912.89
2.国民收入(当年价格)	万元	528 716	291 919.03	31 367	54 643.63
农业	万元	177 900	139 885.60	21 203	25 396.50
工业	万元	204 456	86 824.36	4 601	14 925.33
建筑业	万元	58 314	36 497.83	1 797	10 534.37
运输业	万元	19 316	9 430.30	1 508	375.53
商业	万元	68 730	19 280.94	2 258	3 411.90
3.国民收入使用额(当年价格)	万元	744 005	380 340.45	34 133	72 479.31
消费额	万元	487 286	219 634.36	27 193	47 691.39
积累额	万元	256 719	160 706.09	6 940	24 787.92
4.社会总产值(当年价格)	万元	1 186 492	654 898.37	59 651	112 831.75
农业	万元	252 400	192 692.95	27 808	34 963.44
工业	万元	605 106	279 465.46	17 797	42 522.30
建筑业	万元	175 678	121 457.14	6 303	28 376.51
运输业	万元	56 001	28 303.84	3 764	861.20
商业	万元	97 312	32 978.98	3 979	6 108.30
三、职工人数及工资					
1.年末职工人数	人	673 000	290 051	29 089	52 522
全民所有制单位	人	568 903	264 196	27 897	46 496
城镇集体所有制单位	人	104 182	25 855	1 192	6 026

注:"△"为省统计局推算数。

经济主要指标

91年）

黄南州	海西州	玉树州	果洛州	互助县	化隆县	循化县	民和县	大通县
△18.07	△29.14	△23.96	△12.19	34.85	20.39	10.15	33.57	38.75
△16.58	△6.74	△23.20	△11.00	8.28	15.72	9.45	18.01	18.79
	11.69							
17.49	16.49	23.17	11.79	34.85	20.39	10.15	33.59	38.74
0.84	10.01	2.30	1.16	4.37	5.80	2.24	9.79	2.95
14.73	9.37	20.29	9.21	32.97	18.74	9.29	30.98	30.54
2.76	18.81	2.88	2.58	1.88	1.65	0.86	2.59	8.20
25 289	107 974	18 398.24	18 471	22 982.68	11 420	5 890.16	19 936.91	46 277.18
13 396	13 590	12 990.91	10 459	14 332.79	7 077	3 528.83	10 457.64	9 850.21
7 092	55 397	1 222.51	2 750	4 741.50	1 621	649.65	3 574.88	28 959.13
4 801	38 987	4 184.82	5 262	3 908.39	2 722	1 711.68	5 904.39	7 467.84
21 059	68 755	15 445.03	13 421	21 554.73	8 773	4 568.95	16 873.58	35 458.11
13 175	13 076	12 957.92	9 714	15 236.79	6 483	3 363.40	10 382.13	8 897.86
1 438	33 782	756.30	2 026	3 461	1 216	423.19	3 769.35	20 426.19
5 507	12 755	388.83	452	1 185.50	363	164.36	521.43	2 829.34
138	4 508	129.26	256	371.16	157	126.96	510.62	1 349.77
801	4 634	1 212.72	973	1 300.28	554	491.04	1 690.05	1 954.95
29 984	95 574	25 780.38	△16 820	21 550.80	10 606	4 604.16	△18 587.00	50 221.80
12 615	40 903	16 795.95	△9 316	15 689.20	8 892	3 408.91	△13 722.00	23 407.91
17 369	54 671	8 984.43	△7 504	5 861.60	1 714	1 195.25	△4 865.00	26 813.89
37 285	175 766	23 103.55	18 511	41 102.55	15 633	8 818.70	39 634.92	122 560.90
14 739	18 654	14 878.11	10 370	24 877.03	9 599	5 251.68	15 528.10	16 024.59
4 662	82 159	3 117	4 435	9 916	3 364	1 511.40	18 314.16	91 667.60
15 992	51 024	2 991	1 616	2 963	1 051	966.84	1 760.41	8 413.38
444	16 099	329.38	705	709.74	515	298.76	1 170.02	3 407.74
1 448	7 830	1 788.06	1 385	2 636.78	1 104	790.02	2 862.23	3 047.59
13 254	87 004	11 192	11 708	12 693	7 747	3 454	11 588	49 800
12 225	84 538	10 904	11 580	10 572	7 140	3 232	10 612	39 000
1 029	2 466	288	128	2 121	607	222	976	10 800

指　　标	计量单位	全省总计	自治州县合　计	海北州	海南州
2.全民所有制单位年平均职工人数	人	569 508	261 550	27 171	45 741
#独立核算工业企业	人	193 327	51 430	9 248	5 450
3.集体所有制单位年平均职工人数	人	100 920	24 502	1 293	5 945
#独立核算工业企业	人	42 914	7 877	553	2 481
4.其他所有制单位年平均职工人数	人	588			
5.职工工资总额	万元	184 656.32	84 728.75	7 871.08	14 326
全民所有制单位	万元	166 116.63	79 737.77	7 577.26	13 269
城镇集体所有制单位	万元	18 433.59	4 991.48	293.82	1 057
其他所有制单位	万元	106.10			
四、固定资产投资					
1.全社会固定资产投资总额	万元	239 551	131 288.41	6 303	24 975
全民所有制单位固定资产投资	万元	211 400	110 294	4 634	8 701
基本建设投资	万元	150 740	83 558	2 574	7 406
(1)按行业分					
农林牧渔水利业	万元	10 654	4 613	282	1 404
工业	万元	98 080	66 288	1 322	17 637
建筑业	万元	726	42		42
交通运输、邮电通讯业	万元	13 135	1 464	169	484
商业、公共饮食业、物资供销和仓储业	万元	4 557	1 609	158	356
房地产管理、公用事业居民服务和咨询服务业	万元	5 122	797		63
卫生、体育和社会福利事业	万元	3 043	700	179	
教育、文化艺术和广播电视事业	万元	5 002	1 470		127
科学研究和综合技术服务事业	万元	1 486	781		466
金融、保险业	万元	1 920	1 560	129	601
国家机关、政党机关和社会团体	万元	7 412	3 570	335	1 977
其他行业	万元	167			
(2)按资金来源分					
国家预算内投资	万元	34 262	19 128	196	3 735
国内贷款	万元	46 774	29 747	836	12 308
利用外资	万元	19 492	15 909		
自筹投资	万元	32 882	14 623	1 245	3 432
其他投资	万元	17 330	3 324	297	682
更新改造投资	万元	29 009	8 870	1 476	937
(1)按行业分					
#农林牧渔水利业	万元	982	465		391

经济主要指标（续一）

91年）

黄南州	海西州	玉树州	果洛州	互助县	化隆县	循化县	民和县	大通县
10 710	84 791	10 727	11 279	11 730	7 202	3 312	10 487	38 400
1 197		651	1 712	2 740	983	269	4 020	27 900
1 111	2 477	262	240	692	591	342	949	10 600
316		19	6		282	56	364	3 800
3 455	31 006	3 539.89	3 870.60	2 588	1 652.60	737.13	2 824.45	12 858
3 203	30 460.50	3 477.86	3 797.10	2 299	1 547	728.90	2 645.15	10 733
252	546	62.03	73.50	289	105.60	8.23	179.30	2 125
2 497	70 336	3 188	1 681	2 847	1 159	582	1 387.41	16 333
2 232	70 116	3 006	1 681	1 677	721	582	1 298	15 616
2 024	37 643	1 541	1 631	299	573	501	928	13 813
35	1 672	188	116	35	272	366	213	30
1 123	33 110	187	253		113		9	12 534
260	293	90	157				11	
98	378	192	69	19		50	56	233
	318	125			2		120	169
158		160			68	3	32	100
	449	220	325	136			323	26
65	8		90		17		70	65
54	289	169	145	103	70			
231		210	476	6	31	82	94	128
394	11 826	533	478	814	186	388	210	368
720	7 721	160	37	1 084	17	25	56	6 783
	11 504				257			4 148
674	4 944	717	1 069	931	113	87	338	1 073
236	811	131	47	554	241	1	324	
81	4 517	90	50			25	253	1 441
6	68							

指　　标	计量单位	全省总计	自治州县合　计	海北州	海南州
#工业	万元	21 848	7 341	1 463	506
(2)按资金来源分					
国家预算内投资	万元	1 366	1 161	575	424
国内贷款	万元	11 967	2 179	64	169
自筹投资	万元	14 850	6 741	1 359	100
其他投资	万元	826	586	53	244
其他固定资产投资	万元	31 518	30 755	584	450
集体所有制单位固定资产投资	万元	5 603	1 165	65	197
城　镇	万元	1 794	813	65	197
农　村	万元	3 809	661	309	
城乡个人投资	万元	18 851	2 577	773	234
城　镇	万元	2 773	909	137	234
农　村	万元	16 078	1 669	636	
2.全民所有制单位新增固定资产	万元	180 916	119 264	3 830	51 529
基本建设	万元	145 607	94 160	1 848	51 177
更新改造	万元	16 556	6 555	1 171	334
其他投资	万元	18 753	18 549	811	18
五、财政、金融					
地方财政收入	万元	87 908	28 574	2 898	3 544
地方财政支出	万元	182 272	67 481	6 618	11 316
金融信贷					
各项存款	万元	647 187	305 261	20 161	36 598
各项贷款	万元	875 366	393 874	21 344	111 907
城乡储蓄存款年末余额	万元	325 177	132 744	10 407	17 632
城镇储蓄	万元	301 524	119 194	9 222	17 205
农户储蓄	万元	23 653	13 550	1 185	427
六、城乡居民收支					
农民家庭平均每人全年纯收入	元	555.56	509.70	541.13	796.17
农民家庭平均每人全年生活费支出	元	486.25	486.30	435.23	677.41
#食品支出	元	293.31			
七、农业					

经 济 主 要 指 标（续二）

9 1年）

黄南州	海西州	玉树州	果洛州	互助县	化隆县	循化县	民和县	大通县
42	3 689		50				253	1 338
13	130		8			11		
34	290			1 005	74			543
19	3 890	90	42	191	138	14		898
15	207			38	29			
127	27 956	375	55	70	192	56		890
16				100	30		40	717
16				100	10		40	385
					20			332
52	220	152		30	408		708	
52	220	106		18	92		49	
		46		12	316		659	
1 918	54 737	1 552	887	1 254	936	519	1 107	995
1 692	34 209	1 087	837	736	495	442	894	743
79	3 676	90	50	458	211	21	213	252
147	16 852	375		60	230	56		
1 253	10 272	1 413	1 066	2 416	488	259	1 375	3 590
6 463	12 673	7 127	6 408	4 735	2 489	1 653	3 651	4 348
12 617	102 323	12 298	10 400	11 402	4 378	3 827	10 320	80 937
10 057	103 358	9 938	6 807	13 393	8 679	3 759	23 695	80 937
6 421	56 509	6 601	3 763	5 957	2 709	2 708	6 986	13 051
5 367	54 280	3 902	3 380	3 912	2 494	2 460	5 817	11 155
1 054	2 229	2 699	383	2 045	215	248	1 169	1 896
	522.08			467.86	380.01	431.04	412.95	554.63
	415.97			479.97	346.67	384.54	322.54	491.51
	354.92			311.93	224.45	202.65	209.70	279.52

指　　标	计量单位	全省总计	自治州县合　计	海北州	海南州
1.基本情况					
乡镇个数	个	430	355	34	40
乡村户数	万户	58.70	39.68	3.19	4.60
乡村总人口	万人	308.38	216.13	17.45	25.66
乡村劳动力	万人	139.80	96.89	7.42	11.05
#农林牧渔业劳动力	万人	123.10	88.78	6.97	10.69
2.产　　值					
(1)农村社会总产值(当年价格)	万元	320 305	230 554.22	32 698	38 869.36
农　业	万元	252 406	193 806.42	27 808	34 963.44
工　业	万元	34 935	19 016.04	2 586	510.50
建筑业	万元	12 106	6 222.06	877	1 781.45
运输业	万元	10 194	4 595.25	636	439.04
商　业	万元	10 664	6 914.72	791	1 174.93
(2)农业总产值(当年价格)	万元	252 406	193 807.37	27 808	34 963.44
种植业	万元	115 579	84 257.64	9 361	14 946.66
林　业	万元	6 787	4 288.12	233	486.12
牧　业	万元	116 486	96 133.89	16 374	18 431.60
副　业	万元	12 762	8 485.59	1 633	771.18
渔　业	万元	792	642.13	207	327.88
(3)农业总产值(按1990年不变价格计算)	万元	261 870	199 993.14	26 934	37 970.47
种植业	万元	114 965	80 951.22	8 372	14 895.41
林　业	万元	7 533	4 777.33	317	551.17
牧　业	万元	126 981	105 720.46	16 351	21 356.04
副　业	万元	11 697	7 986.10	1 696	928.60
渔　业	万元	694	558.06	198	239.25
(4)农业净产值(当年价格)	万元	177 932	140 547.95	21 203	25 396.50
3.耕地面积	万亩	868.85	628.80	79.11	142.10
旱　地	万亩	868.85	628.80	79.11	142.10
4.农作物播种面积	万亩	815.19	611.78	70.50	116.50

经济主要指标（续三）

91年）

黄南州	海西州	玉树州	果洛州	互助县	化隆县	循化县	民和县	大通县
39	35	47	51	21	21	10	29	28
2.51	1.42	3.66	1.80	6.28	3.24	1.57	5.58	5.83
14.59	7.43	20.16	9.21	32.80	18.58	9.19	30.69	30.37
6.65	3.69	8.38	3.93	16.17	7.57	3.67	13.18	15.18
6.45	3.54	8.15	3.61	14.52	7.21	2.94	11.16	13.54
15 504.61	19 890	15 131	10 387.25	30 082	11 970	6 940	23 766	25 316
14 739.32	18 812	14 878.11	10 369.55	24 877	9 599	5 252	15 528	16 980
345.01	585	83.20		2 327	1 327.33	943	5 230	5 079
118.33	98	57.62		641	427.66	248	683	1 290
98.40	190	41.15	6.68	577	350.98	267	655	1 334
203.55	205	71.00	11.02	1 660	265.22	230	1 670	633
14 739.32	18 812	14 878.11	10 369.55	24 877.03	9 598.70	5 251.68	15 528.11	16 979.77
3 787.05	7 454.45	2 051.68	199.48	15 593.33	5 500.50	3 147.59	9 431.62	12 784.28
261.67	197.93	49.79	3.87	701.17	864.50	249.89	806.15	434.03
10 215.86	10 843.00	12 286.98	9 362.35	7 937.13	2 064.90	1 423.82	3 576.44	3 617.81
473.14	274.15	489.66	749.43	644.90	1 163.80	430.38	1 712.30	143.65
1.60	44.13		54.42	0.50	5.00		1.60	
13 835.84	19 424.00	19 039.55	12 355.09	22 688.46	10 526.40	4 968.94	16 226	16 024.59
3 225.86	7 365.00	1 753.21	164.13	14 189.31	5 971.60	2 998.63	10 203	11 812.96
248.45	209.00	55.18	3.87	712.22	853.30	211.93	1 029	586.04
9 857.93	11 549.00	16 735.74	11 415.77	7 346.12	2 481.10	1 436.31	3 694.51	3 496.94
502.64	262.00	495.42	696.88	440.31	1 214.90	322.07	1 297.45	128.65
0.96	39.00		74.44	0.50	5.50		0.61	
13 175	13 234	12 797	9 714.32	15 240	6 498	3 512	10 382.13	9 396
22.4	58.10	26.60	19.90	103.92	52.91	13.75	67.51	80.20
22.4	58.10	26.60	19.90	103.92	52.91	13.75	67.51	80.20
21.45	47.22	19.30	17.40	102.30	49.26	14.75	73.90	79.20

指　　标	计量单位	全省总计	自治州县合　计	海北州	海南州
粮食作物	万亩	602.93	422.72	26.50	57.03
经济作物	万亩	176.07	149.44	38.80	58.24
5.种植产品产量					
粮　食	吨	1 146 300	785 730	43 564	120 745
小　麦	吨	769 400	511 766	4 354	77 409
薯　类	吨	83 400	48 507	2 751	3 046
其他杂粮	吨	293 500	225 432	36 459	40 291
油　料	吨	132 142	119 688	31 231	36 320
甜　菜	吨	2 668			
烟　叶	吨	72	5		
水　果	吨	21 365	18 496		1 787
6.牧业生产					
(1)牲畜年底存栏数					
大牲畜合计	万头	622.32	595.77	61.24	88.04
牛	万头	546.90	533.25	55.32	77.96
马	万头	41.55	38.87	5.20	7.03
驴	万头	14.89	11.20	0.54	1.96
骡	万头	16.64	10.27	0.20	0.93
骆　驼	万头	2.24	2.24		0.16
生　猪	万头	93.16	52.63	2.76	4.44
羊合计	万只	1 641.50	1 584.54	239.42	383.47
山　羊	万只	209.05	203.47	4.18	63.10
绵　羊	万只	1 432.41	1 381.11	235.24	320.37
(2)畜产品产量					
猪　肉	吨	45 787.32	22 862.79	1 158	2 103.16
牛　肉	吨	52 611.61	50 393.57	7 676.64	7 729.29
羊　肉	吨	56 120.09	54 148.41	11 047.80	15 382.73
禽　肉	吨	2 846.16	356.16	75	13.96
牛　奶	吨	203 233.72	177 637.79	23 751	30 893.42
羊　奶	吨	7 062.64	6 688.60		677.31
羊　毛	吨	18 237.03	17 416.90	3 503	5 339.50
羊　绒	吨	188.25	138.18	4	41.20
蜂　蜜	吨	18.95	12.98		6.30
7.水产品产量	吨	3 942.89	3 271.60	1 300	1 383.15

经济主要指标（续四）

91年）

黄南州	海西州	玉树州	果洛州	互助县	化隆县	循化县	民和县	大通县
16.21	39.29	15.40	1.66	85.24	38.27	12.53	64.11	66.68
3.03	6.99	0.20	0.08	16.28	7.93	1.68	5.51	10.84
36 970	82 895	18 040	1 976	160 295	61 971	31 420	101 490	126 364
28 543	66 822	247	159	108 513	42 721	25 849	77 633	79 515.91
1 685	1 008	439	168	13 141	2 361	1 834	10 567	11 506.69
6 742	15 040	17 354	1 648	38 641	16 889	3 737	13 290	35 341
2 289	15 479	108	32	16 341	3 825	1 390	3 420	9 253
78								
							5	
418	56			842	3 221	2 179	9 646	347
77.18	28.87	163.21	128.07	10.70	8.73	6.16	8.07	15.50
71.00	22.78	154.60	122.74	4.30	4.96	4.72	3.29	10.96
3.70	3.73	8.55	5.32	2.01	0.54	0.17	0.11	2.50
1.41	0.18	0.05		1.40	1.66	0.79	2.44	0.74
0.44	0.10	0.01		3.00	1.58	0.48	2.23	1.30
	2.08							
0.54	2.39	278.36		22.25	2.78	0.48	6.59	10.40
164.52	235.14	49.20	173.85	26.16	31.90	16.38	19.20	16.14
12.01	54.00	229.20	1.21	3.45	6.37	6.15	2.38	1.42
152.51	181.14		172.64	22.70	25.53	10.23	16.82	14.72
319.80	730.42		2.65	10 622	1 135	262	3 195	3 334.76
6 018.83	2 866	12 532.29	10 433.42	266.00	588.35	932	458	892.75
6 984.81	7 980.88	5 769.40	4 279.42	489.32	781.00	522	533	378
			0.20			17	216	34
20 241.21	4 767.06	47 000	33 514.10	4 277	2 251	2 313	2 794	5 836
23	1 787.4	4 071.89			3	126		
946	3 062	2 015	1 397	299	417	144	195	159.4
1.80	72.52	8.46		1.27	2.93	6		
				1.18	2.50		3	
2	82.05		487.40	1	12		4	

指　　标	计量单位	全省总计	自治州县合　计	海北州	海南州
8.林业					
(1)造林					
当年造林面积	公顷	35 210	30 032.20	409.80	1 619.27
迹地更新面积	公顷	948	942.12	136	35
(2)主要林产品产量					
9.农业现代化					
农业机械总动力	万千瓦特	137.00	90.34	10.50	16.30
农用大中型拖拉机	台	4 140	3 044	386	604
	万千瓦特	153.80	12.01	1.85	2.69
农用小型及手扶拖拉机	台	70 629	42 116	4 575	6 324
	万千瓦特	63.71	38.20	4.08	5.62
农用排灌动力机械	台	2 598	1 914	132	368
	万千瓦特	7.75	5.74	0.30	1.16
农用载重汽车	辆	3 972	2 545	359	422
农村用电量	万千瓦小时	14 856.17	9 435.87	588	1 913
乡村水电站	个	52	42	2	2
	万千瓦	0.69	0.58	0.04	0.08
化肥施用量					
实物量	吨	160 662	110 748	8 994	17 727
折纯量	吨	57 728	40 479	4 141	6 706
机耕面积	万亩	305.98	280.39	58.31	110.21
灌溉面积	万亩	263.04	205	28.15	48.71
畜牧兽医站(年底数)	个	476	220	40	46
经营管理站(年底数)	个	326	171	33	6
草原工作站(年底数)	个	40	30	5	6
农业技术推广站(年底数)	个	275	119	4	26
10.自然灾害					
受灾面积	万亩	291.2	174.72	28.80	20.66
水灾	万亩	9.7	4.20	0.33	0.81
旱灾	万亩	197.5	146.90	20.90	13.82
成灾面积	万亩	231.4	139.94	26.00	13.44
水灾	万亩	67.6	2.40	0.32	0.22
旱灾	万亩	163.8	120.10	18.60	10.92
11.农村经济收入分配					
(1)农村经济收入情况					

经济主要指标(续五)

91年)

黄南州	海西州	玉树州	果洛州	互助县	化隆县	循化县	民和县	大通县
1 116.80	213	399	33.33	4 308	4 235	11 620	3 552	2 476
144	33.33	200	124.53	138.93	13.33			117
3.26	13.07	2.09	0.51	8.93	8.19	5.18	8.99	13.37
176	812	62	13	255	123	46	151	416
0.72	3.08	0.25	0.05	0.78	0.52	0.19	0.53	1.35
1 652	4 350	272	76	5 504	4 385	2 049	4 622	8 307
1.48	4.26	0.25	0.07	4.89	3.88	1.81	4.09	7.77
65	176	491	25	159	171	132	161	34
0.13	0.41	0.40	0.02	0.47	1.35	0.78	0.72	…
44	512	120	39	144	129	159	226	391
331.04	853	177.29	18.80	1 181.23	976.33	474	1 779.18	1 144
1	11	12	1	4	3	1	1	4
0.01	0.25	0.09	0.01	0.05	0.03	0.01	…	0.01
2 474	10 035	196	50	26 525	7 140	3 669	15 000	18 938
928	4 820	97	32	8 660	2 452	1 692	4 991	5 960
6.24	45.05	0.35	0.01	18.26	7.18	5.26	6.92	22.34
6.21	56.89	2.97	0.05	19.55	7.50	7.00	13.52	14.45
5	42	5	3	14	21	10	33	1
24	16	7	7	21	16	10	30	1
5	6	4	1		1	1		1
14	13			1	21	9	30	1
4.54	3.79	3.41		40.00	15.63	4.69	38.13	33.07
0.03	0.05	0.11						2.87
4.10	3.27	0.76		40.00	15.63	4.69	31.53	12.20
3.71	2.73	1.91		32.00	12.00	3.46	30.87	11.78
0.03	0.05							1.78
3.30	2.41	0.27		32.00	12.00	3.46	27.14	10.00

指标	计量单位	全省总计	自治州县合计	海北州	海南州
总收入	万元	232 935	156 805.30	18 414	24 692.09
总费用	万元	75 935	43 108.78	3 990	5 945.06
纯收入	万元	157 000	113 699.46	14 428	18 747.03
国家税金	万元	5 023	3 389.14	442	559.53
集体提留	万元	4 729	3 425.67	671	770.42
农民所得	万元	147 248	106 412.16	13 315	17 417.08
汇入本表人口数	万人		216.39	17.36	25.66
抽样调查的农(牧)民					
人均纯收入	元	509.7		541.13	796
12.乡镇企业(乡村两级)					
企业个数	个	40 910	15 404	2 461	1 188
企业人数	人	142 955	57 648	8 966	3 685
总收入	万元	35 942	29 948	3 813	1 940
纯利润	万元	3 445	2 976	187	246
国家税金(应交)	万元	1 770	1 423	115	107
国家税金(实交)	万元				
工资总额	万元	7 778	5 569	478	383
年底固定资产原值	万元	30 836	17 833	1 727	1 942
年底固定资产净值	万元	22 235		1 392	345
年底占用流动资金	万元	18 552		1 383	424
银行贷款余额	万元	10 222			
银行贷款(本年)	万元	6 062	6 045	109	476
八、工业					
1.企业单位数(乡级以上)	个	1 470	799	120	96
(1)按轻重工业分					
轻工业	个	717	355	55	57
重工业	个	753	435	65	39
(2)按经济类型分					
全民所有制工业	个	560	384	55	56
#独立核算企业	个	496			40
#亏损企业	个	138			
集体所有制工业	个	902	409	65	40
#乡办工业	个	238	238	45	11
其他经济类型工业	个	8	5		
(3)按企业规模分					

经济主要指标(续六)

91年)

黄南州	海西州	玉树州	果洛州	互助县	化隆县	循化县	民和县	大通县
8 381.39	9 920.00	10 911.86	6 928.70	22 751.00	11 029.62	4 401.91	16 002.86	23 372.00
901.46	2 159.81	1 446.96	656.61	8 456.00	3 604.53	1 190.59	4 000.46	10 757.30
7 479.93	7 760.00	9 464.90	6 272.09	14 294.00	7 425.09	3 211.32	12 002.40	12 614.70
241.79	208.66	278.54	209.78	418.87	197.32	92.75	277.40	462.50
92.71	221.15	277.18	182.36	150.28	252.99	60.58	230.70	516.30
7 145.43	7 030.25	8 909.18	5 879.95	13 605.75	6 974.78	3 057.99	11 440.85	11 635.90
14.59	7.43	20.16	9.22	32.97	18.58	9.19	30.69	30.54
3 155				468	380.01	431.04	412.95	554.63
1 247	606	52		60	2 102	1 253	1 001	5 434
2 808	1 858			660	6 415	3 845	15 233	14 178
1 246	1 161	547		468	2 065	2 350	8 617	7 741
58	99	620		21	495	295	315	640
70	40	57		2	55	95	461	421
		34		114				
294	68	132		390	750	529	664	1 881
422	850	175		203	1 194	1 329	3 509	6 482
330	798			187	1 033	350	2 874	5 014
94	145			656	656	380	401	3 391
172	38			480	467		1 902	2 401
47	131	52	42	90	46	23	47	105
20	51	28	11	39	21	18	19	36
27	80	24	22	51	25	5	28	69
32	92	30	38	19	16	8	15	23
	74	1	31	16	13			
	14	8	9	5	4			9
15	38	18	4	71	30	15	32	81
2	1	3		60	23	12	22	59
	1	3						1

指标	计量单位	全省总计	自治州县合计	海北州	海南州
大型企业	个	16	7		1
中型企业	个	33	7	1	
小型企业	个	1 421	776	119	95
2.产值(乡及乡以上)					
(1)按轻重工业分(当年价格)	万元	578 563	275 341	17 086	42 243
轻工业	万元	163 214	59 624	7 996	11 670
重工业	万元	415 350	215 717	9 090	30 573
按轻重工业分(1990年不变价格)	万元	598 219	295 468	19 370	52 771
轻工业	万元	181 391	69 078	8 957	13 050
重工业	万元	416 828	226 390	10 413	39 721
(2)按经济类型分(当年价格)	万元	578 563	275 341	17 086	42 243
全民所有制	万元	507 848	252 255	14 623	39 043
#独立核算企业	万元	492 515	86 812		
集体所有制	万元	70 377	22 384	2 463	3 200
#独立核算企业	万元	62 845	5 201		
#乡办工业	万元	10 915	9 724	2 002	259
其他经济类型工业	万元	811	722		
按经济类型分(1990年不变价格)	万元	598 219	295 468	19 370	52 771
全民所有制	万元	520 417	269 329	15 653	49 345
#独立核算企业	万元	504 693	109 219	15 653	
集体所有制	万元	77 407	25 389	3 717	3 426
#独立核算工业企业	万元	68 760	9 130	3 717	
#乡办工业	万元	13 444	11 333	3 151	259
其他经济类型工业	万元	795	750		
(3)按企业规模分(当年价格)	万元	578 563	275 341	17 086	42 243

91年)

黄南州	海西州	玉树州	果洛州	互助县	化隆县	循化县	民和县	大通县
	2							4
	3						1	2
47	126	52	33	90	46	23	46	99
4 202	81 666	3 114	4 435	8 492	3 364	812	15 568	94 359
1 949	16 927	2 623	2 735	6 592	1 710	576	1 455	5 391
2 252	64 739	491	1 700	1 899	1 654	236	14 113	88 968
4 514	87 859	3 396	4 890	8 825	3 378	841	17 956	91 668
2 429	21 790	2 983	3 333	6 704	1 768	613	1 612	5 839
2 085	66 069	413	1 557	2 121	1 610	228	16 344	85 829
4 202	81 666	3 114	4 435	8 492	3 364	812	15 568	94 359
3 923	79 347	2 919	4 434	6 595	1 711	477	12 422	86 761
	77 034	2 598		6 469	1 711			
279	2 233	151	1	1 897	1 128	335	3 166	7 531
	2 064	123		1 886	1 128			
96	437	63		930	714	250	2 553	2 420
	86	44						67
4 514	87 859	3 396	4 890	8 825	3 378	841	17 956	91 668
4 228	85 307	3 222	4 889	6 834	1 730	506	14 264	83 351
	82 150	2 968		6 718	1 730			
286	2 454	132	1	1 991	1 128	335	3 692	8 227
	2 182	123		1 980	1 128			
36	35	26		1 080	712	250	3 076	2 708
	98	42						90
4 202	81 666	3 114	4 435	8 492	3 364	812	15 568	94 359

指　标	计量单位	全省总计	自治州县合计	海北州	海南州
大型工业	万元	170 196	136 912		24 031
中型工业	万元	156 673	29 772	1 508	
小型工业	万元	251 694	108 657	15 578	18 212
按企业规模分(1990年不变价格)	万元	598 219	295 468	19 370	52 771
大型工业	万元	178 342	142 839		33 022
中型工业	万元	148 519	33 357	1 062	
小型工业	万元	271 358	119 271	18 308	19 749
附报					
1.企业单位数	个	40 910	6 647	667	268
城(镇)合作经营工业	个	842	73		30
城(镇)个体工业	个	2 290	392	97	52
农村村办工业	个	410	179	9	10
农村合作经营工业	个	174	174		
农村个体工业	个	10 739	5 829	561	176
2.产值(按轻重工业分、当年价格)					
城(镇)合作经营工业	万元	1 409	1 061		
轻工业	万元	234	77		
重工业	万元	1 175	984		
城(镇)个体工业	万元	5 880	829	127	28
轻工业	万元	5 289	689	66	27
重工业	万元	591	140	61	1
农村村办工业	万元	9 396	3 101	82	181
轻工业	万元	2 057	318		6
重工业	万元	7 339	2 880	82	175
农村合作经营工业	万元	2 571	2 260		
轻工业	万元	1 615	1 611		
重工业	万元	956	649		
农村个体工业	万元	8 289	4 711	502	71
轻工业	万元	5 037	2 258	175	71
重工业	万元	3 252	2 453	327	
独立核算工业企业净产值(当年价格)	万元	144 824	81 124	3 076	12 515

经 济 主 要 指 标（续八）

9 1 年 ）

黄南州	海西州	玉树州	果洛州	互助县	化隆县	循化县	民和县	大通县
	36 604							76 277
	13 137						9 300	5 827
4 202	31 925	3 114	4 435	8 492	3 364	812	6 268	12 255
4 514	87 859	3 396	4 890	8 825	3 378	841	17 956	91 668
	37 338							72 479
	16 154						10 437	5 704
4 514	34 367	3 396	4 890	8 825	3 378	841	7 519	13 484
143	358	4		1 722	922	564	985	1 014
	39	4						
87	103			5		42	6	
2	18			57	9	4	16	54
	128			5	3	26	4	8
54	70			1 655	910	492	959	952
285	45	32				699		
	45	32						
122	449			28		6	69	
122	403			28		6	37	
	46						32	
51	6	20		292	62	1	1 135	1 271
	53			58	18	…	69	114
51	70			234	44	1	1 066	1 157
	1 108			40	82	506	473	51
	1 108			36		451		16
				4	82	55	473	35
198	142			1 065	381	186	1 068	1 098
198	34			852	381	186	140	221
	108			213			928	877
1 161	37 010	669	1 652	602	1 056	231	2 281	20 871

指　标	计量单位	全省总计	自治州县合　计	海北州	海南州
3.主要工业产品产量					
原　煤	万吨	289	288.6	108.5	
原　油	万吨	102	102		
发电量	万千瓦小时	598 100	467 421	5 057	420 290
焦　炭	万吨	1.12	1.12		
木　材	立方米	74 700	15 851	2 600	
水　泥	万吨	57.77	38.51	0.30	1.75
农用化肥(按有效成份100%计算)	万吨	10	10		
机制纸及纸板	吨	7 800	226.40		
原　盐	万吨	142.32	140.8		
4.全民所有制独立核算工业企业主要财务指标					
年末固定资产原值	万元	917 924	635 720	20 574	232 826
年末固定资产净值	万元	627 702	436 772	14 290	210 371
定额流动资金年平均余额	万元	24 160	101 189	8 882	7 515
盈利企业盈利总额	万元	22 297	15 873	961	4 702
亏损企业亏损总额	万元	24 345	23 533	951	600
利税总额	万元	44 043	26 770	659	10 098
九、运输、邮电					
1.运输条件					
民用汽车	辆	40 771	7 549	2 300	2 347
2.运输量					
客运量					
公路	万人	1 703	597.65	37.00	47.00
货运量					
公路	万吨	2 413	372.92	103.60	1.07
旅客周转量					
公路	万人公里	154 238	32 338.9	5 500.0	5 512.0
货物周转量					
公路	万吨公里	565 197	38 145.0	16 128.0	213.0
3.邮电					
邮电局、所数	个	240	166	21	25
#设在农村的	个	135	75	15	14
邮路及农村投递线路总长度	公里	25 978	11 709	2 692	1 418
电话机	部	27 970	26 718	1 431	1 812
邮电业务总量(当年价格)	万元	6 223.4	2 563.6	272.6	357.0

经济主要指标（续九）

91年）

黄南州	海西州	玉树州	果洛州	互助县	化隆县	循化县	民和县	大通县
	33.4		3.2	4				139.5
	102							
3 263	32 004	2 300	1 256	260	1 058	724		1 209
	1.12							
7 107			6 144					
0.63	1.80			5.00	0.75	0.46	3.64	24.18
	10							
	226.00	0.35		0.05				
	140.8							
6 303	191 637	5 753	6 925	5 721	2 404	614	15 647	147 316
5 230	66 559	4 319	5 717	4 134	1 836	452	12 136	111 728
2 283	22 293	1 505	1 377	2 888	818	29	13 510	40 089
384	4 584	275	808	502	440	3	43	3 171
259	5 001	17	64	165	87	14	14 585	1 824
604	3 499	394	996	1 790	529		913	7 288
1 121		98		734	465	159	325	
29.00		8.52		136.00	11.40	35.87	117.86	175.00
0.22	15.00	0.58	1.40	39.00	11.30	26.27	9.00	165.48
2 040.0		607.5		4 683.0	720.4	3 956.9	4 749.1	4 570.0
57.0	5 219.0	365.1	879.6	2 929.0	803.4	4 612.8	785.4	6 152.7
10	41	7	11	14	8	6	11	12
4			5	13	7	5	8	4
852	1 991		2 679	652	174		542	709
2 829	3 236	965	10 743	489	465		743	4 005
195.4	817.0	155.0	154.8	82.0	67.0	44.1	134.1	284.7

指　标	计量单位	全省总计	自治州县合　计	海北州	海南州
十、商业					
1.年末社会商业机构数	个	29 622	13 569	1 553	1 845
全民所有制	个	2 528	1 720	337	282
集体所有制	个	3 021	1 234	126	131
合营商业	个	8	8		
个体有证商业	个	24 065	10 607	1 090	1 432
2.年末社会商业机构人员数	人	83 439	33 116	3 607	5 088
全民所有制	人	33 181	14 360	1 924	2 157
集体所有制	人	18 421	4 869	443	995
合营商业	人	102	102		
个体有证商业	人	31 735	13 785	1 240	1 936
3.社会商业商品购、销、存总额					
国内纯购进总额	万元	201 662	69 620.78	7 374	10 878
国内纯销售总额	万元	323 675	134 019.46	15 399	19 526
年末库存总额	万元	200 941	88 975.87	9 915	11 651
4.社会农副产品收购总额	万元	60 483	57 049.96	8 583	12 961
5.社会农副产品收购量					
粮食	吨	224 508	166 047	5 552	35 693
食用植物油	吨	26 011	25 285	7 461	8 252
活猪	头	70 000	51 805	2 526	2 300
鲜蛋	吨	3 249	529	21	43
6.社会商品零售总额	万元	341 296	138 833.66	16 894	23 484
(1)按用途分					
消费品	万元	319 869	125 152.58	15 579	21 463
农业生产资料	万元	21 427	13 670.08	1 315	2 010
(2)按经济类型分					
全民所有制	万元	191 265	84 735	11 649	14 992
集体所有制	万元	27 912	21 388	2 473	3 778
合营	万元	34 341	864		
个体	万元	68 197	20 462	1 824	3 521
农民对非农业居民	万元	19 192	7 569	948	1 182

经济主要指标(续十)

91年)

黄南州	海西州	玉树州	果洛州	互助县	化隆县	循化县	民和县	大通县
912	1 444	757	363	1 455	923	45	1 839	2 433
196	325	180	72	48	74	32	73	101
93	40	3		297	136	13	168	227
							8	
623	1 079	574	291	1 110	713		1 590	2 105
2 261	5 781	2 181	916	2 763	1 433	812	3 487	4 787
1 158	4 002	1 258	570	692	403	144	719	1 333
288	197	33		861	248	127	526	1 151
							102	
815	1 582	890	346	1 210	782	541	2 140	2 303
3 294	10 924	11 124.43	2 623.03	6 294	2 222	10.32	4 919	9 958
7 572	39 325	9 502.1	5 302.36	8 527	3 895	2 350	9 317	13 304
4 596	22 344	9 599.6	5 366.27	8 699	2 950	1 557	4 321	7 977
2 895	10 322	3 507	3 368	4 248	2 323	762	3 346	4 735.96
4 854	32 608	1 594		32 318	11 642	3 229	16 012	22 275
254	995			3 218	667	257	783	3 400
1 975	4 500	100	353	16 727	414	188	19 865	2 957
20	106	8		154	34	11	81	51
8 333	27 985	10 531	6 393.66	10 431	5 092	2 596	11 632	15 462
7 592	26 912	10 270	6 299.58	8 390	3 669	2 100	9 944	12 934
741	1 073	261	94.08	2 041	1 423	496	1 688	2 528
4 998	21 317	9 054	5 267	3 138	2 295	1 195	3 563	7 267
1 236	738	94	4	4 007	969	556	2 505	5 028
					475		389	
1 585	3 332	825	794	1 005	546	789	3 649	2 592
514	2 598	558	326	202		56	610	575

指　　标	计量单位	全省总计	自治州县合　计	海北州	海南州
7.社会消费品零售量					
粮　食	吨	441 384	381 622.53	22 842	40 374
食用植物油	吨	18 050	9 862.28	4 536	1 161
活　猪	头	336 200	95 749		1 260
鲜　蛋	吨	3 543	650.07	18	18
水产品	吨	3 016	830.32	101	50
各种布	米	15 255 700	7 547 366	844 756	1 130 900
自行车	辆	48 555	13 897	1 775	285
电视机	台	39 446	10 562	1 626	907
十一、教育、科技					
1.学校数					
普通高等学校	个	7	1		1
中等学校	个	591	319	32	41
＃中等专业学校	个	38	17	2	2
小　学	个	3 610	2 616	201	449
2.招生数	人	155 694	88 915	8 142	11 652
普通高等学校	人	1 743	75		15
中等学校	人	82 484	39 430	4 025	4 134
＃中等专业学校	人	3 523	1 388	178	300
小　学	人	71 467	49 410	4 117	7 443
3.在校学生数	人	504 892	415 669	73 936	54 466
普通高等学校	人	6 042	241	37 205	241
中等学校	人	30 326	118 091	11 687	14 122
＃中等专业学校	人	10 594	4 306	474	1 038
小　学	人	468 524	297 337	25 044	40 103
4.毕业生数	人	137 993	67 220	7 014	7 961
普通高等学校	人	1 864	25		25
中等学校	人	72 157	31 896	3 542	4 532
＃中等专业学校	人	4 038	1 659	255	265
小　学	人	63 972	35 299	3 472	3 404
5.专任教师数	人	46 082	26 477	2 423	3 888
普通高等学校	人	1 437	58		58
中等学校	人	18 272	9 504	937	1 437
＃中等专业学校	人	1 606	638	92	102
小　学	人	26 373	16 915	1 486	2 393

91年)

黄南州	海西州	玉树州	果洛州	互助县	化隆县	循化县	民和县	大通县
15 420	36 510	28 850	971.53	2 026	6 338	4 372	13 030	210 889
239	1 096	307	107.28	367	257	291	473	1 028
19 100	2 507	1 885		11 000	2 984	54	50 659	6 300
24	300	7.49	2.58	117	26	16	73	48
9	519	10.21	1.11	34	16	9	41	40
636 600	903 600	970 541	20 196	1 372 000	2 654	1 119	537 300	1 129 700
662	3 162	883	370	2 246	302	282	1 262	2 668
656	1 657	216	129	2 107	470	139	1 153	1 502
15	66	11	15	29	10	12	43	45
2	2	2	2	1	1	1	1	1
178	154	303	63	311	271	95	315	276
4 999	10 847	3 377	1 954	11 973	6 002	3 565	12 678	13 726
1 806	6 076	1 355	1 013	5 474	1 999	1 307	6 159	6 082
120	160	247	140			42	111	90
3 193	4 771	2 022	941	6 499	4 003	2 258	6 519	7 644
20 233	48 636	14 055	6 929	63 732	24 618	15 339	59 304	71 626
5 256	18 877	3 613	2 339	15 505	5 624	3 335	17 018	20 715
378	430	806	445			143	282	310
14 977	29 759	10 442	4 590	48 227	18 994	12 004	42 286	50 911
3 430	10 440	2 021	997	9 324	3 630	1 785	9 308	11 310
1 738	5 897	1 000	507	3 674	1 635	819	4 079	4 473
137	182	127	160	141	55	42	176	119
1 692	4 543	1 021	490	5 650	1 995	966	5 229	6 837
1 660	4 156	1 072	761	3 076	1 594	693	3 269	3 885
501	2 027	313	263	872	385	64	1 179	1 526
79	77	79	64	33	23	20	38	31
1 159	2 129	759	498	2 204	1 209	629	2 090	2 359

指　　标	计量单位	全省总计	自治州县合　计	海北州	海南州
十二、文化					
1.出版					
杂志出版总印数	册	534 200	3 000		
种数	种	18	1		
报纸出版总印数	千份	44 388	13		
种数	种	13	1		
2.广播					
广播电台	座	4	2		
中、短波发射台和转播台	座	7	5		
市县广播站	个	37	33	4	5
广播喇叭	只	153 316	70 960	681	7 116
入户率	%	25	13.2		
3.电视					
电视中心台	座	4	2		
电视发射台和转播台	座	222	174		
节目套数	套	4	2		
4.电影					
民族语翻译片	部	61	6		
各类电影放映单位(仅放映)	个	760	450	54	94
电影观众人数	万人次	4 596.26	2 170.02	208.69	339.27
机构	个	628	496	43	94
电影院	个	55	29	5	2
影剧院	个	38	35		8
放映队	个	535	432	38	84
职工人数	人	1 174	786	72	130
电影院	人	288	119	26	5
影剧院	人	274	168		34
放映队	人	612	499	46	91

经济主要指标(续十二)

91年)

黄南州	海西州	玉树州	果洛州	互助县	化隆县	循化县	民和县	大通县
	3 000							
	1							
	13							
	1							
	1	1						
2	2	1						
4	3	6	6	1	1	1	1	1
760	50	10	100	30 582	10 788	4 800	595	15 208
15				44	34	31	0.55	20
	2							
9	38		30			5	6	
	2							
	6							
5	60	57	35	29	24	28	21	43
252.80	180.19	28.70	26.80	178.36	148.93	262.58	270.86	272.84
58	38	49	71	29	22	28	21	43
1	2	3	2	4	2	2	5	1
4	4	4	4			1	2	8
53	32	42	65	25	20	25	14	34
91	84	83	97	38	25	35	46	85
3	8	13	7	13	4	4	21	15
18	32	17	13			5	11	38
70	44	53	77	25	21	26	14	32

全省大中型工业企业主要指标一览表(一)

(1991年)　　单位：万元

指标	西宁钢厂	青海矿山机械厂	青海毛纺织工业公司	青海铝厂	青海制药厂	青海工程机械厂
全年工业总产值(1990年不变价)	58 115	681	9 995	50 265	3 858	7 059
全年工业总产值(当年价)	71 822	734	8 770	55 378	4 101	6 764
全年工业净产值(当年价、按分配法计算)	22 418	-94	3 672	10 426	1 092	1 894
#应得产品销售利润和产品销售税金	13 500	-512	513	6 294	641	476
固定资产原值年末数	45 055	2 490	7 357	83 346	2 303	7 082
#生产用固定资产	36 136	1 832	5 429	76 038	1 762	4 184
固定资产净值年末数	29 952	1 276	3 866	72 253	1 452	4 077
本年提取的折旧基金	2 153	72	292	4 455	91	305
流动资金年末实际占用数	67 697	3 144	20 573	51 023	1 939	8 978
#定额流动资金	28 191	2 371	9 401	24 190	1 640	6 653
流动资金全年平均余额	60 722	2 769	17 685	53 677	1 898	7 912
#定额流动资金	23 231	2 401	11 604	23 623	1 492	5 678
专用基金全年支用数	5 131	114	250	8 197	2 571	778
全年产品销售收入	52 009	822	8 177	59 777	4 092	6 910
#产品销售税金	7 193	20	2 015	2 863	165	367
利润总额	773	-28	-1 156	2 520	302	64
企业留利(或分成、税后利润)	173		-146	630	125	64
全部商品产品总成本	58 192	973	8 260	47 139	3 389	6 288
全部可比产品总成本	57 217	530	5 935	45 598	3 057	4 206
可比产品按上年实际单位成本计算的总成本	54 266	435	5 776	50 477	3 109	4 166
1949年至本年末累计固定资产投资额	54 389	2 671	8 776	101 714	3 085	8 462
#工业生产投资	17 666	1 840	6 389	83 037	1 111	6 892
1949年至本年末累计利润、税金总额	59 655	1 425	35 917	17 487	8 105	2 297
1949年至本年末累计已交利税总额	43 998	1 425	26 000	8 513	7 098	696
资金利税率(%)	8.79	-0.20	3.99	4.27	13.94	3.59
净产值率(%)	31.21	-12.81	41.87	18.83	26.63	28.00
成本利润率(%)	1.81	-2.89	-16.39	4.73	8.91	1.01
全员劳动生产率(按净产值计算)(元/人年)	17 466	-742	5 766	26 065	10 510	7 030
全部流动资金周转次数(次)	0.86	0.30	0.46	1.11	2.16	0.87
全部职工保险福利费用总额	539	137	443	159	116	226
全部职工全年工资总额	4 533	273	1 490	1 277	323	901
#奖　　金	857			309	58	83
津贴和补贴	759	79	387	271	60	152
全部职工年末人数(人)	12 915	1 260	6 282	4 000	1 019	2 677
#工人	9 167	772	4 791	2 798	705	1 714
工程技术人员	560	97	155	185	93	239
管理人员	1 208	176	604	392	148	373
全部职工全年平均人数(人)	12 835	1 266	6 368	4 000	1 039	2 694

全省大中型工业企业主要指标一览表(二)

(1991 年)　　　　单位：万元

指　　标	青海海山轴承厂	山川机床铸造厂	青海第一机床厂	青海第二机床厂	青沪机床厂	青海重型机床厂
全年工业总产值(1990 年不变价)	1 420	11 101	4 736	1 853	2 003	5 704
全年工业总产值(当年价)	1 143	9 486	4 429	1 782	2 070	5 827
全年工业净产值(当年价、按分配法计算)	565	2 517	1 463	358	553	2 106
#应得产品销售利润和产品销售税金	138	962	379	-544	-1	429
固定资产原值年末数	1 503	8 354	4 606	4 443	3 591	8 211
#生产用固定资产	1 051	6 125	3 313	3 230	2 385	6 085
固定资产净值年末数	847	5 937	2 482	2 248	2 018	4 319
本年提取的折旧基金	64	323	209	125	104	412
流动资金年末实际占用数	2 308	8 116	6 811	5 925	4 091	8 540
#定额流动资金	1 297	2 907	4 143	4 065	2 984	5 968
流动资金全年平均余额	2 182	8 071	6 767	5 675	3 352	8 143
#定额流动资金	1 282	3 595	3 711	4 013	2 630	5 385
专用基金全年支用数	209	954	329	92	465	593
全年产品销售收入	879	7 984	5 719	2 185	1 620	5 250
#产品销售税金	80	604	350	158	109	265
利润总额	22	38	176	-238	126	75
企业留利(或分成、税后利润)	22	38	80			75
全部商品产品总成本	997	8 267	3 845	2 083	2 006	5 314
全部可比产品总成本	827	8 267	2 861	955	1 817	3 475
可比产品按上年实际单位成本计算的总成本	682	8 792	2 705	890	1 624	3 123
1949 年至本年末累计固定资产投资额	1 694	8 857	31 482	4 951	4 450	9 492
#工业生产投资	1 040	8 135	22 736	3 700	1 436	7 491
1949 年至本年末累计利润、税金总额	1 390	2 731	2 797	2 216	17 723	5 969
1949 年至本年末累计已交利税总额	760	-1 314	1 727	2 621	16 448	4 180
资金利税率(%)	3.37	4.58	5.69	-1.01	4.38	2.73
净产值率(%)	49.43	26.53	33.03	20.09	26.71	36.14
成本利润率(%)	2.88	0.55	3.65	-11.68	9.14	1.65
全员劳动生产率(按净产值计算)(元／人年)	5 146	8 310	6 973	1 717	2 964	6 090
全部流动资金周转次数(次)	0.40	0.99	0.85	0.39	0.48	0.64
全部职工保险福利费用总额	90	100	241	172	257	323
全部职工全年工资总额	291	1 072	765	557	437	1 032
#奖　　金	25	550	44		12	47
津贴和补贴	63		134	104	138	217
全部职工年末人数(人)	1 148	2 954	2 089	2 091	1 830	3 466
#工人	767	2 100	1 275	1 118	918	2 082
工程技术人员	74	252	195	211	96	338
管理人员	139	245	326	486	521	385
全部职工全年平均人数(人)	1 098	3 029	2 098	2 085	1 866	3 458

全省大中型工业企业主要指标一览表(三)

(1991年)　　　　　　　　　　　　　　　　单位：万元

指　　标	青海机床锻造厂	青海铸造厂	青海锻造厂	青海柴油机厂	青海油泵油咀厂	青海齿轮厂
全年工业总产值(1990年不变价)	422	2 429	3 921	1 705	1 075	3 001
全年工业总产值(当年价)	425	2 305	6 092	1 523	834	3 011
全年工业净产值(当年价、按分配法计算)	−33	−318	903	218	402	945
#应得产品销售利润和产品销售税金	−306	−1 069	43	−188	85	244
固定资产原值年末数	1 252	5 484	6 282	5 033	1 223	4 978
#生产用固定资产	1 064	3 882	4 946	3 364	1 024	4 104
固定资产净值年末数	774	4 117	3 817	4 079	918	3 515
本年提取的折旧基金	39	165	284	108	46	139
流动资金年末实际占用数	2 752	5 167	5 888	2 444	1 332	4 671
#定额流动资金	1 455	2 214	2 411	1 453	682	2 832
流动资金全年平均余额	2 230	4 758	5 309	2 392	1 193	4 495
#定额流动资金	1 367	2 072	2 404	1 783	694	2 807
专用基金全年支用数	330	184	650	90	76	302
全年产品销售收入	295	2 212	5 031	1 317	734	2 648
#产品销售税金	9	115	35	85	40	130
利润总额	−160	−891	115	−298	46	68
企业留利(或分成、税后利润)			115		27	73
全部商品产品总成本	660	3 367	6 001	1 673	636	2 598
全部可比产品总成本	537	3 321	5 997	1 309	606	749
可比产品按上年实际单位成本计算的总成本	438	3 675	5 455	1 362	634	757
1949年至本年末累计固定资产投资额	2 500	6 374	6 670	6 475	1 622	5 802
#工业生产投资	1 700	3 161	5 014	6 475	1 428	4 181
1949年至本年末累计利润、税金总额	−986	−6 043	−145	−2 528	291	568
1949年至本年末累计已交利税总额	−874	−5 309	−1 175	−2 435	154	−90
资金利税率(%)	−5.03	−8.74	1.64	−3.29	4.07	2.47
净产值率(%)	−7.76	−13.80	14.82	14.31	48.20	31.38
成本利润率(%)	−36.72	−30.84	2.36	−20.71	7.97	2.98
全员劳动生产率(按净产值计算)(元／人年)	−491	−1 794	5 407	1 884	5 869	5 776
全部流动资金周转次数(次)	0.13	0.46	0.95	0.55	0.62	0.59
全部职工保险福利费用总额	44	144	104	84	43	118
全部职工全年工资总额	186	508	551	328	207	483
#奖　　金	8	2	79	6	17	34
津贴和补贴	41	108	111	80	41	87
全部职工年末人数(人)	651	1 787	1 691	1 236	688	1 646
#工人	387	1 334	1 116	670	403	1 013
工程技术人员	58	91	133	77	45	178
管理人员	89	172	211	118	64	171
全部职工全年平均人数(人)	672	1 773	1 670	1 157	685	1 636

全省大中型工业企业主要指标一览表(四)

(1991年)　　　　单位：万元

指　　标	青海铝制品厂	青海无线电二厂	青海微电机厂	青海电动工具厂	青海工具厂	青海量具刃具厂
全年工业总产值(1990年不变价)	4 001	1 826	1 710	1 264	2 397	2 499
全年工业总产值(当年价)	3 499	1 751	1 662	1 271	2 397	1 525
全年工业净产值(当年价、按分配法计算)	1 023	545	574	599	929	295
#应得产品销售利润和产品销售税金	551	64	−12	140	345	−84
固定资产原值年末数	2 539	1 617	1 545	1 645	3 185	1 865
#生产用固定资产	1 596	1 088	1 012	787	2 559	1 050
固定资产净值年末数	1 607	1 165	977	1 059	2 006	1 437
本年提取的折旧基金	92	43	62	59	128	70
流动资金年末实际占用数	3 441	3 740	4 402	2 819	2 940	2 331
#定额流动资金	1 182	2 473	2 389	1 256	1 462	1 535
流动资金全年平均余额	2 761	3 193	3 916	2 539	2 928	2 098
#定额流动资金	1 313	2 352	2 301	1 162	1 412	1 325
专用基金全年支用数	56	141	58	51	185	100
全年产品销售收入	3 326	1 277	1 066	1 099	2 296	1 210
#产品销售税金	539	57	52	81	151	65
利润总额	248	−67	−77	12	20	58
企业留利(或分成、税后利润)	50	−70		5	40	
全部商品产品总成本	2 491	1 630	1 628	1 112	2 034	1 547
全部可比产品总成本	2 077	1 031	1 156	1 014	601	1 421
可比产品按上年实际单位成本计算的总成本	1 692	976	1 158	990	340	1 313
1949年至本年末累计固定资产投资额	3 788	1 925	1 784	1 917	3 185	1 902
#工业生产投资	3 720	1 279	889	1 834	17	1 609
1949年至本年末累计利润、税金总额	4 673	332	2 809	3 065	−375	922
1949年至本年末累计已交利税总额	3 446	−89	2 612	2 433	−1 008	400
资金利税率(%)	18.02	−0.23	−0.51	2.58	3.47	3.48
净产值率(%)	29.24	31.13	34.54	47.13	38.76	19.34
成本利润率(%)	10.47	−5.38	−7.82	1.28	1.01	5.73
全员劳动生产率(按净产值计算)(元／人年)	10 159	4 534	5 340	5 937	6 411	2 802
全部流动资金周转次数(次)	1.20	0.40	0.27	0.43	0.78	0.58
全部职工保险福利费用总额	96	40	103	55	142	49
全部职工全年工资总额	274	291	306	232	404	311
#奖　　金	49	14	12	1	2	41
津贴和补贴	56	65	61	58	83	66
全部职工年末人数(人)	1 011	1 209	1 066	1 054	1 405	1 058
#工人	648	844	712	645	898	736
工程技术人员	99	87	70	72	107	83
管理人员	120	119	157	203	170	146
全部职工全年平均人数(人)	1 007	1 202	1 075	1 009	1 449	1 053

全省大中型工业企业主要指标一览表(五)

(1991年)　　　　单位：万元

指标	青海汽车发动机厂	青海汽车车桥厂	青海第一汽车修理厂	西宁供电局	青海桥头发电厂	青海省电力工业局
全年工业总产值(1990年不变价)	1 204	1 378	1 005	8 675	8 745	777
全年工业总产值(当年价)	1 066	1 317	912	8 396	7 056	1 207
全年工业净产值(当年价、按分配法计算)	254	435	165	5 615	−456	431
#应得产品销售利润和产品销售税金	−192	82	−107	4 925	−1 024	58
固定资产原值年末数	1 520	1 437	1 416	29 000	15 516	4 452
#生产用固定资产	1 189	1 018	725	26 573	14 133	3 800
固定资产净值年末数	910	948	872	22 714	8 757	3 564
本年提取的折旧基金	41	53	37	1 241	798	342
流动资金年末实际占用数	2 285	1 736	1 315	21 172	4 418	1 460
#定额流动资金	1 188	1 061	864	593	821	574
流动资金全年平均余额	2 037	1 604	1 247	23 047	1 013	1 234
#定额流动资金	1 091	917	890	585	733	711
专用基金全年支用数	73	135	80	2 145	790	460
全年产品销售收入	1 068	1 162	993	28 434		
#产品销售税金	31	42	26	3 081		
利润总额	−89	44	−89	644		58
企业留利(或分成、税后利润)		44	−44			
全部商品产品总成本	1 209	1 202	1 056	3 414	8 080	1 123
全部可比产品总成本	1 198	954	599	3 414	8 080	997
可比产品按上年实际单位成本计算的总成本	1 229	939	594	2 967	8 585	902
1949年至本年末累计固定资产投资额	2 439	1 899	1 965	46 515	15 516	4 452
#工业生产投资	2 083	1 160	1 268	34 391	14 133	3 800
1949年至本年末累计利润、税金总额	−667	538	1 309			
1949年至本年末累计已交利税总额	−220	322	1 123			
资金利税率(%)	−1.97	3.37	−2.97	8.14		1.21
净产值率(%)	23.83	33.03	18.09	66.88	−5.43	35.71
成本利润率(%)	−8.55	4.19	−8.71	18.85		5.17
全员劳动生产率(按净产值计算)(元／人年)	3 364	6 332	1 730	37 939	−2 898	7 752
全部流动资金周转次数(次)	0.52	0.72	0.80	1.23		
全部职工保险福利费用总额	51	54	137	112	43	68
全部职工全年工资总额	230	201	227	441	759	294
#奖　　金		29	7	251	294	94
津贴和补贴	48	48	60	157	681	34
全部职工年末人数(人)	781	711	950	1 647	1 626	564
#工人	552	431	641	890	1 059	66
工程技术人员	70	57	72	222	65	294
管理人员	97	68	76	150	164	124
全部职工全年平均人数(人)	755	687	954	1 480	1 574	556

全省大中型工业企业主要指标一览表(六)

(1991年) 单位：万元

指标	青海黎明化工厂	青海光明化工厂	青海电化厂	青海农牧机械厂	青海水泥厂	中国人民解放军第三四一九工厂
全年工业总产值(1990年不变价)	4 650	415	1 955	735	3 350	673
全年工业总产值(当年价)	5 013	476	1 617	744	3 473	741
全年工业净产值(当年价、按分配法计算)	2 033	48	-815	128	1 341	159
#应得产品销售利润和产品销售税金	760	-170	-1 236	-203	798	-34
固定资产原值年末数	8 126	10 149	4 114	1 287	5 725	1 389
#生产用固定资产	5 003	6 838	3 594	1 003	4 862	1 012
固定资产净值年末数	3 592	8 530	3 222	894	3 899	1 004
本年提取的折旧基金	273	43	117	40	180	38
流动资金年末实际占用数	5 801	6 206	3 326	2 032	2 535	1 391
#定额流动资金	2 739	3 178	878	1 324	1 478	979
流动资金全年平均余额	4 881	5 777	2 778	1 640	2 243	1 226
#定额流动资金	2 507	3 539	613	1 435	1 398	856
专用基金全年支用数	672	162	237	52	624	317
全年产品销售收入	4 741	452	1 268	712	3 272	673
#产品销售税金	484	67	135	33	516	31
利润总额	201	-760	-15	-243	214	-55
企业留利(或分成、税后利润)	17		10		85	
全部商品产品总成本	4 068	625	2 860	847	2 085	759
全部可比产品总成本	3 714	585	2 316	847	2 016	
可比产品按上年实际单位成本计算的总成本	3 435	519	2 201	69	1 875	
1949年至本年末累计固定资产投资额	12 888	18 308	5 851	1 803	7 547	1 489
#工业生产投资	10 963	14 984	4 290	1 704	6 473	1 034
1949年至本年末累计利润、税金总额	10 000	8 673	82	-111	2 455	318
1949年至本年末累计已交利税总额	8 147	10 052	922	39	2 935	214
资金利税率(%)	8.08	-4.84	2.00	-8.29	11.89	-1.08
净产值率(%)	40.55	10.08	-50.40	17.20	38.61	21.46
成本利润率(%)	5.38	-120.05	-1.48	-28.42	11.19	-8.64
全员劳动生产率(按净产值计算)(元/人年)	8 083	229	-5 272	1 770	9 255	2 709
全部流动资金周转次数(次)	0.97	0.08	0.46	0.43	1.46	0.55
全部职工保险福利费用总额	77	13	56	80	85	41
全部职工全年工资总额	856	423	309	164	384	144
#奖　　金	65			6	79	11
津贴和补贴	169	117	89	38	75	29
全部职工年末人数(人)	2 951	1 986	1 560	697	1 495	579
#工人	1 166	1 316	1 007	454	892	384
工程技术人员	267	50	102	75	86	29
管理人员	685	309	160	84	283	80
全部职工全年平均人数(人)	2 515	2 097	1 546	723	1 449	587

全省大中型工业企业主要指标一览表(七)

(1991年)　　　　单位：万元

指　　标	青海木材综合加工厂	青海省西宁肉类联合加工厂	青海第三毛纺织厂	青海皮毛被服厂	青海省石油管理局	龙羊峡水力发电厂	青海化工机械厂
全年工业总产值(1990年不变价)	915	1 088	4 801	2 961	32 493	33 022	2 479
全年工业总产值(当年价)	979	1 060	4 159	3 034	32 146	24 031	2 440
全年工业净产值(当年价、按分配法计算)	143	757	476	383	8 423	9 056	677
#应得产品销售利润和产品销售税金	−175	187	−1 597	36	−8 845	8 523	295
固定资产原值年末数	1 742	2 043	6 126	1 384	114 675	223 947	3 455
#生产用固定资产	1 293	973	4 446	816	95 839	221 284	2 348
固定资产净值年末数	1 223	1 134	4 623	1 033	8 241	201 247	2 485
本年提取的折旧基金	39	88	257	51	4 676	8 173	90
流动资金年末实际占用数	2 723	1 112	15 290	2 205	16 651	723	1 508
#定额流动资金	1 747	949	9 778	1 445	7 292	322	936
流动资金全年平均余额	2 735	942	13 790	1 819	12 722	958	1 572
#定额流动资金	1 784	878	10 691	1 178	72	386	1 005
专用基金全年支用数	201	157	361	152	5 133	1 712	275
全年产品销售收入	522	1 572	4 050	3 162	27 251	23 635	2 280
#产品销售税金	15	45	653	49	1 574	4 390	205
利润总额	−109	127	−1 508	219	−3 835	4 050	11
企业留利(或分成、税后利润)		57		117			
全部商品产品总成本	805	942	5 676	2 905	28 862	15 424	2 327
全部可比产品总成本	379	574	4 336		28 862	15 424	2 039
可比产品按上年实际单位成本计算的总成本	471	577	4 276		1 963	10 112	2 194
1949年至本年末累计固定资产投资额	1 793	2 533	6 579	1 736	498 889	223 947	3 145
#工业生产投资	1 505	2 100	4 780	1 611	403 473	221 284	2 802
1949年至本年末累计利润、税金总额	2 686	3 927	4 896	7 780	8 149	51 799	2 883
1949年至本年末累计已交利税总额	2 474	3 326	5 834	6 244	10 894	51 799	830
资金利税率(%)	−2.37	8.29	−4.64	9.40	−10.78	4.17	5.32
净产值率(%)	14.61	71.42	11.45	12.62	26.20	37.68	27.75
成本利润率(%)	−16.91	9.29	−32.74	7.45	−13.57	26.26	0.57
全员劳动生产率(按净产值计算)(元/人年)	1 959	16 421	1 536	3 299	22 746	89 930	4 744
全部流动资金周转次数(次)	0.19	1.67	0.29	1.74	2.14	24.67	1.45
全部职工保险福利费用总额	27	33	155	19	648	4	52
全部职工全年工资总额	196	130	658	288	2 111	543	385
#奖　　金	41	19	15	54	548	165	34
津贴和补贴	45	36	198	52	501	125	89
全部职工年末人数(人)	723	456	3 229	1 199	3 721	1 035	1 497
#工人	515	357	2 606	599	2 297	594	1 018
工程技术人员	17	21	117	23	399	89	65
管理人员	111	38	154	130	264	144	188
全部职工全年平均人数(人)	730	461	3 098	1 161	3 703	1 007	1 427

全省大中型工业企业主要指标一览表(八)

(1991年)　　　　单位：万元

指　　标	青海省民和镁厂	国家建材局茫崖石棉矿	青海省茶卡盐厂	中国人民解放军三四零五工厂	锡铁山矿务局	青海省祁连山铜矿
全年工业总产值(1990年不变价)	10 435	4 845	6 328	374	9 452	1 062
全年工业总产值(当年价)	9 300	4 459	4 729	401	8 007	1 508
全年工业净产值(当年价、按分配法计算)	964	2 276	3 913	80	2 178	746
#应得产品销售利润和产品销售税金	−850	840	3 404	−92	658	295
固定资产原值年末数	12 449	11 847	5 060	1 518	31 207	3 564
#生产用固定资产	10 471	6 308	4 021	1 045	23 455	2 377
固定资产净值年末数	9 592	8 204	4 038	957	27 972	1 953
本年提取的折旧基金	508	480	82	11	854	177
流动资金年末实际占用数	12 676	4 452	1 852	1 461	15 195	1 500
#定额流动资金	6 023	2 284	1 188	515	5 947	1 045
流动资金全年平均余额	10 943	2 884	1 921	1 014	11 189	1 325
#定额流动资金	4 889	2 336	1 777	501	5 438	1 096
专用基金全年支用数	1 210	1 379	295	73	686	568
全年产品销售收入	8 806	4 375	1 849	412	9 634	2 009
#产品销售税金	523	527		32	340	182
利润总额	−1 435	···	1 099	−218	83	228
企业留利(或分成、税后利润)		···	128		17	126
全部商品产品总成本	8 744	3 548	1 463	428	7 277	1 404
全部可比产品总成本	8 744	3 548	1 258	161	7 276	1 404
可比产品按上年实际单位成本计算的总成本	5 176	3 602	1 422	151	5 726	1 240
1949年至本年末累计固定资产投资额	11 070	14 201		1 923	44 916	8 896
#工业生产投资	10 472	8 470		1 426		7 495
1949年至本年末累计利润、税金总额	2 094	12 724		239	7 065	4 051
1949年至本年末累计已交利税总额	1 885	11 564		602	3 188	2 590
资金利税率(%)	−4.44	4.75	18.44	−9.44	1.08	12.51
净产值率(%)	10.37	51.04	82.74	19.95	27.20	49.47
成本利润率(%)	−15.48		168.55	−38.30	0.99	21.87
全员劳动生产率(按净产值计算)(元／人年)	3 343	6 876	39 485	1 280	6 934	4 634
全部流动资金周转次数(次)	0.80	1.52	0.96	0.41	0.86	1.52
全部职工保险福利费用总额	210	436	36	52		206
全部职工全年工资总额	863	1 294	361	176	808	630
#奖　　金	148	135	31	1	63	160
津贴和补贴	157	478	85	59	130	102
全部职工年末人数(人)	2 811	3 413	1 074	565	2 209	1 681
#工人	1 893	1 803	737	332	1 161	1 135
工程技术人员	186	84	18	11	101	112
管理人员	178	568	184	78	325	175
全部职工全年平均人数(人)	2 884	3 310	991	625	3 141	1 610

重点工业企业产值、能耗情况(一)

企业名称	1990年			1991年		
	工业总产值(万元)	总能耗(吨标煤)	万元产值综合能耗(吨标煤)	工业总产值(万元)	总能耗(吨标煤)	万元产值综合能耗(吨标煤)
茫崖石棉矿	2 673	35 608	13.32	4 845	36 528	7.54
青海制药厂	3 454	9 506	2.75	3 858	10 191	2.64
青海第一机床厂	3 011	8 034	2.67	4 736	8 256	1.74
青海第二机床厂	1 613	5 253	3.26	1 853	5 696	3.07
青海铸造厂	2 054	25 200	12.27	2 429	28 762	11.84
青沪机床厂	672	4 268	6.35	2 003	8 805	4.40
青海水电设备厂	1 313	11 380	8.67	954	6 879	7.21
青海矿山机械厂	1 049	2 512	2.40	661	2 517	3.80
青海工程机械厂	6 389	10 762	1.68	7 059	11 615	1.65
青海齿轮厂	2 562	7 249	2.83	3 001	7 429	2.48
青海汽车制造厂	3 175	6 518	1.88	3 539	5 754	1.47
青海柴油机厂	1 367	19 666	14.38	1 705	21 819	12.80
青海微电机厂	1 805	2 637	1.46	1 710	2 304	1.35
青海骨胶厂	1 661	12 108	7.29	1 790	13 143	7.34
青海化工机械厂	1 368	8 024	5.86	2 481	6 074	2.45
青海工具厂	2 400	8 862	3.69	2 397	6 312	2.63
青海量具刃具厂	1 155	2 586	2.24	1 201	2 674	2.23
青海机床铸造厂	562	7 463	13.30	422	4 146	9.80
西宁冶炼铸管厂	802	4 171	5.02	900	5 482	6.08
青海木材综合加工厂	1 115	3 515	3.15	915	5 787	6.32
青海造纸厂	782	7 435	9.50	888	8 813	9.93
青海第一毛纺厂	2 700	5 970	2.21	2 165	5 193	2.39
西宁钢厂	53 674	312 570	5.83	58 115	330 990	5.69
青海铝厂	38 152	372 036	9.75	50 265	456 081	9.07

注：本资料来源于财经委能源处。

重点工业企业产值、能耗情况(二)

企业名称	1990年			1991年		
	工业总产值(万元)	总能耗(吨标煤)	万元产值综合能耗(吨标煤)	工业总产值(万元)	总能耗(吨标煤)	万元产值综合能耗(吨标煤)
民和镁厂	8 450	101 577	12.02	10 143	105 748	10.43
青海石油局	26 031	212 151	8.15	32 493	195 610	6.02
青海光明化工厂	979	14 653	14.97	415	16 022	38.60
青海山川机床铸造厂	10 698	182 875	17.09	11 100	181 732	16.37
青海大通矿务局	4 965	30 442	6.13	4 296	34 177	7.96
青海热水煤矿	2 906	35 447	12.20	2 315	25 308	10.93
青海重型机床厂	6 923	12 719	1.84	5 704	12 763	2.24
青海锻造厂	3 636	36 233	9.97	3 921	38 765	9.89
青海砖瓦厂	915	9 903	10.82	716	7 807	10.89
青海水泥厂	3 081	42 971	13.95	3 350	45 443	13.57
青海第三毛纺厂	1 546	19 110	12.36	4 801	20 915	4.36
青海棉纺织厂	7 781	18 615	2.39	8 393	20 273	2.42
青海祁连山铜矿	554	14 642	26.43	1 062	14 890	14.03
青海轧钢厂	2 125	10 364	4.80	2 394	10 711	4.47
青海电化厂	2 164	38 536	17.81	1 979	32 814	16.58
青海第一化肥厂	250	24 087	96.35	476	24 633	51.72
青海黎明化工厂	3 140	40 204	12.80	4 650	48 148	10.35
青海省毛纺织工业公司	8 304	22 311	2.70	9 995	25 662	2.57
青海第二毛纺厂	806	4 861	6.03	1 703	3 894	2.29
青海康尔素乳品厂	1 359	3 203	2.36	1 193	3 090	2.59
西宁酒厂	553	5 296	9.57	521	3 946	7.58
青海铝制品厂	1 905	6 202	3.25	4 001	6 350	1.58

横向对比资料

各省(市、区)国民生产总值和国民收入

(1991年)

地区	国民生产总值			国民收入		
	合计(亿元)	比上年增长(%)	人均水平(元／人)	合计(亿元)	比上年增长(%)	人均水平(元／人)
全国总计	**17 686.10**	**5.2**	**1 558**	**14 429**	**4.8**	**1 271**
北　京	500.72	5.4	4 881	366.95	5.8	3 577
天　津	300.71	2.5	3 502	244.05	1.6	2 842
河　北	819.95	4.6	1 340	693.73	4.0	1 134
山　西	398.24	5.1	1 417	315.91	4.9	1 124
内蒙古	286.62	8.2	1 326	233.38	6.7	1 080
辽　宁	964.89	0.3	2 450	783.79	-0.7	1 990
吉　林	393.90	3.4	1 617	336.91	4.2	1 383
黑龙江	634.74	4.4	1 832	574.93	3.6	1 659
上　海	744.67	3.4	5 815	617.22	2.8	4 822
江　苏	1 314.39	4.4	1 957	1 138.31	5.3	1 695
浙　江	836.81	4.0	1 978	726.49	2.9	1 717
安　徽	606.54	3.2	1 090	519.15	3.5	933
福　建	465.84	7.0	1 573	388.77	6.5	1 313
江　西	417.15	4.9	1 111	354.03	4.0	943
山　东	1 332.13	5.3	1 572	1 144.22	5.0	1 350
河　南	895.74	4.5	1 046	753.76	3.8	880
湖　北	792.54	2.5	1 495	655.15	1.5	1 236
湖　南	702.64	4.0	1 160	591.38	3.0	976
广　东	1 471.84	11.3	2 395	1 132.21	10.2	1 842
广　西	392.83	7.0	933	335.98	7.2	798
海　南	95.01	9.5	1 472	76.98	8.1	1 193
四　川	1 146.63	3.7	1 065	963.69	3.4	895
贵　州	254.51	4.2	793	209.85	3.6	654
云　南	395.99	8.7	1 074	351.84	9.4	954
西　藏	24.45	8.9	1 127	18.76	4.5	865
陕　西	374.85	4.3	1 151	302.95	4.0	930
甘　肃	234.49	5.5	1 061	207.28	5.0	938
青　海	66.28	3.7	1 478	49.35	2.1	1 100
宁　夏	61.05	3.8	1 318	47.34	2.2	1 022
新　疆	251.88	9.2	1 689	204.95	8.4	1 374

注：1.本表绝对数按当年价格计算；增长速度按可比价格计算。

2.各地区相加不等于全国总计。

3.资料来源：国家统计局《国民经济统计提要》(1949—1990)。

各省(市、区)国民生产总值、国民收入年均增长率

(按可比价格计算)

地区	国民生产总值			国民收入		
	1981-1990年	"六五"	"七五"	1981-1990年	"六五"	"七五"
全国	**8.9**	**10.12**	**7.76**	**8.7**	**9.98**	**7.43**
北京	9.0	11.29	6.68	7.8	8.92	6.67
天津	7.0	9.32	4.65	6.3	8.47	4.14
河北	8.9	10.14	7.57	8.4	10.15	6.70
山西	8.1	10.92	5.45	8.6	12.52	4.83
内蒙古	9.7	12.65	6.85	9.2	12.85	7.23
辽宁	8.5	10.53	6.47	7.0	8.11	5.82
吉林	8.7			8.9	10.92	6.84
黑龙江	10.9	6.67	12.92	6.1	5.92	6.26
上海	7.4	9.08	5.65	6.9	10.67	5.39
江苏	10.5	12.88	8.24	10.7	13.74	7.74
浙江	11.2	14.81	7.63	11.3	14.85	7.82
安徽	9.7	17.85	5.60	9.4	12.33	6.59
福建	10.4	11.92	8.89	11.2	12.57	9.80
江西	8.9	10.29	7.46	8.2	8.90	7.46
山东	10.0	10.99	8.95	10.2	11.19	9.23
河南	9.6	11.71	7.58	8.8	10.65	6.88
湖北	8.7	11.85	5.66	8.6	12.24	5.00
湖南	7.8	9.07	6.64	7.3	8.62	6.08
广东	12.3	12.16	12.51	11.4	11.14	11.74
广西	7.2	7.97		7.3	8.14	6.39
海南				10.5		8.30
四川	8.4	10.62	6.23	7.6	9.64	5.52
贵州	9.5	13.54	6.72	9.1	11.86	6.34
云南	10.6	11.79	9.34	10.3	11.04	9.48
西藏						
陕西	9.2	10.91	7.42	8.3	9.85	6.85
甘肃	8.8	8.09	9.54	8.3	7.73	8.78
青海	7.1	8.99	5.24	6.7	8.15	4.28
宁夏	9.7	10.55	8.92	8.7	9.63	7.82
新疆	10.9	12.84	8.93	9.9	11.47	8.30

注：全国资料来源：中国统计出版社1990年8月出版的《全国各省、自治区、直辖市历史统计资料汇编》。和国家统计局《国民经济统计提要》(1949—1990)。

各省（市、区）国内生产总值构成

（以国内生产总值为 100）

地区	1980年			1985年			1990年		
	一产业	二产业	三产业	一产业	二产业	三产业	一产业	二产业	三产业
全国	**30.4**	**49.0**	**20.6**	**29.7**	**45.2**	**24.8**	**26.6**	**45.7**	**27.7**
北京	4.4	68.9	26.8	6.9	59.8	33.3	8.5	55.3	36.2
天津	6.3	70.0	23.7	7.4	65.0	27.6	10.5	62.1	27.4
河北	31.1	48.3	20.6	30.3	46.5	23.2	26.2	50.1	23.7
山西	19.2	59.0	21.8	20.0	56.8	23.2	18.1	53.7	28.2
内蒙古	27.7	47.5	24.9	37.1	37.5	25.3	34.6	38.5	26.9
辽宁	17.3	68.6	14.1	15.3	63.7	21.0	15.4	59.2	25.4
吉林				29.6	49.4	21.0	22.3	50.1	27.6
黑龙江	26.1	58.2	15.7	22.9	57.9	19.2	16.0	59.0	25.0
上海	3.2	75.7	21.1	4.2	69.8	26.0	4.3	66.9	28.8
江苏	29.3	52.0	18.7	30.0	51.3	18.7	26.3	53.3	20.4
浙江	36.2	47.1	16.7	30.0	48.3	21.7	26.6	48.8	24.6
安徽	46.8	36.2	17.0	44.9	36.5	18.6	40.5	40.5	19.0
福建	37.2	41.5	21.3	35.7	38.0	26.8	32.3	38.0	29.7
江西	43.5	36.9	19.6	40.6	36.7	22.7	41.9	31.9	26.2
山东	36.2	47.5	16.3	37.4	44.8	17.8	31.9	47.7	20.4
河南	40.7	41.2	18.1	38.4	37.6	24.0	36.4	37.1	26.5
湖北	35.7	46.0	18.3	36.5	44.0	19.5	36.6	39.6	23.8
湖南	42.3	40.2	17.5	42.2	36.3	21.5	39.7	35.6	24.7
广东	33.8	41.1	25.1	31.1	40.8	28.1	26.1	39.9	34.0
广西	44.5	30.1	25.4				44.7	30.2	25.1
海南							48.4	21.2	30.4
四川	41.3	37.6	21.2	37.4	38.8	23.8	36.5	37.5	26.0
贵州	41.3	40.1	18.6	40.7	40.5	18.8	39.3	36.5	24.2
云南	42.6	40.3	17.1	40.8	39.7	20.3	42.5	39.8	17.1
西藏				50.1	17.4	32.5	44.4	14.6	41.0
陕西	29.9	50.4	19.7	29.4	44.8	25.8	28.2	42.0	29.8
甘肃	22.3	53.9	23.8	26.8	47.7	25.5	27.4	42.0	30.6
青海	28.1	44.0	27.9	26.2	40.6	33.3	26.7	40.6	32.7
宁夏	27.1	49.3	23.6	30.8	46.2	23.0	27.6	41.5	30.9
新疆	40.9	39.8	19.3	38.7	35.7	25.6	37.6	33.1	29.3

注：1、资料来源：国家统计局《国民经济统计提要》。(1949—1990)

2、按当年价格计算。

各省(市、区)工农业总产值

(1991年)　　单位：亿元

地　区	按当年价格计算			按1990年不变价计算		
	工农业总值	农业	工业	工农业总产值	农业	工业
全国总计	31 292.59	8 157.03	23 135.56	31 853.26	8 451.76	23 401.50
北　京	833.52	76.47	757.05	844.43	75.56	768.87
天　津	657.36	58.05	599.31	665.82	55.66	610.16
河　北	1 313.26	377.64	935.62	1 334.92	400.60	934.32
山　西	594.66	112.97	481.69	632.76	116.78	515.98
内蒙古	442.96	164.08	278.88	457.72	171.97	285.85
辽　宁	1 852.88	302.28	1 550.60	1 824.35	311.21	1 513.14
吉　林	741.37	188.38	552.99	730.78	205.77	525.01
黑龙江	1 179.97	247.71	932.26	1 151.06	281.89	869.17
上　海	1 869.77	73.65	1 796.12	1 898.99	75.04	1 823.95
江　苏	3 044.03	580.93	2 463.10	3 148.22	580.37	2 567.85
浙　江	1 714.17	368.64	1 345.53	1 787.63	370.97	1 416.66
安　徽	946.75	317.26	629.49	953.41	315.79	637.62
福　建	761.67	256.74	504.93	783.21	270.07	513.14
江　西	678.55	271.55	407.00	718.26	301.71	416.55
山　东	2 620.70	793.04	1 827.66	2 688.99	834.81	1 854.18
河　南	1 416.37	531.05	885.32	1 426.76	521.49	905.27
湖　北	1 402.95	405.04	997.91	1 448.67	408.90	1 039.77
湖　南	1 109.98	425.58	684.40	1 151.97	451.69	700.28
广　东	2 799.75	654.82	2 144.93	2 697.50	625.72	2 071.78
广　西	656.36	278.15	378.21	672.58	288.85	383.73
海　南	128.06	75.78	52.28	118.86	69.30	49.56
四　川	1 907.83	680.13	1 227.70	2 045.76	770.80	1 274.96
贵　州	387.49	165.34	222.15	397.25	168.26	228.99
云　南	585.39	222.93	362.46	596.57	236.08	360.49
西　藏	24.14	20.89	3.25	23.20	20.34	2.86
陕　西	611.52	185.37	426.15	625.90	184.28	441.62
甘　肃	396.30	108.36	287.94	409.30	115.55	293.75
青　海	83.10	25.24	57.86	86.01	26.19	59.82
宁　夏	96.24	26.95	69.29	102.65	28.26	74.39
新　疆	435.50	162.01	273.49	429.72	167.95	261.77

注：本表工业总产值不包括村及村以下。

各省(市、区)工农业总产值年均增长率

(按可比价格计算)

地区	工业总产值			农业总产值		
	1981-1990年	"六五"	"七五"	1981-1990年	"六五"	"七五"
全国	**12.6**	**12.03**	**13.18**	**6.4**	**8.07**	**4.75**
北京	8.8	8.66	10.01	7.7	7.83	7.48
天津	10.2	9.82	10.68	10.2	9.71	10.68
河北	11.7	10.61	12.82	6.9	10.02	3.82
山西	11.2	11.79	10.61	5.0	6.95	3.17
内蒙古	10.2	9.84	10.47	9.2	13.01	5.61
辽宁	9.3	9.22	9.29	5.3	4.29	6.58
吉林	10.5	10.80	10.16	7.7	8.25	7.08
黑龙江	7.6	7.55	7.63	5.2	4.63	6.61
上海	6.8	7.70	5.92	4.2	4.15	4.31
江苏	16.4	16.93	15.90	6.6	9.49	3.73
浙江	18.9	21.55	16.33	5.0	6.59	3.44
安徽	14.0	14.79	13.12	6.9	11.19	2.82
福建	17.3	14.93	19.72	13.7	8.12	14.78
江西	12.8	12.67	13.03	5.9	6.67	5.21
山东	16.3	12.02	20.81	6.7	9.78	3.70
河南	12.8	11.65	13.90	7.2	8.76	5.76
湖北	12.6	14.57	10.61	6.5	10.14	3.01
湖南	10.7	10.18	11.27	4.8	6.34	3.24
广东	19.7	16.40	23.15	7.6	7.45	7.73
广西	11.0	9.97	11.97	4.8	4.77	4.85
海南	15.0	15.34	14.67	10.1	14.20	6.14
四川	11.5	10.97	11.24	5.4	6.75	4.16
贵州	12.0	14.16	9.79	6.2	7.99	4.36
云南	12.1	12.60	11.66	6.6	9.30	3.89
西藏	3.5	10.27	6.23	3.1	4.33	1.96
陕西	11.7	11.19	12.12	7.1	8.85	5.29
甘肃	8.6	7.67	10.26	6.8	7.66	4.19
青海	9.1	7.10	11.08	3.8	4.49	3.19
宁夏	11.0	8.98	13.19	6.6	9.21	4.58
新疆	12.4	13.03	11.86	10.1	10.20	9.05

注：全国资料来源：中国统计出版社 1991 年出版的《中国统计年鉴》。

各省（市、区）农、轻、重构成

（以工农业总产值为100）　　单位：%

地区	1980年			1985年			1990年		
	农业	轻工业	重工业	农业	轻工业	重工业	农业	轻工业	重工业
全国	27.2	34.3	38.5	27.1	34.6	38.3	24.3	37.4	38.3
北京	6.3	40.6	53.1	7.1	36.7	56.2	8.7	40.2	51.1
天津	4.5	51.7	43.8	6.0	48.3	45.7	7.5	47.2	45.3
河北	29.1	32.8	38.1	27.7	33.6	38.7	24.2	36.8	39.0
山西	23.2	27.7	49.1	20.9	31.4	47.7	18.8	20.7	60.5
内蒙古	34.1	27.2	38.7	40.1	24.2	35.7	37.7	26.1	36.3
辽宁	14.0	27.7	58.3	13.3	26.3	60.4	14.6	27.9	57.5
吉林	26.1	29.6	44.3	25.1	28.4	46.5	25.5	31.2	43.3
黑龙江	26.0	22.8	51.2	22.6	25.9	51.5	22.1	26.2	51.7
上海	3.1	53.6	43.3	3.5	51.1	45.4	4.0	49.8	46.2
江苏	22.8	44.2	33.0	21.8	41.7	36.5	17.4	45.2	37.4
浙江	31.5	42.7	25.8	24.0	47.5	28.5	19.0	52.8	28.2
安徽	39.5	31.8	28.7	41.7	30.4	27.9	35.6	33.4	31.0
福建	35.9			36.4			30.1	43.4	26.5
江西	42.0	28.3	29.7	38.7	26.1	35.2	37.5	27.9	34.7
山东	32.1	36.7	31.2	32.9	36.4	30.7	22.7	39.3	38.0
河南	39.1	31.1	29.8	37.6	30.0	32.4	32.6	30.7	36.6
湖北	29.4	34.1	36.5	29.2	32.8	38.0	28.5	33.8	37.7
湖南	38.5	26.5	35.0	38.7	27.2	34.1	35.8	28.5	35.7
广东	35.4			31.5			24.0	51.3	24.7
广西	44.2	33.2	22.6	43.6	30.5	25.9	41.6	32.3	26.1
海南	64.3			65.0			60.8	26.7	12.5
四川	39.8	27.5	32.7	37.1	28.3	34.6	34.3	30.4	35.3
贵州	44.7	19.5	35.8	41.7	23.2	35.1	40.0	25.4	31.5
云南	42.5	26.0	31.5	39.5	29.3	31.2	38.0	32.5	29.5
西藏	78.1	6.8	15.1	83.7	8.2	8.1	84.7	4.5	10.8
陕西	27.6	36.3	36.1	29.3	29.5	41.2	27.7	30.7	41.6
甘肃	25.8	15.7	58.5	27.8	18.3	53.9	27.1	21.0	52.0
青海	35.2	23.5	41.3	35.1	25.0	39.9	30.7	20.1	49.0
宁夏	31.5	18.5	50.0	33.1	20.0	46.9	27.6	20.1	52.3
新疆	43.1	23.6	33.3	39.5	26.8	33.7	39.7	29.8	30.6

注：1、中国统计出版社《中国统计年鉴1991》。

2、按当年价格计算。

各省(市、区)人口及人口自然变动情况

(1991年)

地 区	年末总人口(万人)	出生率(‰)	死亡率(‰)	自然增长率(‰)
全国总计	**115 823.00**	**19.68**	**6.70**	**12.98**
北京	1 094.00	8.03	5.82	2.21
天津	909.00	11.94	5.78	6.16
河北	6 220.00	16.59	6.75	9.84
山西	2 942.00	21.56	6.87	14.69
内蒙古	2 194.00	16.77	6.97	9.80
辽宁	3 990.00	12.10	6.64	5.46
吉林	2 509.00	17.09	6.94	10.25
黑龙江	3 575.00	15.89	5.70	10.19
上海	1 340.00	7.68	7.01	0.67
江苏	6 844.00	17.05	6.50	10.55
浙江	4 202.00	14.48	6.39	8.09
安徽	5 761.00	21.19	6.06	15.13
福建	3 079.00	20.03	6.26	13.77
江西	3 865.00	21.20	7.13	14.07
山东	8 570.00	15.40	6.54	8.86
河南	8 763.00	19.78	6.63	13.15
湖北	5 512.00	20.70	7.36	13.34
湖南	6 209.00	20.50	7.30	13.20
广东	6 439.00	20.54	5.95	14.59
广西	4 324.00	21.89	7.24	14.65
海南	674.00	22.97	5.97	17.00
四川	10 897.00	15.82	7.29	8.53
贵州	3 315.00	22.42	8.11	14.31
云南	3 782.00	21.80	8.10	13.70
西藏	226.00	23.53	7.40	16.13
陕西	3 363.00	19.82	6.51	13.31
甘肃	2 285.00	19.38	6.05	13.33
青海	454.00	23.37	8.35	15.02
宁夏	480.00	21.96	5.13	16.83
新疆	1 555.00	24.45	7.86	16.59

注：资料来源：国家统计局《1991年国民经济简要统计年报》。

本部分除另加说明外，其余资料来源均相同。

各省(市、区)主要农村经济指标

(1990年)

地区	农民人均纯收入(元)	主要农村经济指标占全国的比重(%)						农村非农产业产值占农村社会总产值的(%)
		现价农村社会总产值	现价农业总产值	现价农村工、运、建商业总产值	粮食总产量	油料总产量	猪牛羊肉产量	
全国	629.73	100.00	100.00	100.00	100.00	100.00	100.00	54.58
北京	1 261.11	1.78	0.97	2.46	0.59	0.19	0.82	75.24
天津	1 069.04	1.68	0.71	2.49	0.42	0.29	0.40	80.78
河北	592.21	5.33	4.75	5.80	5.10	4.64	4.84	59.45
山西	559.67	1.96	1.69	2.18	2.17	2.44	1.17	60.77
内蒙古	607.15	1.22	2.10	0.48	2.18	4.30	1.98	21.42
辽宁	776.35	4.17	3.52	4.71	3.35	1.08	3.14	61.65
吉林	717.34	2.02	2.60	1.55	4.50	2.89	1.73	41.70
黑龙江	670.80	2.28	3.13	1.58	5.19	1.07	1.84	37.72
上海	1 664.65	2.47	0.91	3.76	0.54	1.13	0.93	83.20
江苏	883.77	12.44	7.70	16.39	7.25	6.96	6.27	71.89
浙江	1 044.63	7.05	4.45	9.21	3.56	3.00	3.41	71.35
安徽	517.01	3.87	4.94	2.98	5.51	7.99	3.90	42.04
福建	764.41	2.75	3.09	2.46	1.97	1.10	2.58	48.82
江西	579.61	2.40	3.23	1.72	3.72	3.40	4.10	39.03
山东	644.70	10.83	8.65	12.65	7.53	13.13	7.48	63.72
河南	482.01	6.17	6.51	5.88	7.41	9.43	4.94	52.03
湖北	602.08	4.25	5.45	3.26	5.55	5.93	5.49	41.81
湖南	545.69	3.95	5.35	2.79	5.95	4.47	7.57	38.57
广东	951.71	7.70	7.69	7.72	4.26	3.65	5.98	54.68
广西	499.76	1.88	2.98	0.97	3.06	1.55	3.63	28.16
海南	653.43	0.49	0.93	0.13	0.37	0.28	0.48	14.05
四川	505.15	6.28	8.17	4.70	9.57	9.71	15.96	40.88
贵州	435.13	1.14	1.89	0.52	1.62	2.72	2.80	24.72
云南	489.75	1.46	2.28	0.77	2.37	0.82	2.98	28.87
西藏	483.90	0.09	0.18	0.01	0.12	0.11	0.36	7.24
陕西	459.72	1.89	2.24	1.59	2.40	2.07	1.78	46.05
甘肃	398.99	1.06	1.40	0.78	1.55	2.09	1.50	40.16
青海	513.96	0.19	0.33	0.07	0.26	0.75	0.61	19.79
宁夏	534.19	0.22	0.33	0.13	0.43	0.38	0.25	31.65
新疆	622.45	0.97	1.81	0.27	1.49	2.43	1.09	15.25

注：兄弟省市的1990年资料为国家统计局反馈的公报指标数。

各省(市、区)农村社会总产值及构成

(1991年)

地区	农村社会总产值(亿元)	农村社会总产值构成(%)				
		农业	农村工业	农村建筑业	农村运输业	农村商业
全国总计	**19 014.25**	**42.90**	**43.53**	**6.00**	**3.48**	**4.09**
北京	336.14	22.75	61.11	6.69	4.56	4.88
天津	331.82	17.49	72.40	3.39	4.26	2.46
河北	997.10	37.87	49.76	6.49	2.58	3.30
山西	339.98	33.23	48.55	6.00	8.03	4.19
内蒙古	223.58	73.39	13.66	4.96	4.79	3.20
辽宁	811.03	37.27	51.13	3.85	3.56	4.19
吉林	330.19	57.05	24.98	6.84	5.38	5.75
黑龙江	404.12	61.30	21.54	5.78	6.90	4.48
上海	510.09	14.44	74.70	6.93	1.12	2.81
江苏	2 312.06	25.13	63.46	6.49	2.18	2.74
浙江	1 408.87	26.17	61.71	7.52	1.72	2.88
安徽	637.11	49.80	33.14	6.66	4.93	5.47
福建	542.93	47.29	38.53	5.09	4.50	4.59
江西	468.54	57.96	27.55	5.78	3.90	4.81
山东	2 166.71	36.60	52.87	5.76	1.79	2.98
河南	1 158.08	45.86	35.22	7.30	6.19	5.44
湖北	731.80	55.35	30.61	5.29	3.68	5.07
湖南	719.11	59.18	26.42	5.90	4.19	4.31
广东	1 554.73	42.12	41.87	6.23	3.32	6.47
广西	378.46	73.50	15.24	5.61	1.87	3.79
海南	88.74	85.40	4.62	4.06	2.52	3.32
四川	1 205.84	56.40	29.52	5.30	4.03	4.74
贵州	223.03	74.13	15.68	3.32	3.30	3.57
云南	305.32	73.02	14.38	5.69	3.46	3.46
西藏	22.13	94.40	0.72	1.17	2.03	1.67
陕西	358.27	51.74	29.64	6.73	6.46	5.43
甘肃	184.60	58.70	22.82	4.99	6.93	6.55
青海	32.03	78.80	10.90	3.78	3.18	3.34
宁夏	39.62	68.02	18.10	4.19	7.27	2.42
新疆	192.22	84.28	7.17	4.83	1.70	2.02

各省(市、区)播种面积和产量

(1991年)

地区	总播种面积(万亩)	#粮食作物面积	#油料作物面积	粮食总产量(万吨)	#小麦产量	油料总产量(万吨)
全国总计	224 378.7	168 470.4	17 294.5	43 529.3	9 595.3	1 638.3
北京	885.3	724.9	18.3	279.7	108.5	3.3
天津	872.2	686.7	38.7	198.5	62.0	4.5
河北	13 222.2	10 197.0	838.6	2 268.7	900.4	72.9
山西	5 956.0	4 799.2	560.6	742.4	310.3	29.8
内蒙古	7 151.3	5 817.7	826.9	958.5	280.2	71.8
辽宁	5 457.1	4 634.8	213.9	1 532.4	49.6	20.3
吉林	6 098.9	5 313.0	281.3	1 898.9	14.5	43.5
黑龙江	12 922.3	11 140.3	205.5	2 164.3	381.1	15.2
上海	939.1	623.2	138.7	241.6	30.5	20.0
江苏	12 137.6	9 304.2	886.3	2 988.9	847.5	114.1
浙江	6 569.5	4 901.1	459.9	1 678.8	72.1	45.6
安徽	12 293.4	8 931.8	1 624.6	1 781.5	315.4	97.1
福建	4 240.3	3 130.8	172.7	889.7	30.5	15.6
江西	8 744.5	5 401.0	1 201.0	1 625.7	7.5	62.2
山东	16 495.5	12 132.2	1 063.3	3 916.8	1 889.4	233.1
河南	18 002.8	13 560.7	1 344.0	3 010.3	1 554.3	127.6
湖北	11 135.9	7 791.8	1 205.8	2 244.1	388.7	106.3
湖南	12 060.3	8 047.8	1 202.6	2 682.0	35.1	84.3
广东	8 489.1	5 807.2	500.1	1 852.6	22.9	57.2
广西	7 991.0	5 351.6	299.5	1 341.0	1.7	24.1
海南	1 244.2	853.7	65.7	177.7		4.7
四川	19 110.3	14 910.6	1 597.4	4 330.7	714.0	175.6
贵州	5 711.4	3 937.3	671.0	885.5	86.3	61.8
云南	6 900.5	5 428.4	202.8	1 093.0	115.3	17.2
西藏	323.7	287.9	17.5	58.0	18.3	1.8
陕西	7 322.4	6 132.6	457.6	1 047.0	445.7	35.4
甘肃	5 380.5	4 260.1	462.5	657.6	369.4	32.5
青海	815.2	602.9	175.5	114.6	76.9	13.2
宁夏	1 352.1	1 093.1	153.9	198.2	81.6	7.2
新疆	4 554.1	2 666.8	408.3	670.6	385.6	40.5

各省(市、区)牲畜头数及肉类产量

(1991年)

地区	年末存栏数(万头、只)			肉类总产量(万吨)		
	大牲畜	绵山羊	猪	牛肉	羊肉	猪肉
全国总计	13 192.6	20 621.0	36 964.6	153.5	118.0	2 452.3
北京	27.9	68.9	241.7	1.1	0.9	22.8
天津	32.6	66.9	84.7	0.5	1.0	9.1
河北	528.9	995.4	1 555.8	7.0	8.5	115.6
山西	296.1	679.2	368.2	3.4	4.4	25.5
内蒙古	699.9	2 960.9	559.8	9.6	16.1	31.0
辽宁	326.0	247.9	1 137.7	5.1	1.4	82.3
吉林	318.5	228.7	522.6	4.9	1.0	40.9
黑龙江	378.1	304.6	725.1	6.7	1.5	47.0
上海	8.4	35.4	227.9		0.3	23.0
江苏	93.3	832.0	1 858.9	2.3	8.0	153.0
浙江	65.1	181.3	1 332.7	0.5	1.1	86.9
安徽	515.2	341.7	1 232.3	10.8	2.7	86.8
福建	131.6	62.6	954.8	0.8	0.5	67.6
江西	334.9	15.8	1 589.6	1.7	0.2	111.9
山东	774.9	2 165.3	1 923.6	21.0	17.3	168.8
河南	1 102.1	1 185.9	1 820.8	24.8	7.8	108.7
湖北	353.6	132.5	2 017.4	2.1	1.2	144.6
湖南	406.3	71.4	2 837.5	1.9	0.5	197.0
广东	480.0	14.4	2 083.0	3.8	0.4	158.0
广西	755.2	84.0	1 808.6	3.8	0.4	97.4
海南	126.2	39.5	282.3	1.0	0.2	12.1
四川	1 087.2	947.9	6 600.9	8.3	3.9	421.2
贵州	680.6	176.2	1 398.1	2.9	1.2	74.1
云南	931.9	685.7	2 096.3	2.8	1.6	76.9
西藏	575.1	1 723.7	17.8	4.4	4.2	0.5
陕西	301.9	580.6	838.3	4.0	2.7	43.6
甘肃	585.2	1 019.8	597.0	4.2	5.1	32.2
青海	630.5	1 670.4	93.2	5.3	5.6	4.6
宁夏	73.5	271.7	66.8	0.7	1.7	4.2
新疆	572.2	2 830.7	91.2	8.1	16.7	5.0

各省(市、区)工业企业单位数和工业总产值

(1991年)

地　　区	企业单位数(个)	#全民所有制	#集体所有制	工业总产值(亿元)	#全民所有制	#集体所有制
全国总计	**504 783**	**104 802**	**389 154**	**23 401.50**	**14 920.46**	**6 850.50**
北　京	6 344	1 863	4 242	768.87	535.30	149.70
天　津	6 819	2 246	4 179	610.16	440.76	115.65
河　北	21 708	4 828	16 724	934.32	637.83	277.47
山　西	11 888	2 764	9 092	515.98	378.92	135.54
内蒙古	8 800	2 616	6 164	285.85	235.41	47.70
辽　宁	25 789	4 800	20 664	1 513.14	1 085.46	347.07
吉　林	13 817	2 893	10 897	525.02	412.84	109.71
黑龙江	17 812	5 019	12 738	869.17	734.65	129.21
上　海	13 468	4 517	7 206	1 823.95	1 274.76	259.39
江　苏	45 324	4 991	39 586	2 567.85	1 062.89	1 336.62
浙　江	44 768	4 250	39 979	1 416.66	544.98	817.41
安　徽	23 668	3 504	20 079	637.62	442.28	190.56
福　建	14 386	3 016	9 941	513.14	261.63	96.97
江　西	17 891	4 318	13 522	416.55	318.03	93.70
山　东	26 682	4 799	21 665	1 854.18	1 048.52	780.85
河　南	20 211	4 561	15 600	905.27	662.50	233.43
湖　北	25 204	6 150	18 943	1 039.77	743.30	283.80
湖　南	25 019	4 846	20 130	700.20	512.90	182.61
广　东	31 393	7 172	20 499	2 071.76	903.88	564.56
广　西	11 263	3 767	7 307	383.72	302.22	73.05
海　南	1 572	992	453	49.53	37.88	2.86
四　川	45 591	7 512	37 808	1 274.98	923.40	338.20
贵　州	7 636	2 130	5 414	228.98	192.55	31.91
云　南	7 984	2 687	5 243	360.49	293.25	64.83
西　藏	275	182	92	2.86	2.42	0.44
陕　西	12 581	2 676	9 871	441.62	359.23	74.79
甘　肃	6 822	1 629	5 182	293.75	249.70	43.61
青　海	1 470	560	902	59.82	52.04	7.74
宁　夏	1 895	520	1 360	74.39	61.39	12.10
新　疆	6 703	2 994	3 672	261.77	209.54	49.03

注：1.本表口径为乡及乡以上工业。

2.总产值按1990年不变价格计算。

各省(市、区)部分工业产品产量

(1991年)

地　区	原煤 (万吨)	原油 (万吨)	发电量 (亿千瓦时)	钢材 (万吨)	水泥 (万吨)	原盐 (万吨)
全国总计	**108 740.61**	**14 099.20**	**6 775.47**	**5 638.25**	**25 260.92**	**2 410.26**
北　京	996.54	0.00	131.78	402.91	377.62	0.00
天　津	0.00	474.90	90.27	204.68	137.24	186.42
河　北	6 142.82	537.73	410.66	318.48	1 596.97	228.40
山　西	29 162.27	0.00	341.38	125.03	675.23	0.11
内蒙古	4 922.80	100.06	189.04	179.69	270.60	100.66
辽　宁	5 234.66	1 374.22	446.51	978.84	1 312.20	240.35
吉　林	2 558.75	342.30	199.80	67.45	473.16	0.00
黑龙江	8 514.00	5 562.33	316.34	87.69	553.57	0.00
上　海	0.00	0.00	304.82	738.08	597.85	0.00
江　苏	2 470.55	92.50	441.20	247.76	1 823.28	119.76
浙　江	139.17	0.00	242.32	92.63	1 622.00	56.37
安　徽	3 084.29	3.00	215.52	199.81	1 011.11	10.60
福　建	857.19	0.00	151.76	59.25	646.87	120.23
江　西	2 122.98	0.00	129.96	95.27	566.91	24.35
山　东	6 053.93	3 355.19	496.40	173.27	2 405.42	472.50
河　南	8 972.59	848.32	356.49	149.32	1 401.87	2.16
湖　北	810.43	73.35	349.49	536.33	1 122.80	148.84
湖　南	3 214.03	0.00	221.25	136.60	1 199.10	49.51
广　东	933.07	153.63	394.93	148.37	2 703.03	51.42
广　西	992.91	13.00	135.55	54.49	961.52	19.55
海　南	1.50	0.00	16.47	0.14	62.75	25.67
四　川	6 903.98	13.78	379.58	375.10	1 669.00	217.44
贵　州	3 723.26	0.00	116.03	31.87	308.13	0.00
云　南	2 193.73	0.00	140.85	83.77	565.19	28.01
西　藏	0.92	0.00	3.45	0.00	13.66	0.00
陕　西	3 289.54	85.06	164.31	32.56	591.66	10.54
甘　肃	1 543.21	161.81	188.05	50.66	109.14	4.73
青　海	286.79	102.00	59.81	29.48	57.77	142.32
宁　夏	1 543.21	23.02	63.11	4.87	97.29	0.15
新　疆	2 111.55	783.00	78.34	33.81	327.83	150.17

各省(市、区)全民独立核算工业企业主要经济效益指标

单位：%

地区	1980年			1985年			1990年		
	固定资产产值率	工业产值利税率	资金利税率	固定资产产值率	工业产值利税率	资金利税率	固定资产产值率	工业产值利税率	资金利税率
全国	**104.97**	**24.0**	**24.8**	**105.81**	**23.6**	**23.8**	**108.27**	**11.96**	**12.43**
北京	123.95	30.75	37.9	116.71	28.32	35.3	122.27	17.76	20.57
天津	161.67	24.94	39.9	144.29	23.29	35.5	141.49	9.53	12.75
河北							93.76	8.01	7.44
山西	60.65	21.99	14.29	62.39	17.33	12.31	69.88	9.65	7.18
内蒙古	48.91	13.99	6.9	57.60	16.11	10.0	70.46	10.52	7.28
辽宁	90.80	26.43	27.28	91.67	23.36	25.22	89.93	9.02	8.73
吉林	75.96	19.01	15.9	83.63	18.37	17.0	91.09	9.90	8.72
黑龙江	81.85	33.16	29.6	77.24	20.19	17.3	84.98	9.05	7.86
上海	269.54	32.49	80.41	219.35	28.42	58.53	172.41	14.55	21.40
江苏	179.08	20.04	33.44	161.14	18.81	29.94	153.75	10.38	14.33
浙江	158.19	21.68	33.2	155.47	21.28	31.9	163.93	12.94	18.02
安徽	108.10	20.43	21.5	112.71	19.15	22.3	115.15	11.96	13.03
福建	111.72	21.87	23.2	117.32	21.45	23.8	129.77	14.72	16.56
江西	84.69	15.22	12.84	97.11	16.55	16.27	116.21	7.86	8.38
山东	123.44	23.34	29.2	103.15	24.54	27.7	102.21	10.30	10.30
河南	94.03	21.18	15.0	92.58	19.61	14.3	98.27	11.94	11.33
湖北	85.08	20.91	16.81	97.49	22.08	21.68	108.71	13.38	13.99
湖南	96.49	20.60	20.50	104.28	21.11	23.30	118.11	12.77	14.18
广东			25.60			29.15	145.15	11.82	15.43
广西	87.83	20.88	17.50	96.85	21.84	21.0	122.68	15.64	17.28
海南	66.94			86.05			78.43	10.31	7.32
四川	68.17	21.07	14.4	84.83	20.02	17.9	101.57	10.85	10.34
贵州	44.26	20.65	9.35	65.44	21.82	14.97	88.93	20.10	17.04
云南	59.14	22.71	14.2	78.70	27.58	23.6	113.78	31.30	33.65
西藏	47.16	2.78	1.52	30.10	−1.61	−0.62	35.85	14.47	5.90
陕西	67.88	20.10	13.3	74.27	18.15	13.8	93.66	11.70	9.72
甘肃	54.27	26.48	16.2	62.37	23.44	17.2	78.42	12.97	10.86
青海	40.44	12.15	4.8	52.00	13.41	7.2	50.89	13.11	6.39
宁夏	47.46	19.02	9.1	53.15	17.00	10.2	72.93	9.39	6.90
新疆	62.16	20.03	13.8	64.68	17.35	13.8	67.59	9.45	6.75

注：1.资料来源：中国统计出版社1991年出版的《中国统计年鉴》。

2.本表均按当年价格计算，固定资产为原值数。

各省(市、区)基本建设投资

(1991年)

地　区	投资总额 (亿元)	生产性 建设	非生产性 建设	#住宅	新增 固定资产 (亿元)	竣工房屋 建筑面积 (万平方米)
全国总计	2 074.73	1 493.08	581.65	224.73	1 390.50	11 843.56
北　京	87.34	30.23	57.11	15.03	72.72	456.00
天　津	64.15	56.29	7.85	2.35	38.56	136.75
河　北	73.02	51.94	21.08	8.85	60.38	470.30
山　西	71.59	57.98	13.61	5.28	60.56	289.69
内蒙古	51.47	39.44	12.04	5.47	26.83	277.24
辽　宁	128.11	90.53	37.58	17.02	97.09	729.20
吉　林	39.08	26.93	12.15	5.78	29.56	258.87
黑龙江	74.65	54.86	19.79	8.97	63.38	456.61
上　海	106.96	67.27	39.68	12.56	89.05	393.22
江　苏	90.16	64.84	25.32	9.51	61.18	594.73
浙　江	50.41	35.14	15.27	4.06	44.24	420.98
安　徽	45.75	35.38	10.37	3.70	22.79	265.48
福　建	47.45	33.53	13.92	4.51	27.41	288.04
江　西	30.45	22.12	8.33	3.27	23.18	276.27
山　东	110.86	81.88	28.98	11.18	90.14	667.71
河　南	80.29	63.29	17.00	7.00	48.28	498.03
湖　北	59.60	44.04	15.56	9.24	34.99	568.03
湖　南	53.23	34.69	18.53	9.51	42.45	543.69
广　东	213.86	159.57	54.29	18.85	115.22	887.81
广　西	26.93	17.22	9.71	4.15	15.08	275.36
海　南	24.54	13.28	11.26	3.23	16.87	193.50
四　川	121.85	83.77	38.08	17.55	82.48	1 139.68
贵　州	24.79	17.96	6.83	2.85	13.96	246.00
云　南	36.43	24.44	11.99	5.43	16.89	324.20
西　藏	8.54	5.01	3.53	1.21	9.14	62.54
陕　西	44.61	30.60	14.01	5.89	21.69	288.14
甘　肃	33.29	26.45	6.84	3.49	18.78	167.44
青　海	14.55	10.85	3.69	1.43	7.67	91.84
宁　夏	13.44	10.80	2.64	1.15	10.35	74.31
新　疆	70.98	57.98	12.99	5.59	30.57	315.90
不分地区	176.36	144.76	31.60	10.61	98.99	186.00

注：资料来源：国家统计局"国民经济统计简明年报（一）"。

各省(市、区)社会商品零售总额

(1991年)

单位：亿元

地区	社会商品零售总额	消费品		农业生产资料
		居民	社会集团	
全国总计	**9 415.60**	**7 358.50**	**887.20**	**1 169.90**
北京	357.80	286.30	53.70	17.80
天津	169.20	138.10	21.40	9.70
河北	434.30	316.30	35.00	83.00
山西	206.60	158.10	21.30	27.20
内蒙古	163.20	130.80	14.70	17.70
辽宁	511.10	402.50	64.80	43.80
吉林	255.40	199.90	23.80	31.70
黑龙江	388.50	311.10	41.10	36.30
上海	402.10	315.90	66.10	20.10
江苏	665.60	515.30	62.80	87.50
浙江	468.80	365.00	39.00	64.80
安徽	299.50	226.50	21.00	52.00
福建	258.80	219.90	11.10	27.80
江西	201.50	155.40	13.80	32.30
山东	663.40	485.90	50.10	127.40
河南	442.10	317.50	35.00	89.60
湖北	413.20	328.10	34.20	50.90
湖南	389.70	307.50	27.40	54.80
广东	857.60	728.10	58.50	71.00
广西	236.30	188.10	12.10	36.10
海南	45.00	39.20	2.80	3.00
四川	621.80	484.30	54.20	83.30
贵州	105.40	84.30	8.60	12.50
云南	187.80	148.90	14.90	24.00
西藏	15.10	9.50	4.30	1.30
陕西	203.40	152.70	23.90	26.80
甘肃	120.90	90.40	15.80	14.70
青海	34.10	28.70	3.30	2.10
宁夏	33.60	24.70	3.50	5.40
新疆	137.10	107.80	13.70	15.60

注：1.各地区数字之和小于全国总计。

2.资料来源：国家统计局《1991年国民经济简要统计年报》。

各省(市、区)物价总指数(以上年价格为100)

(1991年)

地　区	零售物价总指数	职工生活费用价格总指数	农副产品收购价格总指数	农业生产资料价格总指数	集市贸易价格总指数
全国总计	**102.9**	**105.1**	**98.0**	**102.9**	**99.2**
北　京	108.5	112.4	101.7		104.9
天　津	108.0	110.2	99.8		100.6
河　北	102.8	106.6	96.4	101.6	100.5
山　西	103.9	106.2	96.3	106.1	103.7
内蒙古	104.5	106.0	95.0	103.	98.1
辽　宁	104.1	106.0	101.9	103.1	99.1
吉　林	105.1	107.1	89.5	105.9	99.9
黑龙江	106.5	108.2	97.0	105.4	100.9
上　海	109.5	110.5	103.7		106.8
江　苏	104.4	107.7	99.4	101.8	104.3
浙　江	103.0	105.6	101.0	103.1	101.4
安　徽	105.7	107.4	102.2	102.3	103.8
福　建	103.6	104.6	99.5	105.1	96.7
江　西	102.4	104.4	96.9	102.8	98.2
山　东	104.7	106.2	99.3	102.0	102.5
河　南	101.7	105.1	100.6	100.1	101.1
湖　北	104.3	106.2	97.6	102.3	100.4
湖　南	104.1	105.1	94.3	101.2	99.6
广　东	100.6	102.3	98.4	101.4	96.5
广　西	102.5	102.7	106.5	101.3	97.0
海　南	103.1	104.0		100.6	97.4
四　川	102.3	104.3	98.6	100.8	100.6
贵　州	103.3	103.9	97.2	100.0	97.9
云　南	103.7	103.8	97.2	109.4	98.7
西　藏					
陕　西	105.8	107.3	98.2	100.8	101.4
甘　肃	104.6	105.7	100.0	104.5	104.3
青　海	106.3	108.7	103.0	104.1	100.6
宁　夏	105.7	106.9	98.0	104.6	101.9
新　疆	108.0	109.3	106.4	105.1	109.5

注：资料来源：国家统计局《1991年国民经济简要统计年报》。

各省(市、区)职工人数、职工工资和城乡居民收入情况

(1991年)

地区	职工人数(万人)	#全民所有制	工资总额(亿元)	#全民所有制	城镇居民家庭人均生活费收入(元)	农民人均纯收入(元)
全国总计	14 508.4	10 664.4	3 323.9	2 594.9	1 570.00	708.55
北京	470.0	367.8	132.2	106.1	2 040.43	1 422.37
天津	291.6	219.3	79.7	62.3	1 698.67	1 168.53
河北	673.7	512.6	142.2	116.4	1 432.87	657.38
山西	451.7	350.7	100.2	83.4	1 229.94	567.90
内蒙古	383.2	293.3	75.6	61.5	1 273.69	617.99
辽宁	1 033.3	683.8	242.1	174.8	1 541.59	896.71
吉林	533.4	371.8	106.3	81.6	1 259.19	748.33
黑龙江	872.1	631.2	175.4	139.3	1 240.13	734.80
上海	517.7	403.5	172.9	139.1	2 334.37	2 003.38
江苏	899.3	551.5	204.4	136.3	1 622.93	920.72
浙江	492.8	293.4	116.0	74.4	1 950.37	1 210.77
安徽	497.1	339.2	94.7	72.8	1 341.31	446.05
福建	322.3	219.5	75.9	53.7	1 669.12	850.05
江西	398.9	313.9	71.9	59.9	1 177.08	702.53
山东	803.3	579.9	179.8	139.8	1 565.53	764.04
河南	722.5	544.1	138.2	113.6	1 249.50	539.29
湖北	716.1	539.9	147.0	118.0	1 431.59	626.92
湖南	567.1	435.7	121.0	98.6	1 488.05	688.91
广东	827.6	544.5	268.2	179.8	2 535.64	1 143.06
广西	323.1	267.5	71.1	61.0	1 613.62	657.74
海南	108.1	97.2	23.2	21.0	1 725.50	730.08
四川	965.7	730.5	208.7	169.9	1 536.63	590.21
贵州	231.9	190.5	47.0	41.0	1 301.90	465.53
云南	303.1	257.3	68.7	60.3	1 528.93	572.58
西藏	16.4	15.3	5.4	5.2	2 111.24	706.67
陕西	390.2	320.7	84.4	73.5	1 367.98	533.96
甘肃	247.4	202.8	62.0	53.8	1 368.80	446.42
青海	67.4	56.9	18.5	16.6	1 306.49	555.56
宁夏	70.1	58.6	16.5	14.5	1 391.53	589.98
新疆	311.3	271.5	74.7	66.7	1 475.59	703.17

注：资料来源：国家统计局《1991年国民经济简要统计年报》。

附列资料

青海省各月累计主要经济统计指标

(1991 年)

指 标	计量单位	1月	2月	3月	4月	5月	6月
一、工业							
(1)工业总产值	万元	40 880	76 705	121 057	170 905	222 606	278 638
轻工业	万元	11 448	19 433	31 289	48 216	64 885	82 259
重工业	万元	29 432	57 272	89 768	122 689	157 721	196 379
在工业总产值中：							
全民所有制	万元	36 494	68 670	107 689	151 413	196 354	244 137
集体所有制	万元	4 386	8 035	13 080	19 131	25 872	34 014
按地区分：							
西 宁 市	万元	28 657	52 113	78 906	108 595	138 136	169 850
海东地区	万元	4 236	8 207	15 446	21 637	28 654	36 085
海 西 州	万元	3 217	8 031	12 928	21 679	31 191	41 540
海 北 州	万元	823	1 341	3 050	4 194	5 732	7 002
海 南 州	万元	3 620	6 442	9 692	13 312	16 848	21 112
黄 南 州	万元	161	267	496	716	985	1 348
果 洛 州	万元	7	16	37	58	80	326
玉 树 州	万元	20	46	104	176	273	467
其 他	万元	140	240	397	535	707	909
省级主要工业厅（局）							
重工业厅	万元	15 466	29 804	45 447	60 684	74 769	91 182
电 力 局	万元	4 780	8 679	13 073	16 948	21 158	25 866
建 材 局	万元	865	1 314	2 331	2 855	3 667	4 612
医 药 局	万元	387	773	1 007	1 293	1 619	2 168
国防工办	万元	374	634	1 060	1 472	1 842	2 373
经 贸 厅	万元	234	427	777	1 081	1 344	1 790
交 通 厅	万元	137	212	362	522	691	838
(2)主要产品产量							
纱	吨	500	800	1 300	1 700	2 200	2 700
布	万米	215	361	553	745	931	1 133
呢 绒	万米	17	30	51	71	90	113
毛 线	吨	96	238	373	463	631	722
原 盐	万吨		0.77	2	32	56	76
白酒(商品量)	吨	220	368	544	677	844	938
乳制品	吨	51	97	148	194	234	315
机制纸及纸板	吨	365	581	838	1 169	1 581	2 130
日用精铝制品	吨	170	258	428	590	779	928
塑料制品	吨	294	622	919	1 257	1 543	1 791
原 煤	万吨	18	32	61	79	101	125
原 油	万吨	8	16	25	33	42	51

青海省各月累计主要经济统计指标(续一)

(1991年)

指标	计量单位	7月	8月	9月	10月	11月	12月
一、工业							
(1)工业总产值	万元	332 987	386 854	441 980	496 272	544 477	595 000
轻工业	万元	98 014	111 544	128 532	144 963	161 974	178 609
重工业	万元	234 973	275 310	313 448	351 308	382 502	416 391
在工业总产值中							
全民所有制	万元	289 524	336 305	384 194	431 456	472 946	516 893
集体所有制	万元	42 820	49 837	56 993	63 946	70 587	77 164
按地区分							
西宁市	万元	201 050	233 285	264 001	292 893	322 187	349 310
海东地区	万元	42 587	48 712	54 972	61 738	67 945	75 184
海西州	万元	50 639	58 394	67 178	74 007	79 399	87 245
海北州	万元	8 694	10 012	11 386	13 991	16 654	19 302
海南州	万元	26 045	31 295	37 068	43 189	45 993	49 508
黄南州	万元	1 717	2 048	2 758	3 485	4 234	4 731
果洛州	万元	595	1 063	2 143	3 874	4 542	4 826
玉树州	万元	573	723	959	1 445	1 787	3 064
其他	万元	1 133	1 322	1 518	1 650	1 736	1 829
省级主要工业厅(局)							
重工业厅	万元	107 480	123 739	139 577	154 426	170 389	185 116
电力局	万元	31 283	37 075	41 295	45 778	50 980	54 167
建材局	万元	5 681	6 719	7 783	8 927	9 786	10 092
医药局	万元	2 411	2 875	3 438	3 900	4 354	4 638
国防工办	万元	2 797	3 257	3 761	4 118	4 392	4 745
经贸厅	万元	2 190	2 806	3 063	3 758	4 423	4 682
交通厅	万元	994	1 308	1 533	1 704	1 893	1 993
(2)主要产品产量							
纱	吨	3 300	3 900	4 400	5 000	5 400	5 400
布	万米	1 320	1 515	1 687	1 860	1 989	2 115
呢绒	万米	135	155	177	197	218	240
毛线	吨	769	810	900	966	1 061	1 181
原盐	万吨	97	115	126	132	134	141
白酒(商品量)	吨	1 017	1 172	1 295	1 431	1 534	1 728
乳制品	吨	436	597	663	694	742	858
机制纸及纸板	吨	2 704	3 283	3 927	4 426	5 013	5 454
日用精铝制品	吨	1 072	1 208	1 416	1 526	1 592	1 659
塑料制品	吨	2 064	2 386	2 551	2 723	2 966	3 124
原煤	万吨	145	166	187	212	241	271
原油	万吨	60	69	77	86	94	102

青海省各月累计主要经济指标(续二)

(1991年)

指　标	计量单位	1月	2月	3月	4月	5月	6月
发电量	亿千瓦小时	5	9	14	18	23	28
＃水电	亿千瓦小时	4	7	10	13	17	21
钢	万吨	3	6	9	11	14	17
钢　材	万吨	3	6	9	11	13	15
红钒钠	万吨	0.01	0.03	0.05	0.06	0.08	0.11
化　肥(100%)	万吨	0.06	0.15	0.25	0.70	1.86	3.0
木　材	万立方米		0.02	0.20	0.40	0.50	0.70
水　泥	万吨	2	3	4	10	16	22
金属切削机床	台	95	179	283	383	459	579
汽　车	辆	13	24	38	68	108	158
推土机	台	21	33	33	63	63	98
工业用呢	吨	25	46	81	116	151	188
毛　毯	万条	3	5	7	11	13	16
肥　皂	吨				250	425	554
地　毯	万平方米	0.5	0.9	1.0	2.0	3.0	4.0
皮　革	万张	2	4	5	7	9	11
改装汽车	辆	67	128	180	238	299	363
石　棉	万吨	0.3	0.6	0.9	1.0	2.0	2.0
(3)地方国营预算内工业企业							
主要财务指标							
工业总产值	万元	21 185	39 616	62 666	87 211	114 451	142 202
产品销售收入	万元	13 072	24 339	41 607	58 591	80 708	99 734
产品销售税金	万元	1 263	2 492	4 090	5 088	7 425	8 514
实现利润	万元	−655	−692	−1 970	−2 912	−3 081	−3 836
亏损企业的亏损额	万元	1 215	1 722	3 623	4 948	6 332	7 600
可比产品成本降低率(当月数)	%		−5.5	−3.1	−3.1	−2.6	−2.6
(4)全民所有制独立核算工业							
企业全员劳动生产率	元／人	2 145	3 928	6 198	8 513	10 928	13 514
二、全民所有制固定资产投资							
(1)基本建设完成							
投资总额	万元			5 738	12 524	22 514	36 516
＃地方	万元			245	1 331	4 081	8 412
在投资总额中							
生产性建设:	万元			5 669	10 998	18 764	28 212
＃地方	万元			316	703	2 417	4 988
非生产性建设	万元			69	1 526	3 750	8 304
＃地方	万元			29	628	1 664	3 424
新增固定资产	万元				135	1 497	3 596

青海省各月累计主要经济指标(续三)

(1991年)

指　标	计量单位	7月	8月	9月	10月	11月	12月
发电量	亿千瓦小时	34	41	47	54	56	59
#水电	亿千瓦小时	26	31	36	41	42	44
钢	万吨	19	24	27	30	33	36
钢　材	万吨	18	20	22	25	28	29
红钒钠	万吨	0.14	0.16	0.18	0.18	0.18	0.18
化　肥(100%)	万吨	4	5	6	8	8	10
木　材	万立方米	1.2	1.5	2	3.0	3.0	3.0
水　泥	万吨	29	37	43	49	54	57
金属切削机床	台	647	727	826	917	982	1 062
汽　车	辆	258	358	418	466	513	566
推土机	台	98	98	123	130	134	134
工业用呢	吨	223	258	288	314	338	355
毛　毯	万条	19	21	24	27	27	29
肥　皂	吨	771	1 045	1 045	1 148	1 148	1 148
地　毯	万平方米	5	6	6	7	8	10
皮　革	万张	13	15	17	23	23	23
改装汽车	辆	460	674	751	850	928	848
石　棉	万吨	2	3	3	4	4	4
(3)地方国营预算内工业企业							
主要财务指标							
工业总产值	万元	164 536	195 005	218 766	243 938	265 240	285 894
产品销售收入	万元	119 818	140 211	160 645	188 987	217 454	245 772
产品销售税金	万元	10 602	11 765	13 236	15 745	18 953	20 795
实现利润	万元	−3 697	−4 472	−4 867	−5 069	−5 743	−8 557
亏损企业的亏损额	万元	9 041	9 900	10 758	12 010	13 346	16 765
可比产品成本降低率(当月数)	%	−3.3	−3.4	−2.7	−2.0	−3.1	−3.7
(4)全民所有制独立核算工业							
企业全员劳动生产率	元／人	15 962	18 464	20 901	23 487	25 713	27 703
二、全民所有制固定资产投资							
(1)基本建设完成							
投资总额	万元	57 266	70 180	87 871	93 362	116 770	145 452
#地方	万元	14 512	21 116	30 090	33 342	43 077	58 759
在投资总额中							
生产性建设:	万元	43 730	53 573	67 185	70 762	86 781	108 549
#地方	万元	9 311	21 116	20 387	22 065	26 305	37 788
非生产性建设	万元	13 536	16 607	20 686	22 600	29 989	36 903
#地方	万元	5 201	7 276	9 703	11 277	16 772	20 971
新增固定资产	万元	4 543	6 225	8 664	10 159	16 397	76 664

青海省各月累计主要经济统计指标(续四)

(1991年)

指　标	计量单位	1月	2月	3月	4月	5月	6月
施工项目个数	个			8	79	171	281
#本年新开工项目	个				9	23	52
基建财务拨款金额	万元			3 782	26 970	34 455	37 065
#地方拨款	万元				741	4 464	9 650
在拨款中:							
国家预算内	万元			1 940	11 747	12 081	12 224
国内贷款	万元			1 800	14 515	18 014	14 352
自筹资金	万元			42	688	3 482	7 222
#地方自筹	万元			42	244	1 649	2 865
(2)更新改造措施完成投资额	万元			802	1 362	2 243	3 777
按建设性质分:							
#新　建	万元				14	41	93
扩　建	万元				12	197	749
改　建	万元			787	1 299	1 475	2 497
按用途分:							
生产性建设	万元			443	909	1 580	2 764
#地　方	万元			443	909	1 532	2 316
非生产性建设	万元			359	453	663	1 013
新增固定资产	万元						242
三、国内商业							
(1)社会商品零售总额	万元	30 723	60 305	87 259	114 998	139 295	166 182
消费品零售额	万元	29 313	57 173	79 665	103 943	126 256	151 474
对居民销售	万元	26 440	50 911	71 274	93 197	113 077	135 771
对社会集团销售	万元	2 873	6 262	8 391	10 746	13 179	15 703
农业生产资料零售额	万元	1 410	3 132	7 594	11 055	13 039	14 708
(2)社会商业商品购、销、存国内纯购进总额	万元	13 131	25 065	44 888	60 445	73 701	105 912
#国合商业	万元	12 089	22 983	44 353	56 815	70 071	81 448
国内纯销售总额	万元	27 428	55 871	84 121	111 402	135 514	178 570
#国合商业	万元	21 173	42 994	64 449	84 245	101 785	119 924
期末库存总额	万元	178 599	293 016	172 148	172 867	172 245	154 105
#国合商业	万元	166 669	180 788	166 395	172 867	171 332	149 243
四、外　贸							
(1)进出口总额	万美元	1 309	1 913	2 409	3 411	3 981	4 616
出口总额	万美元	1 232	1 836	2 389	3 319	3 875	4 491
进口总额	万美元	77	77	20	92	106	125
(2)外贸收购总值	万元	1 639	3 491	6 870	9 311	11 224	14 314

青海省各月累计主要经济统计指标(续五)

(1991年)

指　标	计量单位	7月	8月	9月	10月	11月	12月
施工项目个数	个	382	441	501	547	677	854
＃本年新开工项目	个	153	213	272	316	412	546
基建财务拨款金额	万元	57 958	62 654	78 991	87 121	112 688	141 678
＃地方拨款	万元	14 414	18 266	25 569	32 137	40 012	55 897
在拨款中:							
国家预算内	万元	13 751	19 327	22 499	24 024	26 734	31 924
国内贷款	万元	19 129	26 269	33 929	35 241	38 599	47 993
自筹资金	万元	10 120	11 120	15 588	20 195	22 395	28 630
＃地方自筹	万元	3 340	3 722	5 706	7 102	9 375	13 571
(2)更新改造措施完成投资额	万元	5 457	7 142	8 495	10 421	15 139	25 553
按建设性质分:							
＃新　建	万元	96	474	537	537	798	1 245
扩　建	万元	1 278	1 855	2 019	2 019	3 830	8 458
改　建	万元	3 552	3 818	4 727	6 371	7 480	11 059
按用途分:							
生产性建设	万元	4 069	5 461	6 300	7 784	11 511	21 042
＃地　方	万元	3 275	4 469	5 103	6 822	10 450	17 328
非生产性建设	万元	1 388	1 681	2 195	2 637	3 628	4 511
新增固定资产	万元	747	1 130	1 819	2 009	3 349	7 236
三、国内商业							
(1)社会商品零售总额	万元	189 831	214 573	242 785	270 738	298 723	336 947
消费品零售额	万元	173 676	196 927	223 739	250 496	277 193	313 641
对居民销售	万元	155 432	176 004	199 966	223 942	247 236	280 797
对社会集团销售	万元	18 244	20 923	23 773	26 554	29 957	32 844
农业生产资料零售额	万元	16 155	17 646	19 046	20 242	21 530	23 306
(2)社会商业商品购、销、							
存国内纯购进总额	万元	118 141	132 041	148 597	169 013	193 429	215 434
＃国合商业	万元	93 638	107 338	122 141	142 307	165 078	186 258
国内纯销售总额	万元	215 665	239 870	264 606	289 345	314 604	343 657
＃国合商业	万元	152 578	169 317	187 875	206 056	225 831	245 789
期末库存总额	万元	153 669	157 547	152 757	163 555	168 017	178 031
＃国合商业	万元	153 669	156 426	152 757	163 555	168 017	178 031
四、外　　贸							
(1)进出口总额	万美元	5 153	5 540	6 128	6 529	7 049	7 792
出口总额	万美元	5 008	5 374	5 916	6 311	6 828	7 552
进口总额	万美元	145	166	212	218	221	240
(2)外贸收购总值	万元	15 673	17 800	19 880	24 812	27 878	34 747

青海省各月累计主要经济统计指标(续六)

(1991 年)

指　标	计量单位	1月	2月	3月	4月	5月	6月
五、地方财政							
(1)财政收入	万元	4 950	7 724	12 627	18 371	24 125	32 375
＃工商税收	万元	3 800	5 866	10 087	14 788	20 535	29 244
国营企业所得税	万元	301	1 046	1 671	2 549	3 124	3 759
国营企业亏损补贴	万元	−73	−517	−1 196	−2 027	−3 610	−4 964
(2)财政支出	万元	5 500	11 846	22 468	31 940	46 919	62 312
＃基建支出	万元	11	13	292	451	2 318	4 243
文教卫生事业费	万元	2 233	3 863	6 415	9 072	12 213	15 194
支援农村生产支出	万元	203	282	613	1 144	2 063	2 812
行政管理费	万元	1 219	2 289	3 761	5 254	7 035	9 020
六、金　融							
(1)银行信用社期末存款余额	万元	599 414	599 387	599 719	606 532	607 084	612 381
＃城镇储蓄存款	万元	248 294	251 899	258 316	262 877	266 216	271 446
农牧民储蓄存款	万元	19 633	19 673	19 519	19 230	19 083	19 135
(2)银行信用社期末贷款余额	万元	733 615	733 526	739 062	746 353	751 201	760 677
(3)银行现金收支							
现金收入	万元	59 758	107 047	167 285	225 753	281 956	331 047
现金支出	万元	65 051	109 845	166 661	226 776	284 657	337 975
货币投放(+)或回笼(−)	万元	5 293	2 798	−624	1 023	2 701	6 928
七、劳动工资							
(1)期末职工人数	人		649 999	648 526	654 913	659 452	667 101
全民职工	人		558 705	557 545	560 341	562 113	566 999
集体职工	人		90 922	90 617	94 215	96 928	99 550
其他职工	人		372	364	357	411	552
(2)工资总额	万元		26 261	38 739	53 187	66 338	81 893
全民所有制单位	万元		24 054	35 385	48 549	60 324	74 393
＃奖金和计超工资	万元		2 303	3 425	4 636	5 902	7 369
集体所有制单位	万元		2 195	3 337	4 614	5 983	7 459
＃奖金和计超工资	万元		118	165	238		272
其它所有制单位	万元		12	18	24	31	41
＃奖金和计超工资	万元		1	2	2	3	3
八、物价指数(以上年同期为 100)							
全社会零售物价总指数	%	103.2	104.2	101.5	100.8	107.6	108.6
消费品价格指数	%	102.9	104.2	101.3	100.6	107.8	108.8
＃食品类	%	101.8	103.5	98.6	97.3	109.2	110.8
＃副食品类	%	101.3	103.5	97.5	94.5	105.5	106.1
农业生产资料价格指数	%	103.9	103.4	104.1	104.2	103.8	105.3
生活费用价格指数	%	103.9	105.0	102.6	101.9	108.5	109.4

青海省各月累计主要经济统计指标(续七)

(1991年)

指 标	计量单位	7月	8月	9月	10月	11月	12月
五、地方财政							
(1)财政收入	万元	37 697	42 699	47 699	54 844	63 710	84 698
#工商税收	万元	34 133	38 742	43 837	49 984	57 655	68 212
国营企业所得税	万元	4 460	4 971	5 475	6 183	6 766	10 403
国营企业亏损补贴	万元	-6 437	-7 216	8 264	9 764	10 905	14 028
(2)财政支出	万元	78 548	92 225	107 330	125 100	143 686	181 871
#基建支出	万元	6 302	7 622	9 184	10 765	11 883	14 934
文教卫生事业费	万元	18 486	21 261	24 402	28 061	32 199	38 433
支援农村生产支出	万元	4 257	5 477	6 773	7 901	8 756	11 231
行政管理费	万元	10 578	12 648	14 609	16 645	18 869	22 300
六、金　　融							
(1)银行信用社期末存款余额	万元	627 370	627 907	640 321	661 815	675 129	685 295
#城镇储蓄存款	万元	277 940	281 500	285 342	290 976	296 274	301 523
农牧民储蓄存款	万元	19 714	20 120	20 619	21 352	22 431	23 585
(2)银行信用社期末贷款余额	万元	769 172	776 239	806 027	826 232	859 432	889 801
(3)银行现金收支							
现金收入	万元	387 756	442 170	499 533	562 975	628 601	702 506
现金支出	万元	404 357	464 540	530 530	603 374	674 023	751 725
货币投放(+)或回笼(-)	万元	16 601	2 370	30 997	40 399	45 422	49 219
七、劳动工资							
(1)期末职工人数	人	570 977	675 320	674 063	670 965	671 378	670 716
全民职工	人	569 010	571 626	571 071	568 900	568 589	566 620
集体职工	人	101 377	103 097	102 373	101 399	102 076	103 391
其他职工	人	590	597	619	666	713	705
(2)工资总额	万元	96 051	111 077	125 688	140 899	156 281	178 165
全民所有制单位	万元	87 098	100 533	113 675	127 305	141 200	160 653
#奖金和计超工资	万元	8 678	10 238	11 800	13 810	15 483	19 323
集体所有制单位	万元	8 900	10 481	11 940	13 508	15 003	17 401
#奖金和计超工资	万元	330	374	422	488	529	699
其它所有制单位	万元	53	63	73	86	78	111
#奖金和计超工资	万元	4	5	9	10	12	17
八、物价指数(以上年同期为100)							
全社会零售物价总指数	%	107.6	107.8	107.7	109.0	108.2	105.3
消费品价格指数	%	107.8	107.9	107.9	109.3	108.4	105.3
#食品类	%	109.9	110.1	109.9	112.4	110.9	106.7
#副食品类	%	105.5	107.2	107.4	110.7	111.8	103.7
农业生产资料价格指数	%	105.2	105.5	105.0	105.0	105.2	105.5
生活费用价格指数	%	108.4	107.5	110.9	112.3	110.9	108.8

主要统计指标解释

1.经济类型

在本年鉴中，经济类型是指在我国社会主义社会中，目前存在着的全民所有制、劳动群众集体所有制、个体经营和其他各种经济类型(全民与集体合营、全民与私人合营、集体与私人合营、中外合资经营、中外合作经营、华侨或港澳工商业者经营、外商独资经营等)。

2.物质生产部门、非物质生产部门

物质生产部门是指创造物质产品和增加产品价值的生产活动部门，包括：工业、农业、建筑业以及为生产服务的运输业和邮电业，还包括作为生产过程在流通领域继续的那一部分商业（即商品的分类、修整、包装、保管等劳动）等五大物质生产部门。

除物质生产部门以外，都是非物质生产部门，包括：服务行业、城市公用事业、金融保险事业、科研、文化、教育、卫生、广播、体育、国家政府机关、军队、宗教团体等。

3.各个计划时期

本年鉴所用各个"时期"代表的年份如下：1950年到1952年为国民经济恢复时期；第一个五年计划时期（简称"一五"时期）为1953年到1957年；第二个五年计划时期（简称"二五"时期）为1958年到1962年；1963年到1965年为国民经济调整时期；第三个五年计划时期（简称"三五"时期）为1966年到1970年；第四个五年计划时期（简称"四五"时期）为1971年到1975年；第五个五年计划时期（简称"五五"时期）为1976年到1980年；第六个五年计划时期（简称"六五"时期）为1981年到1985年；第七个五年计划时期（简称"七五"时期）为1986年到1990年。

4.当年价格、可比价格、不变价格

当年价格（或现行价格）是指报告期的实际价格，如工业品的出厂价格、农产品的收购价格、商业的零售价格等。用当年价格计算的一些以货币表现的物量指标或劳务总量指标，如国民生产总值、工农业总产值、国民收入、农副产品收购总额和社会商品零售总额等，反映当年的实际情况，使国民经济各项指标互相衔接，便于考察社会经济效益，便于对生产、流通、分配、消费之间进行综合平衡。

按当年价格计算的以货币表现的指标，在不同年份之间进行对比时，因为包含各年间价格变动的因素，不能确切地反映实物量的增减变动，必须消除价格变动的因素后，才能真实反映经济发展动态。因此，在计算增长速度时一般都使用可比价格计算的数字。

可比价格在不同时期的价值量指标对比时，扣除了价格变动的因素，以确切表示物量的变化。按可比价格计算有两种方法：一种是直接按产品产量乘不变价格计算，另一种是用价格指数换算。

不变价格是用某一时期同类产品的平均价格作为固定价格，来计算各个时期的产品价值，目的是为了消除各时期价格变动的影响，保证前后时期之间、地区之间、计划与实际之间指标的可比性。新中国成立后，随着工农业产品价格水平的变化，国家统计局先后五次制订了全国统一的工业产品不变价格和农产品不变价格，即：从1949年到1957年使用1952年工（农）业产品不变价格，从1957年到1971年使用1957年不变价格，从1971年到1981年使用1970年不变价格，从1981年到1990年使用1980年不变价格。1991年开始使用1990年不变价格。

5.工农业总产值指数

指数是一种表明社会经济现象动态的相对数。运用指数可以测定不能直接相加和直接对比的社会经济现象的总动态。

工农业总产值指数就是当在某一历史时期内不同年份的工农业总产值使用了两种或几种不同的不变价格的情况下，要计算这个时期的工农业总产值发展速度时采用的一种指数。它是把各个年份的产值数换算成可比价格的基础上，根据定基指数等于相应各个环比指数的连乘积这个换算关系计算出来的。

例如：计算1990年工农业总产值为1952年的百分比，按工农业总产值指数计算，即：

$$\frac{1823.86}{100}=18.24\text{倍}\approx 18\text{倍}$$

又如计算1990年工农业总产值为1985年的百分比，即：

$$\frac{1823.86}{1203.88}=151.50\%$$

本年鉴所列1990年国民生产总值、社会总产值、国民收入、工业总产值、农业总产值为1952年、1980年、1985年各年的百分比，就是分别使用国民生产总值指数、社会总产值指数、国民收入指数、工业总产值指数、农业总产值指数直接计算的。

6.平均每年递增速度

计算平均每年递增速度有两种方法：一种是“水平法”，又称几何平均法，它是以间隔期最后一年的水平同基期水平对比来计算平均每年增长（或下降）速度的；另一种是“累计法”，又称代数平均法和方程法，是以间隔期内各年水平的总和同基期水平对比，来计算平均每年增长（或下降）速度的。

在一般情况下，两种方法计算的平均每年递增速度比较接近，但在经济发展不平衡，出现大起大落时，两种方法计算的结果差别较大。这是因为“水平法”主要考虑期末水平，而不注意中间各年的增减变化情况；“累计法”则主要考虑各年水平的累计数，而忽视期末水平的高低。两者在使用上都有其局限性，采用那种方法，应视指标的性质而定。目前我国计算平均每年递增速度通常采用“水平法”，对固定资产投资完成额、竣工住宅建筑面积等，多用“累计法”计算平均每年递增速度的。

从某年到某年平均每年递增速度的年份均不包括基期年在内，如 1953～1957 年第一个五年计划时期的五年平均每年递增速度是以 1952 年为基期计算的；1981～1990 年十年平均每年递增速度则是以 1980 年为基期计算的；1986～1990 年第七个五年计划时期的五年平均每年递增速度是以 1985 年为基期计算的，余类推。

7.国民生产总值

国民生产总值是指一个国家（或地区）的所有部门在一定时期内生产和提供的用货币来表现的最终产品和劳物总量。当前国际上大多数国家把它作为反映国民经济发展的综合指标。采用这一指标能全面反映国民经济和社会发展的规模和水平，有利于促进三次产业协调发展。

国民生产总值计算范围既包括工业、农业、建筑业、运输邮电业、商业（包括饮食业和物资供销业）五大物质生产部门，也包括服务业、公用事业、金融保险业、科研文教卫生事业等非物质生产部门。其价值形态是指国民经济各部门增加值之和，增加值等于国民经济各部门的总产值减去中间产品和劳务后的余额。物质生产部门的增加值相当于国民收入减去对非物质生产部门的支付，加上固定资产折旧（含大修理折旧）；非物质生产部门的增加值等于这些部门的纯收益（包括劳动报酬）加上固定资产折旧（含大修理折旧）。

8.三次产业的划分

1985 年 4 月国家统计局对我国三次产业的划分作了如下规定。第一产业：农业（包括林业、牧业、渔业等）；第二产业：工业（包括采掘业、制造业、自来水、电力、蒸汽、热水、煤气）和建筑业；第三产业：除上述第一、第二产业以外的其他各业。由于第三产业包括的行业多，范围广，根据我国实际情况，再具体分为四个层次。第一层次：流通部门，包括交通运输业、邮电通讯业、商业饮食业、物资供销和仓储业；第二层次：为生产和生活服务的部门，包括金融、保险业，地质普查业，房地产，公用事业，居民服务业，旅游业，咨询信息服务业和各类技术服务业等；第三层次：为提高科学文化水平和居民素质服务的部门，包括教育、文化、广播电视事业，科学研究事业，卫生，体育和社会福利事业等；第四层次：为社会公共需要服务的部门，包括国家机关、政党机关、社会团体，以及军队和警察等。

9.社会总产值

社会总产值，也称社会总产品，它是以货币表现的工业、农业、建筑业、邮电运输业、商业（包括饮食业和物资供销业）五个物质生产部门的总产值之和。社会总产值反映在一定时期内物质生产部门的总成果和总规模。就实物形态来说，是指工业、农业、建筑业、为生产服务的运输邮电业、商业（包括饮食业和物资供销业）等五个物质生产部门的劳动者，在一定时期内（通常为一年）生产出来的全部生产资料和消费资料的总和。其价值形态包括：（1）在生产过程中消耗掉的生产资料的转移价值（即固定资产折旧和燃料、原材料等劳动手段和劳动对象的转移价值）；（2）劳动者新创造的价值，其中包括相当于劳动报酬的那部分价值和为社会创造的剩余产品的价值。

社会总产值与国民生产总值除了理论基础不同以外，在计算方法上也有区别。主要有两点：（1）非物质生产部门，如文化、教育、卫生、科学研究、理发、洗澡、照相、旅馆、政府机关、警察、军队等所提供的服务性收入，社会总产值不包括，国民生产总值则包括；（2）物质生产部门在生产过程中消耗掉的原材料、燃料、动力等转移价值，国民生产总值不包括，社会总产值则包括。至于固定资产折旧，两者都包括。

10.国民收入

国民收入是反映经济发展水平、经济效益和分配关系的重要指标。它是指一定时期内工业、农业、建筑业、运输邮电业、商业（包括饮食业和物资供销业）五个物质生产部门劳动者新创造的物质财富，或者称新创造的价值（即净产值）的总和。也就是说，从社会总产值中扣除在生产过程中消耗的生产资料（即物质消耗，如用于生产的原材料、种籽、肥料、燃料、动力等的消耗和固定资产折旧等）以后剩下来的新创造的价值，就是国民收入。

我国国民收入计算的方法有两种：（1）生产法，用各物质生产部门的总产值减去生产中的物质消耗价值后的净产值相加；（2）分配法，从国民收入初次分配的角度出发，它等于物质生产部门劳动者的劳动报酬、集体福利基金、利润、税金、利息及其他支出的总和。

非物质生产部门，如服务业，教育科学文化卫生部门，国家行政管理部门和国防部门等，为人民生活和物质资料生产提供有益的服务，是整个社会发展不可缺少的部分，但不直接从事物质生产。在我国，非物质生产部门不计算国民收入。

11.国民收入使用额

国民收入生产额经过在全社会范围内进行分配和再分配，形成各物质生产部门、非物质生产部门和居民个人的最终收入。最终收入一部分用于居民个人生活和社会公共需要，形成消费，即消费总额；另一部分用于扩大社会再生产、增加非物质生产部门的固定资产和各种储备，形成积累，即积累总额；消费总额和积累总额之和就是国民收入使用额。国民收入使用额与国民收入生产额的差额，主要是进出口差额（地区为流入、流出差额）。进口大于出口，国民收入使用额大于国民收入生产额，反之，国民收入使用额小于国民收入生产额。此外，还受统计计算误差的影响。青海的国民收入使用额大于生产额，表现为“流入净额”。

12.消费

国民收入中用于居民个人的生活消费和社会公共消费的那部分,其物质形态为一定时期内用于个人和社会消费的消费品总量和非生产性固定资产(包括住宅)的磨损。

居民消费包括居民个人日常生活中消费的食品、衣着、鞋袜、家庭耐用消费品、日用杂品、文教卫生用品、水、电、燃料以及住房磨损等物质消费，还包括直接为居民服务的文化生活服务性企业（如影剧院、理发馆、浴池、公共汽车公司等）的物质消费。

社会消费包括国家行政机关、国防单位、文教卫生科学研究事业单位、经济建设部门的事业单位、人民团体等非生产性机构使用的燃料、电力、办公用品、图书和一般设备购置等物质消费和这些单位的房屋磨损。

13.积累

国民收入中用于社会扩大再生产和非生产性建设以及增加社会生产性储备和非生产性储备的那部分，其物质形态为一定时期内物质生产部门和非物质生产部门新增加的固定资产（扣除固定资产磨损）和流动资产。积累按用途可分为生产性积累和非生产性积累；按性能可分为固定资产积累和流动资产积累。

生产性积累包括物质生产部门新增加的生产用固定资产（扣除固定资产磨损）以及各生产企业的原材料、燃料、半成品和属于生产资料的产成品库存、商业库存、物资储备库存等流动资产的增加额。

非生产性积累包括新增加的各种非生产用固定资产、居民住宅（扣除磨损）、生产消费品工业企业的产成品库存和商业部门消费品商品库存的增加额。

积累和消费在国民收入使用额中所占比重分别叫积累率和消费率。

14.财政收入

①企业收入，包括各部门所属全民所有制企业、事业单位上交国家的利润和事业收入。

②各项税收，包括产品税、增值税、资源税、企业所得税、盐税、关税、农牧业税、屠宰税、牲畜交易税 、集市交易税以及有关罚款补税收入等。

15.财政支出

①基本建设拨款，是指国家预算内的基本建设拨款，不包括国家预算外自筹的各种基本建设资金。为加强对基本建设投资规模的控制，提高资金使用效益，国家从一九八五年起，对预算内基本建设拨款实行拨款改贷款的新的管理办法。即由原来直接无偿的拨给建设单位，改为拨给建设银行视同信贷基金管理，建设银行根据国家预算安排的基建项目，给予有偿贷款，用投产后新增利润还本付息。

②增拨企业流动资金，是指国家预算增拨各部门所属全民所有制企业的流动资金和增拨银行的信贷资金。

③文教科学卫生事业费，包括科学、文化、教育、卫生、公费医疗、体育、通讯和广播、地震、海洋、文物、计划生育等方面的事业费。

16.市镇人口与乡村人口：（二种口径）

（第一口径）按常住人口划分，市镇人口是指城市（市区含郊区）和镇（经省、自治区、直辖市人民政府批准设置镇建制的镇）范围内的全部人口；乡村人口是指乡村范围内的全部人口。

（第二口径）市人口包括设区的市的全部人口（不含市辖县人口）和不设区的市的街道人口（不含镇和乡的人口）；镇人口，包括不设区的市辖镇内的居委会人口和县辖镇内的居委会人口（均不含村委会人口）；乡村人口是指上述市、镇人口以外的所有人口。

17.人口出生率、死亡率、自然增长率

出生率是指全省或地区，在一年内平均每千人口中的活产婴儿数。它是以一年内活产婴儿数除以同年的年平均人口数计算的千分比。

死亡率是指全省或地区，在一年内平均每千人口中的死亡人数。它是以一年内死亡人数除以同年的年平均人口数计算的千分比。

人口自然增长率亦称人口净增率，即出生率减去死亡率。

18.育龄妇女

指在生育年龄范围内的妇女，通常是指15-49岁的妇女，不论是否结婚。

19.育龄妇女生育率

指在一定时期内（通常为一年）出生的活婴数与育龄妇女人数之比。亦称总生育率。计算公式：

$$育龄妇女生育率=\frac{一年内出生活婴数}{育龄妇女人数}\times 100\%$$

20.总和生育率

指在一定时期（通常为一年）各年龄组生育率之和。它是研究平均每个妇女一生中生育了多少个小孩的指标。计算公式：

总和生育率＝各年龄组妇女生育率之和

21.晚婚率

一定时期内（如一年）每一百个初婚的男性或女性青年中，符合晚婚年龄的人数。计算公式：

$$晚婚率=\frac{初婚人数中符合晚婚年龄的人数（男或女）}{初婚人数（男或女）}$$

22.节育率

是指落实节育措施的育龄妇女人数占已婚有生育能力的育龄妇女人数的比重。计算公式：

$$节育率=\frac{落实节育措施的育龄妇女人数}{已婚有生育能力的育龄妇女人数}\times 100\%$$

23.计划生育率

指一定时期内（通常指一年）符合计划生育要求的出生人数与同一时期出生人数之比。计算公式：

$$计划生育率=\frac{期内符合计划生育要求的出生人数}{期内出生人数}\times 100\%$$

24.独生子女领证率

指一定时期内（如一月、一季、一年）领取独生子女证的人数与独生子女人数之比。计算公式：

$$独生子女领证率=\frac{独生子女领证人数}{独生子女人数}\times 100\%$$

25.社会负担系数

这个指标是用来说明人口年龄构成对人口经济活动的影响。它是总人口中的非劳动年龄人口数（即少年儿童人口数和老年人口数之和）与劳动年龄人口数之比，一般用百分比表示。其结果表明每100名劳动年龄人口负担多少非劳动年龄人口。计算口径可分国际标准和国内标准。计算公式：

$$社会负担系数=\frac{非劳动年龄人口数}{劳动年龄人口数}\times 100\%$$

26.城镇待业人数和城镇待业率

一般指在劳动年龄以内，有劳动能力，无业而要求就业并在城镇基层政权组织进行登记的人员。包括城镇年满16岁至25岁的初高中毕业生中未能升学，参军的社会青年和年龄在25岁至男50岁、女45岁以下的其他待业人员。

城镇待业率是反映城镇劳动者就业程度的指标。计算公式：

$$城镇待业率=\frac{城镇待业人员}{城镇社会劳动者+城镇待业人员}\times 100\%$$

27.社会劳动者

是指从事一定社会劳动，并取得劳动报酬或经营收入的全部劳动者。包括全民所有制单位、城镇集体所有制单位（含自负盈亏的合作社）、其他各种所有制单位的全部职工，以及城镇个体劳动者、农村集体和个体劳动者（扣除外出临时工、合同工的农村劳动者，这部分劳动者已统计在全民和城镇集体所有制单位的职工人数中）和其他劳动者。不包括待业人员、在学人员和家务劳动者。

28.职工

职工是指在全民所有制、城镇集体所有制和其他各种所有制企业、事业、机关及其附属机构中工作，并由其支付工资的各种人员。包括在农村乡一级管理机构中工作并由国家支付工资的干部。不包括已离、退休的职工，以及在农村乡各级管理机构和乡、村办企业、事业单位中参加劳动并取得收入的劳动者和城乡个体劳动者。

29.职工工资总额

职工工资总额是指在一定时期内由全民所有制单位、城镇集体所有制单位和其他各种所有制单位以货币形式或实物形式实际支付给全部职工（包括固定职工、合同制职工和其他职工）的劳动报酬总额。包括计时工资、基础工资和职务工资、计件工资（包括超额工资）、各种工资性的奖金、津贴和补贴加班加点工资、附加工资、特殊情况下支付的工资。

30.职工平均工资

职工平均工资是指全部职工在一定时期内每人平均工资水平。不同时期的平均工资可以大体上反映出职工生活水平的变动。计算公式为：

$$\text{全部职工平均工资} = \frac{\text{报告期实付工资总额（元）}}{\text{报告期全部职工平均人数（人）}}$$

平均工资按不同的时间单位，分为月平均工资、季平均工资、年平均工资。

31.劳保福利费用

劳保福利费用是指企业、事业、机关根据国家有关劳保福利规定，在工资以外实际支付给职工个人和用于集体的劳动保险和福利设施的费用。具体包括：(1)退职、退休、离休费等；(2)医疗卫生费；(3)职工生活困难补助费；(4)职工及供养直系亲属死亡丧葬费、抚恤费、救济费；(5)农副业生产补贴；(6)文艺、体育、宣传费；(7)集体福利事业的补贴；(8)集体福利设施费用；(9)其他福利费用。

劳保福利费用不包括用于职工的劳动保护费用。劳动保护用品的支出是安全生产的需要，不属于福利费用范围。

32.农村社会总产值

指在一定时期内，农村各物质生产部门生产的全部产品价值的总量。根据我国目前的农村经济现状，农村社会总产值包括的范围是：乡、村及村以下各级合作经济组织和农户从事农业、工业、建筑业、运输业、商业、饮食业活动所生产的产值，以及国营农场的农业总产值。凡是在农村的国营工业、建筑业、运输业、商业、饮食业所生产的产值均不包括在内。国营农场及县镇的工业、建筑业、运输业、商业和饮食业的产值，也不包括在内。集体和国营联营的企业产值，凡场址在农村，又以乡镇合作经济组织的劳力、资金、土地或生产用房为主的企业，其产值包括在农村社会总产值中。

33.农业总产值

以货币表现的农林牧副渔五业全部产品的总量，它反映一定时期内农业生产的总规模和总成果。

农、林、牧、副、渔五业的统计范围是：

(1)农作物种植业，包括粮、棉、油料、糖料、麻类、烟叶、蔬菜、药材、瓜类和其他农作物的种植，以及茶园、桑园、果园的生产经营。

(2)林业，包括林木的栽培（不包括茶园、桑园和果园的栽培、管理和收获等活动）、林产品的采集和村及村以下（即原生产大队、生产队和社员）的竹木采伐。

(3)牧业，包括除渔业养殖以外的一切动物饲养和放牧。

(4)副业，包括采集野生植物，捕猎野兽、野禽及农民家庭兼营的工业等。

(5)渔业，包括水生动物和海藻类植物的养殖和捕捞。

从所有制看，包括全民所有制的各种专业农（林、牧、渔）场和农业试验场、所；集体所有制的农村各种经济组织经营的农林牧副渔业；农民经营的农作物栽培和动物饲养等。

农业总产值的计算方法通常是以农林牧副渔业产品及其副产品的产量乘以该项产品的单位价格而得该项产品的产值，少数生产周期较长当年没有产品或产品产量不易统计的，则采用间接方法匡算产值。五业产品产值之和即为农业总产值。

1957年以前的农业总产值中包括了厩肥和农民自给性手工业（如农民自制衣服、鞋、袜，自己从事粮食初步加工等）。1958年及以后的农业总产值，林业中增加了村及村以下竹木采伐产值；牧业中取消了厩肥产值；副业中取消了农民自给性手工业产值，增加了村及村以下办的工业产值；渔业中增加了机械化捕鱼产值。1980年及以后的农业总产值，在副业中增加了农民商品性家庭手工业的产值。1984年起，国家统计局规定，将村及村以下办工业产值划归工业。本年鉴为便于和历史资料比较，已将历年的村及村以下办工业产值从农业总产值中扣除，归入工业总产值。

34.农业净产值

指在一定时期内农业劳动者从事农业（包括农作物种植业、林业、牧业、副业、渔业）生产劳动中所新创造的价值。

农业净产值通常是采用生产法计算的，即先根据各种物质消耗的数量，分别乘以各种物质消耗平均价格，加总计算出农业物质消耗，再从农业总产值中扣除农业物质消耗来求得农业净产值。

农业物质消耗的计算范围包括三大部分：

(1)生产过程中实际消耗的劳动对象（种籽、饲料、肥料、燃料、农药、用电量、畜禽育种防疫费、小农具购置费，副业生产原材料消耗等）。

(2)生产过程中使用的固定资产的磨损（各种

农机具、设备、役畜和生产用房屋、仓库、畜圈等生产性固定资产，受到磨损而提取的折旧费）。

(3)生产过程中劳务费用支出（在农业生产过程中，修理农机具和设备的修理费、生产管理费和外雇运输费、邮电费及其他生产性劳动服务支出）。

35.耕地面积

是指种植农作物，经常进行耕锄的田地。统计范围包括熟地、当年新开荒地、连续撂荒未满三年的耕地和当年的休闲地（轮歇地）。以种植农作物为主并附带种植桑树、茶树、果树和其他林木的土地以及沿海、沿湖地区已围垦利用的“海涂”、“湖田”等地也应包括在内。但专业性的桑园、茶园、果园、果木苗圃、林地、芦苇地、天然草原等。不应包括在内。

36.灌溉面积

指有效灌溉面积，即具有一定水源，地块比较平整，灌溉工程或设备已经配套，在一般年景下当年能够进行正常灌溉的耕地面积。

37.农业机械总动力

农业机械总动力是指用于农、林、牧、副、渔业生产的各种动力机械的动力总和。动力机械包括耕作、排灌、种植、植物保护、收获、农产品加工、运输、畜牧、渔业、农田水利等各种机械。不包括专门用于乡办工业、基本建设、非农业运输、科学试验和教学等非农业生产方面用的动力机械与作业机械的数量。

38.农用化肥施用量

指实际用于农业生产的化肥数量。包括氮肥、磷肥、钾肥和复合肥。化肥施用量分别按实物量和折纯量两种方法计算。折纯法化肥施用量是把氮肥、磷肥和钾肥分别按含氮、含五氧化二磷、含氧化钾的百分之一百成份折算后的数量。复合肥按其所含主要成分折算。

39.乡镇企业

即原来农村人民公社和生产大队两级集体经济举办的社队企业。在农村政社组织管理体制分设以后，除了乡、村合作经济组织办企业外，又出现了部分农民联营或其他形式的合作企业和个体企业。1984 年 3 月确定将这类企业统称“乡镇企业”。

乡镇企业单位一般应拥有固定的组织、生产场所、生产设备和从业人员；有核算制度，承担经济责任和纳税义务；是一个比较稳定的经济实体。

40. 农村经济总收入

指农村集体经济组织和农民在一年之中经营生产性和服务性活动所得到的可以用于抵偿本年开支，并在国家、集体和农民个人之间进行分配的全部收入。包括农林牧副渔业、农村工业、建筑业、运输业、商业、饮食业、服务业、劳务等各项经营收入和利息、租金等项收入，不包括那些不能用来分配，属于借贷性质或暂收性质的收入，如贷款收入、预购定金、国家投资、农民投资等。

41. 农村经济总费用

是指为实现当年各项生产经营收入应由当年负担的各项费用开支，包括生产费用、管理费用和其他费用三项。

农村经济总费用包括乡（镇）、村办企业费用，集体统一经营费用，新经济联合体费用和农民家庭经营费用四部分。这里的总费用只包括生产费用，管理费用和其他等物化劳动费用。

42. 农村居民纯收入

是指农村居民从当年的纯收益中减去国家税金和集体提留以后，归个人支配的部分。包括现金和实物折款。

农村居民纯收入包括农村居民从乡镇企业、集体统一经营单位、新经济联合体、以及从家庭经营得到的纯收入四部分。可用分配前的纯收入总额减税金和集体提留求得。

43. 粮食产量

全社会粮食产量。包括国营农场等全民所有制经济的，集体统一经营的和农民家庭经营的产量，还包括工矿企业家属办的农场和其他生产单位的产量。粮食除包括稻谷、小麦、玉米、高梁、谷子及其他杂粮外，还包括薯类和大豆。其产量计算方法，豆类按去豆荚后的干豆计算；薯类（包括甘薯和马铃薯，不包括芋头和木薯）1963 年以前按每 4 公斤鲜薯折 1 公斤粮食计算，从 1964 年以后按 5 公斤鲜薯折 1 公斤粮食计算。其他粮食一律按脱粒后的原粮计算。

44. 水产品产量

指人工养殖的水产品和天然生产的水产品的捕捞量。

45. 造林面积

指本年度内在荒山荒地、沙丘等一切可以造林的土地上新植并成片的林地面积，不论是乔木林还是灌木林，凡是年底成活率达到 85%以上的均计算为造林面积。但不包括补植面积、重造面积、迹地更新面积、次生林改造面积。四旁植树如果一侧在四行以上，连续成片面积达一亩以上，也应统计在造林面积内。

46. 迹地更新面积

指在采伐或火灾毁损后的林地上进行人工更新或人工促进天然更新的面积。不包括天然更新面积。

47. 猪、牛、羊肉产量

指当年出栏并已屠宰的猪、牛、羊的肉产

量。即屠宰后除去头蹄下水后带骨肉（即胴体重）的产量。

48. 工业总产值

我国的工业，包括：(1)对自然资源的开采，如采矿、晒盐、森林采伐等（但不包括禽兽捕猎和水产捕捞）；(2)对农副产品的加工，如碾米、磨粉、酿酒、榨油、轧花、缫丝、屠宰、药材加工等；(3)对工业品的加工，如炼铁、炼钢、轧钢、炼焦、化工生产、机器制造、木材加工、纺织、印染、服装加工、造纸等；(4)对工业品的修理，如修理机械设备、交通运输工具等；(5)自来水、煤气和电力的生产及供应。

工业总产值是以货币表现的工业企业生产的产品总量，反映一定时期工业生产的总成果和总规模。工业总产值采用"工厂法"计算，即按每个企业工业生产活动的最终成果来计算，包括工业企业生产的符合产品质量标准的入库成品价值（无论自备原料的产成品或来料加工的产成品都按全价计算）和对外承做的工业性作业价值。一个企业内部自产自用的产品、半成品不允许重复计算产值，即不能将企业内部各车间生产的成果相加，但各企业之间存在着重复计算。

工业总产值按其经济类型可分为：全民所有制工业，集体所有制工业，其他经济类型（如全民与集体合营、联营、中外合营等）工业，以及个体手工业。在集体所有制工业中包括城镇集体和农村乡办、村及村以下办工业的产值。原先国家统计制度规定，村及村以下办工业总产值统计在农业总产值中（作为副业产值），从 1984 年起，国家统计局规定村及村以下办工业的产值归入工业总产值。本年鉴为便于和历史资料比较，已将历年的村及村以下办工业产值由农业总产值的副业产值中划出归入工业总产值。

49. 轻工业、重工业

轻工业是指提供生活消费品和制作手工工具，为满足人们吃、穿、用需要的工业。按其所使用原料不同，可分为两大类：

(1)以农产品为原料的轻工业，是指直接或间接以农产品为基本原料的轻工业。主要包括食品制造、饮料制造、烟草加工、纺织、缝纫、毛皮制作、造纸以及印刷等工业。

(2)以非农产品为原料的轻工业，是指以工业品为原料的轻工业。主要包括文教体育用品制造、化学药品制造、合成纤维制造、日用化学制品、日用玻璃制品、日用金属制品、手工工具制造、医疗器械制造、文化和办公用机械制造等工业。

重工业是指生产生产资料的工业，是为国民经济各行业提供物质技术基础的工业。按其生产和产品用途，可以分为下列三类：

(1)采掘（伐）工业，是指对自然资源的开采，包括石油开采、煤炭开采、金属矿开采、非金属矿开采和木材采伐等工业。

(2)原料工业，是指提供国民经济各行业使用的动力、原料和燃料的工业。包括金属冶炼及加工、炼焦及焦炭化学、化工原料、水泥、人造板等原材料工业，以及电力、石油和煤炭加工等工业。

(3)加工工业，是指对原材料进行加工制造的工业。包括装备国民经济各行业的机械设备制造工业、金属结构、水泥制品等工业，以及为农业提供生产资料和化肥、农药等工业。

根据上述划分原则，修理业中修理作业对象是重工业的划为重工业，否则划为轻工业。

轻重工业总产值的划分也是按"工厂法"计算的，即一个工业企业在正常情况下生产的主要产品的性质属于轻工业，则该企业的全部总产值作为轻工业总产值；一个工业企业生产的主要产品的性质属于重工业，则该企业的全部总产值作为重工业总产值。

50. 独立核算工业企业、非独立核算工业生产单位

工业企业按其行政和财务是否独立，分为独立核算工业企业和非独立核算工业生产单位。

独立核算工业企业应同时具备下列三个条件：(1)行政上有独立的组织形式；(2)经济上独立核算、自负盈亏，编制独立的资金平衡表；(3)有权与其他单位签订合同，并在银行设有独立帐户。独立核算工业企业不论是单一性生产或联合性生产的企业，均以整个企业作为一个基层单位进行统计，而不按分厂、车间统计。

非独立核算工业生产单位是指不同时具备独立核算工业企业三个条件，附设于其他企业、事业、机关、团体、学校、科研机构、部队等单位的工业生产单位。非独立核算工业生产单位，必须同时具备下列三个条件，才能列入工业统计范围，即：(1)有固定的生产场所和生产设备；(2)有固定的生产工人和学徒在十人以上；(3)一般单位常年生产，季节性生产的单位全年开工时间在三个月以上。

51. 大、中、小型企业

大、中、小型企业的划分标准有下列两类：

(1)按企业产品的年生产能力划分。凡产品比较单一的行业，如电力、原煤、石油、钢铁、有色金属、硫酸、烧碱、纯碱、合成氨、发电设备、汽车、拖拉机、木材采伐、水泥、平板玻璃、纺织、造纸、制糖、手表、缝纫机、自行车等均以产品生产能力作为划分大、中、小型的标准（生产多种产品的企业，以其主要产品的生产能力来划分）。

(2)按企业拥有的固定资产原值划分。凡产品种类繁多，难以按生产能力划分的，则以企业拥有的固定资产原值作为划分大、中、小型的标准。

52. 工业企业主要财务指标和经济效益指标

(1)固定资产原值：是指工业企业所拥有的全部固定资产的原来价值，也是指购买和建设各种固定资产时所实际支付的金额，以及以后改建或扩建所追加而形成的固定资产金额的总和。

(2)固定资产净值：是指固定资产原值扣除历年已提取折旧后的价值，也就是固定资产原值扣去了因使用磨损而转移到产品成本中去的那部分价值后所余下来的价值。

(3)流动资金：是指工业企业在生产、流通过程中所占用各种物资的总金额。流动资金按其在生产过程中各个阶段所处的不同形态和作用，可分为：1.储备资金，指处于生产准备状态的流动资金。如：各种原料、材料、备品配件、包装物料、低值易耗品等的储备；2.生产资金，指在生产过程中的在制品、半成品和待摊费用等占用的资金；3.成品资金，指企业准备出售的半成品和成品所占用的资金；4.货币资金和结算资金，指库存现金、银行存款、发出商品、各种应收款以及备用金等所占用的资金。由于国家对工业企业的储备资金、生产资金和成品资金实行定额管理，所以称为定额流动资金。本年鉴采用定额流动资金计算各种经济效益指标。

(4)资金总额：是指年末（或全年平均）固定资产净值加定额流动资金全年平均占用额之和，本年鉴是用固定资产净值年末数来计算的。

工业企业主要经济效益指标的计算公式：

每百元固定资产原值实现的总产值

$$=\frac{\text{工业总产值（元）}}{\text{固定资产原值（百元）}}$$

每百元固定资产原值实现的利税

$$=\frac{\text{利润和税金总额（元）}}{\text{固定资产原值（百元）}}$$

每百元资金实现的利税

$$=\frac{\text{利润和税金总额（元）}}{\text{资金总额（百元）}}$$

每百元销售收入实现的销售利润

$$=\frac{\text{产品销售利润（元）}}{\text{产品销售收入（百元）}}$$

定额流动资金周转天数

$$=\frac{\text{360天}\times\text{定额流动资金年平均余额}}{\text{产品销售收入}}$$

53.工业企业全员劳动生产率

工业企业全员劳动生产率是指按价值量指标计算的平均每一个职工在单位时间内的产品生产量。目前我国是用工业总产值和同一时期工业企业全部职工平均人数来计算的。

工业企业全员劳动生产率

$$=\frac{\text{工业总产值（元）}}{\text{全部职工平均人数（人）}}$$

54. 实物劳动生产率

指根据某种产品实物量计算的平均每个职工（或工人）在单位时间内生产的产品数量。这是通过产品实物来反映劳动者在生产中的劳动效率指标。我国目前有全员实物劳动生产率（通常简称全员效率）和工人实物劳动生产率两个指标。其计算公式分别如下：

全员实物劳动生产率（全员效率）

$$=\frac{\text{产品产量}}{\text{全部职工平均人数}}$$

工人实物劳动生产率

$$=\frac{\text{产品产量}}{\text{生产工人（包括学徒）平均人数}}$$

计算实物劳动生产率的产品产量，是指报告期生产的，并经检验符合质量标准或合同规定的技术要求的合格产品产量。不包括不合格品和废品的数量。

55. 可比产品成本降低率

可比产品指上年正式生产过、本年继续生产的产品。产品的可比性是按产品的牌号、规格和性能决定的。某些产品经过改革，虽然工艺操作、技术条件比过去有所改变，但其牌号、规格和性能相同，则仍算为可比产品。可比产品总成本就是企业为生产可比产品所支出的成本总额，它是企业产品总成本的一个组成部分。计算可比产品成本降低率，一般是将本年可比产品总成本和本年可比产品产量按上年实际单位成本计算的总成本相对比求得。即：

可比产品成本降低率（%）＝

$$\left(1-\frac{\text{本年可比产品总成本}}{\text{本年可比产品按上年实际平均单位成本计算的总成本}}\right)\times 100$$

如果所得结果为正数，表示可比产品成本降低，如结果为负数，则表示可比产品成本升高。

56.货物运输量、货物周转量

货物运输量是指在一定时期内，运输工具实

际完成运送过程的以重量单位（吨）计算的货物数量。

货物周转量指在一定时期内，运输工具实际完成运送过程的以重量和运送距离的复合单位（吨公里）计算的货物运输量。

货物周转量（吨公里）=
货物运输量（吨）×运送距离（公里）

把各类运输工具（铁路、公路、水运、空运等）完成的货运量或货物周转量相加就得到货运总量或货物总周转量，这两个指标可以全面反映货物运输量规模大小。

57. 邮电计费业务总量

为了综合观察函件、电报、电话、报刊发行等各类邮电业务量升降的总情况和邮电业务发展的总趋势，把各类业务不同的实物名称和计量单位，用不变的平均单价换算成一个综合性的货币量形式，称为邮电业务总量，亦即以货币表示的邮电部门为社会提供通信服务的总数量。邮电业务按是否纳费，分为计费业务量和免费业务量。由各项计费业务量分别乘以不变单价，换算成货币形式，然后相加得出邮电计费业务总量。

58. 全社会固定资产投资

固定资产投资是对固定资产进行更新和扩大再生产的重要手段。

固定资产投资额是以货币表现的建造和购置固定资产活动的工作量，它是反映固定资产投资规模、速度、比例关系和使用方向的综合性指标。全社会固定资产投资包括全民所有制单位投资、城乡集体所有制单位投资和城乡居民个人投资。按照我国计划管理体制，全民所有制单位固定资产投资总额分为基本建设、更新改造和其他固定资产投资三个部分；城乡集体所有制单位投资包括城镇集体所有制单位投资和农村集体所有制单位投资；城乡居民个人投资包括城市、县城、镇、工矿区所辖范围内的个人建房和农村个人建房及购买生产性固定资产的投资。

59. 固定资产投资额的分组

为了从不同方面研究固定资产投资的使用情况，对投资额进行各种分组。

(1)按构成分组:分为建筑安装工程、设备、工具器具购置和其他费用投资。

建筑安装工程（建安工作量）包括建筑工程和安装工程，这部分投资必须兴工动料，通过施工活动才能实现，是固定资产投资额的重要组成部分；设备、工具器具购置是指购置或自制达到固定资产标准的设备、工具、器具的价值；其他费用是指不属于上述两项的投资完成额，如建设单位管理费、勘察设计费、土地征用及迁移补偿费、新扩建单位人员培训费等。

(2)按用途分组:分为生产性建设和非生产性建设投资。

生产性建设是指直接用于物质生产或满足物质生产需要的建设，包括工业、建筑业和地质资源勘探，农林、水利、气象，运输邮电，商业和物资供销的建设；非生产性建设一般是指用于满足人民物质和文化生活福利需要的建设，包括住宅、科研、文化、教育、卫生、城市公用、生活服务事业，以及行政管理机关和团体的建设等。

(3)按建设性质分组:分为新建、扩建、改建、迁建、恢复。

新建项目是指从无到有，新开始建设的企业、事业和行政单位，或原有基础很小，经扩大建设规模后，其新增固定资产价值超过原有固定资产价值三倍以上的建设项目；扩建项目是指在原有企业为扩大原有产品生产能力或增加新的产品生产能力而增建主要生产车间（工程）；改建项目是指现有企业、事业单位对现有的设施、工艺条件进行技术改造或更新的项目；迁建项目是指原有企业、事业单位，由于各种原因，经上级批准搬迁到另地建设的项目；恢复项目是指因自然灾害等原因而毁坏，以后又投资恢复建设的项目。

(4)按国民经济行业分组:按国民经济行业分组是按项目建成投产后的主要产品种类或工程主要用途来划分的，而不论建设项目的管理系统如何。如铁道部主管的机车车辆厂和学校，按行业划分，应分别列入工业行业的“铁路运输设备制造业”，教育、文化艺术和广播电视事业行业的“教育事业”；而按管理系统划分则属于铁道部系统。

60. 基本建设投资额

基本建设投资额是以货币表现的基本建设完成的工作量。它是通过基本建设活动由实物量价值转化而成，是反映基本建设规模的综合性指标。它根据工程的实际进度按预算价格（预算价格是编制施工图预算时所用的价格）计算的工作量。没有形成工程实体的建筑材料和没有开始安装的设备，都不计算投资完成额。基本建设投资额包括：(1)建筑安装工程；(2)购置设备、工具、器具；(3)与前述两项活动相联系的其他基本建设投资，如勘察设计费、建设单位管理费、生产职工培训费等。

基本建设投资额和银行对基本建设的财务支出数是两个含义不同的指标。基本建设投资额是按预算价格计算的工作量；而没形成工程实体的财务支出资金不能计算工作量，使用时应加以区别。

61. 更新改造投资额

更新改造是指现有的企业、事业单位对其固定资产进行更新改造的工程和购置（不包括大修理和维护工程）。更新改造投资额是以货币表现的更新改造工作量。

62. 其他固定资产投资

其他固定资产投资是指按照国家规定不纳入基本建设和更新改造计划管理的全民所有制单位的其他固定资产投资，具体包括：用油田维护费和石油开发基金进行的油田维护和开发工程；矿山、森林等采掘采伐工业用维简费进行的开拓延伸工程；交通部门用公路养路费对原有公路、桥梁进行改建的工程；商、贸、粮、供销部门用简易建筑费建造的仓库。

63.固定资产投资财务拨款额

指建设单位或企业、事业、行政单位在报告期内进行固定资产建造和购置而拨入和借入的各种资金，不管该资金在报告期内是否形成工作量，均作为拨款额。它和投资额的区别在于：财务拨款是建设资金的投入和来源，投资额是资金运用的结果，两个指标是从不同的侧面反映固定资产的投资活动。

64. 新增固定资产（或称交付使用的固定资产）

新增固定资产是指已经建成投入生产或交付使用的工程价值和达到固定资产标准的设备、工具、器具的投资，以及有关应摊入的费用。新增固定资产价值包括交付使用工程的全部价值，即包括交付使用工程在报告期内完成的投资和报告期以前完成的投资的全部价值在内。

65. 固定资产交付使用率

新增固定资产与投资额的比例，即固定资产交付使用率。

它是从投资额中形成固定资产的比例来反映投资的建设速度，是衡量投资效果的一个综合性指标。

计算公式为：

$$固定资产交付使用率=\frac{新增固定资产}{固定资产投资额}\times 100\%$$

66. 房屋建筑面积

房屋建筑面积是从房屋的外墙线算起，包括房屋结构（如墙、柱）占用面积和地下室的面积。但不包括天井、台阶等占用的面积。多层建筑，按各层面积总和计算。

67. 竣工住宅建筑面积

竣工住宅建筑面积是指报告期内竣工的可供使用的住宅建筑面积。即按照住宅建筑设计要求在土建工程和房屋本身附属的水、电、卫生（设计中有煤气、暖气的应包括这部分）工程以及通风、电梯等设备已经全部完成，具备使用条件，经验收合格正式交付给使用单位的建筑面积。

68. 建筑业总产值

建筑业总产值是指建筑安装企业在一定时期内所完成的以货币表现的生产总量。

建筑业总产值包括施工产值、建筑安装附属辅助生产产值、建筑安装运输产值、勘察设计产值和其他产值。

建筑业总产值原则上按“工厂法”计算，即以独立核算的企业为对象，按每个企业生产活动的最终成果计算产值。

69. 建设项目投资包干责任制

主要是建设单位与施工企业根据国家批准的建设项目的设计规模、概算、建设内容、建成时间、工程质量、材料消耗和国家有关规定，通过签订投资包干合同，明确双方的经济责任。投资包干的办法是 1981 年开始在我国部分大中型建设项目和民用建筑中陆续试行的。投资包干的形式，主要有：按概算包干、按施工图预算包干、按平方米造价包干、按小区综合造价包干等。

70. 每百元产值工资含量包干

建筑施工企业按完成的每百元施工产值，提取一定比例的工资额。例：某单位每百元产值工资含量包干为 15%，完成施工产值 10 万元，则提取工资 1.5 万元。

71. 社会商品零售总额、社会商品零售额

社会商品零售总额包括各种经济类型的商业、饮食业、工业和其他行业，直接售给城乡居民和社会集团用的消费品，售给农民的农业生产资料，以及农民直接售给非农业居民商品的零售额。至于售给国民经济各行业企业、事业单位（包括国营农场）的生产资料，不作为社会商品零售总额统计。

社会商品零售总额扣除农民直接售给非农业居民商品的零售额称为社会商品零售额。

72. 社会商业国内纯购进

指各种经济类型的商业企业从国内商业部门以外的单位和个人用各种价格购进作为转卖或加工后转卖的商品总值，包括：(1)从工农业生产部门和个人购进的商品；(2)从出版社、报社购进的图书、杂志和报纸；(3)从其他非商业部门购进的商品等。

1987 年以前使用的国营和供销合作社商业国内纯购进指标，是指国营和供销合作社商业，从国营和供销合作社商业以外的生产单位和个人，用各种价格购进作为转卖或加工后转卖的商品总值之外，还包括从集体所有制商业、个体商业和农村代购、代销店购进的商品和委托他们代购的商品的总值。社会商业国内纯购进统计（以及国内纯销售、省外调入等商品流转统计）是以各种经济类型的商业为总体，而国营和供销合作社商业商品流转统计是以国营和供销合作社商业为总体，由于两者统计总体范围不同，所以不能直接用国营和供销合作社商业的商品流转的指标来计算其占社会商业商品流转的比重。

73. 社会商业国内纯销售

指各种经济类型的商业企业用各种价格向商业部门以外的单位和个人出售的商品总值。包括：(1)售给居民和社会集团消费用的商品；(2)售给工农业、D 建筑业、交通运输业、饮食业、服务业、公用事业作为生产用和经营服务用的商品。

74. 社会商业省外调入

指各种经济类型的商业企业从省外商业部门调入商品的总值，包括从省外外贸部门购进的国内产品，但不包括从省外商业部门以外的单位直接购进的商品。

75. 商业系统主要财务指标和经济效益指标

(1)商品销售毛利：是商品购进价格与商品销售价格之间的差额，也叫商品进销差价，包括商品流通费用、税金和商业利润三部分。

(2)商品流通费用：指商业企业在一定时期内所支付的各种流通费的总和，主要包括以下几点费用：1.商业企业工作人员的工资；2.物质设备的消耗；3.商品损耗；4.付给其他部门的服务费；5.其他费用。

(3)商品经营利润：是商业企业在进行商品购销的经营活动中由销售收入减去商品成本和税金后的余额。

经济效益指标的计算公式：

$$\text{毛利率}=\frac{\text{商品销售毛利额}}{\text{商品纯销售额}}\times 100\%$$

$$\text{流通费用水平}=\frac{\text{商品流通费用额}}{\text{商品纯销售额}}\times 100\%$$

$$\text{经营利润率}=\frac{\text{商品经营利润额}}{\text{商品纯销售额}}\times 100\%$$

商品资金周转次数（次）

$$=\frac{\text{商品纯销售额}}{\text{流动资金平均占用额}}$$

76. 城乡集市贸易成交额

指在农村和城镇集市上买卖双方（包括农民、非农业居民、机关、团体、工商企业、个体商贩）成交的全部商品金额。不包括城市工业品市场的成交额。

77. 社会商业机构

指专门从事工农业产品买卖的各种经济类型的商业企业管理机构、经营机构和仓储运输机构。不包括各级商业行政管理部门和商业部门所属的加工厂、学校等。

78. 社会饮食业机构

指从事食品的烹饪调制并直接售给居民饮食的各种经济类型的饮食业机构，包括中西餐馆、饭馆、食堂、各种小吃店、冷饮店、酒馆、茶室等。不包括铁路餐车、轮船餐厅和旅店、招待所附设不对外营业的旅客食堂和机关、团体、企事业单位的食堂。

79. 社会服务机构

指提供劳务为居民生活服务的机构，包括旅店、理发、浴池、摄影、洗染、日用品修理、租赁和誊写等各种经济类型的服务行业。不包括旅游业、咨询服务业和缝纫业。

社会商业、饮食业、服务业机构，不论大小，不论独立核算还是非独立核算，均按自然网点计算。

社会商业、饮食业、服务业人员是指在社会商业、饮食业、服务业机构中工作的人员。

80.各种物价总指数

目前，国家统计部门编制的物价指数主要有以下几种：居民生活费用价格指数，职工生活费用价格指数，农民生活费用价格指数，全社会零售物价指数，国营商业零售物价指数，集市贸易价格指数，农村工业品零售价格指数，农副产品收购价格指数，农产品与工业品综合比价指数等。

81. 职工生活费用价格总指数

职工生活费用价格总指数是反映一定时期城市职工家庭所购买的消费品价格和所支付的服务项目价格变动趋势和程度的一种经济指数，它的权数是按照市区职工家庭抽样调查的消费构成资料并结合社会商品零售总额分类资料研究确定。从 1985 年起，凡是同一种商品有牌价、议价、市价等多种价格，采用数量加权计算综合平均价格。职工生活费用价格指数愈低，表明职工生活费支出愈少，以同样的工资收入可以过更好的生活。

82. 零售物价指数

零售物价指数包括全社会零售物价指数和国营商业零售物价指数两种口径。

全社会零售物价指数，是全面反映市场零售物价总水平变动趋势和程度的相对数。通过它可以观察国营商业零售牌价、议价和集市贸易价格的总升降水平，说明货币购买力强弱，以及物价变动对城乡人民生活支出的总影响。

国营商业零售物价指数，是反映国营商业和供销合作社商业商品零售价格变动趋势和程度的相对数。通过它可以观察和分析国营商业和供销合作社商业商品零售牌价和议价的总变动，及其对城乡居民生活支出和国家财政收入的影响程度。

83. 集市贸易价格指数

是反映城乡集市贸易商品价格变动趋势和程度的相对数。通过集市贸易价格指数，可以观察集市贸易商品价格的变化情况，研究集市价格和国营商业价格的比例关系，以及集市价格变化对农业生产和城镇居民生活影响的程度。

84. 农副产品收购价格指数

是反映国家企业、个体商业及有关部门，以各种不同价格形式收购农副产品的价格综合变动趋势和程度的相对数。用其可以观察和研究农副产品收购价格总水平的变化情况，及其对农民货币收入和国家、企业、个体商业及有关部门支出的影响，以作为制订和检查农副产品价格政策的依据。

85. 工农业商品的交换比价

工农业商品的交换比价是指同一市场同一时期的工业品零售价格与农副产品收购价格之间的比例关系。它表示农民用一定数量的某种农副产品能交换多少数量的工业品，或国家（通过国营和供销合作社商业）用一定数量的某种工业品能交换多少数量的农副产品。在计算工农业商品交换比价时，农副产品以收购价格计算，工业品以零售价格计算。有正指标和逆指标之分，正指标是以农村工业品零售价格指数为基数计算的，反映用农副产品交换工业品的比价变化情况，逆指标是以农副产品收购价格指数为基数计算的，反映用工业品交换农副产品的比价变化情况。

86. 进出口贸易总额:

又称“对外贸易额”。指以货币表示的一个国家（或地区）在一定时期内的全部对外贸易总额，也就是出口贸易额（即出口额）和进口贸易额（即进口额）之和，它是反映一个国家（或地区）对外贸易规模的重要指标之一，通常用本国货币或国际上习惯通用的货币来计算。

87. 出口贸易额:

简称“出口额”。指以货币表示的一个国家（或地区）在一定时期内实际出口商品的总金额。它不等于出口收汇额。出口贸易额一般按离岸价格计算。

88. 进口贸易额:

简称“进口额”。指以货币表示的一个国家（或地区）在一定时期内实际到货的进口商品总金额。进口贸易额一般按到岸价格计算。到岸价格即通常所说的“成本加保险费，运费（到达目的港）的价格”。

89. 出口商品收购:

外贸企业为了供应出口或经过加工后再供应出口，而从外贸系统以外的单位和个人购进商品。出口商品收购也叫出口货源，它包括:

1.从国营商业和供销合作社购进的出口商品；2.从生产部门和外贸基地、专厂购进出口商品或加工出口商品；3.从合作商店、乡镇企业购进的出口商品；4.从集市贸易及代购、代销店和个人购进的出口商品；5.中央下达的外贸收购计划中为转口而进口的商品；6.外贸系统收购的“以进养出”的出口商品；7.购进的样品和展览品等。

90. 旅游人数

指来我国参观、访问、探亲、旅行、访友、休养、考察、参加会议和从事经济、科技、文化、教育、体育、宗教等活动的外国人、华侨、港澳和台湾同胞的人数。不包括外国在我国的常驻机构，如领事馆、通讯社、企业办事处的工作人员和来我国常住的外国专家、留学生等。

91. 自然科学技术人员

指已取得科学技术职称，或大学、中专的理、工、农、医科系毕业，以及国民经济各部门从工作实践中提拔，从事理、工、农、医等自然科学技术的研究、教学、生产（事业）技术方面工作的专业人员和在机关、企业、事业中从事科学技术业务管理工作的专业人员。包括：工程技术人员、农业技术人员、卫生技术人员、科学研究人员和教学人员等。

92. 普通高等学校

指按照国家规定的审批程序批准举办，通过全国统一招生考试，招收高级中等学校毕业生和具有同等学历者，实施高等教育，培养高等专门人才的学校。包括大学、专门学院、专科学校和短期职业大学。

93. 成人高等学校

指按照国家规定的审批程序批准举办，招收高中毕业或同等学历者，利用多种形式对成人实施高等教育，培养相当普通高等学校专科或本科毕业水平的专门人才的学校。包括广播电视大学、职工高等学校、农民高等学校、干部管理学院、教育学院、独立函授学院以及普通高等学校举办的函授大学、夜大学等。

94. 文化事业机构

指从事专业文化工作和为专业文化工作服务的单独核算、独立建制的单位。不包括文化主管部门直属单位举办的其他行业和各部门的业余文化组织。

95. 艺术表演团体

指从事戏曲、音乐、舞蹈、杂技等专业艺术表演，有独立帐户，实行单独核算的团体。不包括半工半艺、半农半艺的业余剧团。

96. 电影放映单位

指具有放映机器设备、固定或不固定的放映场所与专职或兼职的放映技术人员，经文化行政部门登记批准，经常为一定的观众对象映出电影的机构。包括经批准对外开放进行营业，并与电影发行放映管理机构分帐的专用放映单位或军委系统租片单位在内。

97. 等级运动员人数

指经考核正式批准授予等级运动员称号的人数。运动员等级分为国际级运动健将、运动健将、一级运动员、二级运动员、三级运动员、少年级运动员。

98. 等级裁判员人数

指经考核正式批准授予等级裁判员称号的人数。裁判员等级分为国际裁判、国家级裁判、一级裁判、二级裁判、三级裁判。

99. 卫生技术人员

指卫生事业机构支付工资的全部固定职工和合同制职工中现任职务为卫生技术工作的人员。包括中医师、西医师、中西医结合高级医师、护师、中药师、西药师、检验师、其他技师、中医士、西医士、护士、助产士、中药剂士、西药剂士、检验士、其他技士、其他中医、护理员、中药剂员、西药剂员、检验员、其他初级卫生技术人员。

100. 社会福利事业单位

指集中收养社会孤老、残、幼的机构。包括由民政部门管理的社会福利院、儿童福利院、精神病人福利院和城镇集体办的福利院，以及农村集体举办的敬老院。

101. 农村五保户

指农村中既无劳动能力，又无经济来源的孤老、幼、残家庭户。由集体供养，做到保吃、保穿、保住、保医、保葬、孤儿保教。

102. 公证人员

指在国家公证机关依法办理公证事务的司法人员。包括公证员、助理公证员和在公证处工作的其他人员。

103. 办理公证

指公证处年内办结的公证文书件数。公证文书系按司法部规定或批准的格式制作。包括国内公证和涉外公证两部分。其中国内公证分为经济合同公证和民事法律关系公证两大类。

104. 城市居民家庭全部收入、生活费收入

城市居民家庭全部收入指被调查户的全部实际现金收入，包括家庭人口的劳动收入（如固定职工和临时工的工资、奖金、津贴、个体劳动者的净收入）、退休金、交通补助、定期性困难补助、赡养费、抚恤费、助学金等各项经常性的收入，以及退职金、复员费、转业费、发明创造一次性奖金、稿费等一次性的收入。不包括周期性收入，如提取银行存款、向亲友借入款、收回借出款以及其他各种暂收款。

生活费收入是指家庭全部收入中能用于安排家庭日常生活的实际收入，即全部收入中扣除亲友搭伙费收入、记帐补贴收入和对亲友的赡养、赠送支出等。

105. 农民家庭全年总收入、纯收入

农民家庭全年总收入包括：(1)农民家庭从集体统一经营中得到的各种收入，如农户从统一核算单位得到的分配收入，从乡村企业直接得到的收入，从集体得到的奖励收入和其他收入等；(2)农民家庭经营收入，如家庭农业、林业、牧业、渔猎、家庭手工业、以及从事生产性劳务和经营第三产业等收入；(3)从经济联合体得到的收入；(4)其他非借贷性收入，如在外人口寄回或带回、国家职工工资收入、从国家财政得到、亲友赠送等。农民家庭全年的总收入合计除以农民家庭常住人口，为平均每人年总收入。

农民家庭全年纯收入是指农民家庭全年总收入中，扣除家庭经营生产费用、上交集体的承包任务、缴纳税款、生产性固定资产折旧和调查补贴收入之后的余额。农民家庭全年纯收入合计除以农民家庭常住人口，为平均每人年纯收入。

106.城乡居民储蓄年末余额

包括城镇居民储蓄和农民个人储蓄两部分的年末余额。不包括工矿企业、部队、机关团体等集体存款。

城镇居民储蓄年末余额是指工商银行的城市居民储蓄、农业银行的镇的居民储蓄和中国银行的华侨储蓄之和。农民个人储蓄是指信用社社员储蓄。

新国民经济核算体系简介

国民经济核算是以社会再生产过程为对象的全面、系统的核算。它通过具有内在联系的指标体系和科学的核算方法，系统地反映社会再生产全过程。它是宏观经济信息系统的核心，是进行宏观经济管理和决策的基础。

我国从五十年代起采用的国民经济核算制度，基本属于 MPS 体系，它与高度集中的计划管理体制相适应，在过去的经济管理中曾发挥了重要作用。但是随着经济体制改革的深入和经济运行机制的变化，旧核算制度的缺陷日益突出，同计划经济与市场调节相结合的新的经济运行机制越来越不相适应。主要表现在：

1.原有体系侧重于反映物质生产，不能反映非物质生产部门发展的情况，同国家加快发展社会、科技事业，加快发展第三产业，提高人民物质和文化生活水平的要求不相适应，既不利于反映综合国力，也不利于全面掌握产业结构。

2.原有体系侧重于反映实物流量，不能系统反映社会资金运动情况，同国家转变经济管理的职能不相适应，不利于国家通过财政、金融、物价、税收等经济杠杆对宏观经济进行控制。

3.原有体系侧重于生产核算，分配、消费、积累等方面的核算比较薄弱，不能反映国民经济循环全貌及各环节之间的衔接情况，同国家掌握整个经济运行和进行总体平衡的要求不相适应。

因此，对原有核算制度进行改革，建立健全适合中国国情的新国民经济核算体系，是我们面临的艰巨而紧迫的任务。我国从 1984 年开始着手建立新的国民经济核算体系。根据国务院的指示，几年来由国家统计局、国家计委、财政部、人民银行等部门共同协作，经过反复研究和多次试点，目前已形成我国国民经济核算体系试行方案。

我国新核算体系的指导思想

建立健全我国新国民经济核算体系的指导思想是：从我国社会主义有计划商品经济的实际出发，以马克思再生产理论为指导，在总结我国实践经验的基础上，吸取国际上科学的核算方法和有益的经验，建立一套适合中国国情的新国民经济核算体系，以全面反映我国国民经济运行的过程、联系和规律性，为宏观经济决策和计划管理提供可靠依据。

从我国社会主义有计划商品经济的实际出发，我国新国民经济核算体系以下述四个方面的功能作为主要任务：

1.全面反映国民经济发展进程。全面核算国民经济运行状况，系统反映社会再生产过程及其内在联系，以及国民经济发展规模、比例、效益和速度。

2.为宏观经济决策和管理提供科学依据。科学的信息系统是进行科学决策的基础，我国国民经济核算体系应适应我国经济管理的需要，为研究社会总供给和总需求、进行宏观经济分析和决策提供基础依据。

3.正确地进行国际经济比较。既能和我国原有的核算方法相衔接，也能按照联合国推荐的新 SNA 同世界各国进行科学的比较，以适应对外开放和进行国际对比的需要。

4.协调统计、会计、业务等核算制度、核算方法和分类标准，逐步实现宏观经济核算的规范化和系统化。

为此，新体系主要进行了如下几个方面的改革：

1.扩大了核算范围。从过去单纯的物质产品核算扩大为包括服务在内的全面核算；从过去财政、信贷资金运动的核算扩大到全社会资金运动的核算。

2.充实了核算内容。在总量核算的基础上，充实了反映部门间经济技术联系的投入产出表；从部分价格指数的计算扩大到国民经济综合价格指数的计算；从流量核算扩大到对实物资产和金融资产的存量核算。

3.改进了核算方法。根据我国核算的需要，借鉴国外有益经验，采取了帐户、矩阵和平衡表相结合的核算方法，为进行国民经济的总量核算、结构核算和各种数量分析提供了条件。

4.提高了国际对比能力。吸收了国际上不同核算方法的长处，并采用了板块式的转换结构，可方便、科学地同世界各国进行国际对比。

我国新国民经济核算体系的基本结构及功能

我国《国民经济核算体系方案》分为两大部分，第一部分为社会再生产核算表，第二部分为经济循环帐户。

1.社会再生产核算表，由基本表和补充表组成。

基本表包括国内生产总值及其使用表、投入产出表、资金流量表、国际收支平衡表和资产负债表。

(1) 国内生产总值及其使用表以国内生产总值为核心指标，并设置与此相关的最终使用指标，科学地反映国民经济发展规模以及消费和投资状况，为研究和制定经济发展目标以及与之相配套的方针和政策提供依据。该表还区分了物质生产部门和非物质生产部门，分别反映物质生产部门和非物质生产部门的生产，反映物质产品和服务的使用。因而对物质产品和服务的生产和使用既可进行整体核算，又可进行分别核算。

(2) 投入产出表全面、系统地反映国民经济各部门之间的投入产出关系，揭示生产过程中各部门之间相互依存和相互制约的经济技术联系，为研究产业结构，研究生产和使用的平衡状况，尤其是为制定和检查国民经济计划、研究价格政策、进行各种定量分析提供依据。

(3) 资金流量表是关于社会资金的核算，分为收入与分配和金融交易两部分，侧重反映包括国家、集体和个人在内的全社会各种资金在各部门之间的分配流向和流量以及各部门投资资金的筹集情况，为制定分配政策、财政政策和金融政策，加强宏观调控提供依据。

(4) 国际收支平衡表反映国家对外经济往来，包括进出口贸易、收入转移和资本往来以及储备资产的增减变动情况。国际收支核算是研究我国经济实力的重要工具，尤其是在对外开放条件下，对于研究和制定对外经济政策有着十分重要的意义。

(5) 资产负债表对全社会固定资产、流动资产以及金融资产的存量规模及其在各部门的分布状况进行全面核算，为搞清国民财产“家底”，调整产业结构、研究和制定投资政策提供基础数据。

其中，前四个表是流量核算，侧重反映国民经济各部门在一定时期内生产和使用物质产品和服务的状况，以及各种资金在各部门（包括国外）之间的流向和流量；第五个表则反映某一时点的实物资产和金融资产（负债）存量状况。

基本表部分采用平衡表和矩阵表，通过流量核算和存量核算的有机结合，完整地反映社会再生产过程。

补充表部分设有八张表。其内容可分两种类型：一是非价值量核算，例如人口、劳动力等平衡表；二是价值量核算，它是基本表的扩展或补充。

(1) 人口平衡表综合反映我国人口的规模、发展变动情况以及基本分布状况，既是进行人口研究的基础，又是计算各种人均相对指标的依据。

(2) 劳动力平衡表反映劳动力资源的基本状况，包括劳动力的就业结构以及性别比例和城乡分布，是分析和研究合理使用劳动力、制定就业政策和规划的基础，同时也是进行产业结构和经济效益分析的重要依据。

(3) 自然资源表反映各种自然资源的分布及开发利用状况。资源状况与生产及人民生活有着密切的联系，因此是制定经济发展规划的重要依据。

(4) 主要商品资源与使用平衡表反映各种主要商品的实物量平衡关系。基本表中描述的实物流量都是以价格为同度量因素计量的，而本表则以实物单位测算商品资源和使用的平衡，因此是对基本表的重要补充。

(5) 企业部门产出表（V 表）反映企业部门

的产出结构，企业部门投入表（U表）反映企业部门的投入结构。这两张表实际上是投入产出表的另一种表现形式，其特点是更为简明和直观，而且可用于对账户中的数据进行检验。

（6）财政信贷资金平衡表反映国家财政预算内、预算外资金和国家银行信贷资金的来源、运用以及余缺情况。在我国，财政和金融对于社会资金的分配起着十分重要的作用，因此，这部分核算是加强宏观经济管理的重要依据。

（7）综合价格指数表列出了关于产出和使用的基本价格指数。价格核算是国民经济核算体系中的重要内容。对体系中的主要总量进行纵向对比，需要有一个为整个体系服务的价格核算体系，本表只是对整个体系价格核算的概括。

2.经济循环帐户，由国民经济帐户、机构部门帐户、产业部门帐户和经济循环矩阵四部分组成。

（1）国民经济帐户。国民经济帐户将国民经济作为一个整体，系统描述生产、收入和支出、投资、消费和对外往来等基本经济总量及相互联系。它包括国内生产总值帐户、国民可支配收入及使用帐户、投资帐户、对外交易（包括经常往来和资本往来）帐户和资产负债帐户。国民经济帐户是机构部门帐户的汇总。

（2）机构部门帐户。机构部门帐户将国民经济分为企业、金融机构、行政事业、居民四个部门分别进行核算。机构部门各个帐户是按社会再生产过程进行排序和连接的，既反映每个部门经济活动的全过程，又反映各部门间的经济往来。为了简洁，在《方案》中设置的是一套各机构部门通用的标准帐户。

标准帐户包括生产帐户、收入初次分配帐户、可支配收入及使用帐户、投资帐户、金融帐户、调整帐户、资产负债变动帐户和期末资产负债帐户。每个帐户都设有平衡项，这些平衡项起着联接各个帐户的作用，同时它们本身又是最基本的经济总量指标。

（3）产业部门帐户。产业部门帐户是按国民经济行业设置的，由于产业部门在国民经济核算体系中只是作为生产主体，因此，产业部门帐户实质上是“生产帐户”，其形式与机构部门的“生产帐户”完全相同。由于各个产业部门的生产帐户完全相同，因此在《方案》中将各个产业部门的帐户合并为一张表。

（4）经济循环矩阵。其功能是将各个帐户的基本内容用矩阵联接起来，是帐户关系的另一种表现形式。

经济循环帐户采用复式记帐方法记录社会再生产过程中的各种流量和存量，形成逻辑严密的帐户体系。用以详细反映再生产各环节之间以及各部门之间的经济联系。

工业经济评价考核新指标体系介绍

一、工业经济评价考核新指标体系的基本内容

为了纠正片面追求产值，忽视经济效益的现象，克服工业总产值指标存在的重复计算和不能反映产销衔接的缺陷，从1992年4月份起，我省将建立工业增加值和工业销售产值指标，并建立工业经济效益指标和有关的财务指标，按月统计上报，作为评价考核工业生产规模、速度和效益的主要依据。

1、建立工业增加值月度统计，以便更科学、更全面地反映工业生产经营的最终成果，并为计算国内生产总值提供可靠依据。工业增加值在现价工业净产值指标的基础上计算，为反映工业增加值的速度，可暂按同期不变价工业总产值与现价工业总产值相比的系数将现价工业增加值

调整为按不变价格计算的工业增加值，限于内部通报。

2、建立工业销售产值月度统计，反映工业生产已实现产品销售的规模和速度。工业销售产值同时采用现价与不变价两种价格计算。淡化工业总产值指标，不再以其作为评价考核工业规模和发展速度的主要指标，只作为一般的统计和分析指标。

3、建立工业经济效益评价考核体系，从各种生产要素的投入产出对比关系上全面反映工业经济效益。根据现在月度统计资料的实际情况，选择以下 6 项指标按月进行评价考核：①工业产品销售率；②工业资金利税率；③工业成本利润率；④工业净产值率；⑤工业全员劳动生产率（按净产值计算）；⑥流动资金周转次数。在此基础上试算工业经济效益综合指数，据此对不同地区、行业进行横向和纵向对比分析，作出综合评价。

建立主要财务指标统计制度，以满足按月评价考核工业经济效益所需的资料。其主要指标包括：销售收入、销售成本、销售税金、利润总额、已交利税费、企业留利、固定资产净值、流动资金占用额、出口交货值等。同时，为反映库存积压及货款拖欠情况，还包括产成品资金、发出商品及应收预付货款等指标。

二、有关指标解释及计算方法

1、工业增加值：是指工业行业在报告期内以货币表现的工业生产活动的社会最终成果。

其推算公式为：工业增加值＝工业净产值－支付给非物质生产部门的费用－利息支出+固定资产折旧+大修理基金。支付给非物质生产费用：指工业企业在生产和经营管理中对非物质生产部门支付的各种服务费用（即支付给除工业、农业、运输邮电、商业、建筑业以外的部门，如文教、卫生、金融、保险、环保、公用事业等部门的服务费用）。包括广告费、保险费、养路费、绿化费、差旅费、职工教育经费、城市清洁卫生费、会议费、招待费、上级管理费等。企业在计算这项指标时可按年报中该项的比例分劈或根据计算出的上年的数字比例分劈。计算公式如下：

$$\text{报告期支付给非物质生产部门的费用}=\text{报告期工业净产值}\times\frac{\text{支付给非物质生产部门费用（上年数）}}{\text{工业净产值（上年数）}}$$

2、工业销售产值：是以货币表现的工业企业在一定时期内销售的工业产品总量。包括已销售的成品、半成品价值，对外提供的工业性作业价值和对本单位基本建设部门、生活福利部门等提供的产品和工业性作业及自制设备的价值。其中已销售的成品、半成品是指所有权发生转移，对方已支付货款或已取得向对方索取货款权利的产品。这些产品不论是本期生产的，还是上期生产的，只要是本期销售出去的均包括在内。对外提供的工业性作业是指企业按合同对外提供的工业性劳务。企业为本单位建设部门、生活福利部门等提供的产品和工业性作业及自制设备是一种特殊形式的流通。这部分也作为销售统计。

工业销售产值的计算范围、计算价格和计算方法与工业总产值一致。以便计算工业产品销售率。工业销售产值与工业总产值在计算上的基本区别在于：工业销售产值计算的基础是产品销售总量，工业总产值的计算基础是工业产品生产总量。

工业销售产值分别按现价和不变价两种价格计算。根据工业销售产值的计算原则，现价工业销售产值中的销售成品价值按实际销售量乘以其实际销售价格计算求得，具体计算公式为：销售成品价值＝Σ（本期某种产品销售量×该产品的实际销售单价）；对外提供的工业性作业销售产值按其实际结算的劳务费计算；企业为本单位基本建设部门、生活福利部门等提供的产品和工业性作业及自制设备，可参照同类产品和设备的销售价格或实际成本价格计算其销售产值。

生产周期较长（指六个月以上）的机器产品，如船舶、重型机械、大型电子计算机等，可按实际完成的工时定额乘以计划销售价格计算销售产值。

凡自行完成本企业的工业性作业价值，按本

期实际完成工业性作业的核算成本计算其销售产值。

不变价格工业销售产值计算公式为：

工业销售产值＝Σ（本期某种产品销售量×该产品（或工业性作业）1990年不变价格）

3、工业经济效益综合指数，是以一组经济效益指标分别除以各项指标的全国标准值乘以各自的权数，加总后除以总权数求得。计算工业经济效益综合指数，可以使全国有一个统一的指标标体系和统一的经济效益评价标准，克服以往以上年为基数进行环比“鞭打快牛”的弊病。

$$\text{工业经济效益综合指数}=\Sigma\left(\frac{\text{某项经济效益指标报告期数值}}{\text{该项指标全国标准值}}\times\text{权数}\right)\div\text{总权数}$$

根据上述各项指标工业经济效益指标，在综合经济效益中的重要程度，分别给定下列权数：工业产品销售率为15、工业资金利税率为30、工业成本利润率为15、工业净产值率为10、工业全员劳动生产率为10、流动资金周转次数为20。

国家统计局将按此种方法定期试算全国工业经济效益综合指数，建议各地区、各部门参照执行。

4、工业产品销售率：反映工业产品符合社会需要的程度，指报告期销售产值与同期全部工业总产值之比。

$$\text{工业产品销售率}(\%)=\frac{\text{现价工业销售产值}}{\text{现价工业总产值}}\times 100\%$$

5、工业资金利税率：反映企业全部资金投入与企业实现利税之间的关系。指报告期已实现的利润、税金总额与同期全部资金（固定资产净值与定额流动资金之和）平均余额之比，计算公式为：

$$\text{资金利税率}(\%)=\frac{\text{报告期实现利税总额}}{\text{报告期全部资金}}\times\frac{12}{\text{累计月数}}\times 100\%$$

6、工业净产值率：反映企业物化劳动消耗的经济效益。指报告期工业净产值与同期工业总产值之比。

$$\text{工业净产值率}(\%)=\frac{\text{报告期工业净产值(现价)}}{\text{现价工业总产值}}$$

7、工业成本利润率：反映工业企业在报告期内对工业生产活动的全部投入实现利润之间对比关系。其经济含义是指单位生产投入带来的利润额。计算公式为：

$$\text{成本利润率}(\%)=\frac{\text{报告期实现利润总额}}{\text{报告期销售工厂成本}}\times 100\%$$

8、工业全员劳动生产率：指报告期工业企业平均每个职工在单位时间内提供的生产成果。计算公式为：

$$\text{工业全员劳动生产率(元/人)}=\frac{\text{报告期工业净产值(现价)}}{\text{报告期全部职工平均人数}}$$

9、流动资金周转次数：反映流动资金在生产过程中发挥的作用，是表明流动资金周转速度的指标，即一定时期内流动资金完成几次周转，计算公式为：

$$\text{全部流动资金周转次数}=\frac{\text{产品销售收入}}{\text{全部流动资金平均余额}}\times\frac{12}{\text{累计月数}}$$

全部流动资金月平均余额为月初、月末全部流动资金占用额之和÷2。

上述指标中的实现利税总额是指企业的产品销售税金、教育费附加、资源税和利润总额四项之和。

投入产出表使用说明

一、基本表式：（表式附后）

投入产出表是从我国社会主义有计划商品经济的实际出发，吸收国际上两种核算体系的长处，以全部经济活动部门为核算对象而编制的。它反映了我省社会、经济发展的面貌，揭示国民经济各部门之间在社会再生产过程中有机联系的一种数学模型。

1、第Ⅰ象限：

这一部分是投入产出表的核心部分。横向指“中间使用”部分；纵向指“中间投入”部分。这个象限有物质生产部门和非物质生产部门分组：有三次产业分组，可以从不同角度反映社会经济各部门之间的经济交易活动。

这个象限是一个主栏和宾栏的部门名称、排列顺序和部门个数完全相同的正方形表，表中的每一个数字都具有双重含义，通过中间投入和中间使用的两个角度，反映社会经济各部门之间相互依存和相互制约的技术经济联系。

2、第Ⅱ象限：

包括最终使用和省外调入、进口部分。

把投入产出表第Ⅰ象限和第Ⅱ象限连接起来，就可以反映全社会物质产品和劳务在产出方向的分配、使用情况。即：

总产出＝中间使用+最终使用-调入

3、第Ⅲ象限：

是“最初投入”部分。

把投入产出表中的第Ⅰ象限和第Ⅲ象限连接起来，就可以反映各部门生产和提供的物质产品和劳务在投入方向的价值或费用构成。即：

总投入＝中间投入+最初投入

投入产出表三大部分相互连接，形成纵横交错的国民经济综合平衡表，从总量和结构上全面而系统的反映了生产、分配、交换、使用这一完整的社会再生产的过程。

总量的平衡关系：总投入＝总产出

二、指标解释

1、产出（宾栏）指标

①总产出：指国民经济各部门在一定时期（一年）内所进行的物质生产活动和非物质生产活动的总成果。各物质生产部门的总产出等于其总产值，各非物质生产部门的总产出等于其劳务总值。总产出方向（横行）反映各类物质产品和劳务在本期内的分配、使用情况。

②中间使用：为国民经济各部门的本期生产活动所提供的各类物质产品和劳务，包括本省各部门在本期内所生产的各类产品和省外调入以及进口品。

③最终使用：不参加本期生产活动而为各种最终需求所提供的物质产品和劳务，包括各部门在本期内所生产的各类产品和省外调入以及进口品。

④总产出方向（横行）的平衡关系：中间使用+最终使用-调入＝总产出

2、投入（主栏）指标

①总投入：指国民经济各部门进行物质生产活动或非物质生产活动所投入的总费用。各部门的总投入额等于该部门的总产出额。总投入方向（纵列）反映各部门总产出的价值构成或费用构成。

②中间投入：指各部门在生产活动中所消耗的各种物质产品（如原材料、燃料、动力等）和劳务。

③最初投入：指各部门在进行生产活动时，首先所需要的固定资产和劳动的投入，等于总投入减中间投入后的余额。它是由固定资产折旧、劳动者收入、福利基金、利润和税金及其他等五项所组成。

④总投入方向（纵列）的平衡关系：中间投入+最初投入＝总投入

3、直接消耗系数：是指某一部门在生产或经营过程中，单位产出需要消耗的各部门产品或劳务的数量（价值）。计算方法是：用某部门的“总产出”分别去除该部门生产或经营中直接耗用的各部门产品或劳务的数量（价值）。用公式表示为：

$$a_{ij}=\frac{x_{ij}}{X_j} \qquad (i,\ j=1,\ 2,\ \cdots,\ n)$$

式中，x_{ij}为第 j 部门生产所消耗的第 i 部门产品数量 X_j 是 j 部门的总产出。

4、完全消耗系数：指生产单位最终产品所需的全部消耗量（直接和间接消耗量的总和），用矩阵表示：

$$B=(I-A)^{-1}-I$$

式中：I 为单位矩阵，A 为直接消耗系数矩阵，B 为完全消耗系数矩阵。

在国民经济各部门间，除了直接联系外，还有各种间接联系。生产一种产品，不仅要直接消耗原材料、燃料、动力等，而且，还有间接消耗，比如：采煤生产需要直接消耗电力，同时也要直接消耗采煤设备、钢材、木材等产品，而生产这些产品也要消耗电力，因此通过采煤设备、钢材、木材等对电力的直接消耗，形成采煤对电力的一次间接消耗。同样，生产采煤设备时，除了直接消耗电力外，还要直接消耗钢材、机床等产品，那么钢材、机床等生产中所消耗的电力，对于采煤设备来说是对电力的一次间接消耗，而对采煤来说，则是二次间接消耗。依此类推，我们可以计算出采煤对电力的各次间接消耗。完全消耗，就是指直接消耗和全部间接消耗之和。完全消耗系数是在直接消耗系数的基础上，运用矩阵求逆的方法，由电子计算机进行计算的。

青海省1990年投入产出表

(按当年生产者价格计算)　　　　单位：千元

投入＼产出		中间使用·物质生产部门·第一产业·粮食作物种植业	…	渔业	第一产业合计	第二产业·煤炭开采业	…	生活用其他产品工业	建筑业	第二产业合计	第三产业·铁路货运业	…	邮电通讯业	商业	饮食业	物质生产部门合计	非物质生产部门·铁路客运业	…	航空客运业	房地产业	…	行政机关	第三产业合计	非物质生产部门合计	中间使用合计	最终使用·总消费·居民总消费·农业居民	非农业居民	小计	社会总消费	总消费合计	总积累·固定资产形成·固定资产大修理	固定资产更新改造	基本建设·物质生产性	非物质生产性	小计	固定资产形成合计	库存增加	总积累合计	调出	最终使用合计	调入	总产出
中间投入·物质生产部门·第一产业	粮食作物种植业																																									
	…																																									
	渔业																																									
	第一产业合计																																									
第二产业	煤炭开采业																																									
	…																																									
	生活用其他产品工业																																									
	建筑业																																									
	第二产业合计																																									
第三产业	铁路货运业																																									
	…																																									
	邮电通讯业												I																			II										
	商业																																									
	饮食业																																									
	物质生产部门合计																																									
非物质生产部门	铁路客运业																																									
	…																																									
	航空客运业																																									
	房地产业																																									
	…																																									
	行政机关																																									
	第三产业合计																																									
	非物质生产部门合计																																									
	中间投入合计																																									
最初投入·固定资产折旧	基本折旧																																									
	大修理折旧																																									
	固定资产折旧合计																																									
	劳动者收入																																									
	福利基金																																									
	利润和税金																																									
	其他												III																													
	最初投入合计																																									
总投入																																										

青海省统计局 1991 年大事记

一　月

14 日　省统计局编辑的《青海省社会经济统计年鉴》（1990 年）在国家统计局举行的地方统计年鉴评比中获得三等奖。

16 日　局长赵恒伦同志等参加省政府召开的全省计划财政工作会议。

19 日　省政府主持召开统计新闻发布会，通报 1990 年度国民经济和社会发展情况，省政府秘书长刘光和同志主持会议，局长赵恒伦同志发布统计新闻。指出我省各条战线都取得好成绩，治理整顿取得了阶段性成果。

二　月

4 日　局长赵恒伦同志参加省委七届六次全委会议。

7 日　为了认真贯彻落实党的十三届七中全会精神，进一步提高统计工作水平，省统计局召开西宁地区各新闻单位座谈会，征求对省统计局统计服务工作的意见和要求。

8 日　省统计局被省广播电台评为一九九 0 年度新闻报道先进集体。

13 日　为加强工作联系，省统计局同省广播电台接通“热线”电话。

16 日　省统计局向省委、省政府及有关部门提供《1991 年元月份我省经济起步较好》的分析报告，向省党政领导及有关部门发送 1990 年国民经济主要统计指标完成情况（袖珍本）。

即日　向省政府报送青海省《1990 年国民经济和社会发展情况的统计公报》。

19 日　局长赵恒伦同志主持处以上干部会议，总结 1990 年全局统计工作，讨论、安排 1991 年统计工作的主要任务。

27 日　省统计局发布青海省 1990 年国民经济和社会发展情况统计公报，表明我省经济运行情况正向好的方向发展。

三　月

20 日　全省统计工作会议在西宁召开，省统计局副局长王子厚同志主持会议，副局长刘春明和综合处徐学初同志传达了全国统计工作会议精神，赵恒伦局长作了工作报告及会议总结。副省长蔡竹林到会讲了话。

即日　省统计局编写的《青海省 1991—2000 年统计改革和统计现代化建设规划纲要》（修订稿）出台，全文共分十个部分。

19 日　省统计局向省委、省政府及有关部门提供 1991 年 1—2 月份经济形势分析报告，题为《我省经济朝着好的方向发展》。

20 日　全省第四次人口普查 10%数据处理工作圆满完成，并上报国家。比国家规定上报时间提前 7 个月零 10 天，获得国家第一号合格证书。

四　月

6 日　局长赵恒伦同志列席省政府召开的第 35 次常务会议，讨论省政府提交省七届人大四次会议的《政府工作报告》。

7 日　由省统计局牵头召开的西北五省区统计信息咨询中心主任会议在西宁召开，会议主要议题是如何加强西北地区统计信息工作的联系进行协商。

15 日　局机关党委举办入党积极分子学习班，28 名同志参加了学习。局长赵恒伦等同志在学习班上讲了党课。

17 日　局长赵恒伦同志列席省委第九次常务会议，讨论审议省政府工作报告（送审稿）。

即日　局长赵恒伦同志列席省政府召开的第 119 次省长办公会议，讨论 1990 年财政决算和 1991 年财政预算（草案）的报告，提交省七届人大四次会议讨论通过。

19日　　省政府主持召开统计新闻发布会，通报一季度我省经济形势，副秘书长高昭平主持会议，省统计局赵恒伦局长发布统计新闻。

20日　　由赵恒伦局长（主编）、张国华、徐学初（副主编）主持编写的《江河源头在攀登》一书印刷就绪，共印2000册。在公开发行期间正值省人大召开第七届四次代表会议，送代表们人手一册，得到了与会代表的一致好评。

这本书翔实的资料，全面记录了1986-1990年第七个五年计划时期青海省国民经济和社会发展的全过程，客观地反映了江河源头青海各族人民共同攀登所获得的成就。

21日　　经省政府批准，青海日报发表了《青海省"七五"时期国民经济和社会发展情况统计公报》。

26日　　青海省七届四次人代会，将省统计局发表的《青海省1990年国民经济和社会发展情况的统计公报》《青海省"七五"时期国民经济和社会发展情况的统计公报》作为会议参阅文件印发给各位代表。

五　　月

8日　　由赵恒伦局长（任主编），崔淳礼、徐学初（任副主编）主持编写的《1991年青海省社会经济统计年鉴》，首次用计算机排版，激光照排胶印。这项工作在全国统计系统尚属第一批。

即日　　全省第六次统计科学讨论会在西宁召开，会议共收到科研课题、论文、报告44篇。新疆、陕西、甘肃、宁夏统计学会发来贺电、贺词和贺信。

10日　　为加强对统计专业资格考试工作的领导，省统计局和省职改办联合成立了青海省统计专业资格考试办公室，其主要职责是负责全省统计专业资格考试的资格审查、组织、阅卷评分及资格人员发证等工作。

11日　　局长赵恒伦、信息处处长崔淳礼，根据省人民政府外事办公室的安排，同美国地理学家朱迪恩·蒙特博士进行了座谈。

17日　　省统计局、省人口普查办公室联合举办全省人口普查资料分析培训班。全省州、地、市、县以及省人普办的同志近100人参加了培训。

20日　　省统计局向省委、省政府及有关部门提供1-4月经济形势分析报告。题为"我省经济形势继续好转，工业生产速度开始回升。

25日　　为迎接建党70周年，局机关党委举办党的基本知识竞赛活动，10个党支部的20名党员同志参加竞赛。

27日　　省统计局举办的第一期县以上农村统计调查人员培训班开学，41名学员参加了培训。

六　　月

4日　　局长赵恒伦同志列席省政府召开的第122次省长办公会议，专题讨论了《省计委对全省十年规划和"八五"计划的基本思路中有关内容和主要经济指标的修改调整意见》。

6日　　省统计局、省人口普查办公室召开《青海人口现状与未来》一书编写工作会议。赵恒伦局长主持会议，会上确定了此书的篇目及编写人员。

7日　　局长赵恒伦同志列席省委第16次常务会议，听取并讨论了省计生委关于全国计划生育工作座谈会精神及贯彻意见的汇报。

10日　　在贵德县进行的"农村一套表"试点工作圆满结束。试点工作在充分准备的基础上，自5月21日开始，经过培训、试填、登记、汇总等工作，为在全省推行"农村一套表"取得了经验。

12日　　为迎接建党70周年，局机关党委举行党史报告会，邀请省委党校党史研究室的乔培林同志讲党史，局领导以及局机关全体同志参加。

14日　　省统计局向省委、省政府及有关部门提供1-5月份经济形势分析报告，题为"我省经济运行基本平稳，工业生产开始走出谷底，效益尚待进一步提高"。

即日　　省统计局举行新闻发布会，省人口

普查领导小组副组长赵恒伦同志通报了青海省1990年人口普查提前抽样（机器）汇总主要数据。省政府副秘书长高昭平同志参加了会议。

16日 全省50家大中型工业企业统计工作会议在西宁召开，副省长吴承志同志在会上作了重要讲话，局长赵恒伦同志就如何贯彻会议精神讲了三点意见。省财经委副主任关凤强同志参加了会议。

17日 省统计局在湟源县召开农产量调查县工作会议，主要内容是讨论、交流农产量调查工作经验，交流农村住户新网点基础建设的做法；布置年内农产量调查工作。

副省长马元彪同志出席会议并作了重要讲话，局长赵恒伦参加会议讲了意见，15县统计局调查队的负责人参加了会议。

18日 省统计局编写的《青海省总供需问题研究》课题通过省级鉴定。送省委七届七次全委会议供讨论青海省十年发展规划和"八五"计划的参考材料。

19日 为迎接建党70周年，局机关党委举行"党在我心中"演讲会。8名同志进行了演讲，局长赵恒伦等向演讲者颁发了奖品。

即日 局长赵恒伦同志赴北戴河参加国家统计局召开的上半年全国经济形势分析会议。

26日 省统计局举办的第一期农业统计干部培训班结业，局长赵恒伦同志向41名学员颁发了结业证书。

29日 国家统计局公布了1990年度农村经济统计报表评比结果，我省农业统计年报获一等奖。

七　月

8日 省统计学会，省统计局经统处联合召开工业经济统计研讨会，邀请部分工业企业和主管厅、局、委、办的经济统计工作者共40余人参加会议。

11日 局长赵恒伦同志随同省政府领导一行赴刚察县参加全省夏季畜牧业工作研讨会议。

16日 省统计局举行上半年国民经济与社会发展统计新闻发布会。省、市有关部门、新闻单位的同志及局机关处以上干部参加了会议。赵恒伦局长发布了题为"我省经济开始走出底谷。提高经济效益仍需艰苦努力"的统计新闻。

青海日报、青海经济报、青海人民广播电台，青海电视台、西宁电视台等新闻单位及时刊登和报道。

即日 省统计局举行首届统计中专毕业典礼，169名同志领到了毕业证书。局长赵恒伦、省自考办的同志、省财校的老师在毕业典礼上讲了话。

20日 局长赵恒伦同志参加省政府召开的第十一次全体会议。

八　月

4日 局长赵恒伦同志列席省政府召开的第127次省长办公会议，讨论财政、税务有关工作事宜。

19日 省统计局向省委、省政府及有关部门提供1-7月我省经济形势分析报告。

九　月

15日 根据国家统计局的统一安排，省统计局组织的第二期统计员资格考试工作在全省进行。参考人数560人，及格率67.6%。

18日 省统计局向省委、省政府及有关部门提供1-8月经济形势分析报告，题为"今年1至8月我省经济形势在基本稳定中进一步好转"。

29日 根据省委、省政府九月十六日通知精神，局机关由局长带队共120余人到互助高寨乡曹家堡村参加义务劳动。

十　月

4日 省人民政府根据工作需要，以青政人〔1991〕21号文件任命智华同志为省统计局副局长。

10日 局机关党委召开老干部座谈会，共庆"91年老年节"。局党组书记赵恒伦同志在会上同12名老同志一起座谈社会主义建设成就和统计工作。

15日　贯彻省委办公厅〔1991〕30、33号文件精神，局机关抽调16名干部下基层赴湟源县进行社会主义路线教育。16名干部中处级干部4名，厅级干部1名。

19日　省统计局召开1991年第三季度统计新闻发布会，由局长赵恒伦同志公布我省第三季度国民经济和社会发展情况。

省市有关部门，各新闻单位及局机关各处室的负责人共60余人参加了会议。青海日报、青海电视台等新闻单位及时报道、刊登。

21日　局长赵恒伦同志列席省委常委会议，讨论蔡竹林副省长在省委工作会议上的讲话。

23日　副局长刘春明同志参加省委工作会议。

29日　省统计局召开全省统计年报工作会议。主要内容是布置各专业1991年统计年报任务和1992年定期报表制度。局长赵恒伦同志在会议开始时讲了话。

即日　省统计局召开统计年报电话会议，刘春明副局长主持会议，赵恒伦局长就如何搞好今年的年报工作和明年统计工作讲了话，省政府副秘书长王炳生同志受副省长蔡竹林委托到会讲了话。

30日　省政府以青政人〔1991〕25号文件免去了王子厚同志的省统计局副局长职务。

十一月

11日　省委组织部青组干任〔1991〕102号文件任命智华同志为省统计局党组成员，免去王子厚同志局党组成员职务。

15日　局长赵恒伦同志赴北京参加国家统计局召开的全国经济形势分析座谈会议。

18日　局长赵恒伦同志赴厦门和三亚出席国家局有关会议。

19日　省统计局编写的《青海省社会经济统计年鉴》〔1991〕出版发行，印数1500册。

20日　省统计局向省委、省政府及有关部门提供1-10月经济形势分析报告，题为“我省国民经济继续向好的方向发展”。

21日　省职称改革领导小组以青职改字〔1991〕第028号文件批复，成立青海省统计系列职称改革领导小组，赵恒伦同志任组长，智华同志任副组长、崔淳礼、杨天珠、马晓宁、时正中、吕永华、杨家运、陈峰、徐学初、王诚同志为成员。

27日　副局长智华同志一行七人赴海北州属统计局检查了解统计年报和有关工作。

十二月

3日　副局长智华同志参加省委召开的全省领导班子思想作风建设工作会议。

即日　副局长刘春明同志一行七人赴海东、黄南等州地及所属县检查了解统计工作。

12日　副局长智华同志一行八人赴海西州及所属县检查了解统计工作。

20日　省统计局向省委、省政府及有关部门提供1-11月经济形势分析报告，题为“经济运行情况平稳、正常、存在问题也很突出”。

31日　局长赵恒伦同志列席省委常委工作会议，讨论全省1992年计划财政工作会议有关事宜。